本书献给敬爱的张智辉教授

以庆贺其七十华诞

新时代刑事法探微

张智辉教授七十华诞庆贺文集编委会　编

法律出版社
LAW PRESS·CHINA
北京

图书在版编目(CIP)数据

新时代刑事法探微 / 张智辉教授七十华诞庆贺文集编委会编. -- 北京 : 法律出版社, 2023
ISBN 978-7-5197-8011-1

Ⅰ. ①新… Ⅱ. ①张… Ⅲ. ①刑法-中国-文集 Ⅳ. ①D924.04-53

中国国家版本馆 CIP 数据核字(2023)第 107910 号

新时代刑事法探微
XINSHIDAI XINGSHIFA TANWEI
张智辉教授七十华诞庆贺文集编委会 编
责任编辑 孙 慧 韩超群
装帧设计 李 瞻

出版发行 法律出版社
编辑统筹 司法实务出版分社
责任校对 李慧艳
责任印制 胡晓雅
经 销 新华书店

开本 710 毫米×1000 毫米 1/16
印张 37.5 **字数** 572 千
版本 2023 年 8 月第 1 版
印次 2023 年 8 月第 1 次印刷
印刷 三河市龙大印装有限公司

地址:北京市丰台区莲花池西里 7 号(100073)
网址:www.lawpress.com.cn
投稿邮箱:info@lawpress.com.cn
举报盗版邮箱:jbwq@lawpress.com.cn

销售电话:010-83938349
客服电话:010-83938350
咨询电话:010-63939796

书号:ISBN 978-7-5197-8011-1
定价:288.00 元

凡购买本社图书,如有印装错误,我社负责退换。电话:010-83938349

主编寄语

2023 年 10 月，恩师张智辉先生将在美丽的岳麓山脚下，举行他的独著丛书《刑事法研究》的发布会，这位可爱可敬的老人以此作为自己七十大寿纪念礼。作为他的弟子，我有幸提前看到了这套丛书。丛书共有十卷，各卷本的标题分别为《中国刑法学》《国际刑法学》《刑事诉讼法学》《犯罪学》《检察学》《司法改革论》《刑事责任论》《刑法理性论》《检察权论》《国际刑法通论》。粗读部分内容，我深深为先生广阔的研究视野、强烈的问题意识、前瞻的学术思想和严谨的思维逻辑所折服，脑海里又浮现出了我在湖南大学法学院求学时，先生对我谆谆教导的画面。

2002 年于我，是人生关键性的一年。是年春，原湖南大学法学院院长刘定华教授带队赴最高人民检察院检察理论研究所，提出院所合作培养法律人才的构想。当时身为最高人民检察院检察理论研究所所长的张智辉先生欣然应允，并于同年受聘为湖南大学兼职教授。因我当年硕士入学成绩靠前，享有了优先择师权，幸得先生接纳，我与先生的缘分也自此始。我是先生在湖南大学指导的第一位研究生，也由此以硕士身份成为"张门学子"中的大师兄。虽然在我求学之时，先生的主要工作地在北京，在长沙的时间并不多，但是每次只要他一来学校，就会主动关心和了解我的学习、生活情况，并对我遇到的一些问题给予指导。2005 年，我硕士毕业，进入检察机关工作，有幸成为先生的下属，多了许多以汇报工作之名向先生学习的机会，也让我更深层次地了解先生的为人、为学、为官理念与原则，深深折服于先生的人格魅力！2014 年，先生从最高人民检察院退休，面对国内多所著名高校抛出的橄榄枝，先生再次选择了湖南大学，并于同年受聘为湖南大学特聘教授，全职在湖南大学法学院开展工作。得知这一消息，当时激动与开心之情，我至今都难以忘怀。尽管我已毕业多年，由于也在长沙工作，可以有更多机会得到先生的教诲与关爱。可以说，拜入先生门下二十余年来，我的每一点进步，都伴随着先生的每一份关心与支持。

2023 年，于先生而言，是非常具有纪念意义的一年。自 1984 年起，先生已从事近四十年司法实践和法学研究工作。四十年间，先生贯通刑事司法实践与理论研究，为新中国司法改革实践和刑事法治理论留下了浓墨重彩的一笔。即便是从 2014 年先生全职加入湖南大学法学院起算，也有近十年的光景。十年间，先生言传身教，培养了六十余名硕士、博士研究生，其中很多学生已经在理论界和实务界崭露头角。先生把他一生中最美好的时光，都奉献给了我们国家的法学事业。

2023 年 10 月，欣逢先生七十寿诞。一朝沐杏雨，终生感师恩。在先生学术成果展暨七十大寿庆祝活动中，作为学生，致敬先生、感恩先生的最好的表达方式，莫过于在工作和生活中，传承和发扬先生的学术思想和治学理念。于是，我便萌生了征集出版先生弟子学术文集的想法，并与师弟陈历文博士商议。历文博士也觉得我的提议很有意义，和我一起向先生当面报告。得知这是弟子们献给他的寿诞贺礼，这个可爱的老头子听后沉默了半天，说“可以”，并提出了征集文章的具体建议，表示全力支持。

征文通知发出后，得到了各位同门兄弟姐妹的热烈响应，大家纷纷按要求提交论文。为了保证文集的出版质量，我们对稿件进行了一定程度的筛选，最终收纳了四十一篇文章。论文初步汇编成集之后，我们将它面呈给先生审阅。先生阅后欣然给文集取名为《新时代刑事法探微》，并联系了出版社。

由于先生特别重视对刑事法律科学作全面、一体化的研究，他的研究视野扩张到与刑法学关系密切的各个领域，所以经由他指导的博士（博士后）、硕士研究生的研究喜好也各有不同，这也是本论文集研究内容多样的原因所在。不过，内容多样并不意味着主题分散，实际上它们都是围绕以下三个领域进行探讨的：刑法总则相关问题、刑法分则相关问题和刑事诉讼法学相关问题。其中，探讨刑法总则相关问题的文章有十五篇，探讨刑法分则相关问题的文章有十九篇，探讨刑事诉讼法学相关问题的文章有七篇。总之，本文集对以上三个领域的相关问题进行了较为深入的研讨，这既是作为学生的我们献给先生七十华诞的一份贺礼，以表达对先生教诲的感激之情，也是希望通过这样的方式，更好地弘扬先生的学术思想和治学精神。囿于篇幅，我们对部分文章做了一定程度的删减，望各位同门见谅。

为了牢记师恩，我特别邀请好友——从西南政法大学毕业的才子，也是湖南大学法学院的副院长蒋海松博士和张智辉先生的博士研究生贺晨霞撰写了有关张智辉先生的学术与人生的文章，以体现对先生七十华诞的庆贺。

本文集出版之时，得到了法律出版社的大力支持，在此表示诚挚的谢意。感谢陈历文博士、贺晨霞博士为论文收集、整理的辛苦付出。感谢郑泽星博士对本次活动的献计献策。

我们坚信，这次学术成果展只是先生的阶段性学术成果的展示，期待先生以后有更多更精彩的学术成果产出！也期待各位同门不负师恩，有更多更新的理论成果呈现。

最后，衷心祝愿秉持与人为善理念的先生健康长寿，一生平安！

主编：单飞

目　　录

第一编 | 智索法义　辉映学林

第二编 | 育贤筑梁　深恩永志

第一编

智索法义　辉映学林

张智辉教授的学术与人生

蒋海松[*]　贺晨霞[**]

上部　人生履痕：理论实务融通　多元人生风景

一、书剑人生　上下求索

张智辉1954年10月12日生于陕西省咸阳市武功县普集街乡永台村一个普通的农民家庭。武功县处于关中平原腹地，是中华民族农耕文明的发祥地。后稷在今武功镇郑家坡建立中国历史上第一个邦国"有邰国"，成为周民族的先祖。陕西是中华法制文明重要的发源地之一，周公制礼、商鞅变法、约法三章、《唐律疏议》诞生等诸多法制史上的著名事件都发生在三秦大地，有的就在张智辉家乡周围。有学者还提出陕西称得上中国历史上的"法制之乡"。家乡深厚的法制文化底蕴与他后来走上法治研究之路冥冥中似有对应。

"赳赳老秦，共赴国难。"1972年12月，18岁的张智辉从武功县普集中学高中毕业后应征入伍，在中国人民解放军某部队服役6年，重续了先辈老秦人尚武报国的传统。他在短暂的新兵集训后，被分配到特务连侦察班，边执勤边训练。坚韧持续的体能训练，变化多端的擒拿格斗训练，严格精准的武器技能训练，使年轻的张智辉磨炼出了精强的体魄、精湛的技能和吃苦耐劳的精神。因在侦察兵训练和执勤中表现突出，张智辉多次被部队嘉奖，并于1974年9月加

* 男，湖南大学法学院副院长、副教授。
** 女，湖南宁乡人，湖南大学法学博士在读。

入了中国共产党。1975 年年初，张智辉被借调到司令部作战训练科帮助工作。在部队首长和作战参谋们的培养和严格要求下，张智辉学会了各种军事文书的起草，练就了娴熟的驾驭文字的能力，并开始在省报、军报上发表理论文章。在部队机关工作的 2 年多时间里，张智辉有了更多的自由支配的时间和空间，他几乎每个星期天都到省图书馆查看资料或借阅图书。部队驻扎在西宁时，他经常去省图书馆借书看，除马列著作外，还阅读了许多西方哲学家的著作。这些为以后参加高考并开始学术研究奠定了一定基础。张智辉出身于田垄之间，投身于行伍之内，这段与众不同的人生经历凝练了其攻坚克难的精神，训练了严谨求实的思维风格，砥砺了其书剑人生。后来在其代表作《刑事法研究》自序中他自陈"骨子里有着天然的刻苦耐劳精神，从不吝啬自己的体力和智力"。

1977 年，"文化大革命"后恢复第一届高考，一个新的时代开启了。张智辉作为军队赴青海省互助土族自治县支农的军人，被安排在一个藏族同胞家中暂住。该家的男主人当时在县城的一所中学任教，参加了 1977 年高考的监考工作。从他那里，张智辉得知了高考恢复的消息，了解到高考的一些情况。于是，这个入伍近 6 年的部队文书打算回家参加高考。他找到部队首长请求退役。尽管当时部队对他的提干政审已经通过，首长为他前程考虑，说退役后可以选择去石油管理局工作，可他还是选择了通过高考走另一条知识之路。于是 24 岁的张智辉退役回到家乡农村。他一边复习功课，一边干农活。有志者事竟成，1978 年高考，他以县里文科第一名的成绩考入西南政法学院，也就是后来的西南政法大学。

1978 年，张智辉来到西南政法学院法律系学习，见证并参与创造当代法学教育史上最辉煌的一页。西南政法大学被誉为法学界的"黄埔军校"，而最传奇的就是张智辉他们这一届的西政 78 级神话。那是一个拨乱反正、思想解放的时代，欣逢民主与法制恢复重建。在人文荟萃、理想沸腾的西政校园，刚经过"文化大革命"磨难的教师们激情满怀，刚步入大学的青年学子指点江山，人们对知识的渴望前所未有，对法治的热情更是发自内心。学生们自由畅谈，自由辩论，自办刊物，激扬文字，挥斥方遒。后来张智辉在其自选集《理性地对待犯罪》的自序中回顾那段流金岁月：在西南政法大学，78 级学生可以说是最幸运的一届。因为学校在停办多年后刚刚恢复，前面没有学生，所以每门课程都是由教研室里最好的老师担任主讲教师，学校里的一切工作都围绕着78级学生在进行、为78级学生服务。我们确实享受了得天独厚的优待。另外，经过“文化大革命”的压抑和磨炼，对知识的渴望所迸发出来的学习热情在自由的空间得以释放时所产生的巨大能量使78级同学从课堂上、从书本里、从社会中如饥似渴地汲取营养，从而营造了非常可贵的学习氛围。四十年后，《民主与法制周刊》为庆祝改革开放四十周年推出特别报道《西政78级：一群人与一个时代的法治变迁》。其中记载，连任课老师都不得不佩服78级学生敏锐的思维：“刑法课还没有开始，就已经知道从犯罪构成的四要件——犯罪的主体、客体，犯罪的主观方面、客观方面进行分析，而且连义愤杀人等被害人的过错、正当防卫等知识都能够运用到案件的处理中。真的太不可思议了！”周强、胡泽君、朱孝清、张穹、李少平、江必新、景汉朝、张鸣起、阮齐林、蒋庆、梁治平、王卫国、王敏远、陈泽宪、于安、徐国栋、赵旭东……这一大批西政78级才俊崭露头角，活跃在法治中国的各个重要领域，被称为“西政78级现象”。

张智辉就是西政78级的佼佼者。在大学读书的前三年，他保持了所有课程考试成绩全面优秀的纪录，后来以全优成绩被批准提前一年考研，并提前毕业。在所有功课中，邓又天、董鑫、伍柳村等教授讲授的刑法课尤其让他痴迷。也许是由于军人的正义感，他觉得刑法是惩恶扬善、伸张正义的法律，最符合他对法律的期待。从此他与刑法结下了不解之缘。后来他终生耕耘于刑法学领域，矢志不渝。

他本科期间就开始了理论研究。大学三年级选择学年论文时，他选择了一个刑法的题目“论过失犯罪”，由李培泽老师指导。其中第二部分以《试论过失犯罪负刑事责任的理论根据》为题发表在权威期刊《法学研究》1982年第2期，成为一些人口中“出道即为巅峰”的美谈。1981年春，按照学校的安排，他带着西南政法学院78级四班的部分同学在成都市金牛区人民检察院实习，接触到许多青少年犯罪的案件，丰富了法律实践。

1982年春，他提前半年从西南政法学院本科毕业，考入法学重镇中国人民大学继续攻读硕士学位，师从我国著名刑法学家、新中国刑法学科奠基者高铭暄教授和王作富教授，开始对刑事责任、犯罪学和国际刑法进行系统研究。

高铭暄教授是新中国第一位刑法学博士生导师、改革开放后第一部法学学术专著的撰写者和第一部统编刑法学教科书的主编者。2019 年 9 月 17 日，高铭暄教授被授予“人民教育家”国家荣誉称号。王作富教授也是新中国刑法学的主要开拓者和奠基人，中国人民大学荣誉一级教授、全国杰出资深法学家。“名师出高徒”，在两位刑法泰斗的亲自栽培下，张智辉在学术研究上突飞猛进。他系统地学习了刑法，如饥似渴地阅读了当时所能找到的所有刑法理论和实务方面的论著和资料，为自己的学术生涯奠定了坚实基础。而两位导师崇高的品格、博大的思想、求实的学风对他更是影响终身。

张智辉在研究生毕业前，写了十多万字关于刑事责任理论的小册子，高铭暄教授花了一个多月的时间仔细阅读了全文，并提出了很多具体的修改意见 。2007 年张智辉在《学风养育学术生命——高铭暄教授治学有感》一文中深情回忆：“我一生中最大的荣幸是跟随高铭暄教授、王作富教授学习刑法。1981 年我报考硕士研究生，更多的是仰慕两位教授的学问。而在跟随两位教授学习的过程中，给我留下深刻印象的是两位老师的人品和学风。特别是他们的学风，使我终身受益。”张智辉后来经常提及高铭暄老师的一个细节。高老师对刑法理论烂熟于心，虽然可以一口气讲三个小时而不看一眼讲稿，但是每次在学术会议上发言，他都要精心准备，写好书面的发言稿，其严谨的精神可见一斑。王作富教授不幸于 2022 年逝世。在追思会上，张智辉也重点回忆了恩师的学风。“王老师对我们的学术影响是多方面的、终身受益的。尤其王老师求真务实的学风……王作富教授以他精深的专业修养，广博的学识和求真务实的学风，一次又一次地为大家解决实践中的难题。”

求学期间，张智辉学思敏捷，勤于动笔，撰写并发表了多篇有价值的学术论文。他翻译了《经济犯罪学》（载北京政法学院 1984 年编印的《犯罪学概论》），和同届研究生一起翻译了《新犯罪学》（华夏出版社 1989 年版）。他还参与翻译了《英国刑法导论》《肯尼刑法原理》《国际刑法典草案》等多部译著。

作为硕士学习的结晶，张智辉的硕士学位论文《我国刑法中的流氓罪》由群众出版社在 1988 年出版，1991 年获北京市高等学校第二届哲学社会科学中青年优秀成果奖，成为新中国成立以来第一部以单个罪名为题出版的学术著作。这也为他的学术人生奠定了很好的基石。

法律是实践的学科。1983 年秋，张智辉到北京市海淀区人民法院实习，做了六个月的代理审判员，参加了一些刑事案件的审判工作。1984年春，他在撰写硕士学位论文时，教研室主任鲁风老师带领他们同级的四位研究生到四川进行社会调查，张智辉又到上海、山东、天津等地进行了两个月的社会调查，调查的主题是严打中的刑事犯罪问题，重点是当时发案率很高、司法实践中争论较多的流氓犯罪案件，他当时确定的学位论文主题是“流氓罪研究”。通过这些实践，他接触了相当数量的刑事案件。这些案件中有不少是青少年犯罪的案件。当时令张智辉感到困惑的是：“这些人为什么年纪轻轻的就走上了犯罪道路？”而特殊年代的流氓罪扩大化也令他特别不理解。他也一直在思考：“为什么要对一些两厢情愿实施所谓‘流氓行为’的人判处特别严重的刑罚？有没有这样处罚的必要？”在反复思考这些问题的过程中，他逐渐明确了一个思想：我们应当理性地对待犯罪，而不能仅仅凭借对犯罪分子的憎恶以及报复情结刺激下的感情冲动来治理犯罪问题。刑罚不是为了恐怖与威慑，而应该凭借人类的聪慧和理智，捍卫法律的公正与威严。这一思想贯穿于他刑法研究的始终。2003年，西南政法大学五十年华诞之际，西政学子策划编纂了一套《西南政法大学学子学术文库》，其中收录了张智辉的自选集，书名即为《理性地对待犯罪》。

硕士毕业后，张智辉于1984—1996年在中国人民公安大学学报编辑部（后并入中国人民公安大学出版社）担任编辑、编辑部主任、副总编辑职务。1996年至2014年的近20年间，他一直在最高人民检察院任职。他曾在最高人民检察院检察理论研究所（亦称中国检察理论研究所）先后担任编译部主任，《检察理论研究》副主编，《中国刑事法杂志》主编，最高人民检察院检察理论研究所所长助理、副所长、所长，最高人民检察院司法体制改革领导小组办公室主任。2007—2008年，张智辉挂职任天津市人民检察院党组副书记、副检察长。

颇长的一段时期，他一直从事他自诩的“为他人作嫁衣裳”的编辑工作。然而，繁忙的编辑工作无法阻挡其对学术研究的饱满热情。1999年，张智辉重返中国人民大学跟随高铭暄教授攻读博士学位。其博士学位论文《刑法理性论》深入地论述什么是理性、刑法为什么需要理性、什么是刑法理性，对刑法立法和刑事司法中存在的不够理性的问题进行了具体的分析，并从刑法改革的价值取向、刑法的严密性问题、轻刑化问题、严格执法问题等方面提出了刑法理性化的道路。该论文于2003年获中国人民大学优秀博士学位论文，2004年获教育部和国务院学位委员会颁发的“全国优秀博士学位论文”，这也是全国博士学位论文评选中的最高荣誉，后该论文由北京大学出版社在2006年出版。高铭暄教授欣然为《刑法理性论》作序，并夸奖自己这位得意门生“理论功底深厚”“理论素养深厚而广博”。

在他担任最高人民检察院检察理论研究所所长、最高人民检察院司法体制改革领导小组办公室主任期间，恰逢司法改革风起云涌。他以精湛的学理、敏锐的观察频频发声，勇于担当，呼吁进一步深化检察改革乃至整个司法体制改革。他深度参与了第四轮司法体制改革的顶层设计。他致力于深入研究制约检察制度完善和检察工作科学发展的体制性、机制性问题，寻找解决这些问题的突破口。2002年，他最早提出司法地方化、行政化、大众化问题（体现在2002年的博士学位论文中）。2005年以后，司法地方化、行政化、大众化逐渐成为人们议论的热点和司法改革的重点，体现了他的前瞻性。他重点关注检察制度的改革方面，先后提出了检察改革的宏观目标和切入点。2013年3月25日，他做客人民网强国论坛，以“深入推进司法改革，健全社会主义检察制度”为题与网友进行在线交流，深入分析了检察机关对司法行为的法律监督机制、人民监督员制度、保障犯罪嫌疑人的人权、刑事诉讼法修改、完善中国特色社会主义检察制度等重要问题，引发热烈关注。他也利用司法改革研究者、操刀者的身份，积极推动立法事业。他作为最高人民检察院刑法修改研究小组成员参加了1997年刑法修改的相关工作。2010年12月，最高人民检察院专门成立了刑事诉讼法修改研究领导小组。由他担任主任的最高人民检察院司法体制改革领导小组办公室（以下简称司改办）牵头，抽调了一批检察业务专家和业务骨干组成刑事诉讼法修改研究小组，进行专题研究工作。在此基础上，最高人民检察院多次就有关问题向全国人大法律委和法工委提出立法建议。张智辉等人提出的立法建议，得到立法机关的高度重视，有些被吸收到关于修改刑事诉讼法的决定之中。

他注重理论与实践对接，长期兼任中国刑法学研究会学术委员会副主任、国际刑法学协会中国分会副主席、中国检察官协会秘书长、中国检察学研究会秘书长、中国廉政法制研究会副会长等职。

2014年，从最高人民检察院退休后，他郑重接受了湖南大学的邀请，正式成为湖南大学法学院特聘教授，开启了杏坛执教、惠泽桃李的新征程。

二、耕耘不辍　著作等身

张智辉教授从学四十余载，出版各类学术著作98部，其中独著15部，主编、副主编54部，合著或参编20部，合译或参译9部。其发表学术论文近300篇，其中在《法学研究》《中国法学》《法学家》《人民日报》等法学权威期刊、报纸发表50余篇，堪称著作等身。2019年，张智辉教授的代表作《刑事法研究》前五卷由中国检察出版社推出，隆重面世。这也是我国首套具有检察特色的刑事法学研究著作，堪称皇皇巨著。《刑事法研究》共10卷，其内容集中体现了作者从事法学研究以来，对刑事法学领域一些重大问题的深入思考。

"积土成山，非斯须之作。"张智辉教授注重从辩证角度剖析学术理论与司法实务之关系，形成了独具特色的学术研究领域。其四十年间一直对刑事法律科学作全面、一体的研究，形成了以刑法学为核心，延伸至密切相关的国际刑法学、犯罪学、犯罪被害者学、刑事诉讼法学、检察学、司法制度及其改革等多个维度，形成独具特色的刑事一体化研究领域。

张智辉在最高人民检察院检察理论研究所和司法体制改革领导小组办公室工作期间，其"主业"为科研管理和行政管理。直至2014年退休后，才作为全职教授在湖南大学专门从事法学教学研究工作。他的理论研究，之前在很大程度上是一种业余爱好。但没有学院体制的限制与教条的束缚，他反而得以更自由更自在地进行研究。虽然学的是刑法，但他研究的范围并不全是刑法。围绕着刑法学的研究，他把自己的视野扩展到与刑法学密切相关的国际刑法学、犯罪学、犯罪被害者学、刑事诉讼法学、检察学、司法制度及其改革等多个领域，形成刑事一体化的研究领域。后来数卷本《刑事法研究》成为其代表作。另外，他常年在实务部门的研究所任职，极其注重理论与实务的对接、思想与实践的印证，形成了自己的研究风格。虽长久处身"庙堂"，工作之余，仍取得了著作等身、令人瞩目的学术成果，获得了法学界的一致认可。

刑法学是他专业的研究方向，从硕士到博士以及后来的研究主要聚焦于此。他的本科刑法论文《试论过失犯罪负刑事责任的理论根据》发表在权威期刊《法学研究》上，硕士学位论文《我国刑法中的流氓罪》、博士学位论文《刑法理性论》均获得了业内高度赞誉。其中《刑法理性论》开辟了我国刑法学界划时代的理性刑法之先河,《刑事法研究》丛书系我国首套具有检察特色的刑事法学研究著作。在刑法学研究方面,张智辉教授注重刑法理论的体系性构建。其认为刑法理性以刑法基本范畴的理性认识为基础,又根据所处的社会公认基本价值准则而具有阶级性与时代性,这是我国早期哲学思想在刑法学领域的探索和凝练。针对当时刑事立法中流行的"宜粗不宜细"指导思想,张智辉教授早在20世纪90年代初提出的刑事立法明确性原则,对刑事立法指导思想的转变起了积极的促进作用。另外,我国刑法罪刑相一致原则长期忽视了对刑事责任的定位,张智辉教授从刑事责任的基础、根据、主体等方面系统提出了我国刑事责任的构建问题,描绘了我国刑法罪责刑相适应原则的基本蓝图。

在刑法学研究中,他首次提出了刑法立法的明确性原则(1991年);针对不同地方的不同定罪标准,首次提出了刑法的公平观(1994年);针对刑法适用中存在的问题,把刑事司法引入刑法学研究的视野,首次指出了刑事司法中的地方化、行政化、大众化对刑法适用的负面影响(2002年);作为大陆学者,首次在我国台湾地区出版了"学术著作·大学用书"之《刑事责任比较研究》(1996年)。因长期在实务部门任职,他自诩只是一个业余的刑法学者,遗憾未能参加每年的全国刑法学年会。但在30年来的历届刑法学年会优秀论文评选中,张智辉教授的论文都获得了一等奖或特别奖。张智辉教授参与了高铭暄教授主编的系统总结新中国成立30周年刑法学研究的代表作《新中国刑法学研究综述》(河南人民出版社1986年版)和高铭暄、王作富教授联合主编的代表新中国成立30周年来刑法学研究最高水平的著作《新中国刑法的理论与实践》(河北人民出版社1988年版)的撰写;参与了中国与法国刑法合作研究项目(该项目的研究成果以中文版三卷本在中国人民公安大学出版社出版、法文版四卷本在法国巴黎第一大学出版社出版);参与了香港城市大学与中国人民大学为香港回归所做的香港法律中文文本的编撰工作。作为最高人民检察院刑法修改研究小组成员,张智辉教授参加了1997年《刑法》修改的相关工作。

在国际刑法学研究方面,张智辉教授是国内系统介绍国际刑法的第一人,就国际刑事管辖的各项原则、国际犯罪及其刑事责任的一般原理、国际犯罪的种类进行了深入全面的论述,并且对中国完善相关国际刑事立法提出了颇有见地的立法建议。早在1983年张智辉教授就与大学同学刘亚平携手翻译了巴西奥尼代表国际刑法学协会起草的《国际刑法及国际刑法典草案》(西南政法学院《国外法学参考》1983 年增刊),部分内容收录在群众出版社 1986 年出版的《国际刑法与国际犯罪》和四川大学出版社 1992 年出版的《国际刑法概论》等著作中,是我国最早出版的国际刑法学译文。1991 年张智辉教授应邀撰写了《中华法学大辞书·刑法学卷》中国际刑法部分的全部词条。张智辉教授 1993 年出版了《国际刑法通论》,1999 年出版了《国际刑法通论》(增补本),2009 年出版了《国际刑法通论》(第 3 版),2021 年出版了《国际刑法通论》(第 4 版)。20 多年来,该书一直被一些大学作为刑法专业研究生的教材或必读参考书。他从 1990 年加入国际刑法学协会以来,参加了一系列国际刑法学方面的会议、论坛及活动。张智辉教授 1995 年起担任国际刑法学协会中国分会秘书长,2002 年起担任国际刑法学协会中国分会副主席,2009—2014 年担任国际刑法学协会理事。张智辉教授 2002 年起草了中国分会向国际刑法学协会提交的国别报告《国际经济交往中的贿赂犯罪及相关犯罪》;2003 年带领中国法学会代表团出席了在东京大学召开的第 17 届国际刑法学大会专题预备会;2004 年全程参与了国际刑法学协会第 17 届国际刑法学大会的筹备和会务工作,并担任了第三单元大会讨论的联合主持人;2005 年参加了在北京召开的第 22 届世界法律大会,并作为中方代表作了题为“惩治腐败犯罪应加强国际合作”的大会发言。这些活动在国际舞台上发出了中国学者的声音,也为他持续研究国际刑法提供了动力和灵感。

在犯罪学研究方面,张智辉教授主张,犯罪学的基本任务是统一对犯罪原因整体性的认识,揭示犯罪现象产生、变化、消亡的客观规律,为预防犯罪指明道路。在犯罪学与犯罪被害者学的研究方面,他首次提出了犯罪的制度性原因;首次提出了治安预防、技术预防、刑罚预防三位一体的犯罪预防思路。与此同时,其注意到对犯罪被害者研究的空白,全面研究了犯罪被害者学的基本范畴和社会功能,提出了建立犯罪被害者学的构想。早在读研究生期间,他翻译了《经济犯罪学》、合译了《新犯罪学》。此后,张智辉教授出版了个人专著《犯罪学》(四川人民出版社 1993 年版)。1992 年中国犯罪学研究会成立时,张智辉教授成为第一批理事。其参与了《美国犯罪预防的理论实践与评价》(中国人民公安大学出版社 1993 年版)的翻译,参与了《中国劳改法学百科辞书》(中国人民公安大学出版社 1993 年版）犯罪学部分的联合主编和部分词条的撰写，参与了《犯罪学大辞书》（甘肃人民出版社 1995 年版）部分犯罪被害者词条的撰写，参与了国家哲学社会科学“九五”规划重点科研项目《中国预防犯罪通鉴》（人民法院出版社 1998 年版）第一编的联合主编和部分章节的撰写。1997 年张智辉教授参与了司法部法学教材编辑部编审的高等学校法学教材《犯罪学》（法律出版社 1997 年第 1 版，“十一五”国家级规划教材和教育部普通高等教育精品教材）的撰写。2009 年，张智辉教授与时任国务院法制办副主任的张穹联合主持完成了国家社会科学基金重点项目《权力制约与反腐倡廉的理论与制度研究》，提出了制度链理论。他担任了中国廉政法制研究会首任副会长，担任了国家智库湖南大学国家腐败预防与惩治研究中心主任，致力于通过法治遏制腐败犯罪，为党的反腐败决策和国家反腐败立法提供智力支撑。他首次把日本学者宫泽浩一的《犯罪被害者学》三卷本编译成中文；针对国内学者多数运用第二手、第三手资料研究西方犯罪学的状况，邀请从国外留学回国的学者，首次运用不同国家的第一手资料共同编写了《比较犯罪学》。

在检察学与司法改革研究方面，张智辉教授长期担任最高人民检察院检察理论研究所所长和司改办主任，把检察理论研究和司法改革作为研究重点。他系统论证了把检察机关作为国家的法律监督机关来建设的历史必然性和现实合理性，论证了法律监督的基本内涵及与其他类型监督的异同，论证了检察权的基本构造和运行机制，提出了检察权优化配置的指标体系。他主持筹备了 12 届全国检察理论研究年会（2000—2011 年），主编了《中国检察》（1—20 卷），创办了《中国检察论坛》，先后主持完成了加拿大刑法改革与刑事政策国际中心资助项目《检察官作用与准则比较研究》（2001 年）、最高人民检察院重点研究课题《检察改革宏观问题研究》（2004 年）、国家社会科学基金重点项目《检察权优化配置研究》（2014 年）等课题，主持编写了最高人民检察院教材编审委员会审定的《拟任检察官培训教程》（2004 年），与最高人民检察院原副检察长朱孝清联合主编了《检察学》。其独立撰写的《检察权研究》（中国检察出版社 2007 年版）于 2008 年获得了最高人民检察院 2007 年度检察基础理论研究优秀成果特等奖，同年获得了中国法学会首次评审的“中国法学优秀成果奖”三等奖。此外，张智辉教授还主持了《法制日报》“检察话语”专栏 52 期（2004—2005 年）。

他深度参与了第四轮司法体制改革的顶层设计，呼吁进一步深化检察改革乃至整个司法体制改革。他致力于深入研究制约检察制度完善和检察工作科学发展的体制性、机制性问题。2000 年，在与刘立宪联合主编的《司法改革热点问题》一书中，张智辉教授提出了把理想与现实结合起来，理性地对待司法改革的观点。同年，其在《检察日报》上分期介绍了法国、澳大利亚、日本、德国的司法改革，以资为中国司法改革提供借鉴。他主持完成了司法部重点课题《司法体制改革问题研究》（2015 年）和国家哲学社会科学基金重点项目《优化司法职权配置研究》（2020 年）。就司法体制改革建言，他先后二十几次深入陕西、甘肃、湖南等地的基层检察院调研，撰写了调研报告《论司法责任制综合配套改革》。报告指出，应改革法院、检察院的管理模式，突出司法职权的主业地位；改革人员结构和考核制度，充实一线办案力量。后该报告发表于权威期刊《中国法学》。该建议报送给最高人民检察院并受到高度重视，最高人民检察院前检察长、现最高人民法院院长张军批示："智辉同志的思路、意见重要、中肯，请在队伍建设、用人导向、检察工作管理，落实司法责任制等工作中认真研究，改进工作。"《检察日报》、正义网、最高人民检察院公众号等诸多媒体对此多次予以报道，引发了强烈反响。基于前述调研报告撰写的《关于全面落实司法责任制的建议》获评最高人民检察院检察基础理论研究成果一等奖、湖南省委宣传部"第二届湖湘智库研究优秀成果"等多个奖项。

在刑事诉讼法学方面，张智辉教授最早将"量刑建议"作为刑事诉讼法学的研究重心之一。早在 20 年前张智辉教授就组织检察理论研究所的专家对量刑建议问题进行专题研究，并在《检察日报》《法制日报》上组织了整版有关量刑建议问题的讨论，促进了检察机关量刑建议工作的开展和最高人民法院对量刑问题的重视。对于"认罪认罚"，张智辉教授较早提出在程序上应当从简、在实体上应当从轻的观点，与后来 2012 年修改后的《刑事诉讼法》关于简易程序的规定高度契合，即对认罪案件，除特殊情况外，都可以适用简易程序审理，对不认罪案件适用普通程序审理。他在 2000 年协助主编完成了国家哲学社会科学研究规划基金资助的重点课题《庭审改革后的公诉问题研究》；2003 年主持召开了"预防超期羁押与人权保障研讨会"；2006 年主持完成了国家哲学社会科学基金项目《刑事非法证据排除规则研究》；2009 年主持完成了福特基金会资助项目《辩诉交易制度比较研究》;2011 年主持完成了丹麦人权研究中心资助项目《附条件不起诉制度研究》。此外,张智辉教授还主持完成了《认罪案件程序改革研究》《强制措施立法完善》《简易程序改革研究》等刑事诉讼方面重要课题的研究。作为最高人民检察院刑事诉讼法修改研究的职能部门负责人,张智辉教授参与了 2012 年《刑事诉讼法》修改后期的部门协商工作。此外,张智辉教授在 1999 年就提出了刑事司法的理性原则,2005 年提出了检察机关有权介入死刑复核程序的观点,2006 年提出了“二审全面审理制度应当废除”的观点等,都受到了有关领导机关和刑事诉讼法学界的广泛关注。

纵观张智辉教授的学术研究,打通理论与实践,勾连思想与现实,穿梭于“庙堂”与基层,以刑法为中心,涵盖了刑法学、国际刑法学、刑事诉讼法学、犯罪学、检察学等广博领域的前沿议题。他不仅关注刑事法学领域诸多重大问题,并且强调其中的密切关联,将刑事一体化思想融会贯通,形成了自己独特的学术风格,被誉为“刑事一体化的践行者”。

三、驰誉学林　惠泽桃李

“居高声自远,非是籍秋风。”张智辉教授在学术与实践上取得累累硕果,其成就也获得了学界与社会的公认。2005 年,《当代中国法学名家》出版,张智辉教授入选首批“当代中国法学名家”,功勋立于邦国,声誉驰于学林。法学界也对其学术成就和学术风格多有赞评。

他的导师、我国著名刑法学家、人民教育家高铭暄教授在为他的博士论文《刑法理性论》所写的《序言》中说道:“我一直认为,刑法学是一门理论性和实践性都很强的法律科学,要想在刑法科学的研究中有深邃的造诣,就必须在掌握坚实宽厚的法学基础理论和系统全面的刑法学知识,加强理论思维的同时,时刻关注刑事立法和司法实践的进展,善于发现新情况,研究新问题。”张智辉教授就是这样一位沟通理论与实践的开拓者。“他对刑法哲学的研究,不是从理论到理论进行纯粹逻辑演绎式的研究,而是充分运用其长期关注和深入了解司法实践的特长,仔细地用刑法哲学的原理分析探讨和解决刑法适用中存在的现实问题。在《刑法理性论》一书中,张智辉再次显示了其研究的特长,不仅利用其深厚而广博的理论素养,深刻揭示了理性之于刑法的价值与功效,以及刑法理性的准确内涵与发展规律，并提出了理性在刑法中的贯彻途径，而且运用刑法理性的基本原理全面深入地研究评析了我国当前刑法立法和刑事司法的理性表现与不足，在此基础上提出了刑法改革的价值取向。”在字里行间，高铭暄教授对他的这位爱徒的夸奖之情溢于言表。

最高人民检察院原副检察长、中国法学会副会长、中国法学会学术委员会副主任、最高人民检察院咨询委员会主任朱孝清在《人民检察》2020 年第 5 期发表《独具特色的刑事法研究——评张智辉著作〈刑事法研究〉（五卷本）》，其中在评价张智辉教授的《刑事法研究》时强调：“由一位学者撰写这样一部鸿篇巨著，在我国法学界极为少见。”“著作独树一帜，独领风骚于法学著作之林，成为刑事一体化研究的一座里程碑，并必将成为传世之作。张智辉同志也成为贯通中外刑事法研究的大家”。朱孝清以“融会、贯通、理性、前瞻”四个关键词具体总结了张智辉教授的治学风格，高度赞誉张智辉教授有“作者广阔的研究视野、强烈的问题意识、前瞻的学术思想和严谨的思维逻辑”。朱孝清还详细分析了张智辉教授独特学术风格形成的原因，这包括高度的理论自觉、深厚的理论功底、特殊的工作经历、异常勤奋刻苦的奋斗精神，等等。尤其是他“这种既从事研究工作又从事实务工作的经历，使其与专门从事科研、教学的同志相比，更了解司法实务对理论的所需所盼，且司法实务必然要求其对有关领域进行全方位的研究，而不应局限于某一学科；与绝大多数司法人员相比，他深厚的理论功底又使其能够在刑事法领域纵横驰骋，在理论上取得重大建树”。

中国刑事诉讼法学研究会会长、中国政法大学教授卞建林在 2020 年 3 月 7 日《检察日报》发表《推动刑事法学研究之融通发展——评张智辉〈刑事法研究〉丛书》，该文章指出：“《刑事法研究》丛书敏锐地捕捉了具有时代特征的重大刑事法学问题，无疑是一部应时之作，它在我国刑事法学领域写下了浓墨重彩的一笔，对于完善我国刑事法学研究与实践均有着十分重要的价值。”“《刑事法研究》丛书（共五卷）是将刑事一体化思想融会贯通的集大成之作，是我国法学界一部系统地专门以刑事法学为研究对象的著作，具有里程碑意义。”该文章系统梳理了《刑事法研究》丛书的三个鲜明特点，即融通学科联系，打破了刑事法学学科的壁垒，改变了长期以来刑事法学学科各自为战、缺乏互动的研究状况，对完善新时代中国特色社会主义的刑事法学研究体系大有裨益；立足中国国情，基于对我国社会现实与司法现状真切的了解，提炼了刑事法领域诸多重大问题，并对相关问题作出理论回应；放眼国际视野，对域外理论与制度进行了解译，对域外学术研究的最新成果进行了适当汲取，生动展现了制度的多样性与多元性，具有很高的参阅价值。该文章还提炼了《刑事法研究》丛书的时代意义：一是理论视野开阔，具有宏大的理论开创意义；二是实践品格突出，具有重大的实践指导意义；三是检察特色鲜明，具有重要的改革参考意义。

最高人民检察院检察理论研究所原所长、中国法理学研究会副会长谢鹏程在《检察学的传承和开拓——评张智辉教授的〈刑事法研究〉（第五卷·检察学）》中集中分析了张智辉对检察学发展的贡献："他的检察学研究大致可以分为两个阶段，前十年主要研究检察机关宪法定位的合理性，后十年主要研究检察权的合理配置。这两个阶段的研究成果不仅代表了当时的最高学术水准，而且对当前和未来的检察学研究都是一座富矿。如果说王桂五先生是中国检察学的拓荒人和创始人，那么张智辉教授就是中国检察学的传承者和开拓者。"

中国刑事诉讼法学研究会原副会长、北京师范大学刑事法律科学研究院教授宋英辉在《"刑事一体化"的践行者——读张智辉〈刑事法研究〉有感》一文中梳理了"刑事一体化"的学术谱系。该文指出德国刑法学家弗兰茨·冯·李斯特提出整体刑法学的观点，在国内甘雨沛教授最早提出了"全体刑法学"，储槐植教授则提出"刑事一体化"。张智辉教授则是"刑事一体化"的践行者，《刑事法研究》正是践行"刑事一体化"理念的体现。"其在立场上倡导理性地对待犯罪问题，在方法上倡导多视角研究犯罪及其对策。概览《刑事法研究》，不觉中把笔者带入四十年来理论进步和学术变迁的回顾之中，其中的真知灼见和超前洞见令人印象深刻，悠悠不尽。"文中高度肯定了张智辉教授的学术影响力："就张智辉教授涉及的领域而言，覆盖了刑事法学的各个门类，可谓学富五车；就其所著的数量而言，可谓著作等身；而就其成果的思想广度和实践深度而言，还可谓意在笔先、力透纸背。"

在最高人民检察院为司法改革担当奋斗之后，张智辉教授选择了加盟湖南大学，成为一名教师和专职研究者。他与湖南大学结缘甚久。2002 年春，湖南大学法学院首任院长刘定华等来到最高人民检察院检察理论研究所，提出了院所合作培养法律人才的构想。张智辉教授作为检察理论研究所的所长欣然允诺,从此与湖南大学结下不解之缘。当年,湖南大学校长王柯敏向张智辉教授等三位检察理论研究所的研究人员颁发了兼职教授的聘书,开始联合培养硕士研究生。2010 年邱兴隆教授加盟湖南大学后创办了“岳麓刑事法论坛”,张智辉教授应邀参加了每一次论坛,并多次到湖南大学法学院做学术讲座。2014 年,湖南大学校长赵跃宇在著名法学家李步云教授的陪同下到北京邀请张智辉教授加入湖南大学。湖南作为近代中国英雄豪杰辈出之地,又有岳麓书院这一千年学府的深厚历史底蕴,张智辉教授在诸多学校的邀约中,郑重接受了湖南大学的邀请。此后,张智辉教授正式成为湖南大学特聘教授,在湖大指导博士生、硕士生,并亲自给本科生讲课。

加盟湖南大学之后,张智辉教授与湖南大学刑事法律科学研究中心的其他同仁一起将湖南大学刑事法律学科迅速提升到一个新台阶。在他的率领下,“湖南大学国家腐败预防与惩治研究中心”顺利入选“中国智库索引”(CTTI),成为全国重要的法律智库。邱兴隆教授去世后,张智辉教授会同谢佑平教授等湖南大学学者,以湖南大学名义继续组织主办“岳麓刑事法论坛”,将这一刑法学界公认的学术品牌延续光大,也提升了湖南大学的学术影响力。

张智辉教授在学术研究中尤为注重基础理论,指导学生也特别要求“对于刑法经典要注重其逻辑内涵,多读几遍。无论做学问还是做人,不要浮躁,心要静下来,多读、多写,从事学术研究从来没有什么捷径可走,唯手熟尔”。他言传身教,从严律己。每次学术会议,张智辉教授都以一种虔诚的态度面对会议的学术交流,那一本本厚重的会议笔记也在无声地叙说着其严谨的学风。

张智辉教授亲自讲授本科的“入学导论”课程,多次应邀给法学新生开讲入门讲座,以便提高同学们对法学的认知,帮助同学们更好地步入法学的大门,顺利开启法学学习征程。在讲座中,他结合自身丰富的阅历,以鲜活的故事为例给同学们提出宝贵建议,并强调作为法律人,不仅要具有法治思维,也要掌握法律原理,并且关注法治实践,培育法治信仰。

此外,张智辉教授多次给研究生讲授法学研究方法与法学论文写作。他认为,学习和研究法律,应当坚持一个基本立场、学会一个方法、善用一个工具。

张智辉教授强调,学习和研究法律,首先一定要敬畏法律、尊重法律尤其是本国法律。学习和研究的重点应当是如何理解和应用法律,而不仅是指责批判本国的法律。即使是分析法律条文中存在的漏洞，也应当是善意的、建设性的，而不应当是怀着全盘否定的心态来指责。既要尊重法律条文的字面含义，也要尊重法律条文背后的立法精神。解决法律问题，切不可脱离法律条文。对于刑法问题的研究，一定要从刑法条文出发，学会理解法律条文的规定和精神，再以法律条文为基础，去解决现实中的法律问题。学术研究应当从中国国情出发，借鉴国外的有益经验，把国际视野与本土资源相结合，来重点解决中国问题。在学习借鉴的过程中，应当注意到国情的不同，切不可完全照搬国外的制度。

张智辉教授特别强调用实践理性的分析工具来分析理论上的是是非非。比如，对刑法中的任何理论问题提出的观点，对任何具体刑事案件的分析结论，除了看其是否符合刑法的基本原理和相关的法律规定外，还应当从三个方面去判断其实践的合理性：第一，是否符合主流文化认可的社会伦理；第二，是否符合普通人认同的常识；第三，是否具有具体适用的可操作性。离开了实践理性的衡量标准，就很难说某种观点是正确的、有价值的。

湖南大学 2019 级博士生姜娇同学深有感触地说："张老师治学严谨，要求严格，能深入了解学生的学习和生活状况，循序善诱，平易近人。授课时注意启发和调动学生的积极性，课堂气氛活跃，上课例题丰富。能够不厌其烦，细心讲解，使学生受益匪浅。作为刑法学研究的资深专家，张老师会耐心回答同学们提出的各种关于刑法学研究的问题，详细论述自己独到的见解，对学生学术能力的提高具有深远的影响。"

张智辉教授走过的七十年非凡人生，是他个人奋斗的成就，也是法治之路跌宕起伏、壮阔展开的见证。他在《刑事法研究》的自序中这样说道："一个人的学术道路和学术思想总是不可避免地印着他所处时代的烙印。我们这一代人处在新旧交替的改革年代，我们的学术研究无论在内容上还是在深度上都难以避免地带有这个时代的特殊性和局限性……学术上的每一个成就，一方面离不开部队的锤炼、老师的教诲、领导的要求、同学同事的帮助、家人的支持；另一方面离不开改革开放的时代所提出的研究课题、所提供的学术环境，以及研究空间供给的学术资源。"他深度参与了这个大变革时代的司法改革，并以自己的学术理性回应了时代发展。

下部 学术思想:追寻刑法理性 建构学术体系

张智辉教授的研究领域主要是刑法学、诉讼法学、犯罪学和检察学,他也是国内早期系统研究刑事责任理论、国际刑法、犯罪学、被害人学的学者。

张智辉教授崇尚理性,践行刑事一体化,他强调刑事法律科学的协调发展,主张刑法学的研究应当同犯罪学和被害者学的研究有机地结合起来,国内刑法的研究应当同国际刑法的研究有机地结合起来,刑事实体法的研究应当同刑事程序法和刑事执行法的研究有机地结合起来,对犯罪行为的规范性研究应当建立在对犯罪过程和原因进行实事求是分析的基础之上,对犯罪的法律制裁应当建立在正当程序和注重效果的基础之上,从而保证刑法适用的合理性和有效性。基于这种认识,张智辉教授主张全方位地研究刑事法律问题,多视角地寻求预防犯罪的对策。

张智辉教授的学术思想主要集中在以下几个方面。

一、刑法学领域:践行刑事一体化 追寻刑法理性

(一)刑法理性问题:刑法哲理思辨 贯彻刑法体系

在刑法学研究中,我国学者普遍关注的是犯罪行为本身以及犯罪构成和定罪技巧,极少对刑法学进行哲学层面的思考。张智辉教授的博士学位论文《刑法理性论》(北京大学出版社 2006 年版)受到国务院学位委员会专家们的高度评价,被评为全国优秀博士学位论文,这也是他的一部代表性学术著作。《刑法理性论》一书从刑法的目的性出发,运用哲学思维,注重对理性这一刑法学基本理论问题的研究,使刑法理论的研究进一步深化。这丰富了我国刑法哲学的内容,对于构建我国的刑法理论体系起到了积极的推动作用。我国著名刑法学家、“人民教育家”高铭暄教授在给《刑法理性论》一书所作的序言中这样评论道:“张智辉很早就研究刑法哲学问题。但他对刑法哲学的研究,不是从理论到理论进行纯粹逻辑演绎式的研究,而是充分运用其长期关注和深入研究了解司法实践的特长,仔细地用刑法哲学的原理分析探讨和解决刑法适用中存在的现

实问题。”

1. 刑法为什么需要理性

张智辉教授认为,刑法是以人类的理性来解决社会纷争所形成的规则,是凝结在规则中的理性。刑法是人类社会最早选择的法律,刑法本身是人类理性的产物。只有当人们认识到社会需要控制报复的欲望、需要把对犯罪的制裁限制在一定范围内时,才会有刑法。刑法的发展史是一部人类理性进化史。随着人类对犯罪认识的深化和人类文明的发展而不断寻找更有效的制裁手段的过程,人类从本能报复向理智惩罚演进。刑法的每一步发展,都标志着人类从本能报复走向理智制裁的进化,都意味着人类在对犯罪设定和追究刑事责任的过程中更加理智地控制人类感情,更加理智地选择实现目的的手段,而不断减少以恶止恶的传统,更多地、更自觉地以善止恶。刑法在其历史发展的各个阶段,始终表现出理性色彩,或者说它始终是受它那个时代的人类理性支配的。尽管在不同的刑法制度中,理性的表现形式不尽相同,理性化的程度相差悬殊,但是刑法始终具有限制刑罚、遵循目的、追求公正这样一些理性特征。刑法正是在惩罚与保护的理性选择中实现自己的存在价值,并不断为自己的存在开辟道路。[①] 刑法在其历史发展中,不断地显示出统治者在报复的欲望与保障人们免受不必要的侵害之间克制与妥协的理性。所以,理性对于刑法是非常重要的,刑法的产生和存续都需要理性的指引。

张智辉教授指出,刑罚的“双刃性”需要理性的制约。刑罚作为禁止人们危害社会的手段,本身就能给人造成危害的后果,因此,刑罚本身具有“双刃性”。刑罚的“双刃性”决定了刑法在运用刑罚同犯罪作斗争的时候,必须在惩罚犯罪与保护人权之间进行理性选择,以维护社会的稳定。刑法作为“以恶止恶”的制度性设定,在运用刑罚惩罚犯罪时,如果运用不当,就可能成为社会的灾难。为避免这种情况的出现,就必须使刑法在理性设定的必要、合理的范围内出现并发挥其功能。从刑法的保障机能来看,刑罚权的发动必须限制在刑法规定的范围之内,以便使没有犯罪的人不受报复行动的伤害、使犯罪的人不受其应得的报复之外的伤害,从而满足人们在社会生活中保障各自权利的需要。法治原则

---

① 参见张智辉:《刑法理性论》,北京大学出版社 2006 年版,第 1 – 30 页。

对刑法保障机能的追求，正是刑法理性的再现。[1]

张智辉教授还认为，刑法适用的多样性使刑法不得不依赖于人类理性。理性不仅表现在刑法本身，不仅是对刑事立法的要求，而且要通过刑事司法来实现，贯穿于刑法的制定、适用和执行的整个过程。[2]

2. 关于刑法理性的基本内涵

张智辉教授认为，刑法理性的基本内涵有三个方面。

（1）刑法的目的性

张智辉教授认为，刑法的制定和运用，必须符合刑法目的的内在要求，才具有合目的性，才能够在刑法的制定和运用中达到刑法所追求的结果。而刑法目的的内在要求主要是：第一，应当以危害社会的行为为对象；第二，应当以危害行为的可预防性为前提；第三，应当以危害行为的可责性为基础；第四，刑法的运用必须控制在绝对必要的范围内；第五，刑法的运用必须保持在相对合理的限度内。

（2）刑法的合理性

张智辉教授认为，只有在为了维护现存社会生存条件而需要动用刑法的时候和地方，刑法按照现实社会为其规定的价值追求而出现，才具有合理性。刑法存在的合理性的根本依据和评价标准在于现实社会的需要。刑法的合理性包括三个方面：一是价值合理性。价值合理性包含刑法存在的必要性和价值选择的兼顾性两个方面。前者既表现为刑法中每一个规范的设定对于维护社会的根本价值都是必须的和正当的，也表现为刑法在具体适用的每一个场合都是正确的和具有充分理由的。后者则表现为刑法在保护社会利益与保障个人权利、维护社会秩序与保障个人自由、惩罚犯罪者与安抚被害人等不同价值之间，保持必要的平衡。二是逻辑合理性。刑法规范的设置要符合其内在的逻辑，其所确立的精神在刑法中保持前后贯通和始终一致。逻辑合理性包括用语明确、精神一致、罪刑均衡、规范稳定四个方面。三是程序合理性。刑法的具体适用有可预测的、符合公平正义要求的诉讼程序，保证有罪的人受到应有的惩罚和

---

① 参见张智辉：《刑法理性论》，北京大学出版社 2006 年版，第 33 页。

② 参见张智辉：《刑法理性论》，北京大学出版社 2006 年版，第 33 - 34 页。

无罪的人不受刑罚处罚。程序合理性包括四个方面的内容,即诉讼过程的规则设计和具体实施,能够有利于发现真实;能够保障刑法适用的严肃性;能够保障用刑适当;能够防止追诉权的滥用。

(3)刑法的节制性

张智辉教授认为,刑法的制定和适用在范围和程度上要受到人类理性的控制。刑法的节制性主要表现在三个方面:一是谦抑;二是宽和;三是人道。刑法谦抑包括政策上的宽容性、立法上的谨慎性和司法上的非犯罪化。刑法宽和的核心是反对重刑主义,主张轻刑,有条件地减轻处罚和免除处罚,有条件地适用缓刑。刑法人道就是在刑法的制定、适用以及刑罚执行等各个环节,体现爱护人的生命、尊重人的人格尊严和自由权利的道德精神。①

3. 刑法理性在刑法立法和司法中的体现

张智辉教授认为,刑法理性应当始终贯彻在创设刑法的立法思想、立法过程和立法结果等要素中,通过各要素的理性保障刑法存在的合理性。张智辉教授提出,在立法思想上,应当贯彻罪刑法定原则,充分反映市场经济对公平的要求,维护和引导人民的公平观,反对重刑主义;在刑法立法过程中,要坚持立法动议的谨慎性、立法过程的民主性和立法活动的程序性;在立法结果方面,要体现立法精神的一贯性、规范设计的科学性、具体内容的合理性和法律用语的规范性。②

刑事司法活动中的理性,是刑法理性的集中体现:一是始终如一的目的性,即刑事司法应当始终按照刑法目的的要求适用刑事法律;二是事实认定的客观性;三是刑法适用的合理性,即在司法中充分考虑法律原则和案件的具体情况,公平合理地适用刑法;四是刑法适用的节制性,即严格遵守实体法和程序法。在刑事司法活动中坚持理性原则,重点应当从严格依法、节制司法和公正司法三个方面入手,树立理性的司法理念,制定理性的刑事司法政策,完善合理的司法制度,规范刑事司法行为。③

---

① 参见张智辉:《刑法理性论》,北京大学出版社 2006 年版,第 35 - 102 页。

② 参见张智辉:《刑法理性论》,北京大学出版社 2006 年版,第 205 - 256 页。

③ 参见张智辉:《刑法理性论》,北京大学出版社 2006 年版,第 257 - 301 页。

（二）刑事立法问题：完善刑事立法　促进良法善治

张智辉教授时刻关注刑事立法的最新进展。他在我国最早提出了“刑法立法的明确性原则”。[①] 张智辉教授对刑事立法问题的研究成果颇丰，他发表了《论刑法立法的价值取向》《重刑刑事政策对反酷刑立法的影响》《提高刑法立法的科学化程度》《受贿罪立法问题研究》《国际刑法的国内立法研究》《论刑法立法的价值取向》《试论网络犯罪的立法完善》等多篇有关刑事立法问题的研究成果，其中有的被全国人大内部参考资料或人大报刊复印资料转载。

张智辉教授主张刑法立法是建设社会主义法治国家不可或缺的一个重要方面。刑法立法如何适应国家治理体系和治理能力现代化的要求，促进良法善治，始终是刑法发展的重大课题。他认为未来刑法立法的价值取向，应当坚持以下三个方面：(1)坚持刑法立法的危害性原理，严格控制犯罪圈的扩张。危害性原理是刑法正当性的根据，是程序公正的必然要求。面对现实社会中的问题，刑法立法应当考虑三个因素，即行为的危害性、法律体系的协调性、刑罚制裁的必要性。(2)坚持刑法立法的科学化，进一步完善刑法规范体系，构建科学合理的、与犯罪严重程度相适应的刑罚结构体系。(3)坚持刑罚的轻缓化，改造“处十年以上有期徒刑、无期徒刑或者死刑”的立法模式，把死刑的适用对象严格限制在“罪行极其严重”的范围内。[②]

张智辉教授特别强调刑法立法的科学化。刑法立法科学化的基本标志有：一是法网严密，即刑法中规定的犯罪构成能够涵盖社会上存在的和可能出现的各种类型的犯罪；二是结构合理，即刑法关于犯罪与刑罚的规定具有科学的分类和恰当的搭配，能够用同一个原理统领和解决相同的问题，能够按照犯罪行为的危害程度构成一个严密的阶梯体系而防止某些犯罪行为的遗漏；三是罪刑均衡，即对每一个犯罪所规定的刑罚都能够罚当其罪。他认为，刑事立法要科学合理，才能更好地发挥刑法在社会治理中的功能作用。刑法立法的科学化主要包括以下三个方面。

---

① 参见张智辉：《论刑事立法的明确性原则》，载《法学研究》1990 年第 6 期。

② 参见张智辉：《论刑法立法的价值取向》，载《湖湘法学评论》2021 年第 1 期。

第一,刑法立法的明确性。针对当时刑事立法中流行的"宜粗不宜细"的指导思想,张智辉教授早在1991年提出的刑事立法明确性原则,对刑事立法指导思想的转变起到积极的促进作用。他认为,现代法治国家普遍承认刑法不具有明确性,即没有法律效力。刑法的存在和延续是以其具有明确性为前提的,明确性是刑法存续的保障。明确性原则对刑事立法的基本要求主要有四个方面:(1)刑事立法应当用明了无误的语言公开宣布刑罚的基本原则,并在有关条文中准确明了地表达立法意图,避免误解。(2)刑事立法使用的语言应当通俗、规范,用词准确,刑法的用语不能含混不清,更不能有两种以上的解释。(3)刑法的任何规定,都应当具有明确固定的适用范围,而不应当赋予执法者在这一方面任意决定的权力。(4)刑法的明确性原则要求在刑事立法的过程中尽可能减少任意性规范,尽可能缩小法官自由裁量的范围。一方面,应当消除对同一行为规定两种以上罪名;另一方面,对同一种犯罪规定的法定刑幅度不应当过大。①

第二,刑法立法的协调性。刑法规范体系的内在统一性、协调性对于保持刑法规范在整体上的合理性尤为重要。这是刑法科学化的显著标志。提高刑法立法的科学性,就要着力解决刑法规范体系内在的协调性问题:一是要进一步完善刑法条文设计的严密性,构建科学的犯罪构成体系;二是要着力解决刑法制度的协调性问题,构建原理相通的刑法规范体系;三是要科学设置法定刑,构建公平合理的罪刑关系阶梯。

第三,刑法立法的公平性。早在20世纪90年代,张智辉教授就提出了刑法的公平观。他认为,对某种犯罪的规定以及对之规定的刑罚、对不同犯罪主体的刑事追究,如果符合当时社会人们普遍信奉的公平观,便会被视作合理、公正的;如果不符合当时社会人们普遍信奉的公平观,便会被众人所憎恶和反抗,刑法的制定和适用也往往是适得其反,导致更多更严重的犯罪。刑法的公平观,不是要求刑法适用主体与适用对象平等,而是要求刑法应当在必要的情况下适用于必须适用的对象,而不能选择性地适用或者滥施刑罚;在解决人的刑事责任问题时,应当对所有犯罪主体实行一视同仁的平等原则,不能仅因为身

---

① 参见张智辉:《论刑事立法的明确性原则》,载《法学研究》1990年第6期。

份的不同而实行区别对待；在对不同性质的犯罪规定刑罚时，应当在它们之间根据社会危害的程度保持基本均衡，避免畸轻畸重。

张智辉教授不仅从宏观层面对刑事立法问题有着深入的思考，他对具体个罪的立法问题也有着独到的见解。他在《受贿罪立法问题研究》一文中指出：我国刑法关于受贿罪的立法，在立法思想上存在矛盾，对受贿罪的犯罪对象规定的范围过窄，对受贿罪与行贿罪的关系处理不当，过分强调受贿数额对受贿罪法定刑的影响。这些问题在一定程度上影响了刑法在惩治贿赂犯罪方面功能和作用的发挥，有必要从立法层面上研究解决。解决这些问题，既是有效地打击贿赂犯罪的需要，也是我国刑法与《联合国反腐败公约》相衔接的要求。① 这篇文章中的部分建议被《刑法修正案（九）》采纳。

关于如何完善网络犯罪的刑事立法，他认为，首先应当着眼于修改完善已有的刑法规定，使之更具严密性、合理性，以适应有效惩治网络犯罪的需要。同时应该把司法实践中超越司法解释权限但具有合理性的解释性规定上升为刑法规范。制定新的刑法规范，应当从三个方面入手：对于编造、传播虚假信息的行为，有必要规定为一个独立的犯罪，但应当进行整合，防止罪名过多，也防止出现漏洞；对于网络犯罪的预备行为，应该遵循已有立法的规定方式，根据其目的行为所构成的犯罪来处罚，而没有必要规定为独立的犯罪；对于由单位实施或者以单位名义实施的网络犯罪，应当视为自然人犯罪，直接处罚有关的直接责任人员，而不宜作为单位犯罪来规定。②

（三）刑事责任问题：把握刑法根本　合理科以刑责

张智辉教授从 1981 年撰写《过失犯罪负刑事责任的理论根据》时起，就开始研究刑事责任问题，他是国内较早系统地研究刑事责任问题的学者。他在攻读硕士学位期间就翻译了《英国刑法导论》《肯尼刑法原理》等书中有关刑事责任的章节。1986 年，张智辉教授在《法学季刊》（原为《西南政法学院学报》，现为《现代法学》）第 2 期发表了《我国社会主义刑事责任理论初探》一文。1989

---

① 参见张智辉：《受贿罪立法问题研究》，载《法学研究》2009 年第 5 期。

② 参见张智辉：《试论网络犯罪的立法完善》，载《北京联合大学学报（人文社会科学版）》2015 年第 2 期。

年,张智辉教授在法律出版社出版的《中国刑法的运用与完善》一书中发表了《罪过问题》。1995 年,张智辉教授在《公安大学学报》第 6 期上发表了《论刑事责任根据之争》一文,在警官教育出版社出版了《刑事责任通论》。“人民教育家”高铭暄教授曾指出:张智辉的新著《刑事责任通论》把刑事责任问题的研究“推向一个新的高度”。1996 年,张智辉教授在《刑事责任通论》基础上改写的《刑事责任比较研究》一书在我国台湾地区的五南图书出版公司出版。此后,他还撰写了《论身份对刑事责任的影响》(发表在王作富教授主编、群众出版社 2000 年出版的《刑事实体法学》一书中)、《论刑法中的伴随行为》(发表在《法律科学(西北政法学院学报)》1999 年第 4 期)、《单位犯罪的刑事责任》、《责任刑罚原则》等论文。①

张智辉教授认为,在刑法的制定和适用过程中强调犯罪人的刑事责任,有助于限制刑事立法者和刑事司法者凭借自己的任性和感情冲动来任意制定刑法规范和任意定罪,保持刑法制定和适用的合理性,也有助于教育犯罪人深刻认识犯罪的法律后果,提升民众的社会责任感。

1. 关于刑事责任在刑法中的地位

张智辉教授认为,刑事责任问题是世界各国刑法中共同的根本性问题,刑事责任理论是构建整个刑法理论大厦的支柱。

(1)刑事责任在刑法典中的地位。首先,其体现为责任原则是刑事立法的基本原则。没有刑事责任的理念就没有刑法中关于犯罪的设定。只有当立法者认为需要用刑法的手段来禁止这种行为,亦即需要对这种行为规定刑事责任时,才会将其规定为犯罪,赋予其犯罪的法律特征。其次,刑事责任是刑法典的主干,在构建刑法典体系中居于重要地位。

(2)刑事责任在刑事司法中的地位。刑事司法系统的一切职能活动,都是围绕被告人的刑事责任问题进行的。同时,责任原理也是刑事司法的基础,刑事责任的法律规则对于刑事司法机关的职能活动具有直接的约束力。

(3)刑事责任在刑法理论中的地位。刑事责任理论所揭示的是刑法的基本原理,在功能价值上具有基础理论的意义,应当置于犯罪论之前,而不能置于犯

---

① 参见张智辉:《理性地对待犯罪》,法律出版社 2003 年版,自序第 3 页。

罪论与刑罚论之间。

2. 关于刑事责任的概念问题

张智辉教授首次把刑事责任定义为体现国家对犯罪的否定性评价并由犯罪人来承受的刑事上的负担,从而改变了用法律责任来定义刑事责任的传统(刑事责任是犯罪人因犯罪行为而应承担的法律责任),并被以后研究刑事责任问题的多数学者所认可。张智辉教授认为,犯罪是引起刑事责任的法定事由,刑事责任则是在法律上为犯罪设定的后果;刑事责任反映了国家对犯罪的否定性评价,这种否定性评价不是单纯的道德评价,而是上升为国家意志的法律评价;刑事责任最终表现为一种刑事上的负担,只能由犯了罪的人来承担。

把刑事责任归结为一种负担,要比把刑事责任归结为一种责任、后果、义务、处罚更可取。像以前的学者那样把刑事责任归结为责任,不符合下定义的规则,使人无法理解刑事责任究竟是什么;把刑事责任归结为法律后果,或者把刑事责任归结为刑罚处罚,容易混淆刑事责任与刑罚,使人分辨不出二者的区别;把刑事责任归结为义务,容易造成概念上的混乱,因为义务与责任是两个不尽相同的法律概念,义务只有当其作为违反法律规定的义务而被迫承担"付出代价"的义务时才是责任,其他意义上的义务并不是责任。把刑事责任归结为一种负担,就可以避免上述遗憾,同时又指出了刑事责任的实在性。

3. 关于刑事责任的要素

张智辉教授认为,刑事责任的基础、根据和主体是决定刑事责任存在的三大要素,作为刑事责任基础的危害行为与作为刑事责任根据的罪过的结合使刑事责任得以产生,刑事责任主体则是刑事责任这样一种法律负担施加的对象,是刑事责任附着的实体。这三个要素的同时存在和有机结合,就使刑事责任得以产生和存在。

决定或者影响刑事责任程度的因素,主要是行为的性质、行为的方式、行为的后果、行为的原因、行为对象的特点、行为的时间和地点、行为人的精神障碍程度、行为人的罪过形式、行为人的认识状况、行为人的意志力等,通过对这些因素的综合考察和评价就可以确定具体场合下行为人应负的刑事责任的程度。

不同因素对刑事责任的制约程度是不同的,张智辉教授根据各种因素对刑事责任的制约程度,将决定或影响刑事责任程度的因素分为三个序列:第一序列包括行为的性质和罪过的形式，这些因素决定刑事责任的主干；第二序列包括行为的基本方式、直接结果和罪过的基本内容，这些因素可以决定刑事责任程度的基本框架；第三序列包括行为的非基本的方式、间接结果和其他后果、行为的原因、罪过内容中非基本成分，这些因素可以影响刑事责任的程度。

对刑事责任程度进行综合评价，首先要全面考察决定或影响刑事责任程度的各种因素的有无及其具体内容；其次着重分析各种因素对行为的危害程度或者行为人的罪过心理的可责程度的影响；最后在上述考察的基础上综合评判刑事责任的程度。①

4. 关于刑事责任的基本原则

刑事责任基本原则的理论根据是实现刑法目的的需要和刑法正当化的要求。刑事责任的基本原则既要符合禁止和预防犯罪、保卫社会整体利益的客观需要，也要符合现代法律关于保障基本人权的立法精神；既要有利于保障设定和追究刑事责任的活动的效能，又要保持自身的合理性。张智辉教授认为，刑事责任的原则不仅是追究刑事责任的活动应当遵循的准则，而且应当是设定刑事责任的活动应当遵循的准则，因而不可能是单一的，而应当是多元的。他将刑事责任的基本原则归纳为四项：法定责任原则、行为责任原则、主客观统一的责任原则和责任刑罚原则，这四项原则有机地结合在一起，构成一个完整的原则体系，以保障刑事责任的设定和追究既符合目的性又具有合理性。②

5. 关于刑事责任理论的发展问题

张智辉教授认为，刑事责任始终受到刑法本身所固有的预防犯罪之目的的制约和支配，刑事责任是随着人们对犯罪的认识的不断深化而逐步从犯罪的客观危害向犯罪人的主体性延伸的，刑事责任的历史反映了人类对犯罪的制裁从本能到理性的进化。随着对犯罪现象的认识的不断深入，对同犯罪作斗争的经验的不断积累，人类创造了更多选择预防和禁止犯罪的方法；随着对自己设定和追究刑事责任的目的意识的不断强化，使设定和追究刑事责任的活动更加自觉地服从于预防目的的要求。刑法制度从本能到理智的每一次进化，都与人们

---

① 参见张智辉：《刑事责任通论》，警官教育出版社 1995 年版，第 266 - 333 页。

② 参见张智辉：《刑事责任通论》，警官教育出版社 1995 年版，第 334 - 372 页。

对犯罪原因的认识深化有关,都与刑事责任理论的发展有关。使刑事责任的设定和追究亦即使整个刑法制度更趋向于合理化,更有助于预防目的的实现,是刑事责任理论的价值追求,也是人类文明在刑法领域的理性选择。

二、国际刑法领域：构建独立的国际刑法学　开展国际刑事合作

国际刑法是张智辉教授刑法学术思想的重要组成部分。作为首批“当代中国法学名家”,张智辉教授是新中国首次翻译《国际刑法典草案》(该成果在20世纪80—90年代被多部著作转载和引用)①和系统研究国际刑法的学者。他的代表作《国际刑法通论》一书在翔实地介绍了现有国际刑法规范的基础上系统地论述了国际刑法的基本理论,内容涉及国际刑事管辖的各项原则、国际犯罪及其刑事责任的一般原理、国际犯罪的分类等内容;对各类国际犯罪进行了全面的论述,对国际刑法的适用模式和国际刑事合作的基本途径进行了系统的阐述,并且对完善中国的相关国际刑事立法提出了颇有见地的立法建议。

张智辉教授对国际刑法问题的研究始于1983年,且研究成果颇丰。1991年,他撰写的《论国际刑法中的几个问题》一文发表在《法律科学(西北政法学院学报)》第3期。1992年,他撰写的《论国际刑法中的普遍管辖原则》一文,发表在《法学研究》第5期;《试论国际刑法规范在国内刑法中的确认和体现》一文,发表在《法律科学(西北政法学院学报)》1993年第1期。另外,他还撰写并发表了《引渡问题研究》(发表在法律出版社1999年出版的《刑法论丛》第2卷中)、《论贿赂外国公职人员罪》(发表在中国检察出版社2001年出版的《新千年刑法热点问题研究与适用》一书中)、《论国际刑事法院的管辖权》(发表在吉林人民出版社2001年出版的《当代国际刑法的理论与实践》一书中)、《区际刑事司法协助的理性基础》(发表在2002年澳门特别行政区检察院、澳门检察律政学会联合出版的《区际刑事司法协助研究》一书中)、《国际刑法的基本问题》(发表在2003年法律出版社出版的《当代刑法理论探索》第4卷《国际区际刑法问题探索》中)、《国际刑法的国内立法研究》(发表在《现代法学》2009年第6

---

① 张智辉、刘亚平合译了《国际刑法典草案》,全文刊登在西南政法学院《国外法学参考》1984年增刊上,其中部分内容收入群众出版社1986年出版的《国际刑法与国际犯罪》和四川大学出版社1992年出版的《国际刑法概论》中。

期)等论文。

(一)关于国际刑法的独立性问题

对于国际刑法是否是一个独立的法律体系、国际刑法学是否是一门独立的法律科学,在理论界存在争论。张智辉教授认为,国际刑法具有自身的特殊性。国际刑法既不同于一般的国际法,也不同于一般的国内刑法,而是由国际法的刑事部分和国内刑法的国际部分相结合而逐渐形成的一个独立的法律体系,它有自身存在的价值和根据,因而无法为其他法律部门法所取代。当然,无论其是在产生过程中,还是在进一步发展中,国际刑法都有赖于国际法和各国国内刑法的发展。它的独立性并不意味着否定它与国际法和国内刑法之间的联系。①

(二)关于国际刑法学的理论构想

由于国际刑法学是以国际刑法为研究对象的科学,既不同于外国刑法学,又不同于比较刑法学,它所要研究的是国际公约中旨在制裁国际犯罪的各种刑事法规范。因此,张智辉教授认为,国际刑法学至少应当由三个部分组成:一是国际刑法的效力范围。通过广泛研究国际刑法的规范体系,找出对国际犯罪进行刑事管辖的规律,总结国际刑事管辖的基本原则。二是国际犯罪及其刑事责任。国际刑法学应当研究各种国际犯罪的犯罪构成及其表现形态,研究国际犯罪的刑事责任和处罚方法,还应重视对严重危害人类社会共同利益的新的以跨国形式出现的犯罪动态的研究,为创制国际社会共同制裁这类犯罪的法律规范提供必要的理论基础。三是国际刑法的适用途径。国际刑法学应当研究国际刑法与各国国内刑法的关系,研究各个国家、各个地区参与国际刑法的实践,尤其是国家之间在同国际犯罪作斗争中的刑事合作。以上三个方面,构成了国际刑法学理论大厦的三大支柱。②

---

① 参见张智辉:《国际刑法通论》(增补本),中国政法大学出版社 1999 年版,第 13 - 20 页。

② 参见张智辉:《国际刑法通论》(增补本),中国政法大学出版社 1999 年版,第 21 - 23 页。

（三）关于国际刑事管辖

20 世纪中叶以来，陆续出现的一系列国际刑法规范都对国际犯罪刑事管辖问题做了明确规定，从而构成了国际刑事管辖体系及其基本原则。归纳起来，国际刑事管辖的基本原则主要有属地管辖原则、属人管辖原则、保护管辖原则、普遍管辖原则。然而，这些原则迄今为止并没有彻底解决国际刑事管辖问题。张智辉教授就国际刑事管辖问题，提出了自己的见解。他认为，普遍管辖原则是国际刑法的基本原则，也是国际刑法赖以产生和存在的基本前提之一，它实际包容了其他管辖原则。①在按照公认的国际刑事管辖原则对国际犯罪进行管辖时，可能会出现管辖冲突的问题。对此，应当按照优先管辖权原则来解决。张智辉教授认为，国际公约在规定国际犯罪时，应当按照下列顺序对国际犯罪行使刑事管辖权：犯罪地国、犯罪人国、受害国、在其领土内发现被指控的犯罪嫌疑人的其他国家。②

（四）关于国际犯罪的概念与构成

国际犯罪是国际刑法中的基本范畴之一。由于法律制度和法律文化不同，不论是在国家之间还是在学者之间，对国际犯罪的理解都存在明显的差异，还没有一个统一的公认的解释。张智辉教授对国际犯罪所下的定义是：国际社会通过国际公约的形式予以明文禁止并确认其实施者应当受到刑事制裁的行为。③ 张智辉教授将国际犯罪的主要特征概括为以下几点：国际犯罪是国际公约明文禁止的行为；国际犯罪是在国际公约中规定了刑事制裁措施的行为；国际犯罪通常也是国内刑法中规定的犯罪；国际犯罪通常涉及一个以上的国家。

张智辉教授认为，构成国际犯罪的客观要件主要是危害国际社会共同利益而为有关国际公约所禁止的行为，主要有：直接作用于特定客体（犯罪对象）的危害行为；以某种加害相威胁的危害行为（胁迫行为）；图谋进行某种国际犯罪的行为（预谋行为）；煽动或教唆行为；参与行为；造成特定危害结果的行为。构

---

① 参见张智辉：《国际刑法通论》（增补本），中国政法大学出版社 1999 年版，第 91 - 94 页。

② 参见张智辉：《国际刑法通论》（增补本），中国政法大学出版社 1999 年版，第 96 - 99 页。

③ 参见张智辉：《国际刑法通论》（增补本），中国政法大学出版社 1999 年版，第 104 页。

成国际犯罪的主观要件，也称心理要件，是指犯罪人在实施国际犯罪行为时对该行为或其结果的心理状态。国际犯罪是以个人的犯罪行为为基础的，国际犯罪的刑事责任是以“个人的刑事责任”为基本原则的。国际犯罪的主体主要为实施国际犯罪行为的个人，包括以个人的犯罪行为为基础的有组织犯罪中的犯罪组织。

（五）关于国际犯罪的刑事责任

实施国际犯罪的人依照国际刑法所承担的刑事责任，与实施国内刑法上的犯罪的人依照国内刑法所承担的刑事责任，在“刑事责任”这一点上，无论是刑事责任的法律性质，还是刑事责任的具体内容及实现方式，都没有实质性的区别。因此，张智辉教授明确表示反对“国际刑事责任”的提法。他认为，国际犯罪的刑事责任，既不是“国际上的”刑事责任，也不是“国际性的”刑事责任，而是国际犯罪的主体依照国际刑法和有关国家的国内刑法应当承担的刑事责任。这种刑事责任，与国内刑事责任一样，都表现为接受刑事审判和承担刑罚处罚的法定义务。至于国际犯罪的刑事责任原则，张智辉教授认为，对于已经发生的国际犯罪，应当按照有罪必罚原则、个人责任原则、罪刑均衡原则、双重责任原则等原则来追究刑事责任。①

（六）关于国际刑法国内适用的问题

张智辉教授认为，国际刑法规范在国内刑法中的确认，既是国际刑法国内适用的前提，也是国际刑法发生效力的基础，因此，要通过立法形式将国际刑法规范在国内刑法中加以明确规定和具体化。在级别管辖问题上，追诉国际犯罪的权限，相较于追诉相应国内犯罪的权限，在每个国家都应当提高一定的档次。对于一般的国际犯罪，应当由有权管辖一般国内犯罪的司法机关的上级机关管辖；对于严重的国际犯罪，应当由更高一级的司法机关直接管辖，以保障国家刑法适用的质量。国内刑事司法系统适用国际刑法应当遵循有罪必究、程序合

① 参见张智辉：《国际刑法通论》（增补本），中国政法大学出版社 1999 年版，第 133 – 139 页。

法、判决适当规则。[1]

(七)关于中国的引渡问题

张智辉教授指出,我国的引渡立法总结了中国与外国开展引渡合作的主要做法和成功经验,反映了中国与外国签订的引渡条约的基本内容和主要精神。但是,为了保障引渡的正常进行,引渡立法应当更多地考虑如何为正常的引渡提供保障,使正常的引渡,即符合国际刑法公约和引渡条约规定的引渡得以及时顺利进行,使对国际犯罪或跨国性犯罪行使管辖权的国家能够及时有效地进行刑事诉讼,以实现惩罚犯罪的目的。为此,引渡立法的各项规定,都应当有利于让符合条件的引渡及时顺利进行,而不应当人为地给正常的引渡设置过多的障碍,以致引渡难以或者无法进行。[2]

(八)关于中国刑事司法协助

张智辉教授认为,随着我国加入的含有国际刑事司法协助内容的国际公约和我国与外国签署的刑事司法协助条约越来越多,我国与外国司法机关开展的刑事司法协助越来越广泛和频繁,制定国际刑事司法合作的国内法是一个迫在眉睫的问题。

制定国际刑事合作的国内法,其目的是有利于开展包括刑事司法协助在内的国际刑事合作,而不是限制刑事合作的进行。考虑刑事合作的所有问题,制定有关的法律规范,应当从有利于推动刑事合作开展的原则出发,保证中国司法机关在履行中国加入的国际公约或中国签署的双边条约中规定的刑事司法协助及其他刑事合作义务能够有法可依,并能按照中国法律的规定及时提供刑事合作或者及时提出刑事合作的请求。为了保证国际刑事合作特别是刑事司法协助的顺利进行,刑事合作法应当对与开展国际刑事司法协助有关的国家机关的行为作出规定,以便有关国家机关能够按照同一部法律协调运作,共同担负起刑事司法协助的职责。当然,也要看到,新的法律毕竟要有新的内容。特

---

① 参见张智辉:《国际刑法通论》(增补本),中国政法大学出版社 1999 年版,第 268 - 277 页。

② 参见张智辉:《国际刑法通论》(第 3 版),中国政法大学出版社 2009 年版,第 486 - 496 页。

别是在不破坏法律制度和司法体制内部的协调和统一的前提下，在不损害国家安全和主权的原则下，应当允许刑事合作法从有利于开展国际刑事合作的需要出发，突破现有法律的某些具体规定，如某些具体的程序规定和诉讼规则，证据收集和采信规则等，以适应外国司法机关对开展刑事司法协助的某些具体要求，从而保证刑事司法协助的顺利进行。[①]

三、刑事司法领域：沟通理论与实践　贯彻司法理性原则

张智辉教授长期关注刑事司法，他善于发现司法实践中的新情况、善于研究司法实践中的新问题，是一位沟通理论与实践的开拓者。在此期间，他发表了一系列学术论文，包括《刑事司法的理性原则》（《中国刑事法杂志》1999 年第 4 期）、《宽严相济刑事政策的司法适用》（《国家检察官学院学报》2007 年第 6 期）、《论贿赂犯罪的刑罚适用》（《中国刑事法杂志》2018 年第 4 期）、《刑罚适用的价值取向》等文章。

张智辉教授认为，刑法的目的只有通过理性的刑事司法才能实现。没有刑事司法的理性运作，刑法的理性化就只能是人们的美好愿望，而不具有任何现实性。在刑事司法活动中，非理性的东西严重地妨碍着刑事法律的正确适用以及中国刑事法治的发展。侦查活动的片面性、强制措施的无节制性、刑罚适用的任意性、刑事司法机关之间缺乏合作精神，都是刑事司法活动中缺乏理性、任意司法的表现。刑事司法是一种最具理性色彩的活动，刑事司法应该理性、公平，重点应当从严格执法、节制司法、公正司法三个方面入手。[②]

张智辉教授对刑事司法的研究，更多地表现在刑事诉讼领域。他对刑事诉讼中的人权保障、对刑事强制措施的具体适用、对非法证据排除规则的适用、对依法保障律师辩护权等问题的研究和论述，都体现了刑事司法中的理性思维。他认为，在刑事诉讼中，应当充分保障所有诉讼参与人的权利。无论是犯罪嫌疑人的权利、被害人的权利还是其他诉讼参与人的权利，乃至社会公众的权利，都应当得到尊重和保障，但是重点应当是对被告人和被害人权利的保障，特别

① 参见张智辉：《国际刑法通论》（第 3 版），中国政法大学出版社 2009 年版，第 511 – 516 页。
② 参见张智辉：《刑事司法的理性原则》，载《中国刑事法杂志》1999 年第 4 期。

是对被告人权利的保障。这是因为:第一,被告人包括犯罪嫌疑人在刑事诉讼中处于一种十分特殊的地位。他既是刑事诉讼的对象,也是刑事诉讼的主体之一。刑事诉讼始终是围绕犯罪嫌疑人、被告人是否犯罪、是否应当承担刑事责任展开的。犯罪嫌疑人和被告人的权利如何保障以及其权利能否得到有效的保障,直接关系刑事诉讼是否公正、客观、有效地进行。第二,被告人包括犯罪嫌疑人是国家刑事司法权直接作用的客体,容易受到国家刑事司法权滥用的侵害。第三,被告人在刑事诉讼中相对处于弱势地位,他的权利需要特别予以保护。与强大的国家刑事司法系统相比,被告人总是处于弱势地位,在其权利受到侵犯的时候,很难有效地进行抗争,所以需要辩护人的帮助,同时也需要行使公权力的主体给予特别的关注。第四,对犯罪嫌疑人、被告人权利的保障可以反映到对所有公民权利的保障之上。保障犯罪嫌疑人、被告人的权利,从一定意义上讲,就是保护可能成为潜在的犯罪嫌疑人和被告人的所有公民的权利。但是同时,刑事司法活动更应当强调保护整个社会的稳定、安宁和秩序,重视保护广大人民群众的根本利益和被害人的合法权益,不能把犯罪嫌疑人和被告人的权利保障提到不适当的高度,似乎保障犯罪嫌疑人和被告人的权利成了刑事诉讼法的最高的或唯一的价值追求,以致忽视了或者说有意无意地回避了刑法的根本目的和更应当受到保护的被害人的合法权益。

张智辉教授在《论贿赂犯罪的刑罚适用》一文中指出,对犯受贿罪的人适用刑罚,应当重点考虑:受贿人实施了什么样的职务行为、为行贿人谋取了什么样的利益、收受贿赂的具体情况,以及受贿的数额等因素。只有全面评价受贿行为的情节,才能保持犯罪与刑罚之间的平衡,才能符合罪责刑相适应的刑法基本原则。①

张智辉教授早在2007年就对宽严相济刑事政策的理解与适用问题进行了研究。他认为,宽严相济包括三层含义:该严则严,当宽则宽,严格遵守刑法的规定;严中有宽,宽中有严,根据案件的具体情况合理区分当事人的刑事责任;宽严并用,宽严有度,保持刑罚适用的均衡性。应当从刑法的明文规定、罪种、情节以及犯罪后表现四个方面来区分该宽还是当严,在严格依法的前提下贯彻

① 参见张智辉:《论贿赂犯罪的刑罚适用》,载《中国刑事法杂志》2018年第4期。

宽严相济刑事司法政策，做到公正执法，并且在疑案的处理上准确把握宽严相济的精神。①

四、检察理论领域：以检察权为主线　科学构建检察学

张智辉教授长期致力于检察理论研究，并对检察理论问题有着独到的见解。他不仅主编了20卷《中国检察》和《中国检察论坛》，联合主编了《检察学》《检察官作用与准则比较研究》，而且独立撰写出版了《检察权研究》《论检察》等重要著作，主持完成了《新时代法律监督理念与践行》《检察权优化配置研究》《检察改革宏观问题研究》等多项有关检察理论和检察工作的重大课题。其发表的《法律监督三辨析》（《中国法学》2003年第5期）、《公诉权论》（《中国法学》2006年第6期）、《中国特色检察制度的理论探索——检察基础理论研究30年述评》（《中国法学》2009年第3期）等文章，被多次引用，成为检察理论中的经典论文。

（一）检察学

张智辉教授认为，检察学的学科使命主要包括以下四个方面的内容：第一，检察学研究应当从政治的、比较研究的和历史发展的角度深刻论证我国现代检察制度存在的历史必然性和现实合理性，为完善中国特色社会主义检察制度提供理论依据。第二，检察学研究要从国家权力配置的角度论证检察权配置的科学性及其具体内容，为保障检察权的正确运行提供智力支持。第三，检察学研究要着力研究制约检察事业发展的制度性、机制性问题，为完善相关立法，推动检察体制和工作机制改革提供理论支撑。第四，检察学研究要加强对检察工作实践经验的理论概括，探索检察工作的基本规律，提供解决实践问题的新方法、新思路。检察学研究的理论体系，是检察学研究的基本纲要。检察学应当着眼于制约检察事业和检察工作的重点和难点问题，从检察权基本原理到检察制度，再到检察具体工作，以及域外检察、历史研究的不同层面，进行分层次、系统化的研究。

① 参见张智辉：《宽严相济刑事政策的司法适用》，载《国家检察官学院学报》2007年第6期。

为了保证检察学研究的正确方向，张智辉教授进一步指出，检察学的研究应当坚持以下三项原则：立足中国国情原则，立足检察职能、强化法律监督的原则，贯彻落实社会主义法治理念和宽严相济的刑事政策。①

为了发展完善中国特色社会主义检察制度，张智辉教授认为，检察学当前应当重点研究并从理论上回答以下问题：一是如何从制度上保证检察机关依法独立公正行使检察权；二是如何构建科学的检察权运行机制；三是如何科学调整检察机关的内设机构；四是如何完善检察机关的内部管理问题。以上这些问题，既是检察改革中需要着力解决的重要内容，也是检察学研究中面临的重大课题。

（二）法律监督

张智辉教授认为，把检察机关作为国家的法律监督机关，是中国检察制度的基本特色。这个特色是植根于中国国情的理性选择，是实现依法治国的必然要求。张智辉教授强调，只有正确理解法律监督的深刻内涵，才有可能正确认识检察机关的性质和地位，才有可能准确把握检察权的功能和作用，进而保证检察权行使的正确性。

早在 2003 年，张智辉教授在《中国法学》第 5 期上就发表了《法律监督三辨析》的文章，试图回答有关法律监督问题的争论。张智辉教授认为，“法律监督”是中国法律中使用的一个专门术语，具有其特定的含义。法律监督是指专门的国家机关根据法律的授权，运用法律规定的手段对法律实施情况进行监察督促并能产生法定效力的专门工作。与其他各种类型的监督相比，法律监督具有四个显著特征：（1）法律监督的主体具有唯一性。（2）法律监督的手段具有专门性。（3）法律监督的对象具有特定性。（4）法律监督的效果具有法定性。②

近年来，随着检察职权的重大调整与国家监察委员会的成立，以及《刑事诉讼法》和《人民检察院组织法》的相继修改，检察机关的职权性质再次迎来新的挑战。这些挑战在一定程度上源自对检察机关法律监督地位的不同理解。张

① 参见张智辉、李哲：《检察学的学科使命与理论体系》，载《人民检察》2007 年第 15 期。

② 参见张智辉：《法律监督三辨析》，载《中国法学》2003 年第 5 期。

智辉教授认为,要树立中国特色社会主义检察制度的理论自信,就有必要从检察与监察的界分、检察与行政执法的区别、检察与法律监督的关系、监督与制约的联系与区别等方面,进一步阐述法律监督的内涵。

首先,就监察委员会的监督与检察机关的监督相比,二者之间,由于监督的范围、监督的方式、监督的目的存在明显的区别,因此,监察委员会的监督的行政化、政治性相对比较突出,从根本上讲,应该说是一种行政监督或政治监督;检察机关的监督则具有鲜明的法律性特征,因此是一种法律监督。

其次,由于行政执法机关行使职权的活动与检察机关行使职权的活动之间存在这种本质上的差异,所以,行政执法活动是一种"可诉"的法律行为,而检察机关行使职权的活动是不可诉的。

再次,监督与制约对权力制衡的方式和效果是不同的。制约通常是双向的活动,监督通常是单方面的行为。不仅如此,制约通常是以决定权为基础的,而监督通常是以建议权为基础的。

最后,在我国的法律中,检察与法律监督、检察权与法律监督权具有同一性:检察就是法律监督,检察权就是法律监督。检察机关在履行法律监督职责的过程中,除了政治使命之外,要始终牢记自己的法律使命,把维护法律的尊严和统一正确实施作为法律监督的价值追求。在此基础之上,通过恪守客观公正的立场、坚持案件化办理模式、尊重权力行使规律来发挥检察机关在推进全面依法治国中的职能作用。①

(三)检察权

检察权是张智辉教授研究的一个重要方面。《检察权研究》(中国检察出版社 2007 年版)是张智辉独立完成的检察理论方面的代表性著作。张智辉教授认为,对检察权的研究在检察制度研究中具有基础性的作用,是检察理论研究的主线。在比较研究的基础上,他紧密结合中国的政治法律制度、历史文化传统和社会现实,从检察权的性质、构造、运作机制的改革完善等方面,对检察权进行了系统全面的研究,提出了许多在检察理论中成为通说的观点。

---

① 参见张智辉:《论法律监督》,载《法学评论》2020 年第 3 期。

张智辉教授指出,中国特色社会主义检察制度之所以不同于其他国家的检察制度,其显著标志在于:在检察权的性质上,确认检察权具有法律监督的性质;在检察权的定位上,规定检察权是国家权力中一个独立的组成部分;在检察权的范围上,检察权不仅包括公诉权,而且包括职务犯罪侦查权、决定和批准逮捕权、诉讼监督权,以及法律赋予的其他职权;在检察权的行使上,强调依法独立行使检察权与坚持依靠党的领导和接受人大监督相结合;在检察权的运行机制上,强调专门机关的工作与群众路线相结合,实行检察长领导下的民主集中制、检察官办案责任制;在检察权的运用宗旨上,坚持服务中心、服从大局,维护人民群众的根本利益。这六个方面的有机结合,构成了社会主义检察制度的中国特色。这种检察制度,既是学习借鉴别国检察制度的结果,也是植根中国国情的理性选择,是在汲取中国社会主义法治建设正反两个方面经验教训的基础上逐步形成的。它既符合中国人民民主专政的国体和人民代表大会制度的政体中权力运作的内在本质,又符合社会主义初级阶段政治、经济、文化的实际,也符合检察制度的一般规律。它既适应中国经济体制改革和社会主义市场经济发展的现实需要,也适应依法治国、建设社会主义法治国家的历史发展要求。

张智辉教授从检察权的根本属性和充分发挥其功能作用的内在要求出发,对检察权的构造进行了独到的研究,提出中国的检察权应当由四个基本要素构成:

(1)调查权,即发现违法的权力。法律监督的根本任务是督促纠正严重违反法律的情况。检察机关只有享有调查权,才能及时发现严重违法行为的存在,进而才谈得上督促纠正严重违法的问题。

(2)追诉权,即对严重违法行为进行责任追究的权力。法律监督的根本目的是维护法律的统一正确实施,而维护法律统一正确实施的最重要的手段就是追究违反法律的行为以保障人们对法律的尊重和遵守。追诉违法的权力,是检察机关履行法律监督职责必须具有的不可或缺的职权。只有享有追诉违法的权力,才能维护法律的权威,保障法律的正确实施。

(3)建议权,即提出意见、督促纠正违法的权力。为了维护法律的统一正确实施,对于法律实施过程中出现的违法情况,及时提出纠正和改进的意见,是阻止违法行为继续,防止违法行为再次发生的重要途径。

(4)法律话语权。作为法律监督机关,检察机关在制定、修改法律的过程中,在解释法律应用问题的过程中,理所当然地应当具有发言权。特别是对于违反宪法和法律的规范性文件,检察机关更应当具有指出其违法性并要求有关国家机关修改或者废除其规定的权力。

张智辉教授进而指出:构成检察权的上述四个要素之间具有内在的逻辑关系和密切的联系。首先,调查权是检察机关各项职权的基础,因而是检察权中最基本的构成要素;追诉权是法律监督的功能性权能,在检察机关的各项职权中居于核心的地位;建议权是中国检察权中独具特色的一个功能性权能,是追诉权的重要和必要的补充。法律话语权虽然不是检察权中的功能性权能,但是与检察权中其他权能之间具有极为密切的联系。其次,检察权中的调查权、追诉权、建议权和法律话语权统一于法律监督的内在需求之中。检察机关之所以要有调查权、追诉权、建议权和法律话语权,是因为这些职权都是履行法律监督职责本身所需要的。缺少这些职权,检察机关就无法担当起法律监督的重任;缺少其中的任何一项职权,检察机关履行法律监督职责的效果就会打折扣。因此,这四项权能构成检察权的基本要素,是中国特色社会主义检察制度的核心内容,也是检察权科学配置的根据。①

五、司法改革领域:优化司法职权配置　推进综合配套改革

司法改革问题是张智辉教授长期关注的问题。他先后主持完成了多项有关司法改革的研究项目,发表了《论司法职权内部配置的优化》(《法学家》2019年第4期)、《论司法责任制综合配套改革》(《中国法学》2018年第2期)、《关于人财物统一管理的若干思考》(《法治研究》2015年第1期)、《司法体制改革的重大突破》(《理论视野》2014年第2期)、《司法改革:问题与思考》(《国家检察官学院学报》2013年第5期)、《检察改革要以检察职权优化配置为核心》(《河南社会科学》2011年第3期)等一系列文章,为进一步推动司法体制改革提供建设性的意见,曾两次得到国家领导人的批示。

张智辉教授在其2000年主编的《司法改革热点问题》一书中就提出了司法

① 参见张智辉:《检察权研究》,中国检察出版社2007年版,第105-230页。

改革要“注意制度的配套性”。他认为,一种制度、做法或规则,往往是在其他因素的配合下发挥作用的,离开了与之相配套的制度、做法或规则,就很难保持它的价值。没有深入细致地分析,就不可能找到中国司法体系的症结所在。设计司法改革的方案,应当是在中国国情特别是法制环境下从可能采取的各种方案中选择最好的改革方案。这种方案可能并不是我们所向往的理想的法治状态,但它应当是在目前条件下可能实现的“最优”的改革方案。在司法改革的方法论选择中,还应当注意不同价值的优先选择问题和各种司法制度、体制和规则的协调发展问题。法治所追求的价值并不是只有一个,在公正、自由、秩序、效率等不同价值之间,应当保持平衡和统一,但在彼此冲突的时候,哪个应当优先考虑,是司法改革中不可回避的。而司法改革在实践中必然会牵一发而动全身,涉及若干方面的问题,如何保持相关方面的协调发展,是司法改革研讨中需要全面考虑的。

(一)检察改革问题

张智辉教授重点关注检察制度的改革,提出了检察改革的宏观目标、进路和切入点。他认为,检察改革的总体目标是:“强化法律监督职能,完善能够保障在全社会实现公平和正义的社会主义检察制度。”这样一种检察制度的基本标志有四个方面:一是有一定的职权和行使职权的必要手段。二是有一套独立行使职权的制度。三是有一个符合检察工作规律的机制。四是有一批称职的检察人员。因此,在宏观上,应当围绕强化法律监督的目标,着重从以上这四个方面进行设计。为了充分发挥检察机关在维护法治统一、保障法律正确实施中的职能作用,张智辉教授认为需要通过司法体制改革和完善立法加以解决的问题包括:一是扩展法律监督的空间;二是增强法律监督的能力;三是增强检察机关抗干扰的能力。

张智辉教授在2004年就提出应当把改革行政化管理模式作为检察改革的切入点。改革行政化管理模式,他建议从以下几个方面入手:(1)实行检察业务与行政事务相分离,在检察工作的指导思想和工作重心上突出检察机关的主业。(2)按照检察业务的特点管理业务工作,淡化业务活动中的行政色彩。(3)按照检察业务活动的特点,改革检察机关内部监督制约机制。(4)按照专业化的要求建设检察官队伍,并把检察官作为检察院的主体。(5)改变管理模式,使检察机关的行政管理事务更好地为检察业务服务。①

张智辉教授认为,优化检察职权配置是检察改革始终不变的目标。就检察机关而言,其存在的问题主要是:一是职权问题,即从事检察工作的各个主体分别具有什么样的职权,权力的边界在哪里?二是责任问题,即每一个主体在行使检察职权的时候具有什么样的责任,不依法公正地行使职权时对自己会有什么样的不利后果?三是制约问题,即每一个主体在行使检察权的过程中会受到什么样的制约,这种制约在多大程度上能防止其不当行使权力?而这些问题,归根结底都与检察职权的配置包括运行机制有关。

检察职权的配置必须符合权力配置的规律。检察改革如果缺乏对检察职权配置的系统、清晰的认识,如果没有明确的方向,如果违背权力配置的基本规律,就会盲目进行,就难以达到党和人民满意的效果,甚至连检察机关自身的要求都不能满足,并且可能使今天的改革成果成为明天的改革对象。检察改革走出困境的根本出路在于优化检察职权配置,其重要问题有:一是关于职权配置的科学性问题。二是关于职权配置的合理性问题。三是关于职权配置的完整性问题。四是关于职权配置的有效性问题。总之,在检察改革中,只有充分考虑检察职权配置的优化问题,科学合理地配置检察职权,才有可能保证充分有效行使这些职权,才有可能通过检察改革推进检察工作的科学发展。②

(二)司法责任制综合配套改革

张智辉教授以司法责任制改革为视角,系统探讨了综合配套的司法改革理论,并对进一步推进司法责任制改革提供建设性的意见。司法责任制是司法体制的重要组成部分,司法责任制改革必然要打破原有的制度体系,也必然要受到原有制度体系的制约。任何制度都是在一定的环境下运行的,都需要一定的配套制度来保障。张智辉教授指出,在新一轮司法体制改革中全面推进司法责任制,应当在坚持已有改革措施的基础上,着力解决以下几个方面的问题:

---

① 参见张智辉:《中国检察——检察理念与法律监督》(第7卷),北京大学出版社2004年版;张智辉:《检察改革宏观问题研究》,载《人民检察》2005年第7期。

② 参见张智辉:《检察改革要以检察职权优化配置为核心》,载《河南社会科学》2011年第3期。

(1)改革法院检察院的管理模式,突出司法职权的主业地位。(2)进一步完善司法责任制,充分发挥其制度优势。(3)改革思想政治教育模式,实行分类施教。(4)完善司法保障制度,赋予司法责任制长久的生命力。[①]

(三)优化司法职权配置

张智辉教授对优化司法职权配置进行了深入的研究,他曾主持国家哲学社会科学基金重点项目“优化司法职权配置研究”(14AZD142),并主编《优化司法职权配置研究》(湖南大学出版社2020年版)一书。张智辉教授认为,优化司法职权配置的核心问题是如何正确处理司法职权与其他国家权力之间、司法职权内部不同主体之间的关系。

张智辉教授认为,优化司法职权配置的重点是进一步完善司法职权与其他国家权力之间的关系,即优化司法职权的外部配置。司法职权配置方面所面临的关系问题,主要包括以下四个方面:(1)司法职权与其他国家权力的关系。(2)司法职权与准司法职权的关系。(3)司法职权与司法管理权、司法监督权的关系。(4)司法职权内部不同主体之间的关系。处理好这四层关系既是优化司法职权外部配置的切入点,也是优化司法职权配置的重点改革内容。司法职权与其他国家权力之间的关系问题,其核心是如何在各种权力关系中保持司法职权的独立性。可是,司法权在行使的过程中受到地方权力对依法独立行使司法职权的侵蚀、司法管理中的行政化对依法独立行使司法职权的侵蚀、司法权运行模式中的行政化对依法独立行使司法职权的侵蚀、人员管理中的行政化对依法独立行使司法职权的侵蚀。基于上述问题,他强调,司法的独立性必须通过制度来保障。[②]

张智辉教授认为,在司法机关内部,不仅存在司法职权,而且存在司法管理职权和司法监督职权、司法行政职权,这些权力之间的相互联系与冲突,是司法职权配置和行使中无法回避的问题。张智辉教授在对司法职权内部关系进行深入调研和分析的基础上,从法院检察院上下级之间的职权配置、同一法院检

---

① 参见张智辉:《论司法责任制综合配套改革》,载《中国法学》2018年第2期。

② 参见张智辉:《司法职权优化配置研究》,湖南大学出版社2020年版。

察院内部不同主体之间的职权配置，以及司法职权与司法事务、司法职权与司法管理权、司法职权与司法监督权之间的权力关系等方面论述了司法职权内部配置的优化问题。[①]

六、犯罪学领域：探寻犯罪根源　综合预防犯罪

刑事责任本身包含归责的内容，即一个行为，只有当其实施的原因能够归因于行为人时，法律才有理由要求行为人来承担该行为所引起的刑事责任。因此要理性地对待犯罪，合理地解决犯罪人的刑事责任问题，就必须深入研究犯罪产生的一般原因和具体原因。另外，尽管刑法的目的是预防犯罪，但是预防犯罪并不是只有刑法这一种手段，充分利用人类社会所创造的和能够提供的各种手段共同治理犯罪问题，将会更有助于预防犯罪目的的实现。

基于这种认识，张智辉教授很早就对犯罪问题进行了深入的研究。1984年，他参加了《新犯罪学》一书的翻译工作（该书于1987年由华夏出版社出版）。1985年，他独立撰写了《犯罪学》一书（四川人民出版社1989年版）。1986年，他在《中国人民警官大学学报（哲学社会科学版）》第4期上发表了《犯罪原因论反思》一文。1988年，他的硕士学位论文在群众出版社出版，他特意增加了一部分内容即流氓罪的预防，其中包括对流氓罪犯罪原因的分析和预防战略的研究。1989年，余叔通教授组织编写司法部高等学校法学教材《犯罪学》时，张智辉教授作为编写组的成员之一，为该教材撰写了“犯罪的治安预防”、“犯罪的技术预防”和“犯罪的刑罚预防”三章。这些内容被收集在1997年法律出版社出版的司法部高等学校法学教材《犯罪学》等书中。1991年，张智辉教授策划组织并参与撰写了《比较犯罪学》（中国人民公安大学出版社1992年版），该书在1997年修订并由我国台湾地区五南图书出版公司出版。1992年，中国犯罪学研究会成立后，张智辉教授作为中国犯罪学研究会第一届理事会的理事和第二届理事会的常务理事，为该研究会成立大会提交了论文《试论预防犯罪的手段》（《中国犯罪学研究会会刊》1992年第1期），他撰写的《九十年代我国犯罪对策的价值取向》一文，发表在《政法论坛》1992年第6期上。1992年，他参加翻译

---

① 参见张智辉：《论司法职权内部配置的优化》，载《法学家》2019年第4期。

了《美国犯罪预防的理论实践与评价》(中国人民公安大学出版社 1993 年版)。1996 年,他参加了国家哲学社会科学“九五”规划重点科研项目《中国预防犯罪通鉴》的研究和撰写工作,作为该书卷的主编之一,他撰写了其中四章。该书于 1998 年由人民法院出版社出版,1999 年获中国图书奖一等奖。2007 年,张智辉教授参与主持国家社科基金重点项目“权力制约与反腐倡廉的理论和制度研究”(《权力制约与反腐倡廉》一书于 2009 年由中国方正出版社出版)的研究工作,其中他亲自撰写的研究报告系统地分析了腐败犯罪产生和蔓延的原因,强调用制度来规制权力是预防腐败犯罪的根本对策。

张智辉教授认为,要解决犯罪问题,首先必须客观全面地认识犯罪产生的原因。他对此进行了三个方面的研究:一是犯罪人自身的因素;二是犯罪相对方(被害人方面)的因素;三是犯罪的社会因素。

在《犯罪学》一书中,张智辉教授从犯罪的动态和发展中系统地考察犯罪形成的过程,在犯罪的形成过程中,认识犯罪产生的原因,寻找抑制犯罪的力量。他详细分析了现实生活中存在的各类刑事案件,认为任何一个犯罪的形成,尽管经历的时间长短不同,都要经过以下几个环节:一是特定行为人的个体特质与社会生活相互作用,形成反社会的生活态度;二是反社会的生活态度在外界刺激的作用下,通过恶性的自我调节,产生犯罪意识;三是犯罪意识在一定的外部条件下外化为犯罪行为;四是犯罪行为在实施过程中通过个体特质的自我调节和外部因素的作用,或加重或减弱犯罪的强度;五是犯罪行为的结局以个体生活经历的形式给行为人一个新的感受,反馈给个体特质,影响其进一步的行为选择。因此,犯罪形成的过程,实质上是有利于现存法律秩序的各种因素与不利于现存法律秩序的各种因素相互抗争的过程,而犯罪正是在这种抗争中不利于现存法律秩序的因素在某些领域、某个方面或某种具体场合占据了主导地位的结果。在个体能动地反映客观现实的过程中,由于现实社会生活中客观存在的不利于现存法律秩序的某种因素起了支配的作用,从而促使个体形成具有某种反社会倾向的个体特质。具有这种特质的人在某种刺激的作用下,通过恶性的自我调节,产生犯罪意识。犯罪意识凭借某种物质力量作用于一定的客体,从而外化为犯罪。犯罪的实施以及社会对犯罪的反应方式,又会给主体以新的体验,强化或负强化主体的自我调节功能。犯罪形成的过程,蕴藏着犯罪原因体系。

早在20世纪80年代,张智辉教授就注意到国内对犯罪被害者研究的空白,于是,他系统翻译介绍了国外被害者学研究的成果,出版了《犯罪被害者学》(群众出版社1989年版)。张智辉教授认为,犯罪与犯罪被害是一个问题的两个方面。如果只是从犯罪人的方面研究犯罪原因和犯罪预防,很难全面地认识犯罪现象,以此为据制定的预防措施也很可能是蹩脚的。在犯罪过程中,犯罪现象与被害现象总是结伴发生的,犯罪者与被害者总是处在相互作用之中。要全面地分析犯罪产生的原因,特别是深入研究犯罪形成的过程,就不能不研究犯罪的被害者及其与犯罪者在犯罪过程中的互动关系。只有既从犯罪的角度分析犯罪的原因,又从被害的视角分析犯罪与被害的关系,才能客观、真实、全面地认识犯罪,为合理解决犯罪人的刑事责任问题提供依据。基于这种认识,张智辉教授全面研究论述了犯罪被害者学的社会功能和基本范畴,系统地提出了建立犯罪被害者学的构想。

张智辉教授认为,促使犯罪产生的各种因素,在犯罪生成的过程中有机统一,构成了一个整体。这些原因,既包括犯罪人自身的原因,也包括犯罪被害人方面的原因,更可能包括犯罪的社会原因。社会经济生活中存在的社会财富的分割状态,社会政治生活中的不平等,社会精神生活中与人的社会特质相适应的思想观念、习俗文化等,作为社会分裂为各个阶层、各个利益集团,从而使现行统治得以产生和存在的因素,是促使犯罪产生的第一性的原因,是犯罪原因体系的第一个要素,也是反社会的生活态度产生的渊源。根据犯罪生成的特点,张智辉教授把犯罪分为三类:(1)蓄谋性犯罪;(2)突发性犯罪;(3)连带性犯罪(间接故意犯罪和过失犯罪),并对之进行了专门的研究。

关于腐败犯罪,张智辉教授认为,腐败现象的发生,是遵循人类行为的一般规律出现的,因而腐败的原因就是有规律可循的。他通过对大量腐败犯罪案件的分析,认为某些领导干部在市场经济条件下对权与利的心理失衡是腐败犯罪产生的直接原因,而导致这种心理失衡的客观原因在制度:分配制度不合理使领导干部难以抵御物质上的诱惑;干部任用制度中的暗箱操作难以树立全心全意为人民服务的思想;干部管理制度中的随意性使其难以树立坚定的理想信念;权力过于集中而又缺乏监督,必然形成干部之间的人身依附关系。因此,他特别强调，我们要把权力制约的制度建设作为构筑反腐倡廉长效机制的核心，力求通过制度改革和创新来加强对公共权力运作过程的监督与制约，通过制度改革和创新来构建国家工作人员廉洁奉公的思想基础，通过制度改革和创新来建设清正廉明、高效运作的公共权力行使机制，真正实现从源头上预防腐败的目标。

张智辉教授从“罪因预防”与“罪行预防”两方面构建出与我国预防犯罪实践相吻合，又具有内在逻辑统一性的预防犯罪体系。张智辉教授指出，“罪因预防”包括犯罪社会原因预防、犯罪个体原因预防、犯罪条件预防三个方面。“罪行预防”包括治安预防、技术预防和刑事预防三个方面。预防犯罪的体系是由上述各个方面的有机联系和协调统一构成的。在预防犯罪体系中，上述每一方面都有自己的特定位置，都有具体的作用对象，都有其他方面不可替代的功能，都以自己的特殊方式与其他预防措施相联系。这个有机联系、协调统一的预防犯罪体系，既适用于全社会的犯罪预防，也适用于某一领域的犯罪预防和某一类型犯罪的预防，只是针对不同的对象，其运作机制和侧重点不同罢了。①

纵观张智辉教授七十年壮丽人生，允文允武，书剑合璧堪称圆满。四十载学术耕耘，著作等身，蜚声中外。壮岁时司改担当，锐意改革，功在邦国。晚年杏坛执教，再育桃李万千。“路漫漫其修远兮，吾将上下而求索。”在这条非凡的法学之路上，相信张智辉教授宝刀不老，将再创新章！

① 参见魏平雄等主编：《预防犯罪概论及白领犯罪剖析与对策》，人民法院出版社 1997 年版。

第二编

育贤筑梁　深恩永志

刑法中主、客观解释之争及其走向*

黄　硕**

摘要：刑法适用中选择主观解释还是客观解释，这需要对两者进行全面而深入的比较认识，以决定最终选择适用。在基本认识上，要了解为何解释中需要持有立场，两者如何产生及两者对基本概念的比较认识。在对立关系上，要了解两者起始于不同立场、追求目标不同、哲学基础不同。在发生动因上，要深知立法技术、学术研究及其国际交流、人权保护、社会治理的需求等有助于推动刑法解释立场的改进。在功能上，客观解释立场较主观解释立场在立法原意的续补、严织惩治犯罪的法网、补正法律的漏洞、弥补立法的滞后、适应社会治理的客观需要等方面更具有优势。因此，客观解释将成为最终的解释立场。

关键词：立场　主观解释　客观解释　社会治理

刑法功能的发挥在于实施，刑法的实施过程是解释刑法并适用于案件进而形成判决的过程。刑法解释中持有什么样的解释立场至关重要。正确的解释立场可提高司法公信力，树立司法权威，“司法公信力是司法权威的根基”①。选择正确的解释立场有助于刑法对国家秩序维护、社会稳定和个人权益保护等

* 本论文曾发表在《政法论丛》2022 年第 6 期。论文内容有改动。

** 男，贵州石阡人，法学博士，现任贵州省人民检察院三级调研员、中南财经政法大学“检察基础理论研究基地”兼职研究员、华东师范大学“企业合规研究中心”兼职研究员。

① 崔永东：《信用司法的理论探究与制度进路》，载《政法论丛》2021 年第 3 期。

功能的发挥。尽管刑法解释立场中主观解释和客观解释之争的讨论持续已久,但其争论的一些基本问题尚未清晰。因此,关于主观解释立场和客观解释立场的研究有进一步讨论的必要,以便司法适用者在司法实践中更加全面深入地了解主观解释立场和客观解释立场,了解二者最终在我国的可能走向,以了解促选择,实现社会正义。

一、刑法解释中主、客观解释立场的产生及认识

(一)刑法解释为何需要立场

"立场"一词充斥在生活中的每一个角落,我们经常会被这样问及"你持什么立场?""你的立场是什么?"等。随着学科的交叉与融合,"立场"一词进入法学研究和法律实务中,因为法学研究和法律实务中的主体人处于不同立场会产生不同结论,要有选择就必须要求选择者持有立场。立场在过去泛政治化的年代往往跟政治有关,人们经常见到有关立场的词汇,如"阶级立场""政治立场"等。"立场"一词较多地出现在党的政治文件中,如长期以来沿用一个提法就是:坚持马克思主义的基本原理,坚持马克思主义的立场、观点和方法。立场对于我们来说并不陌生。在《现代汉语词典》中"立场"通常有如下意思:(1)认识和处理问题时所处的地位和所抱的态度;(2)特指阶级立场。在人们的观念里,"立"是某主体所处的位置,而"场"则是某事物的辐射范围或面积的大小。因此,在我们法学研究或法律实务语境中常讲到的"立场"为(主体人)对法(或法律)的认识和遇到法律问题时所应当处于何种地位以及抱有何种的态度。

刑法规定的内容是犯罪与刑罚。故此,在刑法适用中,解释主体需要将已制定的刑法条文运用于具体的刑法案件中,这就需要对犯罪和刑罚持有某种态度和认识,而这个态度和认识关乎刑事案件的公正判决。因为,对刑法文本持有的态度和认识的不同,极可能导致最终得出的刑事案件结论不同,甚至可能得出相反结论,所以在刑法解释中解释者所持有的解释立场决定案件的最终判决结论。

在现代,刑法发展更加快速,刑法的理念、价值得到前所未有的更新,如对公权力的限制更加严格、规范社会秩序的力度更加强劲、权利的保障更加有益

于个人等。在这样的语境下,刑法立场必然随社会发展走向对国家、社会和个人权益的保护,并顾及这三者间的平衡。

从社会发展来看,刑法解释立场随社会发展的演进而演进。在一个社会,刑法需要规制什么、保护什么、保障什么等都源于当时国家、社会以及个人的需求和社会进步的程度等。从刑法文本来看,刑法文本的不足,如刑法漏洞的存在、刑法文本的语义模糊、刑法立法的滞后性等,这些决定了解释者将已制定的刑法文本运用于千变万化的案件中必然需要持有正确的刑法解释立场,才能得出公正的民众可接受的案件结论。

(二)刑法解释中主、客观解释立场的产生及形成

刑法以犯罪和刑罚为内容,要了解什么是犯罪,就应当认清刑法中可罚的对象是什么,在这样的追问下,就产生了主观主义和客观主义两种对立的立场。关于刑法解释立场的划分,还有另一组是以刑法解释的限度来划分的立场观,即形式解释立场与实质解释立场,对此组解释立场本文不再论述。

19 世纪中叶,随着历史法学逐渐演变,以罗马《学说汇纂》的理论体系和概念术语为基础,产生了一种新的学说,即概念法学。该学说强调对法律概念的分析和构造法律的结构体系,它把西方绵延几千年的自然法思想与近代理性主义、人文主义和科学主义结合起来,以适应现代民主、自由、法治和市场经济的需要。在概念法学的影响下,人们对立法者更加重视和信任,认为在理性主义的支配下立法者能够寻找到理想且完美无缺的刑法规范并用以解决社会生活中出现的刑事法律问题。同时,在这期间西方资本主义的经济实力日渐强大,而封建刑法具有法与宗教道德混合、森严的身份阶层的不平等划分、司法中罪刑擅断专横、刑罚中残酷无人权等封建法治色彩。这些法制状况严重阻碍了资产阶级法治的兴起与发展,于是一批代表新生资产阶级利益的法律思想家极力抨击阻碍资本主义发展的封建法律制度,大胆地提出民主、自由、平等等进步性的法治口号,大力宣传具有人性特质的自然法,宣扬理性主义,为资产阶级法律制度的建立而呐喊。在资产阶级法律思想的带动下,人们期待有明确的立法,特别是刑事方面的法律制度来保护自己,维护自己的权益,期待稳定不变的刑事法律制度。对于刑法,资产阶级期待的是适用稳定的刑法,要求保持刑法的

稳定性，排斥刑法的不安定性，在已制定的刑法文本中探寻立法意图来指导刑法解释。在这样的背景下，以立法者的立法意图来解释法律的主观解释论便产生了。

理性主义的破灭导致解释理论从主观主义转向客观主义。随着资本主义的不断发展，19 世纪后期的生产力空前发达，表现出科技高速发展。科学主义者认为理性的能力也是有限的，在人文方面，经验和实证具有重要价值和意义，产生了理性主义危机。于是，在这样的科技背景下倡导一切知识、科学应以实证为基础才具有科学性。在这样的历史环境下，主观主义具有的立法者的理性优先也被人们质疑。人们开始认为，立法者的立法意图也是有限的，不可能制定出适用于永世的法律规则来，立法者对已发生的生活事实进行抽象概况而得出的规范人的行为规则，对于将来发生的新的生活事实的预测是相当有限的，这就说明司法者在司法实践中试图探寻立法原意是困难的。因此，司法强烈要求将目光转向司法实践中的法律适用解释者，期待法律适用解释者根据“客观”现实需要解释法律适用，以便更好地适应现实社会，从客观需要的实践出发解释法律，实现案件的公正。这便是人们对法的安定性提出的质疑，对法律适用提出了更高的要求：必须在法的安定性的基础上，根据社会客观的需要，站在客观立场上对法律进行解释以适用于案件，更加能在案件处理中体现公正，以实现刑法对社会的治理。于是，在这样的背景下，法律适用者紧密结合社会法治的客观需要，以揭示刑法的内涵，遵守刑法文本但不囿于文字本身的刑法客观解释立场便产生了。

（三）刑法解释中主、客观解释立场的认识

刑法解释立场中主观解释与客观解释是一对对立的解释观。认识事物多是从概念开始，主观解释也不例外。关于主观解释的概念，不同学者有不同的侧重点，各观点之间存在细微区别。有学者认为，“主观解释论，又称立法者意思说。该说认为，刑法解释的目标应是阐明刑法立法时立法者的意思，换言之，刑法解释的目标就是阐明刑法的立法原意”①。该观点直接指出主观解释的目

① 李希慧：《刑法解释论》，中国人民公安大学出版社 1995 年版，第 75 页。

标是阐明刑法立法时立法者的意思。也有学者认为，主观解释理论认为法律解释，应以立法者的意思为准，故适用法条之时，应以立法者在立法当时的主观意思为基准，而从事解释。该观点将解释的标准限定为"立法者的意思"来进行判断。还有观点将"立法者原本的意思"作为解释的重点，指出主观解释重视的是对立法原意的寻找，立法原意被认为是立法者主观的产物，根据这种立法者原本的意思所作的解释，被称为主观解释。① 这些观点的共同点在于强调"立法者的意思"或"原本的意思"，追求的是立法者"主观"的要旨。这些观点的核心之处均是强调"立法原意"是主观解释之本，但区别在于各自的立足点的细微之处不同。值得注意的是，这里的主观与生活中的主观有别。在我们通常的生活语境中"主观"指社会主体人的一种思考方式，与"客观"相对应。在心理学上"主观"指无客观依据的观点，是未经逻辑分析、推算、判断而得出的结论、决策和行为的反应。在哲学上，主观指的人的意识活动。

从上述对主观解释的认识可知，主观解释的理论逻辑源于以下几点：(1)立法中存在立法原意。法律条文是通过立法者的制定或认可形成的，其目的是将社会存在的或将可能存在的生活事实进行规范，以实现社会治理，在这过程中立法者对社会的治理是有其立法原意的，这里的原意是立法中法律条文存在的需要规范哪些行为、怎么规范、规范的程度等。(2)立法原意是可探寻的。在法律解释中，解释者可以借助立法文献和探知的历史事实找寻立法原意，以保证法律的安定性。(3)按照职责分工，司法者适用法律、解释法律。在法律适用中，有权解释源于司法机关(及其工作人员)在法律适用中对已制定完好的法律进行解释，其职能和职责就是结合案件事实以探求立法者的意思为目标，处理案件形成可接受的判决。

关于对客观解释的认识，有学者指出"客观解释论又称为实质的解释论，客观解释论则着重发现法律文本现在应有的客观意思。客观解释论认为，法律是社会的产物，法律解释必须符合实际的社会生活"②。该观点强调法律与社会的关系，解释时应着重发现法律文本"现在"应有的客观意思。该观点认为客观解

① 参见刘艳红：《法秩序统一原理下侵害英雄烈士名誉、荣誉罪的保护对象研究》，载《法律科学(西北政法大学学报)》2021年第5期。

② 徐光华：《刑法解释立场的历史考察——主观解释论之提倡》，载《河北法学》2008年第2期。

释论等同实质的解释论，这是值得商榷的，本文对此不展开讨论。也有人强调，解释时应在法律基础上以探寻法条在适用的“当时”的客观意义为基准进行解释，认为客观解释理论中的法律解释应该以法律的意思为准，故在适用法条之时，应以法条在适用当时的客观意义为基准而从事解释。[①]

还有观点强调，不要拘谨于法条文字，适用法律时应结合实际，考虑治理需要来进行解释，指出“法律并非死文字，而是具有生命的、随时空因素的变化而变化的行为规范。立法者一旦颁布了法律，法律便随着时间的变化而逐渐地并越来越远地脱离立法者而独立自主地生存下去，并逐渐地失去了立法者赋予它的某些性质，获得了另外一些性质。法律只有在适应新的社会需要的情况下才能保持活力”[②]。这些观点的共同核心点指向的是客观解释应当在法律适用中以法律条文为基准，找寻法律文本在适用时应有的客观意思，以对案件进行处理。可见，在客观解释中的“客观”即为“客观的社会现实的需要，以此对应于主观解释理论主张的立法者的主观状况”[③]。从上述对客观解释的认知可知，客观解释的理论逻辑源于以下几点：(1)立法原意不可探知性。客观解释不相信存在立法原意，认为“即使立法者在制定刑法时，对某些条文存在立法原意，该立法原意也可能具有缺陷。立法原意的缺陷可能表现为两种情况：一是在制定刑法时，立法原意就可能存在缺陷；二是制定刑法时没有缺陷的立法原意，在社会发展之后显露出缺陷”[④]。所以，立法原意是不存在的。(2)法律文本的禁止性与社会生活的多变性。法律一旦制定出来，就处于静止状态，而社会生活却是不断变化的，世界上没有完全相同的两片树叶，怎么能以不变的法条去处理万变的案件呢？因此，法律在适用中是需要根据客观行为进行解释的。(3)法律的适用针对的是客观存在的案件。一般来说，在案件的发生上，随着社会工具、生活知识等的丰富和发展，案件会越来越复杂，而要将已制定好的法律条文适用于客观的案件，就必须结合社会治理的客观需要，找准客观侵害的法益，分析客观违法行为，进行法律价值判断，作出公正的判决。

---

① 参见熊伟：《主观解释论之提倡》，载《中国人民公安大学学报（社会科学版）》2013 年第 5 期。
② 陈兴良：《法律解释的基本理念》，载《法学》1995 年第 5 期。
③ 王平：《论我国刑法解释的有效性》，载《法律科学（西北政法学院学报）》1994 年第 2 期。
④ 张明楷：《立法解释的疑问——以刑法立法解释为中心》，载《清华法学》2007 年第 1 期。

二、刑法解释中主、客观解释之对立

由于刑法解释中主、客观解释的各自立场、目标、哲学基础、刑罚理念等的不同,进而展现出两者之间的对立。通过对两种解释立场的对立分析,我们可更好地以发展的观点来对待两种解释立场,有助于在刑法司法实践中更好地了解解释立场,完善自身的解释方法论,选择解释立场,更好地实现刑法社会治理的功能。

(一)起始立场之对立

主观解释则持社会预防的立场观。社会预防认为,通过对社会结构的调整与完善,使社会健康和谐发展,消除或减少社会不良因素,防止社会失调,从而达到控制和减少犯罪现象的目的。社会预防在犯罪方面主张通过对社会一般人进行刑罚威吓,产生心理作用,以达到预防犯罪的功效,减少犯罪,促进社会和谐。其代表人物有意大利刑法学家贝卡里亚、英国哲学家边沁、德国刑法学家费尔巴哈等。贝卡里亚认为,对于犯罪行为人有一种引力引导其作恶,而刑罚则是一种阻力,其目的在于阻止犯罪,阻碍犯罪行为,实施犯罪将会被处以刑罚。因此,在贝卡里亚看来,"刑罚的目的仅仅在于:阻止罪犯再重新侵害公民并规诫其他人不要重蹈覆辙"①。英国著名哲学家边沁认为,一切惩罚都是损害,所有惩罚本身也是恶。根据功利原理,这种惩罚的"恶"是被允许的,是必要的,因为它有可能阻碍更大的恶出现,所以刑罚处罚恶有很好的预防目的。"刑罚的主要目的是一般预防,因为它是刑罚的真正的目的。"②费尔巴哈从心理强制说的观点相信"用法律进行威吓"可以预防犯罪,认为违法则意味着获得法律处罚的痛苦,刑罚使具有违法意图的人不得不在违法行为可能带来的快乐与刑罚处置的痛苦之间进行权衡,而后决定自己的行为是否继续。据此,费尔巴哈认为立法者应当通过立法明确"恶",让行为人自己衡量恶所带来的痛苦,起到心理强制作用,实现一般预防的目的。一旦出现违法行为的恶,那么就由法官

---

① [意]贝卡里亚:《论犯罪与刑罚》,黄风译,中国大百科全书出版社1993年版,第42页。

② Philip Bean, *Punishment: A Philosophical and Criminological Inquiry*, Oxford: Martin Robertson, Vol. 24:1, p. 36 – 38(1983).

对此进行评价。法官有根据刑法文本进行解释以适用法律的义务,但没有擅断解释法律的权力,“法官是为该法律服务的仆人。法官只有严格遵守法律,才是名副其实的仆人”①。客观解释持法律报应的立场观,认为刑罚是对犯罪人的恶行的恶报。人生活在有序的社会中,一旦某种运行良好的状态遭到破坏,那么这种破坏的行为就应当对社会有一种应偿付之债,社会则因其犯罪的罪恶而理所当然地向其索取,作为对罪恶的制裁而进行的处罚,这是刑罚的本质追求。正如格劳秀斯对刑罚的界定:“因为所为的一种恶而承受的一种恶之施加。”②报应论发掘于人类质朴的正义观念,是一种基于人类本性的朴素的天然的感情。报应思想源于原始社会的复仇观念,但这里的报应具有一定的客观性和节制性。其表现出来的是以恶报恶、以善报善,这就是在今天的刑罚中还需考虑情节的原因。报应论认为只有现实犯罪才是发动刑罚的正当根据,刑罚所适用的对象,只能是已然的犯罪行为。

(二)追求目标之对立

主观解释观认为,刑法解释的目标应当是阐明刑法立法时立法者的意思是什么,也就是刑法解释追求的目标是阐释刑法的立法原意。在司法实践中对法律的解释是源于解释者对法律条文的理解,其理解的过程就是找寻立法原意的过程。在主观解释者看来,解释法律就是探寻立法原意,必须按照立法原意适用法律,不能将超越立法原意的解释适用于司法案件。这正如日本学者佐伯千韧所言:“做超出刑法条文之原意解释是不行的。”③主观解释论者强调解释中应探寻立法者的立法原意,要求尊重和忠实于立法者经过法律文本表达出来的立法原意,并将立法原意适用于具体案件形成判决。该观点认为,在法律解释适用中必须以立法意图作为解释的指向,否则法律解释者很可能对法律作出不同的解释来处理案件,致使法律文本失去本来的安定性,很可能导致案件判决不公。

客观解释观认为,刑法解释应当在适用刑法时揭示刑法条文之外在意思为

① 邱兴隆:《西方刑罚一体论的九大模式》,载《湖南省政法管理干部学院学报》2001年第1期。
② 邱兴隆:《西方刑罚一体论的九大模式》,载《湖南省政法管理干部学院学报》2001年第1期。
③ [日]中山研一:《刑法的基本思想》,姜伟、毕英达译,国际文化出版公司1988年版,第97页。

追求目标，也就是说，在刑法适用中要阐明适用条文时刑法文本客观上所表现出来的意思，以惩治犯罪。法律源于社会，是抽象概括社会生活事实的规则，其适用应当符合社会客观实际的生活。立法者完成立法并经过法定程序颁布法律后，立法便完成，接下来就是法律的司法适用。司法适用法律都是在立法之后，面对日新月异的社会，已颁布的法律若不能完全适应后来产生的社会纠纷，便需要司法者站在客观的解释立场上适用法律，正如日本刑法学者拢川幸辰指出，“只要社会永远处在不断地发展变化之中，那么所有法律解释，当然刑法也不例外，就应适应这种新的社会现实”①，否则刑法将难以发挥社会治理功能。

（三）哲学基础之对立

主观解释论的哲学基础是古典解释学。在古典解释学看来，解释文本中存在独立于解释者之外的“原意”，以制作的文本的原意固定于文本中，文本的制作活动就已使制作者的意图进入文本并固定下来。解释者理解和解释的目的在于重构制作者意图，解释者作为认识主体，在解释时必须抛弃自己的外在因素，按照文本制作者创作时的真实原意去将其“原意”寻找到，其目标就是对解释文本的原意的揭示。对于刑法文本的适用而言，就是需要解释者（司法者）在司法实践中找寻立法者的原意以适用具体案件。

客观解释学论的哲学基础是哲学解释学。哲学解释学认为，在对文本的理解中独立于解释者的解释之外的原意是不存在的，因为文本的意义是通过解释者与文本之间的对话形成的。然而文本具有时间性和历史性，因此坚持对文本的理解要具有时空性，要随时空的变化而变化，坚持对客观现实的原意理解。对于刑法解释而言，应当在坚持法律文本的前提下，结合客观的现实的时空对刑法文本作出符合客观需要的解释。所以刑法解释的目标就是揭示适用刑法时法律条文客观上表现出来的意思，刑法解释的任务就是克服由于历史时间造成的主观成见和误解，以达到客观的历史的真实。在刑法司法实践中，在坚持客观解释立场下，要求司法人员综合考虑社会实际、社会治理的需要、行为的客观性、客观损害的后果等来处理案件，换言之，“这就要求法官更加偏重于实用

---

① ［日］中山研一：《刑法的基本思想》，姜伟、毕英达译，国际文化出版公司1988年版，第97页。

性的考量,不仅从法律规则、法律实践出发,也要从社会情境以及案件后果入手展开分析”①。

(四)刑罚理念之对立

在刑罚理念上,主观解释者强调,犯罪行为是犯罪人主观恶性和犯罪性的表征,对犯罪人的处罚应当从其危险性考察,可以用行为人的危险性和侵害性来取代犯罪构成成立的客观要素。刑法主观主义的人类学派围绕犯罪人研究犯罪和刑罚,注重从人的心理上、生理上、病理上、遗传上等主观因素的个别特征进行研究。刑法主观主义的刑事社会学派把犯罪人的个人特殊性格与社会因素、自然因素集合起来,认为是三者的结合并相互作用才导致犯罪。

客观解释者强调刑罚的轻重要与客观化的犯罪事实相联系,认为犯罪人是通过一定的行为对国家、社会、集体或个人等实施了危害,就应当对其在外部行为上处以刑罚,因为刑罚的本质就是对造成社会危害的行为予以报应。同时,刑罚还有预防犯罪的目的。国家制定刑法,在刑法中针对不同的危害行为制定不同的刑罚,目的在于对社会中的人形式心理强制,以达到预防犯罪之效果;实现对权利的保障和规范秩序的维护。在客观主义者看来,刑事责任的基础或者说刑罚评价的对象是行为人外在的行为及实害,如仅以行为人的主观的恶来作为处罚的根据,则很可能混淆法律与道德的区别。

三、促进刑法解释立场演进的动因

事物都是随时间的变化而不断被他物所代替,刑法解释立场也不例外。随着社会发展,出现一系列因素促使事物变动,作为刑法的解释立场也随之更进。在更进中是有动因促使其变动的,动因主要有以下几种。

(一)立法技术的不断提高推动解释立场的改进

随着人类社会迅速发展,对法治需求越来越高,这就要求立法技术不断提

① 赵英男:《论整全法与哲学解释学的同一与差异——基于方法论的考察》,载《法制与社会发展》2019 年第 3 期。

高才能符合治理的法治需求。立法技术是一个时代法治状况的反映。法治实践中产生和积累的法治经验、知识和立法操作技术为立法技术的提高创造了条件。同时,立法技术的提高也来自国家间立法技术的借鉴。在国家对立法的统筹推进、国内专家学者对法治深入研究的结果转化、民众对法治期待的不断提高等作用下推进立法。在这些因素的共同促进下,立法技术得到提高,表现出制定的法律概念越来越精准、法律条文越来越清晰、条文间层次越来越分明、立法逻辑周延性越来越完善等。立法技术的提高促进法律文本质量的提升,但对于刑事司法实践而言,仍需要持有解释立场,因为制定再完美的刑法也难以应对变化莫测的社会生活事实。故此,在刑法解释实践中需要解释者持有适应社会发展和社会需要的解释立场,且解释立场也随刑法文本的变化而不断演进,如罪刑法定写入刑法,引起刑法解释立场由形式解释立场走向实质解释立场的演进。只有这样的不断演进才能适应社会发展的需要。解释源于对法律文本规定的理解,案件的处理依据源于法律规范的规定,案件事实又是发生于变化无常的社会,在案件事实与法律文本之间需要解释的桥梁才能处理案件,而解释立场又是解释中的关键所在。因此,法律文本直接关系解释立场的选择,也就是立法技术促进解释立场的演进,是解释立场变更的动因。

(二)刑法学术研究助推刑法解释立场的改进

法学研究推动法治实践,法治实践反作用于法学研究的面向。法治是一门实践的事业,法学研究作为研究社会主体人的行为规范的学科,其需要面向主体人所在的国家、社会和主体人与人之间的行为关系,进而形成研究理论结果,指引或完善法律规范,最终以形成(或完善)法律规范,以便适用于案件的处理。同时,法律实践中出现的问题,吸引和唤起法学研究者的研究兴趣,指引研究方向,结合法治实践问题,进行实践问题的理论研究,促成理论研究成果反作用于法治实践,以使法治更加符合其自身社会应有的价值。刑法研究促进刑法实践价值的实现,刑法实践反作用于刑法研究,促使其深入。如此循环,实现法学研究与法治实践的互动。刑法研究与刑法实践的互动更为紧密,在这互动的刑法实践中需要持有何种刑法解释立场以适用案件尤为重要。在追求立法原意的主观解释立场中形成的案件结论可能使行为人逍遥法外,或导致量刑不当等,这就促进刑法学研究和实践都思考是否在立场上出现问题:立场与法律条文的关系如何、立场与法律条文的适用、立场与当下刑法需求如何等一系列问题。就刑法解释立场而言,这些问题的出现进一步唤起刑法理论的研究,引起刑事实务的反思,以刑法实务获得理论研究者的智识,最终找准符合法治需求的刑法解释立场,促进案件的公正处理。

(三)刑法的国际交流促进刑法解释立场的改进

通过刑法实现对国家的治理,即惩治犯罪是世界各国通用的治理方式。随着近现代科技和经济的发展,国与国之间的交往更加频繁,在交往中不仅有生产力方面的交往,还有生产关系方面的相互借鉴,以促进国家的发展。在这样的背景下,刑法的国际交流不断深入,如我国刑法专业学者到国外学习访问的人数逐年增加,国际刑法学术会议交流频繁等,这些促进刑法研究,影响刑事实务,最终可能辅正刑事案件处理。例如,刑法中德日犯罪构成要件的学术引入产生了一定影响,虽在国家法律中仍以传统“四要件”为主,但在司法实践中相当一部分人将德、日“两阶层”理论应用于司法实践中处理案件,收到很好的实践效果。刑法的国际交流促使学术界产生对本国刑法的思考,以形成针对本国刑法现状改进的思考,最终被官方采纳后以立法形式规范司法实践。在刑法的国际交流中不仅有刑法罪名的借鉴,还有刑法思想理念的引进,如解释立场的引进等。因为在交流中促进刑法的理论、理念、方法、思维、解释立场等的相互了解,有了解就有反思,有反思就有改进,其目的是完善本国刑法理论,指导刑事司法实践。通过法治治理国家已被世界各国公认为是目前人类管理中的最好方略,其中刑法是世界公认的对犯罪进行惩处的最佳手段,所以各国在刑法学术交流中结合治理需要,根据国情适度有效地借鉴,这就促进刑法不断完善,这其中当然也包括刑法解释立场的不断演进。因此,刑法国际交流的不断深入,促进刑法解释立场的演进。

(四)人权保护促进刑法解释立场的改进

在人类发展史上,刑法对人权的保障具有重要价值和意义,可以说刑法的发展史直接折射出社会文明程度走向,刑法发展越好,对人权保障机能就越强。

刑法通过在刑法文本中明确规定什么行为是犯罪并给予何种刑罚，进而限制国家刑罚权的滥用，以保障公民权利，同时保障犯罪人不受额外或者非人道处罚。在法制体系中，刑法是最为严厉的法律，是惩治犯罪的有力手段之一，正是因其手段严厉，才极容易被国家及其公职人员滥用，如应定轻罪者获得了重罪等。法治的目的在于限制公权力，防止国家及其公职人员滥用公权力侵犯公民权利。在刑法中表现出的控权主要是通过对国家刑罚权的限制，以维护和保障公民的基本权利，保障犯罪嫌疑人、被告人以及犯罪人的基本人权。

人权在我国得到较快发展，特别是改革开放以来。在国际法治发展中刑法方面的人权发展较快，其主要表现出两个趋势：一是不断强化的刑法人权保障观念。刑法人权保障观念强调的是对被告人权利的保障。二是不断深化的刑法人权保护观念。刑法人权保护观念强调的是对社会秩序的维护。[①] 在这样的国际人权发展环境下，1998 年 10 月，中国正式签署联合国 1966 年 12 月通过的《公民权利和政治权利国际公约》，有力推动人权的发展。“《公民权利和政治权利国际公约》确认生命权是公民基本人权，对于死刑这种剥夺公民生命的刑罚方法作出专条规定。”[②]在 2004 年将“国家尊重和保障人权”写入宪法，随后我国人权在刑法中得到较快的发展，如取消了部分犯罪的死刑，新增 75 周岁以上老人附条件不适用死刑等，有力地推动了中国人权事业的进步。刑法立法中的人权发展要求在刑法实践中，特别是在刑法解释适用中要保障人权，那以何种立场进行解释才能更有利于对行为人进行处罚，更彰显公正呢？这就涉及刑法适用中解释立场的选择问题。随着刑法中人权的发展，在刑法解释适用中也要求解释立场以尊重人权、考虑人权、保障人权为前提惩治犯罪。为了更好地限制国家刑罚权、保护公民权利，刑法只禁止不利于行为人的类推解释，而允许有利于行为人的类推解释，这样的要求促进了刑法解释立场的更替。因此，人权保护促进刑法解释立场向前发展。

---

① 参见赵秉志：《改革开放 40 年我国刑法立法的发展及其完善》，载《法学评论》2019 年第 2 期。

② 刘艳红：《刑罚轻缓、人权保障与〈刑法修正案（八）〉——以相关国际公约为蓝本的分析》，载《法学家》2011 年第 3 期。

（五）社会治理的需求推动刑法解释立场的改进

刑法是现代国家治理中不可或缺的部门法，以规定犯罪和刑罚来实现其行为规制功能、法益保护功能、自由保障功能等。社会日新月异，对刑法的功能要求也越来越高，如对科技发展如何规范、对经济秩序如何维护、对个人权益扩展如何保护、对跨国刑事案件如何处理等，这些由社会快速发展而引起的新型案件，用已制定的刑法条文的字面含义去处理是否能有效惩治犯罪，如处理中是否会出现非正义的结果，是否损害法治权威，对法治是否构成风险，这些风险是否因刑法适用中解释立场出问题而增加？这一系列问题，都需要国家和社会以法律效果、社会效果来考量和指引，对刑法规范的解释立场进行反思性的调整，以实现刑法对社会治理需求的担当。另外，在我们持有的刑法解释立场中，对于刑事案件持有的立场是否正确得当，也需要在案件处理结论上进行反思，如在过去的枪支认定上，坚持以前的枪支认定规范标准会有多少人入罪？然而"赵春华案"催促了司法中枪支的认定以及违法性认识问题研究，昆山"于海明案"激活了沉睡的正当防卫条款等，这些类案中的前案的处理在刑法解释中极可能就是因为刑法解释立场问题所引起，或没有坚持罪刑法定原则，或没有坚持客观行为的客观性、没有考虑法益侵害度、没有对处罚漏洞进行弥补等。其根本原因在于过去刑法解释中选择立场时出现偏差，没有考虑刑法在社会中承担的功能，仅以法律文本中的字面规范含义去处理案件，未能考虑客观的实际的案件，导致案件处理的效果不好。刑法对于社会调控具有重要功能，面对错综复杂的案件，在刑法适用中需要对刑法条文进行解释，要实现法益保护，"对犯罪行为施以刑罚的目的在于保护法益，维护法规范效力只是一种表象"①。刑法适用中不能仅拘谨于法律条文，机械地认为条文本身是固定不变的含义，要充分考虑刑法在社会中承担的功能、客观的保护目的、行为的客观侵害等，选择正确的解释立场，以最适宜实现相应社会效果的立场去解释刑法、适用刑法。

---

① 张勇：《刑法教义学的源流、体系与功能》，载《四川大学学报（哲学社会科学版）》2021 年第 5 期。

四、刑法解释中主、客观解释的中国走向

刑法解释立场是处理刑事案件必须具备的场域观，选择何种解释立场至关重要，不同的立场产生不同的法治效果。作为具有最为严厉惩治手段的刑法，事关国家安全、人民政权和社会制度、国有财产和私人权益、各种秩序的维护等，其适用均需要秉持正确的解释立场，以获得公正的判决，实现刑法对国家的治理。作为主观解释和客观解释这组解释观，在当下并存于刑事司法实践中，有的司法人员“忠”于法律文本字面含义而选择主观解释立场，有的在罪刑法定下坚持客观需要选择客观解释立场，更有采取折中的解释立场观者，那么在中国这组解释立场观中，到底最终谁会成为刑法解释立场的适用解释观呢？笔者认为，根据党和国家对法治的要求，人民群众对法治的需求、解释立场对刑事判决的供求等因素，最终将以客观解释立场为走向。

（一）客观解释立场更能对立法原意进行续补

主观解释追求立法“原意”，认为在刑法适用中应立足立法原意进行解释。从刑法条文内容形成上讲，至少涉及如下因素。

首先，刑法条文内容形成上需要立法机关对条文的形成有明确的指导思想、立法目的、追求的治理效果等，并具有立法的必要性和可行性。因为一旦形成具体的刑法条文，应用于司法实践，司法人员就必须了解这些，以便促进对法律条文的深刻理解，这是立法的基础，也是司法人员理解刑法、解释刑法的前提。解释源于理解，只有充分理解，才可能形成正确的解释，进而有立场的选择，才可能形成公正的案件结论。

其次，刑法条文的形成是特定时空的社会生活规范的产物，这里形成刑法规范的时空具有时间延续性、事实复杂性等，也就是说刑法规范的行为极可能随时间和空间的变化而变得更加复杂。这在一定程度上增加了刑法解释的难度。因此，此时其立法原意是否还是先前的立法原意，这就需要解释立场去处理。

再次，在字面含义上，刑法条文的文义是来自立法时社会通常的文义，但随着时间的流逝，在将来适用该刑法条文时，该刑法条文的文义较立法时是否增

加或减少或改变,如按照追寻立法原意的目标去理解和适用刑法,就极可能产生不公正的案件结论。

最后,在刑法条文形成规范上,其内容多是通过对已发生的社会生活事实进行抽象概况和提炼而成,而对于将来可能发生的需要刑法规范的生活事实进行预测是有限的,因为“人类立法者根本不可能有关于未来可能产生的各种情况的所有结合方式的知识”①。可见,立法对未来需要规范的生活事实的预测是有限的。在法的运行上,立法在前,司法(解释适用)在后。因此,立法预测的有限性决定了探寻立法原意的不可取性。

主观解释认为,刑法解释的目标在于探寻立法者在制定刑法时的“立法原意”,但实践和事实证明这是不可能的。因为“文本一旦发生之后,作者就死了,文本具有自身的独立性”②,无法找到和找准与立法时完全一致的立法原意。客观解释则认为,刑法解释的目标就在于阐明刑法条文在客观上所呈现出来的意思,即在罪刑法定的前提下,关注客观实施的行为和客观的法益侵害后果,而这里的客观也是符合法治精神和刑法法律原则的,不是无根据的。正如陈洪兵教授指出:“……客观解释论所得出的结论不可能是‘任意’‘主观’的,相反,客观解释更具有安定性、稳定性,更能符合变化了的时代要求、更有利于保护法益、更能维护罪刑法定原则。”③客观解释立场中,在立足法律文本含义的基础上掺入“客观”的因素,考虑案件中行为造成的客观侵害进行判决,这在本质上是对主观解释一直追求的立法原意未成的续补,解决了主观解释立场难以克服的问题。

(二)客观解释立场更能严织法网有效惩治犯罪

惩治犯罪是刑法的任务,任务的完成需要解释立场的选择适当。主观解释论主张探寻立法者的立法原意,认为刑法解释者应当尊重和忠于立法者,将立法时的刑法规范原意予以刑法文本的表达。因此,刑法解释应以探求立法者的意思为目标。而客观解释论则注重发现法律文本现在应有的客观意思,即强调

① [英]哈特:《法律的概念》,张文显等译,中国大百科全书出版社 1996 年版,第 128 页。
② [法]保罗·利科尔:《解释学与人文科学》,陶远华等译,河北人民出版社 1987 年版,第 150 页。
③ 陈洪兵:《双层社会背景下的刑法解释》,载《法学论坛》2019 年第 2 期。

法律文本的独立性，认为立法原意是难以找寻的，解释者应当根据社会变化的情势，结合刑法解释追求的目标，不断挖掘刑法文本现在的合理意思，在案件事实与法律之间进行客观解释，以针对社会中出现的永无停止和复杂多变的案件。以已制定的法律文本原意来处理今天发生的复杂多变的新案件，很可能致使犯罪者逍遥法外。此时以刑法文本中现在应有的客观意思去处理案件，就很可能找到刑法规范中表现出的客观意思，进而不放纵犯罪，不让犯罪者逍遥法外，其实质是客观的解释立场为惩治犯罪织了一张惩治之网。

（三）客观解释更能“造法”以弥补法律漏洞

生活事实的绝对发展性与法律规范的相对稳定使案件事实与法律规范之间不可能绝对一一对应。因此，任何国家都不可能制定出没有法律漏洞的法律，“法律再完备，也不可能将社会政治生活、经济生活囊括无遗；法条再严密，也会有不尽如人意之处。因而任何法律都有漏洞”①。刑法调整的内容随社会发展而不断变化。在法律制定上，刑法确实是最为严厉的法律，因涉及人的生命，其制定和修改相当严格和复杂，必经相关程序才能提请国家制定，最终获得人大通过。案件中所体现的社会刑事法律关系发生变化，与之相对应的刑法条文也应当做出必要的填补，才能适应社会治理的需求。总之，作为立法者，由于社会关系的复杂性和认识的有限性等，导致刑法条文的规范性出现不全面、不清晰、涵摄不够等情形，这就是在立法时难免出现的这样或那样的漏洞，形成“欠缺可适用的法律规则”②。可是由于最为严厉的刑法需要稳定性，而刑事案件又要求及时处理，这就产生对法律漏洞如何处理的司法实务问题。在难以短期内完善立法的情况下，解决此问题的场域可以转向司法实践中予以寻求。

主观解释从刑法解释的目的出发，强调阐明立法原意，在解释中不能超越立法原意。在主观解释以法律这个“主观”为依托下，在法律条文本身都存在法律漏洞的事实前提下，追求立法原意当然是不现实的，也是无法做到的。然而客观解释却是在罪刑法定原则下，根据“客观”行为及事实，对损害法益的客观

---

① 刘正峰：《论我国法官对法律漏洞的补充与完善》，载《法学》1996 年第 8 期。

② 黄泽敏：《法律漏洞填补的司法论证》，载《法学研究》2020 年第 6 期。

行为进行法律评价，即以揭示刑法条文客观上所表现出来的意思，而不是立法者制定刑法时“主观”上所赋予刑法条文的意涵，以此补正法律条文中存在的漏洞，以获取公平正义之判决。可见，在填补法律漏洞上，客观解释较主观解释更具有补正漏洞的功能。

（四）客观解释更体现司法适用的时代性以弥补立法的滞后性

刑法是国家治理的法制手段中一个名副其实的重器，且具有鲜明的时代性。一个国家在不同的时代有不同的任务，“一个国家，一个民族，不同的历史时期或发展阶段，其总的经济状况和生产力发展水平不尽相同，因此，国家的根本任务和时代主题也就不同。国家的根本任务和时代主题决定法的任务，决定法的价值取向，决定法的制度安排和功能设计”①。不同的任务直接影响刑法的立法，刑法的时代性表现在它与国家的政治、经济和文化等治理的嵌入性，且与时代发展步伐保持紧密的共进关系，与社会的发展保持较大的一致性。对于一些因时代而产生的新型的严重破坏社会自由、秩序、平等和公正等的刑事案件，刑法应当及时予以回应，以展现刑法对时代需要的社会治理的回应。比如，这些年随科技发展出现的网络盗窃案件中财产（如加密币、抖音账号等）的认定，如果按照主观解释追求“立法原意”，那么在案件处理上将会出现一些问题。因为随时代发展而出现的新事物，在先前的刑法文本中是难以找到其“立法原意”的。然而，这些新案件又确实破坏了社会既存的法益。此时社会对刑法所要求的是维护一种秩序，提供一种保障，规范和保障社会已然的状态，进而保障社会安全有序的运行。此时，如果期许具有“立法原意”的对应的刑法条文来处理案件，是很难实现的。因为刑法的立法需要经过立法讨论、起草等严格的程序才能形成刑法文本，这在时间上是很漫长的，等待刑法到来之后再适用，这将失去法的正义、效率等，更重要的是会失去民众对司法权威的信仰和期待。

客观解释立场根据案件事实的客观违法行为和损害的客观事实在罪刑法定原则下解释刑法，以保护法益。这较主观解释立场而言克服了法律文本的

---

① 郑祝君：《英美法：时代性背景下的制度变迁》，载《法商研究（中南政法学院学报）》2002 年第 2 期。

"主观性",适应了社会发展的时代性,避免刑法立法的滞后性,更显刑法的正义性。

法的时代性表现在法的社会性和实践性中,"法的社会性与实践性进一步体现在特定的时代背景之中,一个特定的时代蕴含着特定的社会发展背景和实践运行规律,这种发展背景和运行规律蕴含着对法律调整的需求,对于法律而言,衡量其实施效果和调整绩效的关键,也就具体化为与特定时代背景的契合程度以及对时代规律的把握程度"①。刑事立法难以及时满足法的时代性,这需要在刑事司法适用中用客观解释来弥补刑事立法的滞后性,对客观行为进行符合时代的客观解释,以有效惩治犯罪,实现社会公平正义。

(五)客观解释更能适应社会发展的客观现实需要

自中华人民共和国成立以来,我国发展比较迅速,特别是党的十八大以来,政治经济文化等都发生了巨大变化。党的十九大报告明确指出中国特色社会主义进入新时代,我国社会主要矛盾已经转化为人民日益增长的美好生活需要和不平衡不充分的发展之间的矛盾。社会发生巨大的变化,政治风清气正、经济高速发展、文化融汇和谐、科技日新月异。新时代新环境新变化对法治有新期望,社会处于转型期,社会关系发生巨大变化,利益多元、矛盾多发等,这些因素给国家治理带来了严峻考验。国家安全、社会和谐、个人权益的维护等都需要刑法积极作为,踊跃担当。作为最严厉的刑法,其在社会治理中应立足客观治理需要去评判案件中的客观行为,作出客观公正的判决。新时代可能出现新的社会问题,表现出新的刑事法律关系,新类型案件等以"新"的面貌出现,这不是直接依据立法原意就可以直接处理、直接适用法律的案件,需要能动地处理案件。在刑法精神和原则的指引下,站在客观解释的立场上,针对客观违法行为,发挥解释的能动性,"司法能动性要求我们不能僵化、封闭地理解法律,而应当面向社会,开放地理解和适用法律,在对法律的动态实践中实现政治效果、社

---

① 冯辉:《论时代需要的竞争法与竞争法的时代价值——从公私对峙到公私融合》,载《政治与法律》2010 年第 12 期。

会效果、法律效果的统一”[①]。客观主义的客观不是仅以客观为依据，无视法律的文本，作出随心所欲的判决，而是要求在法律文本无具体要求时，立足客观事实，审视客观行为，在罪刑法定的原则下处理案件，阐明解释时刑法条文客观上所表现出来的意思，以刑法条文适用时的客观意义为基准进行解释、处理案件，实现对社会的治理。

五、结语

随着改革开放向纵深发展，迎来科技飞速进步，经济高速前进，文化的深度融合等，这可能带来一系列社会问题，极易产生一些社会刑事案件，可能影响国家安全、破坏社会既有秩序、侵害民众正当权益等，这就需要选择适当的刑法解释立场，释放刑法应有的功能，在解释中处理案件，彰显社会正义。然而作为追求立法原意的主观解释，对于这类客观发生的案件显得无能为力，在社会演进中产生的客观解释正好能适用新要求，以发展的眼光探求刑法文本中隐含的随时代发展的客观意思去处理案件，规范客观行为，惩治犯罪，实现刑法对社会的治理，唯此才能使刑法以不变应万变，克服自身的局限性，发挥解释的时代性，以保障经济社会文化有序发展，实现民族发展，保护人民福祉、维持国家安定。在现代文明的法治观念下，刑法解释立场应当在坚持罪刑法定的原则下，以维护国家、社会和个人权益，保护人权，保障犯罪嫌疑人权益等，以客观解释立场进行定罪量刑，以实现刑法对社会的治理价值。

---

① 周啸天：《立法技术、价值关照及现实影响：〈刑法修正案（十一）〉的理论透视》，载《师大法学》2020年第2期。

实质法治观与刑法实质解释论*

吴林生**

摘要：通过考察实质法治的域外实践史，笔者认为实质法治是以人权保障为价值追求和结果导向的法治观，有利于人权保障时才主张突破实定法，而非偏向社会保护或将其与人权保障等同权衡，因此适合我国国情。在刑事实质法治观念下的实质解释论主张偏向人权保障的实质公正观，在解释的规范依据上主张法源的多元化，解释方法上注重法律体系内的价值衡量方法，解释边界上提出国民预测可能性、国民接受可能标准，主张通过提高解释程序的公正性，从外部保障解释结论的合法性。笔者认为刑法形式解释论关于构成要件上先形式判断后实质判断的观点没有自洽性，不利于被告人的扩大解释应仅限于当然解释，犯罪的实质是当罚和需罚的行为，适当论证解释理由是合法解释的程序要件。

关键词：刑法实质解释论　实质法治　形式解释　人权保障

实质解释论和形式解释论之争，推动了刑法学界对刑法价值取向、犯罪构成模式、解释方法等诸多刑法问题的深入研究，尤其是触及了刑法解释边界这一核心问题，具有重大的理论和实践价值。然而，中国刑法史上，很少有概念、术语像“形式解释”与“实质解释”这样含混不清、争议不休的。从称谓上来分，

---

* 本论文曾发表在《国家检察官学院学报》2015 年第 5 期。论文内容有改动。

** 男，河南桐柏人，法学博士，现任郑州大学副教授、硕士研究生导师。

学界对待刑法实质解释论的观点,大致分为肯定说(实质解释论)、否定说(形式解释论及无区别论[①])和结合说[②];而就具体问题的实际结论而言,形式解释主张者可能和实质解释主张者的结论相同,而与其他形式解释主张者的结论相异,"某位学者所持的观点可能更接近于他的对手,而不是号称与他同一战壕的战友"[③]。实质解释主张者亦然。例如,陈兴良教授将单位实施的盗窃解释为无罪,而邓子滨教授反而和张明楷教授一起对此持反对态度;[④]张明楷教授把"冒充军警人员抢劫"解释为包括军警人员显示其身份进行抢劫的行为,遭到包括实质解释论在内的几乎所有学者的反对。[⑤] 又如,有观点认为,有法院将投寄虚假炭疽杆菌行为解释为以危险方法危害公共安全罪,是实质解释的结论。[⑥] 而笔者则认为这是误解:法院的解释结论完全超越了国民预测可能性,既不符合形式解释的规则,也不符合实质解释的规则,属于任意解释。一个自称支持实质解释论的学者在其他人眼中可能属于形式解释论,而一个自称支持形式解释论的学者则可能被另一学者划入实质解释论阵营。例如,自称支持形式解释论的周详教授被认为属于"相当节制"的实质解释论者,而自称持保守的实质刑法观的魏东教授被认为"与形式论者的立场没有什么本质区别"[⑦]。

上述争议,有刑法理论自身晦涩、复杂的原因,更重要的是因为争议的前提和对象不明确,对同一称谓争议者理解不同,造成自说自话和思想交流不畅。欲展开形式解释和实质解释的有效论争,须先澄清实质解释的基本主张。

---

① 该观点认为形式解释论与实质解释论仅是一种口号之争,争论依赖于大量的误解而存在,不仅浪费了大量的智力资源,还可能对刑事司法实践产生不利影响。参见陈坤:《形式解释论与实质解释论刑法解释学上的口号之争》,载陈兴良主编:《刑事法评论》第 31 卷,北京大学出版社 2012 年版,第 301 页。

② 参见刘志刚、邱威:《形式解释论与实质解释论之辨析》,载《河南省政法管理干部学院学报》2011 年第 3 期。

③ 参见邓子滨:《中国实质刑法观批判》,法律出版社 2009 年版,第 7 页。

④ 参见邓子滨:《中国实质刑法观批判》,法律出版社 2009 年版,第 7 页。

⑤ 参见刘艳红:《走向实质解释的刑法学——刑法方法论的发端、发展与发达》,载《中国法学》2006 年第 5 期;吴林生:《罪刑法定视野下实质解释论之倡导》,载《中国刑事法杂志》2009 年第 7 期。

⑥ 参见陈兴良:《形式解释论与实质解释论:事实与理念之展开》,载《法制与社会发展》2011 年第 2 期。

⑦ 劳东燕:《刑法解释中的形式论与实质论之争》,载《法学研究》2013 年第 3 期;魏东:《保守的实质刑法观与现代刑事政策立场》,中国民主法制出版社 2011 年版,第 21 页;周详:《刑法形式解释论与实质解释论之争》,载《法学研究》2010 年第 3 期。

一、实质法治观之考察

从上述国家的法治实践看，实质法治观至少应认同以下几个核心观点：其一，以保障个人尊严和自由为核心价值和优位价值。在秩序与自由、国家社会保护与人权保障、法律法令规定与民主社会基本价值冲突时，后者优先。也就是说，是否允许突破形式法治的限制去追求实质公正，关键在于是否符合人权保障的目的，是否能起到促进个人自由的效果。其二，为了保障基本人权，实质法治观主张法源的多样性，认同法律之外的社会规范、价值观念对权力运行的一般约束力。其三，强调民主程序和权力监督机制对法治运行的基础性作用，特别强调对立法和行政权力进行监督，追求实质公正和人权保障。加强司法权威，保障人权。其四，更加积极主动地保障法的安定性。这不仅要求法律执行、适用中要确保法的安定性，还要求立法中保障法的安定性，对于违反法的安定性最低限度保障的立法、司法、行政行为，宣告违反法律。

也就是说，实质法治实践坚持以权力限制和人权保障为结果导向和价值追求，其追求的实质公正偏向于人权保障而非社会保护。实质法治并非无限制地追求实质公正，而是在形式法治不能达到人权保障效果时，在人权保障原则许可的范围内，求得实质公正。法治和人权保障观念像一枚硬币的两面一样不可分割，离开法治无以实现人权保障，离开人权保障的法律实践不称为法治。从法治产生的那一天起，人权保障就一直是法治的根本目的，无论是形式法治还是实质法治，其偏向人权保障的初衷始终不改。如果一种司法实践为了追求实质公正，却在价值取向上重秩序轻自由、重社会保护轻人权保障，那就不是符合法治的实践，也不能被称为“实质法治”。

二、刑事实质法治观之厘清

尽管理论上对实质法治观的理解多种多样，但从实质法治实践史可以看出，不同于纷繁多样的实质法治理想，实践中的实质法治观只有一种，其在价值选择上和实际效果上都偏重于人权保障，可以称为偏一的实质法治观。那种认为实质法治不利于保障人权的观点，实际上是对实质法治的误解或污名化。除了重视价值判断和实质公正外，实质法治观还包括以下核心主张。

(一)超越形式合法性的实质合法性判断标准

在实质法治意义上,合法性就是单指实质合法性,就是符合政治体共同体的共识,而为政治体共同体所接受或追求的状态。① 形式合法性仅仅是合法性判断的一个过程性、局部性标准,形式合法不一定就具有合法性。实质合法性,是一种统一的合法性叙述方式,统合了形式合法性、合目的性、合理性、社会效果等有关正当性的各种表述。解释的实质合法性标准就像一个多项选择题,它的正确答案看起来有多个标准,但不等于它有多个答案,因为每个标准都不足以独立证成结论的合法性,必须同时得以满足才能最终证成结果的正确性。实质合法性标准就是包含了数个标准的唯一正确答案。形式法治观通常认为,解释只要是在法律文义许可范围内进行选择,无论最终选择哪一种,都是合法的,差别仅在于是否合理以及合理的程度问题。而实质法治认为,只要有充足理由说明解释者或法律适用者的行为失当,即使在法律文义之内的选择也是违法的。实质合法性不认同"合法但不合理"这一表述,对公权行为提出了更高的要求。因此,实质法治意义上,法律解释的标准是符合法律目的,符合包括法条、法律原则和事物本质等共同决定的法律目的,而非仅仅是具体法条的文义。确定法律目的的形式依据是法条文义,而价值依据是法律体系所体现的国民价值共识。"司法的根本目的并不是在于搞清楚文字的含义是什么,而在于判定什么样的决定是比较好的,是社会可以接受的。"②

(二)偏向保障被追诉人人权的实质法治观

从西方国家由形式法治向实质法治发展的历史看,实质法治虽然追求实质公正,但保障人权是其首要的价值追求。在司法和行政行为中,实质法治追求实质公正的目的在于避免形式法治保障人权不力,而非通过突破法治对人权的形式保障去追求实质公正。理论上,大多反对刑事实质法治的论者,甚至包括

---

① 可接受性在价值上包括正当性(合正义性、合伦理性)和有效性(合效益性、合功利性),不完全等同于合正义性,比后者包含更多的价值要求。在此意义上,实质合法性和形式合法性与实质正义和形式正义并不完全对应。对此,本文不做详细区分。

② 苏力:《解释的难题:对几种法律文本解释方法的追问》,载《中国社会科学》1997 年第 4 期。

部分支持刑事实质法治者，均把支持实质法治等同于奉行实质思维，认为为了实质公正，可以突破法律的形式限制，得出适用不利于行为人的法律的解释结论，这和实质法治的价值追求相悖。如果说在经济法、社会保障法等领域，尚存在保障弱势群体利益还是保障市场自由竞争权何者更符合权利保障原则的问题，那么在刑事领域，保障犯罪嫌疑人、被告人和罪犯不受刑罚权的不当侵害，毫无争议成为刑事实质法治的首要和核心目标。为实现这一目标，实质法治要求虽然依据某法条形式上可以得出不利于行为人的结论，但如果这一结论违反实质公正，就应突破形式正义，做出不适用该法条的结论；相反，虽然法律没有明文规定，但做出不利于行为人的处理符合实质公正的，不得突破形式正义做出不利于行为人的结论。也就是说，实质法治采用实质思维和实质论证的目的，仅限于追求有利于行为人、有利于权利保障的结果。在刑事法律关系中，对立的双方主体是国家和被追诉人，保障被追诉人的权益就是保障人权。被害方利益和社会利益虽然也是需要保护的，但其并非刑事法律关系的主体，不是人权保障原则首要关心的对象。对行为人进行刑事追究通常不是被害人的权利，法治对被害方权益的保护并不体现在刑罚权的实现和扩张上。

（三）主张多元法源论

与形式法治相对应的是一元法源论；与实质法治相对应的是多元法源论。“实质法治观念中，除了法条外，宪法、一般法律原则、司法先例、公共政策，甚至比较法都可以作为法源，参与法律论证。”①其原因在于，实质法治观认为法律只是法律解释、论证和适用的主要依据，而非全部或最终依据，实际上是把法律条文视为权威性法源，视为法律论证和法律解释的论据，而不是必须遵守的依据。在行为形式上符合不利的法条时，法条仅仅具有假定（推定）可适用性的效力，作为衡量定罪量刑的初步标准，这一标准是可以辩驳的，在提出更具有正当性的标准的情况下，可以适用更合理的标准以做出不予定罪量刑的结论。由于法源的广泛性和开发性，法律因此被实质法治观者看作“无缝之网”，可以涵盖所

---

① 陈燕：《“形式法治与实质法治”研讨会实录》，载姜明安主编：《行政法论丛》第 13 卷，法律出版社 2011 年版，第 591 – 593 页。

有的法律问题。[①] 这就是说,即使在法律存在模糊不清或彼此冲突的场合,法官也不能通过运用强自由裁量权自由填补法律空隙,而应当通过诉诸构成整个法律制度或局部制度基础的一般原则和其他权威性材料的指引来填补、缝合法条可能存在的形式和价值间隙,以排除法官在价值选择上的恣意、专断。

宪法和其他权威性依据,并不能作为实质解释的直接依据,而构成论辩、查明法条具体内容的依据和理由。尽管宪法在层级上和效力上属于根本法,仍不得被作为定罪处罚的直接法律依据。

(四)刑事实质法治更重视法的安定性价值

形式法治观者一再攻击实质法治观不注重法的安定性,这是一个误解。实质法治观普遍重视法的安定性,从来没有放弃过法的安定性。只是在追求法的安定性方面,与形式法治的路径选择有所差异。实质法治在关注法律解释、适用过程中价值判断的客观性和拘束性的同时,侧重于限制立法权以提高法的安定性。

法的整体明确性原则要求法条之间要协调一致,减少不协调、不均衡现象,减少不必要的特别法。如果法条对同样问题的规定不一,遵循哪个法条的指引难以确定,法律适用的统一性和安定性问题就出现了,追求绝对明确反而会最终损害法律的确定性。法律规定过于具体和细化,时间、地域等因素的变化会导致实质公正流失,从而使立法丧失适应性。例如,我国受贿罪定罪量刑标准如果采用各省人均国民收入倍数的标准,可能更有利于保障立法的公平和稳定。[②] “因不明确而无效”已成为实质法治国家保障立法安定性的普遍实践。[③] 信赖保护原则是指,每一个人原则上都可以信赖已经制定的法律,根据法律安排自己的行为,修订后的新规则适用于未来。法的连续性原则是指,没有被特别废止的法规范,应推定继续有效。在 1997 年刑法生效后,最高人民法院在《关于认真学习宣传贯彻修订的〈中华人民共和国刑法〉的通知》中指出:“如果

---

① See Ronald Dworkin, *Taking Rights Seriously*, Harvard University Press,1977, p. 115 – 118.

② 参见吴林生:《刑法修正案(九)草案的得失及修改建议》,载《中国刑事法杂志》2015 年第 1 期。

③ 参见苏彩霞:《罪刑法定的实质侧面:起源、发展及其实现——一个学说史的考察》,载《环球法律评论》2012 年第 1 期。

修订的刑法有关条文实质内容没有变化的，人民法院在刑事审判工作中，在没有新的司法解释前就，可参照执行。”该通知通过确认司法解释继续适用的效力保障了法的连续性。

（五）提高和保障法律运行过程的程序公正性

实质法治要求的实质公正是实体公正和程序公正的统一。实质法治不仅关注结果公正，也关注过程公正，以过程公正保障结果公正，消解结果公正对法治的可接受程度所可能产生的副作用。实质法治要求在全面、动态地考察法律适用过程的基础上，从实体性规范到程序性规范，对整个法律适用过程进行全方位的法治管理。[①] 实质法治通过提高法律解释、论证和适用过程的公正性、科学性，提高结果的确定和公正。合理的程序规则有助于构造一个平等、自由、不受强制的议论场域，以保障实质刑法解释的合理实现。[②] 极其重要的是，法治的程序性道德所强调的制度性之程序安排也会强化法律的有效指引功能，甚至确立一种依附于程序的确定性，即透明化的程序安排有能力使相关参与者根据有关信息做出选择并建立合理预期。[③]

程序法治观含有两个方面的程序性要素，即制度性程序和理由论辩。制度性程序重在通过诉讼两造之对抗模式，保障法官不偏不倚的中立地位和裁决结果的公正；理由论辩和裁决公开重在通过开放性审议程序，以非对抗的方式，说服当事人乃至听众和公众，在较为宽泛的范围内取得理性的沟通和达成共识。判决说理为沟通和说服提供了程序空间，裁判的可诉性和公开性增加了裁决者不谨慎裁决的风险，从外部压力和内部信念两方面抑制了法律解释和适用的任意性。理性开放的程序不能保障每次法律实践结果的可接受性，但这种程序能持续、无限地促进结果的合共识性，从而成为接近“公意”的路径。“在审议民主的观念下，程序法治观毋宁对实质性的结果抱持一种理性开放的态度，它相信

---

① 参见朱维究：《再谈现代行政过程论——从形式行政法治到实质行政法治》，中国法学会行政法学研究会编：《行政管理体制改革的法律问题——中国法学会行政法学研究会 2006 年年会论文集》，中国政法大学出版社 2007 年版，第 70 页。

② 参见苏彩霞：《刑法价值判断的实体性论证规则》，载《华东政法大学学报》2008 年第 1 期。

③ 参见张超：《基于合法性价值的法概念研究》，中国政法大学 2011 年博士学位论文，第 148 页。

通过法律建构的制度和论坛,以及公民之间持续性的理性对话,法律可以无限趋近于正确的答案。”①

综合考虑实质法治的特点,笔者认为中国的国情适合并需要实质法治。主要表现为:其一,实质法治有助于增强司法权的中立性和对立法权的制衡。实质法治强调增强司法权威独立行使司法权,能够减少其他机关和个人对司法权的干涉,防御个人自由受到压迫,合乎时宜。其二,贯彻偏一保障的实质法治观,有助于人权保障。形式法治论者,普遍忧虑实质法治削弱了法律自治性,而实质法治观只允许通过类推方式做出有利解释,不允许根据类推方式做出不利解释,上述忧虑并无必要。其三,实质法治观以建设性态度参与中国的法治实践。法学理论不宜不顾法律实践的现状而自说自话,否则这种理论在实践中是没有生命力的,只能陷在象牙塔中的孤芳自赏。“如果我们仔细观察的话,没有任何地方可以真正做到‘禁止类推’,所以严格的禁止类推,结果正与禁止解释一样,历史经验已经告诉我们,它完全没有作用。”②形式法治观沉溺于体系的圆满和自我演绎,偏重于为立法献言献策,对司法实践关注不够,导致刑法理论缺乏实践品格,难以为司法实践提供充分的刑法客观知识支持。实质法治观则认真看待法律适用和解释中的大量的价值判断实践,承认而非完全排除价值判断的必要性和合理性,积极探求价值判断客观性的道路。

三、对刑法形式解释论的异议

刑法形式解释论缺乏自洽性,主要存在以下几个可争议之处。

(一)缺乏逻辑上的正确性

形式解释应该是根据形式逻辑、形式正义或形式法治原理,从法律命题中得出结论的解释方法,结论不能比前提中出现多余的事实。无论是何种原理,其结论都应该是平义解释,扩大解释和缩小解释都应排除在形式解释的认可范围之外,但实际情况是实质解释并不排斥不利的缩小解释,更遑论有利的缩小

---

① 张超:《基于合法性价值的法概念研究》,中国政法大学2011年博士学位论文,第151页。

② [德]亚图·考夫曼:《类推与“事物本质”——兼论类型理论》,吴从周译,台北,学林文化事业有限公司1999年版,第13页。

解释和扩大解释。而实质解释,基于实质法治保障人权的偏一核心理念,可以相应调整解释结论与法条文义的偏离范围,无论做出平义解释还是扩大、缩小解释都是相宜的。

(二)无法积极、独立地实现自身的价值追求

形式法治论在应对复杂性尚可且争议不多的简单案件时,且能应付自如,但在面对高度复杂性且争议激烈的疑难案件时,就会失去形式法治观所许诺的法律的确定性、可预期性等品质,法律对行为的指引功能也无从落实。① 另外,形式解释不能克服立法本身的缺陷,在文义模糊、立法不明确、立法冲突时,形式解释难有作为。

(三)对构成要件形式判断先于实质判断的要求不成立

价值判断与事实判断是不可分离的。任何判断都不是价值判断与事实判断(经验判断)的截然二分,而是光谱式的"连续体"方式,都是介于纯粹的价值判断与严格的经验判断之间的判断,是包含(或至少隐含)价值判断元素与经验判断元素的一种判断。② "在审判的过程中,法官的确是进行了价值判断的,这种作为审判依据的价值判断往往与审判的逻辑说明同时、或先于逻辑说明进行,二者在现实中互相交错、互相影响。"③无视上述客观事实,会增加法律解释和法律适用的恣意性,降低解释和适用结果的合法性程度。一方面,如果认为法律解释是纯粹的事实演绎和事实探询,拒绝承认价值判断的合法性并进而在此基础上追求价值共识,就会使价值判断游离于法律解释的过程之外,带有"不可言说"的神秘主义色彩,成为法律解释客观性看不见的杀手和陷阱。实质解释不是自欺欺人地假装解释活动与价值无涉,而是努力追求价值共识,实现价值判断的客观性,避免和尽可能减少其主观性。另一方面,完全排除价值判断也因违反了法律目的而降低了解释的合法性程度。法律规定不仅是指某个条

---

① See Ronald Dworkin, *Taking Rights Seriously*, Harvard University Press, 1977, p. 133.

② 参见郭秋永:《多元民主理论——公民审议的一个理论基础》,载《台湾民主季刊》2007 年第 3 期。

③ [日]川岛武宜:《现代化与法》,申政武等译,中国政法大学出版社 2004 年版,第 243 - 244 页。

文的单独规定。法律的目的蕴含在法律规则之中,也蕴涵于规定法律原则、法律价值、法律目的和等抽象条款之中。单纯地依照个别法律规则来解释法律是片面的理解,也忽视甚至背离了立法者蕴含于整个法律文本中的价值诉求。

在三阶层犯罪构成理论中,构成要件符合性阶段要对存在保护客体与否进行积极的、初步的实质判断,而违法性阶段对其进行的是消极的、进一步的实质判断。在德日刑法中,构成要件判断属于形式判断的观点属于少数说。因为,如果构成要件符合性阶段不进行实质判断,而在违法性阶段进行实质性判断,考虑到"存在于构成要件框架之外法益侵害、危险理当不能为处罚奠定基础,要是承认其赋予违法性以基础意义的话,从罪刑法定主义的见地出发,这就是个很大的问题"①。

否认法律解释过程终的结果导向性,不是实事求是的态度。具体个案中,解释者总是先基于个人直觉对案件事实做出可罚性的初步判断,之后再寻找相应的制定法文本、法律解释、既往案例等证伪自己的预断,并根据需要决定是否重启这一过程。"在法律解释的过程中,法官的目光总在规范、事实与利益衡量初定方案之间不断来回往返,并根据证立效果的好坏来不断修正初步的结论,并在重新确定法律文本的实质含义(或者重新选取依据的法律规范)的基础上,再将事实归入(重新确定的)规范,最终推导出裁判结论。"②这种从解释结论到解释理由或根据的思维进程,是一种正常的心理现象,并不违反罪刑法定。③

法律文义的指引并不像形式解释论所声称的那么一清二楚,有时候内在价值的指引可能更加明确,形式解释论者对形式解释方法所能提供的确定性寄予了虚幻的想象。④ 事实上,对"情节恶劣"等裁量性用语进行解释和需要缩小解释的场合,文义限制已经失去作用,最后的结论都是根据价值判断做出的。"正是理解者本人的确信,而非僵硬的文字标准,支配着司法实践中的解释边界。

---

① 黎宏:《日本刑法精义》(第 2 版),法律出版社 2008 年版,第 75 - 77 页;[日]山口厚:《刑法总论》(第 2 版),付立庆译,中国人民大学出版社 2011 年版,第 27 - 29 页。

② 熊寿伟:《裁判结果对公众诉求的合理引入——以利益衡量为方法》,载《人民司法》2014 年第 21 期。

③ 参见劳东燕:《刑法解释中的形式论与实质论之争》,载《法学研究》2013 年第 3 期。

④ 参见王志祥、敦宁:《形式和实质的解释论之争与犯罪论体系的选择》,载《现代法学》2012 年第 2 期。

而所谓本人的确信,又从来都是个性化的,甚至是任性的意识活动。”①

四、刑法实质解释论的基本主张

极端的实质解释论,为了追求实质公正,不惜抛开法律的限制,既可能出于人权保障目的而做出有利于行为人的决定,也可能出于社会保护目的而做出不利于行为人的决定。严格来讲,这种观念违反了刑法的明文限制,突破了法治的底线,不再属于解释法律的任何一种解释论,而属于法律续造论、法官的立法论。刑法实质解释论,应当是在刑事实质法治观理念的观照下,解释刑法所秉持的一系列观点、方法和价值理念。这种实质解释论,要求在不违反现行刑法的前提下追求实质公正,不赞同单纯的实质思维司法。其基本主张包括如下内容。

(一)坚持偏向人权保障的实质公正观

虽然原则上实质公正要求兼顾社会保护和人权保障的均衡,但实质解释论在价值取向上优先保障人权,这既是实质法治观的必然逻辑,也是我国刑事立法的明确要求。那种主张为了追求实质公正就可以突破法条做出不利解释的观点,既违反了实质法治观,又不符合我国刑法的实然规定。

从立法上看,我国《刑法》在有利于行为人的解释上(以下简称“有利解释”)对司法人员较为宽松,在不利于行为人的解释上(以下简称“不利解释”)对司法人员严格限制。我国《刑法》第 3 条规定:“法律明文规定为犯罪行为的,依照法律定罪处刑;法律没有明文规定为犯罪行为的,不得定罪处刑。”此处使用“明文规定”而非“规定”、“依照法律定罪处刑”而非“应当处刑”的用语,②表明立法者的意思是:法无明文规定的,不得以实质正义为由定罪处罚;法律对处刑有明文规定的,应在法律规定的范围内处刑,不得以实质正义为由加重处刑。我国的罪刑法定原则,坚持优先保障被追诉人人权的立场,属于单面保障人权

---

① 杜宇:《刑法上之“类推禁止”如何可能——一个方法论上的悬疑》,载《中外法学》2006 年第 4 期。

② 参见胡康生、朗胜主编,全国人民代表大会常务委员会法制工作委员会编:《中华人民共和国刑法释义》,法律出版社 2006 年版,第 19 页。

的罪刑法定主义。《刑法》第 13 条规定,一切危害社会的行为,依照法律应当受刑罚处罚的,都是犯罪,但是情节显著轻微危害不大的,不认为是犯罪。第 37 条规定,“对于犯罪情节轻微不需要判处刑罚的,可以免予刑事处罚”。第 63 条第 2 款规定:“犯罪分子虽然不具有本法规定的减轻处罚情节,但是根据案件的特殊情况,经最高人民法院核准,也可以在法定刑以下判处刑罚。”上述刑法条文明确规定,按照法条,形式上构成犯罪、重罪的行为,如确有正当理由的,按无罪处理或免除、减轻刑罚。也就是说,立法规定,只要符合实质正义,司法机关有权突破法条的具体规定做出有利于行为人的决定;即使符合实质正义,司法机关也无权突破法条的具体规定做出不利于行为人的决定。我国的罪刑法定原则属于片面强调保障人权的罪刑法定主义。偏向人权保障的实质解释论得出一系列有利于行为人的结论,例如,承认期待可能性理论、存疑时有利于行为人理论、恢复性正义理论等的合法地位,不承认形式犯,认为犯罪的成立以存在抽象危险为必要条件,要求抽象危险犯必须以存在公众危险感为前提。①

在刑法解释中,对于有利于行为人的解释可以较之不利于行为人的解释,给予相对较宽容的限制;法律各种价值发生冲突而确实无法确定何者更优时,应本着有利于行为人原则,选择无罪或罪轻的解释结论。但是,“为了一个方面的利益而不适当地牺牲另一个方面的利益,或者为了满足某一方面的需要而不适当地损害另一方面的需要,都不能说是理性的和正当的”②。对于符合法律规定应当定罪处刑的行为,没有正当理由的,不能随意做出无罪或罪轻解释。

(二)在解释的规范依据上,主张法源的多元化

除了法律这一直接法源可以作为法律解释的直接规范依据外,宪法、行政法规、地方性法规、规章、各级司法机关的规范性司法解释文件③、判例、国际条约、权威学说中的法理、党和国家政策、软法、习惯和习惯法等,都作为间接规范

---

① 参见吴林生:《刑法实质解释论》,北京师范大学 2010 年博士学位论文。

② 张智辉:《论刑法理性》,载《中国法学》2005 年第 1 期。

③ 《关于地方人民法院、人民检察院不得制定司法解释性质文件的通知》规定,地方司法机关不得发布规范性司法解释性质文件。这一规定属于形式法治的立场,遭到地方司法机关的普遍抵制,该文发布后,各地司法机关仍然根据需要制定规范性司法解释文件。

依据，通过被法律明确援引，或者通过解释、论证法律，成为法律适用的间接依据。司法解释之外的间接法源的说服力，正逐渐为司法实践所认可。例如，最高人民法院明确要求对其发布的指导性案例，各级人民法院审判类似案例时应当参照；南京市玄武区法院在判决书中，通过援引权威学者观点，论证其裁决理由。[①] 承认法律之外法源的合法地位，是保障法律解释实质合法性的必然要求。理由是：其一，法律之外法源不损及法律至上原则。法源多元化是以坚持法律位阶的优先性为前提的，低等级的法源不能与法律冲突，这并无损于法律至上的权威，不违反法治原则。在法律解释中，其他法源只具有补充性和辅助性，一旦与法律冲突就失去了适用的资格，同时，其适用的方式是以解释法律的方式间接发挥作用的，不会危及法律权威和法治精神。[②] 例如，对于法定犯中特别术语的解释，可以依据法规、规章甚至是行业公约或行业习惯来确定。由于法律本身并无规定，援引其他法源并不损害法律权威，反而减少了司法人员自由裁量范围，提升法律的确定性。另外，认定其他间接法源，如司法解释、地方法院的规范性文件不具有法律意义上的强制拘束力，只具有较强的说服力，承认法官在证立这些法源与法律冲突后，可以拒绝或避开其适用，从而可以避免或缓解这些规范对法律权威的侵害。例如，对于最高人民检察院的个别司法解释，最高人民法院就明确规定“可以参照适用”，司法解释的有关规定不能适应案件审理需要的，可以变通适用。[③] 其二，法律之外的法源增加了价值衡量过程的客观性，在法律之外有效限制了司法人员的任性。如果没有法律非正式的渊源理论，那么在确定的实在法规定的范围以外，除了法官个人的独断专行外，就什么也不存在了。[④] 在法律冲突和模糊之处，如果离开非正式法源的指引和限制，就会受制于司法人员的任性，从而陷入非法治状态。承认了法律之外的法源，司

---

① 参见杨璐：《南京法院判决书援引学者观点，专家称系全国首创可增强说理性》，载澎湃网2014年12月22日，https://www.thepaper.cn/newsDetail_forward_1287931。

② 在裁判文书中，作为间接法源的司法解释应当作为说理依据而参照执行和包括指导案例在内的其他间接法源并列引用，而不宜直接和法律条文并列引用，以体现法源的位阶性。

③ 参见最高人民法院《关于在经济犯罪审判中参照适用〈最高人民检察院、公安部关于公安机关管辖的刑事案件立案追诉标准的规定（二）〉的通知》（法发〔2010〕22号）。

④ 参见［美］E.博登海默：《法理学——法律哲学与法律方法》，邓正来译，中国政法大学出版社2004年版，第461页。

法人员在做出价值判断时，就在法律之外增加了额外的规范标准，司法人员必须就这些规范依据的援引与否、其中权威性理由是否可以接受做出明确说明，从而明显增加了价值衡量的客观性含量。法律之外法源的引入，虽然不能保证绝对的价值尺度的实现，但是可以提高价值衡量过程的明确性，更多地保障价值衡量的结论是依据社会通行或主流价值标准做出的。其三，法律之外法源是保障法律开放性和民主性的要求。法律从生活实践中来，对它进行解释时，自然要溯本求源，俯身去关照生活。法律之外在生活之中具有权威性的规范，应当在司法活动中得到尊重，在不与法律相冲突的情况下，可以作为司法活动的规范依据。

（三）解释方法上，注重法律体系内的价值衡量方法

价值衡量方法，是指在法律规范之间发生冲突时，要先把法律规则转化为不同层级的法律价值，然后，在法律体系的语境之内，衡量法律价值或法益之间的相对优劣，而对这些法律价值之间的衡量过程形式上应依托于法律原则之间的衡量。在确定价值衡量标准时要注意：第一，价值标准的位阶只是相对的确定。第二，法律内的价值标准优于法律外的价值标准。法律解释、适用过程中，应当依据体系解释原则，优先选择最能实现不同法条统一和谐的价值判断和解释结论。第三，形式合理性本身是基本价值之一，是价值衡量的重要依据。

为保障价值衡量方法的客观和公正，要重点注意以下内容：

1. 价值衡量方法并不追求终极意义的价值实体。实质法治主张以真理共识论和真理融合论为导向，求得价值判断的客观性。共识论认为真理是任何被某特定群体一致同意的东西，或者是特定群体可能就此达到一致同意的东西。融合论认为，真理是整个信念或命题系统内各部分的一致，真理根本上是整个命题系统的性质，个别命题只因与整体相融贯而衍生地被赋予真理的性质。必须从法律体系的内在视角理解法条的含义，保持法和政治分立的最安全途径就是运用体系解释，用法律自身的术语来理解法律，以求得法律职业共同体的共识。

2. 价值衡量方法坚持在法律体系内部论证和发展法律，力求在法律体系内部寻求价值判断的共识。理性的立法者在不同法律之间、同一法律的不同法条

之间，以及同一法条内部不同条款之间，以统一和谐的价值取向、文化观念作为立法指导观念。法官既不是在单纯地适用法律，也不是创造新的法律，而是在法律之内发展法律。一方面，过去的立法决定和司法决定构成了每一个当下裁判实践的必要背景；另一方面，裁判过程必然要涉及对相关的既定规范进行的合理重构及论证，从而使判决具有合理的可接受性。[①] 刑法解释中的价值衡量必须能够找到法律依据，价值衡量的过程形式上应是对不同法律原则衡量的展开，解释必须以法律规范为依托，以其中蕴含的法律价值、法律精神作为解释的理由。至少从形式上，解释理由是通过对法律规范的解释得出的，是经过法律规范的援引进入法律体系，获得了法律解释依据的合法地位。否则，形式上就违反了法治原则。

3. 实质解释坚持"论必有据"。法律解释和论辩过程，不仅要坚持理由论辩以正义原则为导向，而且要强调其解释和论辩的形式依据应该是既有的权威性材料。价值判断必须以权威性材料为依托加以展开，论证结论形式上应是权威性材料的衍生结果。离开了权威性材料，正义将成为无定论的私人判断。例如，法条"可能语义"应当通过各种字典、词典、工具书、法律文件权威材料加以确定，文义绝不应是超出民众认知水平的、不可接受的理解。同样，对法条立法目的的说明，也应当诉诸立法资料、历史文献、相关法条含义比对等权威性材料，而非解释者的恣意判断。

4. 在解释目标上应坚持主观主义为主。在法律解释中，原则上应采取主观主义立场，但是如果立法原意无法查明，或者有充足理由表明立法原意过时的，则以客观主义立场的解释为例外。特别法与普通法竞合的情况下，无论如何都应当按照特别法优于普通法原则适用法条，应当接受法律创造时立法者所做的价值选择，而不能根据个人的价值判断对法条进行从重选择。这是因为在一方面，主观解释尊重立法原意，认同立法材料对法律解释的限制作用，一定程度上保障了价值判断的安全性和可接受性。[②] 另一方面，这符合我国的立法规定。我国《立法法》第 119 条规定，"最高人民法院、最高人民检察院作出的属于审

---

① 参见张超：《基于合法性价值的法概念研究》，中国政法大学 2011 年博士学位论文，第 145 页。

② 参见梁根林：《罪刑法定视域中的刑法适用解释》，载《中国法学》2004 年第 3 期。

判、检察工作中具体应用法律的解释,应当主要针对具体的法律条文,并符合立法的目的、原则和原意。”

5. 要在刑法体系内开展价值权衡,必须首先认定犯罪的实质。犯罪是具有刑事违法性、一定社会危害性和应受刑事处罚性的行为,刑事违法性是犯罪成立的形式要件,社会危害性和应受刑事处罚性是犯罪成立的实质要件。把犯罪的实质仅视为违法和有责的行为,或者具有客观危害和主观恶性的行为的传统观念,有两点值得质疑:其一,忽视了刑罚对犯罪的反制约作用;其二,不能在犯罪论中全面贯彻目的论,毕竟刑法的目的具有追求正义和效益两个向度。犯罪的实质是当罚(处罚正当性)和需罚(处罚需要性)的行为,前者强调刑罚处罚的正当性,侧重伦理性要求,后者强调刑罚处罚的必要性,侧重功利性要求。当罚性是由违法和有责组成的,要求行为具有外在的实质不法和内在的应受谴责性。有责性包括责任能力、罪过和动机、期待可能性、违法性认识可能性,违法性有行为无价值和结果无价值、法益侵害性和规范违反性的争议。需罚性由预防必要性和刑罚的法益保护效果共同决定。行为人的人身危险性越高,采取刑罚对法益保护的效果越好,需罚性就越大;行为人的人身危险性越低,刑罚执行越是可能对被害人或他人造成法益的二次损害,刑罚越是无助于法益状况的恢复,刑罚越没必要介入,需罚性就越小。刑事和解、先强奸后通奸、获得谅解的亲属相盗、过失致人伤亡等,是具有当罚性而需罚性消失或减少的适例。在考察行为的可罚性时除了考察行为本身的违法性、有责性外,还应评价行为的刑罚需要性,一定范围内把判处刑罚可能引发的社会效果纳入是否刑法解释的综合考量之中。

(四)解释边界上,不超越国民预测可能性、国民接受可能

实质解释论对解释边界的典型表述是:“解释的实质的容许范围,与实质的正当性(处罚的必要性)成正比,与法文通常语义的距离成反比。”[①]然而,该说中的“处罚的必要性”缺乏一个最低标准,使一些处罚必要性明显低于核心文义行为的也被认定为犯罪,“文字的可能含义”标准模糊时,很有可能导致解释的

① 张明楷:《刑法分则的解释原理》,中国人民大学出版社 2004 年版,第 13 页。

“涟漪效应”,导致解释实际上基本丧失可操作性,必须为处罚必要性找到一个更为明晰的边界。

根据不同场合下解释实质合法性的分量和组成不同,笔者认为不利解释和有利解释应分别满足国民预测可能性标准和国民接受可能性标准。国民预测可能性标准是指法律解释不能超越一般人阅读该法条时,根据其对社会客观价值标准和事物内在规定性的理解所可能预测到的法条含义。该标准要求在一般情况下,解释结论应符合法律的明确规定,不得超越法律条文文字的可能含义;特殊情况下,允许在一定范围内进行扩大或缩小解释,但要求解释结论必须显著地符合法律条文所表明的法律目的。在不利解释中,如果不能有效论证缩小解释显著符合法律目的,缩小解释也是违法的。国民接受可能性,是指解释结论即使超出了国民对字面含义的通常理解可能,但是经过解释者的提示、说明、论证等,解释结论在国民看起来,是可以接受的类推结论。一般人根据法律条文并不能自行预测到特定法律目的,但是对他人得出的解释结论感觉可以接受或者可以认同,并不觉得意外或吃惊。如果没有解释者的论证,国民并不会当然得出或接受类似的结论。上述标准在一定程度上可以超越字面的含义,但是不能走向文字含义的反面,如把军警人员显示其身份进行抢劫的行为解释为“冒充军警人员抢劫”。同样,认为《刑法》第 415 条的办理偷越国(边)境人员出入境证件罪的立法目的已不具有合理性,因而根据目的解释该罪已被废止的解释结论,等于认同司法人员有权通过法律解释废止立法,也是不可接受的结论。①

国民预测可能性与国民接受可能性标准的区分包括以下四个方面:其一,二者允许解释结论脱离字面含义的距离不同。预测可能性,是指解释结论虽然超出了字面含义,但没有超出国民对字面含义的通常理解;接受可能性,是指解释结论超出了字面含义,也超出国民对字面含义的通常理解,但是并不明显违背国民通常的价值判断,不违背常识常情常理。其二,二者中,国民对解释结论予以接受的条件不同。接受可能性标准中,即使解释者不加以论证,解释结论也能为国民预测到。预测可能性,是指一般国民阅读该法条时,所浮现之事项

① 参见张明楷:《刑法目的论纲》,载《环球法律评论》2008 年第 1 期。

(文义)可能范围,系在通常语义或日常用语之意义范围内做思考。① 接受可能性,是指解释结论不是国民自然而然可以自行得出的结论,甚至是国民间存在少微争议的结论,但经过解释者的提示、说明、论证等,凭借国民的通常价值判断和对权威部门或人员的知识权威的信赖,最终取得普遍接受的情形。其三,国民预测可能性的判断依据是,解释是否符合被解释法条本身所表明的法律目的;而国民接受可能性的判断依据是,解释是否符合包括被解释法条在内的所有法条所表明的整体法律目的。例如,《刑法》第 232 条规定:"故意杀人……情节较轻的,处三年以上十年以下有期徒刑。"《刑法》第 234 条规定:"故意伤害他人……致人死亡或者以特别残忍手段致人重伤造成严重残疾的,处十年以上有期徒刑、无期徒刑或者死刑。"如果行为人故意杀死他人而情节较轻的,不能因为故意杀人当然重于故意伤害罪,而认为可以比照故意伤害致死行为,适用《刑法》第 234 条定罪处刑。对于不利解释,可以根据当然解释原则入罪,但法律明文规定构成其他犯罪的,不得根据当然解释原则加重处罚。相反,如果行为人故意伤害他人致死而情节较轻的,因为故意伤害罪当然轻于故意杀人罪,可以进行当然解释,比照故意杀人罪情节较轻的行为,适用《刑法》第 232 条定罪处刑。因为这属于有利解释,可以依据被解释的法条之外的法条做出判断。其四,二者的实质合法性和形式合理性程度不同。国民预测可能性标准要求在超越字面含义时,解释结论的实质合理性应优于文义解释结论,而且解释结论不能过于偏离字面含义。而国民接受可能性标准,只要求解释结论的实质合理性接近文义解释结论,或者解释结论虽然不能预测但不至于让国民大吃一惊。

在不利于行为人的扩大解释中,只有当然解释才具有合法性,才符合国民预测可能性的标准。也就是说,不利的扩大解释只有在"举轻以名重"时才可以接受。理由如下:第一,唯有如此才能保证解释符合国民预测可能性标准。国民的预测可能性受实质合理性程度的影响,充分的实质合理性可以提高解释的国民预测可能性,降低国民对法律解释与字面含义符合性程度的要求或标准,强烈的实质合理性会对犯罪预测提供有效指引,从而相对地提高法律解释的国

① 参见黄朝義:《罪刑法定原则与刑法之解释》,载林山田主编:《刑法七十年之回顾与展望纪念文集(一)》,元照出版社 2001 年版,第 139 – 140 页。

民预测可能性。第二,唯有如此才能在实质解释与类推解释之间划出一条明显的界限。刑法禁止类推解释,因为类推解释仅仅要求字面规定的事实与被解释的事实在法律本质上具有相似性,只要求核心意义相类,缺乏外围边际的标准限制,只要具有同类质的规定性的事物都具有相似性,这使解释的涟漪围绕质的规定性这一核心向外无限扩展,以至于模糊到没有边界。[①] 有了更优位的量的规定性限制,就给文本解释增加了一个外围限制标准,保证了解释上的相对明确性。第三,唯有如此才能在法律解释中保证实现法律的安定性和适应性的统一、尊重立法与发挥司法能动性的统一。形式解释论认为:“扩大解释的限度是必须有利于被告人。”[②]第四,唯有如此,才能满足法规范中的行为类型与作为评价对象的事实行为在实质合理性上的均衡。因为与平义解释相比,扩张解释一定程度内偏离了法条通常语义,既然解释与文义的距离成反比、与实质的正当性成正比,那么扩张解释就必须从解释实质的正当性方面加以弥补,就必须比平义解释结论具有更优越的实质合理性。

(五)提高解释过程的程序公正

“自由的历史基本上是奉行程序保障的历史”[③],“一个真正的合理的刑法解释,不仅要在罪刑法定的实体限制下还要在公平程序过程中才能获得,后者在司法实践中可能更为重要”[④]。为了从外部保障实质解释的合法性,实质解释论主张通过公开、公正、充分参与、裁判理由公开等程序规定,充分有效展示包括裁决者在内的不同观点——尤其是控辩双方观点的辩论、协调和证立过程,提高解释过程的明确性和解释结论的可反驳性,从而减少解释结论的任意性、局限性,凸显被采用的解释结论的可接受性或不可接受性。因此,适当论证解释理由是合法法律解释的程序要件。又如,作为间接法源的司法解释应当依法律文本展开。

目前,需要在刑事程序法领域开展实质法治建设,以促进和保障解释程序

① 参见[日]前田雅英:《日本刑法各论》,董璠舆译,台北,五南图书出版公司 2000 年版,第 2 页。
② 邓子滨:《中国实质刑法观批判》,法律出版社 2009 年版,第 195 页。
③ 季卫东:《程序比较论》,载《比较法研究》1993 年第 1 期。
④ 张军:《形式解释与实质解释争议辨析》,载《刑法论丛》2014 年第 1 期。

合理化。实质法治观要求法官在解释过程中必须合理履行一定程序义务,否则将发生刑事程序上和刑事实体上的不利法律后果。当事人尤其是被告人,对于公安司法机关违反程序义务的行为,有权申诉、申请抗诉或申请启动再审。在时间、社会资源和决策压力的现实条件下,裁决者必须在规定时间内做出决断,沟通和论辩不能无限期地进行下去。此外,案外人不能直接参与法庭辩论,甚至在不公开审理的案件中,案外人根本不能了解案情,这样就大大减弱了程序在理性沟通方面的促进和保障作用。应当完善裁决公开程序,将裁决公开纳入《信息公开法》,裁判理由的长期公开性能对审判权产生非强制性约束。同时,也可以规定当事人和公众有查询和获得已生效裁决的权利,规定当事人可以查阅合议庭成员的少数人意见,明确对司法机关违反程序行为的行政和司法救济途径,规定单位和个人不履行裁决公开义务要承担罚款、拘留等法律责任。

论刑法阶层解释体系的构建与证成

——以《刑法》第 275 条的“毁坏”为标本[*]

邓剑星[**]

摘要:故意毁坏财物罪在司法实践中的认定存在较大争议,学界针对其发展了物质毁损说、效用侵害说和有形侵害说三种学说,但各学说均存在不足。囿于单一解释方法的局限,也难以通过文义、体系、目的等单个解释方法去探寻其规范意旨。因此,应构建以限制解释范围和明晰解释内容为主体的阶层解释方法体系。将文义解释与历史解释作为限制解释范围的阶层,通过文义解释划定解释的基本范围,经由历史解释指明解释方向,修正或限缩文义解释的范围;将体系解释与目的解释作为明晰解释内容的阶层,在限制的范围内,通过外部概念体系的一致性与内部价值体系的协调性明确规范内容的意义,再通过目的解释修正体系解释所得的结论。

关键词:法律解释　解释方法　故意毁坏财物　罪刑法定

《刑法》第 275 条规定:“故意毁坏公私财物,数额较大或者有其他严重情节的,处三年以下有期徒刑、拘役或者罚金;数额巨大或者有其他特别严重情节的,处三年以上七年以下有期徒刑。”由此可知,刑法分则条文对故意毁坏财物

---

* 本论文曾发表在《六盘水师范学院学报》2021 年第 3 期。论文标题和内容有改动。

** 男,湖南邵阳人,法学硕士,现任广西壮族自治区高级人民法院四级法官助理。

罪的构成要件只是进行了简单的描述，属于简单罪状。而之所以采用简单罪状，往往是因为犯罪特征为众人所知、无须具体描述。① 但是随着规范环境的演变，所需规整之事实关系与法律规范之间逐渐呈现一种紧张关系，“毁坏”的基础文义已然不能满足保护财物权利主体的利益需求。然而，“毁坏”这一构成要件要素又是认定故意毁坏财物罪的核心。因此，有必要通过法解释学的方法来正确理解“毁坏”的内涵和意义。

一、问题的提出

“认为立法者能够透过规范对于每个案件都预先定出完整、终局之决定的想法，已被证实是一种错觉、幻象。法律必须使用到的概念是不精确的，而法律的规定也不会是完整的。再加上，应当要被规范的现实世界也会产生变动，这些变动往往是立法者在公布法律规范时所没有料想到，甚至在大部分的情形根本就不可能预想得到。”②如普珀所言，法律规范会随着生活事实的变化而经常呈现出一种不圆满的状态。传统意义上的毁坏行为仅指通过实施有形力对有体物造成物理性的破坏或毁损，从而侵害该财物的价值或使用价值的行为。此种解释最为贴近法律文本的基础文义，符合罪刑法定中的明确性原则。但是，随着时间的推移，由于社会经济的发展使财物的概念不仅局限于有体物，还包括无形财产，诸如股票、流量包、虚拟财产等。既然毁坏行为的对象已经发生了深刻的变化，那么毁坏行为的表现形式也随之会变得多种多样。近年来，侵入他人账户低价抛售其股票、删除他人重要数据或文件、销毁他人虚拟财产等案件的出现，给司法实践中故意毁坏财物罪的认定带来了极大的困扰，以至于为了实现个案正义，逐渐开始突破“毁坏”的基础文义。

“毋宁是先发生一种紧张关系，只有当迄今的法律理解变得‘显’不充分，大家才会透过变更解释，或借助法官的法的续造，寻求新的解答。”③因此，在面对不断发展变化的事实关系时，“毁坏”的意义也在无尽延伸。在学界中，关于故意毁坏财物行为的理论争议较大，以物质毁弃说为基础逐渐发展出效用侵害说

---

① 参见张明楷：《刑法学》（第5版），法律出版社2016年版，第666页。

② ［德］英格博格·普珀：《法学思维小学堂》，蔡圣伟译，台北，元照出版公司2010年版，第91页。

③ ［德］卡尔·拉伦茨：《法学方法论》，陈爱娥译，商务印书馆2003年版，第225页。

和有形侵害说。其中效用侵害说目前在我国占据着通说的地位，并以此来指导司法实践。效用侵害说是指造成财物效用丧失或者减少的一切行为均属毁坏行为。其极大地扩张了故意毁坏财物罪的处罚范围，力求保护财物所有人之权利完整。但是，把“毁坏”一词的含义延伸至其文义边界甚至超出其文义射程，是否有悖罪刑法定原则，违背刑法的谦抑性，破坏法的安定性是值得思考的。基于此，本文将从法解释学的方法出发，力求在罪刑法定原则下寻求“毁坏”的真实意义，准确把握其法律意旨。

二、既有学说之洞见与不足

在利用法解释学的方法分析“毁坏”一词的规范意义之前，我们不妨先了解一下刑法学界关于毁坏行为的学说争议，以便于发现相关研究的演变过程，知悉各学说存在的不足，并为本文提出的问题提供思考的方向。关于毁坏行为的学说，目前主要有物质毁损说、效用侵害说和有形侵害说三种，详述如下。

（一）物质毁损说

物质毁损说认为“毁损是指对财物的整体或部分造成物质的破坏或毁坏，从而使此种财物完全不能或部分不能按其本来的用法使用”①。该学说的着眼点在于财物本身的物质性，强调毁坏行为必须在物理层面造成财物的毁灭或损坏，符合公众的一般理解。物质毁损说是对法律文本最忠实的解读，以“毁坏”的核心文义作为解释标准，是罪刑法定原则的应有之义。以符合普通公众语言习惯的方式解释刑法用语，保障了国民的预测可能性，维护了法的安定性。但是物质毁损说的不足在于企图以“毁坏”概念的核心涵盖生活中无尽的毁坏事实，以固定某个法律文本含义的方式以期一劳永逸地解决相关问题是不可能实现的。这会造成生活事实与刑法规范之间出现处罚的间隙，使诸多具有社会危害性且值得刑罚科处的非典型的故意毁坏财物行为出罪，违背了同类事物应作相同处理的正义理念。譬如，恶意侵入他人股票账户，高价买入低价卖出造成

① 陈兴良：《故意毁坏财物行为之定性研究——以朱建勇案和孙静案为线索的分析》，载《国家检察官学院学报》2009 年第 1 期。

他人财产利益遭受重大损失的行为，相比故意砸毁他人家电的行为造成的损失更严重。但是前者依据物质毁损说也即文义解释是不符合犯罪构成要件的行为，后者却因行为具有物质毁坏性而入罪。显然，这样的处理结果是令普通公众难以接受的，不利于实现刑法的一般预防功能。因为物质毁损说是将毁坏行为作为法律评价之重点，将不具有物质性毁坏行为却造成财产法益损害的行为排除在外，不当地限缩了财产法益保护的范围。基于此，学界为了弥补不断发展的生活事实与稳定的刑法规范之间出现的处罚间隙，在修正物质毁损说的不足上发展了效用侵害说。

（二）效用侵害说

效用侵害说认为"毁坏不限于从物理上变更或者消灭财物的形体，而是包括使财物的效用丧失或者减少的一切行为"[①]。该说将毁坏概念进行概括性理解，把法律的评价重点放在法益侵害结果之上，即财物效用的丧失或减少。其认为导致财物效用丧失或减少的原因不仅包括物理上、客观上的损害行为，还包括因心理与情感等因素造成财物效用的侵害。诚然，从保护财产法益之概括性目的出发，效用侵害说满足了财物所有人对权利予以周全保护的要求。但是，效用侵害说的不足在于为了迎合司法实践中所谓"实质正义"的需要，不惜以突破罪刑法定原则作为代价，而不断扩张"毁坏"概念的文义范围，甚至突破文义的界限。用侵害财物效用的结果去评价毁坏行为，而不是以实行行为去认定结果，把价值判断置于规范判断之前。"只要能使财物的价值或者使用价值得以降低或丧失，都可以视为毁坏行为。按照这句话的逻辑，毁坏行为的含义不是由行为方式本身决定的，而是由结果决定的。这样，就使故意毁坏财物罪演变成故意使他人财产受损失罪，其实行行为的定型性就会荡然无存。"[②]因此，此种意义上的刑法解释也就演变成了"入罪"解释。相对于物质毁损说而言，其就显得矫枉过正了。许多学者认识到效用侵害说的不足，为避免故意毁坏财物罪的处罚范围过于宽泛，便提出了折中的有形侵害说。

---

① 张明楷：《刑法学》，法律出版社 2016 年版，第 1026 页。

② 陈兴良：《故意毁坏财物行为之定性研究——以朱建勇案和孙静案为线索的分析》，载《国家检察官学院学报》2009 年第 1 期。

（三）有形侵害说

有形侵害说将毁坏理解为在物体之上施加有形力，从而使该物归于毁损，抑或侵害该物的效用或价值[①]。该说是针对物质毁损说与效用侵害说两者的不足而提出的折中说。其既弥补了物质毁损说处罚范围较窄的缺陷，将使用价值的减损也认定为是毁坏行为，又摒除了有效侵害说唯结果论的弊端，开始在行为方式上强调对物体施加有形力，以防止故意毁坏财物罪的认定过于泛滥。由此看来，该学说似乎恪守了罪刑法定原则，在注重文本的前提下，适当延伸毁坏概念的文义，将值得刑法科处的毁坏行为纳入其中，有利于实现实质正义。但是，有形侵害说的不足在于对物施加有形力的认定比较困难，没有明确的判断标准。由于有形作用的界限并不清晰，使其认定带有强烈的主观性，在司法实践中往往会出现同案不同判的情形。在此意义上，折中说的价值也就大打折扣。有形侵害说相对效用侵害说而言，就是在行为方式上增加了有形力作用的限定，可是当有形力的判断缺乏客观标准的遵循时，此时其与效用侵害说在本质上就并无二致了。

通过梳理关于毁坏行为学说的发展脉络，可以发现由文义解释为基础的物质毁损说演变为以客观目的解释为核心的效用侵害说，再发展为以前述两种解释相结合的有形侵害说，罪刑法定与实质正义之间仿佛产生了一种紧张关系。那么刑法解释到底是在于发现刑法用语的真实含义，还是为司法疑难问题提供裁判依据和论证理由？同时，各种解释方法之间是否存在适用上的位阶关系？这些都是我们接下来要探讨的问题。

三、刑法解释方法的运用与局限

解释方法是认识规范目的的有效工具，要正确理解“毁坏”一词的法律意旨，则必须借助各种解释方法。本文拟通过文义解释、历史解释、体系解释、目的解释四种解释方法探寻故意毁坏财物罪的规范目的。

---

① 参见张梓弦：《论故意毁坏财物罪中的“毁坏”——“有形的影响说”之提倡》，载《法学》2018 年第 7 期。

(一)文义解释

法律规范的表达需要以语言文字作为载体,在法律适用过程中要明晰规范的意旨,则必须以文义为出发点。故意毁坏公私财物中的“毁坏”一词,在《汉语大词典》中的意思为:颓败、倒坍;拆除、销毁;败坏、破坏;枯槁、朽坏。① 在《现代汉语词典》中理解为:损坏、破坏。同时,“毁”字作为会意形声字,在《汉字字源》里的解析为:左边是有齿痕的舂臼和挺立的人形,右边是持器械的手,合起来会意砸坏别人的吃饭家伙。《说文解字》中写道:毁,缺也。“缺”在段玉裁的《段注》中注释为:缺者,器破也。因為凡破之偁。即指瓦器破缺,从而引申为毁坏、毁灭、破坏之意。② 由此可知,“毁坏”的基础语义和核心意义就是毁损、破坏,其文义的最远射程也莫过于枯槁和朽坏。同时,根据文字的起源,也从侧面反映了毁坏是带有物质性损坏的行为。因此,诸如隐匿、抛弃、混淆等行为显然已经不再处于“毁坏”一词的文义范围,如果肆意将“毁坏”概念的外延扩大,那么该概念的本质属性就可能会完全丧失,以至于该概念所涵盖的事物范围扩大到与该概念不相适应的结果。从而导致的结果就是罪刑法定原则的崩塌,法的安定性遭受破坏。依此意义而言,文义具有的另一个功能就是划定解释活动的界限。

文义既是法律解释的起点,亦是其终点。那么通过文义解释是否足以明确法律规范的目的呢? 笔者认为并非如此,倘若以语义为解释标准就能准确理解法律规范的意旨,那么法官审理案件仅需携带一本法条和一本汉语词典即可。尤其是在人工智能时代的今天,借助机器理解词句的意义可能比法官更加准确和高效。法律意旨的发现虽然源于对文本的理解,但不限于只对文本概念进行解释,更重要的是将文字背后隐藏的意义呈现出来并且予以说明。当然,在面对大多数简单案件时仅通过文义解释就能得出正确结论,这也是为什么会形成文义具有绝对优先性错觉的重要原因。文义解释并非完成了法律解释的终极任务即规范目的的发现,而是为规范目的的发现划定一个探寻的范围。“因此,

---

① 参见罗竹风主编、汉语大词典编辑委员会汉语大词典编纂处编纂:《汉语大词典》(第6卷),汉语大词典出版社1990年版,第9483页。

② 参见(东汉)许慎:《说文解字》,李翰文译注,万卷出版公司2009年版,第468页。

一切认为文义绝对优先于其他任何解释论据的解释理论的观点都是错误的。”①

(二)历史解释

历史解释是通过参考立法的历史资料,寻觅立法者在立法当时的观点和看法、立法的流变来确定法律规范的真实含义。② 其作用在于发现立法者当时的立法意图和价值取向,为现时的法律解释提供参考和借鉴依据。故意毁坏财物罪的历史沿革应该追溯到革命根据地时期,1931 年《赣东北特区苏维埃暂行刑律》专章规定“毁弃损坏罪”,其主要构成要件为:损坏建筑物、矿坑、船舰;损坏城镇建筑物、图书馆、军用仓库、学校、兵营、病院、工厂、狱舍;损坏伤害他人所有物或纵逸他人所有之动物致令丧失。第三次国内革命战争时期,为保护关东地区公共建筑及其他公有设施,于 1948 年颁布《保护公共建筑物及其他公有设施暂行条例》,规定了拆毁房屋、亭榭、墙垣,破坏机器设备、公共建筑及其他设施等构成要件。③ 这些规定都印证了故意毁坏财物罪在于通过破坏、毁损等方式致使财物本身毁坏从而丧失价值和使用价值,而不是泛指致使财物所有人丧失对财物的效用的隐匿、抛弃、污染和混淆等行为。1979 年颁布的《刑法》第 156 条规定了故意毁坏公私财物,情节严重的,处 3 年以下有期徒刑、拘役或者罚金,并没有对故意毁坏行为进行详细列举和说明。1997 年修订的新《刑法》也并未对简单罪状进行阐明,只是提高了刑罚,以加大对毁坏公私财物的惩治力度。穷尽当时的立法资料和草案说明,并未发现针对故意毁坏财物罪的立法论述,只有全国人大常委会法制工作委员会(以下简称全国人大常委会法工委)在其编写的刑法释义中指明“毁坏是指毁灭和损坏。其中毁灭,是指使用各种方法故意使公私财物的价值和使用价值全部丧失。损坏,是指将某项公私财物部分毁坏,使其部分丧失价值和使用价值”④。似乎这样的界定对于司法实践并无实质意义,依旧没有明确毁坏行为的范围。其强调的重点在于财物价值和使

---

① [德]伯恩·魏德士:《法理学》,丁晓春、吴越译,法律出版社 2013 年版,第 312 页。

② 参见杨艳霞:《刑法解释的理论与方法》,法律出版社 2007 年版,第 23 页。

③ 参见张希坡:《中华人民共和国刑法史》,中国人民公安大学出版社 1998 年版,第 648 页。

④ 中国法制出版社编:《中华人民共和国刑法配套解读与案例注释》,中国法制出版社 2015 年版,第 635 页。

用价值的丧失,契合了效用侵害说的观点。但是全国人大常委会法工委在诸多刑法释义中指出:“在实际执行中,要注意故意毁坏公私财物罪与其他侵犯财产罪的界限:其他侵犯财产罪并不损害公私财物本身,而是通过非法手段将公私财物所有权非法转移,而故意毁坏公私财物罪则通过毁坏公私财物本身,侵犯公私财物所有权。”①由此可知,故意毁坏财物罪的本质特征在于通过毁坏财物本身进而侵犯财产法益,诸如将他人戒指抛入大海、将他人池塘的鱼放走、用污秽物污染他人珍贵餐具等行为由于为未导致财物本身损毁,故不应纳入故意毁坏财物罪的范围。

虽然历史解释可以为解释者提供立法意图的参考,但是立法意图本身也是伴随立法者的主观价值判断的,并非没有任何缺陷。而且我们所处的社会变幻莫测,法律规范的意旨和概念的内涵可能会在新的生活事实中发生变化。在历史条件或法律观点的变迁下,立法者设定的目的能否持之有效是值得质疑的。“把对法律的运用生硬地限制在立法者在历史上所着眼的出发点上,是为法律所不能接受的,‘因为,法律不是僵化的字母,而是在不断发展中的有生命的精神;它要求在不突破对它原来设置的形式范围内与当前的生活变化齐头并进,积极适应新的情况而继续有效’。根据法律的意思和目的,是做扩张还是做限制解释,取决于具体的情况。”②当然,历史解释对法律条文的理解是具有积极意义的,至少不会让我们偏离得很远。在此,笔者想强调的是单独凭借立法者的立法意图是很难得出正确解释和正确结论的。如前所述,生活事实是不断变化发展的,立法所具有的前瞻性并非能够完全考虑到可能发生的生活事实。因此,如黄茂荣先生所言,历史解释的主要任务与其说在终局地决定法律,毋宁说是在划定法律解释的活动范围。

(三)体系解释

体系解释作为一种重要的解释方法,其功能在于通过联系上下文,从整部法典甚至整个法律体系中明确该条文在整体中所显现的真正含义,使法律规范

---

① 胡康生、李福成主编,全国人大常委会法制工作委员会刑法室编著:《中华人民共和国刑法释义》,法律出版社1997年版,第391页。

② [德]约翰内斯·韦塞尔斯:《德国刑法总论》,李昌珂译,法律出版社2008年版,第25页。

之间保持协调一致，实现相同案件同等处理的正义理念。有时候对某个法律概念的意义范围发生争议时，可以通过对比该法律中使用相同概念的条文，明确该概念的真实意义，这种通过体系思考的佐证具有一定的说服力。在《刑法》规范中，使用"毁坏"概念的条文除了第 275 条故意毁坏财物罪外，还有第 302 条盗窃、侮辱、故意毁坏尸体、尸骨、骨灰罪和第 344 条危害国家重点保护植物罪。尽管这两个条文也是采用简单罪状的表述方式，没有详细指明毁坏行为的具体方式，但是如前文所述，许多学者认为可以把隐匿、抛弃、污染、混淆等行为归属于毁坏行为，如果我们把毁坏行为替代成上述这些行为，会发现得出的结论很荒谬。有人可能会质疑三个条文各自侵害的法益不同，其行为方式当然也会不同。但我们可以看出，前述两个条文中毁坏行为所针对的是客体本身的毁损或消灭，而不是其效用的丧失。同时，和"毁坏"概念意思相近的"破坏""损毁""损坏""毁灭"等词在刑法条文中也有诸多体现。例如，第 116—118 条的破坏交通工具罪、破坏交通设施罪、破坏电力设备罪、破坏易燃易爆设备罪，第 124 条的破坏广播电视设施、公用电信设施罪，第 307 条帮助毁灭、伪造证据罪，第 323 条破坏界碑、界桩罪，第 324 条故意损毁文物罪，第 369 条破坏武器装备、军事设施、军事通信罪等，其强调的均是对客体的物质性损害，把隐匿、抛弃、污染、混淆等行为代入语境中，均不能得出正确结论。其中，《刑法》第 324 条所言的故意损毁文物行为在法律出版社法规中心编写的《中华人民共和国刑法注释本》中被释为"包括打碎、涂抹、拆散、烧毁等使文物失去文物价值的破坏行为"①。尽管其不是刑法规范中的原文，但也从侧面佐证了毁坏行为需带有物质损害性，不包括隐藏、污染、混淆、抛弃等行为。

此外，从反面也可论证隐匿行为不属于毁坏行为的意义范畴。《刑法》第 162 条之一规定了隐匿、故意销毁会计凭证、会计帐簿、财务会计报告罪，第 253 条规定了私自开拆、隐匿、毁弃邮件、电报罪，第 314 条非法处置查封、扣押、冻结的财产罪的构成要件规定了隐藏、转移、变卖、故意毁损等行为方式。由上述条文可知，刑法规范中隐匿与销毁、毁弃、毁损等行为是相互并列的，各自的内涵和意义不尽相同，倘若能够将隐匿行为归属于毁坏行为之下，刑法条文也不

① 法律出版社法规中心编：《中华人民共和国刑法注释本》，法律出版社 2017 年版，第 286 页。

会赘言，只需规定毁坏这个行为方式即可，没有额外规定隐匿行为的必要。因此，根据外部体系来看，“毁坏”概念与隐匿、污染、抛弃、混淆等概念的内涵与外延大相径庭，不可等同适用。当然，单纯根据体系解释所得出的结论的说服力还是有限的，其只能作为一种佐证的参考和依据发挥作用，不能仅凭条文之间的协调性就能追溯到法律规范的目的。

（四）目的解释

目的解释亦称客观目的论解释，是指通过语言文本发现法律规范在现时社会的规范目的和客观意义。“解释方法之桂冠当属于目的论之解释方法，因为只有目的论的解释方法直接追求所有解释之本来目的，寻找出目的观点和价值观点，从中最终得出有约束力的重要的法律意思；而从根本上讲，其他的解释方法只不过是人们接近法律意思的特殊途径。”①由此可见，目的解释既是一种解释方法，更是一种解释立场，所有解释方法都以其为落脚点。关于《刑法》第275条的规范目的，首先，从文义上来看，其构成要件表述为故意毁坏公私财物，法律效果是科处刑罚，由此可知其规范目的是保护公私财物不受侵犯。其次，从体系上来看，故意毁坏财物罪规定在侵犯财产罪这一章，其规范目的也是保护财产法益。最后，从立法理由来看，全国人大常委会法工委给出的立法说明也指出是保护公私财物所有权。因此，故意毁坏财物罪的规范目的即保护公私财物所有权不受侵害。尽管规范目的是依据文义、体系和历史解释等方法得出的，但是目的解释作为一种解释方法，也有其自己的解释标准，即事物的本质。很多时候通过诉诸事物本质的方法能够得出符合社会公众认为正义的结论，如将他人戒指抛入大海、将他人池塘的鱼放走、将他人鸟儿放飞、用污秽物污染他人珍贵餐具、混淆他人不同规格的纽扣等行为，在本质上致使财物所有人丧失对财物的使用价值，与财物遭受毁坏在结果上是一致的，所以通过事物本质进行目的解释容易获得普通公众的认可。事物本质作为一种客观的价值导向无疑是抽象的、不清晰的，但其是社会公众在长期的共同生活中约定俗成赋予该

---

① ［德］汉斯·海因里希·耶赛克、托马斯·魏根特：《德国刑法教科书》，徐久生译，中国法制出版社2001年版，第193页。

事物的客观价值。尽管其没有客观的判断标准,但是仍然具有一定的稳定性。若想背离事物的本质去解释法律,必须具有足够充分的理由进行论证。

如前所述,法律解释的任务和目标就是发现法律规范的目的与意旨,但是刑法领域与其他法律不同,其还具有罪刑法定原则的束缚。通过事物本质所推导的结论可能具有正当性,但是如果不符合罪刑法定原则,对被告人而言就是非正义的。比如,在将他人戒指抛入大海的情形中,无疑会使财物所有人丧失对戒指的使用价值,根据事物本质,从保护财产法益的目的出发认定被告人成立故意毁坏财物罪并不会使公众诧异。但是根据对故意毁坏公私财物罪的构成要件的理解,我们可以发现行为人并未使戒指本身毁坏,只是让其永久地脱离所有人的占有。虽然在某种意义上结果是一致的,但由于不符合构成要件就不应该认定其成立故意毁坏财物罪。也就是说,并不是任何侵犯公私财产所有权的行为都可以认定为故意毁坏财物罪,只有符合刑法条文规定的构成要件的行为才能成立。同时,目的解释的过程本身就具有相当的不确定性,更多时候可能取决于解释者的价值选择,法官具有极大的自由裁量权,容易滋生司法腐败。因此,目的解释并不是绝对的、排他的和终极的。仅凭目的解释并非能够得出正确的解释结论,其必须以文义作为解释的界限。

以上解释方法均没有明确“毁坏”概念的真实法律含义,甚至目的解释方法与其他三种解释方法所得出来的结论是冲突的。由此可知,企图通过单个的解释方法得出具有说服力的正确解释结论是虚幻的。任何单个的解释方法在面对疑难案件时是束手无策的。无论是文义解释、历史解释、体系解释还是目的解释,因其解释标准的不同会导致各自的局限性,只有将各解释标准相互协调,形成一个完整的体系才能应对所有案件。运用单个解释方法也许能成功解决某些简单案件,但以此片面夸大单个解释方法的作用的做法是错误的。因此,为了应对社会发展中无尽的生活事实,构建一个有效可行的法律解释方法体系是非常必要的。

四、解释方法的阶层体系构建

文义解释之标准是通过阐明法律条文语词的通常字面含义,使法律规范进一步明确化、具体化,保障公民对其行为后果的可预测性。[①] 但语言文字本身所固有的概括性、模糊性与流变性,使法律规范意旨不可能完全客观、真实地得以显现。历史解释之标准在于探寻历史上的立法者之规定意向、目标及规范想法,以帮助解释者明确解释方向。但历史解释借助的是立法的历史资料,而不是法律条文本身。由于立法资料的缺失、片面以及立法意图的不确定性等限制,会导致探寻立法原意的期望落空,而且通过历史解释所得出的解释结论其本身说服力也有限。体系解释之标准以追求外部概念体系的一致性与内部价值体系的协调性来明确法律文本特定语词的真实与客观含义。但是立法者在制定法律条文时并没有刻意追求用词遣句的一致性,有时候在 A 条文中使用的是该字词的核心含义,在 B 法条中可能只是该字词的边缘意义,如果统一该字词的意义予以适用,反而会适得其反。当然,体系解释在大多数情况下是具有正当性的,但依旧不能完全合理地界定法律文本语词的正确含义。目的解释之标准则是通过法的一般原则的价值判断追求法律文本的客观目的,以明确法律规范的真实含义。但是目的解释具有极强的主观性,而且有时候会超越罪刑法定原则的限制,唯结果论、唯目的论而忽视构成要件的行为定型性。基于此,不能以单个的解释方法自足,应该将各解释标准合理排列,形成一个有机统一的解释方法体系,使各解释方法恰到好处地发挥各自的作用,以克服其自身的局限。

由上可知,文义解释具有划定解释活动范围界限的作用,历史解释具有指明解释方向的功能,这两种解释方法可以划分为解释范围限定的因素。体系解释可以通过外部概念体系的一致性与内部价值体系的协调性来明确法律文本内容的真实含义,目的解释可以借助法的一般原则的价值判断对法律规范进行符合立法目的的阐释,这两种解释方法可以归为明晰解释内容的因素。因此,为了使法律解释得出的结论更具有说服力,可以构建一个以解释范围和解释内容为主体的两阶层的法律解释方法体系,即先通过文义解释方法划定字词的意义范围,然后通过历史解释再进一步加以调整界定,并对规范意旨做一些提示,这样就圈定了法律解释的范围。紧接着体系解释与目的解释在圈定的范围内

---

① 参见梁根林:《罪刑法定视域中的刑法适用解释》,载《中国法学》2004 年第 3 期。

进行规范意旨之内容的发现与确定工作。[①] 具体运作如下：

（一）限定解释范围的阶层

“由于法条文字乃解释的基本素材，法律条文的正确意思，只能从法条的文字或用语中发掘出来，故所有的解释均自条文的文字与用语开始，从事文义解释。因此，文义解释可以说是刑法解释的开端，而且也是刑法解释的界限。”[②]在进行法律适用时，应该首先通过文义解释确定法律文本的基本含义，如果法律解释超过了文义的范围，与其说是一种解释，毋宁说是一种推论。因为法律规范既是裁判规范，也是行为规范，超越法律文本的意义范围进行解释，会导致国民对其行为结果没有预测可能性，致使法的安定性丧失。而且法律规范的意旨是通过语言文字表达出来的，如果脱离语言文字的基本意义去探寻规范目的，所得出的结论也不会让公众信服。因此，法律解释的第一层范围应该限定在法律文本的基础含义之内，不能超过语言文字可能的意义范围之外。在进行法律解释时，应当先通过文义解释排除适用范围，不可跨越范围限制阶层直接到内容阶层去判断。只有符合了范围阶层的条件，才可进入内容阶层。

经过文义解释筛选之后，再由历史解释予以修正。因为语言文字所具有的抽象性、模糊性与流变性有时候会导致字词产生歧义，通过文义解释也难以辨析其真正含义。此时，通过历史解释的方法探寻立法者在立法时的意图，为我们的解释指明方向。因为语言文字的意义不管如何流变，也不可能发展到与历史立法者之意图背道而驰的地步。“无论是法意解释还是目的性解释，一旦确定了立法的原旨或法条的目的，在某种层面上对法律解释确有很大帮助，至少有助于解决平义解释中的某些难题。”[③]所以说，对立法者意思的探求，有助于对文义解释的理解，以此为界限进行解释，使文义解释不至于离谱。历史解释能够引导文义解释朝着规范目的的方向前进，在文义可能的范围内又划定了一道界限，使解释的范围不断缩小，有利于限制法官的自由裁量权，使法律解释得出的结论更具客观性。比如说污染行为，可以视为毁坏行为的一种方式，处在“毁

---

① 参见黄茂荣：《法学方法与现代民法》，法律出版社 2007 年版，第 332 - 359 页。

② 林山田：《刑法通论》（上册），北京大学出版社 2012 年版，第 87 页。

③ 苏力：《解释的难题：对几种法律文本解释方法的追问》，载《中国社会科学》1997 年第 4 期。

坏”概念意义范围的边缘。将他人名贵字画泼墨污染，当然可以认定为故意毁坏财物。如果将他人珍贵餐具用污秽物污染，但经清洗后依旧可以使用，并没有对餐具造成损害，只是由于财物所有人因心理情感而不再使用，而将该行为认定为故意毁坏财物罪可能会失之偏颇。此时，通过文义解释，这两种行为可能都会被认定为故意毁坏财物，因为都是污染行为。但是，通过历史解释的方法，可以将后者排除在故意毁坏财物的范围之外。如前所述，故意毁坏财物罪的立法目的是保护公私财物不受侵害，而该污染行为并没有导致财物遭受损失，所以不应该将其归为“毁坏”的意义范围。由此可见，在文义解释产生疑惑时，历史解释可以指明方向，划定文义解释的活动范围。

（二）明晰解释内容的阶层

在解释范围限定之后，仍存在多种解释的可能。此时，需要通过体系解释和目的解释的方法去明晰法律条文的真实含义。“法律文本作为一个有内在完整结构、融贯一致的体系，每个语词和句子都不能和该文本发生冲突。”[①]孤立地去解释某个字词的含义所得的结论并不可靠，为了避免断章取义，要对比其他条文，联系上下文，结合语境，使其保持逻辑的连贯。体系解释方法的运用主要表现在外部体系和内部体系两个方面。在外部体系中，要检验相同字词在不同法条中的意思是否大相径庭，即在该语词的文义范围内可以做多种解释时，通过寻找使用相同概念的法律条文进行对比，从整个外部概念体系的一致性出发，以确定该概念的含义。在内部体系中，要检验各法条之间所体现的价值是否对立冲突，即通过联系被解释的条文所处的章节，联系上下文，从保持内部价值体系的协调性出发，以明确该条文的真实规范目的。通常的体系解释主要还是指外部概念体系的运用，内部价值体系更趋向于目的解释。关于故意毁坏行为的学说争议中，有学者认为毁坏不限于对财物造成物质性毁损，应泛指一切致使财物效用遭受侵害的行为。但是通过体系解释，我们可以发现在《刑法》中使用“毁坏”“破坏”“损毁”等概念的条文，均是指对客观对象造成物质性损害。因此，借助体系解释可以明确被解释对象的内容，避免争议，减少疑难案件的

---

① 陈浩：《中介组织人员提供虚假证明文件罪主体身份辨析》，载《金融法苑》2003 年第 2 期。

产生。

在体系解释所得之结论失之偏颇时，可以运用目的解释的方法予以修正。如前所述，由于立法者的疏忽抑或法律意旨表达的需要，相同的语词在不同的法条中所表达的含义可能不尽相同。因为文义并不是一个固定的基点，而是一个流动的范围，通常使用该概念的核心文义才能正确表达规范的目的，但有时候则需要扩展到意义范围的边缘。如果统一概念的意义适用，通过体系解释方法所得的结论可能会与规范目的截然相反。因此，需要借助目的解释来明确内容的真正含义。目的解释属于价值判断的范畴，是以所处时代的国民的整体意志为出发点进行解释的。这种客观价值并不是臆想出来的，而是由社会公众在长期的共同生活中约定俗成形成的一致价值评判或取向。当通过体系解释方法不能确定唯一的解释结论时，目的解释就会通过这种国民的整体意志进行取舍。其实，这种国民的整体意志是依据事物的本质形成的，是法伦理原则的观念对社会公众潜移默化的影响，形成所谓的“朴素的正义观”。同时，目的解释还具有检验功能，当通过体系解释所得的结论与规范的客观目的不相适应时，可以通过目的性限缩或目的性扩张的技术性手段予以修正。

五、结语

法律解释的目标和任务是明确法律规范的目的和意旨，但是在司法实践中，法律解释的功能却发生了异化。其不是为了发现对法律文本的正确理解，也不是探求对法律意旨的准确把握，而是为某种判决方案提供说理依据。这种异化导致各解释方法之间并未形成体系，也没有固定的适用位阶，只是处于一种平面的相互排斥状态。由法官根据裁判的需要，在各解释方法之间选择有利于论证其裁判结果的方法，这使法律解释方法的单个运用成为常态。但是单个解释方法因其自身的局限性往往使解释结论不具有充足的说服力，抑或说解释结论缺乏客观性，取决于法官的主观臆断。因此，需要将平面化的法律解释方法相互结合，形成有机协调的体系。根据各解释方法的解释标准，将文义解释与历史解释作为限制解释范围的阶层，通过文义解释划定解释的基本范围，然后通过历史解释指明解释方向，修正或限缩文义解释的范围；将体系解释与目的解释作为明晰解释内容的阶层，在限制的范围内寻找规范的意旨，通过外部概念体系的一致性与内部价值体系的协调性明确规范内容的意义,再通过目的解释修正体系解释所得的结论。在教义学意义上构建阶层论的法律解释体系,有利于对法律文本的正确理解,发现法律的客观目的,避免法律成为纠纷化解的工具。同时,也有利于疑难案件的解决,维护司法的公正,防止法官的恣意。

部门法交叉视域下行政犯的认定

娄文静*

摘要:行政犯罪的认定是理论界和实务界的一个热点问题。相较于刑事犯,行政犯具有“双重违法性”这一特性,使在认定行政犯时不可避免地需要参照相关前置行政法规范,需要对行政机关移送的行政证据、行政认定进行审查。但是司法实践中存在对行政证据、行政认定进行形式审查的情况,缺乏刑事违法性的独立判断,出现部分司法裁判结论超出民众预期的情况,导致民众对司法裁判结论产生怀疑,有损司法公信力。因此,我们有必要归纳整理行政犯认定中存在的问题,为行政犯的定罪处罚提出合理建议。

关键词:行政犯　前置规范　行政证据　行政认定

我国现行《刑法》自1979年颁发施行之后,立法机关于1997年对其进行了大幅度修改,之后针对刑法中规定不完善的地方以及为妥善处理并解决司法实践中出现的新问题,我国多次修正刑法。对1997年刑法典的规定以及之后颁布的决定、刑法修正案的内容进行分析,发生变化的法律规定主要集中在法定犯领域。有关法定犯的规定大幅度增加,法定犯的条文数量在刑法中的比重日益上升,有学者提出“法定犯的时代已经到来”。而在增加的法定犯中,又以行政犯为主,大部分都是对行政犯罪的修改和完善。

---

* 女,河南扶沟人,法学硕士,现任郑州市高新技术产业开发区人民法院法官助理。

行政犯既涉及刑法，又与行政法存在密切关系，认定行政犯罪既涉及刑法规定，又需要考察前置行政法规范，以前置行政法规范的内容作为补充，所以，在行政犯时代已经来临的当下，厘清行政不法与刑事不法，了解行政犯相较于刑事犯的特殊性、复杂性，对行政认定保持谨慎的态度并对其进行实质审查，对于司法实践中正确认定行政犯具有重要作用，对完善我国的法治建设具有重要意义。

一、行政犯的概念

在认定行政犯的时候，既涉及刑法规范的适用，又涉及前置行政法规的援引，行政犯是行政法与刑法之间的一座桥梁，准确厘定行政犯的概念，有利于合理划定行刑界限，明晰行政法与刑法之间的联系和区别，将行政不法与刑事不法准确区别开来，从而有助于司法实践中对行政犯罪的正确认定。根据我国法律体系的客观实际状况，行政犯规定在刑法条文之中，本质上属于刑法范畴中应受刑事惩罚、依法承担相应刑事责任的刑事犯罪行为，与此同时，行政违法与行政犯罪之间关系密切，因此从以下几个方面对行政犯进行界定：行政犯是指破坏行政管理秩序，违反行政法规范，同时又具有严重的社会危害，依照刑事法律条文的内容必须受到刑法惩处的刑事犯罪行为。

二、行政犯认定中存在的问题

（一）行政证据与刑事证据不分

根据我国《刑事诉讼法》第 54 条第 2 款的规定，对行政证据的使用不是“应当”，而是“可以”。这就要求司法机关对于行政机关移交的行政证据进行独立的刑事审查，确保证据符合刑事法律条文规定、客观真实反映事实情况并与案件事实存在密切联系，符合《刑事诉讼法》对证据的要求，能够证明案件中的一定事实，否则便不能作为定案依据。司法实务中对行政证据的运用存在一些不恰当的情况。

例如，将行政机关移送提交的鉴定意见视为刑事证据之一的鉴定意见。在行政机关的管理过程中，通常需要对所查处的物品进行数量、质量以及性质的认定，对行为的性质进行确认，对事故原因进行认定以及对事故责任进行划分，这往往需要行政机关对情况进行分析审查之后出具相应的材料予以说明。而在司法实务中存在将行政机关作出的相关材料视为刑事证据之一的鉴定意见的做法，但是，这二者是完全不同的事物。对于作为定案依据的鉴定意见，必须要满足一定的条件，如鉴定机构要合法，指派或者聘请的鉴定人要具备鉴定人的资格，检材等原始材料要满足检验鉴定的要求、客观真实，检验鉴定应当符合国家标准或者行业标准并采取合理合法的方式，并且最终出具的鉴定意见必须满足有关形式和实质的要求。显然，一份鉴定意见要想成为刑事证据，必须经过并符合一系列非常明确和严格的实质和形式流程。但是对于行政鉴定意见，便没有那么苛刻的条件，部分鉴定意见就是行政机关的下设机关所出具的，因此，对于行政机关作出的相应说明材料的内容，容易产生准确性和真实性的质疑。并且，行政机关在作出相应材料时，所遵循的程序和操作规范也不如司法鉴定意见的要求高，出具的部分行政鉴定意见缺少鉴定人的签字盖章。因此，行政鉴定意见是不可直接作为刑事证据加以使用的。

再如，对于行政机关作出并移交给司法机关的行政认定函、行政处罚决定书等，司法机关将其作为公文书证类证据予以采纳。在刑事诉讼中，对于书证，大部分应当在案件发生过程之中产生，而行政认定函以及行政处罚意见都是案件发生后所出具的，并不具备证明案件事实的作用，它只是行政机关对于其在执法活动中发现的有违行政规定的行为的相关处理意见。一方面，行政认定函和行政处罚决定书不能满足作为刑事证据之一的鉴定意见在形式上的标准；另一方面，行政机关也并不具备进行鉴定的相关主体资格。① 因此，对于行政机关作出的有关案件情况的说明材料以及有关行政处理的材料，要经过司法机关的实质审查后方可适用，不可轻易将其作为刑事证据加以使用。

（二）行政认定与刑事认定不分

行政认定对于确认行为是否具有行政违法性具有十分重要的作用，但是否具备刑事违法性应当由司法机关依据刑事法律条文进行独立判断。一方面，要

① 参见杨坤、周代宇：《行政犯认定的两类偏差及其纠正》，载《中国检察官》2020 年第 6 期。

对主观构成要件中行为人的主观状态进行审查，确定行为人主观方面是犯罪故意还是犯罪过失。另一方面，要对客观事实情况进行审查，成立犯罪所需要的客观构成要件必须要经过构成要件符合性的检验。但司法实务中对构成要件要素的认定存在偏差，过于依赖行政认定导致忽视了对构成要件的符合程度的考察，具体可以分为以下几个方面。

第一，对构成要件要素的理解不正确，如在天津大妈赵春华非法持有枪支一案中，学界争议的以及民众关注的焦点都在于对“枪支”这一关键性概念的认定是否需与前置行政法规保持一致，是否前置行政法规对于“枪支”的认定标准就是刑法中认定“枪支”的标准。而赵春华的行为被认定为刑事犯罪，依法被人民法院判处3年有期徒刑，缓刑3年，这一裁判结果的作出正是在于将刑法上“枪支”的标准等同于行政法上“枪支”的标准。

第二，忽视对刑法条文所保护法益的考察。在王立军非法收购玉米一案中，原审法院认定王立军未经批准，在没有取得工商部门批准、发放营业执照的情况下就擅自购买玉米，且违法所得金额高达218,288.6元，数额较大，认定王立军的行为成立非法经营罪，原审法院之所以将王立军的行为以犯罪行为论处，就是因为没有认识到刑法所保护法益与行政法所保护法益的侧重点是存在区别的。[①] 王立军的行为虽然违反了相关行政管理法规，具有行政违法性，但是其行为并未严重扰乱市场秩序，司法机关依照单一的标准以较大的非法经营数额来认定其严重扰乱市场秩序是错误的。综合全案事实，王立军的行为不但没有扰乱市场秩序，反而促进了玉米的流通，为农民销售玉米提供了渠道，该行为是一种有利于农民利益的行为，并没有侵犯刑事法律所保障的权利，并未触犯《刑法》第225条有关非法经营罪的规定，该行为对社会也并未造成危害，动用刑罚既不正当又无必要，不构成非法经营罪。再审法院改判王立军无罪的做法也说明了原审法院对案件的裁判有误，王立军的行为并未构成犯罪，对其予以行政处罚即可。

第三，忽视对刑法因果关系的考察。被害人甲醉酒（经检测其每百毫升血

---

① 参见人民法院出版社编：《解读最高人民法院司法解释（含指导性案例）刑事卷》（上）（第6版），人民法院出版社2019年版，第122－126页。

液中酒精含量达到236.4毫克)且无证驾驶一辆没有车牌的普通二轮摩托车，和与其同方向由乙驾驶的农用三轮汽车尾部追尾，乙在事故发生后驾驶车辆逃离了现场，事故造成甲当场死亡、车辆毁损的严重后果。交通运输管理部门依法作出划分事故责任的规范性材料，认定在本次事故中，乙承担事故的主要责任，而甲承担事故的次要责任，最终法院判定乙的行为构成交通肇事罪，判处1年3个月的有期徒刑。根据我国《道路交通安全法实施条例》第92条的规定，如果造成事故的司机离开事故现场，在责任划分时会推定其承担本次事故的全部责任，乙在事故发生后没有及时拨打“120”救护电话进行求助，也未查看伤者情况，并离开事故现场，所以被推定承担全部责任，如果此时从事故的结果来判断，事故造成甲的死亡，符合司法解释规定的造成一人死亡的构罪标准，所以如果根据行政认定，乙就构成了交通肇事罪，但是甲的死亡与乙逃离事故现场的行为并不存在刑法上的因果联系，乙的行为并不能够成立交通肇事罪。①

第四，难以区别行为人是对事实上的有关情况存在错误认识还是对法律条文存在不正确的理解。认识错误是指行为人对于自己所采取行为的相关事实情况存在不正确的认识，包括行为是否触犯刑法、是违法行为还是犯罪行为、会承担行政责任还是刑事责任，等等，这种认识错误会对行为人主观状况和罪过形态的判定产生影响，以及影响对犯罪既遂和犯罪未遂的判断，进而会对行为人行为的性质、最终承担的刑事责任产生影响，所以在处理案件时，司法人员应当严肃谨慎地审视行为人在主观方面存在的与客观事实不符的情况。②

(三)行政法规范与刑事法规范相混淆

行政犯以行为具有行政违法性为先决条件，只有在其行为具有行政违法性的前提下才有可能进入刑事违法性的判断，而行政违法性的判断需要借助行政法律规范的相关规定，因此前置行政法规范对行政犯构成要件的理解发挥着重要的补足作用。但《刑法》对所援引的前置法规的表述方式并不是十分明确，表述方式多样。前置行政法规范分布范围广，数量繁多，对其进行准确定位以及

---

① 参见杨坤、周代宇:《行政犯认定的两类偏差及其纠正》，载《中国检察官》2020年第6期。

② 参见高铭暄、马克昌主编:《刑法学》(第7版)，北京大学出版社2016年版，第123页。

确定其法律位阶存在一定的困难，加之法律条文中并未对前置行政法规范的援引规则进行明确规定，司法机关在认定行政犯时对前置法规的援引适用比较随意，一是对前置法规效力位阶的审查不严格，使一些效力低下的文件成为定罪处罚的依据，不当地扩张犯罪圈；二是司法机关未能正确区分行政违法与刑事犯罪，未能认识到行政违法与刑事犯罪所侧重侵害的法益之间的差异。

三、对行政犯认定的理性思考

（一）坚持行政犯认定的双重违法性

要充分发挥行政法的作用，避免违法行为未经行政机关处理而直接上升至刑事层面的情形出现。行政犯“双重违法性”这一特征要求司法实践中应在确认行为行政违法性的基础上，再使该行政违法行为进入刑事审查阶段，由司法机关独立审查该行政违法行为的刑事违法性。

审判机关在认定行政犯时，要在证据中着重审查其中可以展现行政机关对违法行为予以打击处理的材料，如行为违反了行政法规范的哪一条文、行政机关对违法行为已经依法予以打击处理的相关材料，充分发挥行政机关的专业性，精准援引前置行政法规范，保证行政执法积极作为，充分发挥“第一次法”的功能，做到行政机关执法活动与刑事司法审查程序的统一协调、有序衔接，避免误用刑事司法手段处理一般违法行为现象的出现。同时，可以充分发挥行政机关的作用，使行政机关对违法行为优先进行处理，对案件进行有效分流，使司法机关可以集中力量审查严重的行政违法行为，节约司法资源，提高司法效率。

（二）坚持对行政证据的实质审查

刑法与行政法是两部相互独立的部门法，各自有其立法目的与立法任务，对于行政机关移交的行政证据，司法机关不能一味采纳，直接将其作为定罪的依据，而应坚持刑事司法的独立性，严格根据刑事诉讼法对证据的相关规定对行政证据进行实质审查，包括证据资格和证明能力。第一，其要具有证据的相关属性，包括客观性、合法性与关联性；第二，属于《刑事诉讼法》第 50 条所规定的 8 种证据种类；第三，证据的收集符合法定程序；第四，与所要证明的事实、对象联系紧密;第五,证据符合证明标准,达到了证据确实、充分。也就是说,证据确凿,法律依据合法,确定被告人的行为构成犯罪,并且做出行为人应承担何种刑罚、刑罚具体期限的结果都有相应的证据材料可以支撑,同时所有用于定案、量刑的证据都已经经过法律规定的程序查证属实,综合所有在案证据材料,判决书中所认定的事实确实已经符合排除合理怀疑的标准,证据链完整翔实,经得起反复推敲。对于不符合刑事证据标准的行政证据,司法人员应予以排除,不得将其作为定罪的依据。[①]

(三)坚持刑事责任独立判断

首先,危害行为应具备犯罪的基本特征。我国《刑法》第 13 条[②]对于犯罪的具体概念作出了明确界定,根据法律条文的内容,我们可以从中归纳出犯罪的特点,这是每一个犯罪都必须具备的,包括:具有巨大的社会危害、违背刑事法律条文和受到刑罚是合理合法且必要的。

对行为社会危害的大小可以通过以下几个因素来进行判定:第一,行为所侵害的对象,也就是该行为对哪一种社会关系造成了损害。我国《刑法》分则以犯罪行为对何种权益造成损害为基础进行排列,不同的犯罪,其对社会所产生的危害性当然也是存在差异的,因而在《刑法》中的排布存在一定的先后次序,如侵犯公民身体,对公民身体造成损害的行为,一般来说比盗窃公民合法私有财产行为的社会危害性程度高。第二,行为的方式、后果、时间和地点。一个人实施犯罪所采用的方式是否残忍,是否使用暴力,都会影响其行为的社会危害性,如抢劫一件公民合法私有财产,就比抢夺一件公民合法私有财产要严重得多。第三,犯罪人的具体情形及其主观因素。比如犯罪人是初犯还是累犯,是已满 18 周岁的成年人还是未满 18 周岁的未成年人,主观上是有意为之还是不小心所致,等等,这些情形都会对行为人人身危险性和行为社会危害程度的判

---

① See George P. Fletcher, *Rethinking Criminal Law*, Oxford University Press, 2000.

② 《刑法》第 13 条规定:"一切危害国家主权、领土完整和安全,分裂国家、颠覆人民民主专政的政权和推翻社会主义制度,破坏社会秩序和经济秩序,侵犯国有财产或者劳动群众集体所有的财产,侵犯公民私人所有的财产,侵犯公民的人身权利、民主权利和其他权利,以及其他危害社会的行为,依照法律应当受刑罚处罚的,都是犯罪,但是情节显著轻微危害不大的,不认为是犯罪。"

定产生一定的影响。所以，在判断行为人所实施行为的社会危害程度的大小时，司法人员要采用全面的观点，不能只看其中一种因素，而是要综合考量案件的所有主客观情况，不仅要看到有形的物质损害、违法数额，还要看到行为对社会所带来的负面影响。

行为是否具有社会危害是进一步判读行为是否触犯刑事法律的先决条件和依据，对刑事法律的触犯是社会危害在刑法条文上的显示。在行为已经具备社会危害的基础之上，只有当行为违反了刑法的规定时，才构成犯罪，换句话说，如果刑事法律没有订立条文，将该行为上升至刑事层面予以考量的，那么这一行为就不存在构成犯罪的可能性，该行为也就不会受到刑事法律的惩罚，这也完全契合我国刑法的黄金原则——“罪刑法定”原则，是对该原则的精准解读。之后，司法人员应当根据客观事实和法律条文规定，严格地按照三阶层犯罪构成体系或者犯罪四要件说对罪与非罪、此罪与彼罪进行区分。对于已经对社会造成严重危害，并且违背了刑事法律条文内容的行为人，根据行为人存在的法定情节，在法定刑幅度内对行为人的刑事责任进行准确界定，使行为人的行为得到正确的法律判断，做到罪责刑相适应。

其次，刑法上因果关系的判断。不是一切对结果发生起到某种推动效果的行动都会与最终形成的结果产生刑法上的因果关系，它们之间大部分只是具有简单的事实上的因果关系，如果按照事实上的因果关系运用刑法来惩罚某一个行为，那么刑法惩罚的范围显然过于宽泛，必须要对其进行一定的限制，从中筛选出对结果发生具有重要促进作用的行为。依照一般公众认知，行为大概率会导致结果的发生，只有在这种情况下，才能认定行为人所实施的行为与后果之间存在刑法上的因果关系。例如，行政机关在对事故责任进行划分后形成的材料证据是不能够被司法机关直接采信的，此时司法机关应根据案件事实以及相关客观证据对事故责任进行再次划分之后，进而再判断行为人的行为能否成立刑事法律规定的交通肇事罪。如果相关在案证据不能明晰主次责任，存在责任界定不明的情况，此时必须严格遵循存有疑问有利于被告人的原则，采用案件事实不清，证据不确实充分的刑事证明标准对行为人做出无罪处理。在认定行政犯罪时要坚持刑法上因果关系的判断，不可过度依赖前置行政机关作出的行政认定。①

再次,重视行政犯的主观要件。在我国刑法中,对故意犯罪的惩罚具有普遍性,而对过失犯罪的惩罚是一种例外,也就是说必须是在刑事法律有明确规定的情况下才能对过失行为予以惩罚,才会有探讨该行为是否构成刑事犯罪的可能,其中,行为人的主观状态是判断能否成立犯罪的必备要件。若一种行为在客观上导致了损害,但行为人主观上并非有意或者过失,即行为缺乏罪过,那么便不是犯罪,不能以犯罪论处,可见罪过在刑法中占据了重要的地位。并且一个违法行为要想构成犯罪,行为结果也要符合刑法上相应的规定。

相较之下,行政法中罪过的地位便不是那么突出。在实践中,行政机关对行为人的行为施加行政处罚时往往会根据其在执法过程中查明的客观事实,而不是行为人的主观状态,对违法行为所造成的法律后果也没有十分明确的规定。例如,行为人销售掺杂、掺假的产品,只要行为人客观上存在销售掺杂、掺假产品的行为,行政机关便可以就此作出行政处罚,并不需要深究行为人在主观上是故意还是过失,甚至于行为人可能毫不知情,也不论行为人具体销售了多少掺杂、掺假的产品。销售金额的大小不影响行政处罚的作出,只会对行政处罚中罚款的多少、处罚的轻重产生一定的影响。但是根据《刑法》第 140 条的规定,若要构成刑法上的生产、销售伪劣产品罪,这就要求行为人在主观方面存在生产、销售伪劣商品以谋取私利的目的,如果行为人在主观上并非有意为之,对于所销售的产品是次品的情况完全不知晓,而当作正品进行出售的,应当依法承担民事责任和行政责任,但不能作为刑事犯罪处理。即使行为人主观上是故意,但是销售金额达不到刑法所要求的 5 万元以上的,那么也不构成生产、销售伪劣产品罪。可见,在认定行政犯罪时不能过度依赖行政机关的处罚结果,要坚持刑法判断的独立性,看到行为人主观罪过和行为结果在行政犯罪与行政违法中的地位差异,在行政犯认定中要坚持对犯罪主观方面的考量,坚持主客观相统一。

最后,违法性认识错误可避免性判断。在法定犯规定占据刑法条文较大比

---

① See Alexander M. D. , *Increased Judicial Scrutiny for the Administrative Crime*, Cornell L. Rev. , 1992.

重的当下，过分突出不知道法律者不能免去其刑事责任和不予考虑行为人对行为法律性质的错误认知的看法过于绝对，不适合现在的法律现状，应给予违法性认识错误合理的出罪空间，在一定条件下可以影响对行为人的定罪处罚。通过对违法性认识错误设置可操作的具体规则，帮助司法人员对行为人是否存在对行为法律性质的错误认知进行判定。

要对行为人的违法行为是否存在不可回避性进行认定：一方面，如果在客观条件下，行为人确实不知道该行为属于犯罪行为，对于该犯罪行为构成要件的概念或者范围确实缺乏了解、不具有查明法律的机会，则此时属于不可避免的违法性认识错误。另一方面，行为人具有查明法律的可能，如果行为人敷衍了事，没有尽全力去查询了解，此时的违法性认识错误实际上是可以避免发生的；若行为人做了一切努力工作但是仍没有查明，那么此时行为人对于自己行为法律性质的错误认知就是无法规避的，这种错误认知是必然发生的。① 综上，行为人对于自身行为法律性质的错误认知可以划分为两种情形：一种是不可避免的，另一种是可以避免的，对于前一种情形，审判人员在对被告人的行为进行刑罚考量时，在法定刑幅度内应当考虑从轻、减轻甚至免除刑罚处罚；在后一种情形下，司法人员在综合全案事实的基础之上可以对行为人从轻或者不从轻处罚。

（四）坚持前置行政法规的援引规则

根据我国刑法对行政犯的条文规定，以前置法规范围是否明确为标准可以将行政犯分为前置法规范围明确的行政犯与前置法规范围不明确的行政犯。②

对于前置法规范围相对明确的行政犯，在援引前置法规时不易出现差错，一般情况下所援引的前置行政法规都能符合刑法条文对前置行政法规的效力要求。在这方面，国外的有关做法值得我们借鉴，比如有些国家的刑事立法，不但会明晰所需要的具体法律条文，而且会指明是哪一条法律规范的哪一项条款，这是非常值得我们借鉴学习的，有助于进一步增强刑法的明确性。比如，

---

① 参见车浩：《法定犯时代的违法性认识错误》，载《清华法学》2015 年第 4 期。

② 参见熊波：《行政犯的类型与违法性判断的区分》，载《政治与法律》2020 年第 5 期。

《瑞士联邦刑法典》第 323 条第 1 款规定:"债务人如果存在下列情形之一,债务人便要承担拘役或者罚款的惩罚:如果收到债权人或者其他利害关系人的抵押通知或者被通知接收物品清单的情况下,债务人自己不亲自到场并且也没有派代理人到场的(破产法第 91 条第 1 款第 1 项、第 163 条第 2 款和第 345 条第 1 款)……"①

对于前置法规范围不明确的情况,司法机关往往会拥有较大的自由裁量权,此时司法机关为了维护社会秩序,更好地打击犯罪,可能会不当地扩张犯罪圈。故在援引范围不明确的前置行政法规范时,司法人员应当严格遵守罪刑法定原则、法律位阶规则以及法益保护规则。

在引用前置法规时要坚持罪刑法定的原则,把前置法规的适用范围限制在国家规定的范围内,换句话说,前置法规的制定主体为权力机关或者行政机关,前置法规是由二者分别制定、出台的法律层面和法规层面的相关规定。在此前提下,除了立法机关出台的法律层面的规定、中央人民政府出台的行政法规层面的规定,颁布施行的其他规范性文件在一定条件下能发挥补充作用,促使对国家规定进行具体化理解,但是,刑事处罚的法定依据仅限于刑事立法,部门规章、地方性法规等只能发挥参照作用且其内容不得与上位法发生冲突或者不存在上位法依据。

(五)坚持法律位阶规则

我国的立法制度遵循的是法律效力位阶原则,各种规范性法律文件之间在效力上是存在顺位关系的,处于较高顺位的法规范的效力自然要比处于其顺位之下的法规范的效力更高。也就是说,随着制定主体法律地位的提高,其所制定的规范性法律文件的效力水平也会随之提高,如立法机关出台的法律层面的规范与国务院出台的法规层面的规范相较,自然是法律层面的规范的顺位更高,法规层面的规范的效力弱于法律层面的规范,但同时法规层面的规范的效力又高于规章层面的规范,依次顺位,遵循严格的效力位阶。② 处于较低顺位的

① 《瑞士联邦刑法典》,徐久生、庄敬华译,中国方正出版社 2004 年版,第 103 页。

② 参见大众法律图书中心编:《新编常用法律词典:案例应用版》,中国法制出版社 2012 年版,第 4－5 页。

规范必须服从于较高顺位的规范，而不能与较高顺位的规范发生冲突，并且一切法律都要服从于最高等级的法律。依据《宪法》和《立法法》的规定，我国法律体系的效力层级一共有六级，宪法作为我国的根本法律，其效力层级最高，刑法、民法、行政法以及三大诉讼法等基本法律的效力层级次之，之后为中央人民政府颁布的行政法规，再之后为省级和设区的市一级人民代表大会及其常务委员会颁布施行的地方性法规，最后是规章和规范性文件。各法律规范的效力层级分明，在制定、完善下位法时不能违反上位法的规定。行政犯所涉及的前置行政法规较为分散，法律效力位阶等级也不同，在司法适用中对前置法规进行援引时必须要审查前置法规是否符合刑法条文所规定的位阶要求，只有在符合位阶要求时才可以作为定罪处罚的法律依据，不符合效力位阶要求但其内容并不与上位法发生冲突或者存在上位法依据的时候，可以发挥参照作用。

（六）坚持法益侵害规则

一种特定的法律规范在满足特定条款对预设规则的等级规定之后，并不意味着能直接成为司法审判中定罪处罚的依据，不一定就能被援引，还需进一步运用法益侵害规则予以判断。这是因为虽然行政法与刑法都对国家、集体和个人的合法权益予以维护，但是行政法与刑法对国家、集体和个人合法权益的保障是各有侧重的，行政法更加注重对稳定有序的社会秩序的保障，而刑法更加注重保障公民的权利。所以有的行为虽然破坏了秩序，违反了行政法的有关规定，侵犯了行政法所保障的法益，但并不必然侵犯刑事法律所维护的法益。只有该行为在违反前置行政法规范、侵害行政法法益而具有行政违法性的基础上又对刑事法律条文所保障的法益带来了损害，此时，对于该行为有必要对其进行刑事层面的审查，切勿随意地将破坏行政管理秩序的普通违法行为上升至刑事层面。所以，援引前置法规不仅要看其效力位阶，法律和行政法规可以直接援引，其他文件一般作为补充材料也具有参照意义，而且要审查行政违法行为是否侵害了刑法所保护的法益，不可混淆行政违法与刑事犯罪的界限，使违法行为遭受不正确的刑罚处罚。

论介入因素对刑事责任的影响

刘文锦*

摘要:因果关系的理论研究一直是刑法学中的重点,也是难点,司法实践中因果关系表现为简单的一因一果的案例较少,更多的是多因一果或者多因多果的情况。当案件中出现介入因素时,因果关系和行为人刑事责任的认定问题就变得更为复杂,在何种情况下介入因素会中断因果关系或者与危害结果之间形成多因一果的关系,等等,这些都是司法实务中常见的案件争议焦点。但是,国内外学者对于这方面的研究大都停留在介入因素对因果关系的影响层面,很少涉及影响刑事责任的承担方面。因此,本文试图以社会热点案例——"杭州保姆纵火案"为切入点,从定罪和量刑两个角度,结合典型案例展开分析介入因素对刑事责任的具体影响。其中对定罪的影响主要从罪与非罪、罪名的认定以及犯罪形态的认定这三个方面论述,分别结合"刘某柏滥用职权并受贿案""韦某强奸并故意杀人案""杨某某和杜某某放火案"三个案例进行相应的分析探讨,对量刑的影响则是结合黄某平故意伤害案来论述相关问题。

关键词:介入因素　因果关系　刑事责任

在司法实践中,各类案件中的介入因素不仅对因果关系的认定存在影响,

* 女,湖南邵阳人,法律硕士,现任广东盈隆律师事务所律师。

而且对行为人最终刑事责任的判定有着重要的意义。其通过以下三个方面对刑事责任的判定产生具体作用：在客观方面，介入因素通过影响因果关系的认定进而影响行为人是否应承担刑事责任以及承担刑事责任的大小；在主观方面，其通过影响行为人的主观心理罪过进而影响行为人是否构成犯罪以及故意犯罪和过失犯罪的认定问题；在行为人对介入因素的处理方式等问题上可以体现出行为人主观恶性的程度进而影响到行为人刑事责任的大小，最终对行为人的量刑产生影响。介入因素对刑事责任的影响可以分为对定罪和量刑的影响，其中对定罪的影响又可以细分为对罪与非罪的认定、罪名的认定和犯罪形态的认定的影响，下面将通过典型的案例对介入因素如何对刑事责任产生影响展开一一分析探讨。

一、对定罪的影响

（一）影响罪与非罪

介入因素影响罪与非罪的认定主要有两种方式：一是在客观方面，介入因素通过影响因果关系的认定进而影响行为人是否构成犯罪。① 实行行为与法益侵害二者之间是否存在因果关系，直接决定着危害结果能否归罪于行为人。如果在一个案件中，介入因素中断了实行行为与危害结果的因果联系，那么行为人就不存在为法益侵害结果承担刑事责任的客观基础，也就不构成犯罪。二是在主观方面，介入因素通过影响行为人的主观心理罪过继而影响行为人是否构成犯罪。主观方面是犯罪构成中必不可少的要件之一，缺少主观方面的构成要件就不能判定行为人的行为构成犯罪。本文接下来以刘某柏滥用职权、受贿案为例对介入因素如何影响罪与非罪这一问题进行分析探讨。

2014 年 12 月 1 日凌晨，福建省九龙江北溪三期（漳平段）防洪堤西园段防洪堤出现滑移、坍塌变形，造成了严重的国家经济损失。后经检察机关指控，被告人刘某柏作为项目部副主任期间，未对该工程进行质量监督，其行为构成滥用职权罪。经法院依法查明，2014 年漳平市西园镇丁坂村违规地在防洪堤上所

---

① 参见张绍谦：《刑法因果关系研究》（第 2 版），中国检察出版社 2004 年版，第 165 - 166 页。

进行的江滨路建设这一介入因素对防洪堤坍塌的损害结果发生的影响力具有决定性作用，从而证明了涉案防洪堤倒塌的原因要素中介入了除工程质量问题之外的因素。最终法院认定，虽然被告人刘某柏在防洪堤建设过程中有一定的失职行为，但是，江滨路违规建设是导致防洪堤倒塌这一损害后果的直接原因，这种损害后果与被告人刘某柏失职行为的主观过错不存在对应关系。被告人刘某柏的职务管理行为与本案防洪堤倒塌的损害后果之间没有刑法上的因果关系，被告人刘某柏的行为不属于滥用职权罪。①

本案的争议焦点是被告人刘某柏的行为是否构成滥用职权罪，其中在主观认识方面，该罪要求行为人明知其滥用职权的行为会侵害国家或者人民的利益，在意志方面则要求希望或者放任该结果的出现。② 此点在该案中是区别罪与非罪的重要标准。因此，被告人刘某柏在主观方面对于防洪堤坍塌这一危害结果的发生是否存在故意是判定其构成滥用职权罪的关键，但在本案中存在江滨路的违规建设这一介入因素，此时应当综合分析江滨路的违规建设这一介入因素对被告人刘某柏主观罪过的影响。结合在案证据，C4 标段防洪堤工程从 2011 年 7 月完工验收后，在 3 年多内均能正常运行，未发现破坏性的结构变形。直至 2014 年漳平市西园镇丁坂村违规在防洪堤上建设江滨路后才出现了 C4 标段向外滑移、基础坍塌的事故。同时，江滨路的建设未经过合法途径批准，被告人刘某柏对江滨路的建设活动不具有主观罪过，客观上也未参与其中。综上，由于滨江路违规建设这一介入因素的出现异常性较大，被告人刘某柏在主观方面对于这一介入因素所导致的防洪堤坍塌不具有认识的可能性，更谈不上在意志上持有希望或者放任危害结果发生的心理状态，继而就不能认定被告人刘某柏构成滥用职权罪。

本案中的介入因素对行为人是否构成犯罪产生了重大的影响。“杭州保姆纵火案”中出现的公安消防救援以及本案中出现的滨江路违规建设这两个介入因素均具有一定的异常性，但之所以两个案件里的介入因素对刑事责任产生了截然不同的影响，一是由于这两个介入因素以及实行行为在各自的案件中对危

---

① 参见福建省漳平市人民法院刑事判决书，(2015)漳刑初字第 268 号。

② 参见张明楷：《刑法学》(第 5 版)，法律出版社 2016 年版，第 1245 页。

害结果的贡献大小大相径庭;二是由于介入因素对行为人主观心理罪过的影响不同。公安消防救援并未引起案件中结果的发生,同时也未对行为人的主观罪过形式产生影响,被告人莫某晶的放火行为是导致危害结果发生的唯一决定性原因,其主观方面对危害结果持有间接故意的罪过形式。而滨江路的违规建设却是防洪堤倒塌的决定性因素,被告人刘某柏的失职行为不具有导致防洪堤倒塌的危险性,同时,被告人也不可能对防洪堤坝倒塌的危害结果存在认识的可能性,更谈不上主观方面具有滥用职权的故意。因此,滨江路的违规建设通过影响被告人刘某柏主观罪过进而影响了罪与非罪的认定。在"杭州保姆纵火案"中,公安消防救援不是危害结果发生的原因力,其对莫焕晶的主观罪过和刑事责任均不产生影响。综上可知,由于不同的介入因素在案件中所产生的作用不同,将会对行为人刑事责任的承担产生差异化的影响。

(二)影响罪名的认定

介入因素影响罪名的认定主要有两种方式:一是在客观方面,介入因素通过影响因果关系的认定进而影响行为人构成此罪还是彼罪。实行行为与法益侵害二者之间是否存在因果关系,直接决定着危害结果能否归罪于行为人。如果在一个案件中,介入因素中断了实行行为与危害结果的因果联系,那么行为人就不存在为法益侵害结果承担刑事责任的客观基础,也就不构成此罪。二是在主观方面,介入因素通过影响行为人的主观心理罪过继而影响到行为人构成的是故意犯罪还是过失犯罪。在没有认识的情况下,不管具有怎样的认识可能性,行为人的行为也不构成故意犯罪。[①] 本文接下来以"韦某强奸并故意杀人案"为例对介入因素如何影响罪名的认定这一问题进行分析探讨。

2011 年 6 月 26 日晚,被告人韦某外出时在某中学附近看到 17 岁的女高中生李某独自一人,便前去搭讪,并将其带至桥下一偏僻处,欲对其实施奸淫行为,因遭到其强烈反抗而强奸未果。后被害人李某在与被告人的暴力行为进行激烈抵抗中不慎坠入河中,被告人虽看到被害人在河中拼命挣扎,明知其不会游泳,生命安全岌岌可危,但并未对其进行施救并逃离现场,最终致使李某溺水

---

① 参见张明楷:《刑法学》(第 5 版),法律出版社 2016 年版,第 251 - 252 页。

死亡。后检察机关指控被告人韦某犯强奸罪、故意杀人罪，向法院提起公诉。被告人韦某的辩护人提出，韦某的行为属于刑法规定的强奸罪中造成其他严重后果的情形，不构成故意杀人罪。法院经审理后认为，对被告人韦某应以强奸罪（未遂）和故意杀人罪进行数罪并罚。①

本案的争议焦点是：被告人韦某的行为是构成强奸罪一罪，并将被害人死亡的结果作为强奸罪中"造成其他严重后果"的量刑情节来考量，还是应对其以强奸罪（未遂）和故意杀人罪进行数罪并罚。本案中出现了被害人在防抗过程中不慎落水这一介入因素，此时应该综合分析介入因素是否影响了被告人主观上明知的认识因素。首先，被害人之所以陷入溺水的危险之中，是因为被告人先前意图强奸的暴力行为所导致的，被害人的这一介入行为在本案的发展进程中异常性较小，对先前强奸行为具有依赖性，其出现具有通常性。同时，被告人此时处于保证人的地位而具有防止法益受到侵害的义务，②其能对被害人进行救助而不作为的行为本身不具有合法性。其次，由于本案发生的地点较为偏僻，且时间为晚上，可以推定被告人明知如果不及时对被害人进行救助就会导致其溺水身亡后果，最终被告人的不作为表明其对被害人的死亡主观上持有放任的态度。最后，根据我国《刑法》的相关规定，强奸致被害人重伤、死亡应理解为强奸行为所直接导致的被害人的重伤或者死亡结果，比如引起了被害人性器官的严重损伤，或者造成其他严重伤害，抑或抢救无效死亡（不包括被害人事后自杀身亡）③。因此，本案中被害人溺水而亡的危害结果并不能包含在《刑法》所规定的强奸致被害人重伤、死亡这一情节的范围之内，被告人的强奸行为作为前条件并不具备导致被害人溺水身亡的可能性，二者之间不具有因果关系。综上，被害人介入行为的出现客观上引起了被告人救助的义务，同时在主观上引起了被告人对于其应当履行救助义务的认知，被告人后续的不作为表明其具有杀人的故意，最终导致其刑事责任发生了相应的变化。因此，对被告人应以强奸罪（未遂）和故意杀人罪进行数罪并罚。

---

① 参见中华人民共和国最高人民法院刑事审判第一、二、三、四、五庭主办：《刑事审判参考》总第90集，法律出版社2013年版，第207－300页。

② 参见张明楷：《不作为犯中的先前行为》，载《法学研究》2011年第6期。

③ 参见张明楷：《刑法学》（第5版），法律出版社2016年版，第876页。

本案与“杭州保姆纵火案”存在相同之处：一是公安消防部门和被告人韦某在各自的案件中都负有救援的义务，其中公安消防部门的救援义务是由职务属性所决定的，被告人韦某的救援义务是由其先前强奸行为所引发的；二是公安消防部门和被告人韦某均未阻止危害结果的发生。这两个案件的不同之处则在于：如果公安消防部门和被告人韦某有效地实施了救援，是否可以阻止危害结果的发生，即中断客观上出现的因果关系？在“杭州保姆纵火案”中，四名被害人于5时12分时均已处于生命垂危状态，而公安消防人员5时16分赶到案发现场，此时消防部门无论如何也无法对四名被害人开展有效的救援，阻止此结果的发生。尽管其后出现了水压不足、消防硬件设备严重生锈等一系列意外情况导致救援行动有所迟缓，但无论消防救援开展得是否顺利、及时，都无法挽救四名被害人的生命，因此消防救援并未影响客观上出现的因果关系，进而也就对莫某晶的刑事责任不产生影响。相反地，在本案中，如果被告人韦某对被害人施以了有效的救助，被害人死亡的危害结果就可以避免，被告人主观上也就不具有杀人的故意，就不会影响被告人韦某的罪名认定。事实上，被害人落水这一介入因素的出现导致了被告人韦某在主观方面对被害人的死亡具有间接故意，因此最终影响了被告人韦某的罪名认定。

（三）影响犯罪形态的认定

介入因素影响犯罪形态的认定主要有两种方式：一是在客观方面，介入因素通过影响因果关系的认定进而影响行为人犯罪形态的判定。究竟是预备行为、中止行为、未遂行为还是既遂行为最终导致了危害结果的发生，这一点将会对行为人的犯罪形态的认定产生不同的影响。二是在主观方面，介入因素在犯罪过程中对行为人的主观心理罪过产生不同的影响继而对于行为人犯罪形态的认定产生作用。本文接下来以“杨某某、杜某某放火案”为例对介入因素如何影响犯罪形态的认定这一问题进行分析探讨。

2012年2月6日晚杨某某与杜某某携带汽油、稻草、爆竹、盆子、打火机等放火工具到高某某家院墙外蹲守，欲放火报复高某某。当晚凌晨1时许，二被告人见高某某家的人已熄灯入睡后，杨某某在院墙外放风，杜某某携带放火工具进入院内，先断了高某某家的电源开关，将汽油泼洒在窗台及门上后，用木棍击碎房屋玻璃窗，向屋内泼洒汽油。屋内居住的高某某的父母高某、卢某某被惊醒后，使用警用手电照明后开启电击功能击打出电火花，引发大火将高某、卢某某烧伤，房屋烧坏。卢某某经抢救无效死亡；高某损伤程度为重伤；高某某家被烧坏房屋的物品价值为 4672 元。后检察院以杨某某、杜某某犯放火罪，向法院提起公诉，法院审理查明后判定二人构成放火罪。①

本案的争议焦点是杨某某、杜某某的行为与被害人的死亡是否存在因果关系。针对这一点辩护人提出，由于杜某某没有点火行为，即没有着手实行放火罪的实行行为，因此被害人的死亡结果与二被告人的行为没有因果关系，应将二被告人的行为认定为犯罪预备。法院一方则认为二被告人切断电源、敲碎玻璃并向门窗及屋内泼洒汽油的行为，将高某某一家惊醒后必然引起他们使用照明设施，从而导致了火灾，可以认定二被告人的行为与危害后果的发生之间存在必然的引起与被引起的关系，二人属于犯罪既遂。本案中存在被害人使用警用手电照明后开启电击功能行为这一介入因素，此时应该根据具体案情综合分析介入因素对本案因果关系和行为人刑事责任的影响。首先，被害人使用警用手电照明后开启电击功能行为这一介入因素异常性较小，这是由被告人先前切断电源、敲碎玻璃并向门窗及屋内泼洒汽油的行为所引起的通常行为。虽然被害人在本案中使用“警用手电”的这一情况有些特殊，但在当时特定的环境下被害人拿出手电照明以及开启电击功能作为自身防卫和阻却入侵者的行为符合一般人的生活经验。其次，被害人的行为并不包含发生火灾的可能性，而是一种因入侵者的威胁所造成的本能反应，不属于危害行为，其后续之所以引发了火灾是因为被告人先前泼洒汽油的行为起了决定性作用。对于被告人来说，被害人使用警用手电系二被告人先行行为引发火灾进程的一部分，其只是提前了他们所预计的火灾发生时间，因为就算没有被害人行为的介入，被告人仍会使用携带的打火机引燃火灾，最终完成整个犯罪过程，所以被告人未进行点火的行为只是因为被介入的被害人行为所代替了，并非自动放弃了引燃行为或者由于意志以外的原因而无法实施引燃行为。最后，在犯罪主观方面，被害人行为

① 参见中华人民共和国最高人民法院刑事审判第一、二、三、四、五庭主办：《刑事审判参考》总第 105 集，法律出版社 2015 年版，第 34－36 页。

的介入引发了火灾符合二被告人犯罪故意的内容，与其放火报复被害人的犯罪目的相一致。综上所述，二人的行为与危害后果存在因果关系，属于犯罪既遂。

本案中被害人使用警用手电没有中断二被告人泼洒汽油与火灾发生之间的因果关系，而且在二被告人未着手实施引燃行为的情况下仍使其被判定承担放火罪既遂的刑事责任，由此可见介入因素在一定的情况下影响犯罪形态的认定。本案介入的被害人行为与"杭州保姆纵火案"中介入的公安消防救援这二者之间有着相似之处，即这二者均未中断案件原有的因果联系，但是却对行为人的刑事责任产生了不同的影响。对于这一问题，笔者主要从以下三点来进行论述：首先，从异常性方面来看，消防救援迟缓这一情况具有一定的异常性，水泵接合器阀门锈死导致水压无法满足灭火需要而引起的消防救援迟缓这一情形在日常生活中出现的概率较小，而且莫某晶的放火行为本身也不具有导致救援迟缓情形出现的危险性。相反地，本案介入的被害人使用警用手电的行为在当时的特定情形下出现的可能性较大，二被告先前的危害行为具有导致该介入因素出现的危险，因此被害人行为的介入则具有通常性，不是异常性的行为。其次，这两个介入因素对危害结果均没有实质性的影响力，二者不具有导致危害结果发生的危险性，也无法被评价为刑法上的危害行为。最后，莫某晶的放火行为和本案二被告的放火行为才是导致危害结果发生的决定性原因。其中，在"杭州保姆纵火案"中被害人是由于放火行为所导致的一氧化碳浓度过高而中毒身亡，结合当时情形，消防救援无法阻止该危害结果的发生；在本案中，危害结果的发生是由二被告人在被害人使用警用手电照明之前的切断电源、泼洒汽油等一系列行为导致的。因此，这两个案件中的介入因素都与危害结果之间不存在法律上的因果关系，无法将最终的刑事责任归咎于这两个介入因素。只是在本案中二被告人未实施引燃行为即发生了所预期的危害结果，此时能否将危害结果归责于二被告人就成为案件争议焦点。根据前文的论述，本案属于实行行为危险性的间接实现，即介入的被害人行为直接引起了案件的结果，而被害人行为的出现是由实行行为所引发的。因此，即使二被告人未着手引燃行为，也应承担放火罪既遂的刑事责任。而在"杭州保姆纵火案"中，莫某晶已经实施了放火罪的实行行为，系导致危害后果的唯一决定性原因，属于实行行为危险性直接实现的情形，公安消防救援对其刑事责任的承担没有影响。

二、对量刑的影响

介入因素对量刑的影响是通过行为人主观恶性的大小影响其责任的大小，进而影响量刑的轻重：行为人的主观恶性越大，其应当承担的责任则越重，量刑也就有所加重；主观恶性越小，其刑事可处罚性也就越弱，量刑也就相应地有所从轻或者减轻。[①] 其中主观恶性的大小体现在行为人处理介入因素的方式等问题上，本文接下来以"黄某平故意伤害案"为例对介入因素如何影响量刑这一问题进行分析探讨。

2015 年 10 月 22 日，被告人黄某平与被害人黄某（65 岁）因邻里矛盾引发纠纷，两人在黄某家门口桥头边相互辱骂，随后黄某扇了黄某平一耳光，两人遂厮打在一起，致使黄某被地面渔网所绊而倒地受伤，后黄某因抢救无效死亡。法院经审查认定，黄某平的行为本身危险性程度较低，黄某是在被推后退步时被渔网所绊倒，头部碰到地面石块才导致的严重受伤。因此，黄某的死亡系由多个因素所致，这与行为人直接将他人殴打致死的情形有着明显的区别，故二审法院决定对黄某平给予相应幅度的从轻处罚。[②]

本案的一个重要争议焦点就是黄某被推后退步时被渔网绊倒这一介入因素能否作为被告人从轻处罚的量刑情节，即本案能否体现出被告人的主观恶性较小。本文从以下要点来分析该争议焦点：首先，被告人黄某平的行为本身致人死亡的可能性较小，虽然其针对一个 65 岁的老人进行殴打、推搡，并导致其被渔网绊倒，但整个行为本身并不包含导致被害人跌倒致死的紧迫现实可能性。[③] 其次，渔网的存在也是导致被害人死亡的因素之一，假如现场没有渔网，那么被害人就不会被绊倒，也就不会发生后续的危害结果，因此，本案的危害结果系多因一果所致。最后，作为一名具有正常判断能力的成年人，被告人黄某平理应明知自己的殴打、推搡的行为很有可能会对年老体弱的被害人造成身体

---

① 参见马荣春：《人身危险性之界定及其与主观恶性、社会危害性的关系——基于刑法学与陈兴良教授商榷》，载《华南师范大学学报（社会科学版）》2010 年第 5 期。

② 参见湖北省高级人民法院刑事判决书，（2016）鄂刑终 323 号。

③ 参见刘天：《轻微暴力致人死亡案件定性研究——以实行行为为视角》，载《江西警察学院学报》2018 年第 4 期。

伤害,但对于介入因素所导致的被害人死亡结果其主观罪过上并不具有明知的认识因素。综上,本案介入因素的出现体现了被告人主观恶性较小,其所应承担的责任也相应减少,在量刑上应对其从轻处罚。

在“杭州保姆纵火案”的二审中,莫某晶的辩护人曾提出,该案存在多因一果的情况,上诉人的刑事责任应当有所减轻,在量刑上也应当从轻处罚。可见,莫某晶的辩护人也试图从介入因素的角度着手来进行量刑方面的辩护,但与本案不同,其辩护意见并未被采纳。两个案件之所以有不同的处理结果,是因为介入因素对行为人主观恶性大小的影响不同,进而导致对所应承担责任的影响不同。其一,莫某晶的放火行为系其事先预谋,并且其在犯罪的时间和地点上选择为凌晨 4 时 55 分左右在高层住宅放火,具有极大的社会危害性,主观恶性极大。[①] 本案系因邻里矛盾引发纠纷,被害人对被告人面部打了一耳光之后被告人才对被害人殴打、推搡,由此可知被告人的主观恶性并不大。其二,四名被害人的死亡时间表明放火行为是危害结果发生的唯一原因,以当时的情况,公安消防部门已经无法对被害人实施有效的救援。相反地,本案中被告人的行为不具有导致危害结果发生的可能性,如果没有渔网的存在,被害人也就不会死亡。因而,被害人被推后退步时被渔网绊倒是导致被害人死亡的原因之一,其与被告人的殴打、推搡的行为共同作用,最终导致了危害结果的发生。综上可见,只有介入因素对行为人的主观恶性产生影响时,才能最终影响行为人的量刑。

---

① 参见邢文升:《论介入因素对因果关系的判断及刑罚裁量的影响——基于指导案例第 685 号的分析》,载《法律适用》2019 年第 1 期。

论被害人过错的刑法化

罗　琴*

摘要:随着被害人学的深入研究,越来越多的人主张被害人过错对危害后果具有一定的作用力,不能让犯罪人独自承担造成危害的全部责任。在审判实践中,由于我国刑法尚未对被害人过错情节作出明确规定,过错的有无、大小认定、具体适用主要由法官自由裁量,因而法院对被害人过错这一情节的酌定适用受到多方的关注。被害人过错的刑法化,一方面,是将被害人过错去酌定化,规定为刑法中的法定量刑情节;另一方面,在司法实践中落实被害人过错的具体适用,加以细化指导。被害人过错对刑事责任产生的影响不可忽视,将被害人过错纳入刑法领域中考量,是极为必要的。

关键词:被害人过错　犯罪人刑事责任　被害预防　被害人过错刑法化

一、被害人过错刑法化的必要性

(一)基于司法实践的需要

关于被害人过错对犯罪人刑事责任产生的影响,我国刑事立法中并未明确作出被害人过错的相关规定,目前主要是由最高人民法院和各地高级人民法院

---

* 女,湖南邵东人,法学硕士,现任湖南鸿锐律师事务所律师。

的规范性文件加以规定的。但是这些规定既缺乏可供参考的标准，也存在法律适用不统一的情形。在目前的司法实践中，关于可能涉及被害人过错的案件，过错的认定与对刑事责任的影响由于缺乏统一的规则和标准，法院对这一情节的酌定适用也受到多方的关注：犯罪人多认为法院忽视了其提出的被害人过错抗辩，未予从宽；被害方希望严惩罪犯，认为法院认定被害人有过错，显然是在轻纵犯罪；其他各方或认为法院量刑过重而有失公正，或认为法官滥用自由裁量权。因此，统一被害人过错的量刑规则，进一步规范被害人过错在司法实践中的适用是极为必要的。为规范审判行为，最高人民法院、各级法院出台了一系列司法文件，但如前述被害人过错的量刑规定中所分析的，司法解释及法院的量刑规则对犯罪被害人过错的规定存在不一致之处，尤其是被害人过错影响基准刑的幅度有较大差异。

这种状况导致刑罚裁量的不统一，也导致理论探讨更多地局限于学理方面。在审判实践中，被害人过错作为法官酌定适用的量刑情节，适用的效果不甚理想。前述以具体案例来分析被害人过错在定罪、量刑中的作用，但具体的审判实践中对于相同或相似情形的被害人过错，其有无、大小的判断，法官裁量的随意性较大，认定不一。

基于刑法公正性的考量，被害人过错引起了理论界与实务界的普遍重视，在被害人具有过错的情况下，可以减轻犯罪人的刑罚，是世界上很多国家刑法中的通例。而我国目前仅有司法解释作出相关规定，有的司法解释规定仅限于特定的案件，具体的规定之间也存在相异之处，导致较多案件中被告人以被害人存有过错为由上诉，有的上诉法院对原审未予认定的被害人过错情节予以纠正并改判，有的上诉法院维持原判但被再审法院因被害人过错而改判。鉴于司法解释规定得不权威、不统一，被害人过错具体适用得不规范、不一致，建议在刑法总则中增加相应条款，将被害人过错上升为刑法规范，在量刑指导意见中也应予以进一步规范，指导被害人过错的具体适用。

（二）基于被害预防的需要

刑法有关预防犯罪功能的实现，不仅有赖于对犯罪人的预防，同时也可借助被害预防，从引发犯罪的原因角度削减犯罪。在较多情形下，犯罪是由被害人的不当行为所直接诱发的，被害人的过错行为并不必然引发被加害的后果，但不可否认的是，被害人的过错引发、推动、强化了犯罪人的犯意从而增加其被害概率。犯罪人应对其实施的犯罪行为承担被追究刑事责任的不利后果，被害人也负有保护自身权益，不实施侵害社会秩序、他人合法权益的不当行为，防止自身被害的义务。

加害与被害的互动是大多数被害的典型，主要表现为加害和被害双方关系的恶化而引发冲突的升级，尤其是在涉及人身的暴力犯罪中，被害大多是互动的双方人际关系恶化发展的结果。被害人的过错可以发生在被害前、被害中，甚至是被害后。被害后的过错，可体现为被害人抗拒治疗甚至自伤造成危害结果的进一步扩大、被害方诉诸法律或者相关部门仍不满而展开报复或者被害人直接展开强力的报复，成为最终的加害人。刑法意义上被害人过错的成立，会对被害人不当的行为予以否定评价，这显然对被害人、潜在被害人的心理产生一定的震慑，从而树立避免被害的自我防范意识。同时，违法活动的共同参与，是被害多发的一个原因，因利益所诱，极易引发纠纷甚至是刑事的犯罪。

因此，要让越来越多的社会公众了解到被害人过错在刑事责任中的重要作用，反思、约束自己的言行，从而进一步加强被害预防。对被害人或者潜在的被害人而言，作为理性的公民，要尽可能消除被害人不当地导致自身受害的因素，预防自身的被害。加强被害预防，立足于被害人本人，可从以下四个方面着手：一是不参与实施违法活动；二是规范自己的言行，不对他人实施不当或者过激的违法行为，尽量避免冲突的引发与恶化；三是尽到自身谨慎的义务，保管好自身的财物，不盲目轻信他人；四是遭遇伤害过程中，不逞口舌之利进一步激怒犯罪人，避免单纯劫财发展至人身、财产法益的双重受害。

（三）基于实现刑法价值的需要

报应经历了同态复仇—等量报应—等价报应的发展脉络，罪责刑相适应是报应的价值追求。报应之所以能够符合公众的情感接受度，在很大程度上是由于其体现了正义，对犯罪的人予以打击，犯多大的错就接受多大的惩罚，报应是节制的；同时，报应对刑罚、犯罪以及刑罪关系固有的质、量的规定体现在有罪必罚、无罪不罚、轻罪轻罚、重罪重罚，这也是刑罚的公正性所在。在被害人存在过错的情况下，由犯罪人独自承担所有的损害后果，忽视被害人的不当行为对危害后果的作用力，显然是不公平的。因此，在立法上把被害人过错明确规定为对犯罪人从宽处罚的事由，可以彰显刑罚的公正性，这与报应的刑法价值相契合。被害人过错，引发行为人实施犯罪或者影响犯罪的危害程度，对危害后果具有一定的作用力，使被告人的应受谴责程度降低，这体现了报应的罪刑等比相应性，也符合公众的期待与认同。被害人过错的刑法化，并非要求被害人对其被害这一事件承担部分刑事责任，仅是相应降低犯罪人因犯罪所应受谴责的程度，即让犯罪人所犯的罪与应受的罚相适应，犯罪人的刑罚与自身的犯罪相匹配，完全符合刑罚报应理论所追求的正义。

报应着眼于犯罪人的主观罪过与危害后果，要求对犯罪人的惩罚体现正义。而更广泛意义上的公正，则要求惩罚与社会危害性相匹配。正如贝卡里亚所主张的，“犯罪对公共利益的危害越大，促使人们犯罪的力量越强，制止人们犯罪的手段就应该越强有力。这就需要刑罚与犯罪相对称”①。贝卡里亚所强调的是刑罚与犯罪相对称，让犯罪尽可能少地危害社会，也就是说，刑法公正的另一种实现方式是罚当其罪，以行为的社会危害性的大小分配刑罚。当被害人过错直接促进、诱发了犯罪人的加害行为，在一定程度上引发或者强化犯罪人的主观犯意，很明显，相较犯罪人自发实施的犯罪，此时犯罪人的社会危害性更小，分配刑罚的量也理应相应减少。同时，犯罪人在实施犯罪之后再次加害他人的人身危险性较低，被害人过错可以使犯罪人的刑事责任得以减轻，也完全符合个别预防的需要。

在被害人过错对刑事责任有所影响的情况下，被害人过错的刑法化符合刑罚的正义与公正的价值追求，让被害人为其不当行为承担负面的、否定的不利后果，适当降低犯罪人的刑事责任。对犯罪人而言，其只对自身行为导致危害后果的部分承担责任；对被害人而言，谴责其不当行为，让其意识到自身的过错，也促使潜在的被害人规范自身的言行；对公众而言，也更能认同司法裁判的公正性。因此，在刑法立法中，应当规定被害人过错情节，在刑法领域中综合考虑被害人过错因素，评判对犯罪人罪刑的具体影响。

---

① [意]贝卡里亚：《论犯罪与刑罚》，黄风译，中国大百科全书出版社 1993 年版，第 65 页。

二、被害人过错刑法化的路径

（一）被害人过错的立法规制

第一，采用确然情节规定被害人过错。“以法律是否就量刑情节的功能作出绝对性的规定为根据，可将量刑情节分为确然情节与或然情节（法定情节与酌定情节）。前者是刑法明文规定应该从宽或从严量刑的因素；后者是法律未作明文规定而法官酌定的情节。”[①]基于我国被害人过错酌定适用的随意性缺陷，讨论被害人过错的学者大多提出应当在立法上将“被害人有过错的，可以减轻对犯罪人的刑罚”这一酌定情节予以法定化，即在刑法中明文规定被害人的过错是对犯罪人从宽处罚的情节之一。

被害人过错的刑法化是司法实践、预防被害、实现刑法价值的共同需要，将被害人过错情节予以法定化是极为必要的。因而，可在刑法条文中明确规定，将被害人过错作为量刑从宽的情节。

第二，被害人过错可作为从轻处罚、减轻处罚或者免除处罚的情节。有学者主张在被害人存在过错的情况下，规定对犯罪人“从轻处罚或者减轻处罚较为妥当”[②]。如前文所分析，被害人过错不仅是情节显著轻微的出罪要素，“加害者”之责任可因先行的过错抵消甚至完全稀释，正当防卫也是因被害人过错免除处罚最有力的例证，规定可因被害人过错对犯罪人免除处罚更为适宜。

笔者认为，被害人过错本身是有程度差别的。在不同案件中，其对犯罪人实施犯罪行为的影响程度是不同的。因此，被害人过错对犯罪人刑事责任产生的影响也应当区别对待。因被害人过错而对犯罪人从宽处罚的，应当根据被害人过错的严重程度及其对犯罪发生的影响程度、犯罪的严重程度，对犯罪人予以从轻处罚、减轻处罚或者免除处罚。

第三，采取总则的立法模式规定被害人过错。有的国家采取总则和分则相结合的立法模式，如俄罗斯、菲律宾均在刑法总则中规定被害人过错，俄罗斯在

---

① 邱兴隆等：《刑罚学》，中国政法大学出版社 1999 年版，第 256 页。

② 雍自元：《犯罪被害人过错立法与司法规制》，载《安徽师范大学学报（人文社会科学版）》2012 年第 2 期。

刑法分则的杀人犯罪中规定被害人过错，菲律宾在刑法分则的杀人、伤害犯罪中规定被害人过错。目前，被害人过错的法定化是学界一直以来的呼声，但是仅在刑法总则中规定被害人过错还是在总则和分则中均作出规定尚存争议。有学者主张在“刑法总则和分则中共同规定的立法模式”①，以分则中的具体规定呼应总则规定的被害人过错制度；也有的学者主张采用在“总则中规定的模式较为恰当”②，被害人过错作为影响量刑的情节，分则的个罪应遵循总则的规定，在总则中统一规定即可。

笔者认为，我国采取总则中规定被害人过错的方式较为妥当。刑法总则中确定被害人过错，对分则中的个罪具有普遍的约束力。分则中针对被害人过错常见、多发的犯罪予以细致规定，固然能体现分则对总则中被害人过错制度的有效补充，但有两个方面的明显不足：一是难以全面规定分则中被害人过错的情形；二是规定的简略则与在总则进行规定无异，详尽则使刑法条文冗长。因此，由刑法总则对被害人过错作出基本的规定，将其作为法定的从宽处罚情节，法官在刑罚裁量时予以考虑并确定对被告人从宽处罚的幅度，分则中不增加类似的条款为宜，而被害人过错条款的具体适用可在最新的《关于常见犯罪的量刑指导意见（试行）》（以下简称《量刑意见》）、指导性案例中体现。

基于以上考虑，建议在《刑法》总则第 61 条量刑的事实依据与法律根据中增加被害人过错条款作为第 2 款：“被害人过错引发、推动犯罪及激化犯罪的危害程度的，根据被害人过错的程度及对犯罪影响的大小，可以对犯罪人从轻、减轻或者免除处罚。”也就是说，被害人于犯罪之前实施了刺激、侵害犯罪人的不法或者严重的不道德行为，诱发或促使犯罪人实施加害行为的，应综合案件具体情况，对于存在重大的、严重的过错行为，即明显严重刺激、侵害犯罪人，极大地限制了犯罪人意志自由的行为的情况时，可以减轻或者免除犯罪人的责任；若存在一般的诱使加害的过错行为，可以从轻或者减轻犯罪人的处罚。

（二）被害人过错的司法规制

关于被害人过错对犯罪人刑事责任的具体影响，应当在总结司法实践经验

---

① 高维俭：《试论刑法中的被害者过错制度》，载《现代法学》2005 年第 3 期。

② 高维俭：《试论刑法中的被害者过错制度》，载《现代法学》2005 年第 3 期。

的基础上，根据具体案件的不同情况作出判断。与被害人过错的立法相配套，司法规制可以采取如下的做法：

一是《量刑意见》与指导性案例并行。《量刑意见》之后应作出统一的规定，被害人过错是被害人出于可谴责的故意、过失或者无意识状态，实施了引发、激化犯罪的或影响犯罪人应受谴责程度的犯罪、违法、不道德等行为。被害人有构成犯罪的过错或者接近犯罪程度的极其严重的过错，对犯罪起到重要作用的，可对被告人减轻或者免除处罚，减轻的幅度不予限制；被害人有影响犯罪的明显、直接的过错，可减少基准刑的20%—40%；被害人有一般过错或对犯罪的全过程负有一定责任的，可以减少基准刑的10%—20%。以上为根据被害人过错的立法规定所确定的量刑幅度，被害人有轻微过错或者对矛盾激化负有轻微责任的，可以减少10%以下的基准刑，仍作为酌定的情节。

出台因被害人过错从宽处罚的指导性案例，对于被害人过错在各地法院的具体适用，尤其是判断被害人过错的成立、被害人过错影响量刑的幅度具有一定的指导意义。通过案例的说理，可体现出：犯罪发生前，若犯罪人本无犯意，系因被害人的挑衅、侮辱、殴打等过错行为所刺激而实施加害行为，综合考量案件的其他量刑因素，可对犯罪人予以从轻、减轻或者免除处罚；在犯罪发生时，被害人的过错对矛盾激化负有一定责任的，可对犯罪人从轻或者减轻处罚；犯罪发生后，被害人的过错促进、推动危害后果的进一步扩大，同样可对犯罪人从轻或者减轻处罚。在中国裁判文书网上，以“被害人过错”为关键词收集到1134份判决书，其中668份为故意伤害罪，占总数的58.91%。故意伤害罪是被害人过错中常见的、多发的犯罪，故意杀人罪，过失致人重伤、死亡等其他犯罪中也多见被害人过错。因此，被害人过错法定化后的初期，最高人民法院可出台一些故意伤害、故意杀人犯罪的成立被害人过错的典型指导性案例。特别是由家暴、邻里家庭纠纷等引发的故意杀人、故意伤害案件，涉及被害人过错的敲诈勒索、诈骗类案件，法官在对犯罪人进行刑罚裁量时，应考虑加害人与被害人的相互关系，案件的起因以及被害人对冲突升级、案件恶化的作用力，进一步分析被害人过错的有无及大小，最终判断被害人过错的程度对犯罪人定罪、量刑幅度的影响。

二是建立被害人过错取证的司法协助机制。在当下的司法实践中，较多案例中的被告人提出被害人过错的申辩，法院进行审查时，多以现有证据不足以证明被害人过错成立而否定被害人有过错，可见证据是判断被害人过错之有无及程度的关键。以前，由于法律没有明确规定，公安机关、检察机关在收集、审查证据时，更多地偏重于关注法定情节的证据，被害人过错的证据在法院事后审查中又难以收集与核实。刑法中明文规定被害人过错可以作为对犯罪人从宽处罚的情节后，公安机关在案件的侦查过程中，就会注意对被害人过错证据的收集，检察机关在审查起诉时，也会注意对被害人过错证据的审查，从而更公正地对待犯罪人。被害人有过错是犯罪人提出的申辩，被害人是否存在过错、有多大的过错，这些通常只有加害和被害双方、在场的见证人才知晓，而犯罪人处于羁押状态，难以收集到被害人、第三人的相关陈述，因而犯罪人可以请求侦查机关、检察机关收集、核实证据，举证责任仍主要由犯罪人承担，但司法机关对被告人及其辩护律师无法或者难以收集的证据应给予适当协助。

因此，目前被害人过错刑法化是极为必要的，可分为两个层次：一是将被害人过错情节规定在《刑法》总则条文中；二是以《量刑意见》和指导性案例指引、释明被害人过错的具体适用。

被害人过错在激情犯罪中的定位

洪　流*

摘要:加害—被害互动关系理论强调犯罪行为是犯罪行为人与被害人之间的互动关系。在激情犯罪中,被害人的主体地位主要通过被害人对犯罪行为发生的推动、诱使作用所体现,当这种推动、诱使作用达到一定程度时则体现出被害人行为的过错属性。被害人过错虽然不是激情犯罪成立的必要条件,但是被害人是否存在过错以及过错的程度问题会对激情犯罪人的刑事责任产生重要的甚至是决定性的影响。

关键词:加害—被害互动关系　被害人过错　激情犯罪

"激情"在日常用语中常表示对某事物所具有的"强烈的感情"或"激动的感情",如"满怀激情投入法学事业中",与"热忱""热情"等词是近义词。但心理学定义的"激情"与之略有不同,其强调的不是对某事物的"感情",而是某人所经受的"情绪"。情绪是人对外在客观事物进行感知后所形成的一种态度,也有学者称为人在需要的基础上对事物产生的倾向性和动力性反应。[①] 除了愤怒、高兴、悲伤等类型上的划分外,情绪还包含强度、持续性和性质可化解性等要素,并且各要素本身具有不同的程度等级,相互之间进行组合后可以构成情

---

* 女,湖南省攸县人,法学博士,现任中国人民解放军军事科学院助理研究员。

① 参见曹日昌主编:《普通心理学》,人民教育出版社 1980 年版,第 41 页;郭祖仪:《也谈"情绪""情感"的定义》,载《陕西师大学报(哲学社会科学版)》1987 年第 2 期。

绪的不同维度。[①] 其中，根据情绪的强度和持续性的不同组合构成了情绪所呈现出来的不同状态，分为心境、应激和激情，激情指的是一种强度极大并且持续性较短的情绪状态。[②] 换句话说，心理学上的“激情”表示的是一种“强烈的、短暂的、爆发式的”情绪状态，具有冲动性的特点。[③] 也有学者将其描述为“强烈的、暴风雨般的、激动而短促的情绪状态”[④]。

意大利刑事人类学派创始人龙勃罗梭较早提出激情犯罪的概念，从犯罪学的角度对激情犯罪进行了解读。根据犯罪学的研究需要，激情犯罪被定义为行为人在受到外界刺激后，因心理失衡或情绪失控而实施的犯罪行为。[⑤] 刑法学理论引用激情犯罪这一概念时在定义上存在一定争议，分为狭义说与广义说。狭义说强调应当将犯罪学与刑法学上的激情犯罪予以区分，区分的关键点在于导致激情状态出现的外界刺激是否属于被害人过错或者是否因被害人的不当言行所引起。广义说则基本上借用犯罪学上关于激情犯罪的定义，着重强调行为人在行为时所处的心理状态，即行为人必须处于强烈的、爆发式的情绪状态中。至于导致这一情绪状态出现的外界刺激属于什么性质并不是激情犯罪的定义内容。狭义论与广义论争议的焦点主要在于具有刑法研究意义的激情犯罪是否应当要求必须是被害人过错引起。所以在明确激情犯罪的概念之前，有必要对被害人过错在激情犯罪问题中的地位与意义进行分析。

一、加害—被害互动关系在激情犯罪中的体现

在传统的刑法理念中，犯罪行为人是犯罪行为中的主体，具有主导作用，而被害人则往往被当作犯罪行为中的客体看待，是被动遭受侵害的一方。但随着被害人学的兴起，被害人在犯罪行为中的地位和作用受到人们更多的重视，并逐渐发展起来了加害—被害互动关系理论，强调犯罪行为是犯罪行为人与被害

---

① 参见邹兵：《论激情犯罪的刑事责任》，载《中国刑事法杂志》2004 年第 5 期。

② 参见苏富忠、董操：《心理学的沉思：心理学基本理论的系统研究》，济南出版社 2001 年版，第 212 页。

③ 参见叶奕乾、祝蓓里：《心理学》，华东师范大学出版社 1988 年版，第 2784 页。

④ 吴宗宪主编：《法律心理学大词典》，警官教育出版社 1994 年版，第 68 页。

⑤ 参见夏勇：《解读中外“激情犯罪”——“药家鑫杀人案”引出的话题》，载《法学》2011 年第 5 期。

人之间的互动关系。[①] 被害人不仅是犯罪人侵害的对象，在很多时候还可能构成犯罪实施的积极因素，在犯罪过程中扮演着重要角色，与犯罪人一样都是作为主体活动着。[②]

有学者将犯罪人与被害人之间的关系归纳为同向衍生关系、逆向转化关系和对立相向关系，并从这三个层面对二者之间的互动进行阐述。[③] 同向衍生关系又分为同向关系和衍生关系。同向关系指的是犯罪人与被害人之间有着共同的行为目的或行为性质。前者主要表现为在被害人同意下实施侵害被害人利益的行为，如帮助被害人自杀；后者则一般指诸如斗殴等相互侵害对方的行为。其中，拥有共同行为性质的同向衍生关系中还有种特殊情形，即挑拨侵害，指的是虽然双方都有侵害对方的意图，并且最终也将这种意图转化成了行为，但是犯罪人存在故意挑拨被害人引起侵害行为发生的情况。衍生关系则指被害人是在犯罪过程中衍化产生的，被害人本身对于犯罪人来说并无特殊意义。这类关系主要发生于以国家利益和社会利益为侵害客体的犯罪行为中。逆向转化关系指的是“加害人”与“被害人”之间的身份转化，在防卫性、自助性等行为中最初侵犯他人权益的“加害人”可能因行为人的对抗行为超过必要限度而成为“被害人”，最初的“被害人”也相对应地转化成了“加害人”。对立相向关系则保留了传统理论中对待犯罪人与被害人的关系，即二者之间是相互对立的。

加害—被害人互动关系理论更强调这种对立关系中被害人对于犯罪行为的推动作用，并根据推动作用程度的大小分为受动被害人、触发被害人和主动被害人三种类型。其中，在受动被害类型的互动关系中，被害人是完全无辜的，没有任何不当的行为，一直处于遭受侵害的被动的、消极的地位。因此，有学者认为这种关系严格来说并不是真正意义上的互动关系，称为伴生关系更为准确。在触发被害类型的互动关系中，被害人对于犯罪行为的发生不是完全没有责任，而是存在自我保护意识差、不够谨慎小心、无知贪婪等个人原因诱发了犯

---

① 参见张智勇、初红漫：《被害人过错与罪刑关系研究》，中国政法大学出版社 2013 年版，第 32 页。

② 参见［德］汉斯·约阿希姆·施奈德主编：《国际范围内的被害人》，林进祥等译，中国人民公安大学出版社 1992 年版，第 4 页。

③ 参见刘军：《刑法中的被害人研究》，山东人民出版社 2010 年版，第 30－34 页。

罪人对自己实施加害行为或者大大提高了自己成为被害人的可能性。主动被害人类型的互动关系则主要指被害人主动对犯罪人实施挑衅,激怒了犯罪人并导致自己成为被加害的一方。在这个过程中,被害人在侵害行为发生之前都处于积极主动的地位,因此对于犯罪的发生负有很大程度上的责任。

激情犯罪可以很好地依据上述加害—被害互动关系的各个层面进行解读。很多时候激情犯罪最初都是因言语引起的肢体冲突,双方行为在一定程度上都具有侵害对方权益的性质,甚至存在相互殴打的情况。随着矛盾的逐步升级,暴力程度也逐渐升级,直至其中的一方对另一方造成了更严重的人身侵害,体现了同向衍生的关系。但在有的激情犯罪中,被害人对犯罪人做出过羞辱行为,犯罪人因此被激怒,忍无可忍而将被害人杀害。被害人对于犯罪的实施有着积极的促进作用,体现了加害—被害互动关系中的对立相向关系。同时,被害人在案发前做出的不当行为本身就是对犯罪人的一种权益侵害。被害人此时扮演加害者的身份,而犯罪人则是权益遭受侵犯的受害一方。当犯罪人因为愤怒或绝望而冲动犯罪时,原先的"加害人"和"被害人"的身份就发生了互换,体现出了逆向转化这层关系。

总之,激情犯罪具有典型的加害—被害互动关系特征,行为人激情犯罪的实施与被害人的先行行为之间有着密不可分的关系。被害人与犯罪人一样具有主体地位的意义,而在激情犯罪中,被害人的这种主体地位主要通过被害人对犯罪行为发生的推动、诱使作用所体现,当这种推动、诱使作用达到一定程度时则体现出被害人行为的过错属性。因此,激情犯罪与被害人过错两个概念之间往往存在密切的关系。

二、加害—被害互动关系视角下的被害人过错

人们对"过错"的概念也有着不同理解。学者们首先对"过错"是一种主观心理状态还是一种客观行为产生了争议,分别形成了主观过错说和客观过错说。有的学者提出过错是一种主观上应当受到谴责的心理态度,[①]具体到刑法

---

① 参见胡雪梅:《"过错"的死亡——中英侵权法宏观比较研究及思考》,中国政法大学出版社 2004 年版,第 110 页。

中的被害人过错则是指“诱发了犯罪人的犯罪意识而遭受犯罪侵害的被害人主观错误”,[①]是对被害人的主观方面所进行的规范评价。这种从主观层面理解过错的观点就形成了主观过错说。与之相反,赞成客观过错说的学者将刑法中的被害人过错视为一种应当接受刑法评价的不当或不良行为,其不仅由被害人作出,更为重要的是这种行为会对犯罪行为的实施与危险性程度产生影响。[②] 还有的学者则认为被害人过错应当是主客观相统一的概念,这是因为犯罪人的刑事责任是采用主客观相统一的原则所确立,如果仅有客观危害行为,而无应受谴责的主观心态,那么也不能追究行为人的刑事责任,因此作为与犯罪人相对的概念,通过被害人过错体现的被害人的责任问题也应当采用相同的原则才能体现刑法的公平性。[③] 所以被害人过错不仅要求行为侵犯了犯罪人、他人或社会的相关利益,同时也要求该行为是基于被害人故意或过失作出。[④]

虽然这些观点都有一定的道理,但是本文主张刑事意义上的被害人过错仍应采纳“客观过错”的观点,即在本质上将被害人过错视为一种行为。因为我们在刑法中研究被害人过错的问题,并不是出于追究被害人刑事责任的目的,而是通过是否存在被害人过错以及被害人过错的程度来考察犯罪人刑事责任的有无与刑事责任大小的问题。当犯罪人是因为被害人的过错而引发或诱发犯罪意识并实施犯罪行为时,其应受谴责性和人身危险性通常来说比主动产生犯罪目的、策划犯罪行为的犯罪人要小。可见,影响犯罪人刑事责任的并不是被害人的主观状态,而是客观行为。尽管绝大多数时候被害人的过错行为是在故意或过失的主观状态下完成,但被害人也有可能在无行为能力或无意识的状态下实施过错行为,如在梦游时攻击犯罪人。在这种情况下,虽然被害人对自己的过错行为因不存在故意或过失而不具有谴责性,但是对于犯罪人来说被害人对自己人身造成威胁的“过错”是客观存在的。因此即便我们不能对被害人的主观状态和行为进行谴责,但犯罪人的可谴责性却能因被害人的过错而减小。

---

① 参见张应立:《论被害人过错与犯罪》,载《福建公安高等专科学校学报(社会公共安全研究)》2002 年第 3 期。

② 参见陈开欢:《被害人过错及其刑法意义探究》,载《法制与社会》2010 年第 15 期。

③ 参见张智勇、初红漫:《被害人过错与罪刑关系研究》,中国政法大学出版社 2013 年版,第 70 页。

④ 参见王新清、袁小刚:《论刑事案件中的被害人过错》,载《中国刑事法杂志》2008 年第 2 期。

相反,如果因为被害人不存在故意或过失而认为被害人的攻击行为不属于过错行为,犯罪人的刑事责任不能因此得到减免,则无法彰显刑法的公正性。可见,将被害人过错视为被害人实施的、促使犯罪人产生犯罪意图并实施犯罪的客观行为,更符合刑法的基本原则和加害—被害互动关系理论的研究目的。

然而,在认可“客观过错说”的前提下,对被害人过错的理解也仍然存在意见上的分歧,归纳起来可以分为违法性行为过错说、不正当性行为过错说、原因性行为过错说和推动性行为过错说四种观点。

(一)违法性行为过错说

有学者指出被害人过错是仅包括由被害人实施的非法行为,理由主要在于如果将违反道德等其他社会规范的行为也认定过错行为,容易导致适用条件和标准的不确定性,尤其当我们处于一个多元化的社会时,这一困难将更加突出。[1] 因此,如果被害人过错仅包括违法行为,那么在判断“过错”时可以以明确的法律规定为依据,从而避免法官过于主观地判断。我们可以将这种观点视为违法性行为过错说,赞成这种观点的学者试图通过这种限定性理解以保证刑法适用的公平性。

对被害人过错做出这种狭义性理解实际上是将被害人过错行为与被害人非法行为等同视之,那么也就没有提出被害人过错这一概念的必要。不能否认的事实是,一个行为对道德规范的违反必然是具有过错性的。虽然道德标准作为判断依据必然不如法律标准具有客观性,但是对于一些具有普遍认可度的、重大性的违背道德的行为,在指定的时间和空间范围内是可以达成共识的,如争吵中辱骂他人近亲属、婚内“出轨”等都是普遍认可的不道德的过错行为。另外,正如前文所说的,刑法中被害人过错问题的提出本质上是要解决犯罪人的刑事责任问题。被害人的过错程度决定着对犯罪人的刑事责任的影响程度。严重的过错行为一般都是具有“普遍认同性”的不道德行为,而那些在所谓多元化社会中存在争议的“不道德行为”,即便认定为过错行为,其过错程度也往往

---

① See Aya Gruber, Victim Wrongs, *The Case for a General Criminal Defense Base on Wrongful Behavior in an Era of Victim's Rights*, 76 Temle Law Review 669(2003).

较低，对犯罪人的刑事责任的影响程度也相应较小。因此，虽然理论上来说道德规范的不确定性会影响刑法适用的公平性，但事实上这种影响的范围和程度是相当有限的。

（二）不正当性行为过错说

不正当性行为一般包括违法行为和不道德行为，这类行为由于触犯了一定的社会规范准则，因而具有不正当性，也可以被称作不正当性行为过错。正是这种对社会规范的违反导致被害人的过错行为与犯罪行为之间产生了直接关系，[①]因此被害人往往需要承担一定的不利后果，具体来说就是对犯罪人刑事责任的减轻。将被害人过错理解为不正当性行为过错的观点在我国有着较为广泛的认可度，许多学者都对被害人过错作出了类似表述，如“被害人过错是指由于被害人违反法律或者道德规范的行为，对犯罪的发生和发展存在直接的催化或促进作用”“被害人过错是指被害人在犯罪行为之前实施的、直接对犯罪行为的发生起促成作用，并且具有正当性的行为”[②]等。

但是也有一部分学者质疑这种观点，认为仅将被害人过错概括为违法行为和不道德行为不足以揭示被害人过错的所有情形，不能够完整地体现出被害人行为对犯罪行为的推动作用。他们认为被害人过错对犯罪的影响是十分复杂的，其类型不应当只限定于违反法律规定和违反道德两种情形中，因为被害人过错中的“过错”既有可能指向他人的权益，也有可能指向自己的利益，如不妥善保管自己财物、出门忘记锁门等。而这种指向自己利益的过错行为很多时候是对自身权益不够重视导致的，对此很难称为不道德行为或不正当行为。

（三）原因性行为过错说

原因性过错说主张将所有被害人实施的会诱使、促成、推动犯罪，构成犯罪行为发生原因之一的行为均视为被害人过错。有学者在这种理解基础上将被害人过错的类型分为诱发、促进、挑衅和促成、加害、合作、鼓励六种。[③] 诱发型

---

① 参见汤啸天等：《犯罪被害人学》，甘肃人民出版社 1998 年版，第 110 页。

② 参见吕锐：《刑事被害人过错的认定》，载《北京人民警察学院学报》2010 年第 3 期。

③ 参见郭建安主编：《犯罪被害人学》，北京大学出版社 1997 年版，第 157 – 166 页。

过错指的是被害人虽然不存在主动引起犯罪的故意或过失，但是其身上的一些特质或所处的客观环境容易诱使犯罪人将其作为侵害的目标，如穿着暴露、深夜在偏僻的地方独自行走等。促进型过错则是指被害人没有尽到谨慎义务，由于自己的疏忽导致受到伤害的危险系数增加。挑衅和促成型过错中被害人的行为对于犯罪的发生具有较为明显的主动性，被害人的行为刺激到了犯罪人而实施犯罪。加害型过错则指被害人事先存在对犯罪人严重的权益侵害，典型情况为正当防卫中被害人的先行行为。合作型过错一般指被害人对犯罪人实施犯罪行为予以认可和同意。鼓励型过错指的是被害人鼓励犯罪人实施对自己的侵害行为，比合作型过错更积极和主动，甚至成为犯罪发生的主要原因，因为如果没有被害人的鼓励和怂恿，犯罪人根本不会实施犯罪。事实上，鼓励型过错和合作型过错都可以归纳为同意型过错，只不过被害人在犯罪过程中的积极性和推动性的程度不同。

总之，原因性过错说不是以被害人行为的性质作为定义被害人过错的依据，而是从犯罪产生的原因的角度对被害人过错进行阐述。只要是被害人的行为或举动诱发了犯罪人的犯罪意识，并因此对自己造成了侵害，就应当称为被害人过错。①

从犯罪学的角度来说原因性过错说的观点是具有可取性的，因为其对被害人过错的理解几乎涵盖了被害人与加害人之间所有的互动情况，揭示了被害人在犯罪产生和实施中可能产生的作用和意义，可以提醒人们提高警惕，注重自我权益的保护，有利于犯罪预防。但是刑法中被害人过错的问题是要解决犯罪人刑事责任的问题，被害人对自身权益的疏忽并不构成犯罪人可以趁机违法犯罪的理由，并不能减小犯罪人主观上的应受谴责性。例如，被害人出门忘记给包拉上拉链使自己财物失窃的概率增加，因为犯罪人在确定盗窃目标的时候更倾向于选择作案难度系数小的对象，但是这并不意味着犯罪人会因此而受到更小的谴责性和承担更轻的刑事责任。尤其在将被害人的一些行为或状态定义为“诱惑型过错”时，很容易陷入“被害人有罪论”的思维陷阱中。

---

① 参见罗南石:《被害人过错的成立要件与我国〈刑法〉的完善》，载《江西社会科学》2017 年第 12 期。

虽然有学者提出如果以被害人没有尽到谨慎义务为由而减轻犯罪人的刑事责任，可以影响潜在被害人的行为方式和习惯，从而减少控制犯罪的社会成本。① 但这种观点事实上更适用于民事纠纷，因为减轻权益侵犯者的责任往往意味着赔偿金额减少，这种不利后果将直接作用于受害人身上。但是在刑事案件中，犯罪人刑事责任的减轻并不会对被害人有直接的影响，潜在被害人会因此而注意自身言行的作用是十分有限的。可见，这种看似从经济学角度出发的观点事实上并不符合功利主义模式。

（四）推动性行为过错说

有学者提出应当抓住被害人过错的本质对被害人过错进行定义。② 在刑法学中，被害人过错问题的提出是为了解决刑事责任的问题。由于只有当被害人的行为对犯罪的发生具有可责性的责任时才有可能对犯罪人的刑事责任认定产生影响，而被害人的责任主要体现在对犯罪行为不利后果的作用程度上，因此被害人过错的本质在于对犯罪行为的推动力。

与原因性行为过错说一样，推动性行为过错说在定义被害人过错时并不强调行为的性质或种类，而是关注行为是否对犯罪结果产生主动的、积极的影响。但由于推动性行为过错说对这种“影响”有更高的强度要求，所以与原因性行为过错说相比，推动性行为过错说中被害人过错的外延更小，将所谓“诱惑型过错”和“同意型过错”排除在被害人过错的概念之外。因为诱发型过错缺乏对危害结果的推动意义，而“同意型过错”是被害人在清楚意识到危害结果的情况下自愿做出的行为选择，犯罪人基于“契约理念”而承担较轻的刑事责任比被害人过错理论更恰当。

与违法性行为过错说和不当性行为过错说相比，推动性行为过错说将一些“共创危险”的行为也包括在被害人过错的范围之中，因为这种行为一般都是对自身权益的“危险创设”，很难认为其违反了法律或道德规范，如被害人明知犯罪人醉酒而仍然坚持乘坐犯罪人驾驶的车辆，最终犯罪人因醉酒发生交通事

① 参见刘军：《刑法中的被害人研究》，山东人民出版社 2010 年版，第 17 页。

② 参见张智勇、初红漫：《被害人过错与罪刑关系研究》，中国政法大学出版社 2013 年版，第 71 页。

故,导致被害人死亡等情形。[①] 虽然这种共创危险行为与同意侵害行为一样,是被害人针对自身权益的处分,但是二者的意义是不同的。在同意侵害行为中,被害人明知犯罪人将要对自己做出的权利侵害行为和将带来的不利后果,说明被害人对危害结果有明确的认识并且给予了认可,所以从权利可自由处分的角度来说,被害人处置自身权利的行为并不具有过错性。但是在共创危险行为中,被害人并不对危害结果表示接受,只是由于过于自信或疏忽大意而将自己处于危险之中。被害人的这种过失具有一定的过错性,只不过过错性较其他故意的刺激、加害行为要低。

可见,违法性行为过错说和不当性行为过错说存在被害人过错外延不完整的问题,原因性行为过错说又存在外延过宽的问题,而推动性过错说恰恰弥补了上述缺点,不仅抓住了被害人过错的本质,同时也满足了刑法学的研究意义。

三、被害人过错在激情犯罪中的功能再定位

根据对被害人过错的不同理解,对激情犯罪与被害人过错之间的关系也会有不同的认识。如果赞成较为狭义的违法性行为过错说或不当性行为过错说,那么会认为被害人过错引起的激情犯罪与激情犯罪两个概念之间是被包含与包含的关系,得出激情犯罪不一定以被害人过错为成立条件的结论。因为在一些日常争吵中,也可能引发激情犯罪。但争吵行为很难构成违法犯罪,同时当不存在辱骂情况时,更难以构成不道德行为。相反,如果赞成较为广义的原因性行为过错说或推动性行为过错说,就很容易会因为外延的广泛性而认为所有的激情犯罪都是由被害人过错引起。在这里,由于原因性行为过错说中的诱惑型过错和同意型过错(包括合作型与鼓励型)并不会成为引发激情犯罪的原因,因此即便根据原因性行为过错说,引起激情犯罪的被害人过错行为基本上也符合推动性行为过错说。换句话说,在激情犯罪中,符合情境的原因性行为过错说与推动性行为过错说发生了重合,因此我们可以直接用推动性行为过错说代替之。那么在推动性行为过错说的定义下,被害人是否一定只能通过被害人过

① 参见张智勇、初红漫:《被害人过错与罪刑关系研究》,中国政法大学出版社 2013 年版,第 92 - 93 页。

错行为的形式引发激情犯罪呢?

毫无疑问,大部分的激情犯罪都是在被害人过错行为的刺激下,由于犯罪人情绪异常激动而实施的。辱骂、"出轨"等都是激情犯罪中常见的被害人过错形式。然而在现实案件中,有些被害人的言行只是不够"恰当"或"得体",如被害人当众严厉批评犯罪人或毅然拒绝犯罪人的追求,但由于犯罪人自身的性格原因导致精神被刺激而实施犯罪。虽然理论上来说被害人可以选择更温和、合适的方式处理问题,但如果对于这类行为也称为被害人过错则难免有"强人所难"之嫌。"过错"应当是一种比"非最佳"的、"不期待"的、"不提倡"的行为更为强烈的失格行为。[①] 我们不能要求每一个人在每一个时刻面对每一件事情都能找到最完美的解决方式。这也是为什么许多学者提出被害人过错应当达到一定程度的观点,指出被害人过错作为犯罪人刑事责任的考量因素应当具备一定"量"的要求,这是被害人过错成立的程度要件。[②] 因为只有当被害人的过错程度满足了一定量的条件,才有可能对犯罪人的刑罚适用具有评价意义,因此也有学者将被害人过错"量"上的要求称为被害人过错所应当具有的评价基准性。[③]

鉴于此,即便我们对被害人过错进行较广义的理解,也不能得出被害人过错是一切激情犯罪发生的前提。

对一个概念作出定义时不能离开其文字本身所表达的含义,既不能扩大解释到其本没有的含义,也不能对其进行过多的限制解释,缩小其内涵。激情犯罪的核心特点应当为"激情"二字。如果将非因被害人过错引起、但犯罪人确实因为被害人的行为受到强烈精神刺激的情况排除在激情犯罪之外,不仅人为地缩小了激情犯罪的外延,同时也不利于刑法学者对激情犯罪的刑事责任问题进行完整的研究。

然而,被害人过错虽然不是激情犯罪成立的必要条件,但是被害人是否存在过错以及过错的程度问题会对激情犯罪人的刑事责任产生重要的甚至是决

---

① See Aya Gruber, Victim Wrongs, *The Case for a General Criminal Defense Base on Wrongful Behavior in an Era of Victim's Rights*, 76 Temle Law Review 669(2003).

② 参见郭建安主编:《犯罪被害人学》,北京大学出版社 1997 年版,第 157 - 166 页。

③ 参见崔建华:《论犯罪被害人过错制度的构建》,载《法律适用》2007 年第 9 期。

定性的影响。这是因为激情犯罪中犯罪人与被害人之间的互动关系主要通过被害人过错的形式表现出来,被害人的行为有无过错以及过错的程度对行为人行为的危害程度和罪过程度有重要影响。被害人过错往往对犯罪行为的发生具有否定性评价的推动作用,[①]在激情杀人行为中则具体指对刺激事件的发生具有否定性评价的推动作用。当这种否定性评价的推动作用存在时,行为人的刑事责任就应当在被害人过错程度的范围内予以降低。因此,虽然被害人过错不是激情犯罪的定义要素,但被害人过错应当作为确定激情犯罪人刑事责任的重要因素和量刑的标尺。这是因为,在激情犯罪中,犯罪人因为激情导致意志力变得薄弱,如果让其承担与意志完整的犯罪人一样的刑事责任,则不免有失公允。[②]

总之,从加害—被害互动关系的视角来看,被害人过错只是影响激情犯罪刑事责任的一个方面,但并非激情犯罪的实质内核。激情犯罪人在犯罪时的受激情状态导致的主观意志自由程度才是激情犯罪有别于一般犯罪的关键。即便不存在被害人过错,激情犯罪的刑事责任依然可能因为行为人意志自由被限制而受到影响。激情犯罪的刑事责任是由被害人过错程度以及犯罪人意志自由程度两方面因素的共同作用决定的,呈现出双轨运作的复杂化特点。可见,对激情犯罪进行广义上的理解不仅可以满足“刑法研究自身的需要”,还能丰富刑法学中关于激情犯罪“罪责刑”问题的研究内容,让激情犯罪的研究更加全面和完整。

---

① 参见高维俭:《试论刑法中的被害人者过错制度》,载《现代法学》2005 年第 3 期。

② 参见吕锐:《刑事被害人过错的认定》,载《北京人民警察学院学报》2010 年第 3 期。

特异体质被害人死亡案件的刑事责任认定

贺俊峰*

摘要:伤害特异体质者致其死亡案件本身的特殊性在于被害人具有特异体质,使其在遭受行为人的轻微伤害后就造成了死亡的严重后果。理论界与实务界对此类案件的定罪量刑均存在分歧,但在争论中依然没有形成统一的理论和原则,司法实务中对此类案件的处理仍然由办案者进行自由决断。例如,行为人主观上不存在罪过,仅因被害人自身特异体质的介入导致其死亡,但就以此定罪并对行为人进行刑事追责是不当的。这不但会降低案件的处理质量,而且会对司法的权威和公信力造成损害,也不利于保障人权。本文以案例分析的方式对此类案件展开深入分析,并梳理出实务中定罪量刑的一般规则,以期刑事司法实务中能更妥善地处理此类案件。

关键词:特异体质　致死　因果关系　刑事责任

在司法实务中,轻微暴力致特异体质者死亡的类似案件时有发生。此类案件由于其特殊性往往易获得较高的社会关注度,刑法理论界对该问题的研究从未断绝,但尚未形成统一的理论和原则对此类案件进行分析和指导,因此只能听任办案者的自由决断,由此导致"同案不同判"的现象一直存在。这不但造成案件的处理结果有失公允,还有损于司法的权威性和公信力,也不利于保障人

* 男,江西安福人,法律硕士,现任湖南省株洲市政府办公室秘书一科副科长。

权,实现刑法的价值。因此,需要对被害人自身特异体质这个特殊的介入因素展开准确分析,并形成该类案件统一的处理规则,才能为科学化的定罪量刑奠定基础。

一、案件的基本情况

(一)案件选择及其总体情况

笔者查阅了近五年的特异体质被害人死亡案件,选出了四个最具代表性、争议较大且值得展开深入分析的案例。四个案例有相似之处,首先,在案情方面,大多都是由于行为人与被害人之间发生纠纷,继而引发肢体冲突,但被害人属于特异体质,最终该伤害行为引发被害人死亡。其次,案件处理结果上,各级法院都是最终认定为故意伤害致人死亡或过失致人死亡。但即使是在案情大致相同的情况下,不同地区、级别、性质的司法机关对于此类案件的判断都存在诸多不同,案件中因果关系的判定、被害人所受伤害及其对死亡结果的作用力大小、行为人的主观态度等都影响着法院的判断。

(二)案件基本事实

1.“甄某故意伤害案”

2013 年 12 月,被告人甄某在寻找在酒店工作的女友李某的过程中,在走廊内喧闹被酒店保安陈某喝令阻止并让其离开。甄某不肯离去,还对陈某进行言语上的侮辱并伴有殴打行为,将灭火器砸向陈某并用拳头击打陈某头部,陈某用手电筒击打甄某,二人便厮打在一起。随后,陈某被打倒在地。待急救人员赶到现场后,确认陈某已经死亡,司法鉴定结果表明陈某系冠心病猝死。一审法院认为被告人甄某故意伤害他人身体致人死亡,其行为构成故意伤害罪,判处有期徒刑 5 年。二审法院改判甄某构成过失致人死亡罪,判处有期徒刑 3 年。

2.“刘某过失致人死亡案”

2015 年 1 月,被告人刘某与杜某因停车纠纷发生口角并互相推搡,刘某用手打了杜某脸部,后杜某慢慢倒在地上。民警和急救车随后赶到案发地,发现杜某已死亡。经法医鉴定,死者杜某是由于患冠状动脉性心脏病而导致的心功能障碍死亡,其中情绪激动、剧烈活动等为其病发的诱因。一审法院认为被告人刘某的行为属于意外事件,仅应承担相应的民事赔偿责任,判决被告人刘某无罪。二审法院改判其构成过失致人死亡罪,但免予刑事处罚,赔偿上诉人常某和杜某经济损失 31 万元。

3.“刘某、江某故意伤害案”

2014 年 5 月,被告人刘某、江某由于捡废品与被害人邓某发生纠纷继而发生打斗。打斗中刘某使邓某的头部撞击到电梯旁边的墙上,邓某继而倒落在地无法活动。两人离开不久后刘某又返回将邓某的右手臂向其背部扭转,最终邓某经抢救无效而死亡。经法医鉴定,邓某属于因疾病(冠状动脉粥样硬化心脏病伴灶性陈旧性心肌梗死)急性发作导致心功能衰竭而死亡,外界因素刺激(争斗、损伤等)为其诱因。一审法院判决被告人刘某犯故意伤害罪,判处有期徒刑 12 年;被告人江某犯故意伤害罪,判处有期徒刑 12 年。被告人刘某、江某一次性赔偿附带民事诉讼原告人李某、邓某等人物质损失人民币 35,072.5 元。二审法院驳回上诉,维持原判。

4.“徐某故意伤害案”

被告人徐某与被害人杨某系妯娌关系。2015 年 3 月,徐某与杨某因故发生争执,徐某遂抓住杨某的头发,用左胳膊肘将杨某推倒在地,用拳头朝杨某的背部砸了一拳,又别着杨某的左胳膊把自己的身体压在杨某的左侧身上。杨某倒地后随即呼吸困难、不省人事,现场抢救无效死亡。经鉴定,被害人杨某属于重症冠心病发作而死亡,纠纷中的情绪激动为其死亡的诱发因素。右锁骨中线第 3、4 肋骨骨折,由于挤压形成。一审法院判决被告人徐某构成故意伤害罪,判处有期徒刑 10 年。二审法院改判为过失致人死亡罪,判处有期徒刑 5 年。

二、特异体质是否影响伤害行为与死亡结果之间的因果关系

(一)被告人的涉案行为是否属于刑法上的伤害行为

我国刑法中的危害行为,是指在人的意志或意识支配下所实施的对社会造

成危害结果的行为。[①] 伤害是指非法损害他人身体健康的行为，包括破坏人体组织的完整性和损害人体器官的机能。[②] 从伤害程度上看，刑法上的伤害行为必须是给被害人造成轻伤以上的伤害后果，即包括轻度、重度和死亡三种伤害等级。

司法实务中，对于危害行为的认定需结合案件中的客观因素进行综合认定，不只局限于行为人实施行为本身的危害程度，更重要的是前文所提到的行为要具有社会危害性。并不是一般的殴打行为一定不能认定为刑法上的危害行为，如果此类轻微伤害行为在特定条件下造成了轻伤以上的结果，也应认定为故意伤害。[③]

案例三中，行为人的伤害行为最终导致被害人出现左侧多处肋骨骨折、头面部和腰背部及四肢多处皮下出血等身体损伤，属于轻伤以上的伤害后果。在案例四中，被告人徐某对被害人杨某的伤害行为造成其右锁骨中线第3、4肋骨骨折，符合轻伤二级的标准。[④] 两案中被告人的涉案行为属于刑法中的危害行为是毋庸置疑的。

但案例一和案例二中，行为人实施的是轻微伤害，但该行为客观上已经具备侵害被害人人身权利的现实可能性，最终造成被害人死亡的危害后果，具备严重的社会危害性。即使该行为并不能直接反映行为人主观恶性的大小，但这也是后续分析行为人主观心态的问题。因此，案件中的轻微暴力行为也应认定为刑法上的危害行为。

（二）特异体质是否影响伤害行为与死亡结果之间的因果关系

1.“必然因果关系说”与“偶然因果关系说”

“必然因果关系说”认为因果关系中不存在偶然性，即当案件中的危害行为与危害结果之间出现被害人特异体质这一因素，而该因素是偶然发生的并导致

---

① 参见高铭暄、马克昌：《刑法学》，北京大学出版社2017年版，第64页。

② 参见许任刚、黄伯青：《殴打特异体质者致死型案件的刑法解读》，载《犯罪研究》2010年第3期。

③ 参见张耕：《刑事案例诉辩审评——杀人罪伤害罪》，中国检察出版社2005年版，第231页。

④ 参见《人体损伤程度鉴定标准》胸部损伤5.6.4轻伤二级(b)规定：肋骨骨折2处以上。两肋骨折符合轻伤二级标准的规定。

了危害结果的发生,则不能肯定行为与结果之间的因果关系。而“偶然因果关系说”承认因果关系中的偶然性,即当案件中的行为与结果之间突然出现被害人特异体质因素时,而此时在逻辑规律上特异体质又自然地引发了危害结果时,则特异体质与结果之间存在“必然因果关系”,先前的伤害行为与危害后果之间存在“偶然因果关系”。后者并没有直接否定危害行为或特异体质与危害结果之间的因果关系,更具全面性和合理性。

2.“原因说”

“原因说”认为,在导致危害结果发生的众多条件之中,有且仅有一个真正的“原因”,而其他的只是单纯的条件。根据“原因说”,本文四个案例最终都是由于被害人自身特异体质病发而导致最终的死亡结果,因此被告人实施的伤害行为都不能认定为原因行为,案件中的行为与结果之间也就不存在因果关系。

3.“相当因果关系说”

“相当因果关系说”更强调以人们的一般常识和认识为标准进行因果关系的判断。因此,案例一中被告人对被害人实施的殴打行为在一般大众认知中是不会直接引发死亡的,从被告人主观认知看,也无法预料被害人患有冠心病,因此得出伤害行为与死亡结果之间无因果关系的结论;案例二中被告人与被害人的互相推搡行为引发了被害人心脏病发作而死亡,从客观上看被告人实施的伤害行为一般不会导致被害人死亡的结果,但综合考虑社会一般观念和刘某的主观认识,年老的被害人杜某体质会较一般人偏弱,并且身上会有患病的可能性,刘某仍然实施了伤害行为,可以确定存在因果关系;案例三与案例二情况类似,被告人江某和刘某对年老的被害人邓某实施击打行为,应该预见到有致被害人重伤甚至死亡的可能性,也应肯定存在因果关系;案例四中被告人明知被害人患有心脏病,对其个人来说有预见的可能性,因此不能否定其行为与结果的因果关系。

4.“客观归责理论”

“客观归责理论”将归因和归责问题进行了区分,其为实现对行为的结果归责,在对行为进行事实判断的基础上再进行规范判断,在形式判断的基础上再进行实质判断。它与“相当因果关系说”存在互通之处,实际上与因果关系学说并无明显的差异之处,完全将其引进国内适用于对实务案件的分析仍然需要进一步思考。[①] 据此分析,四个案例中的被告人所实施的行为都属于刑法上的伤害行为,而这种行为是不被刑法所允许的;因其实施的伤害行为引发了被害人死亡的严重后果,导致不被刑法所允许的危险结果出现;最终被害人的死亡属于行为人制造的危险结果的实现,无论是故意伤害致人死亡还是过失致人死亡,其结果都没有超过其构成要件的范围。因此,可确定行为与结果之间存在因果关系。

5. 英美法系相关理论

对于因果关系理论,英美法系以“双层次因果关系说”为主导,将刑法因果关系分为事实和法律两个层面分别展开研究。其中又包括“近因说”、“普通因果观念说”、“政策说”和“预见说”。

“近因说”认为真正引起危害结果的原因必须是不受介入因素影响的危害行为,若介入因素独立地引发了危害后果时,行为与后果之间就不存在因果关系。此学说对于“近因”的概念没有明确的界定,对于介入因素的独立性及“近因”的标准在判断时存在模糊性,难以准确认定特殊体质被害人死亡案件中的因果关系。[②] “普通因果观念说”主张以社会大众观念来判定因果关系,其判断过程和所得结论类似于“相当因果关系说”中的“客观说”。笔者认为,社会大众的一般观念是具有不确定性和主观性的,有时也极易受到经济、政治、文化等方面的影响,具有非理性的特点,将刑法中的因果关系交由此学说进行判定也不具合理性。“政策说”认为在对刑事案件中因果关系的原因进行筛选时要综合考虑行为本身的社会危害性、刑事法律的保障程度及其制定目的等政策性内容。但其缺陷在于对“政策”的具体内容没有明确作出规定,政策所涵盖的范围比较广,不利于实践中进行统一操作。“预见说”则是在肯定行为与结果之间存在逻辑条件关系的情况下,再以行为人的主观认识为基准,对因果关系中的原因做出判断。笔者认为,此学说将因果关系的存在与否完全交由行为人的主观认识来决定,是忽视因果关系客观性的表现,难以得到广泛认同。

---

① 参见刘艳红:《客观归责理论:质疑与反思》,载《中外法学》2011 年第 6 期。

② 参见储槐植、汪永乐:《刑法因果关系研究》,载《中国法学》2001 年第 2 期。

6. 因果关系认定应采用“条件说”

“条件说”主张危害行为与危害结果之间存在“没有前者就没有后者”的条件关系，前者是后者的原因。无论是直接条件或间接条件，只要其对危害结果的发生有逻辑上的作用力，即为刑法上的原因。我们在确定案件中存在因果关系并不必然是一并确定行为人的刑事责任，刑事责任的确定还需结合主观罪过进行综合认定。虽然传统“条件说”确实存在需要完善的空间，但笔者认为条件说只是初步确定案件中行为与结果之间的“引起与被引起”的关系，并没有直接对该行为进行定罪。

依据“条件说”所得出的结论最具合理性，也能适应不同案件的复杂情况。第一，“条件说”在理论界具有广泛认同度，其基础分析模式也符合一般社会认知，是众多因果关系学说研究的基础，在判定特异体质被害人死亡案件的因果关系中引发的争议较小。第二，“条件说”真正遵循了因果关系的客观性，其分析过程完全遵循了客观事实，但像是“相当因果关系说”、“客观归责理论”和“预见说”等，都在对因果关系的判定中掺杂了不同程度的主观判断，甚至试图涉及行为人的刑事责任认定，模糊了因果关系的客观归属性。第三，“条件说”没有要求一次性就确定因果关系中的“原因”，而是承认了因果关系的复杂性，不会一次性排除非主要因素对危害后果造成的影响，在确认其存在因果关系的情况下，为后续更全面综合地考量案件中的“条件”奠定基础。

从本文四个案例的最终审判结果来看，不同法院对此类案件在因果关系认定方面大致能达成共识，认定其因果关系的存在。按照“条件说”的观点分析本文案例，虽然案件中的被害人都具有特异体质，但若没有被告人实施的行为成为被害人病发的诱因，也不会导致出现死亡的严重后果，此情形顺应了“条件说”的推理过程。只要是介入因素实际上在伤害行为所制造的条件关系链中，并引发最终危害后果的，就不能否定案件中的因果联系。因此，应当肯定伤害行为与死亡结果之间存在刑法上的因果关系。

三、特异体质是否影响行为人的罪过

（一）被告人主观上对被害人死亡的结果是否存在罪过

我国《刑法》第 14 条第 2 款[①]与第 15 条第 2 款[②]规定了罪过的形式包括故意和过失，若刑事案件中的行为人实施危害行为时不存在故意和过失的主观心态，则表示行为人对最终造成的危害结果也就不存在主观上的罪过。意外事件指的是行为在客观上虽然造成了危害后果，但行为人主观上没有罪过，是因为行为人无法预见的原因导致了危害结果，此时不构成犯罪。“不能预见的原因”指的是行为人不但没有预见，而且根据当时的客观情况和行为人的主观认识能力，也不可能预见。[③] 对于不能预见的判断必须坚持主客观相统一的原则，结合社会的一般观念和行为人身处情状综合认定。案例一中的被告人都是理性的成年人，对被害人实施了不同程度的伤害行为，被害人特异体质引发的死亡结果并不能影响被告人存在的主观罪过。因此，该案件不能被认定为意外事件。

（二）被告人主观上对被害人死亡的结果是否存在故意

根据我国《刑法》第 14 条第 1 款的规定，[④]故意指的是在明知自己的行为会造成危害结果的情况下，希望或放任这种结果发生的心理态度，包括直接故意和间接故意。根据前述案情可知，案例一中被告人与被害人素不相识，没有积怨的事实。两人的互相殴打行为纯粹是由生活中的偶发性纠纷所导致的，被告人实施的行为也属于轻微伤害，在正常情况下一般是不会造成被害人死亡的后果的。在案发时，被告人刚满 18 岁，年纪尚轻，并且甄某在案发前有大量饮酒的情况，理智程度较低，其与被害人的打斗行为属于一般社会纠纷，并且在发现被害人死亡时积极施救，悔恨不已，有理由认为被害人实施伤害行为时主观上不属于故意。案例二的情况与案例一相似，被告人实施的是轻微伤害行为，仅

---

① 《刑法》第 14 条第 2 款规定：“故意犯罪，应当负刑事责任。”

② 《刑法》第 15 条第 2 款规定：“过失犯罪，法律有规定的才负刑事责任。”

③ 参见陈兴良主编：《刑法总论精释》（上），人民法院出版社 2016 年版，第 375 页。

④ 《刑法》第 14 条第 1 款规定：“明知自己的行为会发生危害社会的结果，并且希望或者放任这种结果发生，因而构成犯罪的，是故意犯罪。”

造成被害人口周皮肤浅层小部分表面积擦伤，其行为本身的伤害程度之轻难以认定主观上存在伤害的故意。

从案情来看，案例三与前两个案例的不同之处包括两点：第一，从被告人与受害人的主体角度来看，本案是由两位男性共同对一位老年被害人实施殴打行为。根据一般社会认知，老年人的体质较弱且存在患有隐性疾病的可能，在被两位年轻男子同时攻击的情况下导致重伤甚至死亡的结果的可能性较大。第二，从殴打行为的方式和严重程度来看，两名被告人同时对被害人的头部、胸部等关键部位进行攻击，并且被告人刘某在两人已实施完殴打行为后还折返回来继续对被害人实施伤害行为，伤害意图十分明显。虽然从客观情节来看，两名被告人难以被认定为具有直接杀人的故意，但至少可以推断存在故意伤害的主观心态。

案例四中，被告人作为一个理智的成年人，明知被害人患有重症冠心病，不能情绪激动或进行剧烈的打斗行为，但其仍然实施伤害行为达到轻伤标准，最终导致被害人死亡。虽然并不能认定其对被害人的死亡存在追求或放任的态度，但至少可以认定存在造成被害人轻伤以上至重伤后果的主观态度。

（三）被告人主观上对被害人死亡结果是否存在过失

根据《刑法》第15条第1款的规定，[①]在过失的心理状态下对结果的发生是有预见可能性的，包括疏忽大意没有预见或轻信能够避免两种情况。故意和过失的主观态度属于两种不同的责任形式，过失与故意相比在行为人心态上最明显的区别在于其对危害后果的发生持一种否定心态，其反映的非难可能性明显要小于故意，在对应刑罚的轻重程度上一般低于故意犯罪。根据前述分析，需进一步分析案例一和案例二中被告人的主观心态是否属于过失，其是否能够预见造成的危害结果。

① 《刑法》第15条第1款规定："应当预见自己的行为可能发生危害社会的结果，因为疏忽大意而没有预见，或者已经预见而轻信能够避免，以致发生这种结果的，是过失犯罪。"

通过刑法中的期待可能性理论①可知，在刑事案件中，期待行为人能在案件发生的情形下做出适法行为，这就是期待可能性，若不存在这种可能性，则不能对行为人进行责任非难。案例一中的被告人与被害人的互相殴打行为纯粹属于生活中的日常纠纷，被告人在案发时虽然刚成年，但作为一名具有正常思维能力的青年，其应有实施轻微伤害行为会导致某种危害后果的预见能力和注意义务。即使在案发前被告人有饮酒行为，但这是其个人选择的结果，也没有明确的证据表明实际上影响了其正常判断能力，陷入无责任能力或限制责任能力的状态，更不能抹杀他应具备的注意义务，对于被告人在当下做出适法行为是具备期待可能性的。被告人应当预见到其与被害人之间的互相殴打行为有导致被害人伤亡的后果，但其仍然实施殴打行为，最终导致被害人因为情绪激动引起冠心病发作最终死亡，主观上应属于疏忽大意的过失。

根据前述分析，案例二中的被告人即使没有伤害的故意，但作为具有正常理性的中年男性，在被害人是一名老年人的情况下，在被害人与其打斗时应当预见也能够预见到伤害行为可能造成被害人轻伤以上的后果，在对被告人做出适法行为具备期待可能性的情况下，其显然没有预见到伤害行为将导致的后果，最终被害人由于情绪激动引起冠心病发作而死亡，被告人存在疏忽大意的过失。

四、特异体质被害人死亡案件该如何定性

司法实务中对特异体质被害人死亡案件的定性存在争议，不同法院对案件的刑事责任认定存在差异，对案件的定性主要包括故意伤害致人死亡罪和故意杀人罪、过失致人死亡罪、意外事件这三种。

（一）应认定为故意伤害致人死亡和故意杀人的情况

故意伤害致人死亡是故意伤害的结果加重犯，我国刑法并未对结果加重犯制定总则性的规定。笔者较为赞同著名刑法学家马克昌教授所提出的概念：

① 参见陈兴良：《刑法总论精释》（上），人民法院出版社 2016 年版，第 412 页。期待可能性，是指行为人具有责任能力，也具有故意或过失以及违法性认识的可能性，但是，考虑到具体案件中的一些特殊情况，难以期待行为人作出适法行为，此时，不能对行为人予以责任非难。

"所谓结果加重犯,指实施基本的犯罪构成的行为,过失致发生基本构成要件以外的重结果,刑法规定较重刑罚处罚的犯罪。"①按照这种观点,故意伤害的结果加重犯通常是指行为人实施了故意伤害行为,但造成了被害人死亡的结果,行为人对伤害的部分是存在故意的,但对超出伤害部分的死亡结果属于过失的主观态度。

从我国《刑法》的规定②来看,对故意伤害致人死亡这种高位阶犯罪行为,相比于普通故意伤害的处罚力度更大,其针对的也是社会危害程度较高的伤害行为。但从本文的案例来看,行为人实施的伤害行为一般是轻度的,通常情况下是不会造成被害人死亡的后果的,而且行为人往往对被害人所具备的特异体质情况并不知情,这种情形下难以认定行为人构成故意伤害致人死亡或故意杀人。③

本文案例三和案例四的行为人主观恶意明显,对被害人具有明显的故意伤害意图或在与被害人之间力量对比悬殊(行为人明显强于被害人)的情况下仍然实施伤害行为,就至少应当认定行为人构成故意伤害。若行为人对被害人的特异体质是明显知情的,甚至利用此条件实施暴力伤害,就更应该结合伤害行为的轻重程度及其主观心态进行分析,确定是属于故意伤害致人死亡还是故意杀人。若出现被害人死亡的结果违背行为人的意志,则考虑将案件定性为故意伤害致人死亡;若未违背行为人的意志,行为人对此结果更多的是一种放任或不反对的心态,则其可能存在间接故意,宜将案件定性为故意杀人,以贯彻罪刑相适应原则。

(二)应认定为过失致人死亡的情况

过失致人死亡包括过于自信和疏忽大意两种过失心态,其中过于自信的过失和间接故意杀人在主观心态上的主要区别是都能预见危害结果,但前者并不

① 马克昌:《结果加重犯比较研究》,载《武汉大学学报(社会科学版)》1993 年第 6 期。

② 《刑法》234 条规定:"故意伤害他人身体的,处三年以下有期徒刑、拘役或者管制。犯前款罪,致人重伤的,处三年以上十年以下有期徒刑;致人死亡或者以特别残忍手段致人重伤造成严重残疾的,处十年以上有期徒刑、无期徒刑或者死刑。本法另有规定的,依照规定。"

③ 参见蒋太珂:《被害人特殊体质司法现状的刑法理论分析》,载《法学杂志》2016 年第 1 期。

追求结果发生而轻信可以避免,后者是对结果持放任态度。[1] 疏忽大意的过失则是在应当预见危害结果发生的情况下由于疏忽大意没有预见。在具体案件中,应该根据行为当时的客观情况,判定行为人对危害结果的发生是否存在预见的可能性。

对于"应当预见",从主体角度来说应判定行为人是否具备预见能力,如根据行为人的责任能力、认知水平、性格特征、受教育程度、从事职业、社会阅历等来综合认定。从客观条件来看,应从案发时行为人身处情景及其实施伤害行为所具备的条件进行判断,如环境因素、空间因素、被害人自身因素等。每个个体的认识标准都会有一定差异,为保持判定结论的合理性必须综合考虑上述各种条件。本文案例二中的被告人作为一名正值壮年的健康男性,具备正常的认知能力,在头脑清醒的情况下与一名手无寸铁的老人发生互殴行为,其应当预见该行为可能造成被害人死亡的结果,但其并没有及时停止伤害行为,应当认定其属于疏忽大意的过失。

要判定特异体质被害人死亡案件中的被告人属于过失致人死亡就必须确定其存在主观上的过失。首先就要确定被告人在主观上存在过错,然后判断其对自身行为所造成后果是否具有预见的义务,有没有预见的可能性。若其应当预见却依然实施伤害行为,导致了危害结果的发生,则要根据被告人是已经预见到但轻信能够避免,还是因为疏忽大意而没有预见,分别判定为过于自信的过失和疏忽大意的过失。

(三)应认定为意外事件的情况

意外事件是指在刑事案件中,由于行为人不能预见的原因引起危害结果,但行为人不存在故意或过失。若在特异体质被害人死亡案件中被告人对被害人的特异体质情况根本不存在预见的可能性,该案件就可以认定为意外事件,这也是区分疏忽大意的过失与意外事件的界限。"不能预见"不仅表示行为人对其将造成的损害结果没有预见,还表示按照行为人的实际能力与案发时的客观环境其不能预见。从认识因素上来看,行为人对其实施的伤害行为将会造成

---

① 参见黄祥青:《轻微暴力致人死亡案件定性研究》,载《法律适用》2016 年第 3 期。

的结果完全没有认识;从意志因素上看,危害结果的发生是违背行为人的主观意愿的。[①] 意外事件事实上就是讨论行为人在主观心态上是否存在罪过的问题,刑法未对此类事件进行规制是由于其在现实生活中无法预见,也超越了当事人的意志范围。若在实际案件中对判断行为人是否应当预见存在争议,无法判断行为人在主观心态上是属于过失还是无罪过,也无其他明确的证据能进一步确定,则应按照存疑时有利于被告人原则,将案件认定为意外事件。

五、特异体质对刑事责任的影响

在本文案例中,被害人特异体质对其死亡结果作用大小具有差异,其因果关系的联系呈现多样性和复杂性的特点,一般属于"多因一果"的类型。在此情形下,应根据相关证据,确定被害人特异体质对其死亡结果所发挥的作用力的大小和程度,分析该因素对案件刑事归责所造成的影响。在此过程同时考虑被告人对被害人是否积极施救、自首或坦白、是否积极对被害人家属的经济损失进行补偿或赔偿等各种法定或酌定量刑情节,综合确定最终量刑,从而贯彻罪刑相适应的原则。

根据前文分析,特异体质者死亡案件应与一般的伤害致人死亡案件有所区别,前者的行为人通常实施的是轻度伤害行为,而且很多情况下行为人对被害人所具备的特异体质情况并不知情,主观恶性并不大。由于被害人具有特异体质,使其自身在面临不法侵害时的防御能力较一般人来说更弱,从而使行为人对危害结果的意识支配性减弱,最终引发的危害后果更重,往往会导致重伤甚至死亡。当受害者是正常人的情况下,便不会造成死亡的严重后果,这也是被害人特异体质因素应该成为此类案件量刑所考虑的法定和酌定情节的缘由。

根据我国《刑法》第 234 条规定[②]可知,故意伤害致人死亡作为结果加重犯比一般故意伤害的处罚力度更大。若刑法没有将被害人特异体质的情节纳入

① 参见潘庸鲁、沈燕:《轻微暴力致人死亡案件定性问题研究》,载《江苏警官学院学报》2012 年第 3 期。

② 《刑法》第 234 条规定:"故意伤害他人身体的,处三年以下有期徒刑、拘役或者管制。犯前款罪,致人重伤的,处三年以上十年以下有期徒刑;致人死亡或者以特别残忍手段致人重伤造成严重残疾的,处十年以上有期徒刑、无期徒刑或者死刑。本法另有规定的,依照规定。"

法律规定，司法实务中法官只能酌情考虑，又容易造成“同案不同判”或一律将行为人判处10年以上有期徒刑的结果，不利于实现刑事案件的公平正义。因此，建议将被害人特异体质因素作为法定量刑的情节，参考故意伤害致人重伤的量刑幅度对故意致特异体质被害人死亡案件进行处刑。

根据《刑法》第233条①的规定，在致人死亡型案件中，刑法对于故意的主观心态下的处刑明显重于过失。而本文所探讨的特异体质致人死亡型案件中行为人也存在不同的主观态度，由于存在特异体质这一介入因素，需与一般致人死亡型案件相区分。过失犯罪中的“情节较轻”依然需要法官运用自由裁量权进行判定，如行为人主观恶性小、实施伤害程度轻、社会危害性小等都属于此范畴，被害人属于特异体质这一情节自然也应被囊括其中。② 建议在司法实务中，关于过失致特异体质被害人死亡案件要明晰“情节较轻”的具体内涵，若明确达到“情节较轻”的标准，则可降低量刑档次。可在已知的3年以下有期徒刑的量刑基础之上处刑，同时综合考虑被告人自首、积极对被害人施救、进行民事赔偿等在内的其他情节，以此应对此类案件的复杂性和多样性，有利于提高刑事诉讼效率，有效节约司法资源，以实现司法的公平公正。

---

① 《刑法》第233条规定：“过失致人死亡的，处三年以上七年以下有期徒刑；情节较轻的，处三年以下有期徒刑。本法另有规定的，依照规定。”

② 参见周玉琴：《致特异体质人死亡理论与实务分析》，中国政法大学2010年硕士学位论文。

论犯罪集团的犯罪故意

欧阳名轩*

摘要：刑法并未明文规定犯罪集团犯罪故意的判断标准。研究集团故意有助于判断是否构成犯罪集团及认定集团性质、罪行，追究首要分子的刑事责任，区分单位犯罪与集团犯罪。集团故意源于犯罪集团。研究集团故意必须着眼于集团自身的性质特征、集团成员的地位作用。犯罪集团是具有非法性，由首要分子完全控制，以成员为依托，并具有较强组织性、固定性的复杂组织体。虽然首要分子的犯罪故意在集团故意中占据主导地位，但也不能忽视其他成员的犯罪故意对集团故意所造成的影响。犯罪集团的犯罪故意是集团背景下，首要分子基于集团利益的考量而产生或认可的犯罪故意。

关键词：犯罪集团犯罪故意　犯罪集团性质特征　首要分子犯罪故意

当前集团犯罪依旧猖獗，扫黑除恶进入深耕期，但刑法中集团犯罪的规定依然模糊。《刑法》第 26 条第 3 款规定："对组织、领导犯罪集团的首要分子，按照集团所犯的全部罪行处罚。"该款对犯罪集团首要分子所应承担刑事责任的范围作出了规定，但未对犯罪集团所犯"全部罪行"的含义及集团故意进行具体说明，导致了理论争议及实践中的判断混乱，[①]症结关键在于难以判断集团犯罪

---

* 男，湖南衡阳人，法学硕士。

① 参见周舟：《犯罪集团中"全部罪行"的认定》，载《法学》2021 年第 1 期。

故意。

研究犯罪集团犯罪故意有三个意义：一是有助于判断是否构成犯罪集团及其性质。如成立团体不是为了犯罪或只是实施普通共同犯罪，则不能认定为犯罪集团。并且一般来说，集团犯罪故意能大致体现集团性质。二是有助于认定集团罪行，追究首要分子的刑事责任。集团罪行是集团成员在集团犯罪故意支配下实施的行为，而首要分子应对此负责。三是有助于区分单位犯罪与集团犯罪。单位与犯罪集团具有本质区别。犯罪集团往往以合法单位为掩护进行犯罪；而单位也出现与犯罪集团相勾结的情况。[①] 虽然两者有联系，但界限不容混淆。

基于以上，笔者以为应当紧密围绕犯罪集团自身特征来研究犯罪集团犯罪故意的构成、影响及具体表现，以期对集团犯罪理论与实践有所裨益。

一、犯罪集团犯罪故意认定标准之述评

（一）集团犯罪故意学说简介

1. 集团成员全部故意说

集团成员全部故意说认为，刑法规定犯罪集团所犯的“全部罪行”，就是集团成员实施的犯罪活动之和，首要分子应对成员实施的一切犯罪活动负责。[②] 该说将集团视作全体成员之和，将集团“全部罪行”与集团成员“全部罪行”等同，因此集团犯罪故意就是集团成员全部的犯罪故意之和。

2. 首要分子具体故意说

首要分子具体故意说认为，集团全部罪行就是首要分子组织、指挥的全部罪行。[③] 该说认为集团犯罪故意就是首要分子对其组织、指挥的犯罪所具有的故意。

---

① 参见蔡军：《我国有组织犯罪企业化的现状、特点及原因初探》，载《河南大学学报（社会科学版）》2015 年第 6 期。

② 参见周道鸾、单长宗等主编：《刑法的修改与适用》，人民法院出版社 1997 年版，第 111 页。

③ 参见赵秉志主编：《新刑法教程》，中国人民大学出版社 1997 年版，第 216 页；毛光华、李光文、李群英主编：《新刑法教程》，中国民主法制出版社 1997 年版，第 126 页；李晓明主编：《中国刑法基本原理》，法律出版社 2005 年版，第 373 页；李希慧主编：《刑法总论》，武汉大学出版社 2008 年版，第 336 页；赵德刚主编：《刑法》，武汉大学出版社 2011 年版，第 116 页。

3. 首要分子概括故意说

首要分子概括故意说认为,集团罪行是在首要分子总体、概括故意作用下,由其总体策划、指挥的罪行。[①] 该说认为集团犯罪故意就是首要分子总体、概括的故意。

4. 首要分子预谋故意说

首要分子预谋故意说认为,在首要分子预谋策划的范围内实施的犯罪属于集团罪行。[②] 该说认为,集团犯罪故意是首要分子对预谋之罪的犯罪故意。

5. 集团整体故意说

集团整体故意说认为,整个犯罪集团对首要分子预谋实施的犯罪和事中指挥领导的犯罪均具有共同的犯罪故意,应从犯罪集团整体故意来判断"集团所犯的全部罪行"。[③]

(二)集团犯罪故意学说评析

集团成员全部故意说注意到了集团与成员之间的紧密联系,如集团故意往往表现为成员故意,集团犯罪常常和集团成员犯罪重合,但其忽视了首要分子故意与其他成员故意的差别,简化了集团的犯罪故意,有违责任主义的要求。集团犯罪故意具有自身特质,不完全和成员的全部故意重合。该说也没有说明首要分子和其他成员的差别。另外,责任主义认为不能以行为人属于一定团体为由而让他对无关人员的行为承担责任。集团成员故意的范围显然大于集团故意的范围。

首要分子具体故意说立足刑法规定,在一定程度上揭示了首要分子犯罪故意与集团犯罪故意之间的联系。我国《刑法》规定,首要分子要对集团所犯的全部罪行负责。若首要分子故意与集团故意没有紧密联系,以集团罪行苛责首要分子则无根据。此外,将集团故意视为首要分子组织、指挥犯罪的故意较为直观,容易判断,但忽视了首要分子对集团故意的间接影响。首要分子影响集团犯罪故意的方式不限于直接影响,如组织、指挥犯罪,还包括间接影响,如制定

① 参见张明楷:《犯罪集团首要分子的刑事责任》,载《法学》2004 年第 3 期。

② 参见顾永景编著:《刑法总论实用教程》,苏州大学出版社 2016 年版,第 217 页。

③ 参见贾宇主编:《刑法学》(上册·总论),高等教育出版社 2019 年版,第 247-248 页。

集团规章纪律等。该说也没有注意到其他成员对集团故意所施加的影响。集团犯罪虽然是特殊的共同犯罪形式,但同样要求各行为人之间具有意思联络。并且,该说没有将首要分子及其故意放在集团整体中进行思考。若首要分子在集团名义下谋私利,那么支配该行为的故意是否属于集团故意?

首要分子概括故意说看到了首要分子犯罪故意在集团犯罪故意中的地位。由于首要分子在犯罪集团中的地位、作用,其犯罪故意在集团故意中占据主导地位,集团成员在某种程度上被首要分子犯罪故意所影响。此外,该观点较全面。首要分子对集团犯罪故意的直接影响和间接影响都能包含在总体、概括的故意范围内。但该说同样未能注意到其他成员犯罪故意在集团犯罪故意中的地位与作用,而且没有深入阐述认定标准,导致"总体、概括的故意"难以判断。

首要分子预谋故意说也看到了首要分子故意在集团故意中的作用,此外,预谋故意的范围大于组织、指挥犯罪故意的范围,即使某些成员超出了首要分子组织、指挥的范围而实施犯罪,只要在其预谋的范围内,依旧属于集团罪行。但该说对首要分子的犯罪分工认识不全。首要分子除了可以预先谋划犯罪之外,也可以直接参与犯罪的实施,不能认为只有预谋犯罪故意才属于集团故意。此外,首要分子为了维持或发展犯罪集团,必然会不断产生新犯意,策划新犯罪行为。①

集团整体故意说主张集团具有其独有的整体故意,为研究集团故意提供了新思路。但刑法并没有规定犯罪集团也属于犯罪主体,所以将集团整体视为犯罪主体有违罪刑法定原则之嫌。另外,该说仅认为首要分子事先预谋和事中指挥、领导的犯罪才体现了集团整体意志,同样没有注意到首要分子在实施犯罪时可能产生的新犯意,也没有注意到其他集团成员犯罪故意在集团故意中的地位与作用。

上述五种见解分别代表两种立场:"集团犯罪故意是全体成员故意"和"集团犯罪故意是首要分子犯罪故意"。集团成员全部故意说属于前者,首要分子具体故意说、首要分子概括故意说及首要分子预谋故意说属于后者。集团成员必须服从首要分子的命令,符合集团利益。这样一来,集团成员全部故意说虽

① 参见张明楷:《犯罪集团首要分子的刑事责任》,载《法学》2004 年第 3 期。

然没有明确指出首要分子的地位与作用，但实质上与后几种学说并无本质差别。而集团整体故意说表面上认为犯罪集团自身具有整体故意，但同时又主张首要分子对预谋和事中组织、指挥、领导的犯罪所具备的故意是集团故意，实质上还是处于第二种立场。

由此，需要解决的关键问题是：集团首要分子的犯罪故意与集团犯罪故意到底是什么关系？其他成员的犯罪故意是否会对集团故意产生影响？

二、犯罪集团犯罪故意之解析

《刑法》第 26 条第 2 款规定："三人以上为共同实施犯罪而组成的较为固定的犯罪组织，是犯罪集团。"集团犯罪故意来源并依附于犯罪集团，因此需要着眼于犯罪集团的自身特征来展开研究。

（一）犯罪集团之特征

第一，非法性。单位与犯罪集团的本质区别在于是否合法。单位是具有合法宗旨和目的，履行法定手续而成立的组织；犯罪集团则是以犯罪为目的的组织。[①] 集团非法性体现有三：（1）目的非法。成立犯罪集团一定是实施犯罪，非因实施犯罪而形成的团体不属于犯罪集团。（2）成立无法律依据。犯罪集团的成立完全出于首要分子的一己私欲或其他非法意图，其过程没有法定章程可循，具有随意性。（3）行为手段非法。为了达到犯罪目的，集团往往会采取违法手段。一般来说，集团性质会影响犯罪手段。

第二，首要分子完全控制。该特征主要是由首要分子地位、作用以及集团的活动性质决定的。（1）首要分子的地位、作用。刑法规定，首要分子在集团中起组织、领导的作用。与不能完全控制单位，权力受限的单位领导不同，犯罪集团中的首要分子由于其特殊地位和丰富的犯罪经验，在集团中常常处于权威地位而产生"地位效应"。首要分子一般不直接参与犯罪的实施，他们可以发号施令，而一般成员则常常唯命是从。[②] （2）集团的活动性质。犯罪集团是为了实

---

① 参见张克文：《拟制犯罪和拟制刑事责任——法人犯罪否定论之回归》，载《法学研究》2009 年第 3 期。

② 参见李树：《犯罪集团群体心理机制剖析》，载《青少年犯罪问题》1994 年第 6 期。

施犯罪而形成的组织体。集团及其实施的活动是法律重点打击的对象,首要分子会竭力规避法律制裁。在组织、领导犯罪集团的过程中,为了确保集团犯罪顺利进行、不留把柄,首要分子会要求其他成员对自己绝对服从,犯罪集团因而成为首要分子的犯罪工具。例如,在"张某案"中,警方认为:"张某所组织的犯罪集团完全是他谋利的工具,是他实现个人金钱欲望的手段。"①

第三,以成员为依托。如果没有集团成员及其行为,集团及其故意将无法具象化。该特征有三个表现:(1)集团是满足集团成员非法利益的工具。集团成员包括首要分子和其他成员。首要分子组织、领导集团,本质是希望通过犯罪来获取非法利益。对其他成员而言,加入集团同样是为了满足难以或者无法通过合法手段获得的利益。(2)集团人数特定。"三人"是法定的集团人数底线,如果人数过少,将无法体现犯罪集团的组织性,也无法实施更为复杂的犯罪活动。(3)集团依赖于成员运行。集团运行过程包括制定与执行各项纪律、实施犯罪活动等方面。因为没有法律限制,犯罪集团的运行具有更大的主观随意性。② 纪律是人为制定或认可的,用来约束成员;集团管理也是上层领导操控下级成员;集团罪行也依赖于相关成员来策划与实施。集团活动无一不需要成员的参与。

第四,较强组织性、固定性。集团组织性是指集团各个组成部分结合的程度与形式,包括成员之间领导与被领导关系的强弱、集团规章纪律效力的影响情况,等等。集团的组织性较一般共同犯罪更严密,主要原因有二:(1)首要分子的地位、作用。如前所述,首要分子完全支配了犯罪集团。首要分子通过种种手段使成员服从命令,听从指挥,如此使犯罪集团成了"铁桶一块"。(2)集团共同犯罪目标与规章纪律。集团及其实施的犯罪行为是刑法重点打击的对象。为了确保犯罪顺利进行,集团往往会形成共同犯罪目标与规章纪律。在二者的影响下,集团将拥有高效严密的决策与执行体系,确保成员服从命令。此外,集团类型也会通过目标与纪律来影响组织性的强弱。例如,恐怖组织等实

---

① 戴纲、周利凡、郭卫等:《张君犯罪集团心理特点及活动规律分析》,载《公安大学学报》2001 年第 1 期。

② 此处所谓的"主观随意性"并非指在犯罪集团中集团成员想怎么样就怎么样,而是指集团的运行更依赖于自然人的主观意思。

施重罪的犯罪集团常常规定背叛集团者需要付出生命代价。这些集团的组织严密性往往是最高的。

第五,犯罪集团还具有相当的固定性。其表现有二:(1)活动稳定。犯罪集团为多次实施犯罪而联合,具有时空稳定性。只要某组织体是为了实施多次或不定次数犯罪而形成,哪怕事实上并未犯罪,也不影响成立犯罪集团。[①] 集团固定性在刑法总则与分则中均有体现,例如,《刑法》第 26 条第 2 款指出,犯罪集团是“较为固定”的组织;又如,《刑法》第 294 条规定,黑社会性质组织的特征之一是“称霸一方”。如果只是实施少数几次犯罪,而不具有时空稳定性,那怎么能叫作“称霸一方”?(2)成员构成固定。与一般共同犯罪不同,犯罪集团的成员相对固定。[②] 为了加强集权,便于领导,首要分子与核心成员往往较为固定,变动较少;但就其他集团成员而言,由于集团的特殊性,退出或加入并非易事,必须要符合一定条件。

(二)集团特征与集团犯罪故意

1.“集团非法性”与集团犯罪故意

“集团非法性”导致了集团故意的产生。作为没有法律依据的组织体,集团的直接目的就是实施犯罪。集团故意最初产生于行为人组建集团以“实施犯罪”的目的。作为支配集团罪行的主观罪过,集团犯罪故意通过成员的非法手段体现出来。在集团发展壮大的过程中,集团故意最终具有了自身的特点与气质。

2.“首要分子完全控制”、“以成员为依托”与集团犯罪故意

“首要分子完全控制”“以成员为依托”的特征决定了集团故意的构成。集团无法自发生成犯罪故意,是行为人内心实施犯罪的想法促使集团及其故意形成。因此,集团自成立时起就具有犯罪故意,且与成员密切相关;而且,刑法令首要分子对集团全部罪行负责必定有其根据。因此,研究集团故意的构成必须研究首要分子与其他成员的故意。

---

① 参见马克昌主编:《犯罪通论》(第 3 版),武汉大学出版社 1999 年版,第 531 页。

② 参见周舟:《犯罪集团中“全部罪行”的认定》,载《法学》2021 年第 1 期。

首要分子与集团犯罪故意。首要分子组织建立、领导集团时所持有的直接目的就是实施犯罪。因此,集团故意最初源于首要分子故意。不像单位犯罪理论有单位拟制论与组织体刑事责任论之争,[①]由首要分子完全控制的犯罪集团就是首要分子犯罪工具。实施犯罪时,集团体现的就是首要分子意志。同时,首要分子是集团的组织、领导者,常在幕后制订犯罪计划、指导犯罪实施。因此,集团故意应该具有总体性、概括性,而不局限于对具体犯罪的故意。但并非首要分子的任何故意都属于集团故意。此点将在下文详述。

另外,不应该只考虑首要分子预谋的故意,还应注意到为了集团的存在与发展,且考虑到犯罪过程中情况的复杂多变,首要分子事中很有可能产生其他犯罪故意。因此,集团故意还包括首要分子在犯罪进行中产生的新故意。例如,某诈骗集团首要分子当面骗取被害人一部分钱财后仍不满足,为了增加集团资金又对被害人实施了抢劫,此时首要分子的抢劫故意也属于集团故意。

其他成员与集团犯罪故意。其他成员包括积极参加者与其他参加者。积极参加者指除首要分子以外,主动多次参与集团犯罪活动或出谋划策、特别卖力的成员。其他参加者指除首要分子和积极参加者外,在集团犯罪中起次要、辅助作用的成员。影响集团犯罪故意的因素并非只有首要分子的故意,还有积极参加者与其他参加者的故意。在绝大多数情况下,集团犯罪是由若干成员共同促成的。出于维护集团利益的考虑,积极参加者与其他参加者往往会通过建言献策、实施特定行为等方式影响集团故意。这些方式必须得到首要分子的许可(鼓励或默许),才能影响集团故意的构成。

3."较强的组织性、固定性"与集团犯罪故意

"较强的组织性、固定性"决定了集团故意的相对独立性与稳定性,使其呈现整体性。集团在首要分子的领导下形成了"金字塔"形的成员分布与领导模

① 单位拟制论主张,单位是自然人的工具,本身并不具有独立的自我目的,其所谓的主观罪过本质上是内部自然人的意志。参见张克文:《拟制犯罪和拟制刑事责任——法人犯罪否定论之回归》,载《法学研究》2009 年第 3 期。组织体刑事责任论主张,单位是独立的组织体,具有自身独有的主观罪过,该罪过可以从单位自身的存在形式、决策机构成员的决定乃至单位的政策决定、整体的文化氛围等客观要素中推定。参见黎宏:《组织体刑事责任论及其应用》,载《法学研究》2020 年第 2 期。

式。有学者甚至将集团成员的职位分成了六个种类；[①]实践中也有判例认为集团组织结构较为复杂。[②] 此外，集团也不会因实施了少数几次犯罪而解散，其存在具有稳定性。

该特征还使犯罪集团变得严密复杂，具备了自身特质，而不仅是首要分子的工具。集团的独立性能反过来影响成员。身处集团中的自然人，在集团文化、氛围的感染下，其有意识的人格会被群体所淹没，无意识的人格将占据主导地位，群体中的个体成了不受自己意志支配的“提线木偶”。[③] 集团成立之初，行为人或许只是将其当作牟利工具，但在集团发展壮大的过程中，成员将会渐渐被集团所控制，自觉或不自觉地考虑集团利益。集团并非简单意义上人或物的集合，而是有其独特性质，并通过氛围、纪律规定以及组织结构等要素，让其成员成为其运转过程中一个微小的组成部分。首要分子是集团的首要分子，因集团而具有了首要分子的特殊身份。身处集团中，支配首要分子参与集团罪行的主观罪过带上了为集团谋利的色彩。因此，单纯为个人谋取利益的犯罪故意不属于集团故意，必须将首要分子的故意放在集团背景下进行考察，看该故意是否为集团利益服务。

相较于支配一般共同犯罪的罪过而言，集团故意并不会在支配几次集团罪行之后消失，而是会随着集团的存在而存在，具有相当的时空稳定性，这也是由集团“固定性”特征决定的。也正是因为集团是严密、复杂的组织体，支配集团罪行的主观罪过呈现出总体性的特征。而刑法中“集团所犯的全部罪行”的表述，很明显是将集团和集团故意当作一个整体来看待，但一定不能因此将集团作为犯罪主体。

因此，所谓“犯罪集团的犯罪故意”就是首要分子出于集团利益的考量而产

---

① 英国学者 Cressey 将犯罪集团中的职位分为六类：总长、贿赂员、受贿员（或训导员）、战略策划员、策略策划员、机动协调员。参见王俊平：《犯罪集团分型研究》，载《中国青年政治学院学报》2009 年第 1 期。

② 例如，存在被认定为恶势力集团的某传销组织层次明确、管理严密，业务上根据加单及发展下线的情况，职位级别由低到高分别为业务员、主管、主任、经理、总经理。参见河南省新乡市卫滨区人民法院民事判决（调解）书，（2021）豫 0703 刑初 70 号。

③ 参见［法］古斯塔夫·勒庞：《乌合之众——大众心理研究》，陈昊译，法律出版社 2011 年版，第 14 页。

生或认可(包括鼓励、默许)支配集团罪行的犯罪故意。集团故意既可能是具体的,也可能是概括的;既包括预谋故意,也包括事中故意。

(三)犯罪集团故意的影响方式

在集团故意的影响下,成员策划并实施了集团犯罪。弄清集团故意的影响方式有助于理解、判断集团犯罪故意。集团故意的影响方式包括共同犯罪目标、首要分子指示、集团规章纪律、行为范例以及环境氛围。

1. 共同犯罪目标

犯罪集团得以组织的心理纽带是成员共同需要结构和价值观念,即实施犯罪。由于成员具有心理共性,故常常以整体行为实现价值目标。[①] 首要分子会通过集团故意来制定共同犯罪目标,以此来激发或加强全体成员满足非法利益的欲望。成员表面上满足了自身利益,实际上是被集团利用而为集团利益服务。在这个过程中,集团故意通过共同价值目标来充分支配成员。

2. 首要分子指示

首要分子指示是集团故意最直观的影响方式。首要分子通过言语、动作等容易被感知到的方式影响成员。作为集团的组织、领导者,首要分子一定是受集团故意影响最深、活动最卖力的人。如果首领都不"以身作则"为集团服务,那其他成员自然不会心甘情愿服从集团利益。此外,首要分子的领导地位与经验阅历会激发成员的慕强天性,进而对其言听计从。并且,逃避刑罚的侥幸心理与追求利益的幻想也会强化成员的服从性。

3. 集团规章纪律、行为范例与环境氛围

集团内部的规章纪律、行为范例与环境氛围对所有成员都具有一定指导意义甚至强制约束力,也能够充分体现出集团故意。

集团规章纪律指为了维护集团利益、促进犯罪顺利实施而制定或形成的,经首要分子认可,对成员有普遍约束力的行为准则。为了约束成员,便于犯罪,集团都会形成成文或不成文的规章纪律。在"张某案"中,张某以"参加的活动

---

① 参见李树:《犯罪集团群体心理机制剖析》,载《青少年犯罪问题》1994 年第 6 期。

不得向外宣扬,单个人不得随便外出"等规定直接或间接地控制其下属人员。[①]

行为范例是指为指导犯罪实施而树立的"模范"犯罪行为,对全体成员具有参照的作用。例如,在盗窃集团的某次行动中,成员甲特别卖力,在首领不知情的情况下以暴力的方法取得了更多的财物。虽然这一次行为可能超出了集团故意,但如果首要分子认可了该行为,那么之后与该行为类似的犯罪活动便纳入了集团故意的范围。

"如果你长时间地盯着深渊,深渊也会盯着你。"[②]在集团故意的支配下,集团形成了共同的价值取向与群体纪律,同时在首要分子的威逼利诱、其他成员言传身教等因素的影响下,最终会形成特殊的环境氛围。无论行为人加入集团是有意还是无心,最终都会在其影响下走向堕落。环境氛围会使成员产生诸如"法不责众"的想法,进而减轻作案的心理负担。此外,氛围也会激发成员更强的犯罪欲望。

三、犯罪集团犯罪故意的具体判定

集团犯罪故意的主要内容一定与"实施犯罪,维护集团利益"相关。认定"是否利于维护集团利益",应该结合集团目的、性质、规章纪律以及首要分子意愿等因素来综合考虑。在判断集团故意时,虽然主要应该考虑首要分子故意,但也不能忽视其他成员的犯罪故意对集团故意的影响。集团故意不仅包括具体故意,还包括总体、概括的故意。以下将按照这两类对集团故意进行认定,并对不属于集团故意的情形进行说明。

(一)犯罪集团具体的犯罪故意

犯罪集团具体的故意主要包括首要分子组织、指挥其他成员实施或直接与其他成员共同实施具体罪行时所具有的犯罪故意。

第一,首要分子组织、领导成员实施或直接与成员共同实施的符合基本构成要件的犯罪,即基本犯时所具有的故意。例如,为了扩大影响,某黑社会性质

---

① 参见浙江省高级人民法院刑事裁定书,(2001)浙刑一终字第118号。

② [德]弗里德里希·尼采:《善恶的彼岸》,朱泱译,团结出版社2001年版,第90页。

组织的首要分子借助合法经济实体，组织成员强迫相对方交易，签订不平等合同。此时支配犯罪行为的故意有利于集团利益，也符合首要分子故意，属于集团故意。但如果首要分子或其他成员并非出于集团利益，而是完全出于个人利益考量实施犯罪，那么支配该行为的故意不属于集团故意。

如果成员对首要分子指令的犯罪发生误解而产生的其他故意是否属于集团故意，需要看二者是否具有包容或重合关系。如果首要分子指示的犯罪与成员以为要实施的犯罪性质完全不同，那么此时成员故意不属于集团故意，如为了增强隐蔽性，某诈骗集团的首要分子指示成员窃取财物，而成员误以为是骗取财物。盗窃罪与诈骗罪不具有包容或重合关系，因此成员的诈骗故意不属于集团故意。如果两种犯罪故意之间具有包容或重合关系，那么重合部分属于集团故意，如某恶势力集团首要分子指示成员重伤某人，但成员误以为是将其杀害。故意伤害与故意杀人具有重合之处，因此至少故意伤害的故意属于集团故意。另外，如果首要分子对对象、手段等因素的指示较为模糊时，只要成员故意仍在首要分子指示所具有的语义范围内，就属于集团故意。

第二，首要分子组织、领导成员实施或直接与其他成员共同实施与集团性质不相符的犯罪时所具备的故意。有学者认为集团罪行应当是由成员共同实施且符合集团性质的犯罪行为，[①]笔者以为不然。其一，刑法只是规定集团犯罪是“三人以上为共同实施犯罪”，并未限定犯罪性质。其二，虽然集团故意大多数情况下与集团性质相符，但也会出现偏离。只要犯罪是在集团故意的影响下产生，就能归属于集团。

第三，首要分子组织、领导成员实施或直接与其他成员共同实施的具体罪行，具备法定加重情节时所具有的故意。例如，某黑社会性质组织的首要分子带领成员教训某人时将其砍去四肢，此时不仅触犯了“致人重伤”的基本规定，还具备了“特别残忍手段”的法定情节。此时犯罪故意亦属于集团故意。在对集团实现完全支配的情况下，首要分子理应能够控制法定加重情节的产生，如果首要分子没有明确禁止甚至是默许、鼓励，该情节又有利于维护集团利益，那么该情节则在集团故意的范围内。

---

① 参见周舟：《犯罪集团中“全部罪行”的认定》，载《法学》2021 年第 1 期。

第四，首要分子组织、领导成员实施或直接与其他成员共同实施具体集团罪行，产生法定加重结果时所具有的故意。与法定情节不同，法定结果出现与否的可控性较低。某些犯罪在实施过程中必然蕴含造成加重结果的危险。例如，某抢劫集团首要分子带领成员实施抢劫，在使用凶器压制被害人反抗时不慎致其死亡。根据《刑法》的规定，该案具备“抢劫致人重伤、死亡”的加重结果。但抢劫行为往往蕴含着造成他人受伤或死亡的危险，加重结果的产生亦在首要分子预想的范围内。因此产生该结果的故意属于集团故意。

第五，首要分子组织、领导成员实施或直接参与由其他成员实施的具体集团罪行时，该犯罪转化为另一犯罪所具有的故意。例如，某盗窃集团首要分子指示成员进行盗窃期间被主人发觉，为抗拒抓捕当场使用凶器致人轻伤，此时盗窃罪转化为抢劫罪。转化犯本质上是在原有犯意基础上产生的新犯意的客观体现，所以基本犯中并不必然包含产生转化犯的可能性，如盗窃罪与抢劫罪是两种完全不同的犯罪，行为人事先很难预见，转化犯的产生与否也能由行为人主观意愿控制。如果首要分子明确禁止这种转化犯的产生，那么该故意不能归属于集团故意；若首要分子未明确表示禁止则该故意应归属于集团故意。

（二）犯罪集团总体、概括的犯罪故意

集团总体、概括的故意主要是指首要分子不直接参与集团具体罪行，而是通过制定或认可共同犯罪目标，以及对成员实施具体犯罪具有约束性的规章纪律和行为规范，并营造、深化集团环境氛围，促使成员犯罪的故意。例如，“黑老大”组织、建立黑社会性质组织的目的就是实施相关犯罪。如果成员出于替集团增加收入等考虑自发进行了一系列故意伤害等行为，即使“黑老大”并未直接参与，但这些罪行的实施符合建立集团的初衷，符合“黑老大”总体、概括的意愿。因此，支配这些罪行的故意能归于集团故意。成员自发犯罪的故意也包括上述基本犯故意等五种情形，判断方法参照以上，下文只对与共同犯罪目标、规章纪律、行为范例及集团环境氛围相关的故意进行判断说明。

在犯罪集团的共同犯罪目标、规章纪律、行为规范及环境氛围中，有鼓励、纵容或者默许其组成人员违法犯罪的内容时，推定集团具有犯罪故意。尽管集团本身不能言语，但从自身对共同目标的设定、对犯罪行为的奖惩措施、对环境

的建设等客观事实中，还是能较为清晰地推断出集团对其组成人员犯罪行为的认识和态度。

第一，成员在共同犯罪目标影响下产生的犯罪故意。共同犯罪目标是集团罪行的总体指导，直接促使成员产生故意。共同犯罪目标可以规定得较为具体，如某盗窃集团首要分子规定“成员盗窃出色者有奖”；也可以规定得较为概括，如某黑社会性质组织的首要分子规定“成员可以不择手段维护组织”。

第二，成员在集团规章纪律、行为范例影响下产生的犯罪故意。(1)成员在集团规章纪律影响下产生的犯罪故意。例如，某黑社会性质组织的首要分子规定，“无故退出或背叛集团者，其他成员可以视情况将其杀死”。若成员甲意图退出集团，成员乙依照集团纪律将其杀死，成员乙的杀人故意则属于集团故意。(2)成员在集团行为范例影响下产生的犯罪故意。行为范例有可能是犯罪手段、对象等因素特殊、符合集团性质的犯罪，如某盗窃集团成员一贯盗窃自然人财物，而某成员盗窃了林木，首要分子认为该行为值得提倡。行为范例也有可能是超出一般集团故意，不符合集团性质的犯罪。例如，某抢劫集团成员甲认为抢劫行为风险太大，因此对被害人实施了网络诈骗行为，收获颇丰，首要分子之后便认可了该行为。

第三，成员在集团环境氛围驱使下形成的犯罪故意。环境氛围往往通过影响成员的行为表现出来，使没有犯罪意愿的人产生犯意，或加深已有犯意之人的犯意。例如，甲出于猎奇心理加入了某黑社会性质组织，刚开始只愿意实施轻罪，并不愿意实施相关严重的犯罪活动，但甲看到身边的成员都在犯重罪，集团已形成了浓厚的“不择手段为集团效力”的氛围，在集团氛围的影响下，甲也产生了为集团杀人越货的犯罪故意。

教唆犯性质之法教义学阐释

迟莉佳*

摘要：共同犯罪是我国犯罪体系中较为杂乱的一章，而教唆犯又是共同犯罪体系中的重要一环。由于《刑法》第29条并没有对教唆犯的含义进行具体阐释，故而对教唆犯的概念存在颇多争议。而这种争议的背后是对教唆犯性质理解的差异，对教唆犯性质的准确界定是对教唆犯进行理论研究的起点和基础。关于教唆犯的性质学界存在教唆犯独立性说、教唆犯从属性说、教唆犯二重性说、教唆犯独立性和从属性统一说以及教唆犯两重性否定说等多种观点。这些争议产生的原因是采取了不同的分析工具，即对犯罪参与体系的认识存在差异。以单一制犯罪参与体系理论为工具，从刑法的具体规定出发，教唆犯的性质是独立性而非从属性抑或是二重性。

关键词：教唆犯单一制　区分制　独立性

《刑法》第29条第1款规定，教唆犯是教唆他人犯罪的人，本款的规定并没有明确说明教唆犯的含义。那么到底何为“教唆犯”？从不同的侧重点出发存在多种定义方式。

---

* 女，山东烟台人，法学硕士。

第一种是从教唆犯的“造意”特征角度进行定义。[①] 从这一角度出发，教唆犯是引起被教唆者犯罪意图的人，如果没有教唆者的怂恿、唆使，被教唆者可能并不会产生犯罪的意图进而实施犯罪行为。第二种是从教唆方式的角度进行定义。[②] 教唆者在对被教唆人进行教唆时可使用多种方式，即教唆行为并不仅限于口头教唆，还包括书面教唆。教唆行为，不仅包括直接教唆，还包括以间接或隐蔽方式实施的教唆行为。第三种是从教唆犯的归属角度进行定义。[③] 持该种观点的学者多是从教唆犯是共同犯罪人的角度进行论证。学界通说认为，教唆犯是共同犯罪人中的一种独立种类，但在此问题上有学者持相反立场，如张明楷教授[④]、李夕思教授[⑤]等。

上述对教唆犯的定义方式各有千秋，学者们从不同的侧面对教唆犯的内涵进行了阐释。而这种对教唆犯概念认识的差异源于对教唆犯性质的不同理解。教唆犯的性质探讨的是教唆犯成立的理由和刑事处罚的依据问题，对教唆犯性质的准确界定是对教唆犯进行理论研究的起点和基础。但关于教唆犯的性质，同样存在诸多理论争议。

一、教唆犯性质的理论之争

目前刑法理论界关于教唆犯性质的理论可谓百家争鸣，但综观各位学者的

---

① 李光灿教授认为，教唆犯是劝诱他人（包括多人）实行犯罪的人，也就是激起他人产生犯罪决心的人。参见李光灿：《论共犯》，载《法学》1957 年第 2 期。伍柳村教授则认为，教唆犯是指他人本无犯罪意图，而教唆犯给予他人以犯罪的意图，唆使他人进行犯罪活动。参见伍柳村：《试论教唆犯的二重性》，载《法学研究》1982 年第 1 期。

② 高格教授认为，教唆犯就是利用怂恿、引诱、劝说、授意等方法教唆他人犯罪的罪犯。参见高格：《关于共同犯罪的几个理论问题的探讨》，载《吉林大学社会科学学报》1982 年第 1 期。

③ 邱兴隆教授认为，教唆犯是共同犯罪人的一种特殊形式，其特点是教唆人并不直接实施犯罪行为，而是通过被教唆人实施犯罪来达到自己的犯罪目的。参见邱兴隆：《对教唆犯量刑问题管见》，载《现代法学》1983 年第 3 期。刘德朝教授认为，教唆犯是共同犯罪人的一种，是犯罪意图的制造者。参见刘德朝：《教唆犯问题的探讨》，载《中州学刊》1986 年第 6 期。

④ 张明楷教授认为，我国刑法仅将共犯人分为主犯、从犯和胁从犯，刑法对教唆犯做了专门规定，但教唆犯不是共犯人中的独立种类。因为教唆犯会根据情况分别归入主犯或者从犯，所以其不能与主犯、从犯并列而成为共犯人中的独立种类。参见张明楷：《教唆犯不是共犯人中的独立种类》，载《法学研究》1986 年第 3 期。

⑤ 李夕思教授从教唆犯的特殊性出发，认为因为教唆犯罪并不都是共同犯罪，所以就不应当笼统地认为共同犯罪人分为主犯、从犯、胁从犯和教唆犯，把教唆犯与主犯、从犯、胁从犯并列。参见李夕思：《教唆犯都是共同犯罪吗?》，载《探索》1986 年第 2 期。

观点，主要存在以下五种立场。

（一）教唆犯独立性说

该种学说的研究客体不是在教唆类型犯罪中对犯罪最终能否实施起到关键性作用的被教唆人，而是犯罪的引起者即教唆者本身。其认为教唆犯的成立不需要以被教唆人实施了其所教唆之罪为前提条件，而只要教唆者本人具有教唆他人实施犯罪行为的主观故意，客观上又实施了教唆的行为，即可成立教唆犯。

我国最早提出教唆犯独立性说的是余淦才教授，其认为根据我国刑法的规定精神，结合刑法中的罪责自负原则和犯罪构成理论，教唆犯只能按照教唆犯自己的主观罪过和客观行为来认定其罪责。[①] 从余教授的论述中可见，教唆犯具有独立性，而与共犯从属性的含义相去甚远。同时，余教授也明确指出独立性与从属性二者之间无法合而为一，在同一部刑法中同时出现，因此其对于教唆犯二重性说同样持批判态度。

夏诚华教授通过反驳抽象的教唆犯二重性说中关于从属性的论证理由，即因为教唆者无法自己实现预定的犯罪目标，需要他人的实行行为达成因而具有从属性的论点，认为教唆犯在犯罪中处于利用者的地位，相对于被教唆人，教唆者才是犯罪的主导者。教唆犯不具有从属性，只有独立性。[②] 简言之，教唆犯是否具有从属性并不是教唆者与被教唆人之间何者居于主动地位所能解决的问题，对于两者之间地位的认识会因为解释者关注的侧面不同而相异，无法成为论证的理由。

持教唆犯独立性说的学者多是从我国《刑法》第 29 条第 2 款的规定出发，为教唆犯独立性说提供立法上的支撑，但是仅以此作为论述教唆犯具有独立性的理由未免过于单薄。

（二）教唆犯从属性说

教唆犯从属性说认为教唆犯相对于正犯而言具有从属性，教唆犯的成立以

---

① 参见余淦才：《试论教唆犯的刑事责任》，载《安徽大学学报》1983 年第 2 期。

② 参见夏诚华：《试论教唆犯的独立性》，载《山东法学》1989 年第 2 期。

至少存在一定的实行行为为前提。即当被教唆人没有实施教唆者所教唆之行为时,教唆者基于此种从属性而不成立教唆犯。至于在此种情况下是否进行处罚,取决于不同国家刑法的规定。多数采取教唆犯从属性说的国家或地区,对这种情形采取不罚的立场,[①]但也有国家诸如德国[②]仅对此种情形下的重罪教唆予以处罚。

有学者并不是从教唆犯实行从属性的角度,而是从犯罪产生的“内因”“外因”角度,认为教唆者对最后犯罪的实施、结果的发生并不能起到决定性作用,起决定性作用的是被教唆人,因而教唆者只能作为“外因”居于从属性地位。[③]

王昭武教授坚持认为我国教唆犯采取的是从属性说,至于被教唆犯独立性说作为主要立论根据的《刑法》第 29 条第 2 款,其认为这只是从属性原则之下的例外。[④] 这种解释方式在某种程度上是在坚持教唆犯从属性基础上对立法的妥协,这种“原则—例外”的解释方式是否合理仍有待商榷。

有学者从教唆犯从属性说所具有的所谓坚守罪刑法定主义的底线、维护构成要件的定型机能[⑤]等优势出发,主张教唆犯从属性说。这种不顾我国刑法的具体规定,单从个人主观上进行理论优劣评价,主张教唆犯从属性立场存在主观性有余、客观性不足的问题。

主张教唆犯从属性说的学者多为主张德、日阶层式犯罪论体系的学者,即所谓的“德日派”。他们往往是从德、日刑法理论出发,基于共犯从属性的立场论述教唆犯的性质。但是刑法作为实在法是有国别性的,法教义学是以现行有效的法律规定为证立基准的,即其是对本国法的规定进行体系化思考、规范陈述的结果。既然如此,由于刑法作为实在法具有地域性、国别性,那么在此基础

---

① 我国台湾地区旧“刑法”第 29 条规定,被教唆人虽未至犯罪,教唆犯仍以未遂犯论处,但以所教唆之罪有处罚未遂犯之规定为限,即采取的是教唆未遂可罚说。但是在 2005 年“刑法”的全面修订中将该款之规定完全删除,对教唆未遂采不可罚的立场。

② 《德国刑法典》第 30 条规定,“……力图使他人去实施重罪或者去教唆重罪者,根据有关重罪的力图的规定予以处罚。但可依照第 49 条第 1 款减轻处罚”。在该条中明确了教唆重罪行为本身的可罚性。参见《德国刑法典》,冯军译,中国政法大学出版社 2000 年版,第 13 页。

③ 参见陈学清、魏宏杰:《关于教唆犯性质的再认识》,载《黑龙江省政法管理干部学院学报》2007 年第 4 期。

④ 参见王昭武:《教唆犯从属性说之坚持与展开》,载《刑法论丛》2008 年第 3 期。

⑤ 参见何庆仁:《我国刑法中教唆犯的两种涵义》,载《法学研究》2004 年第 5 期。

上所得出的刑法教义学知识或体系同样存在此种性质。德、日刑法理论是以各国的刑法规定为基础的，用国外刑法理论解释我国刑法规定的理论阐释方式的可行性和结论的正确性是存在疑问的。

（三）教唆犯二重性说

虽然有越来越多的学者主张其他学说或者对教唆犯二重性说的观点提出疑问，但教唆犯二重性说仍是目前的通说。该学说最先由伍柳村教授提出，后来随着理论的发展，教唆犯二重性说内部又可以分为两类，即抽象的二重性说和具体的二重性说。

抽象的二重性说对教唆犯既具有从属性又具有相对独立性进行论述，其出发点是教唆犯的一般特征。通常认为，伍柳村教授的教唆犯二重性属于抽象的教唆犯二重性说。伍柳村教授认为教唆犯具有从属性和相对的独立性。教唆犯具有从属性体现在教唆犯与被教唆者两者的关系上，在两者的关系中，被教唆者居于主动地位而教唆犯居于从属地位。至于教唆犯的相对独立性则体现在社会关系方面，其认为无论被教唆者是否去实行犯罪，教唆行为本身都应该认定为犯罪，只是在处罚教唆犯时需要考虑被教唆者是否实施了被教唆之罪。①

具体的二重性说则是依照刑法对于教唆犯的不同规定，基于实定法来进行论证。当教唆犯与被教唆者之间成立共同犯罪时，教唆犯具有从属性；而当教唆犯与被教唆者之间并不成立共同犯罪，但是此时刑法又规定对教唆犯进行处罚时（存在《刑法》第 29 条第 2 款的情形），此时教唆犯所体现出来的是其独立性特征。一般认为，马克昌教授主张的教唆犯二重性学说属于具体的二重性说。② 马克昌教授虽然在基本立场上认为教唆犯具有二重性，但是在他的立场下从属性和独立性两种性质并不是完全平等的，独立性才是教唆犯的主要性质，从属性是次要的。

教唆犯独立性说和教唆犯从属性说对立的关键在于教唆犯的成立是否至

---

① 参见伍柳村：《试论教唆犯的二重性》，载《法学研究》1982 年第 1 期。

② 马克昌教授认为，《刑法》第 26 条第 1 款（现行《刑法》第 29 条第 1 款）是教唆犯犯罪的从属性，第 2 款中的教唆犯并不具有从属性而只具有独立性。参见马克昌：《论教唆犯》，载《法律学习与研究》1987 年第 5 期。

少需要被教唆者实施了实行行为，即是否具有实行从属性的问题，两种学说之间的差异具体表现在教唆犯的成立条件上。但是教唆犯二重性说论述的焦点并不在于教唆犯是否需要从属于被教唆者的实行行为才能成立，而是不同情形下教唆犯的量刑问题。

（四）教唆犯独立性和从属性统一说

首先提出教唆犯独立性和从属性统一说的是陈兴良教授。陈兴良教授认为，教唆犯不仅具有独立性，而且具有从属性。教唆犯的从属性体现在教唆犯犯罪构成的客观要件是教唆行为和实行犯的实行行为的有机结合；教唆犯的独立性则体现在《刑法》第 29 条第 2 款的规定中，即教唆犯具有独立性是对刑法具体规定进行解释的结果。① 陈兴良教授的教唆犯独立性和从属性统一说关于教唆犯从属性的论述方面类似于抽象的二重性的观点，至于教唆犯独立性的论述方面则同于具体的二重性的观点。因此，从本质上来说，独立性和从属性统一说与教唆犯二重性说并不存在本质上的差别，只是在解释方式上存在些许不同。

（五）教唆犯二重性否定说

教唆犯二重性否定说认为，我国刑法中的教唆犯既没有从属性，也不存在独立性，更没有二重性。持此观点的代表性学者是张明楷教授，其认为教唆犯二重性说具有自相矛盾之嫌，教唆犯二重性说只是教唆犯独立性说的另外一种表述。② 在教唆犯性质问题上，张明楷教授主张教唆犯从属性说。

二、厘清教唆犯性质的分析工具

理论界在教唆犯性质问题上存在如此多的争议，本文认为究其原因是学者们采取了不同的分析工具，即对于我国犯罪参与体系认识上的差异。在犯罪参与体系立场上的差异，将直接影响对教唆犯性质的立论基础。本文从实定法规

---

① 参见陈兴良：《论教唆犯的未遂》，载《法学研究》1984 年第 2 期。

② 参见张明楷：《刑法学》（第 5 版），法律出版社 2016 年版，第 410 – 411 页。

定出发，欲对犯罪参与体系再定位。

（一）我国犯罪参与体系的基本立场分歧

1. 统一正犯体系模式说

统一正犯体系又可以称为单一正犯体系（以下简称单一制），该体系是以扩张的共犯概念为基础构建起来的。在单一制体系下并不区分正犯和（狭义）共犯，而是将对实现构成要件具有贡献的人均认定为正犯，换言之，无论行为人实行的是实行行为、帮助行为还是教唆行为，均是正犯。刘洪教授是较早提出我国采取的是统一正犯体系的学者，并认为我国刑法按照作用大小对共同犯罪人进行了划分，具有不同于一般单一制体系的特殊性。[①] 阎二鹏教授等则从我国共同犯罪规定的渊源出发，认为我国的犯罪参与体系沿袭自苏联刑法学，因而更倾向于单一制体系。[②]

随着单一制犯罪参与体系的发展，在单一制内部又可以分为形式的单一正犯体系、功能的单一正犯体系以及限制的单一正犯体系三种类型。我国刑法理论中，在同是主张单一制的学者内部尚存在功能的单一正犯体系和形式的单一正犯体系的争论。例如，江溯教授认为，我国刑法在构成要件层面将共同犯罪人分为组织犯、实行犯、帮助犯和教唆犯，在量刑层面则分为主犯和从犯，因此属于功能性单一正犯体系。[③] 而黄明儒教授则认为，我国是形式的单一正犯体系。[④]

2. 正犯与（狭义）共犯的区分制模式说

正犯与（狭义）共犯区分制不同于单一制体系，其是以限缩的正犯概念为基础构建起来的。有学者曾言，区分制正犯体系是指“法律条文之中，不仅就犯罪

---

① 参见刘洪：《两类犯罪参与体系理论比较研究》，载《福建公安高等专科学校学报》2007 年第 5 期。

② 参见阎二鹏、陈广秀：《教唆犯属性的逻辑认定——兼论对我国刑法中教唆犯“二重性”说之评判及反思》，载《宁波大学学报（人文科学版）》2008 年第 6 期。

③ 参见江溯：《单一正犯体系的类型化考察》，载《内蒙古大学学报（哲学社会科学版）》2012 年第 1 期。

④ 参见黄明儒：《二元的形式单一正犯体系之提倡——犯罪参与体系问题二元论研究的新思考》，载《法学》2019 年第 7 期。

之成立，于概念上区别正犯与共犯，于刑罚评价上亦对两者加以区分的体系”[①]。

在我国，陈家林教授是较早提出我国刑法在共犯领域内倾向于正犯—共犯分离体系的学者。[②] 肖本山教授认为，我国共同犯罪中的教唆犯和帮助犯都是在坚持区分制的立场下规定的。[③] 周光权教授认为我国采取区分制而非单一制的理由在于对总则中共犯的体系性思考以及分则中对拟制正犯的规定。[④]

3. 具有中国特色的共犯模式

除上述的单一制正犯体系和区分制正犯体系之争外，有的学者立足中国刑法的具体规定提出了多种具有中国特色的共犯体系理论。例如，钱叶六教授提出，我国刑法采取的是区分参与人类型与参与人程度的双层次操作的模式。[⑤] 张伟则认为，我国犯罪参与体系介于一元与二元之间，是一种双层次的共犯评价理论。[⑥] 除此之外，柳忠卫教授还从立法论的角度提出了“双层次递进式”共犯立法模式的理论构想。[⑦]

（二）我国现行法采取的是单一制的犯罪参与体系

本文认为，我国采取的是单一制的犯罪参与体系而非区分制的犯罪参与体系。该结论的得出主要是基于以下理由：

1. 从共同犯罪的立法渊源来看

在中国古代就存在关于共同犯罪的规定，最早可以追溯至汉代，到唐代时关于共同犯罪的规定日趋完善。在清末修律之前，我国关于共同犯罪的规定多是沿袭唐制，把共同犯罪人区分为首犯、从犯两种，但是当时的共同犯罪与现行

---

① 陈子平：《刑法总论》（2008 年增修版），中国人民大学出版社 2009 年版，第 309 页。

② 参见陈家林：《试论正犯的两个问题》，载《现代法学》2005 年第 2 期。

③ 参见肖本山：《“教唆未遂”诠释新解——关于体系性解释和目的解释方法的适用》，载《法学评论》2007 年第 5 期。

④ 参见周光权：《“被教唆的人没有犯被教唆的罪”之理解——兼与刘明祥教授商榷》，载《法学研究》2013 年第 4 期。

⑤ 参见钱叶六：《中国犯罪参与体系的性质及其特色——一个比较法的分析》，载《法律科学（西北政法大学学报）》2013 年第 6 期。

⑥ 参见张伟：《我国犯罪参与体系与双层次共犯评价理论》，载《刑法论丛》2013 年第 4 期。

⑦ 参见柳忠卫：《中国共同犯罪立法模式的归属与选择——“双层递进式”共犯立法模式的提倡》，载《政法论丛》2017 年第 2 期。

的共同犯罪在性质上存在较大差异。直到清末刑法改革时，以《日本刑法》为蓝本才引入了大陆法系的共犯制度。1949 年中华人民共和国成立之后，我国关于共同犯罪理论的学习也从大陆法系转向了苏俄。因此，我国刑法中规定的犯罪参与模式与苏联刑法学的犯罪参与模式在某种程度上是一脉相承的。依陈兴良教授所言，苏俄刑法学通过对共犯从属性理论的批判，潜在地表现出其对区分制的犯罪参与体系的排斥。①

2. 从我国现行法的规定来看

首先，采区分制立场的论据之一是我国刑法对教唆犯进行了单独规定。但是本文认为，刑法中有关于教唆犯的单条规定并不足以认定采取的是何种犯罪参与体系。德国、日本是采取区分制的犯罪参与体系的代表性国家，《德国刑法典》第 26 条规定，对教唆犯的处罚与正犯相同。《日本刑法典》第 61 条规定教唆他人实行犯罪的，判处正犯的刑罚。再对比我国《刑法》第 29 条关于教唆犯的规定可见，我国在教唆犯的内容方面与德、日存在重大的差异，德、日刑法中直接规定教唆犯处以正犯之刑，但是我国对教唆犯的处罚则需要依照其在共同犯罪中的作用来判断是处以主犯之刑还是从犯之刑。对于两种截然不同的处罚原则，德、日刑法的规定表现出共犯从属性说的特征，而依我国刑法规定并不能直接下此结论。不能不顾国家间成文法具体规定的差异，仅就我国刑法中有关于教唆犯的单独规定就武断地认为我国采取的是区分制立场。

关于在刑法典中单独规定教唆犯的问题，意大利是采取单一制正犯体系的代表性国家。但是在《意大利刑法典》第 115 条中也以单条的形式对教唆犯的处罚进行了规定。由此可见，在刑法典中是否单独规定教唆犯并不是判断采取单一制还是区分制的依据。

其次，在我国《刑法》中并没有明确提出正犯的概念。区分单一制与区分制的重要特征之一就在于是否区分正犯和狭义的共犯（帮助犯、教唆犯）。有学者认为，虽然我国刑法的相关规定没有明确使用正犯，但是正犯的概念可以从与狭义正犯的区分、比较中清晰地界定出来。② 还有学者认为，我国刑法只是在形

---

① 参见陈兴良：《走向共犯的教义学——一个学术史的考察》，载《刑事法评论》2009 年第 2 期。

② 参见周光权：《“被教唆的人没有犯被教唆的罪”之理解——兼与刘明祥教授商榷》，载《法学研究》2013 年第 4 期。

式上没有明显区分正犯与共犯,但是通过规范化理解,仍可以得出区分制的结论。①

我国刑法虽然根据行为人作用的大小将共犯人分为主犯、从犯和胁从犯,但是在我国立法规定下的主犯概念并不能等同于区分制体系中的正犯概念(主犯≠正犯)。根据对正犯的一般性理解,正犯是实施了刑法分则规定的符合构成要件的实行行为的人,但是从我国的规定来看,实施了符合构成要件行为的人并不一定是主犯。相反,区分制下作为共犯的教唆犯,可能因为其在共同犯罪中发挥了重要作用而被认定为主犯,即对教唆犯的处罚依据其在共同犯罪中的作用确定,与他人无关。因此,正犯与主犯、共犯与从犯之间并不是完全一一对应的关系,不能进行概念上的混用。关于此种观点,日本刑法学者高桥则夫曾指出:"它(指苏联式共犯体系)虽然将共犯分为实行犯、组织犯、教唆犯、帮助犯,但在量刑时是按照每一个人实际参与犯罪的性质和程度来加以决定,与单一的正犯概念有共同之处。"②虽然高桥则夫表达的是对苏联共犯体系的评价,但是正如上文所说,中华人民共和国成立以来我国刑法理论的学习已经转向了苏联,关于共同犯罪的规定与苏联刑法的规定也存在某种程度上的一致性。

最后,综观德、日刑法典关于共同犯罪部分的规定可见,在德、日刑法中并不存在关于共同犯罪概念和共同犯罪整体成立条件的规定。我国《刑法》第25条规定了共同犯罪的概念以及成立条件,在第25条之后分别规定了主犯、从犯、胁从犯和教唆犯。在我国这种总分关系的规定方式之下,并不具体区分共同犯罪的参与形式。在具体犯罪行为中,首先需要认定行为人是否构成共同犯罪,在构成共同犯罪的前提之下才需要具体认定其是主犯、从犯、胁从犯抑或教唆犯。关于刑法中教唆犯的规定完全可以解释为是在具体量刑时进行考量的要素,而并非在区分制下共犯之于正犯一开始就具有从属性的属性。

3. 从单一制体系的理论层面看

首先,单一制的犯罪参与体系下并不区分正犯与(狭义的)共犯,但这并不意味着其完全排斥犯罪参与形态的划分。例如,奥地利是采取单一制的代表性

---

① 参见刘仁文主编:《刑法学的新发展》,中国社会科学出版社2014年版,第256页。

② 胡选洪:《论共同犯罪的立法模式及根源——兼与王志远博士商榷》,载《刑法论丛》2010年第1期。

国家之一，但是《奥地利刑法典》第12条中将犯罪参与者分为直接正犯、诱发正犯和援助正犯三种，这并不影响其单一制的本质属性。[①] 单一制的犯罪参与体系只是不耗费精力地发展诸多精致而繁杂的理论用以区分正犯与（狭义的）共犯，但这并不代表其排斥一切区分，因为在具体量刑阶段对各个共犯人的处罚势必要进行区分。

其次，采取单一正犯体系并不意味着对所有正犯均处以相同的刑罚。单一制的犯罪参与体系并不是不区分正犯之间的作用大小，只是不在构成要件该当性层面进行，而是在量刑层面进行区分。

我国刑法的规定同样是在共同犯罪参与人成立共同犯罪的基础之上，在量刑时根据各犯罪参与人在犯罪中的作用大小分为主犯和从犯分别进行处罚。[②]

最后，有学者认为，在构成要件的参与类型层面，形式单一的正犯体系内部属于一种"轮辐结构"，忽视了犯罪参与人之间的互动关系在刑法规范评价上的意义，容易导致处罚范围过宽，并不可取。[③] 本文认为，采取单一制的犯罪参与体系并不意味着对所有正犯行为均予以处罚，对各共犯参与人的处罚条件需要根据各国刑法的具体规定来确定。根据我国刑法的规定，即使行为人实施了犯罪行为，行为与结果之间存在因果关系，行为人在主观方面也存在故意或者过失，行为人具有刑事责任能力，而且与其相关的其他共同犯罪人都被认定为有罪，如果综合所有情况进行评价之后认为行为人属于情节显著轻微危害不大的情况，仍可以根据《刑法》第13条的规定认为其行为不构成犯罪而不予以处罚。因此，认为单一正犯概念将因果关系的起点视为构成要件的实现，可能无限扩张刑事可罚性的范围的说法是有待商榷的。[④]

虽然有越来越多的学者主张我国采取的是区分制的犯罪参与体系，但是正如黄明儒教授所言，我国犯罪参与体系归属的判断只能根据我国现行《刑法》的明文规定作出，不能因为单一制与区分制谁有优势就认为我国犯罪参与体系属

---

① 参见江溯：《犯罪参与的二重性》，载《中国刑事法杂志》2011年第6期。

② 参见赵希：《两种犯罪参与论之比较分析与反思》，载《刑事法评论》2012年第2期。

③ 参见王华伟：《犯罪参与模式之比较研究——从分立走向融合》，载《法学论坛》2017年第6期。

④ 参见周光权：《"被教唆的人没有犯被教唆的罪"之理解——兼与刘明祥教授商榷》，载《法学研究》2013年第4期。

于或者应采取哪种模式。[①] 区分制相对于单一制可能存在诸多理论优势，但是不能因此就忽略本国规定而盲目采取区分制立场，从我国《刑法》的具体规定来看，我国采取的是单一制的犯罪参与体系而非区分制的犯罪参与体系。

三、单一制下教唆犯性质再论证

本文认为我国在犯罪参与体系上采取的是单一制而非区分制，在确定了单一制这一教唆犯性质分析工具后，就需要运用该工具对教唆犯性质进行论证。

（一）教唆行为是共犯行为抑或实行行为

1. 实行行为说

持有该种立场的学者认为，教唆行为本身就是一种实行行为，既不从属也不附加于所教唆之罪的犯罪实行行为，被教唆者的任何行为均不影响教唆行为的独立存在。[②]

2. 共犯行为说

该说认为，教唆行为因为教唆犯与被教唆者共同充足所教唆犯罪构成要件而具有共犯性地位。[③] 例如，钱叶六教授从教唆行为的定型性以及其法益侵害的现实危险性角度认为教唆犯本质上属于加强实行行为的共犯行为。[④]

3. 预备行为说

有学者认为，教唆行为是一种性质比较严重的犯罪预备行为，教唆犯属于预备犯。[⑤] 还有学者认为教唆犯不能通过自己的行为来侵害法益和实现自己的犯罪目的，为了实现自己的犯罪目的选择教唆对象和教唆方式是一种为共同犯

---

① 参见黄明儒、王振华：《我国犯罪参与体系归属单一制的立法依据论》，载《法学杂志》2017 年第 12 期。

② 参见杨晓东、肖怡：《教唆行为应构成独立的“教唆罪”》，载《西南政法大学学报》2002 年第 2 期。

③ 参见李凤梅：《教唆行为：共犯行为抑或实行行为？》，载《法学杂志》2009 年第 1 期。

④ 参见钱叶六：《教唆行为的实行行为性之否定——兼与李凤梅博士商榷》，载《中国刑事法杂志》2009 年第 9 期。

⑤ 参见朱道华、罗祥远：《教唆犯独立性新释及其可行性评估》，载《佛山科学技术学院学报（社会科学版）》2003 年第 2 期。

罪做准备的行为，即犯罪预备行为。[①]

综观上述主要观点，本文认为教唆行为是实行行为而非共犯行为。关于实行行为的判断标准，存在主观说、客观说与折中说等诸多学说，不同的判断标准之下还存在学说之间的对立。一般认为，符合分则构成要件的行为就是实行行为。有学者认为，不能仅从形式上对实行行为进行定义，实行行为是形式侧面与实质侧面的统一。[②] 关于实行行为认定的标准、学说众多，但本文认为，实行行为首先是一种类型性行为，要判断教唆行为是否为实行行为，首先需要判断教唆行为是否具有类型性特征。

我国《刑法》将某些教唆行为直接规定为构成要件行为在分则中加以规定，如引诱未成年人聚众淫乱罪（第 301 条），引诱、教唆、欺骗他人吸毒罪（第 353 条），引诱幼女卖淫罪（第 359 条）等教唆类型犯罪。在这些罪名中教唆行为本身就是构成要件行为，这些罪名的规定本身就可以说明教唆行为是可类型化的行为。只有可以类型化的行为才有可能被刑法规定为实行行为。

从立法上看，《刑法》第 29 条第 1 款的规定只是说明教唆犯与他人一同成立共同犯罪时的处罚原则，并不能直接说明教唆犯本身具有从属性。而在《刑法》第 29 条第 2 款规定的情形下，教唆犯与被教唆者之间并不构成共同犯罪，被教唆者也并没有实施被教唆的犯罪，但法条规定的是从轻、减轻处罚而非直接免除处罚。由此可见，对教唆犯的处罚根据在于教唆行为本身所具有的社会危害性以及教唆犯由教唆行为所表现出来的主观恶性和人身危险性，教唆犯具有实行行为的属性。

针对预备行为说的观点，如果将教唆行为认定为犯罪预备行为，那么在《刑法》总则已经对预备犯作出规定的情况下，就无再设单条对教唆犯进行规定的必要。[③] 如果教唆行为是预备行为，那么对于教唆行为应当是按照《刑法》第 22 条论处。在“被教唆的人没有犯被教唆的罪”的情形下，如果按照《刑法》第 29

---

① 参见郭园园：《论教唆未遂与未遂教唆——以我国〈刑法〉第 29 条第 2 款的解读为中心》，载《现代法学》2003 年第 6 期。

② 参见钱叶六：《教唆行为的实行行为性之否定——兼与李凤梅博士商榷》，载《中国刑事法杂志》2009 年第 9 期。

③ 参见李凤梅：《教唆行为实行性再论——与钱叶六博士商榷》，载《西部法学评论》2011 年第 6 期。

条的规定,对于教唆犯可以从轻或者减轻处罚,但依照《刑法》第 22 条的规定,对于预备犯则可以比照既遂犯从轻、减轻或者免除处罚。此处就出现了处罚规定竞合的情形,是按照教唆犯的特殊规定处理,还是比较哪一个处罚更重进而从重处理,这就增加了处罚的难度。

(二)教唆犯之独立属性

在有关教唆犯属性的学说中,教唆犯独立性说、教唆犯从属性说和教唆犯二重性说是主要的学说类型。其中,教唆犯二重性说是目前的通说,但是教唆犯二重性本身并不是没有疑问的。

首先,教唆犯二重性说的立场本身就是难以认定的。教唆犯从属性说认为,教唆犯的刑事责任从属于正犯,即依正犯之刑论处,其成立条件之一也要求正犯至少实行了构成要件行为(最小从属性说);而教唆犯独立性说则认为,教唆犯的刑事责任完全是由其自身行为决定的,与正犯行为无关。教唆犯二重性说所表述的独立性和从属性与教唆犯从属性说和教唆犯独立性说中表述的含义并不相同。教唆犯二重性说本身并不涉及教唆犯的成立条件方面的问题,其主要是对教唆犯处罚规定的解释。

其次,教唆犯二重性说中关于教唆犯具有从属性的论证是值得商榷的。对于教唆犯的从属性,伍柳村教授是从教唆犯与被教唆者之间的关系角度进行论证的,因为在两者的关系中教唆者居于从属地位,所以其具有从属性。① 教唆犯犯罪目的的实现确实需要经过被教唆者的犯罪决意及其实施所教唆的犯罪行为,而教唆犯在完成教唆行为之后,其对于犯罪目标能否实现的影响程度确实较小,决定教唆犯犯罪目标能否实现的是被教唆者,但是教唆犯的这种从属性地位,只是教唆犯罪在整个发展过程中的普遍特点,其中双方都是独立的个体,并不存在谁从属于谁的问题,不能就此认为教唆犯具有从属性。若照此思路推论之,间接正犯犯罪目标需要操纵者的行为才能实现,其相对于被操纵者也居于从属地位,则间接正犯具有从属性,这一结论的得出明显是让人难以接受的。教唆犯二重性理论中的从属性内涵不同于教唆犯从属性说中的从属性概念,两

① 参见伍柳村:《试论教唆犯的二重性》,载《法学研究》1982 年第 1 期。

者不能作简单的等同和混淆。

再次,教唆犯二重性说只是根据实在法的规定,对教唆犯在两种不同情况下的规定进行解释,然后将其组合在一起。这种从实定法出发的解释方法是没有问题的,但是教唆犯二重性说理论并没有说清楚教唆犯的处罚根据是什么,这就导致教唆犯二重性说看起来不像是一个理论,而更像是基于实定法而得出的解释结论。

最后,教唆犯二重性说理论的理论和实践意义有待商榷。既然教唆犯具有二重性,那么两种性质区分的标准是什么,何时体现的是独立属性,何时又是从属性的展现,该理论本身并没有予以说明。

本文认为教唆犯具有独立性。教唆犯的成立是由教唆行为本身的所具有的危险性和行为人在实施教唆行为的过程中所表现出来的人身危险性所决定的,教唆行为是实行行为,至于被教唆者是否接受教唆实施了被教唆的犯罪行为,不影响教唆犯的成立。

1. 从理论层面看

从刑法的具体规定出发,本文认为我国是单一制的犯罪参与体系。在单一制的犯罪参与体系下,给犯罪的成立提供了条件的人都是正犯,并不重视行为在形态上的区分,关于犯罪的成立与否需要针对各个正犯者的行为分别予以讨论,根据行为人在犯罪行为中分担的程度以及性质来量定刑罚。

教唆犯是教唆采用怂恿、指使等手段引诱他人犯罪的人。根据通说的"二要件说",教唆犯的成立只需要两个要件,一是主观上有教唆他人犯罪的故意;二是客观上有教唆他人犯罪的行为,至于被教唆者是否实施了被教唆的行为并不影响教唆犯的成立。被教唆的犯罪是否会被实施,除教唆者的唆使、怂恿外,关键在于被教唆者本人的意志选择,即被教唆者基于自己的自由意志决定究竟是为还是不为该犯罪行为。教唆者在实施完教唆行为之后,其犯罪行为就基本上已经结束了,后续引导犯罪流程发展的行为主体是被教唆者。从某种程度上说,教唆者所要承担的责任范围,以其意欲教唆他人实施犯罪并将之付诸行动而表现出来的主观恶性、人身危险性以及其教唆行为可能导致他人实施犯罪而造成的社会危害性为限。①

我国刑法坚持主客观相统一的原则，将客观上具有一定的危害性和主观上具有人身危险性的行为入罪并予以相应的刑罚处罚。犯罪的本质要求行为具有达到需要追究刑事责任程度的社会危害性。②

从主观方面看，教唆者具有强烈的主观恶性和人身危险性。教唆者的主观恶性表现在，其明知自己所教唆的行为是刑法所禁止的行为仍继续唆使他人实施该行为，具有强烈的反社会性。教唆者的人身危险性则表现在，当教唆者教唆此人不成时，极有可能再继续教唆他人实施违法行为，具有极大的再行为可能性，对于社会秩序和公众安全都是一种潜在的威胁。

从客观方面看，教唆行为具有极强的法益侵害可能性。教唆行为本身具有多种表现形式，诸如唆使、劝说、一般程度的威胁等，这种行为本身就是对法道德和公众正常法感情的侵犯。教唆行为是被教唆者实施违法行为的诱因，但是当被教唆者开始实施违法行为时，教唆犯对于具体犯罪行为的走向并没有多强的控制力，即一旦被教唆者开始实施犯罪行为，整个犯罪行为的发展就掌握在被教唆者的手中，这时犯罪行为的发展是否会按照教唆者的预想进行具有极大的不确定性，容易在教唆犯罪的基础上衍生出更为严重的犯罪，造成更为严重的后果，而这种后果发生的根源就在于教唆犯一开始的教唆行为。

因此，教唆行为作为一种独立行为在实施时所表现出来的主观恶性与人身危险性以及法益侵害可能性是毋庸置疑的，而《刑法》第 29 条第 2 款中对教唆未遂进行处罚就是对教唆犯独立性的立法体现。

2. 从实证法的层面看

我国《刑法》以单条的形式分为两款对教唆犯进行了规定。

《刑法》第 29 条第 1 款规定："教唆他人犯罪的，应当按照他在共同犯罪中所起的作用处罚。"本款的规定并不能说明教唆犯具有与从属性，也不能认为我国采取的是共犯从属性立场。

第 1 款中规定的是构成共同犯罪的情况下教唆犯的处罚原则，因为并不是

---

① 参见韩玉胜、李凤梅：《教唆未遂之理论界定》，载《国家检察官学院学报》2006 年第 4 期。

② 参见杨文：《论教唆犯的未遂形态》，载《吉林公安高等专科学校学报》2008 年第 4 期。

只要教唆者实施了教唆行为，教唆者与被教唆者之间就能构成共同犯罪。传统观点认为，共同犯罪必须是两个以上达到刑事责任年龄、具有刑事责任能力的人或单位，具有共同的犯罪行为，共同的犯罪故意才能成立。[①] 所以，只有当教唆者与被教唆者都是达到刑事责任年龄、具有刑事责任能力，具有共同的犯罪故意，被教唆者实施了教唆者所教唆的行为时，才能成立共同犯罪。缺少了任何一个条件，两者之间都不能成立共同犯罪。当两者之间不成立共同犯罪时，教唆犯也就无所谓是主犯还是从犯的问题，更不可能适用本款之规定。因此，本款适用的关键在于共同犯罪成立与否的判断，这并不能体现出教唆犯具有从属性。

《刑法》第29条第2款规定，当“被教唆的人没有犯被教唆的罪”时，教唆犯的处罚原则是从轻或者减轻处罚。关于本款规定，刑法理论中存在诸多争议。有学者认为，本款是关于“未遂教唆”的规定，教唆未遂只存在于教唆犯与被教唆者成立共犯的情况下。[②] 有学者认为，本款是关于“独立教唆犯”的规定。[③] 有学者将该款中的情形称为“单独的教唆犯的未遂”，这种情况下的教唆犯是单独教唆犯。[④] 有学者认为，本款规定的是以教唆的行为方式实施的间接正犯。[⑤] 有学者认为，本款情形下同样构成共同犯罪，是关于教唆(型)共同犯罪的未遂的规定。[⑥] 还有学者为了使教唆犯从属性说得以贯彻，将本款规定解释为未遂犯的教唆犯。[⑦] 但我国刑法学的通说认为，该款是关于“教唆未遂”的规定。本文同意通说观点，认为本款是关于教唆未遂的规定。

---

① 参见高铭暄、马克昌主编：《刑法学》(第8版)，北京大学出版社、高等教育出版社2017年版，第164－166页。

② 参见贾宇：《教唆犯理论的初步比较研究》，载《河北法学》1991年第2期。贾宇教授认为，“被教唆的人没有犯被教唆的罪”，无非是被教唆者根本未接受教唆；或虽接受教唆产生犯意但尚未实施行为；或虽实施犯罪行为，而所犯的不是被教唆的罪，即未遂教唆的三种情况。

③ 参见张睿：《论独立教唆犯》，载《河南省政法管理干部学院学报》2000年第3期。

④ 参见张伟：《对单独教唆犯刑事可罚性的质疑》，载《江苏警官学院学报》2003年第2期。

⑤ 参见何庆仁：《我国刑法中教唆犯的两种涵义》，载《法学研究》2004年第5期。

⑥ 参见肖本山：《“教唆未遂”诠释新解——关于体系性解释和目的解释方法的适用》，载《法学评论》2007年第5期。

⑦ 参见张明楷：《刑法学》(第5版)，法律出版社2016年版，第412页。

虽然关于教唆未遂的具体内容，理论界存在“二情形说”①、“三情形说”②、“四情形说”③等多种观点，但是本文认为，从刑法具体规定的解释出发，教唆未遂包括四种情形：一是教唆者实行了教唆行为但是没有传递到被教唆者；二是教唆者实施了教唆行为，但是被拒绝；三是教唆者实施了教唆行为，被教唆者接受了教唆但是没有实施该行为；四是教唆者实施了教唆行为，被教唆者也接受了教唆，但是实施的不是被教唆之罪。

至于教唆未遂的可罚性问题，采取共犯从属性理论的国家或地区多持教唆未遂不可罚的立场，如我国台湾地区旧“刑法”第29条规定，被教唆人虽未至犯罪，教唆犯仍以未遂犯论处，但以所教唆之罪有处罚未遂犯之规定为限，即采取的是教唆未遂可罚说。但是在2005年“刑法”的全面修订中将该款之规定完全删除，对教唆未遂采不可罚的立场。再如，同样是采取共犯从属性理论的日本刑法学者前田雅英从共犯从属性的立场出发，认为教唆者虽然实施了教唆行为，但正犯没有达到着手实行的阶段，此时教唆未遂不可罚。④

我国采取的是教唆未遂处罚说的立场，同时对教唆未遂的处罚原则类似于未遂犯的处罚规定。这一处罚原则的规定正是基于教唆犯的独立性。因为，通常情况下教唆者在实施完教唆行为后，其在整个犯罪过程中所能为之行为已基本结束，至于被教唆者是否实施该行为则由其自由意志决定。教唆未遂的情

---

① 我国立法机关的解释认为教唆未遂包括两种情形：一是教唆犯的教唆对被教唆人没有起到促成犯意，促使其实施犯罪的作用，被教唆人既没有实施教唆犯教唆的犯罪，也没有实施其他犯罪，其教唆行为没有造成直接的犯罪结果；二是被教唆人没有犯所教唆的罪，但因为受教唆而犯了其他罪。参见郎胜主编：《中华人民共和国刑法释义》（第4版），法律出版社2009年版，第34－35页。有学者认为，教唆未遂表现为两种情形：一是失败教唆，即教唆犯没有使被教唆人形成犯意；二是无效的教唆，即教唆犯虽然使正犯形成了对于特定犯罪的一时犯意，但被教唆犯没有开始实施犯罪行为。参见郭园园：《论教唆未遂与未遂教唆——以我国〈刑法〉第29条第2款的解读为中心》，载《现代法学》2003年第6期。

② 有学者认为，教唆未遂包括：被教唆者根本未接受教唆，或虽接受教唆产生犯意而尚未实施行为，以及虽实施犯罪行为，但所犯的不是被教唆的罪三种情况。参见刘佳雁：《海峡两岸刑法中教唆犯理论之比较研讨》，载《台湾研究》1995年第2期。

③ 主张“四情形说”的马克昌教授认为，教唆未遂包括：被教唆人拒绝教唆犯的教唆；被教唆人虽然当时接受了教唆，但随后又打消了犯罪的意思，并未进行任何犯罪活动；被教唆人当时接受了教唆犯所教唆的犯罪，但实际上他所犯的不是教唆犯所教唆的罪；被教唆人实施犯罪不是教唆犯的教唆所引起的四种情况。参见马克昌：《论教唆犯》，载《法律学习与研究》1987年第5期。

④ 参见［日］前田雅英：《刑法总论讲义》（第6版），曾文科译，北京大学出版社2017年版，第331页。

况，就是教唆者实施了教唆行为，但是由于意志以外的原因，即被教唆者并未按照教唆者的教唆实施该行为（四种情形），教唆者预期的结果并未实现，在此种情形下构成的是未遂而非既遂。

在论述教唆犯的性质时，必须从我国现行《刑法》出发，毕竟刑法作为实定法是具有国别性的，纯粹的理论移植是存在问题的，得出的结论也是不可靠的。

3. 从司法实践层面看

教唆犯具有独立属性并不会造成处罚的无限扩张。即使认为教唆行为是实行行为，教唆犯具有独立性，也并不等于所有教唆行为都要受到处罚。当教唆行为情节显著轻微危害不大时，可以根据《刑法》第 13 条的规定认为该行为不构成犯罪从而免除处罚，并不会出现极轻微罪行也受到处罚的不合理情况。

相反，根据严格的共犯从属性说的立场，未遂以着手实行行为作为前提，在教唆未遂的情况下并不存在适用未遂犯处罚规定的余地。作为共犯行为的教唆行为顶多只是具有预备行为的性质，但是预备行为是否可罚具有法定性，在没有明确规定预备行为可罚就意味着只要被教唆者并未着手实施犯罪行为，无论教唆者的教唆行为本身具有多严重的法益侵害可能性都不能进行处罚。这种立场有过分缩小刑事处罚范围之嫌，不利于社会防卫目的的实现。虽然惩罚犯罪不是刑法的唯一目的，但是不可忽视这一目的。

综合上述理论、立法、实践三个不同层面的论述，本文认为教唆犯的性质是独立性而非从属性或二重性。

四、小结

共同犯罪是我国犯罪论体系中较为混乱的一章，而教唆犯又是其中的重要一环。由于《刑法》第 29 条并没有对教唆犯的含义进行具体规定，对教唆犯的概念存在诸多争议。而这种争议的背后是对教唆犯性质的不同理解，教唆犯性质研究的内容是教唆犯成立的理由和受到刑事处罚的依据问题，是进行教唆犯理论研究的起点和基础。我国目前关于教唆犯性质的研究理论混杂、争议颇多，主要存在教唆犯独立性说、教唆犯从属性说、教唆犯二重性说、教唆犯独立性和从属性统一说以及教唆犯两重性否定说五种学说。

产生这种理论纷争的原因在于学者们在教唆犯性质问题上采取了不同的

分析工具,即对犯罪参与体系产生了认识上的差异,这种差异化认识将直接导致在教唆犯性质问题上所持之基本立场的对立。本文从不同犯罪参与体系的基本观点出发,结合刑法的具体规定,认为我国采取的是单一制的犯罪参与体系而非区分制。以单一制的犯罪参与体系理论为工具,从理论、实定法与实践三个层面分析,得出的结论是教唆犯的性质是独立性而非从属性或二重性。

我国古代防卫制度：追溯、解构与启示

曾　昌*

摘要：我国防卫型刑事案件容易成为重大影响性案件，追根究底还是该类型案件的法理与情理相冲突的情况严峻。我国独具特色的防卫情理理念应当追溯至古代时期"眚灾肆赦"，一方面，防卫制度之前身复仇制度经历了跌宕起伏的曲折行径，最终形成了复仇原宥原则；另一方面，受儒家法思想的影响，古代防卫制度遵循了纲常伦理的特权规范，以住宅防卫、自身防卫、近亲属防卫组成了我国独具特色的防卫制度体系，以防卫即时性、防卫结果性判定防卫的成立与否。我国古代防卫制度虽然秉承了其礼法特性，但是其立足于对不同法益的保护确立的防卫类型化，以及对刑法理性的贯彻值得我们借鉴。

关键词：正当防卫　住宅防卫　复仇　伦理

正当防卫理念一直在被刑法学界所研讨，"于欢案""昆山案""赵宇案"等案件的接连发生，更是引起了社会各界人士的广泛关注。我国学者一直致力于从理论框架上完善正当防卫理念，即对正当防卫的体系构架、防卫限度、实务认定等方面作出修正，虽然学术界与社会界在一定限度上达成了共识——我国正

* 男，湖南洞口人，法学博士在读，主要从事刑事法研究。

当防卫制度已然“异化”①,但是依旧无法摆脱社会各界对于我国现行正当防卫规定之诘难,法理与情理之冲突似乎愈加激烈。我国大众法理情理认知可以追溯至古代社会的法律理念,学术界却鲜有学者对我国的正当防卫制度及法律思想进行历史回溯,②这种回溯和远望所带来的整体观感能够生成理解当下制度合理性的历史视角,这种历史视角是澄清那些先验假设最好的方法。③ 因此,我国正当防卫制度的完善探寻离不开对我国古代正当防卫制度前身,即复仇制度的追溯与省思。

一、我国古代防卫之前身——复仇制度

无论学界从何种角度界定正当防卫之概念,其都无法忽视正当防卫与复仇之关联。以我国现今之正当防卫来对比我国古代复仇制度,即以“正在进行的不法侵害”“不超过必要限度”等构成要件来进行对比,“复仇”当然不能被视为正当防卫。但是,防卫之始在于人们无义务忍受他人之不法侵害,并实施反击,这不仅是人类自卫之本能,也是律法认可之结果。此时,兼合古代律法免于罪责的复仇制度在一定意义上符合正当防卫之初始形态,即防卫之行为免于刑责。换言之,我国古代正当防卫制度的历史回溯应当从其前身复仇制度入手。

(一)义举——复仇的绝对正义性

“以牙还牙以眼还眼”的血亲复仇方式在早期社会一直存续,即使在我国古

---

① 社会各界普遍认可为正当防卫之案件却在司法实务中被认定为防卫过当,多数学者持正当防卫制度“僵尸条款”“异化”之观点。参见王芳:《中国防卫权刑事审判共识度实证研究》,载《政法论坛》2018 年第 6 期;肖中华、朱璨:《论正当防卫中必要限度条件的激活》,载《法学杂志》2019 年第 4 期;周光权:《正当防卫的司法异化与纠偏思路》,载《法学评论》2017 年第 5 期;劳东燕:《正当防卫的异化与刑法系统的功能》,载《法学家》2018 年第 5 期;陈兴良:《正当防卫如何才能避免沦为僵尸条款——以于欢故意伤害案一审判决为例的刑法教义学分析》,载《法学家》2017 年第 5 期;梁根林:《防卫过当不法判断的立场、标准与逻辑》,载《法学》2019 年第 2 期。也有学者基于侦查阶段分流了大量防卫案件,认为不应当将其视为“僵尸条款”,参见曲新久:《正当防卫制度适用的现状与困境》,载《中国检察官》2018 年第 18 期。

② 现有研究参见闵冬芳:《唐律“夜无故入人家”条源流考》,载《法学研究》2010 年第 6 期;张群:《也谈“夜无故入人家”——评〈唐律“夜无故入人家”条源流考〉》,载《北大法律评论》2011 年第 2 期;桂齐逊:《唐律与台湾现行法关于“正当防卫”规定之比较研究》,载《中西法律传统》2008 年第 26 辑。

③ 参见李晓辉:《法的历史比较方法及其反思:以梅因为中心的考察》,载《清华法治论衡》2018 年第 26 辑。

代,血亲复仇的正义性依旧得到了社会的普遍认可:“父之仇,弗与共戴天,兄弟之仇不反兵,交游之仇不同国。”①在宗族孝道盛行时代,一旦双方存在仇怨,往往会以另一方完全泯灭或者举族远遁而结束,即为百事孝为先在仇怨中的体现。即使是春秋时期的儒家圣贤也推崇复仇之道:“子夏问于孔子曰:居父母之仇,如之何? 夫子曰:寝苫枕干、不仕,弗与共天下也,遇诸市朝,不反兵而斗。”②《唐律疏议》也提及“祖父母、父母及夫人为人所杀,在法不可同天”③。此时,在推崇礼法道德的我国古代社会,复仇可以称之为“义举”。

(二)朝士——避仇制度的衍生

春秋时期,公羊直接指出:“父不受诛,子复仇可也。父受诛,子复仇,此推刃之道,复仇不除害。”④父罪当诛而其子复仇,仇人之子亦必复仇,易形成循环报复,难以了结。此时,这种私权复仇一旦泛滥,会直接冲击稳定的社会秩序,应当受到公权之限制,避仇制度就此应运而生。正如《周礼·地官·司徒》提及:“父兄之仇皆使之远避以和难,不避则执之。”“凡杀人有反杀者,使邦国交仇之。”一旦涉及父兄仇怨,宗族相互杀人反复报仇往往形成世仇宗族,乃至世仇邦国。礼法将避仇制度纳入其中,旨在促使双方远避以防止争执仇杀。同时,为了保障复仇、避仇制度的顺利实施,对于复仇事宜,西周官府亦设有专门管理复仇事宜之官吏,名为“朝士”。凡有正当复仇理由的,应到朝士处登记仇家姓名,履行完法定手续后,方可“杀之无罪”⑤。

(三)轻侮——复仇制度的起伏

汉时,复仇仍有余风:“汉时官不禁报怨,民家皆高楼鼓其上,有急即上楼击鼓,以告邑里,令救助。”⑥仇怨之事,直接上楼击鼓,邻里相助,余风依存。相比春秋战国时期复仇之风已然下降,甚至有识之士认识到私权复仇与国家秩序之

---

① 《礼记·曲礼上》。
② 《礼记·檀弓上》。
③ 长孙无忌等撰:《唐律疏议》,刘俊文点校,法律出版社 1999 年版,第 361 页。
④ 《春秋·公羊传》。
⑤ 高绍先:《中国刑法史精要》,法律出版社 2001 年版,第 192 页。
⑥ 《太平御览》卷五百九十八(文部十四)。

间的矛盾,东汉桓谭就曾上书论及复仇之害。① 史料亦有记载,安邱毋邱长因母被醉客羞辱,愤然杀之,逃至胶东被捕。时值吴祐任胶东相,言之:"子母见辱,人情所耻。然孝子忿必虑难,动不累亲。今若背亲逞怒,白日杀人,赦若非义,刑若不忍,将之如何?"因毋邱长无后,吴祐令其妻同宿狱中,孕后至冬行刑。②报辱母恨,可谓情理与法理冲突的集中体现,实务中虽尽孝义之道,但仍需依律处刑。

(四)同罪——复仇的绝对禁止

曹魏时,因长期战乱民不聊生,改定汉律,明禁复仇。魏文帝黄初四年(公元 223 年)下诏:"丧乱以来,兵革未戢,天下之人,互相残杀,今海内初定,敢有私复仇者皆族之。"③直接明令禁止复仇事件的发生,但依旧无法阻止邻里相助复仇之风,以至于北魏太武帝于太延元年(公元 435 年)下诏宣告:"民相杀害,牧守依法平决,不听私辄报复,敢有报者,诛及宗族;邻伍相助,与同罪。"④虽然律法对复仇持绝对禁止之态,但民间复仇之风依然存续,东汉酒泉烈女传即为明证。⑤ 可见,古时礼制与律法之冲突便时有发生,甚至连执法者都依礼制而避之。其后律法又有所反复,《魏律》有曰:"贼斗杀人,以劾而亡,许依古义,听子弟得追杀之。会赦及过误相杀,不得报仇,所以止杀害也。"在故意杀人案中,父兄被杀,子弟依旧可以追杀未被缉拿归案的凶手,法律对于复仇又予以一定认可。

---

① 东汉桓谭就曾上书:"设法禁者,非能尽塞天下之奸,皆合众人之所欲也,大抵取便国利事多者,则可矣。夫张官置吏,以理万人,悬赏设罚,以别善恶。恶人诛伤,则善人蒙福矣。今人相杀伤,虽已伏法,而私结冤仇,子孙相报,后忿深前,至于灭户殄业,而俗称豪健,故虽有怯弱,犹勉而行之,此为听人自理而无复法禁者也。"参见《后汉书·桓谭传》。

② 参见《后汉书·吴祐传》。

③ 《魏志·文帝纪》。

④ 《魏书·世祖纪》。

⑤ 酒泉郡烈女庞娥亲之父赵江安被李寿所杀,李寿闻其弟三人皆因瘟疫而死,遂放出狂言并放下防范之心,庞娥亲寻机杀死李寿,投案自首。而福禄县令不忍其受刑,解印辞官故意放宽律法放走她。她坚持违背律法而逃不是其本意,不肯逃离。其后恰逢皇上大赦,免于处刑,并被梁州刺史等人上表其烈义,刊石立碑。参见《后汉书·列女传》。

(五)规范——复仇的相对禁止

唐宋以后,法律在禁止私相复仇的同时,又进一步规范了避仇制度。“诸杀人应死会赦免者,移乡千里外。”[①]该规定以法律文本的形式确认了移乡避仇制,并以千里为限。同时,规范移乡避仇的主体,移乡避仇者仅限于杀人本应处死却被赦免之人,包括个人犯杀者以及共同犯罪中执行者与主犯者。并对该主体规范了三类人群的例外:(1)死者无期以上亲或其亲相去千里者。此时期以外亲血缘关系相对淡薄,千里之外之期亲又无复仇之可能。(2)习天文业已成者。此时这种情形主要是源于我国古代君权神化——“天子授命于天”,因此对于私习天文者往往以罪论处,对于官方“习天台执事者,恐泄天文,不可流之远方”。(3)妇人犯杀部曲、奴婢者,部曲、奴婢相杀者。妇人只是犯杀不属于良人例的部曲、奴婢,部曲、奴婢属于贱籍例,性质等同于私人财产,因此并不在移乡之例。

综上所述,我国封建历代对复仇制度一直颇为重视,复仇经历了公开允许、相对限制、完全禁止到依法规范的历史进程,完成了中华法系独具特色的制度演变。从个人仇杀的绝对正义到复仇的法律规范,实现了对私人权力滥用的合理管控。但是,复仇制度依旧面临了世俗情理的强力冲击,即使是在完全禁止的北魏时期,也无法阻止个人仇杀情形的发生,甚至不得不将邻里相助情形也以犯罪论处。

二、我国古代防卫之伊始——唐律

我国最早蕴含正当防卫理念的律典可以追溯至《尚书·舜典》,谓之“眚灾肆赦”,即“遇不正之侵害,与避现在之危难,皆可谓之不幸。因不幸而至触犯罪刑,亦当赦之”。虽无法辨明其成立之条件,但其中包含了正当防卫及紧急避险之行为,并无异议。[②] 西周时期“夜无故入人家”则进一步明确了我国古代律法中的正当防卫理念。《周礼·秋官·朝士》有言:“凡盗贼军,乡邑及家人,杀之

---

① 长孙无忌等撰:《唐律疏议》,刘俊文点校,法律出版社1999年版,第370页。

② 日本冈本博士亦谓眚灾肆赦兼有二意,正当防卫居其少数,紧急避险居多数。参见徐超阳:《中国刑法溯源》,商务印书馆1934年版,第126-130页。

无罪。”[①]汉朝则将防卫人防卫范围从住宅扩展到车船，内容更为全面丰富。《汉律·贼律》写道：“无故入人室宅庐舍，上人车船，牵引人欲犯法者，其时格杀之，无罪。”[②]直至古代律令集大成者——唐律的出现，以“夜无故入人家”正式确认了中华法系独具特色的正当防卫制度，其他相应防卫之规范散见于唐律之《贼盗律》《斗讼律》之中。

易言之，我国关于“正当防卫”的相关法理思想，虽然发轫于上古时代，秦汉魏晋时期涉及复仇之规范也蕴含了防卫之性质，直迄唐律，方具有完整规范的特色正当防卫理念与法律条文，并为日后的宋元明清历代所沿袭。[③]

（一）住宅防卫——“夜无故入人家”

如前所述，《汉律》即有“无故入人室宅、庐舍，上人舟船，牵引人欲犯法者，其时格杀之，无罪”的规定。其时，即当时；牵引人，即指强行将人拉走，但还没有实施明确的杀伤行为，所以称“欲犯法者”。在这种情况下，防卫人的合法权益已经受到一定的侵害，如居住权、人身安全受到了侵犯，而且防卫人的生命、财产安全面临更为严重的威胁，所以法律允许对其实行防卫。汉朝时期关于无故入人家之规范，扩展了防卫之场所，并强调防卫之应时性，属于“绝对全免说”——其时格杀无罪。

唐朝时期，以“夜无故入人家”正式确认了住宅防卫这一防卫类型。《唐律·贼盗》规定：“凡夜无故入人家内者，笞四十。主家登时杀死者，勿论；若知非侵犯而杀伤者，减斗杀伤二等。其已就拘执而杀伤者，各以斗杀伤论，至死者，加役流。”[④]夜间住宅防卫之规定，归类于贼盗篇，不仅是保护财产人身之安全、家宅之安宁，更重要的是维护社会秩序之稳定，[⑤]其适用无限防卫权之必要由此凸

---

① 依据清代学者孙诒让之解释，此处“家人”指平民之住宅，这意味着对侵入乡邑及平民住宅实施盗窃和杀人的行为，防卫人都可以将其杀死，而不受法律制裁。参见张晋藩、怀效锋主编：《中国法制史·战国秦汉卷》第7卷，法律出版社1999年版，第492页。

② 《汉律·贼律》。

③ 参见桂齐逊：《唐律与台湾现行法关于“正当防卫”规定之比较研究》，载《中西法律传统》2008年第6卷。

④ 长孙无忌等撰：《唐律疏议》，刘俊文点校，法律出版社1999年版，第374－375页。

⑤ 张群：《也谈“夜无故入人家”——评〈唐律“夜无故入人家”条源流考〉》，载《北大法律评论》2011年第2期。

显。

梳理唐律相关条文,住宅防卫成立之标准主要有以下几点:

第一,防卫前提。“夜无故入人家”,即夜间无正当理由进入他人住宅。[①] 一般而言,无故入人家并非直接适用无限防卫权。此时,不得不提及夜禁制度,古时封建王朝为便于统治,禁止夜间行走,否则一律依律处罚。《唐律·杂律》三十四条“犯夜”便是对夜禁制度的规范:“诸犯夜者,笞二十;有故者,不坐。”[②] 申言之,“夜无故入人家”不仅仅是对住宅安宁的侵犯,而且也是对夜禁制度的违反。因此,“夜无故入人家者”之刑罚更为严厉。

第二,防卫时机。“登时”,即侵犯行为进行之时。“事在顷刻,势出仓促,谓之登时。”如果不法侵害者“已就拘执”,无力抵抗施暴,则不得杀伤,若有杀伤,依斗法定罪论处;至死,则加处役流。[③] 结合看来,唐律不仅对住宅防卫的时间点有所强调,对于防卫时机的把握也有所规范。自不法侵害者侵入住宅之始至被擒获前,主人都可以实施无限防卫权。不法侵害者侵入行为的结束并不意味着主人防卫适时性已然消失。不法侵害人夜间侵入住宅,无非谋财人二者也,在其束手就擒前都存在较强的社会危险性。因此,在其侵害行为存续过程中,主人都可以应时杀之。

第三,防卫对象。防卫对象直接指向不法侵害人,即“夜无故入人家者”。但是并非对任何不法侵害人都可以进行正当防卫,对于六类不法侵害人排除适用无限防卫权,即迷误者、醉酒者、老者、幼者、病患者、妇人。杀伤者,减斗杀伤二等。[④]

第四,防卫意图。主人应当知其为不法侵害人,“若知非侵犯而杀伤者,减斗杀伤二等”。[⑤] 结合上述防卫对象之内容,唐律对防卫意图的成立主要包括两

---

① 疏议曰:夜者,依刻漏之法,昼漏尽为夜,夜漏尽为昼。刻漏是我国古水,下各开孔。以玉虬吐漏水代最重要的计时仪器,唐初的《初学记》卷二十五中留有几段残文。文如下:“以铜为器,再叠差置。实以清,下各开孔。以玉虬吐漏水入两壶,右为夜,左为昼。”“铸金铜仙人,居左壶;为金胥徒,居右壶”。“以左手把箭,右手指刻,以别天时早晚。”

② 长孙无忌等撰:《唐律疏议》,刘俊文点校,法律出版社 1999 年版,第 627 页。

③ 长孙无忌等撰:《唐律疏议》,刘俊文点校,法律出版社 1999 年版,第 375 页。

④ 长孙无忌等撰:《唐律疏议》,刘俊文点校,法律出版社 1999 年版,第 374 页。

⑤ 长孙无忌等撰:《唐律疏议》,刘俊文点校,法律出版社 1999 年版,第 374 页。

个方面：一是主人应当具有防卫之认识，认识到紧急防卫情状的出现；二是主人应当具有防卫意思，即意欲防卫为必要，否则单纯的杀伤“非侵犯者”则依律以斗杀伤论处。

第五，防卫限度。“杀之勿论”，直接赋予了主人剥夺他人生命的权利，等同于我国现行《刑法》第20条第3款之无限防卫权。唐律强调住宅防卫的绝对正义性，不必考虑所损害法益之大小。无外乎于戴炎辉批判：既不论法益之均衡，又不以“出不得已”为要件，太过于放宽要件与罪责，显失权衡。

综上所述，唐律中“夜无故入人家”从防卫时机、防卫对象、防卫意图、防卫限度等方面构建较为完备的正当性防卫行为规范，同时这种夜间住宅防卫是一种无限防卫权。唐律“夜无故入人家”确实符合现代正当防卫之要义。

（二）自身防卫——“两相殴伤论如律”

《唐律·斗讼》云：“诸斗两相殴伤者，各随轻重，两论如律；后下手理直者，减二等。至死者，不减。”[①]“后下手理直”直指行为之防卫性质。若乙事先并未冒犯甲，无辜被甲所殴打，乙于是抗拒回殴之。“乙是理直，减本殴罪二等，合笞二十。”结合本条律疏，主要包含以下内容：

第一，防卫前提。防卫者并无冒犯侵害者之事实，于法理直。

第二，防卫行为。防卫者必然出于防卫意思而还手，以阻止不法侵害的继续进行，“抗拒回殴之”，防卫者行为之防卫性由此凸显。

第三，处罚原则。本律所规范之内容，即使认可防卫者于法理直，但是依据只是以罪减等论处。参照《唐律·斗讼》“斗殴以手足他物伤”之规定：“诸斗殴人者，笞四十；谓以手足击人者。”故防卫者依旧以斗殴罪论处，减二等即“笞二十”。申言之，该条并不认可防卫之正当性，依旧对防卫者依律论处，可视为防卫过当。至于“至死者，则不减”，则因一方只是单纯的殴击行为，并不存在紧迫的生命危险，防卫者却将人杀死，故意伤害之意思完全遮蔽了防卫之意思，因此不予减轻刑罚。

由于封建律法强调三纲五常，上述之规定仅适用于一般社会成员之间，若

① 长孙无忌等撰：《唐律疏议》，刘俊文点校，法律出版社1999年版，第424页。

斗殴行为发生在特殊身份之间,又应别论。“凡人相殴,条式分明。五服[①]尊卑,轻重颇异。”[②]五服之内,卑幼殴尊长,最低亦应受刑杖一百,当卑幼殴小功、大功、期亲以上亲,则分别递增一等处分;尊长殴卑幼,不到折伤[③]以上程度,不罚,即使是折伤以上,也可依五服尊卑递减相应等次。[④]“欲正刑名,先明服纪”,这是封建家长制在刑律特权中的集中体现。唐以后各朝刑法基本上都沿用此一规定。明、清刑律都将其直接写入律条:“殴兄、姊、伯、叔(依本律定拟,虽后下手理直——系清律所加之注)者,不减。”

(三)近亲属防卫——“祖父母为人殴击”

《唐律·斗讼》第三十四条“祖父母为人殴击”规定:“诸祖父母、父母为人所殴击,子孙即殴击之,非折伤者,勿论;折伤者,减凡斗折伤三等;至死者,依常律(谓子孙元非随从者)。”[⑤]《唐律疏议》释义“祖父母、父母为人所殴击,子孙理合救之”,即有实行正当防卫之权利。但是这种保护近亲属的防卫依旧受到诸多限制,以维护礼法之衡平,依《唐律疏议》之意主要存在以下几个方面限制:

第一,防卫主体之限制。防卫者身份之限制,防卫者必是被侵害者之子孙;防卫者自始不能与被侵害者在同一场合,即“元非随从者”,只能是随后闻讯赶来救助。如果防卫者自始与祖父母、父母同行或者在场,则依律以斗殴罪论处。具体而言,以斗殴罪之首犯、从犯论罪处罚。

第二,防卫对象之限制。依原律之意并未对防卫对象作出一定限制,应当理解为不论亲疏贵贱,只要实施殴击祖父之行为,子孙均可对其实施正当防卫。

---

① 《晋书·刑法志》有曰:“峻礼教之防,准五服以制罪。”“五服”制度是古代立法中为死去的亲属服丧的制度,是以血缘亲疏为差等的丧服制度,分五等:斩衰、齐衰、大功、小功、缌麻。“准五服以制罪”,就是按照五服所表示的亲属关系远近及尊卑,作为定罪量刑的依据。具体而言,服制越近,即血缘关系越亲,卑犯尊的处罚越重,尊犯卑的处罚越轻;服制越远,则表明血缘关系越疏远,以尊犯卑,处罚相对加重,以卑犯尊,处罚相对减轻。以五服定罪,始于晋律,以后成为传统。

② 长孙无忌等撰:《唐律疏议》,刘俊文点校,法律出版社1999年版,第425页。

③ 折伤者,或折齿,或折手足指,但折一事,即合处流。参见长孙无忌等撰:《唐律疏议》,刘俊文点校,法律出版社1999年版,第445页。

④ 参见《唐律·斗讼》卷二十一之斗讼凡一十五条“殴缌麻兄弟”“殴兄姐”“殴詈祖父母父母”等条文之律疏。参见长孙无忌等撰:《唐律疏议》,刘俊文点校,法律出版社1999年版,第444-449页。

⑤ 长孙无忌等撰:《唐律疏议》,刘俊文点校,法律出版社1999年版,第455页。

但是,就如同自身防卫场合下五服斗殴之情形,结合《唐律·斗讼》凡一十六条——“殴缌麻兄弟”“殴兄姐”“殴詈祖父母父母”等条文之律作出体系解释,不难理解《唐律疏议》对此律之解释:“其有祖父母、父母之尊长,殴击祖父母、父母,依律殴之无罪者”,子孙便“止可救助,不得殴之”。如父被其祖父所殴击,“依律殴之无罪”,子孙余辈并不得防卫反击,只能采取“紧急避险”之措施:采劝解、阻拦等解救方式,否则依律以斗殴罪论处。

第三,防卫时间之限制。在祖父母、父母被人殴击,子孙赶至现场时,不法侵害必须正在进行,“子孙即击之”,强调防卫行为的即时性。直至明代,以子孙即时救护强调防卫之正当。《大明律》在此类规定中将“子孙即殴之”修正为“子孙实时救护而还殴”,同时引证“其即时杀死者,勿论”。质言之,在祖父母、父母被人殴击情形下,子孙因即时救护致使不法侵害人死亡的,完全类似于“正当防卫”。

第四,防卫强度之限制。“祖父母为人殴击”场合下,子孙殴击不法侵害人之结果不外乎于出现三种情形,即折伤以下、折伤、死亡,《唐律疏议》对此俱作出了对应之规定:一是虽有损伤,但伤情未达到折伤者,无罪。即一般子孙防卫行为虽然对不法侵害人造成了一定损害,但是这种防卫行为本身是为了阻止不法侵害的进行。依据《唐律疏议》斗讼凡一十五条之意,折伤以下为伤,伤者,“见血为伤”,即因殴而见血者。[①] 此情形与现代正当防卫之概念完全契合。二是凡折伤者,比照斗殴折伤之罪,减三等,类比于现代防卫过当之意。换而言之,子孙殴击不法侵害人造成其牙齿脱落、耳鼻受损等折伤之时,因这种防卫行为已经超出了一定防卫限度,依律应当以斗殴罪论处。但是其行为之防卫性质并不可忽视,因此减三等处刑。三是子孙将不法侵害人杀死,与法不合,依律论处,不予减免。子孙殴击,原出于救助祖父母、父母,并无杀心,至多谓斗殴之意。《唐律疏议》云:“斗殴者,元无杀心,因相斗殴而杀人者,绞。”[②]依疏之解,杀人之意完全超出了斗殴之意、救助之意的可能范围,直接依“诸斗殴杀人者,绞”之律论处,无减免之可能。

---

① 参见长孙无忌等撰:《唐律疏议》,刘俊文点校,法律出版社 1999 年版,第 415 页。

② 长孙无忌等撰:《唐律疏议》,刘俊文点校,法律出版社 1999 年版,第 419 页。

三、我国古代防卫制度的启示

中国法律之“正当防卫”概念,自清新刑律始。[①] 从西周时期的“夜无故入人家”,到汉代的“无故入人户”,再到儒家法巅峰唐律规定的系列防卫制度,都蕴含着防卫理念。无论是纵览我国延续千年的复仇制度,还是其后衍生的防卫制度系列规范,都浸润着我国特有的儒家法思想。天理、人情等也可以作为司法裁判依据,这在唐宋的中央和地方司法实践中都有体现。[②] 因此,对我国古代防卫制度的考究离不开对其礼法的深度剖析,如此才能诠释其律令规范的贯彻性,并从中追寻我国民众防卫理性标准之所在。

(一)特性剖析——礼法

无论是正当防卫之前身——复仇制度,还是礼之大成者唐律所凝结的防卫制度,都蕴含着中国式伦理内涵。中国式伦理以家族主义伦理为基点,其核心在于“三纲五常”,即以宗法伦常决定血缘尊卑、政治地位、身份贵贱,决定财产和权力的分配,是一种典型的儒家伦理。质言之,中国式伦理就是以血缘情感为心理基础,以宗法人伦为主要内容的儒家伦理。儒家伦理构建了以血缘为枢纽的封建小农经济基础,血亲情感成为极好的社会机器润滑剂。与此同时,血亲情感又是复仇、宗族械斗的心理内动力。原始部落社会的同态复仇在我国古代享有极盛的生命力,“杀父之仇不共戴天”,成为伦理评价和法律评价的普遍准则,父仇不报便是大不孝,将不容于社会。为了复仇,可以蔑视国法,甘冒任何法律惩罚的风险。而法律在复仇的面前,在孝的伦理高墙面前,也多方退让。即使是在我国律法完全禁止复仇的曹魏时期,也有史料《列女传》传世,法律对孝伦理的退让尺度可见一斑。我国的复仇原宥原则颇有特色,直至清末时期才停止适用。[③]

如此也就不难理解,唐律中祖父母被殴之规定、五服斗殴之特权以及对夜间住宅防卫适用无限防卫权等规范的合理性,其特权之规范都符合伦理法之特

---

① 参见梁治平:《礼教与法律》,广西师范大学出版社 2015 年版,第 23 页。

② 参见李勤通:《论礼法融合对唐宋司法制度的影响》,载《江苏社会科学》2018 年第 4 期。

③ 参见俞荣根:《儒家法思想通论(修订本)》,商务出版社 2018 年版,第 251 页。

性,注重纲常伦理之保护,以准乎于礼。而礼的基本精神之一就是区分贵贱尊卑,礼之等差决定了法之等差,在律令上就直接体现为现世无法理解之特权。与此同时,建立在家族伦理基点上的宗法君主往往身兼国家元首和国家最高家长的双重身份,“君君,臣臣,父父,子子”①,以君为“君父”,以民为“子民”。天子“保民而王”,子民“惟忠惟孝”,仁礼之重都落于孝,这样的礼法之治,孝与不孝不再是一个道德品行问题,而是成为关系政治根基、社会治理的重大法律问题。礼法从而采取了家族本位原则,形成了以孝为中心的伦理本位。因此,各种维护和体现以孝为核心的宗法伦理法律原则纷纷设立,体现在刑法规范上就是“复仇原宥”“以服制罪”等原则。

(二)规范延续——共性

我国古代防卫制度虽然经历了千年岁月的洗涤,但是其大多依旧是在唐律防卫体系下的延伸发展,存在诸多共性,呈现了独具特色的中华法系魅力。

首先,从篇名体系上看,我国古代涉及防卫之规范,并无通则性之规定,散见于诸多分则中,无论防卫具体规范如何演进,都隶属于《贼盗律》《斗讼律》之下。申言之,防卫保护之权益始终是财产权益和人身权益,与我国现代防卫保护之权益吻合。虽然在清律始有“正当防卫”之表述,但是防卫保护之权益始终未曾消失。而且,封建制度下我国古代防卫情形一旦满足,即为出罪事由或可宽宥事由。

其次,从防卫类型上看,律令虽然没有统领诸多防卫规范,但是依旧形成了涵盖相应权益的封建防卫体系:住宅防卫、自身防卫、近亲属防卫。这种源自儒家法思想的封建防卫体系,却涵盖了人身权益、财产权益等基本防卫权益范畴,甚至对住宅防卫之情形极尽详细之可能。住宅防卫始见于汉律,其后历朝虽有所修正,但其属于绝对的刑事责任免除,类似于现代无限防卫权。同时其以防卫节点、防卫限度限缩其正当防卫成立之范围,已然等同于现代正当防卫之规范;自身防卫条文本身虽然是对斗殴事项之规范,其于律文后半部直接规定了防卫性行为减等原则;近亲属防卫则类于现代的他人防卫,只是将防卫他人中

---

① 《论语·颜渊》。

的对象限定为近亲属——祖父母、父母,同时以侵害时防卫人是否在场作为区分斗殴与防卫之界限,与现代他人防卫情形有所不同,但是其防卫行为依旧可以成为防卫人出罪之事由。以上防卫类型包含了防卫财产、防卫自身、防卫他人三种情形,并对不同情形下出罪入罪要件做出了具体规定,构成了我国封建时代独具特色的防卫体系。

最后,从成立条件上看,无论是无限防卫的住宅防卫、有限防卫的自身防卫,还是附条件的近亲属防卫,都在成立条件上存在共通之处,在时间条件、主观条件上有所显现。在时间条件上,三种类型下时间之表述皆注重防卫时机的即时性。例如,“夜无故入人家”强调“必在登时”,“两相殴伤论如律”则以“后下手”注重防卫行为的应时回击性,“祖父母为人殴击”规范子孙应当“即时”殴之。此时,应注重律疏对“登时”之释义——“事在顷刻,势出仓促”,即不法侵害正在进行之时。与之对应之概念则为“绝时”,即“事绝之后,然始杀伤者,皆依故杀伤之法”①。时间节点的正确性直接决定了是否依律处刑。在主观条件上,三种类型皆注重防卫人的防卫心态,即“知非侵犯”“抗拒回殴”“子孙救护”等表述都注重防卫主观心态的选择,甚至在《唐律疏议》直接罗列了“知非侵犯”的六种情形穷尽对比以明确主观防卫之正确性。

综上,从防卫体系的宏观角度把握我国古代防卫制度的制度设计,不难看出我国防卫制度设计虽然贯彻了儒家伦理法的特性,但是依旧存在诸多共性:(1)防卫保护法益固定化,即防卫保护之法益为人身法益、财产法益;(2)防卫情形类型化,即住宅防卫、自身防卫、近亲属防卫;(3)成立条件合理化,时间条件的即时性、主观条件的防卫性已然接近于我国正当防卫制度成立要件之内容,甚至其防卫体系的类型化具有一定合理性;(4)防卫认定遵循客观结果认定模式,整体防卫体系构建注重从客观结果方面反推主观心态,即从防卫死亡结果的发生与否推定防卫行为的救护意图存在与否,属于典型的结果论。

(三)法系特色——理性

无论是回顾我国古代复仇制度的演进历程,还是以唐朝律令为核心的封建

---

① 长孙无忌等撰:《唐律疏议》,刘俊文点校,法律出版社 1999 年版,第 308 页。

防卫体系，都紧密维护封建宗法伦理秩序，但其衍生于情理之间的封建防卫体系依旧存在一定合理性。

第一，其虽然没有直接揭示出“正当防卫”之概念，但在制度设计上，无形中将防卫行为进行了类型化区分。通过前文对我国古代防卫制度的探析，我国古代防卫制度所对应的立法模式可以抽象为表1。

表1　防卫制度与立法模式之对应

防卫制度	立法模式
住宅防卫	住宅防卫之定义；适用无限防卫之情形；适用有限防卫之情形：知非侵犯
自身防卫	自身防卫之定义；适用有限防卫之情形；以服定罪量刑之情形
近亲属防卫	近亲属防卫的定义；适用有限防卫之情形；适用无限防卫之情形

我国古代防卫制度的立法模式，排除其伦理糟粕下“以服定罪”的相关规定，其防卫体系已然呈现住宅防卫、自身防卫、近亲属防卫三种防卫类型相结合的形态，并依据各类型所保护对象的不同，适用不同的防卫行为认定标准。反观我国现代正当防卫制度的立法模式，受“宜粗不宜细”立法思想的影响，旨在构建统一的正当防卫认定之规范，忽视了对正当防卫制度本身的细化分析，以致刑事司法实务中出了正当防卫条款适用率低下的情况，导致学术界将该条款看作“僵尸条款”。因此，基于刑法继承之角度，在我国正当防卫体系更迭的历史时期，可以依据正当防卫之规定，在相关司法解释中依据防卫对象不同将我国防卫类型分为住宅防卫、自身防卫、他人防卫以及其他类型的防卫。同时，不同防卫类型下对于不法侵害的认定标准、防卫武力的适用规制进行具体区分。

第二，刑法理性在刑事司法实务中的贯彻。在我国古代防卫规范适用过程中，难免出现情法难以两全之情形，刑事司法裁判者往往遵循着传统社会的伦理纲常以衡平两者之难，其本身就在追寻一种法理与情理的价值兼顾。而在我国具有重大影响性防卫类型刑事案件的多次出现，一个不可忽视的原因在于法官适用刑事规范时忽视了对刑法理性价值的兼顾。刑法在保护某种利益或需要时应当兼顾其他各方面的利益，在刑法可能涉及的不同价值之间保持必要的平衡。[①] 换言之,刑事司法实务中在"法、理、情"的中国式法律思维[②]下应当注重对情理之考量,而不是片面适用刑事裁判标准,以严苛标准认定防卫者的防卫正当性,毕竟,对防卫者的苛刻就是对施暴者的放纵。质言之,对个人救济与国家救济的平衡把握必须正视我国源远流长的传统人伦道德。虽然民众意愿对于刑事案件的认定大多源于新闻媒体的片面信息,但其朴实的法治思维依旧源于我国独具特色的儒家法思想。其思想本身早已赋予我国刑法理性兼顾价值的选择性,而我国外源性的立法模式却忽视了我国源远流长的儒家法思想的价值选取,造成了法律事实认定与民众认知脱节。构建中国特色的刑事法治体系,不仅应当注重体系构建的合理性,更应当注重对我国特色刑法理性之贯彻,如此才能不悖于中国式的法治思维。

① 参见张智辉:《论刑法理性》,载《中国法学》2005 年第 1 期。
② 参见王方玉:《中国式法理思维探析——法、理、情的融合》,载《河北法学》2014 年第 5 期。

论累犯制度的依据

单　飞*

摘要:累犯制度是一项基本的刑罚制度,其存在必定有其正当性和合理性,如何科学正确地认识累犯制度,有必要对其设立的缘由进行探讨和研究。本文从累犯制度设立的事实、理论以及累犯从重处罚等方面出发,探求刑法中设立累犯的真正动因,以期更好地加深对累犯的认识和完善累犯制度的思考。

关键词:累犯制度　理论依据

刑罚是一种"必要的恶",其存在的合理性和正当性都已为世人所承认。① 而累犯制度作为一种法定的刑罚制度,其存在具有较长的历史,那么它的存在和发展,必然有其合理性和正当性,有其深厚的理论底蕴。因此,研究累犯制度,必须要对其理论依据有科学的认识,即人们基于何种考虑在分则性的罪与罪的条文之外又特别规定累犯制度,人们应该基于怎样的理念设立何种累犯制度? 只有对这些问题进行解答,才能避免刑事实践的无据可依,解决刑事立法与司法的盲目与混乱问题,设计出科学合理的累犯制度。

一、累犯制度存在的事实根据

法律是人类意志的体现,而人类意志的体现是不能脱离既有事物的存在,

---

* 男,湖南湘阴人,法学硕士,现任湖南省人民检察院检察员、三级高级检察官。

① 关于刑罚合理性和正当性的存在并不是没有争议,但这种争论并不是否认刑罚有其存在的合理性和正当性,只是由于各自不同的价值判断的基准和立场,而存在不同的认识,出现各种各样的答案。

在此基础上,人类意志便突破既有事物的束缚构筑法律规则。法律规则的设定,必须植根于现实生活,不脱离民众生活实际中发生的事实,才产生法律效力。[①] 因此,可以说,任何一种法律制度,不是立法者随意的创制,而是社会现实和社会需要在法律上的反映。每条法律规则的产生都源于一种目的,即一种事实上的动机。[②] 国家之所以感到有必要制定刑罚法规,只是因为出现了希望有刑法和刑罚这样机能的事态。[③] 那么,累犯制度设立的事实根据是什么呢?笔者认为,累犯行为的存在,[④]是累犯制度存在的事实根据。人们正是基于对累犯行为的科学认识,认为需要设立一定的法律规则,以规制累犯行为,故设立了累犯制度。

累犯制度在中国古已有之,对屡次从重处罚思想在《尚书》之中即有记载。《唐律疏议》中也确定了"再犯""三犯"制度。显然,这些关于累犯的规定,受当时客观条件的限制,对累犯事实的认识是比较肤浅的,与我们今天的累犯制度有所不同,但是仍可以看出,正是由于累犯行为、累犯事实的存在,使当时的统治者认为有必要予以区别对待,规定了累犯制度。其后,随着社会历史的不断发展与演进,累犯行为的方式和类型在不断发生变化,累犯制度的内容也发生变化。在19世纪中叶以后,西方资本主义发展到帝国主义阶段,社会矛盾激发,累犯数量剧增,引起刑罚理论和刑罚制度的重大变革。以上导致了累犯制度的理论和处罚原则发生了重大的变化,出现了对累犯由单纯的加重刑罚转为刑罚与保安处分并科的二元主义或保安处分替代刑罚的一元主义。

而且,人们对事物的认识,是通过不断的实践活动对客观存在的事物(客体)进行分析,并基于一定的需要而进行改进或改造。累犯制度的建立,也是由于累犯行为的存在,使人们认识到该种行为侵害了其利益,产生了对此类不良

---

① 拉德布鲁赫认为法律上的效力只能在毫不脱离民众生活实际的情况下才能实现,否则民众生活就会拒绝服从它,一项法律只有在其实际运用于大多数情况下都指望切实可行时,才会"产生效力"。参见[德]拉德布鲁赫:《法学导论》,米健、朱林译,中国大百科全书出版社1997年版,第2页。

② See Rudolph von Jhering, *Law as a Means to an End*, New York, 1924, p. 4.

③ 参见[日]西原春夫:《刑法的根基与哲学》,顾肖荣等译,法律出版社2004年版,第46页。

④ 我国有论者将一定的重新犯罪现象的存在作为累犯制度设立的现实基础。参见苏彩霞:《累犯制度设立根据之探究》,载《中国法学》2002年第5期。笔者认为不然。因为从刑法学的角度来看,重新犯罪与累犯是有区别的,不可混为一谈。

行为不能置之不理的感情。为了维护其生存条件,保护其安全,维护稳定的社会秩序,人们觉得有必要对此类行为予以规制。事实上,累犯的人身危险性和主观恶性,必须结合累犯的犯罪行为进行分析才能得到说明,离开累犯的事实,累犯的人身危险性和主观恶性就无从谈起。因此可以说,没有累犯行为,人们对累犯这种行为事实的认识就不存在,人类也就没有同此种行为事实作斗争的客观需要,那么,累犯制度就失去了其存在的意义。

二、累犯制度存在的理论根据

累犯行为的存在是累犯制度存在的事实根据,那么,刑法规定累犯制度是基于何种考虑,累犯制度存在的理论根据是什么呢?我国有论者认为报应优先,兼顾功利,应是我国现代累犯制度应然的理论归依。[①] 诚然,报应与功利(预防)一直作为刑罚理论根据争论的主题而为世人关注。[②] 但笔者认为,累犯制度作为刑法一项特别规定的刑罚制度,将报应作为其理论依据难言恰当,因为报应是人类的一种本能的反应,它反映了人类本能的一种最朴素的情感,是一种最初的本能反应,如果为了满足本能的需要而适用刑罚,必然会助长人们的报复心理,恢复到一种野性正义的复仇方式,[③]致使惩罚犯罪的行为丧失节制,这种理论不足以说明累犯制度设立的特性。此外,刑法学家之所以强调刑罚的报应理念,是要人们充分认识到犯罪与刑罚之间的因果关系,告诫人们作恶的人最终会给自己带来恶果,从而在社会心理上产生“恶有恶报”的畏惧心理进而远离犯罪的效果,以增强刑罚的普遍威慑功能,除此之外,从历史上看,报应理论的出现也是为了论证刑罚的正当性,以抨击任意出入人罪,滥用刑罚的现象。[④] 累犯制度是人类基于其理性对累犯行为产生科学认识而设立,应以预防作为立

---

① 参见苏彩霞:《累犯制度设立根据之研究》,载《中国法学》2002 年第 5 期。

② 有学者认为,一直以来,关于刑罚的根据不同的哲学家、政治学家和法学家提出了各式各样的学说,最终导致了报应论与功利论的世代对垒。参见邱兴隆:《关于惩罚的哲学——刑罚根据论》,法律出版社 2000 年版,第 1 页。

③ See Ernest van Hag, *Punishing Criminals: Concerning a Very Old and Painful Question. Inc.* Publishers, New York, 1975, p. 10.

④ 参见张智辉:《理性地对待犯罪》,法律出版社 2003 年版,第 8 - 12、15 页。

论点。因此，笔者认为，虽然累犯制度表达了报应的正义原则，①但预防方是累犯制度设立的理论依据，特殊预防优先，兼顾一般预防，才是我国现代累犯制度的理论归依。

（一）以预防理论作为累犯制度依据的学理阐释

预防理论已为世人所主张、认可，累犯制度设立的预防依据有其历史渊源。在西方，最早提出预防思想的法学家是柏拉图。柏拉图认为，没有一个聪明的人惩罚别人是因为他犯过错误，而是为了他今后不再犯错误。② 其后的格劳秀斯、霍姆斯、洛克、孟德斯鸠等启蒙思想家都以不同方式论述了其预防理论。霍姆斯认为，预防可能是刑罚的主要的和唯一的普遍目的。③ 洛克认为“处罚每一种犯罪的程度和轻重，以是否足以使罪犯觉得不值得犯罪，使他知道悔悟，并且警戒别人犯同样的罪行而定”④。孟德斯鸠否定报应刑，主张“一个良好的立法者关心预防犯罪，多于惩罚犯罪，注意激励良好的风俗，多于施用刑罚”⑤。此后，不同的学者用其理性的知识解读刑罚，提出其预防的观点。贝卡里亚明确提出“刑罚的目的既不是要摧残折磨一个感知者，也不是要消除业已犯下的罪行”⑥，以此表明反对报应刑论的立场，并且表明了其预防思想，他认为：“刑罚的目的仅仅在于阻止罪犯再重新侵害公民，并规诫其他人不要重蹈覆辙。”⑦功利主义的代表人物边沁用其功利理论阐述其预防犯罪的思想，更是用大量的笔墨，设计了庞大的预防犯罪计划。⑧ 刑事实证学派的代表人物菲利认为，一个真正文明的立法者可以不过多地依赖刑法典，而通过社会生活和立法中的潜在的救治措施来减少犯罪的祸患。最先进的国家依靠在有效的社会改良基础上的

---

① See George p. Fletcher, *The Recidivist Premium*, Criminal Justice Ethics, 1982, p. 59.

② 参见马克昌主编：《近代西方刑法学说史略》，中国检察出版社 2004 年版，第 5 页。

③ See Oliver Wendell Holmes, *The Common Law, Inc*, New York, 1991, p. 46.

④ ［英］约翰·洛克：《政府论》（下篇），叶启芳、瞿菊农译，商务印书馆 1964 年版，第 108 页。

⑤ ［法］孟德斯鸠：《论法的精神》（上册），张雁深译，商务印书馆 1993 年版，第 83 - 85 页。

⑥ ［意］切萨雷·贝卡里亚：《论犯罪与刑罚》，黄风译，中国法制出版社 2005 年版，第 49 页。

⑦ ［意］切萨雷·贝卡里亚：《论犯罪与刑罚》，黄风译，中国法制出版社 2002 年版，第 49 页。

⑧ 边沁将预防犯罪的方法分为预防犯罪的直接方法和预防犯罪的间接方法，并列出具体方法。参见［英］吉米·边沁：《立法理论——刑法典原理》，孙力、李贵方等译，中国人民公安大学出版社 1993 年版，第 27 - 29、114 - 126、196 - 197 页。

刑事立法有益预防性的影响来减少犯罪的经验，都肯定了这一点，[①]表明了其预防犯罪的思想。进而到现代，众多的学者也对预防理论予以特别的关注。迈克尔·D. 贝勒斯指出刑法的目的是要预防犯罪行为的发生。[②] 戈尔丁指出某种行为规则被规定为犯罪，是由于我们希望别让人们做这种事，而不是由于我们想要惩罚它。[③] 日本学者大谷实认为“犯罪化的目的是：宣布对实施一定犯罪行为的人将处以一定的刑罚，并通过这种心理强制力来预防犯罪”[④]，以此来阐述其预防思想。在我国，古代就有刑期与无期刑的思想，历朝统治者都为预防威胁其统治的犯罪规定了较为严厉的刑罚制度。我国学者基本都认为刑罚的目的是预防犯罪，有学者认为，刑罚通过制定、适用与执行，对犯罪人本人及其周围的一般人产生影响，从而达到预防犯罪的结果，乃是一种符合社会心态的普通的历史事实。因此，预防犯罪理所当然地应当成为我国刑罚的目的。[⑤] 还有学者认为刑罚的目的在于预防犯罪，具体表现为特殊预防与一般预防。[⑥] 因此，可以说预防犯罪是自古以来开明的立法者和卓越的刑法思想家所追求的刑法的目的。[⑦]

从上述的理论分析与中外累犯制度的演进历史来看，国家并非只是为了实现公正理念或满足罪犯的赎罪感而规定累犯制度。事实上，离开了现实的阶级统治、法律秩序、社会利益等功利目标，国家也就推动了规定累犯制度的内在动力。[⑧] 可见设立累犯制度，并不是为了惩罚累犯而规定，规定累犯制度的目的在于通过累犯的从严处罚，预防累犯再次犯罪，并且预防其他初犯者成为累犯。

---

① 参见[意]恩里科·菲利：《实证派犯罪学》，郭建安译，中国人民公安大学出版社 2004 年版，第 184 页。

② 参见[美]迈克尔·D. 贝勒斯：《法律的原则——一个规范的分析》，张文显等译，中国大百科全书出版社 1996 年版，第 335 页。

③ 参见张智辉：《理性地对待犯罪》，法律出版社 2003 年版，第 8－12、15 页。

④ [日]大谷实：《刑事政策学》，黎宏译，法律出版社 2000 年版，第 83、393 页。

⑤ 参见张明楷：《刑法学》，法律出版社 1997 年版，第 404、448 页。

⑥ 参见高铭暄主编：《刑法学原理》(第 3 卷)，中国人民大学出版社 1994 年版，第 279－280、293－294 页。

⑦ 参见张智辉：《理性地对待犯罪》，法律出版社 2003 年版，第 8－12、15 页。

⑧ 参见苏彩霞：《累犯制度比较研究》，中国人民公安大学出版社 2002 年版，第 2、6、63、85、94－95、98－99、191、198 页。

(二)以预防理论作为累犯制度依据的人性阐释

人具有自然的趋利性,“人不为己,天诛地灭”便是对人性的自私一面的真实反映,人在思想和行为时,总是从自身的需求和自我满足出发。在评价一个行为时,人自然会将行为的自然属性同自己的利益要求联系起来,从而得出行为是“好”还是“坏”。休谟认为:“心灵不论接纳什么对象,而在考虑这些对象时,总要着眼于我们自己。”[①]马克斯·韦伯也认为利益(物质的和理想的)不是思想,直接统治着人的行为。人们对犯罪行为的评价,首先是因为犯罪行为侵害了他的或可能侵害他的利益,自然就会产生一种须对犯罪人进行惩罚的念头,这是一种朴素的本能的报复情感,是对犯罪行为的一种感性认识。然而,人还是有社会性的一面,面对自然客观环境的变化,他无法改变自身的生理机能去适应千变万化的客观世界,只有希望与他人联合通过改变外在的世界来适应自己的本能而求生存和发展。为此,经过不断地实践,人们就会有目的地满足自身的需要而自觉地选择行为和行为的方式,为实现自己的需要而努力,便会顺从于共同的社会道德,共同创制一定的规则,来预防一定的不利于共同体的行为发生,创建一个安全的、有秩序的社会生活环境。对犯罪行为的认识也是这样,在基于对犯罪行为的报复和朴素情感的感性认识的基础上,理性地认识到只有防止犯罪人再次犯罪和其他人犯类似的罪才能更好地保证自己的利益和促进自己更好地发展,实现自己的安全的需要,良好秩序的需要等。累犯的规定正是由于人们认为其主观恶性较深和具有较大的人身危险性,累犯行为对人们的生存和生产生活都将构成较大的威胁,为此,人们认识到为维护自己的需要只有对其从重处罚,实现特殊预防的目的,以防止其他初犯者再犯新罪。

(三)特殊预防优先,兼顾一般预防

在论述预防犯罪的目的时,许多学者都把预防犯罪的目的分成一般预防和特殊预防两个方面,并认为由于预防对象的不同,决定了实现一般预防与实现

---

① 高铭暄:《刑法学原理》(第3卷),中国人民大学出版社1994年版,第279-280、293-294页。

特殊预防在方式上的差异。[1] 那么,作为在累犯制度中的一般预防与特殊预防的关系如何体现呢?笔者认为,两者关系应为特别预防优先,兼顾一般预防,因为作为国家权力的重要组成部分的刑罚权,其本性必然是功利的,因而特殊预防理应成为刑罚目的主要方面。我国累犯制度的设立的主要目的也就是弥补前罪的处罚在量上的不足,未能实现特殊预防的效果而从重处罚,以期望实现特殊预防目的,并且预防其他初犯者成为累犯。有论者也指出:“累犯之人,既受刑之执行,自当知所悔改,乃于刑之执行完毕后,再行犯罪,足见尚未改善,基于特别预防之原理,应予加重其悔悟,改过自新,而达防卫社会之目的。”[2]由此可见,特殊预防优先,兼顾一般预防能达到更好地符合累犯制度设立的目的,是我国累犯制度设立的理论归依。

综上所述,笔者认为,累犯制度是人类在不断同犯罪行为作斗争的实践中不断总结经验的结果。任何制度的设立都有其功利的目的,在累犯制度中,犯罪人在一定时间内又犯性质比较严重的罪行,表明其人身危险性较大,应当判处较重的刑罚,才能有效地实施惩罚与改造,达到预防犯罪的目的,这就是刑法确立累犯制度的理由所在。[3]

三、累犯从重处罚的理论依据

关于累犯的处罚原则,各国刑法普遍规定应当“从重处罚”或“应当加重处罚”,至于所从重或者加重的幅度各有不同。那么,为什么要对累犯从重处罚,其理论依据是什么呢?

(一)累犯从重处罚的学说概述

关于累犯应当从重处罚的理论依据,我国刑法学界始终存在不同的观点,主要有以下几种观点:

第一,社会危害性说。该说认为,刑法从重处罚累犯的根据,在于累犯的人

---

① 参见张智辉:《理性地对待犯罪》,法律出版社 2003 年版,第 8 - 12、15 页。

② 高铭暄主编:《刑法学》,法律出版社 1982 年版,第 261 页。

③ 参见[美]汉斯·摩根索:《国家的政治》,杨岐鸣等译,商务印书馆 1993 年版,第 23 页。

身危险性、主观恶性和其他犯罪行为综合反映出的社会危害性比初犯重大。[①]这些学者认为仅强调累犯的主观恶性和人身危险性是不够的。因为累犯的主观恶性和人身危险性仅是累犯的社会危害性的一个方面。如果仅把累犯的人身危险性或主观恶性作根据,实际上就是把累犯的社会危害性和人身危险性、主观恶性等量齐观了。

第二,人身危险性说。该说认为,犯罪人在一定时间内又犯性质比较严重的罪行,就表明其人身危险性较大,应当判处较重的刑罚,才能有效地对其实施惩罚和改造,达到预防犯罪的目的。[②] 还有学者认为社会危害性是已然的犯罪的属性,而人身危险性是未然的犯罪的趋势,前者属于量刑的报应根据,后者属于量刑的预防根据,二者应该严格加以区分。累犯从重处罚的根据只能是人身危险性的观点较为流行,有学者认为“各国的刑法理论中,规定累犯加重的理由,基本上是一致的。也就是说,累犯者的人身危险性或反社会性较大,持有顽固性,缺乏改悛的坚持性,改恶从善比较困难,需要较长期的改造时间”[③]。可见,将人身危险性作累犯从重处罚的根据已广为人接受。

第三,综合说。该说认为,之所以要对累犯从重处罚,其主观恶性深、人身危险性大固然是主要原因,但并非唯一原因,除此以外,累犯造成的社会危害性大于初犯,也是对累犯从重处罚的一个重要原因。累犯的社会危害性大于初犯,表现在以下几个方面:累犯比较多地耗费国家司法机关司法成本;削弱国家法律的权威;对社会心理程度具有较大破坏性。[④]

(二)人身危险性说之提倡

以上三种观点,笔者同意第二种观点即人身危险性说。因为累犯的人身危险性较大,是一种客观存在的事实,只有从他身上才能找到累犯从重处罚的科学依据。第一种观点即社会危害性说实际上是把累犯的社会危害性和人身危

---

① 参见高仰止:《刑法总则之理论与实用》,台北,五南图书出版公司 1983 年版,第 369 页。

② 参见高铭暄主编:《刑法学》,法律出版社 1982 年版,第 261 页。

③ 陈兴良:《刑法哲学》(修订本),中国政法大学出版社 2000 年版,第 166、780 页。

④ 参见高铭暄:《刑法学原理》(第 3 卷),中国人民大学出版社 1994 年版,第 279－280、293－294 页。

害性、主观恶性等量齐观了,混淆了社会危害性与人身危险性的关系。社会危害性是由主观恶性与客观危害性构成的,而人身危险性则是再犯与初犯可能的统一。在主观恶性与再犯可能,客观危害与初犯可能之间虽然存在一定联系,但他们之间的区别是明显的,不应混为一谈。第三种观点即综合说也是在具体内容上混淆了社会危害性与人身危险性的关系,如削弱国家法律的权威,对社会心理程度造成破坏,笔者认为"危险"是人身危险性中的初犯可能,而非社会危害性中的客观危险。初犯杀死一人与累犯杀死一人从社会危害性上来说没有区别,初犯盗窃他人万元与累犯盗窃他人万元在社会危害性上来说同样没有区别。两者的区别在于累犯的人身危险性。从再犯的可能性上来说,累犯已经被判处有期徒刑以上刑罚之罪,经过刑罚实际执行,又犯应当判处有期徒刑以上刑罚之罪,表明其屡教不改,再犯可能性大;从初犯可能性上来说,累犯已经判刑仍不思悔改再次犯罪,使得国家法律的权威受到破坏,社会心理程度受到损害,因而被效仿的可能性大。由上可知,只有从人身危险性程度上才能对累犯从重处罚的根据予以科学论证。累犯之所以要处罚,不能离开社会危害性,因为累犯是再次实施犯罪,即在法定时间内再次犯罪,而犯罪是由行为的社会危害性所决定的。但累犯从重处罚的根据,是要说明犯相同之罪,即在社会危害性程度上累犯与初犯相同,但为什么对累犯应当处以重于初犯的刑罚呢?这个问题只能从人身危险性上寻找答案。① 因此,可以说,只有将人身危险性作为累犯从重处罚的根据,才能更好地实现对累犯的预防,与累犯制度设立的理论基础相对应,如此便是有说服力的。

(三)累犯的人身危险性的具体表现

累犯的人身危险性具体表现在哪些方面呢?笔者认为,主要体现在以下几个方面②:其一,累犯不易接受社会各方面的教育。如果说在初次犯罪以前,由于他们环境特殊而未受到良好的教育,实施犯罪是愚昧无知所致的话,那么,在第一次犯罪以后经过审理和刑罚的执行中的各个方面的人员的帮助,应当说是

① 参见甘雨沛、何鹏:《外国刑法学》(上册),北京大学出版社 1984 年版,第 469 页。
② 参见马克昌主编:《中国刑事政策学》,武汉大学出版社 1992 年版,第 353 页。

受到了深刻的教育。通过审判和刑罚执行,多数犯罪分子都能认识到自己的罪行对国家和人民的危害性进而改恶从善;但是累犯未能从中接受教育依然顽固地坚持反社会态度,继续进行犯罪,所以这种人对社会具有严重的威胁和危险性。其二,累犯缺乏社会生活的适应性和自我控制力。有些累犯由于长期在不良环境中生活,文化素质低,思想落后,有不良嗜好,养成了厌恶劳动的恶习。有些累犯在个人和社会的关系的处理上,丧失了起码的道德准则。他们既缺乏社会生活的适应性,又缺乏控制自己行为的意志力,这种性格支配着他们的生活方式和对待生活的态度,所以他们在不良因素的诱惑面前软弱无力,在个人需要与社会条件的矛盾面前损人利己,其人身危险性显而易见。其三,累犯对刑罚惩罚具有较强的耐受性。一般来说初犯者在刑罚执行期间失去了人身自由,被监禁管制、强迫劳动和强制教育,极不适应。初犯者在心理上和生理上产生一种痛苦和压力,从而萌发悔罪心理。但累犯不同,他们比较熟悉监管场所的情况,加上素质低下和性格卑劣,对刑罚的惩罚具有较强的耐受性,能够适应监管场所的生活,这类犯罪分子对刑罚的惩罚失去了应有的敏感,存在坐牢没啥可怕的思想,最容易再次走上犯罪的道路。其四,累犯缺乏重新做人的信念,这类犯罪分子由于屡次犯罪,被关押的时间较长,导致许多人的家庭结构不健全,甚至无家可归,还由于社会上对他们存在歧视和不信任的态度,使他们的再社会化受到很大的影响。这些实际存在的问题,使累犯对其个人前途心灰意冷,甚至悲观绝望,逐渐丧失正常的人格感和做一个守法公民的信念,不愿接受教育改造,容易重操"旧业"。这类人对社会的威胁和危害是非常严重的。

四、结语

累犯制度设立的理论依据问题是讨论累犯制度不能回避的问题,累犯制度的设立具有事实上的依据和理论上的依据。犯罪人实施犯罪行为、受到刑罚处罚之后又犯罪的事实存在构成了累犯处罚的事实依据;预防理论因其对行为人的一般预防和特殊预防效用可以作为累犯制度的理论依据,就两者的位阶而言,特殊预防优先,兼顾一般预防。累犯从重的理论依据则在于累犯行为人所表现出来的人身危险性。只有在这些基础问题得以厘清的基础上,对累犯制度的研究才能进一步深入。

个体社会资本对量刑影响

——以我国对毒品犯罪的量刑为例

田健夫*

摘要:刑法的公正性是我国法治的基本价值。个体社会资本对地方司法系统的干涉可能影响我国司法公正的实现。现有民事与刑事案件的研究似乎支持本地人相对来说会获得更有利的结果或宽宥的量刑。本文从全国范围内毒品犯罪判例中抽样建立回归模型,以检验拥有本地社会资本的本地人在毒品犯罪量刑中是否有统计上显著的优势,以检验地方司法公正。结果显示,在有期徒刑范围内是否为本地人与量刑无关,在无期徒刑的范围内没有可观察的区别,而本地人在死缓死刑范围内可能量刑更重。本文认为在毒品犯罪量刑上,本地人社会资本未能产生实质影响,我国司法系统总体体现了公正原则。

关键词:社会资本　毒品犯罪　量刑　公正

本文关注检验我国司法公正的一个视角,即个体的社会资本对其在刑事司法程序中量刑的影响。社会资本(social capital)是社会科学研究使用的一个基本概念。按照科尔曼(Coleman)的定义,社会资本是构成社会结构的部分,个人

* 男,湖南溆浦人,法学博士,现为湖南龙冠律师事务所主任。

可以通过构建某些社会关系创造行动，获得各种所需资源。[①] 个人所拥有的地方社会资本，也可以理解为个人的地方人脉关系或者社会资源，指由(人际)关系网络构成的资源，并能够给社会网络中的主体带来一定的资源和收益。[②] 从社会生物学来说，这种人际关系网络形成的互助体系，源于古老原始部落社会以来形成的个体之间更倾向于信任身边的亲友，同时更倾向于排斥陌生人的一种生存策略。这种心理状态或者行为模式源于生物进化的机制，是人类长期以来面临生存压力时，通过进化选择淘汰而留下来的一种适应生存的行为模式和心理机制。人类及其生存方式已历经数亿年进化，而现代文明社会及法律体系的形成时间太短，这就决定了部落内部的亲友之间的相互协助或者小范围内的互相抱团取暖形成的行为模式必然不可能短期消失。近代以来，国家取代部落成为人们可以依赖的更大的利益共同体以后，实际上二者之间的利益格局并不一致，在此过程中形成的张力一直在某种程度上左右人类社会结构和国家关系。国家要求所有的个体抛弃亲情和部落思维，遵守国家统一制定的全国范围内适用的法律，更要求司法官员遵循国家法令，摒弃根植于进化心理中维护熟悉亲友的倾向，秉持公正无私的立场，避免出现在小圈子范围内相互提携的潜规则，否则就是以权谋私。如果司法人员存在类似行为，虽然实际上更符合个体通过网络互助的要求，但是现代国家治理往往将类似行为视为徇私枉法，甚至列为违法犯罪。

本文讨论的核心问题是，被告人拥有本地的人脉资源即社会资本，相对于外地人在刑事案件的量刑上是否会有差异？本文提出假设是：有本地社会资本的本地人在量刑统计上显著地低于外地人。从中国社会传统文化的影响来看，预计具有本地人身份的刑事被告人，相较于那些外地人应当在刑事司法程序当中享有一定的本地社会资本上的优势，以上假设可以通过量化模型检验发现量刑上显著的差异。

---

① 参见赵延东、罗家德：《如何测量社会资本：一个经验研究综述》，载《国外社会科学》2005 年第 2 期。

② 参见姜珊、胡晓寒：《社会资本理论研究述评》，载《现代商贸工业》2021 年第 5 期。

一、社会资本与量刑公正

世界各国中,拥有地方势力的个体或地方群体影响国家司法系统的运行并不罕见。在我国,地方势力对独立行使司法职权的影响已经引起学界注意。研究发现,司法地方化的一个后果是,地方司法系统会受制于地方权力,可能与国家利益和中央决策相矛盾。① 比如,有研究指出,在异地企业的合同纠纷中,司法活动中的地方保护主义的情况令人担忧。② 另外也有研究发现,体制内的当事人有基于体制的资源优势,在诉讼过程中获胜的机会显著高于体制外的当事人。由于本地诉讼参与人更接近本地的体制权力核心,易于获取相关诉讼资源,使本地原告能获得更高的胜诉率。③ 更进一步来看,流动人口被判处缓刑的比率有显著不同,④各地的相应数据统计均有类似的发现。⑤ 另一项由法官开展的小范围的研究也发现"刑罚对本地人体现出一定的宽宥"⑥。这些研究显示本地人作为个体的本地社会资本确实可能对司法系统产生影响,且已体现到量刑结果上。

近20年来,随着中国经济的高速发展,人口在全国范围内的大量流动已经成为大的趋势。早期人口流动仅仅是农村迁往城镇和县城,中国的外来人口规模和跨省的外来人口规模迅速扩张。⑦ 但是这些流动人口在融入当地的过程中的状况不尽如人意,制度和观念的不包容性,仍然是流动人口融入当地的壁垒。⑧ 由于外来人口在当地遭受户籍制度的限制、身份认同的隔离、文化融入的

---

① 参见党东升:《司法如何去地方化:一个行动主义的治理路径》,载《学术交流》2016年第4期。

② 参见叶斌、熊秉元:《企业合同纠纷案件中的司法地方保护主义》,载《财经问题研究》2020年第11期。

③ 参见於勇成、魏建:《当事人资源理论在中国司法实践中的变异——基于合同纠纷案一审判决书的实证研究》,载《广东财经大学学报》2017年第1期。

④ 参见李滇:《论流动人口身份的量刑偏差及控制路径》,载《嘉兴学院学报》2018年第3期。

⑤ 参见陈磊、石磊:《身份差异与量刑歧视:流动人口犯罪缓刑适用问题研究》,载《法律适用》2013年第1期。

⑥ 胡昌明:《社会结构因素对量刑影响的实证分析——以盗窃罪为例的案件社会学研究》,载《法律适用》2011年第3期。

⑦ 参见孙祥栋、王涵:《2000年以来中国流动人口分布特征演变》,载《人口与发展》2016年第1期。

⑧ 参见杨菊华:《中国流动人口的社会融入研究》,载《中国社会科学》2015年第2期。

困难，租赁居住环境恶劣，外来人口可能在流入地区受到歧视。这也可能引起外来人口在当地的犯罪比本地的人口有更高的发生概率。已有研究显示，从我国个别区域的犯罪研究统计来看，外来人口犯罪的问题较为突出。比如，威海市某区的外来人口犯罪所占比例达到了 47.94%；[①]东部沿海某城市外来人口犯罪占比也达到64%以上。[②] 我国长三角地区的外来人口和少数民族犯罪的统计也表明，2011 年到 2016 年，外来少数民族未成年人犯罪率呈上升趋势，这与全国未成年人犯罪比例逐年下降的趋势完全相反。[③] 所以，外来人口犯罪问题一直是我国犯罪学和刑法学研究关注的重点课题，对于外来人口犯罪的成因、分布、类型、特点、打击与防控等，已有比较充分与全面的研究成果。[④] 然而，对于外来人口犯罪在司法环节的量刑上是否因他们的犯罪而受到更多歧视问题，从国内研究来看，研究成果和受关注度非常有限。针对量刑差异，也有研究关注到刑事案件中本地人与外地人的量刑差异，如有部分关注外来人口缓刑适用的研究，发现在流动人口刑事判决上，外来流动人口适用缓刑受到了歧视，他们更少被适用缓刑。[⑤] 这些研究视角关注于缓刑率等量刑的个别特点，但关于本地人社会资本总体量刑的影响，[⑥]尚未受到主流学术界的关注。

国外对于流动人口或者移民犯罪问题的研究已有多年的研究成果，其中对于不同人群犯罪以及是否基于身份、种族而受到司法系统有区别的公正对待的问题也是社会学和法学所关注的问题。美国的一项研究根据联邦量刑数据来分析国籍和移民身份对非拉美裔量刑的影响，发现国籍是显著影响判决的关键因素，且即使在拉美裔之下不同亚群体中也会产生差异。从移民身份的量刑加

---

① 参见马绪福、宋智慧：《把握严重犯罪规律　促进和谐社会建设——对威海市在无期徒刑以上量刑刑事案件的调查分析》，载《山东审判（山东法官培训学院学报）》2006 年第 2 期。

② 参见高杰、丁连连：《外来人口犯罪问题实证研究——以默顿社会失范理论为视角》，载《当代经济》2015 年第 17 期。

③ 参见梅锦、何莹：《外来少数民族未成年人犯罪状况之实证研究》，载《青少年犯罪问题》2018 年第 1 期。

④ 参见肖金军：《流动人口犯罪研究综述》，载《江苏公安专科学校学报》2001 年第 4 期。

⑤ 参见周超：《外来人口缓刑适用问题实证研究——以浙江省台州法院司法实践为蓝本》，华东政法大学 2014 年硕士学位论文。

⑥ 参见李滇：《论流动人口身份的量刑偏差及控制路径》，载《嘉兴学院学报》2018 年第 3 期。

重因素分析中表明，无国籍对墨西哥裔的被告有更重的量刑效应。[①] 另有研究通过对美国联邦法院几年来的数据进行分析表明公民身份是判决结果的一个显著预测因素，比种族或民族因素更有力，研究显示随着国外移民的增加，公民身份可能成为社会法律不平等的新的因素。[②] 公民与非公民之间的量刑差距相当大，大于少数民族与白人之间的差距。[③] 当然，也有研究提出不同看法，一项针对美国弗吉尼亚州威廉王子县的区域移民犯罪与执法活动研究表明，公众对非法移民犯罪的关注可能被夸大了，加大当地移民执法力度对犯罪的影响有限。[④] 总体而言，有大量移民的国家更注意公民的平等保护以及在移民犯罪情况下其是否受到公正对待，更关注于移民是否受到本地警察系统偏向性执法以及是否在司法系统的判决上受到了不公正待遇。

我国学术界对移民或者外国人犯罪的研究并不多，已有移民犯罪问题主要关注或介绍外国问题如俄罗斯、[⑤]美国的移民问题研究，[⑥]或者是我国的外国人犯罪问题的管辖、防控、对策等，[⑦]或者指出由农村向城市迁移的被告人相比城市户籍的被告人更有可能被判决入狱，对他们的惩罚效应会被进一步放大，刑事司法系统可能存在对农村到城市流动人口即非本地户籍人士的歧视。[⑧]

二、模型与变量设置

如何确定个体社会资本对量刑的影响？分析特定因素对量刑的影响，无须

---

① See Logue, M. A., *The Price of Being Mexican: Sentencing Disparities Between Noncitizen Mexican and Non-Mexican Latinos in the Federal Courts*, Hispanic Journal of Behavioral Sciences, Vol. 31:4, p. 423 - 445(2009).

② See Light M. T., Massoglia M. & King R. D., *Citizenship and Punishment: The Salience of National Membership in U. S. Criminal Courts*, American Sociological Review, Vol. 79:5, p. 825 - 847(2014).

③ See Light M. T., *The New Face of Legal Inequality: Noncitizens and the Long - Term Trends in Sentencing Disparities across U. S. District Courts*, 1992 - 2009, Law & Society Review, Vol. 48:2, p. 447 - 478(2014).

④ See Koper, C. S. et al., *The Effects of Local Immigration Enforcement on Crime and Disorder a Case Study of Prince William County, Virginia*, Criminology & Public Policy, Vol. 12:2, p. 239 - 276(2013).

⑤ 参见刘肖岩、刘泽毅：《俄罗斯移民犯罪与防控措施研究》，载《武警学院学报》2015 年第 11 期。

⑥ 参见戴铭、杨淑学：《美国移民和边境执法工作》，载《当代世界警察》2018 年第 6 期。

⑦ 参见李怀胜：《在华外国人犯罪的实证分析与刑事政策应对》，载《犯罪研究》2014 年第 2 期。

⑧ See Jize Jiang, Kai Kuang, *Hukou Status and Sentencing in the Wake of Internal Migration: The Penalty Effect of Being Rural - to - Urban Migrants in China*, Law & Policy, Vol. 42:2, p. 196 - 215(2018).

考察刑法全部罪名。我们只需要找到某个有统一量刑标准的罪名作为考察分析的对象，在全国范围内抽取判决书，控制其他各量刑因素变量后，分析该罪名量刑中个体社会资本因素对最终量刑结果的影响，就能达到一叶知秋、管中窥豹的目的。

那么应当采用哪个罪名进行分析？首先，据以分析的罪名的量刑标准不能因地域不同而有明显不同，比如，因经济发达程度不同，我国有些涉及犯罪金额的罪名的量刑标准可能会随地域差异有所不同，如盗窃罪。其次，所选择罪名也不宜是那些拥有特定身份的社会资本群体所实施的犯罪，如贪污受贿类犯罪，这类犯罪的主体往往是政府官员，原本就有地方社会资本的加持。最后，该罪的量刑范围和幅度应当足够宽泛，便于建立统计模型来进行数据分析。综合考虑，本文以我国《刑法》第 347 条规定的“走私、贩卖、运输、制造毒品罪”作为研究对象。本条罪名的量刑标准是统一的，涉及的社会阶层跨度较大，从社会底层民众到影视明星，从乡村农民到政府官员均有涉及。且该罪配置的刑罚范围和幅度非常宽泛，涵盖管制、拘役、有期徒刑、无期徒刑，甚至死刑缓期执行和死刑立即执行。这样便于我们通过抽样统计全国范围内的判例，建立分析模型，以分析这些判例量刑结果与影响量刑因素的各变量（包括个体社会资本变量）之间的关系。

（一）模型及因变量与自变量设置

本文假设本地人相比外来人口有更多的本地社会资本。通过设置是否本地人这一关注变量，以区分本地人和外地人，作为关键检验变量。本文通过将对有期徒刑部分采用线性回归模型（OLS）方式，对无期徒刑到死刑部分采用多元 Logistics 回归模型方式进行研究。模型的基础因变量（dependent variable）分为两类。第一类是有期徒刑的刑期（精确到月）。通过初步数据分析发现，随着刑期增加，毒品案件量刑的刑期分布的波动呈现扩大趋势，数据分布呈扩散形式，不能满足误差项不变的基本要求（同方差假定），本文将按月份取值刑期再取自然对数成新的变量放回模型进行回归分析检验。在计量经济学中，把数据取对数是常见的应对数据异方差性以及偏态数据，同时使最小二乘法 OLS 估计值对于异常(极端)估计值不那么敏感。[①] 第二类因变量是被告人被判处无期徒刑以上的重刑的概率,对此采用多元 Logistics 回归模型,就因变量设置“有期徒刑”“无期徒刑”“死缓死刑”(死刑缓期执行和死刑立即执行两种情况)三级变量进行多元 Logistics 数据分析。

模型分析的主要自变量(independent variable)包括涉案毒品数量以及其他法定量刑因素变量,包括累犯(毒品再犯和多次涉毒犯罪)、主犯、从犯、如实供述及坦白认罪、自首、立功(包括重大立功)、未遂、特情。为方便讨论,将涉案毒品数量(取自然对数后)简称为量刑基础变量,将后者多个变量简称为法定量刑因素变量,后续将只引入自变量即涉案毒品数量与因变量即刑期(月)的模型即基础模型。

除涉案毒品数量以外,其他因素均取虚拟变量,如果“是”或“符合”,取值1,“不是”或“不符合”取值0,为简化分析,这里不再展开讨论。

(二)以本地人为社会资本代理变量

本文预测,总体上拥有本地人身份的人应当有更多的本地社会资本。本地社会资本作用如果体现在司法程序中,是指在本地人可能拥有通过更多的本地人脉资源或身份资源形成对司法系统的影响力。一方面,由于被告人是本地人,可能其有更多的人脉关系影响刑事司法系统,如本地人更易于通过本地的朋友、亲属、同学、老乡等网络联系上司法系统内部人员,最终形成对主办法官、合议庭或法院审判委员会的影响,从而影响对自己的量刑。另一方面,本地人身份本身,包括方言、口音等较之外地人亦可能给司法人员留下更良好的印象,而外地人更可能在这些方面受到歧视,导致量刑上处于劣势地位。

本文设置是否为“本地人”为关键研究变量,作为被告人是否拥有本地资源的直接代理变量。不可否认,由于不同个体拥有不同的社会资本,社会学对具体个人的社会资本的量度与分析也有不同的方式。[②] 但本文从大数据的角度来分析全国范围内量刑的差异,为此直接以是否为本地人作为是否拥有本地社会

① 参见[美]杰弗里·M. 伍德里奇:《计量经济学导论:现代观点》(第5版),张成思、李红、张步昙译,中国人民大学出版社2015年版,第156页。

② 参见段星吉、鲁逸楠、胡家旻:《社会资本测量研究综述》,载《湖北经济学院学报(人文社会科学版)》2019年第10期。

资本的代理变量。这是考虑即使个体作为本地人所拥有的社会资本也可能完全不同,但从大样本和全国平均水平来看,总体上可以认为本地人较之外地人或流动人口会有更多的本地社会资本。为此设置被告人是否是本地人的虚拟变量,引入模型分析。

由于公布在网上的判决文书部分对被告人基本信息作出了删减或者隐藏的处理,因此有很多的判决书无法显示被告人实际的户籍所在地。然而,还是可以通过分析直接从判决书内容分析确定是否为本地人。

首先,根据判决书对于被告人信息的直接描述来判定被告人是否为本地人。如果被告人的基本信息描述的住址与判决书法院所在的地址一致,基本上会判定为本地人,而且这个一致包含在县或市范围以内。如果被告人是不发达地区的村镇的,所居住的地址详细列明为村组一级,可以初步判定其为本地人。当然还有一部分判决书在被告人个人信息描述当中表明了他是本地人,即他的户籍所在地与法院所在地一致,这部分数据就可以直接标定为本地被告人。相反,如果判决书的被告人的信息描述不在本地,超出了县或者市甚至省级行政区划,那么被告人被判定为外地人。被告人在当地无固定住所的、被告人的身份是无国籍或国籍不明的、被告人拒绝表明真实身份等情况可以判定被告人为外地人。

其次,根据判决书中其他的信息来判定被告人是否为本地人。比如,被告人采用体内藏毒的方式远距离运输毒品,而其运输起点地不在案发当地,或者从外地来当地贩运毒品而被当地查获的,基本可以判定为外地人。另外,表述为无固定职业,流窜作案等均可以认定为外地人。由铁路运输法院判决的,往往是在乘坐列车或高铁时查获的,一般可以判定为外地人。还有就是那些无业但是被外地法院或者是禁毒机构采取过强制戒毒措施,或者有被外地法院判刑记录的人,一般可以判定为外地人。因为特定原因从外地出发购买毒品在当地被捕的,也可以判定为外地人。

最后,在运输毒品的情况下,如果是驾驶汽车或者乘坐飞机、铁路、巴士等远程交通工具在中途或机场被截获的,一般被判定为外地人。而如果是小、微量贩卖毒品,采用的是摩托和自行车进行转运的一般判定为本地人。如果是委托本地人携带、转交小额毒品可认定为本地人。另外,如判决书中有认定被告人从外地购买毒品回到家中、回到住处、回到本地等表述,而这个本地与判决书法院所在的地方一致,则认定被告人为本地人。描述被告人驾驶当地牌照的汽车在当地的检查路口被盘查以后被捕的,可以认定被告人为本地人。

三、本地社会资本有期徒刑量刑模型分析

本文从已经获得的全国范围内约 10 万份涉及《刑法》第 347 条判决书样本中抽取 1484 个能区分本地人和外地人的有效样本用于分析。将"本地人"变量控制纳入有期徒刑毒品案件量刑分析模型。首先将"本地人"变量直接与刑期(月)进行回归,形成如下对比模型,该模型实际上就是直接对比两组数据,即将本地人与外地人总体量刑在不考虑其他因素的前提下进行两组对照比较,有期徒刑本地社会资本对比模型见表 1。

表 1　有期徒刑本地社会资本对比模型

模型[a]	未标准化系数		标准化系数	显著性
	B	标准错误	Beta	
常量	108.224	2.299	—	0.000
本地人	-26.797	2.997	-0.229	0.000

a. 因变量:刑期(月)。

从对比模型来看,似乎本地人平均有约 26.8 个月的刑期减少(优待),且本地人变量在 0.01 标准上显著,但模型的 R^2 和调整 R^2 均只有 0.052,说明拟合度很低。此简化模型并不能解释本地人与外地人量刑差异的真正原因。同样地,继续将毒量对数变量控制纳入模型,分析得到基础变量模型,结果就完全不同。有期徒刑本地社会资本控制基础变量模型结果见表 2。

表 2　有期徒刑本地社会资本控制基础变量模型

模型[a]	未标准化系数		标准化系数	显著性
	B	标准错误	Beta	
常量	21.521	1.862	—	0.000
本地人	-1.034	1.636	-0.009	0.527
毒量对数	26.381	0.430	0.856	0.000

a. 因变量:刑期(月)。

表2模型中，本地人变量变得不显著，新模型的参数是中，模型 R^2 为0.736，调整后 R^2 为0.736，有很大增加，表明模型的解释性增强，但主要的解释力源于涉案毒品数量控制进入了模型。

为此，需要进一步控制其他可能影响法定量刑的因素变量，控制各变量以后，得到有期徒刑本地社会资本控制法定量刑因素模型如表3所示，该表模型的 R^2 为0.775，调整后 R^2 为0.774，从数据来看，增加的值不多。而且，控制法定量刑变量本地人变量系数仍不显著。说明主要影响量刑的因素仍然是涉案毒品数量，增加的法定量刑因素没有实际上影响本地人变量的系数。

表3　有期徒刑本地社会资本控制法定量刑因素模型

模型[a]	未标准化系数		标准化系数	显著性
	B	标准错误	Beta	
常量	25.838	2.371	—	0.000
本地人	-2.619	1.536	-0.022	0.088
毒量对数	27.414	0.418	0.889	0.000
累犯、再犯、有前科、多次犯罪者	6.739	1.502	0.058	0.000
从犯	-27.189	2.452	-0.143	0.000
坦白认罪	-6.630	1.634	-0.052	0.000
自首	-21.660	3.883	-0.072	0.000
立功	-14.873	2.912	-0.064	0.000
特情	-6.994	3.589	-0.025	0.052
未遂	-11.895	4.602	-0.032	0.010
主犯	8.589	3.130	0.035	0.006

a.因变量：刑期（月）。

从表3可以看出，本地人变量仍然保持不显著（0.05标准上），也就是说在控制涉案毒品数量及其他法定量刑因素的前提下，被告人是否是本地人对于量刑结果没有影响。这表明我国司法系统至少在毒品犯罪有期徒刑的量刑上并没有明显地歧视外地人。总之，通过模型进一步分析本地人与外地人身份对量刑结果的影响，由于"本地人"变量达不到显著性要求，可以认为，我国毒品案件在有期徒刑范围内个体社会资本与量刑因素无关，假设没有得到证实。

至于前面对比模型中（见表1）体现的本地人较之外地人刑期有较明显的减少，原因可能在于外地人更多地涉及更严重的毒品犯罪，如运输毒品过境当地，因此他们携带的毒品量较之当地分销毒品的人员涉案的毒品数量更多，因此最终的刑期也更高。因此，在有期徒刑范围内，假设未被证实。

四、本地社会资本重刑量刑模型分析

以下将继续在重刑范围内即无期徒刑、死缓死刑范围内直接比较本地人是否在量刑上有所区别，直接区分两组的差异。通过比较分析模型可以看到，本地人似乎较之外地人有一定优势，结果显示在0.001标准上显著，多元Logistics本地资源对比模型见表4。

表4　多元 Logistics 本地资源对比模型

类别	量刑级3级[a]	B	标准错误	瓦尔德	显著性	Exp(B)
无期徒刑	截距	-1.360	0.090	226.654	0.000	—
	本地人	-1.297	0.161	64.687	0.000	0.273
死缓死刑	截距	-1.966	0.116	284.834	0.000	—
	本地人	-1.001	0.194	26.732	0.000	0.368

a. 参考类别为有期徒刑。

在该模型的伪 R^2（Pseudo R - Square）的数值中，考克斯—斯奈尔值为0.050，内戈尔科（Nagelkerke）值为0.071，麦克法登（McFadden）值为0.042，数值均太小，说明模型遗漏重要变量，缺乏解释力，需要增加控制变量。

进一步控制关键变量涉案毒量对数变量以及其他法定量刑因素变量以后，得到模型各变量系数，多元Logistics本地资源控制法定量刑因素模型见表5。

表 5　多元 Logistics 本地资源控制法定量刑因素模型

类别	量刑级 3 级[a]	B	标准错误	瓦尔德	显著性	Exp(B)
无期徒刑	截距	-15.821	1.266	156.221	0.000	—
	本地人	0.414	0.283	2.133	0.144	1.512
	毒量对数	2.848	0.221	166.517	0.000	17.248
	累犯、再犯、有前科、多次犯罪者	0.789	0.293	7.256	0.007	2.200
	从犯	-2.750	0.505	29.616	0.000	0.064
	坦白认罪	-0.459	0.276	2.772	0.096	0.632
	自首	-4.615	1.317	12.278	0.000	0.010
	立功	-22.551	0.000	—	—	—
	特情	0.060	0.920	0.004	0.948	1.062
	未遂	0.442	0.912	0.235	0.628	1.556
	主犯	-0.680	0.455	2.233	0.135	0.506
死缓死刑	截距	-30.055	2.045	215.898	0.000	—
	本地人	0.998	0.421	5.634	0.018	2.713
	毒量对数	4.807	0.319	226.383	0.000	122.374
	累犯、再犯、有前科、多次犯罪者	1.728	0.423	16.718	0.000	5.630
	从犯	-5.511	0.957	33.152	0.000	0.004
	坦白认罪	-0.264	0.397	0.441	0.507	0.768
	自首	-23.691	0.000	—	—	—
	立功	-2.089	1.270	2.705	0.100	0.124
	特情	-1.130	1.161	0.948	0.330	0.323
	未遂	-0.880	1.557	0.320	0.572	0.415
	主犯	0.327	0.567	0.333	0.564	1.387

a. 参考类别为有期徒刑。

增加全部法定量刑因素变量后，在模型的伪 R^2 的数值中，考克斯—斯奈尔值为 0.570，内戈尔科值为 0.806，麦克法登值为 0.688，较之上面的对比模型有明显的增长，说明控制法定量刑因素以后的模型具有解释力。从上述关注变量中本地人变量的系数来看，在判处无期徒刑的概率上，本地人身份系数不显著，也就是说本地人与外地人没有可以观察到的区别；在判处死缓死刑的概率上，系数为正，且在0.05的标准上显著(0.018)，这意味着本地人被判处死缓死刑的概率更高而不是更低。这样，在判处死缓死刑重刑概率上，本地人不仅不存在可观测到的优势反而处于劣势，在无期徒刑范围内没有可观察到的差异。

因此，本文的假设在重刑范围也没有被证实。总之，尽管总体上本地人在重刑量刑时看似有优势，但是，当控制全部法定量刑因素变量以后，无论是在轻刑还是重刑范围内，本地人与外地人在量刑上并没有可观察到统计上的显著优势，甚至本地人在被判处死缓死刑的重刑上概率更高。这与前述国内或国外的相关研究并不一致。因此，本文的初步结论是外地人在毒品犯罪案件中并没有享有量刑上的优势，我国司法系统总体上并未受到地方被告人的社会资本或人脉资源的影响，保持了相对的独立性与公正性。

五、分析与结论

本文研究的毒品犯罪的案例样本大部分源于基层法院的判决。我国最基层的是县级法院，而县级往下是乡村，乡村层面的地方宗族势力，乡村精英以及乡村里的混混等，他们构成了基层的乡村权力文化网络的重要组成部分。研究表明，从微观层面，这些群体在一定程度上妨碍了国家司法权力的下沉，或者在国家司法判决过程当中形成了一定的扭曲效应。当然，在这个过程中，国家的司法系统一直在强化对全国统一法治进程的推广以及对乡村社会结构的规训。国家法治治理与乡村微观权力的互动仍然在不断发展的过程中。① 本研究发现，至少在毒品案件的量刑当中，具有本地身份的被告人在量刑上并没有表现出统计上的显著优势或者差异。这说明现代中国司法系统在刑事案件中基本上已经隔离了个体社会资本形成的小范围相互提携和照顾，打破了维护小圈子利益但对国家层面的法律公正性造成破坏的行为模式。本文认为造成这种情

① 参见郑智航：《乡村司法与国家治理——以乡村微观权力的整合为线索》，载《法学研究》2016年第1期。

况的原因不仅在于我国有悠久的国家建构历史，更在于中华人民共和国成立以后一直强调集体、国家和社会价值，以及最近几年国家司法改革更强调依法独立行使司法职权和司法公正，最终在司法实践中体现出实际的效果。当然，通过是否为本地人这个变量来检验个体社会资本，是从微观层面检验我国刑事司法实践的公正性的一个角度而已。本地人身份会拥有更多的本地社会资本是本研究的前提预设，只是用以反映这个个体社会资本的代理变量，当然有其局限性和片面性，同样地，在社会科学的研究当中找到特定关键的中介变量或者代理变量是相应研究的起点也是难点。但这个方向的探索研究仍然是有意义的。由于是从全国的判例中抽样进行的大数据分析，本文研究能够在一定程度上反映真实情况。

实际上，面对个体的社会资本与国家统一法制之间可能存在矛盾而形成的困境，古代中国早已形成相应的政治架构和有效做法。在我国，自古异地为官的惯例是尽量避免地方大员身边亲属羁绊的方法之一，特别是避免他们参与地方经济活动导致的不公平甚至各种形式的腐败现象。虽然现如今很多地方领导异地为官，身边的老乡故旧亲属也可能追随到异地，参与地方经济活动以获利，但这毕竟相比本地官员在当地为官而言，发生腐败的可能性更小。另外又如尽量阻断财富与权力之间的联系——我国古代制度性安排就是禁止商人的子弟参与科举——虽然表面上看并不公平，或许这也是阻碍近代中国资本主义萌芽的因素，导致中国错失了第一次工业革命的历史机遇，但也可能更有利于当时社会组织形式下整体的社会稳定性。中国古代先贤或者政治精英敏锐地认识到，假如允许财富与权力的勾结，必然会给整体社会的公正性带来更大的破坏，所以从某种程度上限制商人阶层进入权力通道，尽量阻断财富与权力的勾结，对整个社会的公平和长远的社会稳定或许是有利的。正如党的二十大报告提出的，应当防止领导干部成为利益集团和权势团体的代言人。到今天，由于我国社会经济的高速发展，不可避免地会导致财富分配的不均衡，但是现如今中国设置政治架构的基本思路，仍然是避免财富的掌握者直接与地方或中央政府的权力相互勾连，而不是像英、美等西方国家，政府官员和大型企业、大型财团高级管理人员之间有着完全合法的旋转门式的身份转换机制。这说明中国古代的政治经验，现在仍然有一定的适应性。而司法系统为地方政府服务，特别是应对地方政府的政绩压力,并不是现代政治体制所追求的特点。如今全球各国都认为,独立的公正的司法体系是一个国家政治清明的标志之一,所以我国的司法体系如果能够保持相对于地方政府的独立性和法律判定的专业性,总体上必然有利于我国社会政治制度的建设和发展。

剥夺政治权利的资格刑内涵及立法修改构想*

武小凤**

摘要:剥夺政治权利是中国刑法分则中适用条文最多的一种刑罚方法,但也是含义不明确、内容有争议、法律冲突较多、执行效果不佳的一种刑罚方法。究其根源,主要是由于剥夺政治权利与生俱来兼具刑罚与政治惩罚的双重功能与价值,二者无法完全兼容与协调。为此,应当顺应社会的变迁与法治发展的潮流,通过对现行剥夺政治权利刑罚内容的合理取舍让其回归历史,并重新构建适应现代刑法法治要求的科学的资格刑体系。

关键词:剥夺政治权利　政治惩罚性　法律冲突　立法修改　资格刑

剥夺政治权利,作为我国刑罚体系中一种独有的附加刑,是"一切以阶级斗争为纲"时代的产物,政治性惩罚是其最根本的特征。虽然在惩罚与打击特定犯罪的过程中,剥夺政治权利具有其他刑罚不可替代的特有功能,但是,一方面,由于剥夺政治权利特有的政治与法律结合的属性不可避免地引发了刑罚体系内的一些冲突与矛盾;同时,由于剥夺政治权利过多体现了政治惩罚的象征

---

* 本论文部分内容曾发表在《南都学坛》2022 年第 5 期。论文题目和内容有改动。

** 女,甘肃甘谷人,法学博士,现任云南大理学院教授。

意义而使其刑罚功能并不明显，因而，作为一种刑罚方法，剥夺政治权利在刑法中存在的价值本身就值得斟酌。另一方面，随着社会历史的变迁，在中国国家和社会已经走过了早期的泛政治化时代而进入了现代法治的今天，当宪法和刑法都开始重视人权，国家政治越来越民主和开明的时候，剥夺政治权利作为一种特定的政治性刑罚已越来越不合时宜。因此，剥夺政治权利需要重新定位及全面修正。在这种前提及背景下，为了还原刑罚方法的法律本质，科学设置刑罚体系，本文仅从刑法的立场，并本着务实的态度，对剥夺政治权利进行全面的检视并就相应的立法修正作出探讨。

一、剥夺政治权利刑罚的政治惩罚属性

（一）剥夺政治权利刑罚的立法沿革

事实上，中国从古代社会一直就有各种用于剥夺犯罪人特定身份资格的刑罚，其中不乏对"政治权利"的剥夺。比如，远至《周礼·秋官司寇·司圈》《尚书·蔡仲之命》《诗经》等记载的"不齿"、"没官为奴"或"免官为民"等对犯罪人处罚方式，①近至如《清律》中为维护封建社会政治等级制度而设置的"服舍违式"②。而到了近代，随着清末变法修律、民国政府临时政府的建立，及公民概念的产生，与之相对应，在对犯罪人的处罚方式中也开始正式形成了"褫夺公权"的名称及制度。而所谓公权，根据1912年3月《大总统通令开放疍户惰民等一律享有公权私权文》，是指区别于"若居住、言论等"私权以外的"若选举、参政"等权利。"褫夺公权"，有时也称"剥夺公权"，它们一直沿用到了中国革命根据地时期。例如，1931年《赣东北特区苏维埃暂行新刑律》、1949年《华北人民政府为清理已决及未决案犯的训令》及抗战时期陕甘宁边区的法律规定，都涉及褫夺公权或剥夺公权的内容。

剥夺政治权利这一名称在法律文本上的出现，始见于《中国人民政治协商会议共同纲领》（以下简称《共同纲领》）。其中第7条即规定："对于一般的反动分子、封建地主、官僚资本家，在解除其武装消灭其特殊势力后，仍须依法在

① 参见江山：《历史文化中的法学》，法律出版社2003年版。

② 尹伊君：《红楼梦的法律世界》，商务印书馆2007年版，第100页。

必要时期内剥夺他们的政治权利,但同时给其以生活出路,并强迫他们在劳动中改造自己,成为新人。"根据 1950 年 11 月 28 日中央法制委员会专门作出的《关于"褫夺公权"刑名的改正及其解释》,"褫夺公权,系沿用旧名词。现在依据'共同纲领'第七条的规定,为剥夺政治权利;故为统一名称起见,应依'共同纲领',决定为剥夺政治权利"。这一文件不仅第一次确定了"剥夺政治权利"的刑罚名称,也明确了剥夺政治权利刑罚的宪法性依据——《共同纲领》。同时,通过这一文件,不仅可以得知《共同纲领》之前中国的宪法性文件并无政治权利的提法,而且可以得知除"褫夺公权"以外,在刑事法律文件中也从没有过"剥夺政治权利"的概念。[①] 此后,经过对一系列刑法草案、单行条例、司法解释对剥夺政治权利内容及适用的规定,1979 年制定的中国第一部《刑法》在第三章第七节专门对剥夺政治权利进行了总则性规定,该规定基本上确定了中国剥夺政治权利刑罚的模式。1997 年《刑法》修订时,除为顺应宪法及社会形势等的变化要求而对其作了适当修改和补充外,总则方面基本上全部保留了 1979 年《刑法》的规定,在分则方面虽然也随着对具体犯罪与刑罚的修改而作了调整,但总体上也没有显著的变化。

(二)从中国剥夺政治权利的立法创制评析其政治处罚性

1. 剥夺政治权利刑罚名称的确立本身就是为了表达一种政治统治主张

从表面上看,剥夺政治权利名称的确立是为了与《共同纲领》的规定相统一而对原有的"褫夺公权"这一刑罚旧名称的替代,但是,就《共同纲领》规定剥夺政治权利的背景和目的而言,根据 1949 年 2 月中共中央专门作出的《关于废除国民党的六法全书与确定解放区的司法原则的指示》以及 1949 年 4 月华北人民政府发布的《废除国民党的六法全书及其一切反对法令的训令》以及对"各级人民政府,特别是司法工作者,要以蔑视与批判的态度对待国民党六法全书及欧美、日本资本主义国家一切反人民的法律"[②]等要求,很明显,"褫夺公权"作为一个典型的旧法制所创制的刑罚名称,不可避免会受到挑战和废弃。因此可

① 参见饶龙飞:《多学科视野下的政治权利概念——基于学说史的考察》,载《法治研究》2007 年第 4 期。

② 《华北人民政府训令》(法行字第 8 号),载《东北日报》1949 年 4 月 11 日,第 3 版。

以认为,剥夺政治权利名称的确立,并不只是一个刑罚名称的变化,也并不只是使其原来所剥夺的"公权"内容直接上升到了具有明确政治属性的"政治权利",它主要是通过这一刑罚名称的改变并将其规定为专门适用于特定反动阶级的处罚和制裁手段,在一定程度上宣告了新中国与旧时代的决裂以及对旧法制的否定,也充分体现了新政权的法律统治权威。对此,正如董必武所言:在1949年中华人民共和国成立前后,出现了彻底的以革命的名义对旧制度和旧法律原则的否定,以说明一种新政权对旧政权的彻底否定并表明一种包括法律方法在内的全新的统治意志。① 由此可以认为,剥夺政治权利从其名称确立开始即与生俱来就具有相应的政治处罚性。

2. 中国剥夺政治权利刑罚名称的确立,在一定程度上受苏联刑法的影响,都体现刑罚的阶级镇压功能

在中华人民共和国成立之始,作为从1917年即取得了无产阶级革命胜利并成功建立了社会主义国家政权的"老大哥",苏联的社会制度包括刑法制度是新中国法制构建的模板,并且成为主要的模板,而苏联刑法立法中剥夺政治权利刑罚对新中国的刑法立法具有直接的渊源影响。首先,通过考察1917年到1960年苏维埃政权下的苏联刑事立法,可以发现,在其刑罚体系中的确有过"剥夺政治权利"的规定。例如,苏俄司法人民委员部1917年12月19日给革命法庭的指示中所规定的8种刑罚方法就包括"剥夺犯人全部或部分政治权利"。其次,1958年的苏联刑事立法(纲要和各加盟共和国刑法典)及最高国家政权机关和管理机关的一系列其他法令所规定刑罚体系中,②也可以见到"剥夺政治权利和某些公民权利"成为其24种刑罚之一。③ 因此,基于新中国成立之初相同的社会背景和历史条件,以及相同的刑罚目的和急迫的制度建设需求,不能否定苏联刑罚中醒目的"剥夺政治权利"对中国刑罚制度的创建会具有必然的影响。这种影响必然导致中国的剥夺政治权利刑罚也具有相应的政治处罚

---

① 参见董必武:《旧司法工作人员的改造问题》,载《中央政法公报》1950年第3期。

② 但在1953年时,俄国的刑罚体系相当复杂,不仅刑事立法规定刑罚,即纲要和各加盟共和国刑法典规定刑罚,而且苏联最高国家政权机关和管理机关一系列法令也可以规定刑罚。参见[苏]Л. B. 巴格里-沙赫马托夫:《刑事责任与刑罚》,韦政强、关文学、王爱儒译,法律出版社1984年版,第269页。

③ 参见[苏]Л. B. 巴格里-沙赫马托夫:《刑事责任与刑罚》,韦政强、关文学、王爱儒译,法律出版社1984年版,第269页。

属性。

3. 中国宪法及刑法对剥夺政治权利的双重规定，更加肯定了剥夺政治权利的政治处罚性

首先，就宪法对剥夺政治权利的规定而言，从作为临时宪法的《共同纲领》第7条、1954年《宪法》第19条，至1978年《宪法》第18条，历部《宪法》都对其做了明确的规定。以上的宪法文本对剥夺政治权利的规定具有以下三个基本特性：(1)都将剥夺政治权利规定于宪法总纲之中；(2)都规定剥夺政治权利适用于特定的阶级或阶级分子；(3)对特定阶级或阶级分子适用剥夺政治权利并不以构成犯罪为条件。这说明，由于"对政治权利的剥夺被放在总纲中规定，充分表明了宪法对敌对阶级对人民民主专政政权和国家安全构成威胁这一问题的高度重视……对敌对阶级政治权利的剥夺，政治的意义大于法律的意义，主要表现为阶级力量对比关系中的一种高调政治宣称"①。而且，由于《宪法》不仅明确规定剥夺政治权利专门适用的阶级对象，而且对其适用时并不以构成犯罪为条件，说明《宪法》中的剥夺政治权利并不是主要为了对普通犯罪分子进行一般性的刑罚处罚，而是为了对被统治阶级进行特别的非刑罚制裁。正是基于这些特性，以上宪法所规定的剥夺政治权利历来被视为一种专门的专政工具。②既然是一种专政工具，那么剥夺政治权利的政治惩罚性当然不言自明。因为所谓专政工具，其目的和功能就是实现阶级镇压或进行政治打击。

其次，就《刑法》所规定的剥夺政治权利而言，它并非只适用于具有特定阶级身份的对象，也可以更加广泛地适用于其他构成犯罪的人，因而，它本身只是一种刑罚方法。但是一方面，正如有学者所指出：我国从1949年的《共同纲领》，到1954年、1975年和1978年《宪法》都对剥夺政治权利"作了语句有差异，但基本精神完全一致的规定。根据宪法的这种规定而对敌对阶级的分子采取的剥夺政治权利，是无产阶级在夺取政权后，在一定时期内对整个敌对阶级

---

① 刘松山：《宪法文本中的公民"政治权利"——兼论刑法中的"剥夺政治权利"》，载《华东政法学院学报》2006年第2期。

② 具体可参见各时期的代表性观点，如吴建利：《试论"剥夺政治权利"》，载《政治与法律》1986年第1期；樊凤林主编：《刑罚通论》，中国政法大学出版社1994年版，第248页；陈贵荣：《关于剥夺政治权利刑罚的适用和执行的法律思考》，载《犯罪研究》2003年第3期等。

在政治上采取的一种强制措施,是一个阶级对另一个阶级的专政。作为刑罚方法的剥夺政治权利,无论从其名称、内容和法律后果上均是这种强制措施的翻版”①。另一方面,由于“我国曾在一个较长的历史时期,政治领域的阶级斗争成为社会发展的主题及核心动力……因此,各类犯罪行为和刑种都被赋予了政治色彩”②。而且,正如1955年9月9日发布的《司法部关于剥夺政治权利若干问题的批复》在对判处死刑为什么剥夺权利终身的解释中指出:“剥夺政治权利是人民政府镇压反革命分子及敌对阶级分子的手段之一,它具有极大的政治压力……这就是管制反革命分子并剥夺其政治权利的主要意义。”因此,剥夺政治权利从其产生之时起就与生俱来地包含了深刻的政治处罚性。1979年制定的新中国第一部《刑法》基于原有的政治思维惯性对刑法的定位以及通过沿袭早期单行刑法对剥夺政治权利的规定,其所规定的剥夺政治权利仍然保留了原有的政治处罚性。由此可见,新中国的第一部《刑法》对犯罪人规定的剥夺政治权利,它本身既是一种刑事法律处罚,也是一种政治性惩罚。

二、对剥夺政治权利刑罚系列问题的评析

(一)关于政治权利内容的争议

一方面,由于《刑法》第1条即规定刑法的制定依据是宪法;另一方面,由于现行宪法既没有从正面规定什么是政治权利,也未从侧面对政治权利进行列举,当然更没有规定哪些政治权利可以被剥夺,因此,究竟何为“政治权利”或“政治权利”究竟应该包括哪些权利,在中国一直没有明确的法律界定。在这一前提下,虽然中国刑法学界的通说认为,政治权利指公民参加国家管理与政治活动的权利,但是,近年来,针对刑法所规定的剥夺政治权利的内容,理论界开始产生众多的质疑。对此,正如2005年12月由中国人民大学法学院刑事法律科学研究中心、宪政与行政法研究中心共同举办的《刑法学与宪法学的对话》研讨会所指出:“宪法中的公民‘政治权利’仅限于选举权和被选举权。而按照我国刑法第54条,无疑是对政治权利作了扩大理解……由此可见刑法中所规定

① 吴平:《论剥夺政治权利的性质的定位》,载《浙江师范大学学报》2002年第1期。
② 吴平:《论剥夺政治权利的性质的定位》,载《浙江师范大学学报》2002年第1期。

的政治权利，实际上是指公民参与国家和社会管理的权利，即行使公共权力的权利。而‘公权’与‘政治权利’是有区别的，公权是相当广泛的权利。因此，我国现行刑法规定的剥夺政治权利的范围与宪法中有关公民政治权利的范围不一致。”①

（二）关于剥夺政治权利适用对象的问题

根据《刑法》总则的规定，剥夺政治权利是一种附加刑。作为附加刑，它既可以附加于主刑适用，也可以独立适用。关于剥夺政治权利独立适用的情况，由《刑法》分则加以具体规定。关于剥夺政治权利附加适用的对象，则由《刑法》总则予以规定，分别包括以下三种情形：危害国家安全罪的犯罪人；被判处死刑、无期徒刑的犯罪人；对于故意杀人、强奸、放火、爆炸、投毒、抢劫等严重破坏社会秩序的犯罪人。关于剥夺政治权利的对象所存在的问题，简述如下：

1. 关于危害国家安全的犯罪人

对于危害国家安全的犯罪人附加剥夺政治权利，刑法理论界基本没有争议。而且，现行的危害国家安全罪的前身罪名是反革命罪，从 1950 年颁布《惩治反革命条例》开始，对反革命分子剥夺政治权利就成了不可或缺的刑罚方法之一。也正是由于剥夺政治权利从来并且首先是必须适用于反革命犯罪分子的刑罚方法之一，因而，剥夺政治权利才具有了政治性惩罚的特性。虽然 1997 年《刑法》将原反革命罪修改为了危害国家安全罪，但由于这种修改仅仅只是罪名的修改，犯罪性质并没有实质改变，因而在剥夺政治权利这一刑种仍然被保留的情况下，现行刑法对危害国家安全罪沿用前刑法关于反革命罪附加剥夺政治权利的规定也就没有什么争议。

2. 关于死刑、无期徒刑的犯罪人必须附加剥夺政治权利终身的问题

对于刑法的这一规定，尽管常常有人提出了疑问或表达了不解，但中国传统的刑法学教科书或有关刑罚的著作仍然坚持认为对被判处死刑或无期徒刑的罪犯附加剥夺政治权利终身不仅是正确的，而且是必要的。

---

① 赵芳芳：《剥夺政治权利须重新定位》，载《检察日报》2005 年 12 月 16 日，第 3 版。

3. 关于可以附加剥夺政治权利的对象问题

《刑法》第56条第1款规定,“故意杀人、强奸、放火、爆炸、投毒、抢劫等严重破坏社会秩序的犯罪分子,可以附加剥夺政治权利”。很明显,《刑法》的这一规定对附加剥夺政治权利的对象采用了列举加概述的方法。但是,就其中的概括规定而言,由于所谓的“等严重破坏社会秩序的犯罪分子”这一表述过于宽泛,而且究竟何为“严重”,刑法也没有设置任何标准,因而,对于可以附加剥夺政治权利的对象而言具有不确定性。而根据最高人民法院1997年发布的《关于对故意伤害、盗窃等严重破坏社会秩序的犯罪分子能否附加剥夺政治权利问题的批复》指出,对故意伤害、盗窃等严重破坏社会秩序的犯罪分子,也可以依法附加剥夺政治权利,从而又使“等严重破坏社会秩序的犯罪”前列举的犯罪超出了原有的暴力性犯罪的范围。由此可见,刑法中关于可以附加剥夺政治权利的对象,无论是从立法上理解,还是从司法或者学理上理解,均处于一种模糊状态。而且事实上,无论是哪一种理解或认识,又都存在一定的问题。此外,就“可以”附加剥夺政治权利的规定而言,由于它意味着既可以附加,也可以不附加,因而究竟要不要附加剥夺也具有不确定性,这难免也容易造成司法实践中具体适用的随意性。

4. 关于独立剥夺政治权利的对象

首先,就独立剥夺政治权利的刑罚严厉性而言,一般认为,剥夺政治权利作为一种附加刑,当其独立适用时,它是作为一种不剥夺人身自由的轻刑而适用于较轻的犯罪,或者罪质严重但情节较轻的犯罪。① 也有人认为独立剥夺政治权利本身是一种较重的刑罚。在这一前提下,无论是轻罪还是重罪,其实都难以独立适用剥夺政治权利,否则都构成罪刑轻重的失衡。其次,尽管《刑法》分则共有23个条文对33个罪名作出了独立适用剥夺政治权利的规定,②但由于其在罪名选择标准方面没有一个明确的标准,而是带有一定的随意性,比如,有些犯罪根本和行使政治权利没有什么联系,没有必要剥夺政治权利,如非法拘禁罪和拒不执行法院判决、裁定罪等,或者有些犯罪性质比较严重,并没有独立

---

① 参见肖扬主编:《中国新刑法学》,中国人民公安大学出版社1997年版,第237页。

② 这些犯罪主要分布在危害国家安全罪,侵犯公民人身权利、民主权利罪,妨害社会管理秩序罪及危害国防利益罪四类犯罪之中。

适用剥夺政治权利的余地，如参加黑社会性质组织罪和参加恐怖组织罪等，而立法者却都规定对其可以独立适用剥夺政治权利，因此，刑法中关于剥夺政治权利的规定最终只是形同虚设，没有任何实际意义。

（三）关于剥夺政治权利与其他刑罚的期限衔接与执行问题

尽管在刑法对各种刑罚方法的总则规定中，涉及剥夺政治权利的条文是最多的，但是由于刑法关于附加剥夺政治权利的刑期、刑期计算、效力以及执行等方面的规定复杂而变化，因而，最终不仅使附加剥夺政治权利在与其他主刑相互衔接方面出现了一系列细节性的立法冲突与矛盾，而且在实际执行中也问题不断。

1. 附加剥夺政治权利与主刑期限的衔接问题

根据《刑法》总则的规定，附加剥夺政治权利的期限不仅涉及"附加于死刑或无期徒刑被终身剥夺、附加于管制与管制同期剥夺、附加于有期徒刑在 1 年以上 5 年以下剥夺"，当原判死刑或无期徒刑被减为 15 年以上 20 年以下有期徒刑后，原来附加剥夺政治权利终身也应减为 3 年以上 10 年以下四种情形，而且其各自刑期的起算也互不相同。在此基础上，由于其中的主刑刑期又涉及先期羁押的折抵、缓刑、假释以及数罪并罚等变化，不仅导致附加剥夺政治权利的实际执行期限与起算缺乏统一、合理的标准，而且也产生了如"无法与管制刑期完全同期、附加于拘役、有期徒刑时剥夺政治权利的重复执行以及与未附加剥夺政治权利的平等"等一系列问题。对于这些问题，尽管总有人依据自己的理解和判断进行反复细微的分析、检测，但是其结果只是进一步反映出了一种立法上的混乱与随意。

2. 关于剥夺政治权利的实际执行问题①

首先，就执行价值与效果而言，根据有关对剥夺政治权利的罪犯进行社区矫正试点工作的考察，剥夺政治权利在矫正工作中存在执行困难及效果差的问题。就其原因而言，据调研者分析，除实践中矫正方法单一、剥夺权利的适用面

① 关于剥夺政治权利实际执行中存在的问题，也涉及各个方面，但限于篇幅，本文主要就剥夺政治权利执行价值、执行意义等法律问题进行评析。

过宽等外在原因外,最主要是由于被剥夺政治权利的对象大多数属于文化层次低的人。

其次,关于执行超限的问题,剥夺政治权利作为资格刑、非监禁刑,最核心的特征即为不限制、更不剥夺犯罪人的人身自由。因此,严格来讲,其执行内容也就只能剥夺犯罪人的政治权利,也即在剥夺政治权利期间禁止其行使《刑法》第 54 条所规定的四项权利;而执行的限度也就应当以执行机关通过监督以确保被剥夺政治权利的人没有主动行使该四项政治权利为准。犯罪人只要达到这一标准,即可视为其执行了剥夺政治权利的刑罚。但是,由于政治权利作为一种无形的权利,它又必须依附于相应的人身自由和权利,而且一旦执行,即使其方式只是相应的监督管理的方式,该监督管理也必然在一定程度上与被监督管理对象的人身自由相关联并影响其人身自由或其他人身权利。因此,剥夺政治权利的执行要做到绝对地不影响被执行人的人身自由是不可能的,也是不现实的。对于一般犯罪人,剥夺政治权利对其政治惩罚的意义不大。

此外,实践中也不乏为了保证被剥夺政治权利的人不行使政治权利,而对其变相监视居住或变相软禁的现象。这一现象无疑更为严重地超出了剥夺政治权利的执行限度。

(四)关于剥夺政治权利后果对其他法律的立法影响

关于剥夺政治权利在其他法律领域的后果影响及不同结果待遇,散见于有关的法律法规或相关的法律领域。主要可列举如下:

剥夺政治权利是不剥夺也不限制人身自由的刑罚方法。因而,被判处剥夺政治权利的犯罪人,在剥夺政治权利期间依法应当享有外出、迁居及出入境等流动自由和权利。从 1995 年发布的《公安机关对被管制、剥夺政治权利、缓刑、假释、保外就医罪犯的监督管理规定》(已失效)来说,作为比较笼统的规定,它本身并没有直接对被剥夺政治权利人的外出、迁居及出入境权利进行限制性规定。但是,就其中的“被剥夺政治权利的犯罪分子,在执行期间应当遵守公安机关制定的具体监督管理措施”以及有关出入境管理规定而言,则不能排除对其流动自由的限制。

三、关于取消剥夺政治权利刑罚而建立资格刑体系的立法建议

从总体上说，任何一种刑罚方法都是基于一定的合理性、必要性和可行性而产生的，因而在一定的历史时期内存在并发挥其应有及可有的作用。剥夺政治权利作为中华人民共和国成立初期阶级斗争形势严峻、政治统治权威急需稳固背景下国家专门适用于特定的反动阶级及特定犯罪分子的一种专政法律工具，具有既不实际剥夺其人身自由，又能对其进行深刻的政治教育和惩戒的功能，因而，它不仅积极地维护了新生的政权，又不影响当时的社会生产。但是，在经过了中华人民共和国成立初期激烈的阶级斗争及“文化大革命”等泛政治化时代后，自十一届三中全会及国家实施改革开放政策，并将核心转移到经济建设上以后，随着法治原则和人权理念的日益突出，剥夺政治权利作为一种具有明显而强烈政治惩治色彩的刑罚手段，已经不适应新的时代要求；同时，由于剥夺政治权利与宪法、其他法律及刑罚体系内部之间存在一些难以协调的矛盾，其自身在内容及效果方面也存在一定的问题。因而，在刑事法治改革的过程中，基于科学设置刑罚体系的需要，并为了充分、有效地实现刑罚的功能和价值，应当取消剥夺政治权利，并通过保留剥夺政治权利刑罚中合理、可行和必要的内容，根据惩罚、预防特定犯罪的刑罚需要增加剥夺新的权利的内容，通过对其适用对象、期限等内容的重新组织架构而建立真正的资格刑体系。为此，特提出以下立法建议。

（一）取消剥夺政治权利的刑罚名称

剥夺权利最突出的特点就是政治惩罚性，它不仅包含于其所剥夺的具体内容，而且更直接体现在其名称之中，即仅根据名称，就可以认为：既然是剥夺政治权利的处罚，当然就是进行政治惩罚的方法，哪怕它只是一种法律手段也不例外。但是，透过其名称所具有的政治惩罚性不仅导致其难以实现法律领域内的相互统一和协调，而且也容易产生与政治犯罪的逻辑联系并产生相应的政治问题。具体而言，从表面逻辑上讲，既然是剥夺政治权利刑，那么顾名思义它便是一种政治性刑罚，而既然是政治性刑罚，那么它当然应被适用于政治性犯罪，或者说被处以剥夺政治权利的犯罪当然就会被当作政治性犯罪。而如果是政

治犯罪,根据有关政治犯不引渡的国际法原则,在涉及引渡问题时,罪犯即可以要求政治庇护。基于以上的逻辑联系,假如一个被剥夺政治权利的人要求政治庇护,而要对其予以否认,那么就又不得不面对这样的质疑:既然不是政治犯罪,为何要对其进行政治性惩罚?既然不是政治性惩罚,为何要剥夺其政治权利?总之,这个问题无法自圆其说。最终的结果是:虽然事实上,根据刑法分则对涉及剥夺政治权利的犯罪的规定及适用剥夺政治权利的司法现实,被剥夺政治权利的犯罪人大多并非政治性犯罪,但是剥夺政治权利的刑罚却为其留下了一个借口,而这一借口在特定情况下,极易被政治势力所利用。

基于以上缘由,在修改剥夺政治权利的规定时,首先应当考虑取消该刑罚名称。

(二)对现行剥夺政治权利刑罚的内容进行合理取舍,构建科学的资格刑体系

1. 保留剥夺政治权利中的剥夺选举权和被选举权内容,并将其作为一项独立的资格刑规定于危害国家安全罪

首先,就保留剥夺选举权与被选举权的宪法依据而言,由于宪法在公民的基本权利中规定了选举权和被选举权,说明选举权与被选举权属于由宪法所赋予公民的一项“公权”。既然是宪法所赋予的公权,而非公民天然的私权,选举权与被选举权当然也就具有了可被剥夺的前提。其次,就刑罚本身的意义来讲,选举权和被选举权作为宪法所赋予公民的一项基本公权(或政治权利),要求公民合法正当行使以发挥其通过参与国家事务管理而保障社会正常运行的功能,而犯罪行为,尤其是危害国家安全的犯罪,虽然并非一定表现为滥用选举权和被选举权,但它所具有的破坏社会秩序和社会稳定的危害性本质,在一定程度上有悖于国家所赋予的公权价值,因而,在一定条件下,对于犯罪人剥夺选举权和被选举权,是实现刑罚功能和目的的要求之一。最后,参照各国刑法而言,大多也都规定了剥夺选举权和被选举权。

综上所述,基于宪法依据、刑罚必要性及各国刑法立法的惯例,剥夺选举权和被选举权可以并且应当成为一种独立的资格刑,并且首先应当适用于危害国家安全的犯罪。

2. 保留剥夺政治权利中关于剥夺一定职务权利的规定，并对其进行相应的变通后适用于特定的职务性犯罪

首先，就剥夺犯罪人从事一定职业或担任一定职务权利的必要性而言，由于许多犯罪本身就是利用其所从事的职业或所担任的职务便利而实施完成的，对于这样的职务性犯罪，如果仅仅对其进行其他普通刑罚处罚，尽管仍然能够在一定程度上实现刑罚的惩罚与教育改造功能，但这种刑罚功能和价值是不完整的。而一旦进行职业或职务的禁止，不仅可以更醒目地提醒特定的职务或职业犯罪人，以及使其他人认识到其职务犯罪的危害性，而且可以更有效地防止其再次犯罪。因而，无论是从打击犯罪、惩罚犯罪的刑罚需要来讲，还是从刑罚的一般目的或特殊目的来讲，都有必要将剥夺从事特定职业或担任一定职务的权利作为刑罚方法加以规定。其次，就当前的犯罪状况而言，由于在现代企业制度与社会管理制度尚未完全建立的特定时代背景下，一方面，经济犯罪、职务犯罪频发；另一方面，许多经济犯罪或职务犯罪都与特定的职业身份或职权有关，因此，如果对这种犯罪在进行有罪宣告时，同时宣告其不得从事特定职业，势必将极大地遏制经济犯罪。为此，应当将现行刑法剥夺政治权利中狭窄的“担任国家机关职务的权利”及“担任国有公司、企业、事业单位和人民团体领导职务的权利”变更为“担任相关的职务或从事相关职业的权利”，并将其规定于所有利用职务或所从事的职业构成的犯罪之中。

论特别没收的本质属性 [*]

胡成胜[**]

摘要:合理界定特别没收的本质,是正确解决特别没收制度一切相关问题的根本和核心。纵然与民事处分、行政处分措施在形式上存在相似之处,但由于适用对象是犯罪行为,特别没收的性质也因此质变为犯罪的法律后果,即刑事实体处分。在刑事实体处分的范畴内,特别没收与刑罚的基本原理格格不入,与保安处分在正当性根基、功利性目的以及适用的一般条件上都不相容,与非刑罚处罚方法的功能定位和制度设置亦存在根本性差别。因此,特别没收制度在本质属性上不同于刑罚、保安处分以及非刑罚处罚方法,更有别于民事处分、行政处分措施,而是一种独立的对物刑事实体处分。

关键词:特别没收　本质属性　刑事实体处分

一、引言

犯罪所得、供犯罪所用财物以及违禁品是司法实务中经常遇到的犯罪“伴生品”。鉴于此等财物来源或者加工对象的犯罪性,无论是基于“任何人不得从犯罪中获利”的朴素正义观念,还是出于斩断诱使犯罪的经济动因抑或削弱再次犯罪实施能力的需要,都不应当允许犯罪分子继续享有这些涉罪财物。我国

---

* 本论文曾发表在《湖北社会科学》2017 年第 11 期。论文内容有改动。

** 男,河南桐柏人,法学博士,现为重庆市人民检察院一部副主任、四级高级检察官。

《刑法》同样顾及这一价值理念，专设第 64 条[①]为此等涉罪财物的处置提供实体法上的依据。源自该条规定有采用“没收”之措辞，理论中一般将此处的没收制度称为“特别没收”，[②]一方面与外国刑法理论中的特别没收制度相接轨，另一方面也与我国刑罚体系中的没收财产刑加以区分。[③]

任何事物都是现象和本质的对立统一体，这是唯物辩证法的基本原理。这一原理告诉我们，既不能脱离现象凭空地认识事物的本质，也不能使认识停留于表面现象，而是要透过现象把握本质。研究特别没收制度的方法亦是如此，合理界定特别没收的本质，是正确解决特别没收制度一切相关问题的根本和核心。

谈及特别没收的性质，学界分歧可谓极大。从大的方面讲，主要存在两个层面的争执：其一，在刑事实体处分与其他处分措施上争论不休。由于特别没收在适用对象或效力上与刑事诉讼法上的强制措施以及行政法乃至民法领域的相关处分制度存在某些相似或交叉之处，因而，不少学者并不认为它具有刑事实体意义，而将其定性为刑事诉讼强制措施、行政抑或民事处分措施。其二，在刑罚、保安处分或非刑罚处罚方法上纠结不清。从该制度所处的立法位置来看，我国刑法在刑罚种类中并没有关于特别没收的规定，作为刑罚种类之一的没收财产刑也仅限于对犯罪人合法财产的没收而并不关乎涉罪财物。然而，我国《刑法》却将特别没收制度设置在总则编第四章“刑罚的具体运用”中的“量刑”节下，这种自相矛盾的立法模式导致许多人迷惑于该制度究竟是否属于刑

---

① 我国《刑法》第 64 条规定：“犯罪分子违法所得的一切财物，应当予以追缴或者责令退赔；对被害人的合法财产，应当及时返还；违禁品和供犯罪所用的本人财物，应当予以没收。没收的财物和罚金，一律上缴国库，不得挪用和自行处理。”

② 需要说明的是，本文所称的“特别没收”不同于我国《刑事诉讼法》第五编第四章“犯罪嫌疑人、被告人逃匿、死亡案件违法所得的没收程序”。《刑事诉讼法》规定的上述没收程序在理论上称为“特别没收程序”或“独立没收程序”，“特别没收程序”之“特别”是相对于犯罪嫌疑人、被告人在案情况下的没收程序而言的，指的是犯罪嫌疑人、被告人不在案时针对违法所得的没收程序，强调的是“程序”的特别；本文所称的“特别没收”是移植外国刑法理论中的概念，指的是我国《刑法》第 64 条所规定的没收制度，其“特别”之处是相对于我国《刑法》第 59 条规定的没收财产刑而言的，因其针对的是犯罪分子的违法所得，不同于针对犯罪分子合法财产的没收财产刑，因而称为“特别没收”，其强调的是没收实体制度本身的特别或者没收对象的特别。

③ 参见史丹如：《没收财产刑适用问题研究》，载《中国人民公安大学学报（社会科学版）》2014 年第 6 期。

罚或者保安处分的纠结中。

本文即从特别没收相关疑似属性的辨析着墨，逐层研讨特别没收的本质属性。

二、刑事实体处分或者其他处分之辨

研究特别没收的性质首先要探讨它是刑事实体处分还是其他处分措施。有学者认为，特别没收不具有刑事处罚的性质，可以在被告人逃匿、死亡的情况下适用，有着附带民事诉讼的色彩。[①] 有学者认为特别没收并不属于刑事实体处分，而是视没收的不同对象分别归属于不同性质的处分措施。[②] 具体言之，犯罪人犯罪所得的财物，本来属于国家或者他人所有，对其中应当返还被害人之外的犯罪所得予以没收，是使受损的公私财物恢复原状的一种民事实体法上的财产处分措施；犯罪所涉及的违禁品，是国家禁止个人非法持有的物品，对其予以没收属于行政处分措施；供犯罪所用的财物物品具有诉讼证据的作用，没收这些物品是刑事诉讼中的强制措施。[③]

本文对上述观点持反对意见，理由如下：

首先，将特别没收定性为民事处分措施或者行政处分措施与其适用前提不匹配。我国《刑法》将特别没收规定在第四章“刑罚的具体适用”中“量刑”一节下，特别没收的这一立法位置说明其是人民法院在审判案件中定罪量刑时一并适用的，也就是说，特别没收制度的适用是以成立犯罪为前提的，而无论是民事处分措施还是行政处分措施，其适用的前提都不必然是犯罪。因此，将特别没收的属性定位为民事处分措施或者行政处分措施，存在扩大其适用范围之嫌。

其次，将特别没收定性为民事处分措施或者行政处分措施弱化了其程序保障。如上所述，特别没收制度在我国刑法典中所处的位置表明其适用过程必须受到严格的刑事诉讼程序规制。而民事处分措施和行政处分措施的适用程序都不及刑事诉讼程序严格。特别没收作为对涉罪财物的实体处置，理应和犯罪与刑罚的裁定一道受到严格的刑事诉讼程序规制。

---

① 参见黄风：《等值没收及可追缴资产评估规则探析》，载《比较法研究》2015 年第 5 期。

② 参见张明楷：《论刑法中的没收》，载《法学家》2012 年第 3 期。

③ 参见马克昌主编：《刑罚通论》，武汉大学出版社 1999 年版，第 215 页。

再次，将特别没收定性为民事处分措施或者行政处分措施会遇到追诉时效上的尴尬。无论是民事处分措施、行政处分措施还是刑事处分措施都要受到追诉时效的限制，而我国相关法律规定的民事诉讼时效和行政追诉时效期间一般都短于刑事追诉时效。这种诉讼时效期间的差异意味着，如果把特别没收视为民事处分措施或者行政处分措施，将可能出现有的案件尚在刑事追诉时效期间内应当追究刑事责任但却超出民事诉讼时效或者行政诉讼时效而无法适用特别没收的尴尬情况。这种状况显然不利于公平正义的实现。

最后，将特别没收定性为刑事诉讼的强制措施混淆了实体和程序的本质区别。刑事诉讼中的强制措施是指公安机关、人民检察院和人民法院为了保证刑事诉讼的顺利进行，依法对刑事案件的犯罪嫌疑人、被告人的人身自由权进行限制或者剥夺的各种强制方法。这里且不论我国刑事诉讼法规定的强制措施都是针对犯罪嫌疑人、被告人的人身自由，对涉罪财物的查封、扣押、冻结措施也只是基于其能够用于证明犯罪嫌疑人有罪或者无罪的物证、书证而采取的证据保全措施，对于不能够作为物证、书证的涉罪财物并没有规定专门的控制方法。[①] 更为关键的是，刑事诉讼中的强制措施是为了保障诉讼活动的顺利进行而采取的临时性强制措施，并不具有终局性，只要不影响刑事诉讼的顺利进行就可以变更或者解除甚至根本就不适用。而特别没收却并非如此，它是对涉罪财物的终局性实体处分，[②]只要认定了财物的涉罪性质并且具备相关条件就一定要予以没收。

综上所述，特别没收只能是刑事实体处分措施，是犯罪的法律后果，体现出对犯罪行为的否定评价。不可否认，特别没收与民事处分尤其是行政处分措施具有一定的相似性，但是对这些方法的认识不能表面化、绝对化。不能认为，在任何场合，只要是与民事处分、行政处分相似甚至完全一样的方法就是民事措施或者行政措施；而应当认为，当它们被用作制裁犯罪人的方法时就是犯罪的

---

① 《刑事诉讼法》第五编第四章“犯罪嫌疑人、被告人逃匿、死亡案件违法所得的没收程序”第298条第4款规定“人民法院在必要的时候，可以查封、扣押、冻结申请没收的财产”。此规定可以视为对物强制措施，但仅适用于犯罪嫌疑人、被告人逃匿、死亡情形下没收违法所得的特别程序，犯罪嫌疑人、被告人在案的普通程序中并没有对物采取强制措施的专门规定。

② 参见张磊：《〈刑法〉第64条财物处理措施的反思与完善》，载《现代法学》2016年第6期。

法律后果。就如同罚金刑和行政处罚措施中的罚款之间的关系一样，虽然它们都是对其适用对象的合法财产权利的剥夺，但是由于二者适用的行为性质不同因而具有质的差别。特别没收纵然与民事处分、行政处分措施相似，但是其适用的对象是犯罪行为，故其性质也因此质变为犯罪的法律后果，即刑事实体处分。

三、刑罚、保安处分抑或非刑罚处罚之别

通过前一部分的分析我们得出了特别没收属于刑事实体处分的结论，但是到此为止并没有完全解决特别没收的性质归属问题。原因是刑事实体处分亦包含诸多复杂的内容，从大的方面讲可以分为刑罚、保安处分，以及非刑罚处罚方法等。因此，深入探究特别没收的性质，还需要进一步明晰其具体属于哪种类型的刑事实体处分。

（一）特别没收不属于刑罚

特别没收是否属于刑罚是需要首先考察的内容，因为刑罚是犯罪的法律后果中最基本、最核心的形式，也是人们在谈及犯罪的法律后果时首先想到的内容。从特别没收制度在我国《刑法》中所处的位置来看，我国刑法并没有将其规定为独立的刑种，而只是放在“刑罚的具体运用”一章中的“量刑”节下，告知人们该制度是人民法院在量刑时一并适用的。然而，有学者基于不同的考虑尝试为特别没收在刑罚体系中开辟一席之地。例如，有学者出于司法经济性的考虑，认为特别没收与没收财产刑一样都具有惩罚性，并且现实中犯罪分子为了掩盖犯罪所得的性质，往往将自己的合法财产与犯罪所得混合在一起，倘若一律区分合法财产与犯罪关联物，只会人为地加大司法资源的投入，不符合司法经济性原则，而若对于具有混合性质的财产一并予以没收，可以省去不必要的麻烦。为此，该论者提出将特别没收作为刑罚的内容，并入没收财产刑中。[①] 另有学者出于特别没收的权源考虑，认为对犯罪分子违法所得的一切财物进行追缴离不开国家刑罚权，但是根据我国《刑法》目前的规定，其既不属于求刑权或量刑权的内容也不是非刑罚处罚方法。为解决特别没收的权源问题，建议将其

① 参见杨彩霞：《没收财产刑的困境与出路》，载《华东政法学院学报》2001 年第 4 期。

并入没收财产刑中，或者作为独立的刑种，这样就可以把它纳入国家刑罚权的范畴，健康运转。[①]

笔者对于此种认识有异议，详述如下：

第一，将特别没收并入没收财产刑会为侵犯犯罪人的合法财产权留下隐患。适用特别没收必须证明财产的非法性或者“与犯罪的关联性”，将特别没收并入没收财产刑之后，则省却了举证证明财产非法性的环节，直接适用没收财产刑，这样可能导致将涉罪财物和犯罪人的合法财产以及无法证明是否为犯罪关联物的财产不做区分一并处理，也因而使本没有必要判处没收财产刑的案件，为了实现特别没收而判处没收财产刑，殃及犯罪人的合法财产权。

第二，将特别没收并入没收财产刑会不当缩小特别没收的适用范围。没收财产刑作为刑罚的种类之一，受到罪刑法定原则的约束，只能适用于刑法分则，将其明确规定为法定刑的罪名。研读我国刑法分则条文可知，没收财产刑被作为法定刑的罪名是十分有限的，也就是说，并不是每一个犯罪都规定了没收财产刑。这就意味着，当某具体犯罪中存在涉罪财物需要没收然而该罪名的法定刑中没有规定没收财产刑时将无法予以没收。

第三，将特别没收并入没收财产刑与财产刑的国际发展趋势不符。随着教育刑思想的发展，刑罚的目的逐渐由报应转向对犯罪人的教育，帮助其再次回归社会，而被判处没收财产刑的犯罪人，由于在短时间内往往难以重新获取生活资料，迫于生活的压力很容易重新走上作奸犯科的道路。此外，没收财产刑在执行上常常遇到犯罪人的个人财产与其共有人财产划分的技术难题，易伤及共有人的合法财产权益，并且没收财产刑没有具体的数额限制，完全由法官自由裁量，适用起来很容易触及罪责自负原则、罪刑法定原则以及罪刑相适应原则的禁区。因此，没收财产刑的正当性根据越来越受到诟病，[②]许多国家的刑事立法逐渐压缩甚至完全摒弃了没收财产刑。在这种背景下，如果再将特别没收并入没收财产刑中无疑会使没收财产刑的适用更加混乱。

第四，为解决特别没收的权源问题将其并入没收财产刑完全是一种削足适

---

① 参见王文轩：《论刑法中的追缴》，载《人民检察》2002 年第 5 期。

② 参见黄风：《论“没收个人全部财产”刑罚的废止——以追缴犯罪资产的国际合作为视角》，载《法商研究》2014 年第 1 期。

履的做法,其中弊端上文已分析。实际上,我国刑法典将特别没收规定在总则编第四章"刑罚的具体运用"中"量刑"下,就已经明确了特别没收的权源,这一位置安排表明特别没收是人民法院在审理案件中定罪量刑时一并适用的刑事制度,也就是说特别没收是司法机关行使刑罚权的附带内容。

事实上,特别没收与刑罚的基本原理格格不入,根本不能作为刑罚的内容。理由如下:

其一,两者的理论根据不同:刑罚是惩罚犯罪、保护全体公民基本人权最基本的手段,它是对已然之罪的惩治和未然之罪的预防;而特别没收是基于涉罪财物的违法来源或者违法使用而对这种违法状态的取缔,它是对失序的财物法律状态的修复。

其二,两者剥夺的内容不同:刑罚所剥夺或者限制的都是犯罪人合法的人身、财产权利;而特别没收的对象要么来源不合法(如犯罪所得),要么权利行使不合法(如供犯罪所用的本人财物),要么持有状态不合法(如违禁品),总之都具有非法性。

其三,两者适用的前提不同:刑罚是实现刑事责任的最主要、最核心的形式,刑事责任的承担必须有适格的主体存在,并且具体到个案,否则,刑事责任的实现无从谈起。因而我国《刑事诉讼法》规定,犯罪嫌疑人、被告人死亡,不予追究刑事责任;被告人脱逃,诉讼程序中止,无法继续追究刑事责任。而特别没收的适用不需要主体现实到案,即便行为人逃匿、死亡依然可以对其违法所得等涉罪财产予以没收。

综上所述,特别没收无法归属刑罚,只是一种独立的针对涉罪财物的刑事处分,无论能否追究行为人的刑事责任,只要能够查证行为已经构成犯罪,就能够没收行为人的违法所得等涉罪财产。

(二)特别没收不属于保安处分

自刑法颁行以来,犯罪行为的法律后果一直是以刑罚为主轴的单轨性设置,以达到确保法益安全,维护社会赖以存在的法秩序,并建立法规范不容破坏的尊严之目的。然而,从根本上动摇法秩序的行为情形万端,若只是依靠刑罚的手段,则常有疏漏之处,尤其刑罚的适用又受到罪责原则的限制,反而使它在抗治犯罪的运行中受到诸多约束。这是因为，根据犯罪行为而裁量的刑罚，经常不能正确而完整地达成刑法关于预防犯罪目的的构想，原因是有些行为人虽具有社会危险性，但却无刑罚之适应性，或是刑罚对于某些犯罪人在依据其罪责而定之刑期中，无法达到矫正与预防的效果，或者是由于自由刑之执行场所，刑罚对于特定的犯罪人根本不可能完成教化与治疗的使命。虽然刑罚的功能在客观上亦兼具罪责的报应与危险的预防，但是罪责报应与危险预防在本质上毕竟属于两个不同的事物，因此将两者合为一体难免滋生不能完全相容的困惑。于是，基于对以道义责任为基础的刑罚理论的反省，立足社会保安目的的构想，萌生了保安处分的思想，使单纯预防犯罪的构想从刑罚中剥离出来，在刑罚之外另行建立独立的法律后果以担当特殊预防的功能。经由此等司法处分，对于社会具有重大危险性之人，一方面以积极的矫正或社会治疗，另一方面以消极的监禁与隔离等手段加以对待；同时，也可经由此种刑罚与保安处分的双轨制，来避免为达到犯罪预防的任务而科处超越刑事责任的刑罚。如此一来，既不至于违背刑事责任的基本原则，伤害到刑罚的本质，又能达到社会保安的目的。① 随着保安处分理论的逐渐发展成熟，保安处分得到绝大多数大陆法系国家立法的采纳，遂建立起与刑罚双轨并行、互为补充的保安处分制度。

我国刑法虽然没有明确规定保安处分制度，但理论中认为也存在若干保安处分措施。② 不少理论著述就是将特别没收视为保安处分的内容放在保安处分的范畴内研究介绍的。③ 笔者认为这种认识欠妥。理由如下：

第一，特别没收和保安处分的根据与目的不同。从上述保安处分制度的发展演变历程可以看出，保安处分是出于社会防卫的需要，依据行为人在特定行为中所展现出的社会危险性，通过对特定人的矫治、治疗乃至监禁与隔离等手段，以达到预防其再次给社会造成危害的目的而设置的个别化处遇制度。从许多国家对保安处分制度的规定来看，虽然不同国家根据保安处分的种类规定了

---

① 参见林山田：《刑罚学》，台北，台湾商务印书馆 2005 年版，第 335－345 页。

② 参见时延安：《隐性双轨制：刑法中保安处分的教义学阐释》，载《法学研究》2013 年第 3 期。

③ 参见陈兴良：《本体刑法学》，商务印书馆 2001 年版，第 733 页；张小虎：《刑罚论的比较与建构》群众出版社 2010 年版，第 1016 页；万志鹏：《比较法视野中的保安没收——兼论我国刑法中保安没收的缺陷及其改正》，载《海南大学学报（人文社会科学版）》2011 年第 3 期。

不尽相同的适用要件,但是在这些不同的条件中总是可以概括出一般的共性要件,行为人必须具有社会危险性就是其中之一。[①] 比如,《意大利刑法典》第202条第1款规定,"只有对实施了被法律规定为犯罪的行为并且具有社会危险性的人,才可以适用保安处分"[②],并且在第203条对社会危险性的认定及其标准作出专门限定。换句话说,保安处分的适用是出于社会防卫的需要,并且以特定行为人具有社会危险性为根本性条件。然而,特别没收制度的适用基础却并非如此,而是基于利益衡平的正义观念对既遭破坏的相关领域的法律制度所维系的安定平和之法治秩序的修复。虽然对犯罪所得的剥夺以及对犯罪工具和违禁品的没收在客观上也存在消除犯罪诱因以及阻断犯罪的促进因素,进而防止再犯以达社会保安的功能,但是特别没收的适用与否并不以犯罪行为所彰显的社会危险性轻重为转移。换言之,一经认定为涉罪财物并且符合相关的必要条件就应当予以没收,而不问行为人社会危险性的有无与轻重。此观点最典型的例证就是,犯罪嫌疑人死亡的情况,自然再无社会危险性可言,更无社会防卫之必要,然而在相应条件具备的情况下,同样可以将涉罪财物予以没收,此项制度已经得到我国新修正的《刑事诉讼法》的确认。由此可见,特别没收与保安处分在制度设置的根基和目的上存在根本性的差别。

第二,特别没收和保安处分的适用条件不完全吻合。鉴于保安处分制度的建立是为了弥补刑罚在预防犯罪及社会防卫方面的功能不足,规定了保安处分制度的大多数国家在设置保安处分的适用条件时都不局限于犯罪的完整成立。也就是说,对于实施了犯罪行为,同时表明具有再犯罪危险性的人,可以在判处刑罚的同时适用保安处分,例如,《德国刑法典》第66条第1款规定:"因故意犯罪被判处2年以上自由刑,具有下列情形的,法院除判处行为人刑罚外,还可命令交付保安监督……"[③]对于实施了一定的危害行为但由于种种原因而欠缺罪责不构成犯罪,但仍然具有社会危险性的人,出于社会保安的需要,同样可以适用保安处分,例如,《德国刑法典》第63条规定:"实施违法行为时处于无责任能力(第20条)或限制责任能力(第21条)状态的,法院在对行为人及其行为进行

---

① 参见张明楷编著:《外国刑法纲要》(第2版),清华大学出版社2007年版,第433页。

② 《最新意大利刑法典》,黄风译,法律出版社2007年版,第75页。

③ 《德国刑法典》,徐久生、庄敬华译,中国方正出版社2004年版,第27页。

综合评价后,如认为该人还可能实施违法行为因而对公众具有危险性的,可命令将其收容于精神病院。"①然而,从我国《刑法》对特别没收制度的规定来看,特别没收的适用只能以成立犯罪为前提。② 鉴于部门法调整范围的不同分工,对于不能成立犯罪的一般违法行为中所涉及的财物,即便依照相关法律规定应当予以没收,也已超出刑法中特别没收制度的适用范围,而只能归入其他相关领域法律制度的处置措施。由此一来,倘若将特别没收制度在性质上归入保安处分,在其他国家可能会行得通,但在我国,鉴于部门法的严格分工,定会造成欠缺罪责行为中涉罪财物的没收遗漏,进而产生社会防卫的漏洞,违背保安处分的制度初衷。

第三,将特别没收归入保安处分会破坏保安处分的制度本质。随着保安处分制度的发展演变,保安处分的外延呈现逐渐扩展之势,出现了所谓广义的保安处分的概念,即除狭义上为了防止再次犯罪,由法院宣告代替刑罚或者补充刑罚而适用的对人的保安处分之外,尚有对涉罪财物的没收等对物的保安处分。③ 例如,《奥地利刑法》第 26 条第 1 款规定:"根据物的特点,没收有助于避免应受刑罚处罚行为的实施的,行为人用于此等行为之物,准备用于此等行为之物,或因应受刑罚处罚的行为所得之物,应予以没收。"④意大利刑事立法亦采用广义保安处分的观念,如《意大利刑法典》第八章"行政保安处分"将"人身保安处分"和"财产保安处分"分别规定,并于第 240 条对"为犯罪服务或者被用于实施犯罪的物品以及作为犯罪产物或收益的物品"以及其他犯罪关联物的没收作出专门规定。⑤ 如此似乎解决了特别没收的性质归属。然而,是否真能将特别没收作为对物的保安处分纳入保安处分的范畴,恐怕还得"三思而后行"。如

---

① 《德国刑法典》,徐久生、庄敬华译,中国方正出版社 2004 年版,第 27 页。

② 当然,这里的"成立犯罪"是就理论应然性而言的,并不局限于经司法程序认定后的犯罪,后文会进一步说明。

③ 参见刘仁文:《保安处分与中国行政拘禁制度的改革》,载《法治研究》2014 年第 6 期。

④ 张明楷编著:《外国刑法纲要》(第 2 版),清华大学出版社 2007 年版,第 428 – 429 页。

⑤ 《意大利刑法典》第 240 条规定:"法官可以决定没收为犯罪服务或者被用于实施犯罪的物品以及作为犯罪产物或者收益的物品。对于下列物品,一律予以没收:(1)构成犯罪代价的物品;(2)其制造、使用、携带、持有和转让构成犯罪的物品,即使在没有宣告处罚判决的情况下。本条第 1 款和前款(1)项的规定不适用于归与犯罪无关者所有的物品。如果物品归与犯罪无关者所有,并且能够通过行政批准程序获准制造、使用、携带、持有或者转让该物品,则不适用(2)项的规定。"参见《最新意大利刑法典》,黄风译,法律出版社 2007 年版,第 87 – 88 页。

前所述，保安处分制度自产生之初就是基于行为人的社会危险性，着眼于社会保安的需要而设立的对人的个别化对待，它的适用当以人的危险性作为根本性条件，正如上文分析，对涉罪财物的没收却并不必然以人的社会危险性为转移，是故将特别没收视为对物的保安处分仍然没有解决此项根本性悖论。从《意大利刑法典》的上述规定来看，立法者似乎同样意识到了这一根本性差异的存在，于是在对物之保安处分适用条件的设置上，试图避开这一根本性条件的限制，并没有像对人的保安处分那样突出地设置“社会危险性”的规定，也就是说，对犯罪关联物品的没收不以主体的危险性为根据。然而，上述条文在界定没收财物的权属范围时，却又将“归与犯罪无关者所有的物品”排除在对物的保安处分之外，亦即对涉罪财物的没收应以其归属犯罪人所有为限。对此，笔者不禁疑惑，立法做此限定的根据何在？恐怕仍然逃不出犯罪人社会危险性的考虑，只有这样方才存在社会防卫的正当性，因为，倘若将归属“与犯罪无关者所有”涉罪财物予以没收，显然欠缺社会防卫的正当根据，于犯罪人的特殊预防亦无任何意义。另外，就该条文规定的没收类型考察，似乎存在任意没收与必要没收之别，第 1 款“法官可以决定没收为犯罪服务或者被用于实施犯罪的物品以及作为犯罪产物或收益的物品”之规定应属任意没收，而第 2 款“对于下列物品，一律决定予以没收……”之规定当属必要没收。然而为何要作出此种划分，就任意没收而言，法官据以决定是否没收的根据又何在？归根结底，都难以避开行为人社会危险性的考量。由此可见，试图绕开行为人社会危险性的根本性限制，而又妄想将特别没收归入保安处分的做法始终难以逃脱自相矛盾的逻辑尴尬。对此，意大利刑法理论界同样意识到这一悖论，已经有学者在保安处分之外寻找对涉罪财物没收的性质归属，如有学者认为其实际上是一种附加刑，或者说是一种一般的刑事制裁。[①] 限于此部分的研究任务，对此观点这里暂且不加评论。总言之，将特别没收视为对物的保安处分归入保安处分的范畴，在逻辑上不能自洽，这是因为保安处分与特别没收在正当性根基上原本就属于彼此独立的两个事物，生硬地将后者纳入前者，除破坏保安处分的制度本质外，于问

---

① 参见[意]杜里奥·帕多瓦尼：《意大利刑法学原理》，陈忠林译，中国人民大学出版社 2004 年版，第 393 页。

题的解决无任何益处。

综上所述，特别没收与保安处分在正当性根基、功利性目的以及适用的一般条件上都不相容，不顾及这些根本性差别，将特别没收的性质归属于保安处分的尝试在逻辑上难以自洽。因此，特别没收在本质属性上不属于保安处分。

（三）特别没收不属于非刑罚处罚方法

特别没收能否归入非刑罚处罚方法？本文认为，答案是否定的。从我国《刑法》第 37 条对非刑罚处罚方法的规定来看，非刑罚处罚方法的适用前提是犯罪情节轻微不需要判处刑罚因而被免于刑罚处罚的情形，就性质而言，笔者倾向于将非刑罚处罚方法定性为刑罚的替代方法。因为从理论应然性的角度讲，由于应受刑罚惩罚性是犯罪的本质特征，这就意味着犯罪一定对应着相应的刑罚。然而，现实的犯罪情形多种多样，犯罪行为的情节轻重同样千差万别，针对不同的行为情节是否有实际适用刑罚的必要性不能一概而论，对于犯罪情节轻微的某些情形可能不需要实际判处刑罚。同理，同样是不需要判处刑罚的犯罪行为，根据情节轻微程度的差异也会有不同的处理方式，对于情节轻微的可以定罪免刑，对于情节较为轻微不需要判处刑罚但定罪免刑仍不足以对犯罪分子起到惩戒、教育作用的，可以在定罪免刑的同时辅以非刑罚处罚方法以最大限度实现罪刑相适应。由此可以认为，非刑罚处罚方法无论是在适用根据上还是在功能定位上都是作为刑罚的替代措施而存在的，其适用是以应当判处而实际没有判处刑罚为前提的。而特别没收在功能上是对涉罪财物非法状态的取缔或剥夺，其适用以涉罪财物的存在为前提，不以是否对犯罪人判处刑罚为转移，即特别没收既可以在实际没有对行为人判处刑罚（如犯罪嫌疑人、被告人逃匿、死亡）的情况下独立适用，也可以在对行为人实际判处了刑罚的情况下并列适用。是故，特别没收与非刑罚处罚方法在功能定位和制度设置上的差别决定了不宜将特别没收归入非刑罚处罚方法。

综上所述，特别没收在性质上既不同于刑罚也不能归入保安处分以及非刑罚处罚方法。不可否认的是，无论特别没收与刑罚、保安处分以及非刑罚处罚方法存在多大的区别，其中必有一定的共同点，如这几项制度都是作为刑法对犯罪的处理机制而存在的。刑罚是通过事后惩罚而打击、预防犯罪；保安处分是通过事前的刑事预防机制而化解和防止犯罪；非刑罚处罚方法是作为刑罚的替代措施辅助惩戒犯罪情节轻微不需要实际判处刑罚的行为；而特别没收制度的设置则在于通过取缔或剥夺涉罪财物的非法状态来修复既遭犯罪行为破坏的安定平和的法治秩序。归根结底，这几项制度都是从不同的角度针对不同的情形打击、预防犯罪以保护全体公民的基本人权，而这也是刑法中任何制度设置的根源。正因如此，这几项制度也难免在功能上存在一定的交叉或相似之处，但是，我们不能因此而混淆不同制度之间的本质区别，忽略了各自的独立品性，进而造成理解和适用中的混乱。

四、独立刑事实体处分之定性

通过上文分析可知，特别没收制度是不同于刑罚、保安处分以及非刑罚处罚方法的一种刑事实体处分措施，也就是说特别没收在性质上是一种独立的犯罪法律后果，本文称为特别没收的独立刑事实体处分性，具体表现为以下三个方面：

其一，特别没收的适用前提是行为构成犯罪。这是特别没收作为刑事实体处分措施的本质体现，如果行为本身并没有构成犯罪而仅仅是一般违法行为，那么对其中涉案财物的没收在性质上只可能是行政处罚措施中的没收或者民法中的没收处分，并不是我国《刑法》第 64 条所规定的特别没收。例如，我国《行政处罚法》第 9 条第 2 项明确将“没收违法所得、没收非法财物”作为公民、法人或者其他组织违反行政管理秩序行为的行政处罚种类之一；[①]又如，我国《合同法》(已失效)第 59 条规定：“当事人恶意串通，损害国家、集体或者第三人利益的，因此取得的财产收归国家所有或者返还集体、第三人。”显然，由于我国部门法的严格分工，此等情形的没收因为欠缺行为构成犯罪的前提在性质上难以归入刑法中的特别没收。这里需要说明的是，作为特别没收适用前提的“犯罪”是依照刑事实体法所规定的犯罪成立标准，行为在应然层面构成犯罪，而不必然是依照刑事诉讼法所规定的程序经人民法院依法审理以生效裁判的

---

① 类似性质的规定还有我国《治安管理处罚法》第 11 条，该条规定：“办理治安案件所查获的毒品、淫秽物品等违禁品，赌具、赌资，吸食、注射毒品的用具以及直接用于实施违反治安管理行为的本人所有的工具，应当收缴，按照规定处理。违反治安管理所得的财物，追缴退还被侵害人；没有被侵害人的，登记造册，公开拍卖或者按照国家有关规定处理，所得款项上缴国库。”

形式确认后的实然层面的犯罪。换句话说,特别没收的适用并不一定要求存在经过司法认定后以生效裁判的形式确认的犯罪,只需行为依据刑事实体规范在应然性上成立犯罪即可,至于因行为人在实施犯罪行为后逃匿、死亡等原因实际上无法启动刑事诉讼程序对其定罪量刑的情形并不影响特别没收的适用。新修正的《刑事诉讼法》第五编第四章"犯罪嫌疑人、被告人逃匿、死亡案件违法所得的没收程序"规定就是对该观点的最好佐证。

其二,特别没收是犯罪的法律后果。法律后果是法律对具有法律意义的行为所赋予的结果,可以分为肯定性法律后果和否定性法律后果,前者对行为人有利,后者对行为人不利。犯罪的法律后果属于否定性法律后果,表现为对犯罪人的惩罚以及对犯罪行为所造成社会负价值的否定性评价。犯罪的法律后果在内涵和外延上有狭义和广义之分:狭义的犯罪法律后果专指刑法直接规定的刑罚、非刑罚处罚方法等法律后果;广义的犯罪法律后果除上述狭义后果的内容外,还包括其他法律规范所规定的对犯罪人相关资格以及生活、名誉上的不利反应,如《公务员法》规定犯罪的人不得被录用为公务员以及 1999 年修订的《会计法》对实施业务犯罪的会计从业人员吊销会计从业资格的规定等,都可以纳入广义犯罪法律后果的范畴。当然,限于部门法的不同分工,并非犯罪的所有法律后果都需要放在刑法典中予以规定,否则一方面将使刑法典变成内容庞杂的鸿篇巨制,另一方面也会模糊刑法与相关部门法之间的界限。是故,刑法典在设置犯罪的法律后果时只能着眼于犯罪行为的本体构造,针对犯罪行为事实本身的特性加以处置,至于与犯罪行为事实本身不具有直接相关性的其他附随后果则被留待其他相关部门法加以后续性处置。特别没收虽然不同于刑罚那样是犯罪行为的基本法律后果,但是其适用的对象却与犯罪行为事实具有紧密的关联性,要么是犯罪所得物,要么是犯罪所用之物,亦即属于犯罪行为事实本体的结构范畴,因而有必要附于刑法的评价中加以专门处置,以体现出刑法对犯罪行为更为全面的否定性评价。因而,特别没收需要作为犯罪的法律后果规定在刑法典中。

其三,特别没收是犯罪的法律后果中一种独立的刑事处分措施。所谓"独立"总是相对于比较对象而言的,特别没收制度在犯罪法律后果中的独立品性,指的是它与同属于犯罪的法律后果的刑罚、保安处分[①]以及非刑罚处罚方法具有质的区别,是这三种类型的实体措施之外的另一种独立的犯罪法律后果。关于这一点,前文已有详细阐述,此处不再重复论证。这里需要特别说明的是,将特别没收的本质属性定位为一种刑事"处分"措施,而没有使用"制裁"的措辞,是因为就一般理解而言,"制裁"总是带有惩罚的意蕴,"使利益状态比违法行为前恶化的"[②]才是制裁,如"刑罚"作为刑事制裁体系中的典型措施,意味着其适用对象的政治权利、财产权利、人身自由乃至生命权的受限乃至丧失。而特别没收的后果却并不必然意味着利益状态的恶化,如针对犯罪所得的没收,仅仅是剥夺掉原本并不属于犯罪人的非法财产部分,因而很难称得上是利益状态的恶化。虽然从经济学的角度讲,此种"不应得"的财产同样是犯罪人的"劳动"付出之"产物",对此加以没收似乎也是对犯罪人"劳动利益"的剥夺,具有利益状态恶化的客观功能,但是此种剥夺与其说是"劳动利益"的剥夺,不如说是对犯罪人所谓"劳动付出"在法律上"负价值"的否定性宣示。换言之,特别没收的侧重点在于对犯罪所生不法状态的消除兼及犯罪事实的否定,而不在于利益状态的恶化。因此,这里使用带有相对中性色彩的"处分",而不用"制裁"。此为一方面的考虑。另一方面综观我国刑事制裁体系的特征,刑事制裁措施在对象上都是以犯罪行为人为载体,要么是对犯罪人生命权利、人身自由的剥夺或限制,要么是对犯罪人资格权利、财产权利的限制或剥夺,总之都是以犯罪人的事后存在为前提和载体,其目的是使犯罪人在被制裁中感受到犯罪对自身所带来的"痛",以促使其反思自我,不再作奸犯科。然而,如上所述,特别没收的适用并不必然以犯罪人的事后存在为前提,犯罪嫌疑人死亡的情况下照样可以启动特别没收对涉罪财物加以剥夺,此时还有制裁的必要性吗?显然,我国刑事诉讼法将犯罪嫌疑人死亡规定为不追究刑事责任的法定条件之一,正是出于制裁必要性消失的考虑,不再予以定罪量刑。但是,涉罪财物处置的目的却并不

① 需要说明的是,保安处分并不必然是犯罪的法律后果,原因是保安处分的适用并非绝对以罪的成立为前提,对于由于主体责任能力缺失等原因不构成犯罪的行为同样可以适用保安处分。这里将其作为犯罪的法律后果进行讨论是仅就成立犯罪情形下适用保安处分而言的。

② 金光旭、钱叶六:《日本刑法中的不法收益之剥夺以没收、追缴制度为中心》,载《中外法学》2009年第5期。

在于此，而是对遭受犯罪行为破坏的法治秩序的修复或者伴随犯罪之不法状态的消除，因而不必然以犯罪人的事后存在为前提。是故，特别没收的性质不在于对人的“制裁”，而是对“物”的处分。[①]

---

① 参见王利荣、谢玲：《论〈联合国反腐败公约〉视野下的“没收违法所得”》，载《重庆理工大学学报（社会科学）》2017年第2期。

《反有组织犯罪法》与黑社会性质组织罪认定

安宏泽*

摘要:《反有组织犯罪法》的出台为扫黑除恶工作提供了全方位、细致的指引和实用的规范保障,也提出了进一步要求。《反有组织犯罪法》优化了黑社会性质组织的认定体系:构建了各法律之间对黑社会性质组织概念规定的衔接,明确了黑社会性质组织相邻概念及上下边界,将认定黑社会性质组织的实质化原则具体化、法律化。《反有组织犯罪法》完善了刑事政策的贯彻与贯通:从法律的高度要求对"打早打小"的扫黑除恶具体刑事政策的贯彻,强调了"宽严相济"根本刑事政策,提倡以综合治理的高度贯通刑事政策与刑事法律。《反有组织犯罪法》的要求准确落实,将使其目的有效实现。在实践中应当充分利用恶势力犯罪概念的兜底作用,坚持贯彻刑法谦抑原则;坚持对涉案人员的行为与责任进行独立判断,并在认定黑社会性质组织罪时坚持实质判断。

关键词:黑社会性质组织　《反有组织犯罪法》　扫黑除恶

黑社会性质组织罪,是指《刑法》第294条规定的组织、领导、参加黑社会性

* 男,河北石家庄人,法学博士在读。

质组织罪，其与黑社会性质组织所实施的具体犯罪统称为黑社会性质组织犯罪。[①] 认定黑社会性质组织罪是扫黑除恶工作中一项极为重要内容。《反有组织犯罪法》作为全国人民代表大会常务委员会制定的法律，依据《立法法》的规定无权限明确规范其犯罪构成与法定刑，但依然从多个方面影响黑社会性质组织罪与黑社会性质组织的认定工作。《反有组织犯罪法》是基于长期以来扫黑除恶工作的经验总结被赋予法律的确定性与权威性而制定的，为扫黑除恶常态化提供制度保障与法律根据。深入研究《反有组织犯罪法》对黑社会性质组织罪认定工作提出的新的原则性或规范性要求，对于实践中的准确理解、准确适用，以促进扫黑除恶工作合法、稳定、合理开展，是有益且必要的。

一、优化黑社会性质组织罪认定体系

与过去依靠《刑法》以及为专项行动所制定的各项政策性文件相比，《反有组织犯罪法》对黑社会性质组织罪的认定方式进行了优化，形成规范协调统一、逻辑与《刑法》相融洽、内容合理可行的认定体系。

第一，《反有组织犯罪法》第 2 条是援用规范，引用《刑法》第 294 条对黑社会性质组织的描述作为有组织犯罪概念的一种情形。而此处援用既有利于在稳定的法律体系中确保各法的统一，又避免旧法中明确的黑社会性质组织概念以较大篇幅条文重复罗列于新法中，增加普及与实施难度。如此，在法律概念上《反有组织犯罪法》与《刑法》对黑社会性质组织罪的规定是相同的。黑社会性质组织罪是法定犯。虽然从社会观念来看人们对黑社会性质组织犯罪深恶

① 虽然完整地称为“黑社会性质组织的组织罪”较少歧义，但用词冗杂不易论述。以“黑社会性质组织罪”代替“黑社会性质组织的组织罪”，并用以区分黑社会性质组织犯罪中的具体犯罪是合理的。其一，“黑社会性质组织罪”的“某某罪”表述是规范性的形式，应以《刑法》规范为渊源，寻得根据。则只有《刑法》第 294 条能够成为其根据。其二，《刑法》第 294 条第 3 款规定的是从外部，将既有的黑社会性质组织作为包庇、纵容的对象，行为模式也是独立于黑社会性质组织这一要素的，不应被纳入“黑社会性质组织罪”的概念之中。因此，“黑社会性质组织罪”的表述可以准确指向组织、领导、参加黑社会性质组织的行为，即黑社会性质组织的组织罪。其三，“黑社会性质组织罪”还体现了其“组织罪”的特性，由此区分与黑社会性质组织的具体犯罪。与一字之差的“黑社会性质组织犯罪”相比，强调是特定的、规范的罪别，而非描述性的各类犯罪的集合。此外，在既往成果中，有学者以“黑社会性质组织罪”指代“组织、领导、参加黑社会性质组织罪”的先例，如宋洋：《〈刑法修正案（八）〉有关黑社会性质组织罪的立法完善之解读》，载《中国检察官》2011 年第 5 期；彭旭辉：《浅论“黑社会性质组织罪”》，载《中南大学学报（社会科学版）》2003 年第 3 期等。

痛绝，但其反社会自然价值方面主要体现在其实施的具体犯罪。我国《刑法》规定组织、领导、参加的行为应与所实施的具体犯罪并罚处罚，因此组织、领导、参加的行为是独立于具体犯罪单独评价的。在脱离了具体犯罪的情况下，单纯的组织、领导、参加的行为不具有自然法意义上的违法性，当以法定犯解构。因此，作为法定犯的黑社会性质组织罪需要有行政法的规定，为其提供行政与刑事双重违法性前提。[①]《反有组织犯罪法》第 66 条第 1 款规定的“组织、领导、参加黑社会性质组织，国家机关工作人员包庇、纵容黑社会性质组织，以及黑社会性质组织、恶势力组织实施犯罪的，依法追究刑事责任”正是以我国法律体系中最常见的方式提供如此前提，[②]即《反有组织犯罪法》作为包含行政法内容的法律，将涉及犯罪的行为指向《刑法》以定罪量刑，《刑法》也以此条作为二次违法性原则的基础。《反有组织犯罪法》第 2 条与第 66 条的立法设计，首先在黑社会性质组织这一核心概念上促使了两法的始终统一，即使因社会情势变化需要对黑社会性质组织概念进行修改，也不影响两法始终保持一致；其次为《刑法》对黑社会性质组织罪的处罚提供了行政违法基础，使《刑法》乃至整个法律体系逻辑自洽，并通过对黑社会性质组织罪与黑社会性质组织具体犯罪违法性依据的分离，为黑社会性质组织犯罪重复评价争议提供了合理的解释路径；最后作为黑社会性质组织罪的前置行政法律，《反有组织犯罪法》将之前大量散落在各类规范性法律文件中的行政法性质规范集于一法之中，也为黑社会性质组织犯罪的刑事司法提供了更加统一、明确的指引。

第二，《反有组织犯罪法》明确了有组织犯罪及其子概念恶势力组织犯罪的定义，以框定边界的方式细化了黑社会性质组织的认定。《刑法》以四项特征描绘黑社会性质组织应有的样貌，但有待进一步细化才可准确适用，各项特征中涉及程度的要素，其边界单依靠《刑法》的条文无法最终明确。在实践中，面对在一定范围内对社会秩序产生一定负面影响的犯罪团伙时，也存在“发展与影响到何种程度可以被认定为黑社会性质组织”的困惑。过去扫黑除恶专项行动中就以“恶势力”指代黑社会性质组织的初期形态，但在实践中依然存在两者认

---

① 参见陈兴良：《法定犯的性质和界定》，载《中外法学》2020 年第 6 期。

② 我国行政法律中常见的“构成犯罪的，依法追究刑事责任”是最为常用的法定犯双重违法性衔接条文。

定模糊，扩大黑社会性质组织认定范围的现象。《反有组织犯罪法》总结先前规范与工作经验，明确恶势力组织定义，实际具有在法律的层面划分黑社会性质组织底部边界的效果。根据《反有组织犯罪法》第 2 条第 2 款的规定，恶势力组织与黑社会性质组织有相似性，但程度更低。[①] 对于黑社会性质组织罪认定的意义在于：其一，从整体上来看，通过确定与黑社会性质组织互不包含的恶势力组织这一法律概念，宣示了形式上具有《刑法》第 294 条所述黑社会性质组织类似样貌的犯罪团伙不应一律被认定为黑社会性质组织，以此指引司法实践在认定时应当从实质上充分考虑其发展形态与程度是否达到了黑社会性质组织的标准。其二，具体到恶势力组织与黑社会性质组织的法律区别上来，《反有组织犯罪法》的规定明确了黑社会性质组织各个特征认定的较高标准，防止司法实践中的降低要求、扩大化的认定。特别突出的是组织性与经济性方面，各行为人仅经常纠集，或是在没有明显的经济实力或经济目的情况下，应当优先考虑认定恶势力组织能否涵盖该组织的罪责，而非认定为个别特征不显著的黑社会性质组织。[②] 其三，《反有组织犯罪法》对恶势力组织的定义以“但尚未形成黑社会性质组织的犯罪组织”结尾，从文义的角度明确恶势力组织特征与黑社会性质组织特征具有一定的同质性，恶势力组织特征也是黑社会性质组织至少应当具备并有其他条件的。该转折性补充提示司法认定工作不能仅根据黑社会性质组织与恶势力组织在形式上的法律文义表述来区分两者，必须从综合治理角度对组织发展状态与阶段进行精准把握，才能实现两者的精准区分。

第三，《反有组织犯罪法》将实质判断原则具体化、法定化。以实质判断为原则，是指在罪刑法定原则的基础上，根据黑社会性质组织危害性、非法控制性

---

① 《反有组织犯罪法》第 2 条第 2 款规定：“本法所称恶势力组织，是指经常纠集在一起，以暴力、威胁或者其他手段，在一定区域或者行业领域内多次实施违法犯罪活动，为非作恶，欺压群众，扰乱社会秩序、经济秩序，造成较为恶劣的社会影响，但尚未形成黑社会性质组织的犯罪组织。”该条将恶势力组织的特征具体列出的同时，以“但”连接认可了恶势力组织与黑社会性质组织的相似性，又点明两者是有差别但范围不重合的概念。

② 所谓“个别特征不显著的黑社会性质组织”，即根据 2015 年最高人民法院发布的《全国部分法院审理黑社会性质组织犯罪案件工作座谈会纪要》所规定的“四个特征”中其他构成要素均已具备，仅在成员人数、经济实力规模方面未达到本纪要提出的一般性要求，但已较为接近，且在非法控制特征（危害性特征）方面同时具有 2009 年《座谈会纪要》相关规定中的多种情形，其中至少有一种情形已明显超出认定标准的，也可以认定为“黑社会性质组织”情形。

的本质特征,并结合以黑社会性质组织罪处以刑罚处罚的必要性与经济性来认定黑社会性质组织罪,而不囿于其表现形式。[①] 实质判断原则一直是黑社会性质组织认定应遵循的原则。一是因为对作为法定犯的黑社会性质组织罪的规定采用来自社会观念的“黑社会”这一自然语言表述,回应社会对“黑社会”这一观念和概念的恐惧与愤恨,其违法性根据终究受到社会价值“黑社会”的印象与判断的影响,仅在形式上依照法条特征难以实现精准认定。二是虽然《刑法》以规定四项特征的方式对黑社会性质组织的概念进行了较为详细的规范,但其中存在大量规范的构成要件要素,不通过实质性的价值判断或政策决策无法确定其具体含义。三是黑社会性质组织是涉及经济、政治、社会、文化多方面的复杂社会体,[②]单纯依法教义学的方法难以实现司法演绎推理的过程,引入实质性的经济、政治、社会、文化等要素进行判断是必要的。《反有组织犯罪法》的出台将之具体化、法定化,表现在:其一,《反有组织犯罪法》第 3 条、第 4 条确立的总体国家安全观指导下的综合治理的整体性原则,专门工作与群众路线相结合,专项治理与系统治理相结合,与反腐败、基层组织建设相结合的方法性原则在黑社会性质组织的认定工作中的体现是认定方法的多元性,唯有坚持实质化判断原则,以实质的社会危害性为切入点,才能将复杂的政治效果与社会效果的考量纳入黑社会性质组织认定之中。其二,《反有组织犯罪法》“案件办理”一章规定的办案机关对黑社会性质组织罪具体工作的要求,含有实质化判断的要义。其中,第 23 条第 2 款明确强调认定有组织犯罪的犯罪手段时要考虑危害效果与危害内容,即要求在认定黑社会性质组织罪时要把握危害性特征的实质要义,从对秩序的实质破坏与对非法控制的构建。第 24 条规定了公安机关分析、研判、统计的义务,即对黑社会性质组织办案实质化考量。其三,《反有组织犯罪法》第 46 条在黑社会性质组织及其成员涉案财产范围方面作出了详尽规定,形成对刑法的补充。该条将追缴、没收的财产总结为维持黑社会性质组织

---

① 有论者也提及黑社会性质组织司法认定的实质判断原则,其实质判断原则内容为“社会危害性判断”与“刑罚处罚必要性”判断。本文所提实质判断原则受之启发,但内容方面与之不同。参见刘振会:《黑社会性质组织犯罪的法律适用研究》,人民法院出版社 2021 年版,第 60 - 61 页。

② 参见何秉松:《有组织犯罪研究:中国大陆黑社会(性质)组织研究》(第 1 卷),中国法制出版社 2002 年版,第 87 页。

的存续与犯罪活动的财产和黑社会性质组织犯罪所得财产，以此明确涉案财产与危害是指的关联性，否定实践中将成员或所涉企业等财产一律作为涉案财产的部分做法，是在涉案财产认定方面的实质判断要求。

二、完善刑事政策的贯彻与贯通

《反有组织犯罪法》强调认定黑社会性质组织罪时对刑事政策的贯彻，使刑事政策切实发挥指导意义，实质性提升对黑社会性质组织罪的认定与打击效果。

第一，《反有组织犯罪法》从法律的高度要求对“打早打小”的扫黑除恶具体刑事政策的贯彻。在黑社会性质组织罪认定工作方面，主要是从犯罪预防、权责分配、认定规则等多个方面规定恶势力犯罪的预防与处罚，以体系化制度间接完善黑社会性质组织罪认定工作中贯彻“打早打小”刑事政策的路径。黑社会性质组织罪的司法认定工作中贯彻“打早打小”的刑事政策并不必然意味着黑社会性质组织认定早期化与对认定条件的放宽，而是应当将更加经济也更符合罪责刑相适应原则的司法决策方式应用于认定实践中。《反有组织犯罪法》本身旨在构建从恶势力组织到黑社会性质组织的连续统一体，[①]在恶势力组织定义中强调其黑社会性质组织初级形态的地位，形成体系化的认定准则。正如前文分析，对恶势力犯罪的详尽规定确立界限分明、惩罚有序的认定模式，有助于准确区分恶势力组织与黑社会性质组织的区别，合理界定黑社会性质组织的范围。

第二，《反有组织犯罪法》对于黑社会性质组织认定工作的指引，显著体现了对“宽严相济”根本刑事政策的贯彻。其一，《反有组织犯罪法》第 22 条第 1 款明确规定了办理有组织犯罪案件“以事实为根据，以法律为准绳，坚持宽严相济”的原则。认定黑社会性质组织罪是扫黑除恶办案工作的重要内容，当然受

---

① 黑社会性质组织与恶势力组织是程度不同但相邻的概念，也是发展前后不同的概念，因此是相邻且连续的。“有组织犯罪”作为两者的统称，可借鉴美国学者弗兰克·哈根(Frank E. Hagan)为美国各类分级的有组织犯罪组织所构建的 Organized Crime Continuum 概念，即有组织犯罪连续统一体。See Frank E. Hagan, *The Organized Crime Continuum: A Further Specification of a New Conceptual Model*, Criminal Justice Review(1983).

到本原则的要求与指引。此条对认定黑社会性质组织罪贯彻“宽严相济”的刑事政策提出了直接要求。其二，结合前文所述，在实质判断要求、刑罚处罚的必要性与经济性视角下，司法决策在一定程度上对黑社会性质组织罪的认定有着不可忽视的影响。《反有组织犯罪法》第22条第2款、第33条、第50条第2款、第67条、第69条第2款规定了具体的从宽或从重的处罚情形，既能将抽象的“宽严相济”刑事政策具体化，使司法适用有据可循有法可依，又能促进规则与量刑的统一，维护司法的稳定和权威。其三，《反有组织犯罪法》第69条明确为部分不足以构罪的涉及黑社会性质组织违法行为设置治安处罚，将其排除在黑社会性质组织罪之外，是“当宽则宽”的体现。有论者认为，此设定是对刑法规范的实质性修改，缩小了黑社会性质组织罪的范围。① “改动刑法规范”的论断有待商榷，因为《反有组织犯罪法》第69条提到“尚不构成犯罪的”，依然是将构罪与否的判断指向《刑法》，并未设立新的或改动既有的行为模式与法定刑。但在实践的层面，设定治安处罚的规定对认定犯罪产生重要影响：在法律体系中，明确了具有第69条所述5种情形者并不一定构成犯罪；在处罚体系上，分离了黑社会性质组织相关人员与黑社会性质组织罪的混沌关系，提倡对行为人是否构成犯罪进行独立认定；在司法工作行为决策方面，为司法工作者提供了更多元化的选择，使之有依据作出更适应行为人恶性程度的惩罚决策，也避免对部分恶性尚不足的行为以犯罪论，基于办案人员的个人正义观认为确须将受惩罚者拔高认定黑社会性质组织罪。

第三，在刑事政策与《刑法》适用关系方面，《反有组织犯罪法》强调综合治理，提倡将刑事政策贯通于黑社会性质组织罪的司法认定中。《反有组织犯罪法》包含大量成体系、规范化的刑事政策内容，而黑社会性质组织罪的认定依据《刑法》，主要逻辑是刑法教义学。刑法教义学对刑事政策保持相对独立，却又依赖其完成适用，实现价值。因此德国学者克劳斯·罗克辛(Claus Roxin)提出

---

① 参见黄京平：《扫黑除恶历史转型的实体法标志——〈反有组织犯罪法〉中刑法规范的定位》，载《江西社会科学》2022年第2期。

刑事政策对刑法教义学贯通。[①]《刑法》对黑社会性质组织罪的行为模式规定中存在众多规范的构成要件要素，为刑事政策的贯通，实质解释价值判断与刑事政策的结合留有空间。从实践的角度看，过去为扫黑除恶专项行动确立的刑事政策与作为其载体的政策性文件都对认定黑社会性质组织罪产生重要影响，《反有组织犯罪法》将这些刑事政策进行保留，并在此基础上予以完善，将政策载体提升到法律的形式。为此，《反有组织犯罪法》以综合治理的叙事构建了贯通黑社会性质组织罪教义学认定的路径。首先，《反有组织犯罪法》的第 3 条、第 4 条提出了打击有组织犯罪的整体性要求，规定将社会、政治、经济、科技、文化、教育等综合性因素纳入黑社会性质组织认定的考虑之中。因此，司法认定中对于规范的构成要件要素所涉价值判断应当在符合罪刑法定的前提下，根据包括《反有组织犯罪法》所载刑事政策在内的内容与社会观念的需要进行。其次，《反有组织犯罪法》第二章为各国家机关或其他单位设置基于职权与职责范围的治理有组织犯罪相关义务，特别是第 11 条第 2 款、第 13 条、第 16 条、第 17 条赋予办案机关以外的机关或单位在一定程度上做出与其本身职权相关的判断的权利。这些判断或将对黑社会性质组织的认定产生不可忽视的影响。如此制度设计实质地将本在刑法教义学中对构成要件要素判断的权力分散授予社会各领域的公职部门，促进政策价值与政策目的在黑社会性质组织罪认定中的实现。最后，《反有组织犯罪法》规定的案件办理中贯彻“打早打小”的扫黑除恶具体刑事政策和“宽严相济”的基本刑事政策对认定黑社会性质组织罪的影响在前文已详细阐述，故在此不再赘述。但需要强调的是，这些规定直接影响《刑法》第 294 条的解释与适用，一定程度上指刑法的解释乃至司法认定，是《反有组织犯罪法》所载刑事政策贯通并适用《刑法》，认定黑社会性质组织罪的重要体现。

---

① 即构成要件实质化、违法性价值化与罪责目的化。参见陈兴良：《刑法教义学与刑事政策的关系：从李斯特鸿沟到罗克辛贯通——中国语境下的展开》，载《中外法学》2013 年第 5 期。罗克辛所提具体路径是基于德国特有的犯罪论体系，将之路径完全照搬在本土的、微观的《反有组织犯罪法》对黑社会性质组织罪认定中并不适配，难有效果。但并不影响认可其“应当贯通”的结论，也不影响部分借鉴贯通的方式。

三、黑社会性质组织罪认定的改进措施

综上分析,《反有组织犯罪法》继承并完善了既往扫黑除恶实践的经验与有益的规范,并上升到法律的高度,对黑社会性质组织罪的认定提出新的要求。徒法不足以自行,将《反有组织犯罪法》的要求准确落实,将其目的有效实现,还需要改进实践中部分做法。以下为根据实践中常见而典型的问题提出的部分改进路径。

第一,办案中充分利用恶势力犯罪概念的兜底作用,坚持贯彻刑法谦抑原则,避免将黑社会性质组织罪认定扩大化。在认定黑社会性质组织的司法实践中,存在重打击轻保障,重入罪轻出罪的现象。扫黑除恶专项斗争中提倡严惩的政策内容有时会被异化成认定黑社会性质组织的成文或不成文的指标。司法者面对指标要求时难免产生扩大认定的倾向。加之以往“恶势力”仅为政策概念,缺乏更加权威的法律规定,实践中易被忽视架空,进而致使黑社会性质组织的评价与处罚降于事实上的恶势力组织。[①]《反有组织犯罪法》的出台将恶势力组织概念提到了法律的高度,也为司法认定工作提出注重恶势力组织与黑社会性质组织区分的法律要求。当一个待认定的暴力犯罪团伙不具备典型的经济性特征,又无显著的黑社会性质组织意义上的非法控制或重大影响,则根据《反有组织犯罪法》第2条可以认定为恶势力组织,不宜认定为黑社会性质组织。从实质危害性的角度来看,一些行为人与犯罪团伙实施了若干具体犯罪,其具体犯罪的危害因组织影响被一定程度地加强,但这些加强程度难以上升到犯罪的恶性。如此,对具体犯罪的处罚和根据《反有组织犯罪法》规定的对恶势力组织情节从重处罚的加量足以评价和适应其恶性,不应认定为黑社会性质组织罪,对其组织行为单独处以刑罚。从刑罚处罚必要性与经济性,以及刑法的谦抑精神来看,对于一些在形式上符合《刑法》第294条规定,但刑罚处罚不具备必要性与经济性的,应以刑事政策决策贯通,对危害性构成要件要素进行实质解释。在《刑法》文义范围内,应以政策目的做出是否构成黑社会性质组织罪

---

① 参见方琳琳、韩仁洁:《惩治黑社会性质组织犯罪的实践反思》,载《人民司法(应用)》2018年第25期。

的判断,若不构成,则以恶势力组织犯罪进行兜底。如此兼顾了罪刑法定原则也体现了对刑事政策的良好贯彻。

第二,坚持对涉案人员的行为与责任进行独立判断,以确认其是否构成黑社会性质组织罪。黑社会性质组织是由社会个体组成,并与外部构筑一定社会关系的社会实体,因此处在广泛的社会关系之中。与之有关的个体既包括黑社会性质组织的成员,也包括与之产生联系的其他成员。其中存在一些与黑社会性质组织或其成员发生利益关系,但其行为不具备黑社会性质组织罪的危害的人员。特别是一些有一定社会危害性,为黑社会性质组织或其成员提供过一定帮助者,为司法实践带来更大的判断难度。例如,有法院判决中的黑社会性质组织的领导者通过操纵农村基层自治组织选举使行为人担任村党支部委员。行为人通过职权挪用集体经济的收入为该黑社会性质组织领导者所用,除此之外无其他违法犯罪行为。最终行为人被认定为黑社会性质组织的积极参加者,承担相应罪责。[①] 即使仅从刑法教义学的角度来看这种认定也是错误的,行为人虽然在客观上对黑社会性质组织的存续发展起到了正向作用,但其并没有参与到黑社会性质组织的实际运行之中,所侵害的也主要是基层民主制度与国家公权的廉洁权威,与构成黑社会性质组织罪所要求的治安与经济秩序的危害没有直接的因果关系。该判决属于司法实践中较为常见的错误,将与黑社会性质组织有关联,尤其是有贡献者一律定黑社会性质组织罪,而忽略对其行为性质的研究分析。《反有组织犯罪法》第 69 条规定了此类行为模式,并规定予以治安处罚,效果上明确了该条所规定的部分行为非犯罪。因此,在认定黑社会性质组织罪的司法实践中,须考虑《反有组织犯罪法》规范要求,对行为人实施其所列举行为本身是否构成犯罪或是在黑社会性质组织罪危害的法益方面是否构成犯罪的判断,以实现依法准确认定。

第三,应当坚持实质判断原则,特别是在可能有重大影响的案件中,着眼于综合治理的思路,加强刑罚必要性与经济性的衡量,在符合法律规定的前提下实现法律效果、政治效果与社会效果的兼顾统一。一方面,要将黑社会性质组织的危害性或非法控制性特征切实作为判断对象,而非在形式符合情况下默认

---

① 参见山东省胶州市人民法院刑事裁定书,(2019)鲁 0281 刑初 708 号。

具备的要素。另一方面，在形式上具备黑社会性质组织罪外在特征的情况下，应当充分考虑处以刑罚所带来的效应是否是正面的。如此，才可正确贯彻《反有组织犯罪法》综合治理与实质判断的要求。特别是在涉及企业的案件中，有办案机关不区分黑社会性质组织所藏身企业与黑社会性质组织本身的现象，[①]究其原因是企业自身的组织、经济条件已然在形式上符合了黑社会性质组织所要求的组织与经济外貌，在企业或其成员实施暴力违法犯罪行为，并造成一定社会危害时，司法人员易陷入直接根据其形式表现而当然认为其具备实质的危害性或非法控制性的误区。因此应当强调，即使组织和个人在形式上符合黑社会性质组织罪的特征，从危害实质和刑罚效果两方面加以判断也是不可缺少的步骤。此外，《反有组织犯罪法》规定了各机关或部门在职权范围内参与反有组织犯罪评估与判断的要求，把黑社会性质组织罪的认定工作提到了综合治理的高度。这些评估与判断的成果或结论应当被考虑进黑社会性质组织罪司法认定的实质判断中，来确保多元治理视角下实质判断的落实。

---

① 参见彭文华：《黑社会性质组织犯罪若干问题研究》，载《法商研究》2010 年第 4 期。

跨境恐怖活动犯罪早期介入的证成根据

陈正湘*

摘要：面对日益肆虐的跨境恐怖活动犯罪，各国普遍采取预备行为的实行行为化、帮助行为的正犯化，以强化刑法早期介入的方式，“先发制人”式地预防跨境恐怖活动犯罪。可以明确的是，相关国际法为跨境恐怖活动犯罪早期介入提供了法源背书；风险社会、敌人刑法理论从“风险”的提前介入，“敌人”图像的适用对其加以印证。更为重要的是，通过二元行为无价值理论，可构建跨境恐怖活动预备行为、帮助行为的实质违法性判断标准。因此，应当肯定跨境恐怖活动犯罪早期介入的正当性。

关键词：跨境恐怖活动犯罪　早期介入　法律依据　理论来源

自恐怖主义脱离地域限制，转向全球化以来，跨境恐怖主义愈加成为影响国际社会安全与稳定的非传统因素。面对这一威胁，各国普遍强化刑法的早期介入，以前置性的规定预防跨境恐怖活动。然而，反恐刑法的不断扩张，引发了人们对自由价值的担忧，学界亦有持谨慎态度者。诚然，这一担忧与谨慎不可不谓合理，但基于跨境恐怖主义的现实威胁，从法律基础与理论依据两个维度出发，整体性地分析反恐刑法的早期介入，可为跨境恐怖活动犯罪早期介入提供证立根据。

---

* 男，湖南娄底人，法学博士在读。

一、跨境恐怖活动犯罪的现实威胁与刑法规制实践

(一)以外国恐怖主义战士主导的跨境恐怖活动肆虐泛滥

自极端伊斯兰组织ISIS广泛招募极端分子以来,恐怖主义开始突破既有地域限制,转而呈现全球化趋势。以外国恐怖主义战斗人员主导的跨境恐怖主义活动在全球肆虐泛滥。

第一,极端组织招募极端分子。ISIS的“招募潮”,引发各国极端恐怖分子跨境前往恐怖组织活动区,成为外国恐怖主义战斗人员。据统计,已有80多个国家的4万余名极端主义者离境前往恐怖组织活动区。[①] 具体而言,中东和北非地区占比45%,东欧地区占比17%,西欧、中亚地区各占比近15%,东亚以及东南亚等国亦有2000余名极端分子前往。[②] 应当明确的是,极端分子的跨境流动,并非旅行式的“观光”。相反,是以筹划、实施恐怖活动,抑或参与恐怖培训为目的而前往恐怖组织活动区。换言之,外国恐怖主义战斗人员已成为全球性现象,而愈加成为影响各国安全与稳定的“定时炸弹”。

第二,“回流”式实施恐怖活动。外国恐怖主义战斗人员并非一直停留恐怖组织活动区,一旦其实施“圣战”活动、参与恐怖培训,抑或“圣战”受阻,则会采取“回流”行动,返回原籍国或目标国宣传“圣战”思想,甚至实施恐怖行为。例如,2015年的法国巴黎枪袭事件,共造成137人死亡、350人受伤;2016年的德国柏林圣诞节恐袭事件,共造成12人死亡、62人受伤;2020年的英国雷丁恐怖事件等。同时,我国亦深受跨境恐怖活动威胁,如昆明火车站事件,即为恐怖分子跨境受阻后,转而就地“圣战”,造成巨大伤亡。

(二)刑法早期介入跨境恐怖活动犯罪的实践

如何防治日趋严重的跨境恐怖活动,成为各国刑法立法的重要议题。为进

---

① See Widagdo S., Indrayanti K. W. & Saraswati A. A. A. N., *Repatriation as a Human Rights Approach to State Options in Dealing with Returning ISIS Foreign Terrorist Fighters*, 11 SAGE Open 2(2021).

② See Joana Cook, Gina Vale, *Tracing the Women and Minors of Islamic State*, Daesh to Diaspora, https://icsr.info/wp-content/uploads/2018/07/ICSR-Report-From-Daesh-to-%E2%80%98Diaspora%E2%80%99-Tracing-the-Women-and-Minors-of-Islamic-State.pdf.

一步遏制跨境恐怖活动犯罪，各国普遍强化刑法的早期介入，采取先发制人式的手段对跨境恐怖活动上游行为予以规制。

第一，预备行为的实行行为化。跨境者一旦在目标国实施恐怖袭击，意味着国家安全、公民生命财产会遭受重大损失，此时事后性惩罚已不足以弥补损失。换言之，有必要对行为人的预备行为予以提前预防。基于此，刑法开始转变处罚实行行为的原则，进而设置大量预备行为实行行为化的罪名。总体而言，各国反恐刑法针对此类预备行为，设置准备实施恐怖活动、恐怖分子跨境流动以及恐怖活动培训等独立预备罪进行防治。

例如，《法国刑法典》第 421－2－6 条的准备实施恐怖活动罪规定，行为人以恐吓或恐怖手段严重扰乱公共秩序为目的，进行恐怖活动培训、前往境外恐怖组织热点地区的行为构成本罪。换言之，法国通过将恐怖分子跨境流动、参与恐怖活动培训等跨境恐怖主义预备行为纳入准备实施恐怖活动罪中，从而实现本类预备行为的犯罪化。又如，《德国刑法典》第 89 条 a 第 2 款将恐怖活动培训行为，以及为实施恐怖活动而出境的行为予以规制。再如，英国在 2006 年增设了准备实施恐怖活动罪与恐怖活动培训罪。根据前者规定，意图实施恐怖主义行为，或协助他人实施此类行为，则其所从事任何为实现其意图而准备的行为，均构成本罪。而根据后者规定，行为人提供或接受恐怖活动培训的行为，均属于恐怖活动培训行为。并且针对恐怖分子的跨境流动，英国又在 2019 年增设了“进入或停留指定地域罪”，将前往境外恐怖组织热点地区的行为规制为犯罪，以此防治恐怖分子跨境流动行为。我国则通过《刑法修正案（九）》，增设第 120 条之二准备实施恐怖活动罪，将组织或积极参与恐怖活动培训的行为予以规制；又修改了第 322 条之偷越国（边）境罪，引入涉恐跨境条款，以完善跨境恐怖活动预备行为的刑法应对机制。

第二，帮助行为的正犯化。对于跨境恐怖分子而言，诸如资助、协助等帮助行为，均是其实施跨境恐怖活动的助力。为了有效规制这一上游行为，各国采取资助、协助行为正犯化的方式予以规制。

例如，《法国刑法典》第 421－2－2 条资助恐怖活动罪规定，明知资产被用于恐怖主义活动或意图使用此类财产进行恐怖主义活动，而提供、筹集、管理资产的行为，构成本罪。又如，美国《犯罪和刑事责任法》第 2339A 条规定了为恐怖分子提供物质支持罪,第 2339B 条规定了向指定的外国恐怖组织提供物质支持或资源罪等。再如,英国反恐刑法中规定了邀请、提供、接受恐怖主义资助罪,恐怖主义目的的使用和占有财产罪以及支持被禁组织罪。我国《刑法》第 120 条之一对资助、协助行为的正犯化进行了规定。

总体来看,刑法通过早期介入方式,回应日趋严重的跨境恐怖活动。在维持刑法惩治犯罪与保障人权的平衡的要求之中,从国际法、风险社会理论、敌人刑法理论以及二元行为无价值等出发,应当肯定跨境恐怖活动犯罪早期介入的正当性。

二、跨境恐怖活动犯罪早期介入的国际法背书

(一)联合国主导的法律框架

1.《关于国际恐怖主义的全面公约草案》

不同于《制止核恐怖主义行为国际公约》等特殊类型恐怖主义犯罪公约,《关于国际恐怖主义的全面公约草案》(以下简称《国际恐怖主义草案》)反映了国际社会希冀通过普遍性的国际恐怖主义犯罪立法,借此全面防治恐怖主义行为。尽管该草案由于各成员国难以达成共识而未获通过,但应当注意的是,《国际恐怖主义草案》对恐怖主义基本犯的界定仍对各区域性国际组织、主权国家的反恐刑事立法产生了深远影响。

《国际恐怖主义草案》第 2 条对国际恐怖主义犯罪进行了界定。[①] 根据《国际恐怖主义草案》的界定,恐怖主义基本犯主要包含侵害国家安全、侵犯公民人身权、破坏主权国家基础设施、损害国家经济秩序等行为方式。同时,对恐怖主义这一基本概念进行了隐性解释,即恐怖主义行为是为了恐吓社会群众,迫使主权国家或政府间组织为或不为某一行为。这一行为方式的规定,为后续各国设立恐怖主义行为罪提供了立法模板。

除对国际恐怖主义基本犯的规定,《国际恐怖主义草案》还对预备、帮助、教

---

① 国际恐怖主义犯罪,是指无论何人以何种手段,非法或故意地为某一行为,其目的是:致人死亡或重伤;致使国家或政府设施、公共交通系统、通信系统或基础设施遭受严重损毁……而且根据行为的性质或背景,其目的是恐吓某一人口,或迫使某国政府或某一国际组织从事或不从事某种行为。参见任筱锋、郑宏、梁巍编:《国际反对恐怖主义公约汇编》,世界知识出版社 2015 年版,第 281 页。

唆、协助行为等修正犯进行了规定。根据《国际恐怖主义草案》第 2 条及第 3 条的规定，行为人企图实施恐怖主义行为，或者教唆、指令、帮助以及以其他任何方式便利他人实施恐怖主义行为，均构成犯罪。

总体而言，固然《国际恐怖主义草案》未获通过，在实质意义上并非联合国反恐法律框架之一，但其对恐怖主义基本犯及修正犯的规定，为国际社会反恐刑事立法奠定了基础，继而影响后续相关立法。

2.《制止向恐怖主义提供资助的国际公约》

《制止向恐怖主义提供资助的国际公约》（以下简称《公约》）是全球防止资助恐怖主义的法律支柱，尤其是《公约》对资助行为的刑事定罪条款，是各国打击资助跨境恐怖主义行为的重要法律依据，便于各国将帮助行为正犯化。

《公约》首先对“资金”进行了界定。根据《公约》的规定，“资金”是极其广泛的概念，囊括了动产、不动产，有形资产及无形资产，以及其他形式的产权证明及法律文件。从该定义可以看出，《公约》采取从严打击恐怖主义融资的行为，将“资金”解释为几近包含所有形式的资产，以此切断以任何资金形式向恐怖主义提供资助的行为。

根据《公约》第 2 条的规定，资助恐怖主义的行为方式是直接或间接向他人提供或募集资金；在责任要素上，行为人必须具备相应恐怖主义目的，即意图将资金用于恐怖活动，或明知被资助者利用资金用于此类活动。同时，《公约》亦延续了《国际恐怖主义草案》对恐怖主义意图的规定。

尽管《公约》存在对恐怖主义行为等关键概念定义含糊等缺憾，但这并不妨碍其对各国反恐刑事立法的影响，在规制资助跨境恐怖主义行为时，《公约》为各国帮助行为的正犯化提供了建设性的建议，起到了引领作用。

3. 安理会 2178 号决议

恐怖主义全球化以来，以外国恐怖主义战斗人员为主导的跨境恐怖主义日益受到国际社会的重视。安理会在 2170 号决议中首次恳请各成员国关切外国恐怖主义战斗人员，并在随后的 2178 号决议中，重申了联合国打击跨境恐怖主义的决心，建议各国通过立法以规制任何参与、资助、准备、实施以及支持恐怖主义的行为。更为重要的是，决议界定了三类跨境恐怖主义行为，规定对其开展刑事立法成为刑法规制跨境恐怖主义活动的直接法律依据。

第一类是外国恐怖主义战斗人员的跨境流动行为。根据决议规定,此类行为是指,以实施、计划、准备以及参与恐怖主义行为,抑或提供、接受恐怖主义相关培训为目的,一原籍国或住所国居民试图或已经前往他国的行为。事实上,本类行为主要针对的是跨境恐怖主义活动的预备行为,包括为了准备、实施恐怖主义活动而前往他国的行为,以及为了提供、接受恐怖培训而前往他国的行为。也就是说,安理会重点考量的是打击跨境恐怖主义行为人的跨境行为,以及跨境参与恐怖主义培训的行为。

第二类是对第一类行为的资助行为。该行为是一国公民直接或间接提供、收集资金,意图将该款项用于跨境者实施跨境恐怖主义活动,或者明知该款项用于上述活动而故意提供的行为。根据决议规定,行为人资助跨境恐怖主义活动的行为亦是严重的刑事犯罪,各国刑事法要确保对资助行为进行规制。

第三类是第一类行为的协助行为。该行为是一国国民明知跨境者以实施、准备、参与恐怖主义行为,抑或提供、接受恐怖培训为目的,而蓄意组织或以其他方式协助跨境者离开原籍国或居住国的行为。换言之,任何人以任何方式便利跨境恐怖主义活动实施的帮助行为都构成犯罪,应受到刑事打击。

总言之,2178 号决议所规定之三类行为,为各区域性组织、主权国家刑法规制跨境恐怖主义活动提供了良好范本,为跨境恐怖主义预备行为实行行为化、帮助行为正犯化提供了重要法源背书,各国继而在 2178 号决议的基础上广泛开展对跨境恐怖主义行为的刑事立法活动。

(二)区域性国际组织相关规范性文件

2178 号决议通过后,各区域性国际组织亦紧跟决议内容,开展关于外国恐怖主义战斗人员的国际立法活动。其中,最具代表性的为欧洲外国恐怖主义作战人员及相关问题委员会于 2015 年 5 月通过的《〈预防恐怖主义公约〉的附加议定书》(以下简称《议定书》)。总体而言,《议定书》是在 2178 号决议的基础上,进一步细化跨境恐怖主义犯罪行为,详细界定每一类行为方式。

第一个罪名是接受恐怖主义培训。根据《议定书》第 3 条的规定,接受恐怖主义培训是指接受他人关于制造或使用爆炸物、火器、其他武器、有毒或有害物质的具体方法或技术的指导,包括为实施或协助实施恐怖活动而获得的知识或实际技能。第二个罪名是恐怖分子跨境流动罪,即为了实现恐怖主义目的,而离开原籍国前往他国的流动行为。此罪名针对的是外国恐怖主义战斗人员的跨境流动行为,不同于 2178 号决议,《议定书》使用“恐怖主义目的”代替了 2178 号决议的列举性规定,扩大对跨境恐怖主义的打击面。第三个罪名是资助为恐怖主义的跨境流动行为,即行为人明知资金全部或部分用于跨境恐怖主义活动,而向恐怖主义行为人提供资助。第四个罪名是帮助实施恐怖主义跨境活动,即以除资金资助外的任何便利形式帮助他人进行跨境恐怖主义活动。

总体而言,《议定书》脱胎于安理会 2178 号决议,是区域性国际组织在打击跨境恐怖主义活动领域的一次立法尝试,欧洲委员会各成员国则根据《议定书》的规定,结合自身国情而进行国内刑事立法。

三、跨境恐怖活动犯罪早期介入的理论支撑

应当明确的是,具有惩治性与预防性的刑罚是反恐治理的优良武器。固然,以结果无价值为违法性根据的传统刑法理念,对造成法益现实侵害或侵害危险的行为能起到事后惩罚效用,但针对未造成实际损害的,并且法益侵害危险存疑的预备行为,如跨境恐怖主义的准备行为,却因未有结果恶而难以合理规制。然而,现代社会的守护者们却别无选择,只能将刑事司法和类似战争的战略结合起来,打击恐怖主义暴力,在保护公民自由的同时进行先发制人的情报收集和目标强化,①进而突破以惩罚实行行为为原则的传统。但是,传统的突破并非没有理论的根基,风险社会、敌人刑法以及二元行为无价值等理论为其提供了坚实的支持。

(一)以“风险”提前介入的风险社会理论

德国学者贝克率先提出了“风险社会”议题,其认为当前世界社会正由工业社会向风险社会转化。工业社会所带来的科学技术高速发展,使人们物质生活与精神生活得到极高的满足。相较于传统社会,我们所遭受的饥荒、自然灾变

① See Richard Rosenfeld, *Terrorism And Criminology*, *in Terrorism and Counter - Terrorism*: *Criminological Perspectives*, Elsevier Press, 2004, p. 29.

等风险已因科技的发展而呈现下降的趋势。然而,工业社会的不断发展,在充实人类生活条件的同时,不可避免地带来了非传统风险,如核武器危机、生态环境恶变、金融危机以及恐怖主义等新型风险逐步给人类生存带来巨大挑战。此类非传统风险印证了工业社会发展过程中所带来的弊端。因而,贝克总结道:"工业社会已经经由其本身系统制造的危险而身不由己地突变为风险社会。"①

风险社会中的风险,与传统社会中的风险相比,其最大的特点便是"人为性",即风险是由人造成的。传统风险与现代风险的本质区别便在于,前者不是建立在决策基础上,或者说不是建立在关注技术经济优势和机会,仅仅把灾难视为发展的阴暗面的决策基础上。② 人类在工业社会进程中,掌握科学技术、提高自身生活条件的同时,其决策思路以及行为方式会引发多种危险。尤为突出的是,人类在面对不同问题时,基于问题的不确定性,不同个体所选择的方式亦不同。他们往往不知自身选择所带来的风险,并自认科学技术的高速发展能弥补自身选择所造就的风险,从而导致"风险越少为公众所认知,越多的风险就会被制造出来"的现象。应当注意,恐怖主义这一新型风险亦符合风险社会理论所谓之"人为性"。风险社会所带来的并非只有技术风险,同样会造就政治风险。技术风险导致全球贫富差距加深,世界各国经济越发朝两极化发展。经济基础决定上层建筑,国家间政治博弈亦明显加强。恐怖主义正是在这样的社会背景下所形成的政治、经济、文化、宗教以及民族矛盾的风险综合体,是多种矛盾尖锐化而导致的全球性现象。

应对风险的最好办法,便是及早预防它,刑法理应加强积极预防功能。为了更好地面对恐怖主义行为这一现实风险,刑法便转向风险刑法领域。在风险社会中,尤其是应对跨境恐怖主义准备行为,传统刑法以事后回应型规制为核心,对预备行为的规制捉襟见肘,其滞后性亦体现出来。应当明确,外国恐怖主义战斗人员的跨境流动,无论是前往恐怖活动区还是"回流",其最终目的均是实施暴恐行为,一旦发生暴恐行为,则意味着严重的人员、财产伤亡,对国家社

① [德]乌尔里希·贝克:《世界风险社会》,吴英姿、孙淑敏译,南京大学出版社 2004 年版,第 102 页。

② 参见劳东燕:《风险社会中的刑法:社会转型与刑法理论的变迁》,北京大学出版社 2015 年版,第 25 页。

会安全和稳定造成巨大威胁。为了防范这一风险,必须在其采取实行行动前将其制止。在此基础上,制定新法律,通过破坏、限制和毁损能力来预防有害行为并管理恐怖主义风险,[①]成为刑法发展之路。因而,各国刑法出现大量预备行为、帮助行为的犯罪化。但是,亦当注意,承认风险刑法在预防恐怖主义方面的效用颇佳,并不意味着对传统刑法理念的否定。风险刑法的调控范围亦是有限的,它只能就那些对社会生活存在巨大潜在威胁的风险犯罪采取提前介入。[②]因此,应当认可风险刑法理论在预防跨境恐怖主义领域的突出效果,是刑法规制跨境恐怖主义活动的重要理论根基之一。

(二)"敌人"与"市民"相区分的敌人刑法理论

敌人刑法理论发轫于对刑事法设立前置化罪名的思考。德国法学家雅科布斯观察德国刑事法近来构成要件的扩张、抽象危险犯的设立等趋势,认为已经超出传统市民刑法的范畴,并将这种表征总结为"敌人刑法"。雅科布斯摒弃传统的法益保护说,而推崇规范适用说,即刑法设立的目的并非保护法益,而是保护规范法律的适用。因而,犯罪是对规范的侵犯,而非对法益的侵害,法规范之所以存在,其目的便是适用,规范有着它自己的生命,它必须被遵守。[③] 规范说是雅科布斯理论的基础。除此之外,敌人刑法更重要的基石便是区分"敌人"与"市民",市民对于规范的侵犯,可通过刑罚适用使其脱离犯罪人的身份,从而重新返回社会大家庭。而对于"敌人",雅科布斯认为其不具备市民一样的期待可能性,不能通过刑罚将其进行改造,不可重返社会。因而,根据这两层理论根基,敌人刑法的基本理念是:针对那些所谓具有持久社会危险性的行为人扩张构成要件,将刑事可罚性前置,同时限制其程序权利,对其大量适用保安处分手段,以控制这些"危险源",达到保护社会的目的。[④] 也就是说,针对可以重返社会的"市民"犯罪,对其适用市民刑法,而对于不具备期待可能性的"敌人"而

---

① See Jude McCulloch, Sharon Pickering, *Pre-Crime and Counter-Terrorism: Imagining Future Crime in the "War on Terror"*, The British Journal of Criminology, Vol. 49, p. 640(2009).

② 参见郭虹:《恐怖主义犯罪早期化介入的正当性根据》,载《刑法论丛》2020 年第 1 期。

③ See Jakobs G., *Feindstrafrecht? Eine Untersuchung zu den Bedingungen von Rechtlichkeit*, Höchstrichterliche Rechtsprechung Strafrecht - HHRS, Vol. 8:9, p. 289 - 297(2006).

④ 参见王莹:《法治国的洁癖 对话 Jakobs"敌人刑法"理论》,载《中外法学》2011 年第 1 期。

言,在其进行破坏性行为之前便应当对其进行规制,并适用严厉的刑事处罚,防止其对社会的再次伤害。

在跨境恐怖主义领域内,亦应当适用敌人刑法进行规制。应当注意,雅科布斯所称的"敌人",指的是"其态度……或在谋生的问题上……或者在参加组织的问题上……不仅仅是暂时,而是大致总是偏离法的要求,就此而言,就连最低限度的具有人格属性的行动都得不到保证,而且这一缺陷也透过其行动得到了呈现"①。可见,敌人就是指这些存在根本性偏离的犯罪者,他们蔑视规范,进而削弱甚至摧毁现有规范信赖力,使社会构建失去可能性。② 对于跨境恐怖活动的行为人而言,无论是准备实施恐怖活动,还是更前置性的出入境行为,他们的终极目标是摧毁公众的信念,发动恐怖袭击,严重危害民众生命、财产权利,并以此达到掌控政治、宗教等意识形态的意图。可以说,无论是否支持恐怖分子的"敌人"图像,其恐怖主义意图下所为之恐怖行为,均是人类社会所不允的,恐怖行为的残忍性已经严重触及国际社会的底线。制止恐怖主义行为发生的最有效办法,便是采取先发制人的态度,将其扼杀在摇篮中。因而,跨境恐怖主义活动的行为人,是典型的敌人刑法中的"敌人"形象,应当对其适用敌人刑法而非市民刑法。

正是在敌人刑法领域内,针对跨境恐怖主义活动的刑法规制找到了重要的正当性依据。尽管学界对敌人刑法争议不断,认为过早的刑事法介入是对传统刑法理念的破坏,但毋庸置疑的是,恐怖主义领域内的刑法前置干预已成为世界各国立法的趋势,刑法理应以更加积极而非保守的态度应对跨境恐怖主义活动。在反恐刑法上主张敌人刑法并不会对法治有所损害,正如雅科布斯所说:明确的敌人刑法比四处混散的敌人刑法规定,其危险性对法治国而言是较少的。③

(三)以二元行为无价值理论构建实质违法性判断

无论是风险刑法还是敌人刑法,主张在反恐领域内突出刑法的积极预防功

---

① [德]京特·雅科布斯、汤沛丰:《敌人刑法学说》,载《量刑研究》2019 年第 1 期。

② 参见罗钢:《绝对终身监禁、反腐战争与敌人刑法》,载《刑事法评论》2018 年第 1 期。

③ 参见罗钢:《敌人刑法抗制恐怖活动犯罪的本土化运用》,载《中国人民公安大学学报(社会科学版)》2015 年第 1 期。

能，并强化刑事法的早期介入，无一例外地会遭受法益保护理论的非议。传统刑法的法益保护以结果无价值为理论基础，结果无价值主张刑法的目的是保护法益，法益侵害或危险是评价违法性的基准，行为在法益损害之外并不独立存在不法意义。[①] 根据这一观点，跨境恐怖主义预备行为罪名的设置，其抽象危险犯的特征并不符合结果无价值论所主张之结果恶，不存在法益现实侵害或危险的行为不具备不法意义，进而否定其实质违法性。易言之，将跨境恐怖主义活动的预备行为予以犯罪化，其不法意义难以在结果无价值的传统刑法中找到合理依据，这也是学界部分学者抨击反恐刑法早期介入的理由。然而，二元行为无价值理论的出现，契合了风险社会以及敌人刑法理论，为其提供了正当性的理论根据。

二元论发轫于对一元论批判的扬弃。后者认为，法益侵犯并非行为的实质违法性判断实体，而是行为对法规范、社会伦理规范的违反。由于将违法性仅仅界定为规范违反的观点存在很多不足，所以，一元的行为无价值论受到广泛批评。[②] 现阶段，二元论已成为行为无价值理论的主流观点。二元论认为违法性的判断，要基于法益与社会规范两个标准，即只有通过一并考虑结果的无价值和行为的无价值，才能正确地评价违法性。[③]

根据二元论，对行为违法性的判断，不仅要考量结果无价值对法益的侵害，亦要从行为无价值出发，考察行为的主观要素及样式是否有对伦理规范的侵害。从这点出发，跨境恐怖主义活动的预备行为是否具备违法性则不言而喻。此类预备行为虽未对法益造成实际损害，并且亦未对法益有现实侵害危险，然而，恐怖主义活动预备行为对法益而言是一种抽象危险。同时，恐怖主义活动是国家社会伦理规范所禁止的，以恐怖主义为目的的预备行为亦是对伦理规范的违反。因此，根据二元行为无价值理论，跨境恐怖主义活动的预备行为对法益造成的抽象危险性以及其恐怖主义目的的主观要素，满足对行为实质违法性的判断。

---

① 参见张明楷：《行为无价值论与结果无价值论》，北京大学出版社 2012 年版，第 17 页。

② 参见周光权：《违法性判断的基准与行为无价值论——兼论当代中国刑法学的立场问题》，载《中国社会科学》2008 年第 4 期。

③ 参见［日］大塚仁：《刑法概说（总论）》，冯军译，中国人民大学出版社 2002 年版，第 313 页。

总言之，从二元论出发，立法者将跨境恐怖主义活动纳入刑法规制，强化刑法在恐怖主义领域的早期介入地位，其正当性毋庸置疑。在风险社会中面对恐怖主义的全球化趋势，基于对社会安全的保护，采取早期干预、敌人刑法的形式完全符合二元行为无价值理论。

四、结语

毋庸置疑，跨境恐怖活动的现实威胁严重影响各国安全与稳定，其实行行为毫不例外地应当采取刑法规制。但为了有效预防跨境恐怖主义，国际社会达成了刑法规制其上游行为的国际法共识；从风险社会、敌人刑法理论出发，应当将其上游行为予以提前介入，并适用“敌人”图像；针对实质违法性有无的批判，引入二元行为无价值理论证立其预备行为、帮助行为的实质违法性。诚然，应当明确的是，肯定跨境恐怖活动犯罪早期介入的正当性，并不意味着否定刑法的最后手段性。换言之，针对跨境恐怖活动犯罪的早期介入，亦应当维持安全与自由的动态平衡。

3D 打印枪支的风险与规制*

刘美智子**

摘要:3D 打印枪支属于枪支的一种,将其纳入枪支管理的对象,符合罪刑法定原则的要求,对我国扫黑除恶专项斗争、严防恐怖主义、消除分裂势力也有着特殊意义,是坚持全面严格禁枪原则的体现。但是 3D 打印枪支还有着与现有枪支的不同之处:无法被检测、规避持枪主体资格审查、无法被追踪,这决定了以追踪枪支序列号为核心的现有枪支管理路径不适合新型枪支,我们需要以 3D 打印枪支的特质为出发点,在现有枪支管制路径之外,为 3D 打印枪支寻找合适的规制路径。面对 3D 打印蓝图的上传和下载监管缺位、3D 打印机设备流通管理缺位、3D 打印枪支无序列号难以管制的难题,我们可以通过对 3D 打印蓝图进行源头上的监管,建立蓝图官方共享平台;利用现有的网络犯罪和枪支犯罪等相关罪名规定进行刑法上的规制;还可以通过加强火药弹药管理、加强国际协作等措施防治 3D 打印枪支的潜在风险。

关键词:3D 打印　3D 打印枪支　3D 打印蓝图　枪支犯罪

一、问题的提出

无论是虚构人物 Jean – Luc Picard 在 1987 年的电视剧《星际迷航:下一代》

---

* 本论文曾发表在《湖南警察学院学报》2020 年第 1 期。论文内容有改动。

** 女,湖南常德人,法学硕士。

（Star Trek：The Next Generation）中引入了“复制者”的概念，还是《碟中谍》（Mission：Impossible）电影中数次看到的人皮面具，我们可以看到3D打印技术已经被熟练地运用在科幻电影中。今天，以3D打印机和蓝图为载体的3D打印技术不再只是科幻电影中的想象概念，而是已经被实现的且在实践中被大量运用的技术。现如今以塑胶作为打印材料的3D打印机较为普及。一方面，随着该技术的普及，所购入的价格也会越来越低廉，取得3D打印机的成本将会大大减少。另一方面，3D打印机的体积将会越来越小，携带便利性增加。2016年，众筹网Indiegogo上出现了一款成人手掌大小的迷你型3D打印机，小到可以放进口袋里，并且只售99美元。

众所周知，只要是技术，都能被运用于犯罪，这是无可避免的，如无人驾驶汽车可以被用作逃跑的工具、互联网会为犯罪提供有用信息、人脸识别会带来个人信息泄露的隐患，3D打印技术同样也不例外。利用3D打印制造如枪支、子弹这种隐藏危险的违禁品在现实中已经出现。2013年5月3日（当地时间），“分布式防御组织”（Defense Distributed）的创始人科迪威尔逊（Cody Wilson）利用3D打印机制造了第一支3D打印塑料手枪“解放者”（Liberator）并试射成功。此外，“分布式防御组织”还在线免费提供打印枪支所需的蓝图，全世界接近10万人下载了该蓝图。3D打印枪支的潘多拉的魔盒就此开启。虽然因该枪支是塑料材质，仅使用一次便毁了，若要持续使用必须在每次射击后更换枪管，但是随着3D打印材质、技术的进步和蓝图的精准化，目前已经实现了用金属材料替代塑料进行打印，[①]所以现在3D打印枪支连续发射多颗子弹仍可使用；而且打印产品不仅限于手枪，逐步扩展到步枪等其他类型枪支。[②] 除此之外，3D枪支使用的子弹也在不断进步。[③] 3D打印枪支的发展趋势将会如威尔逊所说：“现在只要有电脑和互联网连接，就会有枪支。”

---

① 2013年11月6日，美国公司Solid Concepts发布了一段视频，展示了第一只3D金属打印枪M1911，该公司声称该枪成功发射了600多发炮弹而没有任何故障。

② 2013年8月，加拿大的一个名为马修（Matthew）的人对3D打印步枪进行了改进，这支步枪名为The Grizzly 2.0，经过改进使其强度有所增强，射弹量达到了14发。

③ 2014年，美国宾夕法尼亚州的一位机械师研发出一种新形态的子弹，以较厚的钢壳辅助以较深的推进器，使子弹的框壳能够吸收子弹爆炸时的高温威力，借以保护以塑胶材质所制成的3D打印枪支枪体。

事实上,全民自制枪支的时代已经开启,并由美国扩散到全世界。2013 年 9 月至 12 月,某日本横滨前大学职员(28 岁)用家里的电脑和 3D 打印机制作出树脂材料的枪支部件,并组装成两把手枪,被检方控告。2015 年 5 月,悉尼一名男子涉嫌使用 3D 打印机制造枪支,警方在其公寓查获四把 3D 打印手枪和两台 3D 打印机,后被警方逮捕。2015 年 6 月 9 日,美俄勒冈州的两名重刑犯因非法持有枪支而被当地警方拘留和逮捕。他们特殊的身份无法在市面上买到 AR－15 突击步枪的下机匣,便使用 3D 打印技术自制枪支。2018 年 6 月 29 日,分布式防御组织与美国联邦政府达成庭外和解协议,3D 打印枪支将于 8 月 1 日在美国合法,3D 打印手枪的设计图也将可以在互联网上自由下载,这意味着,任何拥有电脑和 3D 打印机的人都可以在家中自由制造枪支。除此之外,特朗普政府还放松了美国枪支出口管控的措施,包含放松 3D 打印枪支的管控。报道称,来自美国的枪支助推了拉美和加勒比地区的暴力犯罪活动。美国烟草、酒精、枪支和爆炸物控制局的数据显示,在中美洲和加勒比地区缴获的大量枪支都可以追踪到美国。由于地理上的关系,墨西哥更是首当其冲。这一系列举措在 7 月 30 日遭到 21 个州的联合反对,并对联邦政府提起联合诉讼。2019 年 11 月 12 日,美国联邦法官罗伯特·拉斯尼克作出裁决称,美国国务院许可设在得克萨斯州的非营利机构“分布式防御组织”发布可下载的图纸违反了联邦法律。他援引美国国务院此前的观点指出,公布这类信息会使包括美国以外其他国家的恐怖分子在内的犯罪分子获得美国武器,从而威胁到美国的对外政策、国家安全乃至世界和平。

上述新闻对我国来说是一个警示。我国在枪支管理上坚持严格全面禁枪原则,对枪支制造、运输和销售等环节严格管控,但 3D 打印枪支出现之后,我国缺乏对该类新型枪支的规制,使枪支的获取更加秘密、便捷、低成本,严重威胁我国的公共安全。对新型枪支进行管制,也符合我国扫黑除恶专项斗争的要求,对严防恐怖主义、消除分裂势力也有着特殊意义。法学界已经有学者开始对 3D 打印带来的知识产权、民事责任等问题展开比较深入的研究,但专门针对 3D 打印枪支所带来的风险和刑法规制相对较少。因此,笔者拟从 3D 打印枪支出发,厘清 3D 打印枪支所带来的风险,检视我国对 3D 枪支管理现有的漏洞,并对未来我国刑法应如何合理有效地应对 3D 枪支给我们带来的挑战提出设想,抛砖引玉,以期对实践有借鉴之处。

二、3D 打印枪支的界定

(一)3D 打印枪支符合现有枪支定义

在我国《刑法》中,从第 125 条至第 130 条,以枪支为犯罪对象的共 6 个条文 9 个罪名,均没有关于枪支的明确定义,属于典型的空白补充罪状,依赖于其他法律法规对枪支的定义进行补充。我国涉及枪支定义的法律和规定有《枪支管理法》第 46 条和 2010 年发布的《公安机关涉案枪支弹药性能鉴定工作规定》。《枪支管理法》将枪支分为公务用枪和民用枪支,并且枪支要符合以火药和压缩气体为动力、以管状器具为发射装置、发射物质为金属弹丸或者其他物质的条件,并且还要达到实质要件——足以致人伤亡或者丧失知觉。按照该定义,3D 打印枪支属于民用枪支的一种,其动力特征、发射装置虽然存在一定的缺陷,如射击完后不能自动排除空弹壳、需要人工再装填枪弹,但是其作用原理是符合《枪支管理法》对枪支的定义的。虽然其与传统枪支相比,枪支的射程、射击精度和子弹威力都相对较弱,但是其完整的发射机制仍能对人体造成伤害。因为 2009 年修正的《枪支管理法》对于枪支的定义不具有实操性,所以公安部制定并修订了 2010 年的《公安机关涉案枪支弹药性能鉴定工作规定》,我国在枪支鉴定中实际所使用的也是该工作规定。该规定将枪支分为制式枪支和非制式枪支,针对制式枪支和非制式枪支分别设置了一套鉴定标准。非制式枪支,其能发射制式弹药,也能发射非制式(如 3D 打印子弹)弹药,按照该规定 3D 打印枪支属于枪支。3D 打印的枪支零部件(如 3D 打印枪管)属于非制式枪支散件(零部件),因其具备与制式枪支、弹药专用散件(零部件)的相同功能,即使性能并不能与制式枪支、弹药专用散件(零部件)如出一辙,按照该规定,也能认定为枪支散件(零部件)。

综上所述,3D 打印枪支属于枪支的一种,将其纳入枪支管理的对象,符合罪刑法定原则的要求。但是,传统枪支的制造和 3D 打印枪支的制造有着很大区别,导致对传统枪支的管制措施不适合 3D 打印枪支这种新型枪支。一方面,制造传统枪支是门技术活,不仅需要枪支制造图纸,还需要精湛的技术,一般需要专业的制枪企业才能制造出性能良好的枪支。另一方面,传统枪支制造的技术壁垒决定了制造技术的相对保密性,一般人即使通过特殊途径拿到了制造图纸,仅凭一己之力也很难秘密地进行枪支制造,但通过地下制枪工厂私自制枪很容易遭到执法机关的查处和取缔。所以,私自制造传统枪支技术性强、风险高。并且,通过国家许可的制枪工厂制造的枪支都有自己独特的"身份证号"——枪支序列号,我们以枪支序列号实现对枪支制造、运输、销售、持有的全程追踪。但是在这个任何人均可以便捷、隐蔽使用3D 打印机和互联网的时代,只要有3D 打印蓝图,人人都可以随意制造一把一次性使用的枪支,拿来开几枪,然后随意扔掉。

(二)3D 打印枪支的风险

3D 打印枪支缺乏枪支序列号,被称为"鬼枪"。与传统枪支相比,有互联网、3D 打印机即可制造枪支,获取3D 打印枪支更加隐蔽和便捷,所以导致如下风险:无法被检测、规避持枪主体资格审查、无法被追踪、提高公共安全风险等。

1. 无法被检测

现行机场、火车站及地铁站等公共交通运输系统以及会场、政府机关等所使用的安检机是利用 X 射线来实现"透视"的,安检机能根据物体密度、质量和数量的不同所导致的对 X 射线的吸收程度不同,在荧屏上呈现不同颜色的影像,以此来反映物体的形状和材质,如枪支、弹药、刀具都是蓝色,而大分子有机物的混合成分的炸药是绿色。可是面对拆分的3D 打印塑料枪支,安检仪是否能准确进行检测呢?英国《星期日邮报》的两名记者曾做过这样的实验:其将3D 打印塑料枪支分为三部分带上了伦敦至巴黎的火车,由于法律上的顾虑,他们既没有把金属击针也没有把任何子弹带到火车上。最后他们成功逃脱了安检仪的检测,顺利带上火车,并在短短的30 秒内在火车上的厕所内完成了组装。由此可见,3D 打印枪支分解后,加之其为塑料材质,其枪支形状和材质无法为 X 射线检测到。此漏洞对机场火车站等公共场所的安检设施提出了挑战,因为一旦图谋不轨的犯罪分子将3D 打印塑料枪支和金属击针以拆解携带的方式带到火车或飞机等公共交通上再进行组装,后果将不堪设想。

2. 规避持枪主体资格审查

世界各国法律对枪支管控都有严格的规定。虽然美国提倡枪支自由,但也不是绝对的枪支自由,随着枪支暴力事件的频频发生,美国也对枪支逐步实施了管理。如1934年在美国通过的《国家枪械法》要求公民购买全自动枪械需要通过严格的审核程序,①同时美国的《不可探测枪支法案》还规定枪支组成部分中必须包含能被金属探测器探测到的金属元件,防止持枪者藏匿枪支出入人员密集的公共场所造成威胁。在德国,公民要想合法持枪,首先必须接受"可信度调查",然后才能获得武器拥有许可证,拥有这张许可证后,根据获得的许可证类别,持证人所能持有的枪支种类和数量都有严格的限制性规定。在我国,《枪支管理法》第3条规定国家严格管制枪支的原则,禁止任何单位或者个人违反法律规定持有、制造(包括变造、装配)、买卖、运输、出租、出借枪支。持枪、制枪、买卖运输枪支主体均有明确且严格的限制。② 持枪主体要么属于履行社会治安管理职责,在国家暴力机关任职,面对的都是偏差行为较大甚至是穷凶极恶的犯罪分子,为了保护自身人身安全,顺利进行侦查、逮捕,行使国家权力,故赋予其配备枪支的权利;要么为了生产生活需要,如营业性射击场、猎民、牧民等。并且,上述主体在使用枪支时是有限制条件的,如必须在依法履行职责的过程中,确有必要使用枪支时,才能使用枪支,构成公务用枪。③

在各国严格管制枪支的情况下,3D打印枪支技术将可能使这些无法通过法律合法取得枪支的个人超越现有枪支管制法律而取得枪支。虽然这些管制措施对于蓄意想取得枪支的犯罪分子而言并不会真正断绝其枪支非法获取渠

---

① 该法律规定枪支购买者必须接受严格的个人背景审查,提交指纹备案,进行严格的精神检查,还要宣誓遵守法律,才可能取得联邦许可。根据今天的联邦法律,购买者要无重大罪行、非精神病患者并且为美国公民,才可以在年满18岁时购买长枪(步枪或霰弹枪),年满21岁时才有购买手枪的资格;私人之间不可以跨州买卖,但必须通过有执照的销售商进行购买;个人可以通过网上订购枪支,但必须从本州有执照的销售商处取货等,购买枪支有严格的审核和限制规定。

② 配备公务用枪的主体是"公安机关、国家安全机关、监狱、劳动教养机关的人民警察,人民法院的司法警察,人民检察院的司法警察和担负案件侦查任务的检察人员,海关的缉私人员",可以配置民用枪支的主体包括:(1)经批准的营业性射击场,可以配置射击运动枪支;(2)经批准的狩猎场,可以配置猎枪;(3)野生动物保护、饲养、科研单位可以配置猎枪、麻醉注射枪。猎民、牧民可以配置猎枪。

③ 《人民警察使用警械和武器条例》第9条规定,警察在有暴力犯罪行为发生的紧急情况下,需先进行警告,警告无效的,方可使用武器。

道，如其可以通过盗窃、黑市购买等方式取得枪支。但这些非法取得枪支的种种途径均存在暴露的风险。3D 打印机的出现，将暴露的风险大大降低，拥有 3D 打印机，就能拥有 3D 打印枪支，届时持枪主体的审查规定将形同虚设。

3. 无法被追踪

3D 打印枪支是新兴事物，现行法律多半是在 3D 打印枪支技术出现之前所制定的并以传统枪支为规制对象，所以现行法律适用于 3D 打印枪支时，难免会水土不服，出现管制漏洞。例如，在美国，传统枪支在销售前，制造者需要在制造时事先申请相关执照，需要对购买者进行背景审查，枪支本身则需要烙印序列号。在我国，为了对枪支的去处和流向进行追踪，规定枪支制造企业必须对枪支进行统一编号，不得制造无号、重号、假号的枪支；配售企业必须掌握枪弹的流向，对已售出的枪支的流向情况要及时录入枪支管理系统，以便于对枪支从生产到最后的销毁进行全程追踪。[①] 但是 3D 打印枪支没有序列号，属于无法追踪的"鬼枪"，难以适用前述传统的枪支管制措施。还有，在使用传统枪支的情况下，警察通常会从留在枪支上的信息去追查枪手，如根据识别子弹追踪武器，甚至能够将枪与某个子弹相匹配，从而还原犯罪现场，但 3D 打印枪支是由塑料制成的，极易被销毁，故不具有此项功能。同时，3D 打印枪支所使用的蓝图所借助的载体——互联网具有极强的隐蔽性，普通消费者只要在互联网上下载蓝图就可以轻易地拥有自制枪支，但下载蓝图既没有记录也没有痕迹，给 3D 打印枪支的追踪带来极为严峻的挑战。

4. 提高公共安全风险

哈佛伤害控制研究中心在 2014 年的研究数据表明，如果枪支越容易被获取，人类杀人的风险越高，尤其使用枪支实行杀人的案件就越多。一方面，3D 打印枪支的出现使获得枪支更加容易，从而增加了警察和平民的生命危险。3D 打印枪支隐蔽性强较难被检测，这无疑是恐怖活动组织或者暗杀组织的理想选择。所以当 3D 枪支大量被恐怖组织或暗杀组织等掌握时，负责保卫国家和社会安全的警察等机关工作人员的生命安全、手无寸铁的普通平民将面临更为严

---

① 参见张金菊：《3D 打印技术对我国枪支管理带来的挑战和应对措施》，载《中国人民公安大学学报（社会科学版）》2016 年第 1 期。

重的威胁。据报道,自特朗普政府放松了美国枪支出口管控的措施包含放松3D 打印枪支的管控以来,大量美国枪支涌入墨西哥,使墨西哥暴力犯罪连年居高不下。美国外交关系协会发布的一份研究报告称,自 2006 年发起打击毒品运动以来,墨西哥共发生了 30 多万起杀人案件。在 2018 年,墨西哥的杀人案件创下了新纪录,达到近 36,000 件,其中许多与贩毒有关。这一趋势延续到 2019 年,迄今每天有近 90 起谋杀案。另一方面,3D 打印枪支的新颖性会引起青少年的猎奇心理,引发危险。青少年处于一个对任何新鲜事物都很好奇的时段,在 3D 打印枪支极易被获取的情况下,3D 打印枪支的"新"和"酷"将会吸引他们进行尝试。在 3D 打印枪支的性能尚不稳定的情况下(如射击时会爆炸),青少年若未在监护的情况下任意使用 3D 打印枪支,极有可能伤及无辜,也容易伤害自身。还有一种可能,在青少年年少气盛进行械斗时,倘若有人使用 3D 打印枪支为己方助力,造成的危害将不堪设想。2013 年,"分布式防御组织"获得美国联邦政府发放的 3D 打印枪支的制造和销售执照,到 2014 年年初,该公司已接到价值百万美元的 3D 打印枪支订单。大家无论是出于好奇还是出于非法目的购买枪支,3D 打印枪支都将会拥有广阔的市场。

正如上所述,3D 打印枪支因为没有枪支序列号,加上互联网的隐蔽性导致枪支蓝图轻易获得,存在无法被检测、规避持枪主体资格审查、无法被追踪、提高危害公共安全的风险等问题,其杀伤力和危害性不逊色于传统枪支。将以追踪枪支序列号为核心的现有枪支管理路径适用于没有枪支序列号的 3D 打印枪支,会出现水土不服的现象。我们需要因地制宜,在现有枪支管制路径之外,以 3D 打印枪支的特质为出发点,为 3D 打印枪支寻找合适的规制路径。

三、我国 3D 打印枪支管理的现状

经网页搜索,虽然并无关于我国司法机关查获 3D 打印枪支的新闻报道,但这不代表 3D 打印枪支在我国并不存在。在我国以追踪枪支序列号为核心的现有枪支管理路径下,对具有与传统枪支不同特点的 3D 打印枪支的管理存在缺位,若放任在"暗处"的 3D 打印枪支游离于现有枪支管制体制之外,将会对个人和公共安全造成不可预估的危险。

(一)3D 打印技术——对蓝图的上传和下载监管缺位

3D 打印枪支的前提是要获得打印的蓝图，正如建造房屋前需取得房屋设计图纸，再根据图纸进行实物建造。由于互联网的开放性和隐蔽性，虽然个人设计 3D 打印枪支蓝图较为困难，但是借由互联网这个媒介取得蓝图却显得如此简单便利。科迪威尔逊将“解放者”的蓝图上传，在短短几天内全世界接近 10 万人下载了该蓝图。借助互联网，蓝图传播范围广、速度快也在情理之中。

目前我国对 3D 打印的蓝图管理松散，并没有将其列为网络禁止传播对象或者网络传播的敏感对象，3D 打印的蓝图传播还是相对较自由的。若没有对 3D 打印枪支蓝图网络共享平台进行监管，就很难查明下载蓝图人员的具体信息，只能事后补救——删除蓝图。但是已经被下载的蓝图将会跌入不可控制的深渊，因为我们无法将已经被下载且存储到个人客户端的蓝图删除。而这些蓝图的下载者将蓝图用于何种用途我们也不可得知，是否用作研究或是出于好奇抑或是用来犯罪皆有可能。由于没有对蓝图的上传和下载进行监管，我们无法准确地追踪到个人从而消除风险，而这种风险一旦引发，将会对公共安全造成不可预知的危害。

(二)3D 打印机——设备流通管理缺位

以 3D 打印机为关键词在淘宝、京东、苏宁易购等当下流行的购物软件上搜索，大小不一、品牌各异、价格不等的 3D 打印机映入眼帘，且购买程序和条件与其他普通产品一样，不需要特殊审查，也不需要提供身份证号等实名信息。一旦 3D 打印机能够轻易获得，加之打印枪支的蓝图也能隐秘便利地从互联网上获得，犯罪分子想要轻松获得具有杀伤力的枪支轻而易举，且不容易被追查，枪支管制法律将会形同虚设。

(三)3D 打印枪支——无传统枪支的序列号

我国现有枪支管理措施是以为枪支编列序列号为核心展开的，现有合法流通的枪支都在每个合法的枪械制造工厂印上了自己独特的“身份证”号，每支枪支有且只有唯一一个枪支序列号，重号、假号枪支均是非法枪支。但是 3D 打印枪支不用专门的枪械制造工厂,也不用特殊的材质,只需要蓝图、3D 打印机和塑料或者金属即可在家制造,无法印上用于枪支管制的枪支序列号,更无法对其进行追踪管制。对于绝大多数实行枪支管制的国家来说,3D 打印枪支的出现无疑是一个巨大的安全隐患。

四、3D 打印枪支规制路径之展望

鉴于 3D 打印枪支与传统枪支相比获取更为隐蔽和便捷,其具有如下风险:无法被检测、规避持枪主体资格审查、无法被追踪、提高公共安全危险等。加上我国现有枪支管理体制对 3D 打印枪支监管存在的漏洞,导致无法对风险进行堵截和消减。下面笔者提出几点设想,以期对 3D 打印枪支的风险防范有所裨益。

(一)对蓝图的规制——建立蓝图官方共享平台

对于利用网络传播 3D 打印枪支蓝图的行为,一方面,应禁止 3D 打印蓝图在私人平台任意发布,建立官方蓝图共享交易平台。官方蓝图共享交易平台应当对蓝图进行监管和规范。首先,所有的用户都需要进行实名制注册,经由该平台审核授权才有发布或者交易的资格。其次,官方蓝图共享平台应对蓝图进行分类,尤其对于打印枪支等违禁品的蓝图应建立特殊的监管制度,如对于 3D 打印枪支的蓝图,发布或者交易的用户应进行限制。只有经过官方授权的用户如专门的研发机构才可以发布蓝图,但发布的蓝图并不是公开可供随意下载的,对于下载的用户有限制。下载 3D 打印枪支蓝图的用户仅限于符合我国《枪支管理法》中有特别许可的企业或者经过官方共享平台审查合格的相关研究所等,且不允许非法泄露。下载需要经过该平台的交易系统,该平台的交易系统会记录下载的时间、下载的用途、下载方的准确信息、下载序列号或者开启的密钥等。最后,官方蓝图共享平台对于下载枪支等违禁品的蓝图应进行后续跟进,监测其打印枪支的数量和去向,严格做好登记,做到 3D 打印枪支流通渠道透明。

另一方面,可利用刑法中现有的网络犯罪相关罪名进行规制。首先对于非法买卖 3D 打印枪支蓝图以《刑法》第 287 条之一非法利用信息网络罪归罪。[①]以 3D 打印枪支蓝图等违法信息为交易对象进行买卖而设立网站、通讯群组的，推定行为人对此具有主观故意，具有主观的犯罪目的，成立此罪；对于不经由官方蓝图共享平台而擅自发布有关制作或者销售 3D 打印枪支信息的行为，也构成此罪。此外，发布的信息不仅直接包含 3D 打印枪支蓝图，链接地址、访问账号、密钥等多种与之相关的信息都应认定为发布信息的行为。对于网络信息服务商，还可利用《刑法》第 286 条之一拒不履行信息网络安全管理义务罪和第 287 条之二帮助信息网络犯罪活动罪之规定进行规制，赋予网络服务提供者在防范 3D 打印枪支蓝图非法传播方面和禁止提供技术支持的义务。有观点认为[②]利用互联网平台肆意传播 3D 打印危险物品的蓝图可以传授犯罪方法罪论处。[③] 从相关法定刑的设置我们可以看出，非法利用信息网络罪的法定刑大大低于传授犯罪方法罪的法定刑。所以区分此罪与彼罪至关重要。设立网站、通讯群组非法传播制造 3D 打印枪支蓝图属于传播制作管制物品的行为，满足非法利用信息网络罪第一项要件，成立非法利用信息网络罪。那么此行为是否属于传播犯罪方法呢？所谓的犯罪方法，是指实施犯罪的一切经验、技巧、手段等，包括反侦查、逃避审判、预备犯罪、犯罪后逃匿、销毁罪证等方法。[④] 设立网站、通讯群组非法传播制造 3D 打印枪支蓝图属于传授非法制造枪支的制造方法，属于犯罪方法，并且该方法只能用于犯罪，而且也很难期待被传授人学会该种方法后会不将其用于实行犯罪。所以，设立网站、通讯群组非法传播制造 3D 打印枪支蓝图也构成传授犯罪方法罪。但很明显，传授犯罪方法罪是一般罪名，非法利用信息网络罪是特殊罪名，对于以 3D 打印枪支蓝图等违法信息为交

---

① 《刑法》第 287 条之一第 1 款规定："利用信息网络实施下列行为之一，情节严重的，处三年以下有期徒刑或者拘役，并处或者单处罚金：（一）设立用于实施诈骗、传授犯罪方法、制作或者销售违禁物品、管制物品等违法犯罪活动的网站、通讯群组的；（二）发布有关制作或者销售毒品、枪支、淫秽物品等违禁物品、管制物品或者其他违法犯罪信息的；（三）为实施诈骗等违法犯罪活动发布信息的。"

② 参见王云、陈旻、高长永：《3D 打印技术带来的治安风险及应对》，载《云南警官学院学报》2018 年第 1 期。

③ 传授犯罪方法罪的法定刑为 5 年以下有期徒刑、拘役或者管制；情节严重的，处 5 年以上有期徒刑；情节特别严重的，甚至能判处无期徒刑。非法利用信息网络罪的达到情节严重的，处 3 年以下有期徒刑或者拘役，并处或者单处罚金。

④ 参见高铭暄、马克昌主编：《刑法学》（第 7 版），北京大学出版社 2016 年版，第 548 页。

易对象进行买卖而设立网站、通讯群组的，应以非法利用信息网络罪论处。但是，对于这种传授犯罪方法的行为，以非法利用信息网络罪论处导致法定刑大大降低，是否有违刑法的平等原则和罪责刑相适应原则，这是一个值得探讨的问题。

（二）打击3D打印枪支犯罪——以现有刑法罪名规制

若说蓝图是3D打印枪支的软件设备，那么3D打印机就是3D打印枪支必备的硬件设备。3D打印机作为实现3D打印枪支从“电脑编程”到实体的媒介，对其进行特殊手段的处理，进而管控3D打印枪支的制造过程是规范3D打印枪支至关重要的一步。一方面，在3D打印机生产阶段，每台打印机可以安装两个软件，软件之一的功能是限制该打印机只能在研发的注册授权系统上注册后才能使用，注册系统会跟踪记录该打印机的使用状况，如打印使用的蓝图类型、使用的次数等；软件之二的功能是一个识别系统，能识别枪支等管制物品的局部重要零件和整体蓝图，只有用下载蓝图时所生成的序列号或者密钥才能开启打印。目前美国专利与商标局推出了3D打印“生产控制系统”应用的是过滤系统，即进行3D打印前，过滤系统会将待打印的蓝图与管制物品或者违禁物品的蓝图数据库进行比对，只要两者的相似度超过一定的比例，过滤软件会自动提交到网上数字平台进行验证，只有在确定不存在风险的情况下才允许模型的打印。[①] 本文认为，3D打印枪支蓝图的下载主体是经过筛选的，如果每一份蓝图打印之前都要和数据库进行比对，将不符合社会主义市场经济的效率原则。此外，3D蓝图多种多样，建立能够涵盖所有蓝图的3D数据比对库存在技术上的困难。另一方面，在销售和流通阶段，销售方对一些信息如购买人的信息只需简单登记即可，不需要去公安机关进行备案。因为3D打印机的开启需上网注册，无论谁最终购买都要经过注册阶段，注册授权系统一旦激活便会对该3D打印机进行监管。况且刑法主要不是对3D打印机进行管制，而是要对利用3D打印机所制造的违禁物品进行管制。3D打印机只是使用工具，如果仅

---

① 参见王云、陈旻、高长永：《3D打印技术带来的治安风险及应对》，载《云南警官学院学报》2018年第1期。

仅因为其可能用于犯罪而需要复杂严格的备案登记,那么对于可用于犯罪的刀具、电脑是不是也需要严格地备案登记呢? 对于 3D 打印机的流通,应遵从市场经济,不能给予过多干预。

由此,针对 3D 打印枪支,虽然其具有传统枪支不具备的特质,但是本质上还是属于枪支,现有枪支管制路径也可适用之。《刑法》《枪支管理法》等法律还有各类如《治安管理处罚法》等法律规范中关于枪支管制之规定,完全可以无障碍适用于 3D 打印枪支,对非法制造、买卖、运输、邮寄、储存、销售、持有、私藏 3D 打印枪支行为进行打击。对于非法买卖管制危险物品蓝图的序列号的行为,属于非法经营罪之"未经许可,经营法律、行政法规规定的专营、专卖物品或者其他限制买卖的物品"的情形,可按照非法经营罪论处;对于没有取得制造、买卖、运输、销售 3D 打印枪支资格的主体,以非法制造、买卖、运输、邮寄、储存枪支罪和违规制造、销售枪支罪论处,非法购买 3D 打印枪支的可以非法持有、私藏枪支罪论处。

(三)加强弹药火药的管理

除上述措施之外,我们还可以加强弹药火药的管理。3D 打印枪支具有隐蔽性,但是由于弹药火药制作材料的不可替代性,在目前科技发展的水平下还不能进行 3D 打印制造。3D 枪支只是一种工具,需要借助弹药火药才能具有杀伤力。若加强对弹药火药的管理,使能够轻易取得 3D 打印枪支的人无法获得弹药火药。"巧妇难为无米之炊",也不失为一种规制手段。在弹药火药管理环节中最容易出现疏漏的就是在民用爆炸物品、烟花爆竹制造环节,容易因管制疏忽导致大量"黑"火药、"黑"弹药流入黑市落入不法之人之手,应加强对"黑市"的监管,对"黑市"交易的线上线下渠道进行排查和取缔。

我们还可通过加入国际条约的方式打击利用 3D 打印枪支实施跨国犯罪的行为。一些国际协议如《武器贸易条约》也影响 3D 打印武器及其蓝图的传播。就其范围而言,ATT 涵盖小、轻型武器以及武器部件,因此也适用于任何 3D 打印枪支,如"解放者"。但是它不包括任何技术转让,因此该条约不能管制蓝图。通过访问我国的外交部官方网站,从 2013 年至 2018 年,我国尚未加入这类有关武器贸易的国际条约。加入这类国际条约,对于打击我国恐怖主义势力、维持稳定的国际国内环境方面都发挥着重要作用。

另一个设想是可以给3D打印枪支加印序列号以进行管理，美国加利福尼亚州就于2016年针对“鬼枪”现象进行3D打印枪支必须烙印序列号的立法，但本文认为此用于管制传统枪支的措施不可取。由于3D打印枪支是由塑料材质所制，可以不断被溶解反复被制作，所以在3D打印枪支上打印序列号并无多大用处，反倒若该合法序号被反复使用，给不法分子提供了可乘之机。由此看来，若想有效实现对3D打印枪支的管制，最有力的措施还是对打印枪支的蓝图进行技术上的限制和法律上的管制，对制造3D打印枪支进行源头上的管控。

论转化型故意杀人罪条款的性质

刘　杰*

摘要:我国《刑法》分则规定,有5种危害行为在致人死亡的情况下按照故意杀人罪定罪处罚。对这些条款的性质,学界主要有法律拟制说和注意规定说之争。笔者赞同后者。法律拟制说的观点不仅违背了事实和法律逻辑,而且从根基上与罪刑法定原则、刑法面前人人平等原则、罪责刑相适应原则、主客观相一致原则等刑法基本原则背道而驰,也违背了宽严相济的刑事政策。而注意规定说的观点符合刑法基本原则和刑法解释规则,且具有司法实践的支持。

关键词:法律拟制　注意规定　转化犯　致人死亡　故意杀人罪

我国《刑法》分则规定,有5种危害行为在致人死亡的情况下按照故意杀人罪定罪处罚:第238条第2款后段规定的非法拘禁使用暴力致人死亡的;第247条后段规定的刑讯逼供、暴力取证致人死亡的;第248条后段规定的虐待被监管人致人死亡的;第289条规定的聚众"打砸抢"致人死亡的;第292条第2款规定的聚众斗殴致人死亡的。对这些条款的性质问题,学界认识不一。下面,笔者就该问题进行分析,以求教于大方。

一、关于转化型故意杀人罪条款性质的理论纷争

对上述行为致人死亡的性质,刑法学界一直有很大争议。归纳起来,主要

* 男,法学博士,现任国家移民管理局边防检察管理司副司长。

有如下观点：

第一种观点认为属于法律拟制，即不论主观罪过如何，在致人死亡的情形下，一律成立故意杀人罪。①

第二种观点认为属于注意规定，即在上述情形中，只有在故意心态支配下的致人死亡行为才能构成故意杀人罪，过失心态支配下的行为构成故意伤害罪（致人死亡）。这也是目前刑法理论界的通说。②

第三种观点认为属于转化犯，如有学者认为，行为人在实施了上述犯罪的同时，实施了“致人死亡”的行为，“致人死亡”的行为与原来的犯罪结合，符合故意杀人罪的犯罪构成，按照刑法的规定，转化为故意杀人罪。③

第四种观点，以刑讯逼供罪为例，认为属于结果加重犯。④

二、转化型故意杀人罪条款的概念厘清

（一）法律拟制

关于法律拟制的概念，考夫曼认为，是“在一个已证明为重要的观点之下，对不同事物相同处理，或者我们也可以说，是一个以某种关系为标准的相同性，对不同事物相同处理”⑤。拉伦茨认为：“法学上的拟制，是有意地将明知为不同者，等同视之……法律拟制的目标通常在于：将针对一构成要件（T1）所作的规定，适用于另一构成要件（T2）……因为法律并不在于陈述事实，其毋宁包含适用规定，因此，立法者并非主张，T2 事实上与 T1 相同，或事实上为 T1 的一种事例，毋宁乃是规定，对于 T2 应赋予与 T1 相同的法律效果。”⑥在我国刑法学

① 参见张明楷：《刑法分则的解释原理》（第 2 版），中国人民大学出版社 2011 年版，第 645 页。

② 参见王作富：《刑法》（第 5 版），中国人民大学出版社 2011 年版，第 376、388 页；陈忠林：《刑法分论》（第 3 版），中国人民大学出版社 2011 年版，第 145、158 页。

③ 参见赵秉志、许成磊：《刑讯逼供罪中“致人伤残、死亡”的理解与认定》，载《河南省政法管理干部学院学报》2004 年第 2 期。

④ 参见赵炳贵：《转化犯与结果加重犯——兼谈刑讯逼供罪的立法完善》，载《中国刑事法杂志》2001 年第 1 期；黄明儒、罗剑：《论刑讯逼供致人伤残、死亡的性质》，载《中南大学学报（社会科学版）》2004 年第 2 期。

⑤ ［德］亚图·考夫曼：《类推与“事物本质”》，吴从周译，台北，学林文化事业有限公司 1999 年版，第 59 页。

⑥ ［德］卡尔·拉伦茨：《法学方法论》，陈爱娥译，商务印书馆 2003 年版，第 142 页。

界,通常也认为,法律拟制的特点是,将原本不同的行为按照相同的行为处理(包括将原本不符合某种规定的行为也按照该规定处理)。[①]

可见,法律拟制的实质,就是明知不同而等同视之,即赋予不同性质的行为以相同的法律效果,造成一种法律明文规定的"以假乱真",并成为一项不可反驳的法律规定。法律拟制,其实是一种非常特殊的法律方式,"是法律上出于正当合理目的,为了应对社会生活的急剧变化,而在法律无据、法官又不能拒绝案件审理情况下,模仿原有法律形式,把实际并不存在的某种事实或情况确认为真实存在的一种法律创造方法"[②]。立法者之所以设置此类条款,主要是考虑到虽然行为的性质不同,但具有相同或相类似的法益侵害,为更好地保护法益,故而等同视之。正如考夫曼指出:"拟制可以有实用性,只有当其表达了一种真实,一种类似的真实。埃塞尔正确地说道,拟制并非歪曲现实的意思,相反地,'拟制是无意识的表达一种经由构成要件内在的类似性,所引发之……相同价值的必要性'。"[③]因此,立法者不应当无限制地设立法律拟制条款。法律拟制,应当具有如下特征:

(1)法定性。法律拟制,仅限于刑法所明文规定的情形,不能推广适用,对类似情形,不能比照拟制规定适用。虽然拟制的本质是一种类推,但在罪刑法定原则的指引下,法律拟制仅限于立法上的类推,禁止司法上的类推解释和类推适用。例如,携带凶器盗窃的情形,就不能因其与携带凶器抢夺情形相类似,而类推适用抢劫罪定罪处罚,如果这样理解,即严重违背了罪刑法定原则。

(2)拟制行为相异性。拟制的前提,就是拟制前后的行为之间存在本质的不同,即被拟制行为该当的构成要件(T1)与相拟制行为该当的构成要件(T2)必然存在区别。例如,携带凶器抢夺的行为,本质上还是抢夺,即对物的暴力,与抢劫行为(对人的暴力)有着本质的不同。

(3)侵害法益相同或类似性。法律拟制的正当性,就在于两者在侵害法益

---

① 参见张明楷:《刑法分则的解释原理》(第2版),中国人民大学出版社2011年版,第631页。

② 温晓莉:《论法律虚拟与法律拟制之区别——法哲学的时代变革》,载《北大法律评论》2007年第1期。

③ [德]亚图·考夫曼:《类推与"事物本质"》,吴从周译,台北,学林文化事业有限公司1999年版,第59页。

上相同或类似。例如,携带凶器抢夺的行为与抢劫行为具有侵害法益的相似性,即侵害财产法益的同时也侵害人身法益。由此,侵害法益相同或类似性,也决定了法律拟制不可能无限制地适用。

(4)慎重适用性。“法律拟制不能伤害任何人”[①]。由于法律拟制更多的是从法益保护的角度,赋予性质不同的行为以相同的法律效果,这也就意味着存在为了保护法益而忽视刑法人权保障机能的危险。正如德国法哲学家彼得·莱尔歇所言,“法律是国家意志的象征,立法者可以将任何虚拟的事物都放进拟制内”[②]。如果法律拟制过度适用,极有可能将无罪行为入罪,或将轻罪行为加重其刑,违背人权保障要求,成为恶法,如同詹宁斯在《法与宪法》中讽刺的:“议会除了不能把男人变成女人和把女人变成男人外,什么事情都可以做。”[③]因此,要尽最大可能地减少和慎重适用法律拟制。

(二)注意规定

注意规定是在刑法已作基本规定的前提下,提示司法工作人员注意,以免司法工作人员忽略的规定。[④] 注意规定具有两个基本特征:其一,注意规定的设置,并不改变基本规定的内容,只是对相关规定内容的重申,即使不设置或者删除注意规定,也存在相应的法律适用根据(按基本规定处理),换言之,注意规定都是可以删除的规定;其二,注意规定只具有提示性,其表述的内容与基本规定的内容完全相同,因而不会导致将原本不符合相关基本规定的行为也按基本规定论处。[⑤]

注意规定与法律拟制,从形式上看表述方式基本相同,但本质区别在于行为该当构成要件符合性的判断,若某条款系注意规定,则两行为该当的构成要件必须完全一致,若系法律拟制,则两行为该当的构成要件并不相符。如何区

---

① Bryan Garher, *Black' s Law Dictionary*, West Publishing Co. , Eighth Edition, 1999, p. 912.

② [德]彼得·莱尔歇:《法律上的拟制技术》,载 P. 爱森曼、G. 泽格主编:《德国的法律地位——在国内与国际法上》,顾思平译,中国大百科全书出版社 1996 年版,第 215 页。

③ [英]W. Ivor. 詹宁斯:《法与宪法》,龚祥瑞、侯建译,三联书店 1997 年版,第 117 页。

④ 参见张明楷:《刑法分则的解释原理》(第 2 版),中国人民大学出版社 2011 年版,第 622 页。

⑤ 参见张明楷:《刑法分则的解释原理》(第 2 版),中国人民大学出版社 2011 年版,第 622 - 623 页。

分注意规定与法律拟制，是刑法理论的一道难题，有学者就此提出了五条标准：是否存在设立注意规定的必要；是否存在做出刑法拟制的理由；某条款内容是否与基本条款的内容相同；解释为法律拟制时，其规定的行为与基本条款规定的犯罪行为，在法益上不应存在重大差别；拟制条款在基本构成要件中增添了特殊内容。①

笔者认为，该学者的标准基本是妥当的。同时，笔者认为，认定某一条款是注意规定还是法律拟制，应当从文理解释、论理解释、目的解释、体系解释的角度进行综合判断。而实际上，某条款的性质是注意规定还是法律拟制，依解释者对刑法机能理解的不同，会得出不同的结论，且均会有符合上述标准的充足的理由。注重刑法法益保护机能的学者，更倾向于将条款解释为法律拟制，而注重刑法人权保障机能的学者，更倾向于将条款理解为注意规定。

（三）转化犯

转化犯的定义，是对刑法中转化犯立法形式的理论概括，学界对此有不同表述，②其中较有影响的观点认为，“转化犯是指某一违法行为或者犯罪行为在实施过程中或者非法状态持续过程中，由于行为者主客观表现的变化，使整个行为的性质转化为犯罪或转化为更为严重的犯罪，从而应以转化后的犯罪定罪或应按法律拟制的某一犯罪论处的犯罪形态”③。

转化犯具有如下特征：

（1）法定性。转化犯仅限于刑法明文规定的情形，这是罪刑法定原则的要求。

（2）异质性。转化犯，就是一个基础危害行为向另一个完全不同罪质的犯罪的转变。转化前后的罪质是不同质的。罪质转化，有的是行为性质的转化，有的是行为性质与主观罪过同时发生了转化。由于罪质大多由直接客体决定，

① 参见张明楷：《刑法分则的解释原理》（第2版），中国人民大学出版社2011年版，第642－644页。

② 学界对转化犯是否包括非罪向罪的转化、是否包括过失犯罪向故意犯罪的转化、是否以本罪行为的既遂或未遂为必要条件等存在不同认识，本文在此暂不作讨论。

③ 杨旺年：《转化犯探析》，载《法律科学（西北政法学院学报）》1992年第6期。

因此,转化犯的异质性,通常也反映出前后行为所侵害的直接客体不同,如非法拘禁使用暴力致人死亡转化为故意杀人罪,就反映出所侵害的直接客体存在人身自由权与生命权的不同。

(3)条件性。转化犯的发生,是因为在实施基础危害行为的过程中,出现了法定的特殊条件,使原犯罪行为在某些方面超出了本罪的成立要件,使对犯罪行为本身难以再用本罪的犯罪成立要件进行评价,只能进行罪行评价的变迁。① 转化的特定条件,主要有两类:一是在实施基础行为过程中连带实施了他种行为,如非法拘禁使用暴力致人死亡;二是基础行为实行过限,而该过限行为并未超出原先故意内容,如刑讯逼供致人死亡。

(4)趋重性。转化犯,是由轻罪向重罪的转化,即以更重的罪名和重罪确定的法定刑定罪量刑。

从类型上区分,转化犯可以分为法律拟制型转化犯与注意规定型转化犯两类。前者是指某一违法或犯罪行为,由于特定条件的出现,转化为犯罪或者更为严重的犯罪,法律规定依照转化后的犯罪定罪处罚。转化前后的违法行为与犯罪行为,或者此种犯罪行为与彼种犯罪行为本质上是不同的,刑法明知不同而赋予相同的法律效果。例如,《刑法》第 269 条规定的"犯盗窃、诈骗、抢夺罪,为窝藏赃物、抗拒抓捕或者毁灭罪证而当场使用暴力或者以暴力相威胁的行为,依照抢劫罪定罪处罚"的规定即属于此例。后者是指行为人在实施基本行为后,由于主客观方面及行为性质的变化,使主客观方面完全符合另一犯罪即转化之罪的犯罪构成要件,如《刑法》第 241 条第 5 款规定,收买被拐卖的妇女、儿童又出卖的,依照拐卖妇女儿童罪定罪处罚的规定即属于此例。②

因此,法律拟制、注意规定与转化犯的关系,可以理解为,法律拟制或注意规定是转化犯的存在根据,区分法律拟制与注意规定是分析转化犯立法性质的重要方法。对法律拟制型转化犯,要以法律拟制正当性的视角来看待;而对注

---

① 参见强昌文、范德繁:《犯罪转化论要》,载《吉林大学社会科学学报》2002 年第 6 期。

② 有论者认为,行为人先前的收买行为并不是以出卖为目的,行为人构成收买妇女儿童罪之后,又触犯了拐卖妇女儿童罪,当以数罪论处。参见张明楷:《刑法学研究中的十关系论》,载《政法论坛》2006 年第 2 期。笔者认为,行为人在收买之后又实施了出卖行为,表明行为人犯意改变,之前的收买行为被之后出卖行为所吸收,应按拐卖妇女儿童罪定罪处罚。立法者意在提醒司法人员先收买后出卖的行为同样构成拐卖妇女儿童罪。

意规定型转化犯,要基于主客观相统一原则和犯罪构成理论来理解。

(四)结果加重犯

我国刑法理论通说观点认为,结果加重犯是指实施基本犯罪构成要件的行为,发生基本犯罪构成要件以外的结果,因而刑法规定加重刑罚的犯罪形态。[①]目前对结果加重犯本质认识的主流观点是危险性理论,认为结果加重犯是立法规定的一种特殊犯罪类型,是立法者认为基本犯罪行为发生加重结果的盖然性很大,立法者将这种发生盖然性较大的犯罪类型规定为结果加重犯。那些引起加重结果但盖然性不大的犯罪,立法者就没有规定为结果加重犯。[②]

三、转化型故意杀人罪条款性质的再认识

(一)结果加重犯之否定

笔者认为,结果加重犯的特征是对发生重结果的情形仍然按基本行为触犯的罪名定罪处罚,而在上述转化型故意杀人罪的法律规定中发生重结果的情形与基本行为并不适用同一罪名,因而不应当成立结果加重犯。从实质上来说,转化犯的本质是因为出现了特定的情形,导致前行为或前罪的性质发生了质的变化,行为的主客观要件发生了根本性的变化,行为的性质由违法行为升级为犯罪行为,或由此罪变为彼罪,原罪名已无法涵射该犯罪行为的主客观要件。而结果加重犯的本质在于,重结果的出现,导致危害结果量的增加或行为发生了部分质的变化,但行为的整体性质未发生根本性变化,仍在原罪名的涵射范围之内。

(二)法律拟制说之否定

目前有些学者主张法律拟制说,并逐条阐释了法律拟制的理由,[③]也有学者

---

① 参见高铭暄、马克昌主编:《刑法学》(第5版),北京大学出版社、高等教育出版社2011年版,第187页。

② 参见李邦友:《结果加重犯基本理论研究》,武汉大学出版社2001年版,第62－63页。

③ 参见张明楷:《刑法分则的解释原理》(第2版),中国人民大学出版社2011年版,第645－650页。

以刑讯逼供罪为例论证了法律拟制的观点。[①] 笔者认为,将上述条文理解为法律拟制不妥。主要原因如下:

1. 法律拟制说违背了逻辑原则

主张法律拟制说的学者认为,对上述几种行为,无论行为人主观上对死亡结果的发生是故意还是过失,只要行为人致人死亡的,就应当以故意杀人罪论处。这种将过失行为按照故意行为处理的观点,本身就是一种反逻辑的解释。有学者认为,这种情况属于一种反逻辑、反理性的规定,在某种意义上表明立法者情绪上"很生气""很愤怒",而在某种程度上丧失理性、违反逻辑。[②] 实际上,这并不是立法者的问题,是刑法解释者对该法条的解释"丧失理性、违反逻辑"。

2. 法律拟制说违背了主客观相统一的原则

主客观相统一原则,要求追究被告人的刑事责任,必须同时符合主客观两方面的条件,不仅客观上实施了危害社会的行为,而且主观上要具有犯罪的故意或过失,还要求主客观要素同时具备、内容一致、有机统一。主客观相统一原则在我国刑法立法、司法和解释中具有全局性的指导作用,对认定犯罪和裁量刑罚起到了根本性的指导和制约作用。[③] 法律拟制说认为,在非法拘禁使用暴力、刑讯逼供、暴力取证、虐待被监管人、聚众"打砸抢"、聚众斗殴致人死亡的情形下,不要求行为人对致人死亡具有故意即可成立故意杀人罪,哪怕行为人对致人死亡的结果仅具备过失,也要承担故意杀人罪的刑事责任。这一观点,明显违背了主客观相统一的原则,是客观归罪的一种典型表现。其实,主张法律拟制的学者也认识到了这个问题,但从责任主义的角度予以辩护,有学者认为"法律拟制并没有肯定严格责任,只是将过失拟制为故意。过失与故意的非难可能性虽然存在区别,但二者只是不同的责任形式。概言之,法律拟制并没有违反责任主义"[④]。按照该学者的观点,责任主义仅要求行为人主观上具有故意或过失即具备非难可能性,而不要求主观罪过与客观行为相对应。而实际上,责任原则正是基于对结果责任和客观责任的排斥而产生的,责任主义认为,"动

---

① 参见陈洪兵:《人身犯罪解释论与判例研究》,中国政法大学出版社 2012 年版,第 59 - 60 页。

② 参见曲新久主编:《刑法学》,中国政法大学出版社 2009 年版,第 167 页。

③ 参见聂立泽:《刑法中主客观相统一原则研究》,法律出版社 2004 年版,第 65 页。

④ 张明楷:《刑法分则的解释原理》(第 2 版),中国人民大学出版社 2011 年版,第 650 页。

用刑罚，还必须是行为人对于其所实施行为的性质及其后果具有认识，否则即便对行为人科处刑罚，也难以对其收到报应谴责的效果”[①]。责任主义要求行为人要对行为后果具有认识，而这种认识，不是不区分故意和过失，因为二者相对应的报应谴责具有根本的不同，反而是要清晰地区别故意和过失，以合理准确地确定行为人的刑事责任。将行为人的过失等同于故意，追究同等责任，这实在是强人所难，是从根本上违背责任主义的。

3. 法律拟制说违背了刑法面前人人平等的原则

一些学者在论证非法拘禁使用暴力、刑讯逼供、暴力取证、虐待被监管人等情形下致人死亡按照故意杀人罪定罪处罚的规定系法律拟制时，经常会提出，因这些犯罪的主体往往是司法工作人员，是社会强势群体，应当赋予更严格的责任，将其理解为法律拟制，通过加大相应罪名的刑罚程度，有利于打击犯罪，保护弱势群体的合法权益。[②] 笔者认为，因犯罪主体身份特殊就突破主客观相一致的原则，使过失行为人承担故意行为的刑事责任，是对刑法面前人人平等原则的严重违背。刑法面前人人平等原则，是我国宪法确立的法律面前人人平等这一社会主义法治原则在刑法领域的贯彻和体现。该原则要求，对于一切犯罪行为，“不论犯罪人的社会地位、家庭出身、职业状况、财产状况、政治面貌、才能业绩如何，均应一律平等地适用刑法，在定罪量刑时不应有所区别，应一视同仁，依法惩处”[③]。通常我们理解刑法面前人人平等原则，主要侧重于强调对一些社会强势群体，不因其地位高、功劳大、财富多而减轻处罚。而在我国当前的社会发展阶段，由于经济社会发展不平衡、贫富差距持续拉大、社会阶层分化严重、公平分配制度不健全等原因，社会矛盾不断增多，一些人“仇官、仇富、仇警”的心态突出，往往不能容忍社会强势群体的违法犯罪行为，舆论也往往强烈要求严肃追究其刑事责任。在这种社会背景下，法律人更应当保持冷静和理性，更应依法办事。对社会强势群体而言，其作为中国公民，也享有刑法面前人人平等的权利，既不能因其处于社会强势地位而享受刑法上的特权，也不能因其处于社会强势地位而妄加追究，任意定罪，过度承担不应承担的刑事责任，否则

---

① 黎宏：《刑法学》，法律出版社 2012 年版，第 170 页。

② 参见陈洪兵：《人身犯罪解释论与判例研究》，中国政法大学出版社 2012 年版，第 59－60 页。

③ 赵秉志主编：《刑法总论》，中国人民大学出版社 2007 年版，第 55 页。

也是对刑法面前人人平等原则的违背。

4. 法律拟制说实质上违背了罪刑法定原则

采取法律拟制说的最基本的理由在于，刑法明确规定在这些情形下致人死亡的按照故意杀人罪处理，这是对罪刑法定原则的贯彻。但实际上，罪刑法定原则有形式侧面也有实质侧面。罪刑法定原则的实质侧面要求："并不意味着只要是事前的法律制定了罚则，处罚违反该罚则的行为就一定是正当的。很明确的是，该法律不能违反宪法……就这样的罚则来说，成为问题的主要有：(1)罚则本身不明确，实质地违反了罪刑法定原则；(2)处罚无害的行为，或者是规定了明显宽泛的处罚的罚则；(3)显著的罪刑失衡的罚则。"①法律拟制说的观点认为对过失心态下致人死亡的行为按照故意杀人罪追究刑事责任，是明显罪刑失衡的，是违背实质正义的(违背了刑法上的罪责刑相适应原则)。法律拟制说虽然在形式上贯彻了罪刑法定主义，但实质上是对罪刑法定主义的公然对抗。

5. 法律拟制说违背了宽严相济的刑事政策

宽严相济刑事政策，是在我国当前建设社会主义和谐社会这一时代背景下提出并正在逐步贯彻实施的基本刑事政策。其实质在于，根据不同的犯罪现象和犯罪人，实行合法合理地区别对待，以达到预防和惩治犯罪最好的效果。宽严相济，要求做到宽中有严、严中有宽、宽严协调。而要对犯罪人进行宽严不同的处理，其必须对犯罪人的罪过进行科学合理的评价。② 罪过形式不同，很大程度上反映了行为人人身危险性的不同，决定了对其选择宽严处理方式的不同。对罪过形式不同的致人死亡行为，一律按照故意杀人罪追究刑事责任，无法体现宽与严的不同。

因此，笔者认为，转化型故意杀人罪条款的性质为法律拟制的观点，不仅违背了事实和法律逻辑，而且从根基上就与罪刑法定原则、刑法面前人人平等原则、罪责刑相适应原则、主客观相一致原则等刑法基本原则背道而驰，也违背了宽严相济的刑事政策，是一种错误的观点。正如笔者在前文所述的，在现代法律中，法律拟制有成为恶法的危险，应当受到严格限制。著名法学家梅因将拟

① [日]山口厚：《刑法总论》(第2版)，付立庆译，中国人民大学出版社2011年版，第14页。

② 参见刘杰：《我国刑事政策的演进及具体运用——以人身危险性为视角》，载《福建警察学院学报》2013年第1期。

制看作一种粗糙得并不成熟的法律技艺，并成为法律继续向前发展的绊脚石。他认为：“我们现在已不值得要去用像法律拟制这样一种粗糙的方式以求达到一个公认为有益的目的。我不能承认任何变例都是合法的，如果它只有使法律更难解，或者是更难按照和谐的顺序排列起来，因为，法律拟制是均称分类的最大障碍。”[①]庞德也精辟地指出，法律拟制，“在法律历史上也发生过重要的作用。但是我们也不要忘记，它们只是一些笨拙的设计，只适用于发展水平不高的政治组织社会……在法律发展到一定阶段之后，法律拟制就会阻碍其成长和发展。在理性化时代和强调内容而非形式的时代，当法律学说能够被逻辑地论证出来并由一个学识渊博的法学家集团手到擒来地运用和发展时，法律假定可能会混淆和掩盖了法律规范的内容”[②]。

（三）注意规定说之提倡

笔者认为，非法拘禁使用暴力、刑讯逼供、暴力取证、虐待被监管人、聚众“打砸抢”和聚众斗殴致人死亡的情形按照故意杀人罪或故意伤害罪定罪处罚的规定，属于注意规定。就上述情形而言，注意规定与法律拟制理解的关键不同在于，如果是法律拟制，则致人死亡的罪过形式既可以是故意也可以是过失；而如果是注意规定，致人死亡的罪过形式只有在故意的情况下才构成故意杀人罪，如系过失，只能认定为故意伤害罪（致人死亡）。笔者认为，上述转化型故意杀人罪的规定应当理解为注意规定。基本理由如下：

1. 注意规定说符合刑法基本原则

法律规定说坚持客观行为与主观罪过相对应、相一致，从根本上符合刑法主客观相统一原则和罪责刑相一致原则，避免客观归罪，并从实质上符合罪刑法定原则。因前文有述，本处不再赘述。

2. 注意规定说符合刑法解释规则

（1）从文理解释的角度看，注意规定说遵守了文义的范围。文理解释是指按照法律条文用语的字面含义与词句语法结构，采用语言文字学、修辞学原理

---

① ［英］梅因：《古代法》，沈景一译，商务印书馆 1959 年版，第 16 页。

② ［美］罗斯科·庞德：《法理学》（第 3 卷），廖德宇译，法律出版社 2007 年版，第 355 – 356 页。

来阐述法律的意义和内容。[①] 按照字面含义理解，法律规定上述致人死亡的情形按照故意杀人罪处理，那么认为在致人死亡的情形下主观上仅限于故意，便是遵守了文义的范围。立法者之所以未强调此处是“故意致人死亡”，是出于法律经济性的考虑。立法者为了避免语言词句累赘，往往采用概括性的规定，仅表述关键性特征，而省略掉一些重复的、不容易引起误解的词句。如果把所有要件全部列出，刑法将变得极为冗长、累赘。

（2）从目的解释的角度看，注意规定说符合刑法立法的目的。目的解释，是指依照法律的规范保护目的解释法律的根本意旨。[②] 当对刑法条文的含义存在争论时，应当以刑法立法所追求的目的来判断刑法条文的含义，在罪刑法定原则的框架内对法条作出符合立法精神的解释。换个角度来讲，刑法此处进行注意规定，有无特殊的立法目的？有些学者认为此处没有必要进行注意规定，[③]但笔者认为，立法者的目的是明显的，如就刑讯逼供罪、暴力取证罪、虐待被监管人罪而言，因为我国受封建法律思想影响深远，再加上曾经有些司法者为追求政绩、急功近利思想突出，刑讯逼供、暴力取证、虐待被监管人等行为在司法实践中常发、多发，甚至被纵容，但由于犯罪主体的特殊性、犯罪场所的封闭性和侦查取证的困难性，导致很多此类行为未受到刑事追究。一般来讲，也只有在造成重伤、死亡的情况下，行为人才实际上被追究刑事责任，因此出于严格依法办事的目的，立法者强调，对刑讯逼供、暴力取证、虐待被监管人的行为，不仅要严肃处理，而且对于符合《刑法》第 232 条规定的，要严格按照故意杀人罪定罪量刑。这种提示性的规定是非常有必要的。

（3）从体系解释的角度看，注意规定说不存在法律条文矛盾或脱节的现象。体系解释，一般是根据刑法条文在整个刑法中的地位，联系相关法条的含义，阐明其规范意旨的解释方法。[④] 刑法典中的各个条款词句，应当构成一个完备的系统，相互联系、互相补充、彼此协调。因此，在对刑法条文的含义存在争论时，

---

① 参见张建忠：《刑法解释三论——观念、原则和方法》，山东大学 2005 年硕士学位论文，第 32－34 页。

② 参见王海桥：《刑法解释的基本原理——理念、方法及其运用规则》，法律出版社 2012 年版，第 179 页。

③ 参见张明楷：《刑法分则的解释原理》（第 2 版），中国人民大学出版社 2011 年版，第 648 页。

④ 参见张明楷：《注重体系解释　实现刑法正义》，载《法律适用》2005 年第 2 期。

必须从联系、整体的角度来进行解释,不能断章取义,造成条文之间相互矛盾或前后脱节。法律拟制说的观点与刑法总则关于过失犯罪的规定不符。《刑法》第 15 条第 2 款规定:"过失犯罪,法律有规定的才负刑事责任。"也就是说,追究过失犯罪的刑事责任,必须以法条的明示为依据。但按照法律拟制说的观点,在法律没有明文规定上述情形为过失犯罪的情况下,不仅追究刑事责任,更甚地追究故意杀人罪的刑事责任,这就造成了刑法条文之间的冲突。而如果按照注意规定的理解,因为注意规定本身就是对之前法律规定的一种重申,不会存在法律条文矛盾或脱节的现象。

3. 注意规定说有司法实践的支持

关于上述条款系法律拟制或注意规定的问题,已经在理论上和实践中引起了很大的争论。一些地方司法机构对此已经明确注意规定的立场。如江苏省高级人民法院、江苏省人民检察院、江苏省公安厅发布的《关于办理聚众斗殴案件适用法律若干问题的意见》(苏高法〔2009〕56 号)已经明确规定:"(一)聚众斗殴致人重伤、死亡的,在适用《刑法》第二百三十四条和第二百三十二条时,要结合案件具体情况,遵循主客观相一致的原则,对照故意伤害和故意杀人两个罪名的具体犯罪构成来认定,不能简单地以结果定罪。(二)聚众斗殴中,行为人对杀人和伤害后果均有预见,并持放任态度的,则可以结果定罪。"在司法实践中,注意规定说的观点基本是通说。①

因此,笔者认为,《刑法》第 238 条第 2 款后段规定的非法拘禁使用暴力致人死亡的;第 247 条后段规定的刑讯逼供、暴力取证致人死亡的;第 248 条后段规定的虐待被监管人致人死亡的;第 289 条规定的聚众"打砸抢"致人死亡的;第 292 条第 2 款规定的聚众斗殴致人死亡的性质系注意规定,或者确切地说,是注意规定型转化犯。在行为人对死亡持故意的心态下,以上行为成立故意杀人罪;在行为人对死亡持过失的心态下,以上行为构成故意伤害罪(致人死亡)。

---

① 赞同法律拟制说的学者也持此观点。参见陈洪兵:《人身犯罪解释论与判例研究》,中国政法大学出版社 2012 年版,第 59 页。

抢劫罪的死刑限制与废止研究

屈　钰*

摘要:本文对抢劫罪及其死刑配置的立法文本进行考察后发现,随着人类文明的进步和发展,抢劫罪的处罚经历了从死刑的广泛适用到逐步限制适用的发展历程。对死刑存废观点的争论进行梳理后,从历史文明的进步和死刑的价值选择看,认为死刑(包括抢劫罪死刑在内),必将被废止。我国具体的国情,如历史法律文化传统的影响、民意对死刑的支持、经济物质基础的薄弱、社会治安的严峻形势等方面因素的制约,决定了在现阶段我国抢劫罪的现实选择是保留死刑,但要严格死刑适用的标准,限制死刑的不当和过度适用。本文探讨的内容主要包括:抢劫罪死刑限制适用的理念及原则,从实体法和程序法角度提出我国限制抢劫罪死刑适用的举措,设想我国抢劫罪死刑废止的路径和配套制度的选择。

关键词:抢劫罪死刑　严格限制　限制理念　限制原则　适用标准

一、我国抢劫罪死刑废止的选择

(一)抢劫罪死刑存废决定于死刑的人道、公正、效益价值的选择

死刑废除论从人道价值出发作为废除死刑观点的基础,应当说比死刑保留

* 男,河南南阳人,法学博士,现任中信银行成都分行工作人员。

论的观点更具有说服力。死刑存废论的其他方面的理由也都存在刑罚价值选择的问题，如死刑的经济性问题，不能忽视死刑的人道价值，仅从效益价值的角度来论争死刑是否经济，不能成为死刑废除或者保留的理由。可以说死刑存废论的观点只是将人道、公正、效益并列作为刑罚的价值，忽视了三者之间的主次轻重，废除论者基于人道价值而对死刑的责难与保留论者基于公正、效益价值而为死刑所做的辩护才长期相持不下，无法趋于统一。死刑的存废，并不是取决于其自身无法辨明的正义性（或非正义性）以及无法证实或证伪的威慑性，而是一个在根本上受到集体意识的公众认同以及政治领袖的政治意志左右的政策选择问题。死刑的存废，要根据国家社会文化基础和历史传统以及经济发展的情况，对于死刑的人道、公正、效益三个价值进行选择，确定在一国的具体国情下，根据历史发展的进程，适时地对死刑的三个价值进行主次轻重的衡量，根据国家的具体情况进行具体斟酌，确定三个价值孰轻孰重，才能做出慎重的选择。

（二）应然选择——抢劫罪死刑废除的必然性

从价值论的角度看，死刑的人道价值高于效益价值和公正价值。生命权是人作为人存在的最基本权利，失去生命，其他一切的权利就如无源之水、无本之木，失去了存在的依托和基础。死刑因为其缺乏人道性，导致死刑的人道价值和效益、公正价值发生冲突。人道性是刑罚之首要、第一位的价值，纵观刑罚的进化史，人道性一直作为刑罚发展进化的动力，肉刑和羞辱刑之所以被摒弃，不是因为其失去了效益性和公正性，而是因为其越来越不符合人道性。解决死刑价值冲突的唯一选择是舍弃死刑的效益性和公正性，而按照刑罚人道性的要求废除死刑，是实现作为刑罚之首要价值人道性的唯一可做的选择。从价值论的角度看，死刑的人道价值必将优越于死刑的公正和效益的价值，死刑因为其非人道性，用发展的眼光看，被废除是一种历史的必然。从终极意义上考虑，抢劫罪死刑的废除，只是时间早晚的问题。

（三）现实抉择——抢劫罪死刑的暂时保留

首先，处于社会主义初级阶段的国情决定了抢劫罪死刑的暂时保留。当前社会正处于经济体制和政治体制改革和转变的阶段，各种社会矛盾不断凸显，社会治安状况还不容乐观。在这个特殊的时代背景和国情下，完全不顾公正、效率价值的实现，要民众全面认可并接受人道主义至上的观念，可以说并不现实。出于现实国情的考虑，在死刑价值的衡量上，我们仍然不得不接受公正和效率优先，在此基础上才能兼顾人道的价值。其次，民意对死刑倚赖的客观现实决定了抢劫罪死刑的暂时保留。根深蒂固的民众报应观念与人道主义理念的冲突是显而易见的，要民众摒弃报应观念，接受人道主义观念，仍然需要相当长的时间对民众进行“生命至上”和人道主义的熏陶和培养。再次，刑罚体系设置的不尽科学决定了抢劫罪死刑的暂时保留。刑罚的体系配置上还存在“严而不厉”“死刑过重、生刑过轻”的问题。在刑罚体系未做调整的情况下，贸然废除死刑，必将使很多实施严重犯罪的罪犯受到畸轻的刑罚处罚。最后，抢劫罪自身的特点决定了当前对其适用死刑的必要性。抢劫罪与盗窃罪的区别就在于抢劫罪不仅侵犯了被害人的财产权，还侵害了被害人的生命权或者身体健康权，其暴力侵害他人身体的特点决定了当前暂时保留抢劫罪死刑的必要性。

二、严格限制抢劫罪死刑适用的现实依据

首先，“少杀、慎杀”的死刑政策决定了抢劫罪死刑的限制适用。严格限制死刑的刑事政策体现在抢劫罪死刑的适用中，即限制抢劫罪死刑的适用范围和提高抢劫罪死刑的适用标准：对于一般情节的抢劫犯罪坚决不适用死刑；对于侵害生命法益的抢劫犯罪，要严格死刑适用的标准，对于过失造成死亡结果的一般不适用死刑；对于多人实施抢劫造成死亡结果的，死刑应当只适用于直接实施杀害被害人行为的犯罪人，对于没有实施杀害行为的共同犯罪人一般不能适用死刑。

其次，抢劫犯罪发生原因的复杂性决定了其死刑限制适用的必然性。抢劫犯罪的发生有着深刻的社会背景和复杂的社会原因，如当前的道德信仰危机、城市流动人口的增多、社会存在的贫富差距、司法保障的不力、社会分配的不公等现象，都可能会引发抢劫犯罪。基于抢劫罪发生原因的复杂性和当前社会矛盾凸显的现实，在保留抢劫罪死刑的前提下，应当严格限制、缩小抢劫罪死刑的适用范围。将死刑仅适用于严重侵害生命权利的抢劫犯罪，以有效发挥死刑对

于严重的抢劫犯罪的震慑作用，做到罪刑相称，将抢劫犯罪的发生率降到最低。

最后，死刑对抢劫罪的威慑力决定了抢劫罪死刑的限制适用。刑罚威慑作用的发挥不是只靠死刑的严厉性和残酷性就能得以实现的。死刑威慑力的发挥还有待于死刑的不可避免性作用的发挥，然而，实施危害结果严重的抢劫犯罪与受到死刑惩罚之间并非一种简单的对应关系，大量犯罪黑数的存在证明了并非实施严重的抢劫犯罪就必然会受到死刑的惩罚。死刑威慑作用的大小还与死刑及时性原则的发挥存在正比关系。犯罪与刑罚之间的时间间隔得越短，在人们心中，犯罪与刑罚这两个概念的联系就越紧密，越持续，因而人们就很自然地把犯罪看作起因，把刑罚看作不可缺少的必然结果。不是所有的恶性抢劫案件都会在短时间内得到侦破，部分案件即便最终得以侦破也是在很偶然的情况下在几年后甚至是十多年后才得以侦破并抓获罪犯的。从刑罚的及时性和不可避免性这两个方面来看，死刑并不具有大于其他刑罚的遏制抢劫犯罪的特殊威慑力。

三、抢劫罪死刑限制适用的理念及原则

第一，在抢劫罪死刑适用中，司法工作人员首先应当树立刑罚和死刑功能有限的观念，死刑这种最严厉的刑罚只能在一定程度上减少抢劫犯罪的发生，并不能完全消灭抢劫罪的存在。抢劫犯罪作为一种无法避免的社会现象，有其产生的复杂的社会原因，仅靠刑罚的威慑力无法消除其产生的社会原因，也无法根除抢劫犯罪。刑法的目的也不是通过刑罚的威慑力和给予犯罪人以痛苦的负担来彻底消灭犯罪，只能是发挥其有限的作用将犯罪现象控制在合理的、社会能够容忍的范围内。

第二，刑法的谦抑性理念在抢劫罪的刑罚适用中还体现为罪刑均衡观念的落实，做到重罪重罚，轻罪轻罚，罚当其罪。死刑只能适用于最严重的抢劫犯罪，而不能为了震慑犯罪，将死刑适用于并不严重的抢劫犯罪，从而降低死刑的价值。罪刑均衡思想首先体现在罪和刑的均衡性。抢劫罪实施的犯罪情节有轻有重，有的是直接实施暴力侵害他人的生命权或身体健康权的行为，进而获取他人财物；有的只是进行言语上的威胁，并不侵害他人的生命健康权，所侵害的仅限于他人的财产权。对于一般的抢劫犯罪，即便是抢劫数额特别巨大，只

要没有侵害他人的生命权利,就应避免死刑的适用。

第三,要正确认识死刑的消极作用和负面影响。死刑的执行助长人们的残忍心理,死刑的大量适用使民众对死刑产生了强烈的依赖性,只要有严重犯罪发生,民众就会产生对犯罪者判处死刑的愿望,妄图靠死刑的残忍、残酷来解决犯罪发生的社会原因,然而实践证明死刑的广泛适用无助于减少影响社会秩序的犯罪,并且死刑的过度适用容易使民众漠视罪犯的权利,非理性和狂热地支持适用死刑使民众内心残忍,缺乏同情心和社会责任感。

第四,要理性对待"杀人偿命"的报应观念。在抢劫犯罪中,造成被害人死亡的犯罪结果的犯罪行为是多种多样的,有着不同的社会危害性,反映了行为人不同的主观恶性,简单把"杀人偿命"的原始报应观念运用到抢劫罪的死刑适用当中,并不能在真正意义上实现刑法的报应目标,相反还会有损刑罚报应本身所体现的正义的价值理念,而且也有违刑法的罪责刑相适应原则。

第五,抢劫罪死刑限制适用要遵守法定原则和必要原则。对于抢劫罪的死刑适用,必须受到刑法罪刑法定基本原则的规范和限制。只有具备法律明文规定配置死刑的八种抢劫罪的加重情节才有适用死刑的可能性,法律没有明文规定配置死刑的抢劫罪的加重情节,无论情节如何严重,都不应当适用死刑进行处罚。对于抢劫犯罪情节已经达到死刑适用条件的抢劫犯罪,还应该对适用死刑的必要性进行判断,看不适用死刑是否具有可行性。如果犯罪人主观恶性并不显著,并且具有改造教育的可能性和可行性,从教育刑的角度出发,就应该尽可能地挽救犯罪分子,给其一个改恶从善的机会。如果对抢劫犯罪人不适用死刑不会对社会造成伤害,不会危及社会正常的工作秩序,不会对普通民众的心理反应造成不适,对犯罪人适用其他刑罚也可以恢复社会秩序、安抚被害人及其家属的情绪、满足民众的报应感情,就可以考虑避免对抢劫犯罪人适用死刑。

第六,抢劫罪死刑限制适用要遵守区别对待原则。共同抢劫犯罪中,各个共同犯罪人的犯罪行为相互依存、相互配合,共同完成了抢劫犯罪行为,共同犯罪人应当对抢劫犯罪行为承担整体责任。但整体责任并不意味着在共同犯罪中各共同犯罪人不分刑事责任的大小,对犯罪行为承担同等的责任。各个共同犯罪人在共同的抢劫犯罪行为中分工不同、地位不同,参与抢劫犯罪的程度也有不同，主犯和从犯所实施的不同犯罪行为体现了社会危害性和行为人的主观恶性程度的差异，应当根据罪责刑相适应的原则对各个犯罪人的具体地位、所起作用等进行区别对待，确定具体的量刑幅度。

四、抢劫罪死刑适用标准的确定

首先，在当前立法没有废止死刑的情况下，要从严格抢劫罪死刑适用标准方面来限制抢劫罪死刑的适用。抢劫罪的死刑适用的标准要根据犯罪行为对于被害人人身损害的程度来确定，对于没有造成人身损害的，不能仅仅因为所抢劫财产的数额巨大就对犯罪人适用死刑，否则就在一定程度上贬低了生命的价值，将人的生命价值与一定的财产价值画等号，就无异于将人视同可以用财产进行购买的物品，违反了联合国所确立的一系列对于生命权保护的法律文件的规定，也违背了死刑报应价值最基本的要求，属于超量、超价值的报应。抢劫罪死刑的适用要结合行为人的客观社会危害性、主观恶性、人身危险性这三个方面的因素进行综合衡量，在这三个方面的因素中，客观上抢劫行为的实施者所实施行为的性质和社会危害程度是判断是否对其判处死刑的最基本标准，主观恶性和人身危险性的评价主要是根据抢劫犯罪的犯罪行为所体现出来的，在死刑评价的过程中具有辅助和参考的作用。

其次，从遵守罪刑法定原则和严格限制死刑适用的刑事政策角度考虑，只有存在法律规定的八种法定加重情节才有适用死刑的可能性，对于没有规定的其他情节严重的抢劫犯罪行为，无论这种情节如何严重，也不应当适用死刑。

(1)关于“入户抢劫”。一般的“入户抢劫”的犯罪行为与“非入户”的抢劫犯罪行为相比，除被害人的人身权和财产权受侵害外，只是侵害了被害人的住宅安宁权，影响被害人的安全感和对社会治安秩序的信心，这种侵害程度还远远达不到死刑适用标准所要求的危害程度。如果对这种并没有达到极其严重危害后果的危害行为配置死刑，违背了罪刑相适应原则的要求，有滥用死刑的嫌疑。在立法对“入户抢劫”配置死刑的情况下，可以考虑对抢劫强奸行为适用死刑进行处罚。除此之外的属于一般情节的“入户抢劫”行为，只要没有造成他人重伤或死亡结果的，应当认为没有达到“罪行极其严重”的程度，没有适用死刑的必要性。

(2)关于"在公共交通工具上抢劫"。在立法对"在公共交通工具上抢劫"配置死刑的情况下,应当对发生在公共交通工具上的抢劫行为区分轻重不同的情形,对于情节轻微的发生在公共交通工具上的抢劫行为优先考虑适用较轻的法定刑。只有对情节更为严重的发生在公共交通工具上抢劫行为处以包括死刑在内的较重的法定刑,做到轻重有别,在具体的犯罪中贯彻宽严相济的原则,将刑罚的锋芒直接指向性质更为严重的抢劫犯罪行为,才能有效发挥刑罚对犯罪分子的震慑作用。比如,在公共交通工具上抢劫杀人或者造成司乘人员重伤结果的;抢劫犯罪团伙实施的"在公共交通工具上抢劫"的犯罪行为次数多、影响大、作案手段残忍,在一定时期内造成公众恐慌的,即便抢劫行为没有造成司乘人员重伤、死亡结果,由于其行为同时还危害了公共安全,严重危害了社会治安秩序,在综合判断其主观恶性和人身危险性的基础上,可以考虑对抢劫犯罪团伙的主犯适用死刑;"在公共交通工具上抢劫"的犯罪分子作案手段残忍、将司乘人员生命安全置于极度危险境地的,或者在抢劫的同时公然强奸妇女的,也可以认为具有适用死刑的必要性。对于一般的发生在公共交通工具上的抢劫行为,由于其社会危害程度并不十分严重,就没有适用死刑的必要性。

(3)关于"抢劫银行或者其他金融机构"。基于现实国情及抢劫罪对国家金融安全造成危害的角度考虑,在当前立法还不能废止抢劫金融机构死刑的情况下,应当将死刑的适用限定在合理的范围内,减少死刑的不当适用。只有抢劫银行和金融机构数额特别巨大,给国家造成特别严重损失且损失无法追回的,才有适用死刑的必要性。抢劫数额特别巨大的认定标准也应该与时俱进,不能认为抢劫行为达到了多年前司法解释所确定的数额特别巨大的标准,就应该适用死刑,数额特别巨人的标准应当根据社会经济的发展作必要的修正。抢劫金融机构的财产数额达到了数额特别巨大的标准,可以区分为两种不同的情形来衡量其社会危害性:一种是抢劫行为造成的损失无法追回;另一种是抢劫行为所造成的损失在刑事诉讼中已经追回或者没有追回的数量很少。对于一般情节的"抢劫银行或者其他金融机构"的犯罪行为,由于犯罪行为仅仅是对财产权益的侵害,其社会危害性和主观恶性没有达到"罪行及其严重程度"的标准,不应该对这种没有加重情节的财产犯罪行为适用死刑。

(4)关于"多次抢劫或者抢劫数额巨大的"。"多次抢劫"并且抢劫未达到数额巨大的危害后果,最高配置10年的有期徒刑并处财产刑,足以满足对这种危害程度并不严重的抢劫犯罪情节进行处罚的要求。只有那些抢劫已成习性,反复多次实施抢劫行为,严重影响一定地域的社会治安秩序和普通民众的生活安全感,对社会公众的正常的生产和生活秩序造成巨大的破坏作用的抢劫犯罪,才有适用更重刑罚的必要性。“抢劫数额巨大的”犯罪情节,由于其只涉及对公私财产权益的侵害,在没有其他加重情节的情况下,缺乏适用死刑的必要性。如果没有其他加重情节,没有对被害人造成人身伤害,仅仅是因为抢劫数额巨大的,其处罚标准应当与法律规定的其他数额犯的处罚标准协调一致,否则就有违刑法面前人人平等的基本原则。对于具有多次抢劫行为、造成公众恐慌心理并且抢劫数额特别巨大的,可以结合抢劫的具体情况综合判断,看是否有适用死刑的必要性。对于单纯造成财产损失达到数额巨大标准的抢劫犯罪行为,适用有期徒刑和并处财产刑即可满足罪责刑相一致的要求。

(5)关于“抢劫致人重伤、死亡”。对于这两种性质截然不同的侵害行为和结果刑法却配置了完全相同的法定刑,不能不说是一种立法的疏漏。对于抢劫造成重伤且没有其他限定条件的情况下,给其配置与抢劫致人死亡相同的包括死刑在内的法定刑,可以说是有失妥当。抢劫致人死亡包括四种情形:第一,抢劫过程中为排除被害人的反抗持直接故意杀害被害人取得财物的抢劫犯罪行为;第二,抢劫行为结束后,为了逃避法律制裁而持直接故意对被害人杀人灭口的;第三,在抢劫的过程中,为排除被害人的反抗仅持伤害的故意对被害人身体实施伤害,过失造成被害人死亡,被害人死亡的结果超出其主观故意范围的;第四,在抢劫行为实施的过程中,持伤害的故意对被害人的身体实施伤害行为,造成被害人死亡的结果没有超出其故意范围的。对于第一种和第二种抢劫犯罪行为应当将死刑作为选择适用的法定刑来进行适用。对于第三种情形,犯罪人主观上只有过失的责任,被害人死亡的结果是与其主观意志相违背的。尽管行为人客观上造成了被害人死亡结果的发生,危害结果十分严重,但从行为人的主观恶性来看,还没有达到令善良公民无法容忍的程度,还有改造的余地。对于因抢劫过失致人死亡的加重情形,考虑到行为人的主观恶性程度,配置10年以上有期徒刑至无期徒刑即可满足对于抢劫致人死亡的犯罪行为进行报复的要求。对于第四种情形,行为人为排除被害人的抗拒故意实施伤害他人身体的行为，对于造成他人死亡的法律后果在主观上持一种放任的态度，死亡结果的出现并不与其主观故意相冲突，行为人并不排斥他人死亡的结果的出现，致人死亡的结果并不违背其主观故意的内容。对于行为人的这种犯罪行为配置死刑是具有正当性依据的。对于抢劫致人重伤的加重情形，可以分为三种不同的情形来进行死刑的配置方面的考量。第一种情形，对于以特别残忍手段致人重伤并造成严重残疾的犯罪行为，可以配置死刑作为选择适用的法定刑。第二种情形，对于造成多人重伤结果的，可以考虑将死刑作为选择适用的刑罚。第三种情形，对于造成三人以下重伤结果的相对较轻的抢劫犯罪行为，从刑法条文的协调性和犯罪行为的危害程度来看，均没有配置死刑的必要性。

(6)关于“冒充军警人员抢劫”。冒充国家军警人员实施的抢劫也往往借助民众对军警人员的信任，更容易在被害人没有抵抗的情形下实施抢劫行为，是一种“智取”行为，减少了暴力行为的实施；冒充军警人员抢劫的行为也不会在真正意义上对国家军警人员的形象造成损害。对于这种对被害人造成损害较轻的抢劫情节不能认为已经达到了罪行极其严重的程度，不应适用死刑。只有对多次冒充军警人员实施抢劫、严重侵害社会治安秩序、对社会公众的安全感造成巨大破坏、对国家军警形象破坏严重且难以消除恶劣影响的冒充军警人员实施的抢劫犯罪行为，适用死缓即可满足罪刑均衡和震慑犯罪的要求。只有冒充军警人员抢劫并造成他人死亡或重伤结果的，才能满足死刑适用的标准，可以考虑适用死刑立即执行。

(7)关于“持枪抢劫”。只有持枪抢劫造成他人死亡或者重伤的结果出现时，或者持枪抢劫与其他的加重情节相重合时，如多次持枪抢劫银行的、持枪抢劫并强奸妇女的，多次持枪抢劫、严重影响公民的出行安全、造成社会恐慌的，才可能具有适用死刑的必要性。对于一般的“持枪抢劫”行为，考虑该种行为对社会公共安全造成的危害和对被害人精神上造成的伤害，适用10年以上有期徒刑即可做到罪刑相适应。

(8)关于“抢劫军用物资或者抢险、救灾、救济物资”。对于“抢劫军用物资或者抢险、救灾、救济物资的”是否有配置死刑的必要性，主要是根据其造成的客观危害程度来进行确定。行为人主观上明知是军用物资和抢险、救灾、救济物资而仍然决意实施抢劫，对因抢劫可能造成的客观危害后果也有明确的预见,如果因为抢劫军用物资而导致前方部队作战任务失败,可能造成的作战人员伤亡的数字比直接实施暴力抢劫所造成的伤亡数量要大得多;抢劫抢险、救灾、救济物资也有可能使灾区群众因得不到及时的食物和物资的供应而造成伤亡的结果。由于这些重大的伤亡结果或国防利益的损失是由于军用物资和抢险、救灾、救济物资被抢劫所直接引起的,造成这样的结果也在行为人主观故意的范围之内,是行为人积极追求或放任的必然结果。要求行为人对因抢劫军用物资和抢险、救灾、救济物资所直接引发的后果负相应的刑事责任,完全符合刑法主客观相一致的定罪原则。

五、从犯罪情节方面限制抢劫罪的死刑适用

首先,绝对排除抢劫罪死刑适用的法定从宽情节。未成年人、审判的时候怀孕的妇女、抢劫犯罪过程中犯罪中止的、在共同犯罪中属于从犯的、被胁迫参加犯罪的、自首并有重大立功表现的属于法律规定的应当排除死刑适用的法定情节,起到绝对排除死刑适用的作用。无论这类犯罪造成了多么严重的危害后果,即便达到了适用死刑的标准,但只要有法律明确规定的“应当”从宽的法定情节,为了维护法律的权威性和公正性,就必须对这类犯罪绝对排除死刑的适用,否则就有违罪刑法定原则的要求,动摇刑法的根基,使民众丧失对法律的信心。

其次,可能排除抢劫罪死刑适用的法定从宽情节。刑法规定了“可以”从宽处罚的情节,如听障人士、盲人、精神病人实施的抢劫犯罪,犯罪后有自首、立功情节的犯罪人,这些量刑情节尽管在一定程度上说明犯罪人的主观恶性程度和人身危险程度,但是并不意味着具备这些情节就绝对使犯罪人的人身危险程度和主观恶性程度降低,不会必然对犯罪人的量刑产生决定性的影响,这些法定量刑情节可能影响对犯罪人死刑适用的判断,其对死刑的衡量判断只是或然的而不是必然的。在当前减少死刑适用的刑事政策的指导下,应当充分利用法定从宽情节来限制抢劫罪死刑的适用,确保死刑仅适用于那些罪行极其严重、主观恶性极深、人身危险性极大的犯罪分子。

再次,立功情节对抢劫罪死刑的限制适用。立功制度体现了刑罚的经济性原则,即以最小的司法资源投入实现最大化效益。国家对犯罪人的小幅妥协不

仅为犯罪人提供了一次改过自新的机会,减少了死刑的适用数量,更为重要的是有效实现了一般预防犯罪的目的,这才是最大多数人的最大幸福存在的根基。对于本可以判处死刑但具有立功情节的抢劫罪犯,依照罪刑法定原则给予犯罪人从轻或减轻的处罚正是宽严相济刑事政策理念的成果化,体现了对生命个体之理性尊重与呵护。立功情节对于贯彻落实宽严相济刑事政策和慎重对待死刑刑事政策具有重要意义,在司法实践中要重视立功情节对于限制抢劫罪死刑适用的重要作用。

又次,酌定情节对抢劫罪死刑的限制适用。酌定量刑情节在某种程度上并不低于法定量刑情节对抢劫罪的死刑限制适用的意义,因为死刑适用的标准不仅要求犯罪行为造成的社会危害性极其严重,还要考量行为人的主观恶性和人身危险性是否达到了死刑所要求的程度,这些酌定情节往往反映了行为人的主观恶性和人身危险性的程度,对于是否适用死刑具有相当程度的影响力。对于酌定量刑情节的关注,可以在一定程度上起到减少、限制抢劫罪死刑适用的作用。犯罪后的悔罪表现也对犯罪人的主观恶性和人身危险性有积极影响,是判断其是否具有改造教育可能性的衡量因素之一。因此,罪犯的悔罪表现在某种程度上影响对其适用死刑必要性的判断。如果综合全案的情况,认为抢劫犯罪人的悔罪表现降低了其人身危险性,具有教育改造的基础和可行性,就不能完全为了报应就判处被告人死刑,可以根据教育刑的理念,给被告人以改造和重新做人的机会,酌情判处死缓,减少死刑立即执行适用的数量。

复次,"民愤"不能作为抢劫罪死刑适用的酌定情节。民愤不能作为酌定的量刑依据。"民愤"所依据的事实往往只是体现犯罪人主观恶性的某一细节的集中爆发,并不能与司法机关根据侦查所得证据认定的犯罪事实所体现的社会危害性和行为人的主观恶性相一致。司法机关在抢劫罪死刑适用过程中,对案件事实的认定要坚持证据裁判的原则,对于民愤中的正当诉求进行合理引导并在判决中加以体现,使民意成为支持司法机关依法行使职权的基石,而不是左右司法判决的"幕后之手"。

最后,社会治安形势不能成为抢劫罪死刑适用的酌定情节。把犯罪发生率的高低归因于实施犯罪的犯罪者个人是不公平、不合理的,也无法从根本上遏制、减少抢劫犯罪的发生。对于抢劫罪的死刑适用,只能根据死刑适用的标准进行确定,绝对不能因为一定时期社会治安形势的恶化,为了起到震慑犯罪的作用,就超越死刑适用的基本条件,对没有达到死刑适用标准的抢劫犯罪适用死刑,使罪犯成为“重刑主义”和“威慑主义”的牺牲品。

非公共场所为扒窃犯罪场所之考证

陈伟强*

摘要:刑法理论中,主张扒窃犯罪场所仅为公共场所的观点所依据的各种理由是难以成立的。非公共场所是扒窃犯罪场所符合文义解释结论,司法实践中不应当通过限制解释方式将扒窃犯罪场所缩小解释为公共场所;根据目的解释和体系解释结论,扒窃之犯罪场所包含非公共场所。

关键词:扒窃　非公共场所　文义解释　目的解释　体系解释

在我国刑法中,扒窃犯罪场所不包含非公共场所,扒窃犯罪场所仅指公共场所历来有论者主张。① 2013 年,最高人民法院、最高人民检察院发布的《关于办理盗窃刑事案件适用法律若干问题的解释》(以下简称《司法解释》)第 3 条第 4 款规定:在公共场所或者公共交通工具上盗窃他人随身携带的财物的,应当认定为"扒窃"。嗣后,在理论界和司法实务界主张扒窃犯罪场所为公共场所,非公共场所不是扒窃犯罪场所愈加得到支持,有论者甚至断言:"在《盗窃解释》出台之后,理论和实务界都同意扒窃需要发生在'公共场所'。"②在笔者看来,该断言过于绝对,论者们主张扒窃只能发生在公共场所的理由不无商榷,其

---

* 男,四川崇州人,法学博士,现为昆明理工大学法学院副院长、教授、硕士研究生导师。

① 参见黄太云:《刑法修正案解读全编——根据刑法修正案(八)全新阐释》,人民法院出版社 2011 年版,第 111 页;张明楷:《刑法学》(第 4 版),法律出版社 2011 年版,第 881 页。

② 黄福涛、余作泽:《扒窃行为研究》,载《河南警察学院学报》2014 年第 4 期。

结论更让人难以信服。在笔者看来，从刑法文义解释、目的解释和体系解释角度，均难得出公共场所是扒窃之唯一犯罪场所，非公共场所不是扒窃犯罪场所的结论。下面，笔者对此进行分析，以期有益于理论与司法实务界有关扒窃犯罪场所误解之澄清。

一、公共场所是扒窃唯一犯罪场所之观点考问

在主张公共场所为扒窃唯一犯罪场所的诸观点中，论者们基于不同视角，从不同角度对其观点进行了论证。然而，在笔者看来，论者观点均有引人质疑、难以信服之处。

第一种观点根据《司法解释》第 3 条第 4 款“在公共场所或者公共交通工具上盗窃他人随身携带的财物的，应当认定为‘扒窃’”的规定指出：“《盗窃解释》规定扒窃必须发生在公共场所或者公共交通工具。”[①]显然，该观点认为代表司法实务立场的《司法解释》主张扒窃犯罪场所只能是公共场所和公共交通工具。由于公共交通工具仍然属于公共场所范畴，因此，该论者实际认为《司法解释》将扒窃犯罪场所规定为公共场所，非公共场所不是扒窃之犯罪场所。

在笔者看来，论者之结论是对《司法解释》扒窃规定误读的结果。该论者没有认识到在《司法解释》中，有关扒窃规定并不属于界定扒窃内涵与外延的“概论定义”，因而，该规定并未对扒窃犯罪场所进行限定。笔者认为，《司法解释》中有关扒窃规定属于对适法者进行司法提醒的“注意规定”，其目的是提醒司法人员注意将发生在公共场所的典型扒窃行为认定为扒窃。

刑法中的“概论定义”是指刑法对某一刑法现象所进行的定义，其目的在于揭示刑法现象的内涵和外延。在立法实践中，“最常见的定义方法是‘最邻近的属加种差’的方法。属，即属概念，是指被界定的概念的上位概念，种差是指此概念与彼概念之间的典型差别”[②]。“最邻近的属加种差”概念定义方法完整揭示了概念的内涵与外延，其通常采用的文义表达模式是“……是……”因此，扒窃“概论定义”的文义表达模式应当是：“扒窃是……或者……是扒窃”。倘若

① 黄福涛、余作泽：《扒窃行为研究》，载《河南警察学院学报》2014 年第 4 期。

② 窦海阳：《论法律行为的概念》，社会科学文献出版社 2013 年版，第 77 页。

以上论者关于《司法解释》对扒窃之犯罪场所——公共场所进行了限定的主张成立，则该《司法解释》有关扒窃规定属于对包括扒窃犯罪场所在内的扒窃犯罪现象的内涵和外延进行限定的"概论定义"。那么，作为扒窃犯罪"概论定义"的文义表达形式就应当是："扒窃是指在公共场所或者公共交通工具上盗窃他人随身携带财物的，或者在公共场所或者公共交通工具盗窃他人随身携带财物的是扒窃。"然而，《司法解释》有关扒窃之规定，并未采取以上文义表达形式。显然，《司法解释》中扒窃的规定不属于扒窃的"概论定义"，于是从该规定也就难以得出作为扒窃内涵的扒窃之犯罪场所仅为公共场所的结论了。

刑法中的"注意规定"指："在刑法已作基本规定的前提下，提示司法人员注意、以免司法工作人员忽略的规定。"[①]在刑法中，"注意规定"常采用的文义表达模式是："……应当……"毋宁说，在现象学上，扒窃犯罪多发生于人员众多的公共场所。对于行为人而言，人员众多的公共场所更方便物色合适犯罪对象，也只有在人员众多公共场所扒窃，行为人之犯罪行为才可能不会引起被害人之注意、警惕而更易得手。此外，在公共场所扒窃，还有利于行为人在犯罪行为被发现后，利用公共场所人员众多、场所复杂的特点逃避抓捕。因此，相较于非公共场所扒窃，公共场所扒窃是扒窃典型形态，该形态历来是立法者和司法者关切重点和打击重心。于是，法律解释者在《司法解释》中以"注意规定"形式提醒司法人员：在公共场所或者公共交通工具上盗窃他人随身携带的财物的，应当认定为"扒窃"，这一点显得尤为必要。于是，从《司法解释》有关扒窃典型样态的"注意规定"就难以得出扒窃之犯罪场所仅是公共场所的结论了。毕竟，在扒窃的典型样态之外，还有扒窃的非典型样态。

第二种观点指出，只有在公共场所扒窃才成立扒窃犯罪是基于立法者的立法原意。[②] 然而，由于"以追求立法原意为目的的注释是一种不切实际的幻想"[③]，因此"对于刑法的解释，不要迷信立法者或者起草者当时的主观意图，而

---

① 张明楷：《刑法分则的解释原理》，中国人民大学出版社 2004 年版，第 247 页。

② 参见李齐广：《论〈刑法修正案（八）〉中"扒窃"的认定》，载《太原理工大学学报（社会科学版）》2012 年第 5 期。

③ ［法］保罗·利科尔：《解释学与人文科学》，陶远华等译，河北人民出版社 1987 年版，第 89 页。

要探求法律本身的真实含义”[1]。可见，一方面，在刑法制定之后，在刑法解释活动中探求立法原意是困难的；另一方面，应当通过刑法的语词来解释刑法的真实含义，而不能迷信立法者的立法意图。因此，以所谓的立法意图来证明只有公共场所扒窃才成立扒窃犯罪的立场是难以成立的。

第三种观点提出，在公共场所扒窃才成立扒窃犯罪的原因，在于公共场所成员具有不特定多数性特征，针对不特定多数社会成员的扒窃具有更重社会危害性。[2] 在笔者看来，公共场所特征以成员的不特定多数性为基础，论证只有在公共场所扒窃才成立扒窃犯罪的立场是存疑的。固然，人员众多且组成人员不特定是公共场所的典型形式，但是，“‘公共场所’的属性不应当以人员数量的变化而变化，否则某个地方将会在‘公共场所’和‘非公共场所’之间变来变去，飘忽不定”[3]。因此，人员不特定多数性并非公共场所本质特征。公共场所是向社会成员开放且可随意自由活动的场所。[4] 对社会成员开放且可随意出入方是公共场所的本质特征。显然，社会成员可随意出入、自由活动的场所，即使在人员数量较少时，其仍然属于公共场所。看来，该论者对公共场所特征认定并不全面。于是，以对公共场所特征不全面认识为基础而得出扒窃犯罪场所只能是公共场所的结论就难言合理了。

第四种观点指出，公共场所人流密集，便于实施盗窃的事实特征为实施扒窃犯罪提供了条件。[5] 毋宁说，公共场所高流动性、高密集性以及人员陌生性等场所事实特征为实施扒窃提供了客观条件，使扒窃犯罪更易实施。然而，有论者指出：公共场所的事实特征使扒窃犯罪更容易实施是对扒窃典型样态的经验总结，这并不能否定除公共场所扒窃外，还存在非公共场所扒窃样态。[6] 因此，认为扒窃只能发生在公共场所的观点，是基于经验事实得出的感性结论。显然，这种结论是无法满足理论层面对扒窃场所进行抽象总结所要求的周延

---

① 张明楷：《刑法格言的展开》（第2版），法律出版社2003年版，第101页。

② 参见闫帅、刘鹏：《新型盗窃罪的司法适用问题研究》，载《河北法学》2013年第12期。

③ 孙万怀、王丽超：《“扒窃”入罪后的司法审慎》，载《法学杂志》2013年第11期。

④ 参见石魏、白崇伟、孙沙沙：《关于扒窃型盗窃罪司法实践疑难问题解析》，载《上海公安高等专科学校学报》2014年第3期。

⑤ 参见车浩：《“扒窃”入刑：贴身禁忌与行为人刑法》，载《中国法学》2013年第1期。

⑥ 参见董玉庭：《扒窃行为入罪论》，载《人民检察》2014年第13期。

性的。

第五种观点认为,只有在公共场所扒窃才会侵犯民众的社会安全感。[①] 在笔者看来,该观点认识到扒窃侵犯公民的社会安全感故该观点有其合理性。但该观点认为只有公共场所扒窃才会影响民众社会安全感的结论却失之偏颇,该观点没有注意到在非公共场所扒窃,同样会侵犯公民的社会安全感。公民的社会安全感是指公民对其进行的社会生活具有的安全信赖情感。毋庸置疑,公共场所扒窃会严重影响公民的社会安全感。然而,在笔者看来,非公共场所扒窃同样会严重降低公民的社会安全感。相较于公共场所,非公共场所通常具有相对封闭性和排他性,普通社会成员未经允许难以进入。因此,在非公共场所扒窃,由于被害人难以获得在公共场所受到犯罪侵害时可能获得的外部救济,从而扒窃行为会对被害人的安全感形成更为严重的侵犯。对此有学者曾指出:在禁止外人进入的单位办公场所等非公共场所实施扒窃行为同样破坏公民对社会具有的安全信赖情感。[②] 显然,主张只有在公共场所扒窃才会侵犯公民的社会安全感的结论是站不住脚的。

申言之,论者们主张扒窃之犯罪场所仅为公共场所的观点是难以成立的。然而,扒窃之犯罪场所仅为公共场所的观点难以成立,这并不表明非公共场所一定能够成为扒窃之犯罪场所。下面,笔者从文义解释、目的解释和体系解释视角出发,对非公共场所是否为扒窃之犯罪场所进行分析。

二、非公共场所为扒窃犯罪场所与文义解释结论相契合

司法实践中,刑法解释对于刑法适用是重要的,适法者只有通过刑法解释方能缓释、解决抽象甚至模糊的刑法文本与千变万化案件事实之间的紧张与对立。因此,在适法活动中,通过刑法解释方法确定扒窃之犯罪场所是重要的。由于“文义是法律解释的开始,也是法律解释的终点”[③],因此,对法律的解释首

---

① 参见吴加明:《〈刑法修正案(八)〉中“扒窃”的司法实践认定》,载《中国检察官》2011 年第 14 期。

② 参见车浩:《“扒窃”入刑:贴身禁忌与行为人刑法》,载《中国法学》2013 年第 1 期。

③ 王泽鉴:《法律思维与民法实例——请求权基础理论体系》,中国政法大学出版社 2001 年版,第 305 页。

先应是对作为法律载体的法律文字含义的解释。下面,笔者以文义解释方法对我国刑法中扒窃之法律规定进行分析,以确定非公共场所是否为扒窃之犯罪场所。

文义解释又称为文理解释,是指对法律条文的文字含义进行的解释。"偷窃别人身上的财物"[①]是对扒窃犯罪进行文义解释并符合国民对扒窃文义理解的当然结论。可知,基于文义解释结论,扒窃之犯罪场所并无特定限制。行为人无论是在公共场所扒窃,还是在非公共场所扒窃,均可能成立扒窃犯罪。于是,在认定扒窃犯罪的适法活动中,将非公共场所排斥于扒窃犯罪场所之外是违背扒窃文义解释结论的。

但是,让人心生疑惑的是,虽然根据文义解释结论,非公共场所应当为扒窃犯罪场所,但是,在扒窃犯罪场合,有没有可能通过限制解释缩小文义解释结论,对扒窃犯罪场所内涵和外延进行限制而将扒窃犯罪场所缩小为公共场所,从而将非公共场所排除在扒窃犯罪场所之外呢?毕竟有论者主张:如不对扒窃之犯罪场所予以限制,势必会造成刑法打击范围过大。[②] 在笔者看来,主张对扒窃犯罪场所进行限制解释而将扒窃犯罪场所缩小为公共场所,并将非公共场所排除出扒窃犯罪场所的立场有失妥当。

第一,将非公共场所认定为扒窃犯罪场所并不存在扩大刑法打击范围的问题。上文中,论者所指扩大刑法打击范围是指由于刑法文义过宽而使刑法规制、打击对象超过刑法立法本意。毋宁说,当因刑法文义过宽而使刑法打击范围过大时,对刑法进行限制解释是必要的。有学者主张:"限制解释必须符合刑法规范的目的。"[③]显然,契合刑法规范目的是限制解释所欲达到的目标。然而,从我国刑法扒窃立法目的看,笔者认为并无必要对扒窃犯罪场所进行限制解释而将其缩小解释为公共场所。全国人大法律委员会(现为全国人大宪法和法律委员会)《关于〈中华人民共和国刑法修正案(八)(草案)〉的修改情况的汇报》说明:有的常委委员、部门和地方指出,扒窃行为严重侵犯公民的人身和财产安

---

① 商务印书馆辞书研究中心编:《古今汉语词典》,商务印书馆2000年版,第1056页。

② 参见尹文哲、刘旸:《"扒窃"成罪主要争议问题研究》,载《内蒙古电大学刊》2016年第3期。

③ 李希慧、龙腾云、邱帅萍编著:《刑法解释专题整理》,中国人民公安大学出版社2011年版,第51页。

全,社会危害性较为严重,且这种犯罪技术性强,多为惯犯,应当在刑法中作出明确规定。显然,扒窃入罪的规范目的是保护受到扒窃犯罪侵犯的公民人身权和财产权。然而,由于相较于公共场所扒窃,扒窃"在某些私人场所表现出的社会危险性更大"[①]。看来,非公共场所扒窃的社会危害性比公共场所扒窃的社会危害性更大。因此,从保护公民人身权和财产权立场出发,刑法更应将非公共场所扒窃列为打击、规制对象。因此,将非公共场所扒窃行为认定为扒窃犯罪,符合《刑法》对扒窃犯罪的专门规定,以打击严重侵犯公民人身权和财产权的犯罪行为,不存在刑法打击面过宽的问题。于是,在司法实践中,也就没有必要对扒窃犯罪场所进行限制解释而将非公共场所排除在扒窃犯罪场所之外了。

第二,将扒窃犯罪场所限制解释为公共场所,有违刑法限制解释的适用条件。有论者指出,刑法限制解释适用于刑法条文含义过宽,明显导致定罪过宽和量刑过重的场合。[②] 该论者还进一步指出:如何判断刑法条文的字面含义过宽?一般说来,其表征主要有两种:一种是字面含义所指多个事实明显存在罪质不一(主要客体不同)的情形,一律治罪势必导致定罪范围过宽;另一种是字面含义所指多个事实明显存在罪量不均的现象,一律适用同种刑罚或同一量刑幅度势必导致处刑不公。[③] 显然,在该论者看来,判断一刑法条字面含义过宽而需要进行限制解释有两条标准。一是刑法条文的字面含义存在罪质不一的情形,即刑法条文包含的多个犯罪事实蕴含不同犯罪主要客体;二是刑法条文字面含义包含的多个犯罪事实存在罪量不均的情况,即刑法条文字面含义包含的多个犯罪事实社会危害性悬殊,明显不均。

毋庸置疑,在扒窃犯罪场合,存在公共场所扒窃和非公共场所扒窃两种不同类型犯罪事实。在笔者看来,扒窃犯罪的两种不同犯罪事实并不存在限制解释的适用条件。

第一,无论是公共场所扒窃,还是非公共场所扒窃,扒窃犯罪均侵犯了被害

① 肖中华、孙利国:《扒窃犯罪成立要素的合理界定——侧重于行为无价值的基本立场》,载《政治与法律》2012 年第 9 期。

② 参见黄祥青:《论抢劫罪情节加重犯的认定与刑法限制解释方法的运用》,载《法律适用》2005 年第 8 期。

③ 参见黄祥青:《论抢劫罪情节加重犯的认定与刑法限制解释方法的运用》,载《法律适用》2005 年第 8 期。

人人身权和财产权两种不同类型的犯罪客体。然而,在以上两种不同类型扒窃犯罪事实中,行为人侵犯的主要客体相同:行为人扒窃行为侵犯的主要客体均是公民的财产权。因此,在扒窃犯罪中也就没有因公共场所扒窃和非公共场所扒窃这两种不同犯罪事实侵犯了不同犯罪主要客体而需要对规定扒窃的刑法条文进行限制解释的必要了。

第二,非公共场所扒窃和公共场所扒窃两种犯罪事实不存在明显不均的罪量。尽管有论者指出:"有些时候,与公共场合下的扒窃相比,在非公共场所发生的扒窃同样甚至会更加产生不安全感。"①但是,在笔者看来,相较于公共场所扒窃,非公共场扒窃并不会明显增加扒窃罪量。毕竟,犯罪的罪量大小是由其侵犯的犯罪客体性质和数量决定的。在扒窃犯罪中,非公共场所扒窃侵犯的犯罪客体性质和犯罪客体数量与公共场所扒窃相比,并没有发生改变,两种扒窃事实侵犯的均是被害人人身权和财产权两类客体。因此,非公共场所扒窃犯罪之罪量与公共场所扒窃犯罪之罪量相比并无明显不均。于是,对扒窃犯罪场所也就没有因罪量明显不均而进行限制解释,从而将扒窃之犯罪场所缩小到公共场所,将非公共场所排除在扒窃犯罪场所之外的必要了。

三、非公共场所为扒窃犯罪场所与目的解释结论相符合

在上文中,笔者基于文义解释结论指出非公共场所应为扒窃之犯罪场所。然而,文义解释方法于刑法条文之解释结论并非臻善完美的。② 因此,在司法实践中,为了实现对刑法文义真实意思的真正掌握,刑法文义解释结论还得接受其他解释方法的审视,方能确保解释结论的妥当性。为此,林山田教授指出:刑事司法实务中,适法者需要将文义解释与刑法保护法益的精神结合起来进行综合判断。③

确实,林山田教授的见解是中肯的,揭示法条的真实意思需将文义解释与刑法保护法益结合起来。自近代以降,刑法无不以保护法益为己任。有学者指

① 车浩:《"扒窃"入刑:贴身禁忌与行为人刑法》,载《中国法学》2013年第1期。

② 参见焦宝乾:《文本论:一种法律文本解释方法的学说考察——以美国法为中心》,载《法律方法》2002年第0期。

③ 参见林山田:《刑法各罪论》(上册),北京大学出版社2012年版,第84页。

出:“没有保护特定法益的信条(Dogma)的刑法都不合法,不值得维护。”[①]故此,法益保护是刑法内核精神,存于刑法之中的文本法条,莫不是围绕刑法保护法益而展开;寄身于刑法文本中的字词规定无不是为实现刑法法益保护目的而构设。适法者揭示刑法文本真实文义,无论如何是离不开立法者法益保护目的的。有论者主张解释刑法时,应当在文义解释基础之上,结合目的解释来揭示刑法的规范含义。[②] 确实,在司法实践中要准确、全面把握刑法文义,适法者必须得在文义解释基础之上,对刑法文本进行目的解释。唯此,适法者方可真正把握刑法文本的真实含义。

刑法目的解释是基于刑法的规范目的,对刑法进行的解释。在上文中笔者指出,法益保护是刑法之目的。因此,刑法目的解释实际上就是根据刑法保护法益来揭示刑法规范含义。具体而言,根据刑法保护法益来解释刑法就是利用刑法法益的犯罪构成要件解释机能对刑法犯罪构成进行解释。刑法法益的犯罪构成要件解释机能是指:“对犯罪构成要件的解释结论,必须符合这种犯罪构成要件的行为确实侵犯了刑法规定该犯罪所要保护的法益,从而使刑法规定该犯罪、设立该条文的目的得以实现。”[③]此外,有论者进一步指出:“解释一个犯罪的构成要件,首先必须明确该犯罪的保护法益,然后在刑法用语可能具有的含义内确定构成要件的具体内容。”[④]可知,在司法活动中,对犯罪构成要件进行解释,得在立法者法益保护目的指导下展开,对构成要件解释得出的结论要与立法者法益保护的目的相一致。针对扒窃犯罪,有论者颇有见地谈道:“以保护法益为指导来确定扒窃犯罪构成要件的具体内容,不仅是必要的,也是合理的。”[⑤]

可以说,犯罪场所属扒窃犯罪构成要件。因此,立法者表征于扒窃犯罪中的法益保护目的对于扒窃犯罪构成要件——犯罪场所则具解释、决定机能。如此一来,扒窃犯罪中立法者所要保护的是扒窃行为侵犯的法益,对明确扒窃之

---

① [德]冈特·施特拉腾韦特、洛塔尔·库伦:《刑法总论 I——犯罪论》,杨萌译,法律出版社 2006 年版,第 31 页。

② 参见周光权:《刑法解释方法位阶性的质疑》,载《法学研究》2014 年第 5 期。

③ 张明楷:《法益初论》,中国政法大学出版社 2000 年版,第 216 页。

④ 张明楷:《实质解释论的再提倡》,载《中国法学》2010 年第 4 期。

⑤ 俞小海:《扒窃的司法实践分析与规范含义界定》,载《苏州大学学报(法学版)》2015 年第 1 期。

犯罪场所具有重要意义。也就是说，普通盗窃和扒窃均侵犯了公民财产权。然而，在扒窃情形中，犯罪行为在侵犯财产权之外，还侵犯了特殊法益。相较普通盗窃犯罪场所，扒窃犯罪场所具有特殊性。因此，确定扒窃犯罪场所具有指导功能价值的，当是扒窃侵犯的特殊法益。质言之，扒窃侵犯的特殊法益对明确扒窃犯罪场所具有决定意义。由是，厘清扒窃侵犯的特殊法益对于明确扒窃之犯罪场所就尤为重要。下面，笔者对扒窃侵犯的特殊法益进行分析。

无论是在扒窃立法过程中，立法者表露出来的法益保护的价值目的，还是理论界对扒窃侵犯法益的主流共识，均认同扒窃犯罪在侵犯公民财产权之外，还侵犯了公民之人身权。例如，全国人大常委会法工委负责人朗胜在解释扒窃的立法缘由时指出："在现实生活中扒窃往往为多人共同犯罪，迫使被害人不敢、不能反抗，一旦反抗他们往往进一步伤害被害人人身。"[①]可见，扒窃犯罪对公民人身权之侵犯是立法者将其列入刑法规制范围的重要原因。在我国刑法理论界，主张扒窃犯罪侵犯公民人身权取得了广泛认同。[②] 看来，主张扒窃犯罪侵犯了公民人身权的见解在本土刑法理论中是有力的见解，除财产权保护外，扒窃犯罪之立法目的是保护公民人身权为学界普遍共识。

扒窃犯罪的特征决定了，无论是在公共场所扒窃，还是非公共场所扒窃均会侵犯公民人身权。根据刑法理论通说，扒窃犯罪对象是公民随身携带的财物。尽管在理论界和司法实务中，对于随身携带财物之范围存在不同看法，但是，在学者不同看法背后，学者们却对扒窃犯罪侵犯的财物是财物所有人或者占有者紧密占有控制的财物存在相同的认识。[③] 由于扒窃的犯罪对象是被害人紧密占有控制的财物，在扒窃犯罪中，扒窃行为是近距离地接触被害人，对被害人的人身危险性较大。[④] 确实，行为人在实施扒窃犯罪过程中，如果其扒窃行为被被害人发现，则会因被害人之反抗、相关人员之抓捕而直接引发行为人与被害人之间激烈的对抗与冲突，从而在双方的对抗冲突中对被害人之人身权造成

① 朗胜：《〈刑法修正案（八）〉解读》，载《国家检察官学院学报》2011 年第 2 期。

② 参见刘宪权：《盗窃罪新司法解释若干疑难问题解析》，载《华东政法大学学报》2013 年第 6 期。

③ 参见车浩：《"扒窃"入刑：贴身禁忌与行为人刑法》，载《中国法学》2013 年第 1 期；刘宪权：《盗窃罪新司法解释若干疑难问题解析》，载《华东政法大学学报》2013 年第 6 期。

④ 参见孙万怀、王丽超：《"扒窃"入罪后的司法审慎》，载《法学杂志》2013 年第 11 期。

侵犯。扒窃犯罪行为方式和对象特征决定了行为人无论是在公共场所扒窃，还是在非公共场所扒窃，行为人之扒窃行为均会侵犯公民之人身权。因此，从立法者关于扒窃犯罪之立法目的是保护公民人身权这一特殊法益立场考量，"扒窃是否发生在公共场合……对被害人本人却毫无影响"①，即无论是公共场所扒窃，还是非公共场所扒窃，扒窃均会严重侵犯被害人之人身权。于是，在扒窃犯罪中，基于立法者保护公民人身权这一法益保护目的，将扒窃犯罪之场所限定在公共场所，将非公共场所排除在犯罪场所之外的见解是欠妥当的，扒窃犯罪场所包括非公共场所是对扒窃进行目的解释的当然结论。

四、非公共场所为扒窃犯罪场所与体系解释结论相吻合

在前文中，笔者从文义解释和目的解释角度说明非公共场所属于扒窃犯罪场所。下面，笔者从体系解释角度，说明扒窃犯罪场所包括非公共场所。

体系解释又称系统解释，是指"联系整个刑法典，单行刑法，非刑法规范的相关规定，对刑法某一规定的用语的含义予以阐明的方法"②。笔者认为，基于刑法体系解释立场，非公共场所应当成为扒窃之犯罪场所。

在我国刑法分则中，共有六个罪名有"公共场所"的规定。这六个罪名分别是：非法携带枪支、弹药、管制刀具、危险物品危及公共安全罪；强奸罪；强制猥亵、侮辱罪和猥亵儿童罪；聚众扰乱公共场所秩序、交通秩序罪；聚众斗殴罪；寻衅滋事罪。在这六个罪名中，非法携带枪支、弹药、管制刀具、危险物品危及公共安全罪；聚众扰乱公共场所秩序、交通秩序罪；聚众斗殴罪；寻衅滋事罪四个罪名规定的公共场所属于"构成要件性公共场所"。所谓"构成要件性公共场所"，是指刑法分则相关罪名规定的"公共场所"是成立犯罪要求的构成条件。在笔者看来，在我国刑法分则中，"构成要件性公共场所"的体系解释结论均决定作为扒窃犯罪构成要件的犯罪场所除公共场所外，还包含非公共场所。

首先，我国刑法分则中"构成要件性公共场所"具有提高不法性而入罪的功能决定，公共场所不可能是扒窃唯一的犯罪场所，非公共场所应当认定为扒窃

---

① 车浩：《"扒窃"入刑：贴身禁忌与行为人刑法》，载《中国法学》2013 年第 1 期。

② 李希慧：《刑法解释论》，中国人民公安大学出版社 1995 年版，第 121 页。

犯罪场所。细考我国刑法分则中规定有“构成要件性公共场所”的罪名可知，我国刑法分则中，“构成要件性公共场所”作为犯罪构成要件的重要原因是公共场所具有提升行为社会危害性程度而使行为得以入罪的功能。在我国《刑法》分则中，规定有“构成要件性公共场所”的罪名，无论是非法携带枪支、弹药、管制刀具、危险物品危及公共安全罪，聚众扰乱公共场所秩序、交通秩序罪，还是聚众斗殴罪、寻衅滋事罪无不将公共场所作为相关犯罪社会危害性程度提高的法定要素。以上四个罪名，行为人只有在公共场所实施，其行为才具有严重社会危害性而被立法者关注，从而被刑法规定，如在非公共场所实施以上四种犯罪时，很难想象这些犯罪行为能够达到成立该犯罪所要求的严重社会危害性。因此，由体系解释可知，在我国刑法中，当特定犯罪实施场所被限定为公共场所时，公共场所具有增加行为人行为社会危害性程度的功能。然而，在扒窃犯罪中，将行为人实施扒窃之场所限定于公共场所却不具备增加行为社会危害性之功能。因此，从体系解释立场看，扒窃犯罪场所不可能被限定为公共场所而将非公共场所排除在扒窃之犯罪场所之外。

其次，我国刑法分则规定“构成要件性公共场所”罪名所侵犯的法益决定，将公共场所限定为扒窃之唯一犯罪场所，将非公共场所排除于扒窃犯罪场所之外，不符合我国刑法将公共场所规定为犯罪场所要求的法益保护立场。在我国刑法分则中，规定“构成要件性公共场所”的四个罪名中的犯罪所侵犯的法益均为公共秩序或者公共安全。由此不难推知，在我国刑法中，立法者将公共场所作为成立犯罪的场所条件，是由于在公共场所实施的犯罪均会侵犯公共安全或者公共秩序。因此，根据体系解释立场，我国刑法分则中的“构成要件性公共场所”体现了刑法保护公共安全和公共秩序的法益保护态度。然而，正如笔者在前文指出，在我国刑法中，扒窃犯罪侵犯之法益为公民人身权和财产权。因此，将我国刑法中扒窃之犯罪场所限定为公共场所，而将非公共场所剔除于扒窃犯罪场所之外，显然与我国刑法将公共场所作为某一犯罪成立条件之法益保护立场相悖。因此，将非公共场所排除于扒窃之犯罪场所之外，从我国刑法体系解释的立场来看，是难以成立的。

最后，将公共场所认定为扒窃之唯一犯罪场所，将非公共场所排除于扒窃犯罪场所之外，不符合我国刑法分则有关“公共场所”立法表述的体系惯例。在我国刑法分则中,当立法者将某一犯罪实施场所限定于公共场所时,立法者均在构设犯罪构成要件时,在分则条文中予以明确规定。然而,刑法分则关于扒窃规定的犯罪构成要件中,立法者并没有对扒窃场所作出“公共场所”的限制性规定。显然,从我国刑法分则有关“公共场所”立法表述的体系惯例来看,难以得出公共场所为扒窃之唯一犯罪场所,非公共场所不是扒窃之犯罪场所的结论。

财产犯罪中“非法占有目的”类型化研究

陈历文[*]

摘要:理解“非法占有目的”的内涵,必须将它与具体罪名的成立要件结合起来进行分析。适用逻辑的理念类型,可将财产犯罪中的“非法占有目的”区分为夺取型财产犯罪中的“非法占有目的”、侵占型财产犯罪中的“非法占有目的”和交付型财产犯罪中的“非法占有目的”。通过对以上三种类型中的典型个罪的分析,并借鉴德日刑法学一般是从消极和积极两个侧面阐释“非法占有目的”之内涵的思路,夺取型财产犯罪中的“非法占有目的”是意图排除他人对财物的占有而建立自己或第三人对财物的占有的意思;侵占型财产犯罪中的“非法占有目的”,是指意图永久性地排除他人对财物的所有而建立自己或第三人对财物的所有的意思;交付型财产犯罪中的“非法占有目的”,则为意图取得对他人之财物的所有的意思。

关键词:非法占有目的　类型化　消极侧面　积极侧面

在财产犯罪理论中,“非法占有目的”是最受争议的部分,以致对其内涵的理解也具有较大的疑虑,使实践中对财产犯罪的认定存在非常大的差异。为了实现理论与实践的顺畅结合,对财产犯罪中“非法占有目的”进行系统分析,并借此以明确它的内涵,显然是非常必要的。

---

* 男,湖北咸宁人,法学博士在读。

一、财产犯罪中“非法占有目的”的类型

（一）对“非法占有目的”进行类型化处理的原因

对财产犯罪中“非法占有目的”内涵的理解，除传统的“非法所有说”所认为的“非法占有目的”是指将他人之物非法据为己有或第三人所有的意思外，[①]还存在“排除意思说”所强调的“非法占有目的”、“是行为人永远地排除原权利人占有的目的”[②]和“排除、利用意思说”所主张的“非法占有目的除包括排除权利人之外，还应包括利用和处分的意思在内”[③]两种不同的观点。此外，还有一种观点认为，关于“非法占有目的”的内涵，没必要赋予其“排除意思”和“利用意思”之类的额外内容，而只需从其本来意义，即永远占有他人财物的意思的角度加以理解便可。[④]

上述观点存在以下两个盲点：一是没有顾及我国财产犯罪的罪名体系及其构成要件与德日财产犯罪的罪名体系及其构成要件的不同，在因循德日刑法学对该问题看法的过程中，一笔带过地认为我国财产犯罪中的“非法占有目的”与德日刑法学中的“非法占有目的”的内涵一样；[⑤]二是没有注意到我国财产犯罪各具体罪名之间构成要件的不同，便像日本刑法学那样将财产犯罪中的“非法占有目的”置于财产犯罪的总论中加以讨论，并认为各具体罪名中的“非法占有目的”的内涵相同。[⑥]

讨论“非法占有目的”，必须紧紧围绕我国刑法规范的实际，以解决我国财产犯罪的相关问题为目标。不过，在我国财产犯罪体系中，一般认为具有“非法占有目的”的取得型财产犯罪共有 8 个，分别为抢劫罪、盗窃罪、诈骗罪、抢夺

---

① 参见高铭暄、马克昌主编：《刑法学》（第 7 版），北京大学出版社、高等教育出版社 2016 年版，第 491 页。

② 蒋铃：《论刑法中的“非法占有目的”理论的内容和机能》，载《法律科学（西北政法大学学报）》2013 年第 4 期。

③ 周光权：《刑法各论》（第 3 版），中国人民大学出版社 2016 年版，第 99 页。

④ 参见黎宏：《刑法学各论》（第 2 版），法律出版社 2016 年版，第 293 页。

⑤ 参见徐凌波：《论财产犯的主观目的》，载《中外法学》2016 年第 3 期。

⑥ 参见王俊：《非法占有目的的不同意义基于对盗窃、侵占、诈骗的比较研究》，载《中外法学》2017 年第 5 期。

罪、聚众哄抢罪、侵占罪、职务侵占罪、敲诈勒索罪。因此，在具体探讨财产犯罪中“非法占有目的”的内涵之前，必须先厘清此处所谓的“具体探讨”，到底要“具体”到何种程度。犯罪是一种类型，财产犯罪亦是如此。在对“非法占有目的”进行具体化展开时，便没有必要对各具体罪名都进行讨论，而只需以一定的标准对其进行类型化处理，之后再对各具体类型中的代表性罪名进行分析，进而明确各具体类型中的“非法占有目的”的内涵即可。

（二）对“非法占有目的”进行类型化处理的方法

1. 方法的选取：逻辑的理念类型

根据对类型的意义理解的不同，关于类型的理论在类型上可以分为以下三种：一是经验的类型，其又可进一步划分为“平均类型”和“频率类型”。其中，前者以调查所得的平均值构建而成，后者则是通过概括大多数样本的共同特征而得。二是逻辑的理念类型，它来自人的思维对经验类型的抽象把握，借实际观察而得的个别特征同时摒弃其他特征而获取，目的在于做比较的标准。三是规范的理念类型，它来自人们将逻辑的理念类型赋予价值上的优越性而成。[①]三种类型之间是依次递进的关系。逻辑的理念类型以经验的类型为原型，是经验的类型抽象化的产物，规范的理念类型又以逻辑的理念类型为基础，是逻辑的理念类型经由价值评价的结果。笔者认为，应当适用介于经验的类型和规范的理念类型之间的逻辑的理念类型。理由如下：

首先，经验类型过于表面，不足以区分财产犯罪中的“非法占有目的”。无论是“平均类型”，还是“频率类型”，它们本质上都是统计学分析的结果，不同的是前者注重的是平均值，后者强调的是多数。在对财产犯罪中的“非法占有目的”进行分类时，单以各具体罪名中某些因素出现的次数多少为标准，得到的结论不仅是片面的，而且对于“非法占有目的”的类型化研究也是没有意义的。因为对“非法占有目的”进行类型化研究，重点是探讨它在财产犯罪中的个性，而不是要找出它在财产犯罪中的共性。

---

① 参见李可：《类型思维及其法学方法论意义——以传统抽象思维作为参照》，载《金陵法律评论》2003年第2期。

其次，规范的理念类型过于纯粹，难以实现。规范的理念类型是逻辑的理念类型经由价值评价的结果，且由于在价值评价中需要注重价值上的优越性，因而这种评价就只能是正面的、积极的，而不能是负面的、消极的。如果以规范的理念类型来进行区分，则最终得出的都是理想型的类型。可是，之所以要对财产犯罪中的“非法占有目的”进行类型化研究，就是为了对其形成更加全面的认识。因此，规范的理念类型也无助于我们对财产犯罪中的“非法占有目的”进行区分。

与以上两种类型不同，逻辑的理念类型由于是借实际观察而得的个别特征同时摒弃其他特征而来，因而其关注的重点便不是揭示各种现象之间的家族相似性，而在于辨析它们之间的不同。

2. “非法占有目的”的分类

取得型财产犯罪作为一般犯罪中的一种，一般犯罪所具有的特征，其自然也具有。如果以四要件的体系为准，则其至少具有客体特征、客观方面特征、主体特征、主观方面特征四个方面的特征。由于取得型财产犯罪的主体特征都是一样的，即都为一般主体，因而在对其进行分类时，主体特征便可忽略。另外，主观方面特征也可以忽略，因为除“非法占有目的”的内涵不一样以外，取得型财产犯罪在主观方面的要求都是一样的，即都是直接故意犯罪，且都需要“非法占有目的”。也就是说，取得型财产犯罪之所以具有差异，原因就在于它们之间客体特征和客观方面特征不同。

根据客体特征和客观方面的特征，笔者认为取得型财产犯罪大体上可以作如下区分：一为夺取型财产犯罪，包括盗窃罪、抢劫罪、抢夺罪、聚众哄抢罪；二为侵占型财产犯罪，包括侵占罪、职务侵占罪；三为交付型财产犯罪，包括诈骗罪和敲诈勒索罪。受此影响，财产犯罪中的“非法占有目的”亦可区分为夺取型财产犯罪中的“非法占有目的”、侵占型财产犯罪中的“非法占有目的”和交付型财产犯罪中的“非法占有目的”三种。

由于以上三种类型的财产犯罪，分别以盗窃罪、侵占罪和诈骗罪为典型，因而，若能确定“非法占有目的”在这三种具体犯罪中的内涵，也便意味着财产犯罪中“非法占有目的”的内涵确定了。又囿于我国刑法“无论从罪名体系还是行为构造抑或刑罚措施,基本上是延续了大陆法系的刑法传统”[①],且我国刑法学界对“非法占有目的”相关问题的理解也是因为受到德日刑法学的影响才开始出现争议的,所以笔者在探究上述三种具体罪名中的“非法占有目的”的内涵时,将以德日刑法理论为知识框架,并从消极和积极两个侧面对其展开解读。

二、财产犯罪中“非法占有目的”的消极侧面

从客观行为上看,盗窃罪是一种介于诈骗罪和侵占罪之间的犯罪。与诈骗罪相比,其除缺少诈骗罪所必须的欺骗行为外,其他方面都是差不多的,而与侵占罪相比,则在于它不是基于合理的事由而先占有了财物。因之,笔者以盗窃罪为基础,在将其与侵占罪和诈骗罪相比较的过程中,进而明确“非法占有目的”消极侧面对它们的要求。

(一)夺取型与侵占型“非法占有目的”的消极侧面

不管是德日刑法学,还是英美刑法学,关于“非法占有目的”消极侧面的理解,都是从两方面加以界定的,一个是指向,另一个是时间。例如,英美刑法学者认为,“非法占有目的”就是“怀有永久性剥夺他人对财产占有意图的简称”[②]。其不但强调行为人的意图是剥夺他人的财产,而且还特别指出行为人的这种意图要具有“永久性”。对我国相关财产犯罪“非法占有目的”消极侧面的理解,也应当从这两方面着手。

1. 指向上的要求

既然对财产犯罪“非法占有目的”进行类型化处理是基于各具体犯罪客体特征和客观方面特征的标准而进行的,所以为了确定“非法占有目的”消极侧面对各具体类型的财产犯罪的具体要求,而将以盗窃罪为代表的夺取型财产犯罪和以侵占罪为代表的侵占型财产犯罪、以诈骗罪为代表的交付型财产犯罪进行比较的时候,也应当以各具体犯罪的客体特征和客观方面特征为标准。当然,以这两个方面的特征为标准,不代表在将盗窃罪与侵占罪或诈骗罪进行比较

① 王世柱:《论刑法上的占有》,中国法制出版社 2018 年版,第 79 页。
② [美]约书亚·德雷斯勒:《美国刑法精解》,王秀梅等译,北京大学出版社 2009 年版,第 520 页。

时，要将这两个特征全部都分析到，而只需将其中的不同点进行分析即可。

盗窃罪与侵占罪在客观方面的差异是比较明显的，问题在于两者在客体上是否也有区别。如果相同，即它们侵犯的客体都是对他人之物的占有，则便如日本刑法学者所认为的，由于在侵占罪中不存在对占有的侵害，使作为“非法占有目的”之消极因素的“排除意思”，在侵占罪中“非法占有目的”的内涵里便没有了存在的必要和可能。① 该观点有待商榷。因为盗窃罪只能是针对他人的占有之物，而侵占罪所侵占的对象则只能是自己占有的他人之物。换言之，判断财物由谁占有，是认定行为人到底是成立侵占罪还是盗窃罪的关键。由此便决定了侵占罪所侵犯的客体不是像盗窃罪那样的对他人之物的占有，而是比占有权要大些的对他人之物的所有权。

因此，和盗窃罪一样，“非法占有目的”的消极侧面在侵占罪中亦有存在的必要，只是在指向上不宜与盗窃罪相同。在盗窃罪中，“非法占有目的”消极侧面指向的是排除他人对财物的占有；而在侵占罪中，“非法占有目的”消极侧面指向的是排除他人对财物的所有。事实上，英美刑法学者就是这样理解的，由于在他们的刑法中盗窃罪与侵占罪的界限并不是很明显，所以他们认为被永久性剥夺的权利是指他人有限的权利，“盗窃罪可以针对一个拥有或者控制财产，或者对财产享有任何专有权利和利益的人而构成”②。

2. 时间上的要求

侵占罪“非法占有目的”的消极侧面不存在时间上的争议，有争议的是盗窃罪“非法占有目的”的消极侧面在时间上的要求。

德国刑法学者认为，作为盗窃罪“非法占有目的”消极侧面的“排除所有的意思”，是指“行为人意图长期地排除权利人对相应物的实力支配”③。正是由于“排除所有的意思”在时效上强调要具有长期性，才使一般的盗窃行为与单纯的盗用行为在德国刑法中得以区分。日本刑法学者则指出，“排除意思”是指将他人之物作为自己的所有物。④ 不难看出，和“排除所有的意思”一样，在日本

① 参见[日]山口厚：《刑法各论》（第2版），王昭武译，中国人民大学出版社2011年版，第357页。

② [英]J. C. 史密斯、B. 霍根：《英国刑法》，马清升等译，法律出版社2000年版，第611页。

③ 王钢：《德国判例法》，北京大学出版社2016年版，第163页。

④ 参见[日]山口厚：《刑法各论》（第2版），王昭武译，中国人民大学出版社2011年版，第230页。

刑法学中，“排除意思”的作用也是为了将一般的借用行为排除出犯罪圈。有学者据此认为，德国刑法学中的“排除所有的意思”与日本刑法学中的“排除意思”在内涵上相同。[①] 该观点值得商榷。

第一，德国刑法学中的“排除所有的意思”只是单纯地强调长期排除权利人对财物的实力支配，而日本刑法学中的“排除意思”则要求将他人之物作为自己的所有物。日本刑法学中的“排除意思”的内涵，除具有排除他人对财物的实力支配这一当然意思以外，差不多把德国刑法学中“取得所有的意思”也纳入其中。所以不难理解，为何会有日本刑法学者认为，“非法占有目的”仅要求具有“排除意思”即可，并对伴有对占有之侵害的毁弃、隐匿行为都应该以盗窃罪进行处罚。[②]

第二，在日本刑法中，并不存在像《德国刑法典》第248b条无权使用交通工具罪的规定。要想对该种擅自使用但却无意长期占有而依然给权利人造成重大损害的行为进行处罚，就要求在判断作为可罚性权利人“排除意思”的“非法占有目的”时，不能以有无返还意思为准，而应考察使用行为给权利人造成的损害与可能性。[③] 例如，出于使用之后返还的意思，擅自使用他人的汽车两年。从结果来看，行为人并没有排除权利人对汽车的所有，但由于其剥夺了体现于汽车之上的两年的使用价值而构成对权利人利益的实质侵害，所以也可被认为具有“排除意思”而构成盗窃罪。可是，在德国刑法中，该种行为不成立盗窃罪，而构成无权使用交通工具罪。

总之，日本刑法学关于盗窃罪“非法占有目的”中“排除意思”的内涵范围要大于德国刑法学关于盗窃罪“非法占有目的”中“排除所有的意思”的内涵范围。它除了在一定程度上具有作为德国刑法学“非法占有目的”之积极侧面的“取得所有的意思”外，即便是在消极侧面，其内涵也比德国刑法学中的“排除所有的意思”的内涵要广。除包括德国刑法学中的“排除所有的意思”的内容——

---

① 参见陈璇：《财产罪中非法占有目的要素之批判分析》，载《苏州大学学报（法学版）》2016年第4期。

② 参见［日］松宫孝明：《刑法各论讲义》（第4版），王昭武、张小宁译，中国人民大学出版社2018年版，第174页。

③ 参见［日］西田典之：《日本刑法各论》（第3版），刘明祥、王昭武译，中国人民大学出版社2007年版，第126页。

意图长期排除权利人对相应物的实力支配外，它还包括德国刑法中使用型盗窃所规定的只欲短期使用而无意长期占有的内容。

我国财产犯罪的罪名体系与日本刑法一样，亦不存在使用型盗窃的规定，因而对我国盗窃罪“非法占有目的”消极侧面的时间要求的理解，可以借鉴日本刑法学的观点，主张盗窃罪“非法占有目的”消极侧面所强调的“排除他人对财物的占有”并不要求具有永久性，至少在使用型盗窃的场合，要结合给权利人造成的损害进行考察。正如日本刑法学者山口厚教授所言，只有在以下场合，才应认定其具有“非法占有目的”的消极侧面：一是行为人虽只欲短期使用，但在使用后却不返还，而是将其丢弃或损毁的；二是行为人虽有使用后返还之意，但具有侵犯利用可能性的意思；三是行为人虽有使用后返还的意思，对被害人利用可能性的侵害也相对轻微，但却有消耗财物上的价值意思。①

（二）交付型“非法占有目的”的消极侧面

尽管我国盗窃罪与侵占罪的罪状规定得都不是很具体，但是普遍认为，与盗窃罪完全是在违背权利人意欲的情况下剥夺了权利人对财物的占有不同，诈骗罪是行为人基于自己实施的欺骗行为而使权利人自己主动交出了财物。从权利人的角度而言，两者的界限在于，前者是基于被害人意识有瑕疵而转移占有，后者则是违反被害人的意志而转移占有。② 然而，这是就传统的认为诈骗的对象只能是物的主张而言的。如果像德日刑法学那样认为诈骗罪除可以针对物以外，还包含财产性利益，那么如此理解诈骗罪的客观方面，就说不通了。因为只有针对物时才有转移占有可言，对于财产性利益是无所谓占有的转移的。

其实，不管诈骗罪的对象是否包含财产性利益，都不影响其“非法占有目的”消极侧面的界定。因为不管是从客体出发还是基于对客观方面的考察，“非法占有目的”的消极侧面在诈骗罪中都无存在的必要。如果包含财产性利益，则如上文所言，诈骗罪的客体与“非法占有目的”的消极侧面存在难以逾越的屏障。如果不包含财产性利益，或者说抛开诈骗罪侵犯客体的争论不看，“非法占

---

① 参见[日]山口厚：《刑法各论》(第2版)，王昭武译，中国人民大学出版社2011年版，第233页。

② 参见王立志：《认定诈骗必需“处分意识”——以“不知情交付”类型的欺诈性取财案件为例》，载《政法论坛》2015年第1期。

有目的”的消极侧面在诈骗罪中亦难以存在。与盗窃罪将财产损失主观化的做法不同,诈骗罪是将财产损失作为客观要素予以确立的。如此,“诈骗罪在主观上就只剩下了不法获利意思”[①]。一言蔽之,与盗窃罪和侵占罪不同,诈骗罪“非法占有目的”并不具有消极侧面的要求。

三、财产犯罪中“非法占有目的”的积极侧面

除英美刑法学者关于“非法占有目的”内涵的理解,只注重对权利人的权利剥夺,而不看重行为人的预期获利以外,德日刑法学的主流观点认为,“非法占有目的”必须具有积极侧面的要求,区别在于德国刑法学将其称为“取得所有的意思”,日本刑法学将其理解为“利用意思”。德国刑法学中的“取得所有的意思”,是指行为人意图使自己或第三人获得对物的所有人的地位,而将所取得之财物作为自己或第三人所有之财产。[②] 与之对应,尽管日本刑法学中的“利用意思”在司法判例中的内涵并不是一成不变的,而是经历了一个逐渐扩大解释的过程,[③]但是日本刑法学者普遍认为,其核心内涵是指“遵从财物的用途进行利用处分”[④]。

日本刑法学中的“利用意思”在财产犯罪中的作用,与德国刑法学中的“取得所有的意思”在财产犯罪中的功能相似,都是为了将损毁等行为置于“非法占有目的”的范畴之外。然而,功能相似不代表内容也相同,它们完全是两个范畴。何况两者之间的差异也不小。德国刑法学中的“取得所有的意思”强调的是行为人要“取得”相应物。日本刑法学中的“利用意思”则认为,除要取得相应物外,还要按照其经济性用途,进行利用或者处分,否则便不能认为具有“非法占有目的”。[⑤] 明确我国财产犯罪“非法占有目的”的积极侧面,关键在于探讨行为人在具有取得意图以外是否还要有获利意图。如果有,那么其在上述各罪中又具有怎样的具体要求?不过,由于作为侵占型财产犯罪之代表的侵占罪

---

① 徐凌波:《论财产犯的主观目的》,载《中外法学》2016 年第 3 期。

② 参见王东海:《盗窃罪中“非法占有目的”的展开》,载《四川警察学院学报》2012 年第 6 期。

③ 参见陈洪兵:《财产犯的排除意思与利用意思》,载《辽宁大学学报(哲学社会科学版)》2013 年第 3 期。

④ 张广洋:《刑法中“非法占有目的”新论》,载《福建警察学院学报》2012 年第 4 期。

⑤ 参见[日]山口厚:《刑法各论》(第 2 版),王昭武译,中国人民大学出版社 2011 年版,第 230 页。

是将代为保管的他人之物据为己有，且侵占罪的客体在于物之所有，因而侵占型财产犯罪中“非法占有目的”的积极侧面，便只需具有取得所有的意思即可。

（一）夺取型“非法占有目的”的积极侧面

日本刑法学之所以认为“非法占有目的”必须兼具“排除意思”和“利用意思”，与日本刑法财产犯罪的罪名设定有莫大关系。在德国刑法中，由于抛弃与隐匿是取得财物之后的事后行为，对“非法占有目的”的认定没有影响，故而该行为依然可以被置于盗窃罪的范畴之中。可是在日本刑法里，该行为则不能称其为盗窃罪，而只能被认定为毁弃及隐匿罪。为了使日本刑法中的盗窃罪与毁弃及隐匿罪得以区分，日本刑法学者便在德国“非法占有目的”内涵的基础上增设了一个要件——“利用意思”。

与德国刑法一样，我国财产犯罪的罪名体系中关于夺取型的犯罪也只有盗窃罪与故意毁坏财物罪，且在上述两罪的罪状里亦无抛弃与隐匿行为的规定，如何对基于抛弃或隐匿的意图取得他人财物的行为进行定性，便成为一个问题。如果像德国刑法那样将其置于盗窃罪的范畴之中，则我国盗窃罪中“非法占有目的”的积极侧面亦可效法德国，即其无须在取得意思之外还要有利用意思；如果像日本刑法那样将其置于盗窃罪的范围之外，则认为我国盗窃罪中“非法占有目的”的积极侧面只具有取得意思就行不通了。结合通说盗窃罪的既遂标准是被害人失去对财物的控制，[①]将隐匿行为置于盗窃罪的范畴之中应该没有问题，有问题的是抛弃行为是否也能置于其中。这涉及对我国故意毁坏财物罪中“毁坏”一词的理解。

关于“毁坏”一词的理解，理论上存在物质侵害说、效用侵害说与有形侵害说的争议。其中，物质侵害说将“毁坏”一词理解为“对物体的全部或者部分进行物质性的毁损”；效用侵害说认为“一切排除所有权人行为对财物之权利的行为”都属于“毁坏”；至于作为物质侵害说与效用侵害说之综合产物的有形侵害说，则强调通过对财物之有形的作用，毁损财物的无形价值以及毁损财物的效

---

① 参见谭明、洪峰：《盗窃罪非法占有目的的内涵分析》，载《石河子大学学报（哲学社会科学版）》2010 年第 4 期。

用的行为,都属于“毁坏”。[①] 按照效用侵害说的主张,不但抛弃属于毁坏,而且隐匿乃至一般意义上的窃取行为都可以被评价为毁坏,这显然不妥。

无论是采用物质侵害说的观点还是适用有形侵害说的主张,单纯的抛弃行为都由于没有对物本身及其背后的价值造成实质性损害,而不能被评价为故意毁坏财物罪中的“毁坏”。至于将他人之物抛向大海的这种行为,表面上看是行为人实施的抛弃行为,但实质上这种行为已经属于毁坏行为。当然,不将抛弃视为毁坏行为,进而将其以故意毁坏罪论处,不代表就要放纵这种行为,而是像德国刑法学那样将其置于盗窃罪的范畴中加以认定。因而和侵占罪一样,盗窃罪中“非法占有目的”的积极侧面亦只需要强取即可,而无须在此之外还要有利用意思。只不过盗窃罪中“非法占有目的”积极侧面所强调的取得是对物的占有,而侵占罪中“非法占有目的”积极侧面所强调的取得是对物的所有。

(二)交付型“非法占有目的”的积极侧面

探讨诈骗罪“非法占有目的”积极侧面的关键,在于如何理解该不法获利意思。德日刑法学对该不法获利意思的理解差异很大。由于日本刑法学者将“非法占有目的”当作整个财产犯罪的指导概念,所以他们认为诈骗罪中的“非法占有目的”与其他取得型财产犯罪中的“非法占有目的”的内涵相同。德国刑法学者则将诈骗罪的主观意图与其他取得型财产犯罪的主观意图进行了区分,并将前者设定为不法获利,将后者规定为不法所有。之所以会这样,完全是源自两国立法例上的不同。因为日本刑法并未对相关财产犯罪的主观意图作明确规定,而德国刑法则对诈骗罪的主观意图作了有别于其他取得型财产犯罪的要求。[②]

我国刑法与日本刑法一样,亦未对诈骗罪的主观意图作明确规定,且我国诈骗罪构成要件的内容又为使用诈骗方法骗取数额较大的公私财物,因而理解上述不法获利意思的重点,就是探讨行为人实施诈骗行为所欲骗取的财物是什

---

① 参见张梓弦:《论故意毁坏财物罪中的“毁坏”——“有形的影响说”之提倡》,载《法学》2018 年第 7 期。

② 参见李强:《财产犯罪法律规定的比较分析——以日本、德国、中国刑法为对象》,载《法学评论》2019 年第 6 期。

么。普遍认为行为人实施诈骗行为所欲获得的财物主要包含以下两种:一是积极财产的增加;二是消极财产的减少。[①] 前者是指将被害人的财物转移为自己或第三人所有;而后者是使对方免除或者减少自己或第三人的债务。两者都没有要求还要对物进行利用或处分,而只强调财物本身的增加或减少。换言之,和盗窃罪一样,在获取财物之后是否还要对物进行利用或处分,不是诈骗罪本身所能囊括的,而是诈骗罪既遂以后的事后行为。只不过盗窃罪获取的是对财物的占有,而诈骗罪和侵占罪一样,获取的则是对财物的所有。故此,作为诈骗罪"非法占有目的"之积极侧面的不法获利意思,是指取得对财物的所有。

① 参见张明楷:《刑法学》(第 5 版),法律出版社 2016 年版,第 1004 页。

虚拟财产刑法保护路径之选择

熊春辉*

摘要:虚拟财产随着互联网的快速发展而产生,虚拟财产的法律纠纷引发学界对虚拟财产的不同看法,学者对虚拟财产的概念定义均有不同见解,笔者在综合各学者观点后,提出了虚拟财产的概念。侵犯虚拟财产的行为具有社会危害性以及刑事违法性,但是理论界与司法实践中对侵犯虚拟财产的行为构罪有着不同观点,笔者认为虚拟财产具有数据性和财产属性,从犯罪构成角度分析侵犯虚拟财产的行为构成计算机类型犯罪与财产犯罪,但是以侵犯财产罪相关罪名论处更具合理性。

关键词:虚拟财产　侵犯　财物　数据

一、虚拟财产产生的背景

虚拟财产依托于互联网而产生并快速地发展。网络游戏开发商根据游戏需要设计出相关虚拟物品,虚拟物品的出现使网络游戏玩家建立起各种虚拟社会关系,满足游戏玩家在虚拟世界中的精神需要。网络游戏的开发运营商在虚拟社会关系中制定虚拟世界规则,创造以现实生活为模板的一整套的虚拟经济体制,网络运营商利用虚拟物品建立起来的网络关系以及虚拟经济体制来赚取

* 男,湖南常宁人,法学硕士,现任衡阳市政府办综合科副科级干部。

利润,从而使网络虚拟财产与现实财产产生了联系。2017 年,中国游戏行业整体营业收入约为 2189.6 亿元,同比增长 23.1%。其中,网络游戏对行业营业收入贡献较大(前三季度营业收入达到 1513.2 亿元),预计全年营业收入约为 2011.0 亿元,同比增长 23.1%。[①] 网络游戏行业的快速发展在现实生活中引发了不少经济纠纷,代表性的案件便是李某晨诉北京北极冰科技发展有限公司案。2003 年 2 月某一天,游戏玩家李某晨在一款由北京北极冰科技发展有限公司开发运营的网络游戏《红月》中登录自己的游戏账号后,发现自己花费大量时间和金钱的极品装备丢失,李某晨首先找到当地的公安机关和网络监察部门报案,但是两机关表示目前没有相关法规拒绝立案,李某晨遂将北京北极冰科技发展有限公司诉至法庭,要求对方赔偿丢失的游戏装备及赔礼道歉,此案成为我国首例网络虚拟财产纠纷案。此案之后,我国开始广泛关注虚拟财产纠纷,大量关于虚拟财产的案件涌入法院,随着虚拟财产案件的增多,在刑事领域也开始针对虚拟财产相关的案件进行审理。2005 年 3 月始,杨某与腾讯公司工作人员曾某合谋盗窃他人 QQ 号码,由曾某利用职务上便利,破解他人 QQ 号码信息后更改 QQ 密码再出售给他人,两人共计卖出 QQ 号码 130 余个,获得赃款 61,650 元,腾讯公司接到大量用户账号被盗的反映后立即报警,因牵扯的数额较大,公安机关决定立案。公诉机关刚开始是以盗窃罪提起公诉,法院认为 QQ 号码不属于刑法意义上的"公私财产",其主要功能是一种通信工具,杨某和曾某二人盗窃他人 QQ 号码的行为构成侵犯通信自由罪,分别判处被告人曾某、被告人杨某拘役 6 个月,并追缴两名被告人违法所得 6.165 万元。[②] 这起案件公诉机关刚开始是以盗窃罪提起公诉的,但法院最终是以侵犯通信自由罪判决,在学界一石激起千层浪,关于虚拟财产是否具有财产属性以及虚拟财产是否应该受到刑法保护广泛讨论起来,"虚拟财产"一词也广泛传播开来,成为我国法律界耳熟能详的词语。

---

① 参见《2017 年中国游戏行业发展报告》,载中国娱乐文化行业协会网 2017 年 11 月 28 日,http://www.cnccea.com/index.php? m = newscon&id = 408&aid = 770。

② 参见广东省深圳市南山区人民法院刑事判决书,(2006)深南法刑初字第 56 号。

二、虚拟财产概念的理论分析

虚拟财产这一概念是伴随互联网发展而出现的，虽出现的时间不长，但对其定义却各有认识，我国学者对虚拟财产的定义主要有广义说、狭义说以及二元说观点。

持广义说的学者将虚拟财产定义得比较宽泛，宽泛程度上大有不同。陈兴良教授认为虚拟财产是具有财产性价值、以电磁数据的形式存在于网络空间的财物。[①] 刘惠荣教授认为能够为人所拥有和支配并具有一定价值的网络虚拟物和其他财产性权利都可以看作广义上的虚拟财产。[②] 主张狭义说的学者认为虚拟财产应该是特指网络游戏中的虚拟财产，网络游戏以其独特吸引力能够在短时间内形成数量庞大的社交群体从而形成网络虚拟经济体。主张二元说的林旭霞教授认为一般意义上的虚拟财产或广义上的虚拟财产是指在网络环境中，模拟现实事物、以数字化形式存在，既相对独立又具有独占性的信息资源。而常见的、权利义务内容极其丰富的虚拟财产，是指网络游戏客户端技术中的游戏资源，即正在运营的虚拟游戏中一切以数据方式存在的资源，包括游戏角色、游戏道具、装备及游戏环境等[③]。

笔者认为持广义说的学者从比较宽泛的角度给予了虚拟财产的定义，基本立场是将在网络中具有财产价值属性的或者能够给使用者带来现实利益的虚拟事物界定为虚拟财产，这种语境和情形下，随着网络技术的发展，虚拟财产的外延会不断扩张，在司法实践中将会造成虚拟财产的认定困境。主张狭义的虚拟财产的学者把范围界定在网络游戏这一范畴，在司法实践中虚拟财产的争讼案件也常发生在网络游戏中，2010 年 6 月 3 日，国务院原文化部（现由文化和旅游部行使职能）出台了《网络游戏管理暂行办法》（现已失效），就网络游戏虚拟货币进行了界定：网络游戏虚拟货币是指由网络游戏经营单位发行，网络游戏用户使用法定货币按一定比例直接或者间接购买，存在于游戏程序之外，以电磁记录方式存储于服务器内，并以特定数字单位表现的虚拟兑换工具。狭义说

① 参见陈兴良：《虚拟财产的刑法属性及其保护路径》，载《中国检察官》2017 年第 11 期。
② 参见刘惠荣：《虚拟财产法律保护体系的构建》，法律出版社 2008 年版，第 6 页。
③ 林旭霞：《虚拟财产解析》，载《东南学术》2006 年第 6 期。

对虚拟财产的表述与该办法对于网络游戏虚拟货币概念的界定几乎是一致的，把虚拟财产等同于网络游戏的虚拟货币。但在当今互联网迅速发展的时代，网络游戏中的虚拟货币并不能完全代表互联网中所有虚拟财产，以互联网新兴产业网络直播娱乐平台为代表的新的娱乐产业也登上互联网的舞台，网络主播通过网上直播平台跟网络公众进行交流，观看直播的用户可以通过网上支付的方式购买网络直播平台的虚拟财物从而对网络直播者进行打赏，网络主播将观众打赏的虚拟财物与直播网络平台按照一定比例进行分成。网络直播并不是游戏，却也能产生虚拟财产并具有一定的交易价值，故将虚拟货币仅限定在网络游戏中缩小了虚拟财产的外延。二元论结合广义和狭义虚拟财产的表述，认为虚拟财产是模拟现实生活中的物品，以数字化的形式存在的一种具有独占性的电子信息资源，常见的是以网络游戏中的虚拟财产为信息资源。这种表述既突出了虚拟财产的虚拟性，也比较理性地认为虚拟财产是一种信息资源，但没有严格把虚拟财产与现实生活的联系给区别开来，因为某些独占性电子信息资源并不能与现实生活直接发生财物上的联系，因而不具有财产属性，如网络中各种普通的 ID 账号和网络游戏中的游戏角色对于游戏玩家来说是一种独占性的电子信息资源，但它只能充当现实生活的玩家在虚拟世界的化身，象征玩家在虚拟世界里的主体身份，这种主体身份本身并不具有财产属性，但它仍然属于一种独占性的信息资源。

从前文对虚拟财产的产生背景以及各位学者对虚拟财产的表述可以总结出虚拟财产依托于互联网发展并且是以一种计算机电子信息的形式储存在互联网服务器中的，这体现出虚拟财产的虚拟性。首先，虚拟财产的虚拟性和网络虚拟空间的多元化决定了其只对特定范围内的人具有价值；其次，虚拟财产应当具有一部分传统意义上的财产属性，可供人支配、使用的，它是有价值的；最后，网络虚拟财产一定要与现实世界发生财产上的联系，它在某种条件或者规则下是可以跟现实货币进行换算的。因此笔者认为，虚拟财产是指存在于网络空间中模仿现实世界，具有使用价值并且能够在一定的规则下用现有的财产度量标准度量其价值的计算机信息数据。基于以上原因，笔者认为虚拟财产是以网络游戏为主的网络游戏虚拟货币，以及能够与现实财产直接进行交易的虚拟物品等。由于现实刑事司法实践中虚拟财产纠纷更多发生在网络游戏中，笔者下文所述的虚拟财产主要是网络游戏中的虚拟财产。

三、刑法保护虚拟财产的必要性

（一）侵害虚拟财产具有社会危害性

侵害虚拟财产的行为损害了网络服务商的利益，扰乱了互联网秩序。侵害虚拟财产的方式多种多样，有的是利用黑客技术在虚拟网络世界中进行侵害，直接盗取他人账号转移虚拟财产，这种侵害行为属于技术侵害，具有一定的秘密性。网络运营商对用户有着安全保障义务，这种安全保障义务主要是软件使用过程中的网络安全保障义务，也就是说，网络玩家在使用网络运营商开发运营的游戏软件时，网络运营商应该提供全方位的安全管理义务和及时的告知义务。《网络游戏管理暂行办法》（已失效）第 28 条也规定了“网络游戏运营企业应当按照国家规定采取技术和管理措施保证网络信息安全，包括防范计算机病毒入侵和攻击破坏，备份重要数据库，保存用户注册信息、运营信息、维护日志等信息，依法保护国家秘密、商业秘密和用户个人信息”。虚拟世界中网络运营商具有自行调整的机制，以黑客或者病毒方式侵害虚拟财产的行为损害了网络运营商的利益，扰乱了互联网秩序，具有社会危害性。

侵害虚拟财产的行为损害了网络用户的利益。侵害虚拟财产的另一种方式是以传统的骗取、盗窃、抢劫等方式取得受害人的账号，再转移账号内的虚拟财产。网络游戏玩家取得虚拟财产的方式无外乎根据网络运营商制定的规则直接从游戏既定的程序中取得或者以现实的财产交换取得，玩家虽然不是虚拟财产的原始创造者，但他们获得虚拟财产是通过正当途径取得的，网络游戏玩家花费了大量的时间和精力得到的虚拟财产是正当的，拥有虚拟财产的权利就是正当的，因此以诈骗、盗窃、抢劫等方式侵害虚拟财产的行为就侵害了网络用户的利益，侵害虚拟财产的行为具有一定的社会危害性。

（二）侵害虚拟财产的行为具有刑事违法性

具有一定社会危害的行为并不一定会受到刑罚处罚，有的行为仅违反了行政法律、法规。比如，一般的诈骗、抢夺数额较小的他人财产行为只达到了违反行政管理法的程度，尚未达到刑法所禁止的危害程度，判断一个危害社会的行为是否达到了刑事违法性则要考察侵害虚拟财产的行为是否符合犯罪构成要件。在刑法学界和司法实践中有不少人认为虚拟财产的实质是计算机数据，根据我国《刑法》第285条的规定，非法获取计算机信息系统数据、非法控制计算机信息系统罪，是指违反国家规定，侵入国家事务、国防建设、尖端科学技术领域以外的计算机信息系统或者采用其他技术手段，获取该计算机信息系统中存储、处理或者传输的数据，或者对该计算机信息系统实施非法控制，情节严重的行为。只要是具有刑事责任能力的人通过上述方式侵入他人计算机获取计算机数据达到情节严重即可构成该罪。利用黑客技术在虚拟网络世界中进行侵害，直接盗取他人账号转移虚拟财产达到情节特别严重的情况，从主客观犯罪构成来看，确实构成非法获取计算机信息系统数据罪。有的学者认为虚拟财产与现实财产之间存在一定的换算途径和交易机制，也就是说，虚拟财产可以通过一定的方式转变为现实财产。因此虚拟财产只不过是财产的一种特殊存在形态而已。[①] 笔者认为虚拟财产具有财产价值属性。(1)虚拟财产是劳动的产物。虚拟财产是玩家通过个人劳动同时伴随大量时间和金钱的投入而产生的。(2)虚拟财产具有经济价值。工信部最新数据显示，2018年互联网和相关服务业企业完成信息服务收入达到8594亿元，比上年增长20.7%，占互联网业务收入比重为89.4%。截至2018年12月底，游戏类数量应用约138万款，数量规模排名第一。网络游戏(包括客户端游戏、手机游戏、网页游戏等)业务收入1948亿元，比上年增长17.8%。[②] 以上数据是网络游戏具有经济价值的直接体现。(3)虚拟财产具有人为稀缺性，满足网络用户精神需求从而具有效用性，网络用户可以通过正当途径转移虚拟财产具有流转性。综上所述，笔者认为虚拟财产具有财产属性。因虚拟财产具有数据性和财产属性，因此侵犯虚拟财产的行为符合非法获取计算机信息系统数据罪以及财产类型犯罪的构成要件，具有刑事违法性。

---

① 参见陈兴良：《虚拟财产的刑法属性及其保护路径》，载《中国法学》2017年第2期。

② 参见《报告：2018年我国网游业务收入达1948亿元，网游用户规模达4.84亿》，载游戏陀螺网2020年8月13日，https://www.youxituoluo.com/519630.html。

四、侵犯虚拟财产行为构罪合理性分析

有的学者认为基于现行立法将侵犯虚拟财产的行为认定为破坏计算机信息系统罪,应该是一条保护虚拟财产的最佳路径。因为这一条路径既回避了虚拟财产法律属性的争议,也并不违背罪刑法定基本原则,并较好地贯彻了罪责刑相适应基本原理。[①] 笔者认为,认定侵犯虚拟财产的行为构成破坏计算机信息系统罪并不否认构成侵犯财产罪的可能,基于这种不确定的因素,保险起见而将其直接评价为破坏计算机信息系统罪会导致刑事司法者面对问题保守不前,不利于问题的解决。另外,任何对象都具有多重属性,我们必须以更开放的眼光看待事物的另一面,虚拟财产的价值属性不应该被忽略掉。

行为人以侵入他人计算机信息系统的方式非法获得他人虚拟财产触犯了非法获取计算机信息系统数据罪。非法获取计算机信息系统数据罪属于行为犯,只要行为人实施了以非法侵入的方式非法获取了除国家事务、国防建设、尖端科学技术领域外他人的计算机信息数据的行为就可构成该罪,而无论行为人取得计算机信息数据后是否利用该数据。但现实生活中单纯获取他人的信息数据而不利用几乎是不存在的,犯罪行为人的犯罪目的往往是获取他人虚拟财产然后销赃获利,为达到这个目的行为人才会想方设法地非法得到他人虚拟财产。虚拟财产具有数据性和财产价值属性,行为人的犯罪目的是看到了虚拟财产的价值属性,从而非法获得他人的虚拟财产销赃获利,而我国《刑法》第 287 条规定"利用计算机实施金融诈骗、盗窃、贪污、挪用公款、窃取国家秘密或者其他犯罪的,依照本法有关规定定罪处罚"。因此行为人利用计算机技术侵害他人的虚拟财产被评价为非法获取计算机信息系统数据罪不尽合理。

从刑法所保护的价值位阶和被害人救济角度来说,非法获取计算机信息系统数据罪是扰乱公共秩序的犯罪,行为人侵犯的是公共秩序,而现实情况一般是行为人侵害他人虚拟财产,属于侵犯个人利益,这与刑法所保护的价值位阶不相符。如果将虚拟财产认定为计算机信息数据,忽略掉其财产价值属性,还会直接损害被害人的诉讼权利,因为提起刑事附带民事诉讼的范围仅限于被害

---

① 参见陈云良、周新:《虚拟财产刑法保护路径之选择》,载《法学评论》2009 年第 2 期。

人人身权利和财物遭到毁坏的情况,如果不承认虚拟财产的财物属性而将侵犯虚拟财产的行为直接纳入计算机犯罪,那么被害人就难以通过自诉方式挽回自己的虚拟财产损失,因此将侵犯虚拟财产的行为评价为计算机类型犯罪不尽合理。

非法获取计算机信息系统数据罪不能涵盖所有侵犯虚拟财产的行为方式。非法获取计算机信息系统数据罪是《刑法修正案(七)》在《刑法》第 285 条第 2 款增加的新罪名,是指违反国家规定,侵入国家事务、国防建设、尖端科学技术领域以外的计算机信息系统或者采用其他技术手段,获取该计算机信息系统中存储、处理或者传输的数据,或者对该计算机信息系统实施非法控制,情节严重的行为。虚拟财产的本质属性是计算机信息数据,从该条的表述可知,年满 16 周岁具有刑事责任能力的自然人非法获取了他人的计算机数据,情节严重,即可以该罪处罚,这里则需要对“非法获取”做进一步解释。张明楷教授认为非法获取是指通过非法侵入方式或者其他技术手段,违反他人意志,获取他人计算机信息系统中存储、处理或者传输的部分数据或者全部数据。[①] 高铭暄教授认为非法获取是通过非法侵入的方式达到非法获取的目的,而侵入是指未经允许而突破、绕过或解除特定计算机信息系统的安全防护体系,擅自进入该系统的行为。[②] 前文叙述了侵犯他人虚拟财产的方式分为两种,一种是以“病毒”“木马”等黑客技术的方式侵入他人的计算机从而获取信息数据,这样的方式完全符合上述非法侵入的含义,但是以传统的骗取他人账号密码、偷偷记下他人账号密码、利用职务上的便利直接取得他人的账号密码以及直接威逼利诱他人索取账号密码等获得他人虚拟财产,以上方式算不算侵入呢?笔者认为行为人采用的以上方式与传统侵犯财产罪的侵犯方式是一样的,显而易见侵犯的含义并不等同于侵入,因此,笔者认为非法获取计算机信息系统数据罪的用语范围难以涵盖以侵犯财产的方式非法获取他人的虚拟财产这种情况。

五、以侵犯财产罪论处的合理性分析

我国刑法中侵犯财产罪的对象尚未严格区分财产和财产性利益。日本法

① 参见张明楷:《刑法学》(第 5 版),法律出版社 2016 年版,第 1047 页。

② 参见高铭暄、马克昌主编:《刑法学》(第 7 版),北京大学出版社 2016 年版,第 531 页。

律体系中的财物只是物权的客体,而财产性利益并不是物权的客体,刑法中规定财产犯罪也是为了保护物权下的财物。因此,在刑法没有明确规定的情况下,刑法中的财产都是指民法中的财产,并不包括财产性利益。这里涉及一个财产性利益的问题,所谓财产性利益,一般是指普通财物以外的具有经济价值的利益,包括使自己增加积极财产与减少消极财产。[①] 例如,行为人盗窃了债权人的欠条,使债权人唯一行使诉讼权利的债权凭证没有了,这种情况下行为人并没有直接得到现实上的财物,但是使自己债务变少其实就是变相使自己的利益增加。我国将这种行为评价为盗窃罪,而日本和韩国等国家的刑法都将盗窃罪的对象限定为财物而不包括财产性利益,因此很难评价为盗窃罪。虚拟财产具有财产属性,但是它并不是现实的财物,它需要某种方式转换为现实的财物,在这一点上与股票和有价证券类似,因此虚拟财产更多偏向于财产性利益。有学者认为,虚拟财产的本质为一种无体物,但在刑法没有明文规定的情况下,它不能被认定为盗窃罪的犯罪对象。财产性利益不是我国刑法中盗窃罪的对象。一般认为,财产性利益是指财物以外的有财产价值的利益。由于盗窃罪的性质决定了财产性利益不能成为该罪的侵害对象,例如,日本、韩国、德国、意大利等国认为盗窃财产性利益均不成立盗窃罪(也不成立其他犯罪)。[②] 笔者认为,该观点是直接从国外刑法中得出的结论,我国刑法中侵犯财产罪的“财产”当然包括财产性利益,2013 年 4 月 2 日,最高人民法院和最高人民检察院出台了《关于办理盗窃刑事案件适用法律若干问题的解释》,第 5 条规定了“盗窃有价支付凭证、有价证券、有价票证的,按照下列方法认定盗窃数额……”该司法解释明确了财产性利益可以成为盗窃罪的对象。因此在我国刑法中,包括债权在内的财产性利益并不是与财物相并列的客体,而是直接解释为财物,即属于广义上的财物。[③] 虚拟财产不能直接给权利人带来直接利益,但是因为虚拟财产具有使用价值和交易价值,在一定的条件下是可以转换为现实利益的,因此虚拟财产属于财产性利益范畴,将侵犯虚拟财产的行为纳入财产类犯罪是合理的。

从罪责刑相适应的角度来说,侵犯虚拟财产的行为纳入侵犯财产类犯罪比

---

① 参见刘艳红主编:《刑法学》(下),北京大学出版社 2014 年版,第 112 页。

② 参见陈云良、周新:《虚拟财产刑法保护路径之选择》,载《法学评论》2009 年第 2 期。

③ 参见陈兴良:《虚拟财产的刑法属性及其保护路径》,载《中国法学》2017 年第 2 期。

较合理。非法获取计算机信息系统数据罪的起刑为 3 年以下,情节特别严重的处 3—7 年有期徒刑,盗窃罪起刑也是 3 年以下,但是情节严重的可以达到 3—10 年有期徒刑,情节特别严重的处 10 年以上有期徒刑乃至无期徒刑。例如,行为人以非法入侵他人的计算机的方式盗窃他人的 100 万 QQ 币,随即销赃获得 80 万元,而非法获取计算机信息系统数据罪属于行为犯,不考虑行为人犯罪目的和销赃数额,那么应该在 3 年以下有期徒刑进行判决。这样就很难让人信服,导致犯罪成本过低。如果以侵犯财产罪论处就很好地解决了上述问题。

六、结语

我国缺乏对虚拟财产的刑事立法,导致虚拟财产在各级司法机关的刑事审判中认识不一,笔者认为虚拟财产的本质属性是计算机信息数据,但我们更要清楚地认识虚拟财产的价值属性,虚拟财产之所以被人所知悉,是因为虚拟财产的特殊性质——财产属性。侵犯虚拟财产的行为可以在现有的刑法体系中找到合适的路径,以侵犯财产罪论处更具合理性,但是以学理解释的方式解决问题并非长久之计,从维护法治统一以及司法权威的角度来说,从立法上保护虚拟财产具有现实意义。

论虚假破产罪

李佳佳*

摘要：随着破产案件数量的大幅增加以及执行转破产制度的适用，破产领域的刑事风险逐步加大，虚假破产、恶意逃废债的行为严重损害债权人及利益相关人的合法权益，必须进行规制。本文根据法律的规定，从实务的观点分析虚假破产罪，同时针对虚假破产罪的识别与防范提出建议，以期及时发现、甄别。

关键词：破产　虚假破产　妨害清算　识别

破产程序的推进对于“僵尸企业”的依法出清有重要作用，破产重整更是让有挽救价值的企业起死回生，重燃希望。但司法实践中，有的公司将企业做空，导致企业破产财产减损，甚至无产可破，严重损害债权人的合法权益，本文主要针对虚假破产罪作出分析，以期加深对虚假破产行为的理解，对虚假破产罪作出有效的识别与防范。

一、虚假破产罪概述

企业破产清算中常见的刑事犯罪罪名可以分为两大类：与破产清算直接相关的罪名和与破产清算间接相关的罪名。与破产清算直接相关的罪名主要包括虚假破产罪，妨害清算罪和隐匿、故意销毁会计凭证、会计账簿、财务会计报

---

* 女，河南许昌人，法学硕士，现任泰和泰（郑州）律师事务所律师。

告罪。[①] 而与破产清算间接相关的罪名主要包括虚假诉讼罪、职务侵占罪、挪用资金罪、逃税罪、虚开增值税专用发票罪等。

本文主要针对虚假破产罪作出分析。

(一)法律规定

我国《企业破产法》规定了破产的概念,即企业法人不能清偿到期债务,并且资产不足以清偿全部债务或者明显缺乏清偿能力的,依照本法规定清理债务。企业法人有前款规定情形,或者有明显丧失清偿能力可能的,可以依照本法规定进行重整。

顾名思义,虚假破产即不满足破产的前提条件,通过人为使其达到破产的条件,或者将资产掏空,严重损害债权人及其他利益相关人损失的行为。虚假破产行为达到情节严重时入刑,即虚假破产罪。2006 年 6 月 29 日发布的《刑法修正案(六)》增设该罪名,作为《刑法》第 162 条之二,即公司、企业通过隐匿财产、承担虚构的债务或者以其他方法转移、处分财产,实施虚假破产,严重损害债权人或者其他人利益的,对其直接负责的主管人员和其他直接责任人员,处 5 年以下有期徒刑或者拘役,并处或者单处 2 万元以上 20 万元以下罚金。[②]

1. 犯罪主体

虚假破产罪属于单位犯罪,犯罪主体系公司、企业,但与我国单位犯罪一般采取双罚制不同,本罪采取单罚制,仅处罚直接负责的主管人员及其他直接责任人员。

2. 犯罪主观方面

本罪系故意犯罪,过失不构成本罪,但对于行为人是否要有逃债动机或非法占有的目的,学者有不同认识。笔者认为,该罪成立不以上述犯罪动机或目的为必要构成要件,若行为人有上述动机或目的,在量刑上可酌定从重。

3. 犯罪客体

学者对虚假破产罪的客体存在不同认识,有的主张本罪客体是简单客体,

---

① 参见余江波:《第二届破产法珞珈论坛——纪念改革开放 40 周年暨破产法理论与实务研讨会综述》,载《社会科学动态》2019 年第 1 期。

② 参见刘艳红:《〈中华人民共和国刑法修正案(六)〉之解读》,载《法商研究》2006 年第 6 期。

即债权人权益或破产清算关系；有的则认为本罪客体是复杂客体，包括债权人利益和破产管理秩序。[①] 笔者认为，本罪侵犯的客体不仅包含自然人的合法权益，还包含破产秩序、公司的正常经营秩序。设置虚假破产罪的目的在于惩治“假破产、真逃债”，这不仅可保障债权人、雇员等公司利益相关者的权利，而且能够督促停止经营但无意清算的市场主体积极主动按照法定程序出清。[②]

4. 犯罪客观方面

该罪的客观方面主要包括以下几个方面：

第一，时间条件。学界对于虚假破产罪所涉的程序时间存在广义和狭义两种不同认识。狭义说认为只有进入破产清算程序，才构成“实施虚假破产”；广义说则并不作此限制，主张该罪行为也可以发生在进入破产清算程序之前。[③] 根据司法判例来看，该罪成立无须要求企业进入破产清算程序，也就是说，虚假破产行为可以发生在破产程序受理前。

第二，行为方式。(1)隐匿资产。所谓“隐匿财产”，是指隐藏公司、企业的财产，通常公司、企业采用对财产清单等会计文件做虚假记载的手段，故意隐瞒、减少公司、企业财产的实际数额。[④] 例如，有些小企业在经营管理过程中并不严格依照会计法及专门的记账准则进行财务管理，导致一些资产未在账面上体现；再如，通过关联公司、关联交易的形式将资金转出，公司最后仅成空壳公司。笔者在实践中发现有的企业对某些资产不进行入账，或者通过抵债的方式转移，企业也不能说明资金来源及资产去向的情况，或对不合理的情况作出解释，进入破产程序后，管理人无法查找财产线索，破产财产相应减少。(2)承担虚构的债务。所谓“承担虚构的债务”，是指公司、企业通过与他人虚假构造债务关系，造成虚假债务负担，通过支付行为转移财产，还表现为在资产负债表中虚假记载不真实的债务关系，使企业的债务增加，使债权人的受偿减少，包括承

---

① 参见付中华：《虚假破产罪的补辑路径——以“虚假破产行为”认定为中心》，载《中国政法大学学报》2020 年第 4 期。

② 参见张钦昱：《僵尸企业出清新解：强制注销的制度安排》，载《法学杂志》2019 年第 12 期。

③ 参见贺丹：《论虚假破产罪中的“实施虚假破产”》，载《政治与法律》2011 年第 10 期。

④ 参见林亚刚、周京平主编：《妨害对公司、企业的管理秩序罪办案一本通》，中国长安出版社 2007 年版。

担根本不存在的债务以及扩大原有债务数额这两种方式。[①] 承担虚构的债务主要系夸大负债，造成资不抵债、没有偿还能力的假象，如用真实资产抵偿虚假的债务将导致资产数额减少。(3)其他转移、处分财产的行为。其他转移、处分财产的行为系兜底条款，结合《企业破产法》第31条、第32条、第33条之规定，涉及债务人处置资产的行为有些系无效行为，有些系可撤销行为，在司法实践中，管理人一般需要通过诉讼的方式请求法院撤销或确认相应行为无效，笔者认为满足以上条件，并实际使债务人财产减少，并损害债权人利益，满足虚假破产罪构成要件的也可构成虚假破产罪。

第三，危害结果。本罪系结果犯，要求造成严重后果，需要因果关系的认定，即企业隐匿财产、承担虚构的债务或者以其他方法转移、处分财产的行为给债权人及其他利益相关人造成严重损害的后果。“严重损害债权人利益”主要是指通过虚假破产意图逃避偿还债权人的债务数额巨大等情形；“严重损害其他人的利益”是指搞虚假破产使公司、企业拖欠的职工工资、社会保险费和国家的税款得不到清偿或者使公司、企业其他股东的合法权益受到损害等情形。[②]

关于虚假破产罪的立案追诉标准，最高人民检察院、公安部发布的《关于公安机关管辖的刑事案件立案追诉标准的规定(二)》第9条对虚假破产罪应予立案追诉的情形有明确规定，此处不再赘述。

(二)实践案例

虚假破产罪入刑至今已过16年，但在裁判文书网检索，该罪判例屈指可数。

在“沈某贵案”中，其系Z公司法定代表人和主要负责人，经过法院审理查明，Z公司在提出破产申请之日，实际不符合企业已不能清偿到期债务，且资产不足以清偿全部债务的破产条件。Z公司及沈某贵有虚假破产行为，其实施虚假破产进行逃债可以认定为严重损害了债权人的利益，据此法院认为沈某贵构成虚假破产罪，但系犯罪未遂，可比照既遂犯从轻处罚。[③]

---

① 参见刘德法、肖本山：《虚假破产罪若干问题的认定》，载《中国检察官》2007年第9期。

② 参见黄太云：《严惩虚假商业行为 维护社会经济秩序》，载《人民法院报》2006年7月18日。

③ 参见上海市第一中级人民法院刑事裁定书，(2018)沪01刑终1318号。

在“吴某翘、王某波、尹某鸿、倪某燕案”中，其四人系W公司直接负责的主管人员和其他责任人员，通过非法手段将贷款列入不良资产，并注册成立新公司，将抵押资产以拍卖转移至新公司，将未抵押资产及无形资产以非法途径转移至新公司等手段，致使W公司成为“空壳”，而后通过破产程序宣告公司破产。法院经审理后认为四人通过隐匿、转移公司财产，实施虚假破产，严重损害债权人利益，其行为已构成虚假破产罪。①

在“孙某案”中，其系Y公司法定代表人、董事长，根据生效判决孙某应向徐某支付人民币1.734亿元及利息，Y公司对上述债务承担连带清偿责任。孙某为逃避债务，虚构Y公司超过3000万元债务，后向法院申请破产清算。在债权人提出异议后，经法院审查认定申请破产时未如实申报其债权、债务，且虚构的债务高达数千万元，有为逃避债务而申请破产的情形，驳回其破产申请。法院判决孙某犯虚假破产罪。②

上述三个案例中，企业均系不符合破产条件的虚假破产，行为人均采用隐匿资产、转移资产等手段进行虚假破产。

二、虚假破产罪与破产程序

结合《民事诉讼法》第153条第1款第5项及《全国法院民商事审判工作会议纪要》第130条的规定，关于民刑交叉案件的审理，原则上若民商事案件必须以相关刑事案件的审理结果为依据，而刑事案件尚未审结的，应裁定中止诉讼，待刑事案件审结后，再恢复民商事案件的审理。如果民商事案件不是必须以相关的刑事案件的审理结果为依据，则民商事案件应当继续审理。

企业破产程序系专门规定企业破产的一种特殊的民事程序，笔者认为，若企业破产已被法院受理开展破产清算，而后通过审计机构、管理人的调查发现企业有实施虚假破产行为时，应把区分债务人财产、刑事赃款赃物作为重点，若刑事程序不影响破产程序的开展，可以民刑协同，这样既能维护债权人的权益，又能打击犯罪。若企业人格混同，财产不独立，导致区分企业财产成本过大，也

---

① 参见吉林省梅河口市人民法院刑事判决书，(2019)吉0581刑初366号。

② 参见海南省海口市美兰区人民法院刑事判决书，(2018)琼0108刑初249号。

可等刑事程序终结后再开展破产程序。当然公安机关立案侦查后会固定企业的账簿账册、合同、收据、账单等相关凭证和材料，也会对法定代表人、主要负责人等采取刑事强制措施，此时也会对破产程序的开展构成现实障碍，需要法院、公安机关、管理人的密切配合，才能保证刑事程序与破产程序的正常推进。

此外，还要与破产程序中高发的其他犯罪区分，如妨害清算罪，妨害清算罪发生在破产的过程中，而如前述，虚假破产罪有可能发生在破产程序受理前，为了造成破产的原因而隐匿财产等，而且虚假破产的行为方式很多，但妨害清算的行为方式较为单一。再如，关于隐匿、故意销毁会计凭证、会计账簿、财务会计报告罪，该罪在公司、企业经营、清算或破产各个阶段均可发生。数罪发生竞合时的处理也不同，若行为人实施的虚假破产行为与妨害清算行为系独立实施，分别构成两罪的，应数罪并罚；若行为人隐匿、故意销毁会计凭证、会计账簿、财务会计报告的目的是妨害清算或者虚假破产的，则前者是手段，后者是目的，属于牵连犯，从一重罪处罚。①

三、虚假破产罪的识别与防范

2020 年 4 月 15 日，最高人民法院印发《关于推进破产案件依法高效审理的意见》，第 22 条提出“人民法院要准确把握违法行为入刑标准，严厉打击恶意逃废债行为”，具有很强的现实指导性。实践中的难点之一在于，对于案件是否需追究有关主体刑事责任的认识和尺度把握不一，导致管理人和法院、公安机关等相关部门往往就此产生争议。②

笔者认为，识别和防范虚假破产罪首先需要法院、管理人、债权人密切配合，发现有线索后及时向公安机关提交，由公安机关决定是否立案追诉。

（一）管理人（含聘用的审计机构）

本罪涉及的法律有《企业破产法》及司法解释、《公司法》及司法解释、《民

① 参见贺桂华、吴仪：《恶意逃废债行为的责任承担和制度完善》，载《经济研究导刊》2021 年第 25 期。

② 参见林文学等：《〈关于推进破产案件依法高效审理的意见〉的理解与适用》，载《人民司法》2020 年第 13 期。

法典》、《刑法》及修正案，破产管理人均应熟知该罪所涉的所有法律规定，加大管理人履行职责的责任。

（1）若管理人发现有犯罪线索，应在接管财产、审核债权等履行职责范围内开展初步调查，同时做好证据的初步固定与收集。一般来说，涉及财务账册、大额非正常交易、大额核销等信息时，审计机构开展审计时会首先发现。

（2）管理人应坚持保密责任，对于在履职中知悉的案件信息，包括但不限于有关债务人、债权人和其他利害关系人的国家秘密、商业秘密、个人隐私以及其他不能对外披露的事项，应当予以保密。

（3）区分债务人的无效行为及可撤销行为与刑事犯罪线索，若系民事诉讼的受案范围，管理人应及时向法院提起诉讼，追回破产财产，若系刑事犯罪线索，应及时移交。

防范虚假破产等逃废债行为能更全面、优先发挥破产制度的价值，针对破产案件爆发的趋势，破产管理人更应切实履行职责，提高专业能力，在确有犯罪嫌疑时做到有担当。当然，企业的“有意为之”对管理人的专业水平也提出了更高的要求。

（二）债权人

管理人介入破产企业时间较晚，债权人与破产企业有债权债务关系，相对而言，对破产企业的前期了解较为深入，故债权人、利害关系人在发现破产企业及相关人员有犯罪嫌疑时，应及时向管理人提供。

若债权人申请执行债务人，在执行程序中，债权人发现债务人利用破产逃债的，根据最高人民法院发布的《关于依法制裁规避执行行为的若干意见》第10条的规定，可以向受理破产案件的人民法院或者其上级人民法院提出异议，受理异议的法院应当依法进行监督。

（三）受理民事案件的法院

受理破产企业民事案件的法院若发现被执行人有虚假破产情形的，可以依据《关于依法制裁规避执行行为的若干意见》第10条及时向受理破产案件的人民法院提出，受理破产案件的法院也应进行审查，甄别后决定是否移送。

（四）受理破产申请的法院

（1）受理破产申请的法院应加强对债务人破产的审查，尤其由债务人自身主动申请破产清算的情况，更应严格审查其提交的破产申请材料，确保真实、合法。在审理破产衍生诉讼中，如在处理债权确认纠纷、请求撤销个别清偿行为纠纷、请求确认债务人行为无效纠纷等案件时，要加大证据审查以及依职权取证的力度。

（2）对于拒不向人民法院提交或者提交不真实的财产状况说明、债务清册、债权清册、有关财务会计报告以及职工工资的支付情况和社会保险费用的缴纳情况的，人民法院可以依据《企业破产法》第 127 条之规定，对直接责任人员依法处以罚款，涉嫌犯罪的，人民法院应当根据管理人的提请或者依职权及时移送有关机关依法处理，准确把握违法行为入刑的标准。

（3）法院也应给予管理人必要的支持，如开具律师调查令，供律师调查线索使用；安排相关人员访谈，固定相关笔录；进入刑事侦查程序后，推进破产程序，保障管理人的会见权益等。

四、结语

通过在全国企业破产重整案件信息公开网检索，可以发现近年来申请企业破产案件逐步增多，也衍生出预重整、庭外重组、个人破产等新的方式，充分发挥破产制度的价值必须摒弃虚假破产等一系列的逃废债行为。债务人依法经营，管理人依法履职，法院公平保护债权人、债务人的利益，以此来确保破产程序的公平正义。当然，虚假破产罪的预防离不开整个国家社会信用体系的建立，对虚假破产的防范更应循序渐进，综合采用多种方法，各方形成合力。有效识别后，公安机关才有可能立案，让本罪的查处真正走上现实轨道，利用刑事审判、追赃执行等程序，追回虚假破产财产，切实保护债权人利益。

合同诈骗罪的实质特征及适用

曹　元*

摘要:在实践中存在诈骗罪与合同诈骗罪适用模糊的情况。准确适用合同诈骗罪除明确其形式特征外,也需要进一步明确其实质特征。合同诈骗行为具有严重破坏社会主义市场经济秩序的实质特征,合同诈骗罪具有侧重于保护市场经济秩序的实质特征。从实质特征上判断是否构成合同诈骗罪需要补充考察被害者的身份,当利用合同诈骗生产者、经营者时以合同诈骗罪定罪处罚。补充考察被害者的身份能够部分调和司法解释造成的合同诈骗罪与诈骗罪之间罪责刑不相适应的矛盾。

关键词:合同诈骗罪　实质特征　市场经济秩序　被害人身份

在我国诈骗类犯罪除《刑法》第266条规定的普通诈骗罪外,还规定了特殊诈骗罪,包括合同诈骗罪、金融诈骗罪等。在特殊诈骗犯罪中最为常见的应当是合同诈骗罪。但在实践中出现了诈骗罪与合同诈骗罪适用模糊的情况,甚至还出现了面对同一法院同一年份的相同或者类似案情,分别判处诈骗罪与合同诈骗罪的情形。例如,在李某飞、付某强诈骗案中,二审法院认定被告人李某飞、付某强在网上联系租车人,租车人以自己的名义到租车公司租车,随后将所租车辆卖给他人,所得赃款由李某飞、付某强和租车人共分。最终本案以诈骗

* 男,湖南长沙人,法学博士在读。

罪定罪处罚。而在彭某玉诈骗案中法院认定被告人彭某玉、秦某东共谋以从租车公司签订租车合同租赁车辆的方式,骗取租车公司交付车辆后进行变卖。最终本案以合同诈骗罪定罪处罚。现有的研究多从合同诈骗罪中合同的性质、合同的形式等形式特征的角度进行分析,又或者侧重研究合同诈骗罪的四种基本行为类型以及由此衍生出来的复杂的或者边缘的合同诈骗行为,缺少对于合同诈骗罪的实质特征分析与适用的探讨。① 准确适用合同诈骗罪除了明确其形式特征,也需要进一步明确其实质特征。

一、合同诈骗行为具有严重破坏社会主义市场经济秩序的特征

合同诈骗罪与诈骗罪的区分是否合理,取决于是否保护了法条所保护的法益。合同诈骗罪在刑法分则中所处的章节决定了本罪所保护的法益包括社会主义市场经济秩序以及财产安全双重法益。实质上区分诈骗罪与合同诈骗罪,需要考虑是否同时侵犯了社会主义市场经济秩序以及公私财产安全双法益。

一般来说,秩序指的是在一定的区域或者范围内有条理、不混乱的状态。具体到市场经济秩序,应当是指在一定行业、区域乃至整个市场中有条理、不混乱地进行商品交换、流转的状态。反之,破坏市场经济秩序则是指破坏一定行业、区域乃至整个市场的条理,造成其范围内混乱,减少甚至停止其范围内商品交换、流转,只要欺骗行为原本约定的内容属于市场经济活动,诈骗犯罪在侵害公私财产安全的同时一定会在一定程度上破坏市场经济秩序。但刑罚处罚的是严重危害社会的行为,而不是危害社会的行为,其不只包括是否危害的判断,还包括危害程度的判断。只有破坏市场经济秩序以及公共或私人财产安全均达到一定严重程度,值得刑罚惩罚的行为才构成犯罪。

社会主义市场经济秩序是超个人的社会法益,从金额的角度考虑达到一定严重程度的社会危害性具有一定意义,但仅从金额角度考虑破坏社会主义市场经济秩序这类超个人的社会法益是片面的,金额只能是矛盾的次要方面,决定

---

① 参见陶信平、郭宝平:《合同诈骗罪之合同的再思考——性质、类型和形式》,载《长安大学学报(社会科学版)》2010 年第 1 期;殷玉谈、丁晶:《合同诈骗罪的司法认定》,载《中国刑事法杂志》2009 年第 1 期;肖中华:《论合同诈骗罪认定中的若干问题》,载《政法论丛》2002 年第 2 期;张明楷:《合同诈骗罪行为类型的边缘问题》,载《东方法学》2020 年第 1 期。

矛盾性质的主要方面必须是“市场秩序”。也就是说,决定是否严重破坏社会主义市场经济秩序的是行为是否破坏了一定范围内的行业、区域条理,造成其混乱,减少甚至停止其商品交换、流转。如果说其只是数额达到了值得刑罚惩罚的严重程度,但并不会严重破坏社会主义市场经济秩序,则只能说明行为侵害了个人的法益,而没有侵害超个人的社会法益。从这个角度来看,如果行为未破坏社会主义市场经济秩序或者虽然破坏了社会主义市场经济秩序,但未达到一定严重程度,尚不足以运用刑罚处罚,则只能说其行为侵犯了公私财产安全,其行为只能构成诈骗罪。

二、合同诈骗罪具有侧重于保护市场经济秩序的特征

如上所述,从社会主义市场经济秩序以及公私财产安全的角度来看,只要欺骗行为原本约定的内容属于社会主义市场经济活动,诈骗犯罪在侵害公私财产安全的同时一定会在某种程度上破坏社会主义市场经济秩序。也就是说,诈骗罪也会在一定程度上破坏社会主义市场经济秩序,但立法者却仍然需要将合同诈骗罪独立出来作为单独的犯罪,体现出了立法者对于市场经济秩序这种超个人的社会法益的重视。

超个人的社会法益可以从个人的法益中寻找到根基与源头,最终也能够分解到个人的法益中去。但超个人的社会法益也是个人法益的集合,是量变引起质变的结果,具有其独立的意义。具体到合同诈骗罪中,设立合同诈骗罪不只是保护商品的安稳、有序的交换状态,更具有通过保护契约以及诚实信用原则,促进、鼓励商品交易,以此发展社会主义市场经济的独立作用。从这个角度来说,其具有消极的保护作用与积极的促进作用双重意义。

既然合同诈骗罪同时保护双法益,便会不可避免地存在一个孰轻孰重的问题,换句话说,在合同诈骗罪中是更加侧重于超个人的市场经济秩序还是更加侧重于个人的公私财产安全仍需要探讨。需要注意的是,在这里“侧重”指的并不是只重视一方而忽视另一方,而是在均重视的情况下更加侧重于哪一方。依照刑法分则编排的逻辑顺序,应当说保护双法益或者复杂法益的犯罪在编排上应当将犯罪编排于更侧重的法益的分则之下,而不是以保护法益重要性为依据安排其在刑法分则的位置。例如,抢劫罪所保护的法益是公私财产安全以及人

身权,如果是以保护的法益的重要性为依据安排其在刑法中的位置的话,则应当安排在第四章,而不是第五章中。在合同诈骗罪中,如果侧重于保护公私财产安全则应当将其安排在第五章侵犯财产罪中,如果说侧重于保护社会主义市场经济秩序则应当将其安排在第三章中。并且如果侧重于保护公私财产安全,有诈骗罪足矣,完全没有必要设立合同诈骗罪。从结果来看,立法者在这里也认为合同诈骗罪在保护双法益的同时,更侧重于保护社会主义市场经济秩序。因此,合同诈骗罪所禁止的是同时侵犯社会主义市场经济秩序与公私财产安全,且更加关注侵犯社会主义市场经济秩序的行为。

三、是否构成合同诈骗罪需补充考察被害者的身份

基于上述两个特征,本文认为实质上判断是否构成合同诈骗罪需要补充考察被害者的身份。

已有学者认为需要从实质角度出发,考察行为双方的身份问题。有文章指出判断是否侵犯市场秩序,关键是把握公共性的特征,可以从"签订合同的主体包括犯罪嫌疑人和被害人,是否为从事经常性经营活动、商业活动的"方面入手,[①]也有文章指出"被告人与被害人必须是市场参与主体,只有主体适格,那么其所参与的活动才有可能是市场经济活动"[②]。从实质角度出发,考察主体身份问题从而判断是否侵犯市场秩序应该说是正确的,但也具有片面性,考察行为人身份问题会不恰当地限缩合同诈骗罪的范围。合同诈骗罪第一种行为类型规定了虚构、冒用主体的情形,在行为人虚构的主体身份情况下难以认定为市场参与主体,更无从考证是否为从事经常性经营活动、商业活动。因此,虽然需要考察主体身份问题,但只需考察被害者主体身份问题,而无须考察行为人主体身份问题。

市场经济主体可以分为商品的生产者、经营者、消费者。[③] 生产者、经营者需要不断地与上下游其他主体进行商品交换,决定了生产者、经营者为了生产、

① 参见鞠佳佳:《合同诈骗罪与诈骗罪的双层界分》,载《中国刑事法杂志》2013 年第 6 期。

② 叶良芳、李芳芳:《互联网视阈下合同诈骗罪的教义学回归》,载《国家检察官学院学报》2017 年第 6 期。

③ 参见苏轲:《网络时代下合同诈骗罪的具体适用》,载《人民检察》2020 年第 19 期。

经营的需要将不断地通过合同的形式参加市场活动。对于生产者、经营者的合同诈骗行为会在生产、经营的过程中对商品交换的秩序产生不断扩散的影响,导致牵一发而动全身的后果。换言之,行为具有扩散性,其影响将会扩散到市场中去。应当说,正是这种扩散性造成了社会主义市场经济秩序的破坏。刑法分则的构成要件以一人实行一个犯罪为原型形态设计,即基于一个罪过,实施一个行为,符合一个构成要件,是一罪。① 也就是说,刑法分则要求实施一个合同诈骗行为在侵害一定数额公私财产的同时能够在一定严重程度范围内破坏行业、区域条理,造成其混乱,减少甚至停止其商品交换、流转。既然单个行为需要造成一定范围内市场经济秩序的破坏,就需要其行为有扩散性,其行为的影响不止于行为人以及受害者,还需要可以通过受害者进一步影响同处于市场中的其他成员的商品交换、流转,如由于受害者受行为人欺骗行为的影响,从而丧失与他人交易的机会或者导致资金链断裂,进而影响其他与受害者有经济关系的主体。缺少扩散性,其行为只会影响行为人与受骗者,而不会影响市场中的其他主体。行为人利用合同诈骗生产者、经营者时,行为的危害会通过受害者传播到市场中,在侵害生产者、经营者财产安全的同时会侵害市场秩序。

市场秩序是社会法益,财产安全是个人法益,在我国有前者优于后者的传统。从这个角度来看,当行为严重扰乱市场经济秩序与侵害财产安全时,或者说对双法益的侵害均达到可罚性时,财产安全属性应当退居于市场经济秩序属性之后,由市场经济秩序作为矛盾的主要方面决定行为构成何种犯罪。换言之,在利用合同诈骗生产者、经营者的行为中,相较于危害财产安全,行为的危害更侧重于破坏市场经济秩序方面。因此,被害者为生产者、经营者时应以合同诈骗罪定罪处罚。

消费者是指为满足个人或家庭需要而购买、使用商品和接受各类服务的个人,②因此,在正常的交易行为下,市场交换到消费者这里就终止了,商品及服务被消费者消耗,商品及服务不会进一步地流转与扩散。而在消费者是受害者时,本来将会被消耗的商品及服务由于行为人诈骗行为致使消费目的落空,但

① 参见周光权:《刑法总论》(第3版),中国人民大学出版社2016年版,第371页。
② 参见赵英华:《审理消费者知情权纠纷的几个问题》,载《人民司法》2002年第10期。

从结果来看商品及服务仍然不会进一步流转与扩散。在消费者这里无论是正常的交易行为还是受到了行为人的诈骗，商品及服务均不会进一步流转与扩散，也就是说，消费者是整个市场商品交换、流转的终端。从这个角度来看，针对消费者的诈骗行为不具有扩散性，或者说扩散性不足，难以对市场秩序破坏的程度达到一定严重程度范围内的行业、区域条理的破坏，造成其混乱，减少甚至停止其商品交换、流转。此时，虽然同时侵犯双法益，但侵害市场经济秩序属性尚未达到可罚性，应当退居于财产安全属性之后，以财产安全作为矛盾的主要方面。换言之，在利用合同诈骗消费者的行为中，相较于破坏市场经济秩序，行为的危害更侧重于财产安全方面。并且对于消费者来说无论是分析风险能力，还是辨别真伪能力由于职业性与专业性等原因要弱于生产者、经营者，在市场经济中处于弱势地位，从这个角度来看，也需要更加充分地保障消费者的财产安全。因此，即使从数额上看达到了数额较大的程度，仍然不构成合同诈骗罪，应以诈骗罪定罪处罚。

补充考察被害者身份也部分调和了司法解释造成的合同诈骗罪与诈骗罪之间罪责刑不相适应的矛盾。依据有关司法解释，诈骗罪数额较大的标准为3000 元，①而合同诈骗罪数额较大的标准为 2 万元。② 如果认为利用合同诈骗对方当事人不满 2 万元不构成犯罪，则会产生在一案中利用合同诈骗对方当事人 3000 元不构成犯罪，而在另一案中单纯地诈骗 3000 元构成犯罪；如果认为利用合同诈骗对方当事人不满 2 万元的行为不构成合同诈骗罪，但构成诈骗罪，则在一案中利用合同诈骗对方当事人 3000 元构成诈骗罪，在另一案中利用合同诈骗对方当事人 2 万元构成合同诈骗罪，因为合同诈骗罪与诈骗罪的刑罚相同，会产生利用合同诈骗对方当事人 3000 元与利用合同诈骗对方当事人 2 万元的行为处以同等刑罚等诸多不合理的结果，并且由于“数额较大”标准的不同，“数额巨大”“数额特别巨大”的标准也成比例变化，将会导致两罪之间罪责

---

① 最高人民法院、最高人民检察院发布的《关于办理诈骗刑事案件具体应用法律若干问题的解释》第 1 条规定：“诈骗公私财物价值三千元至一万元以上、三万元至十万元以上、五十万元以上的，应当分别认定为刑法第二百六十六条规定的‘数额较大’、‘数额巨大’、‘数额特别巨大’。”

② 最高人民检察院、公安部发布的《关于公安机关管辖的刑事案件立案追诉标准的规定（二）》第 69 条规定：“以非法占有为目的，在签订、履行合同过程中，骗取对方当事人财物，数额在二万元以上的，应予立案追诉。”

刑不相适应。

从历史的角度来看，虽然诈骗罪与合同诈骗罪“数额较大”的认定金额经过反复修改，但合同诈骗罪的“数额较大”的认定金额一直都高于诈骗罪，并且差距越来越大。有学者认为特别法条根本就不想处罚类似于利用合同诈骗4000元的行为，既然立法者已经在制定特别法条时对某些行为不处罚是有特别预想的而非完全没有考虑，就不存在立法漏洞的问题。① 从结果上来看，确实难以否认司法解释根本就不想处罚签订、履行合同过程中利用合同诈骗已经达到诈骗罪“数额较大”但尚未达到合同诈骗罪“数额较大”的情形。但是抽象地说“并非完全没有考虑”而是“不想处罚”并不能解决上述问题与矛盾。

有文章指出合同诈骗罪的量刑标准相较于诈骗罪为轻的原因是从司法实践来看，合同诈骗罪的数额一般都很大，如果把合同诈骗罪的定罪数额起点与普通诈骗罪的定罪起点强求一致，有违刑法罪刑相适应的基本原则，在司法实践中没有多少实际意义。合同诈骗罪的数额起点略高于普通诈骗罪的数额起点既符合客观事实，又不扩大打击面，也不会放纵犯罪分子。② 但合同诈骗罪常见的数额大并不是不处罚的原因，如果不区分被害人的身份，合同诈骗罪的数额是普通诈骗犯罪的成百上千倍，那么对受害人的财产安全的侵犯也同样是成百上千倍，并且从社会危害性来看，如果认为诈骗3000元的行为严重侵害公私财产安全，值得刑罚惩罚，那么从举轻以明重的角度考虑，在签订、履行合同过程中，利用合同诈骗3000元的行为，同时侵犯社会主义市场经济秩序与公私财产安全，更应当处以刑罚惩罚。

但是考虑生产者、经营者长期在市场中，有更加丰富的商业经验也更容易识破骗局，并且在一般情况下生产者、经营者之间为了生产、经营的规模化的需要，存在合同标的额与消费者消费金额相比更大的现实状况。司法解释制定主体认为在这种情况下，不同主体虽然能力不同，但大体上生产者、经营者长期从事生产、经营工作，因为职业性与专业性等原因，无论是分析风险能力，还是辨

① 参见周光权：《法条竞合的特别关系研究——兼与张明楷教授商榷》，载《中国法学》2010年第3期。

② 参见黄晓亮、黄伯青编著：《合同诈骗罪专题整理》，中国人民公安大学出版社2008年版，第63页。

别真伪能力均较强。在一个竞争激烈的市场经济社会中，既要保护财产安全又要兼顾市场秩序，促进市场交易，发展市场经济，但保护财产安全与促进市场交易又是一对矛盾，过于保护财产安全就会压抑竞争的积极性，减少市场交易。出于适当平衡刺激市场经济发展与保障财产安全的刑事政策考虑，在保护生产者、经营者财产安全的同时适当增加生产者、经营者辨别真伪的义务，让财产安全的个人法益在一定程度上适当靠后于市场经济秩序的公共法益，既不会压抑生产者、经营者竞争的积极性，保证交易秩序，又能够保护生产者、经营者的财产安全。由此添加被害人是不是消费者的考虑也可以在一定程度上缓解司法解释之间的矛盾。

四、结论

综上所述，本文认为合同诈骗行为具有严重破坏社会主义市场经济秩序的实质特征，合同诈骗罪具有侧重于保护市场经济秩序的实质特征。基于合同诈骗罪的实质特征以及调和司法解释造成的合同诈骗罪与诈骗罪之间罪责刑不相适应的矛盾，需要补充考察受害人的身份，当利用合同诈骗生产者、经营者时以合同诈骗罪定罪处罚；利用合同诈骗消费者时以诈骗罪定罪处罚。

宋某庆等人非法经营案评析

石精华*

摘要：非法经营罪在整治市场经济秩序的过程中起到了积极的作用，随着市场经济的发展，越来越多新形式的经营行为出现，这些新形式的经营行为也可能破坏市场经济秩序。全国人大常委会和最高人民法院分别通过立法和出台司法解释的方式，对非法经营罪的适用范围进行扩充，在司法实践中也呈现逐步扩大适用的趋势。不少学者认为非法经营罪有被滥用的危险，提出要限制其不合理的扩张，甚至有人提议废除该罪。本文通过对宋某庆等人非法经营案的研究，发现导致非法经营罪的适用范围不断扩大的原因，是非法经营罪中空白罪状和兜底条款的存在。因此，应当进一步明确该罪名中的空白罪状，明确国家规定的范围和兜底条款的适用，以此来限制非法经营罪的适用范围。

关键词：非法经营罪　犯罪构成　司法认定　扩张

一、案件基本情况

（一）案情介绍

2007 年 7 月，王某在北京市顺义区李桥镇开始自己经营超市业务，同年的 12 月，王某以个人的名义在北京市顺义区烟草专卖局办理了烟草专卖零售许可

* 女，河南漯河人，法律硕士，现任河南省漯河市人民检察院第一检察部检察官助理。

证,在所经营的超市内同时开展烟草专卖零售业务。至 2008 年 2 月,王某将超市内一切事务交由宋某庆继续经营,包括烟草专卖零售业务。宋某庆在经营烟草专卖零售期间,一直使用的是王某的经营许可证。2010 年 9 月 10 日,北京市顺义区烟草专卖局检查时发现,宋某庆借用王某的许可证进行烟草专卖零售业务的行为。根据《烟草专卖许可证管理办法》的规定,“不得买卖、出租、出借或者以其他形式非法转让烟草专卖许可证”,宋某庆的行为涉嫌非法经营罪,遂将该案移送北京市公安局顺义分局。

经查,宋某庆自王某处接管经营该超市以来,其所销售的卷烟均是从北京市顺义区烟草专卖局采购,在其经营期间采购香烟共计 95 次,采购数量共计 8994 条,金额总计人民币 411,664.5 元。侦查人员扣押了该超市内的所有卷烟共计 33 种、275 条,并对这些卷烟进行了抽样检验,检验结果显示均为真品卷烟。

宋某庆与王某在侦查期间曾经作出供述,表明宋某庆所经营的超市是从王某处以每年 4 万元的价格租来的。超市由宋某庆一人经营,王某不曾参与任何经营行为。至于烟草专卖零售许可证,是王某借给宋某庆用于在超市内经营卷烟零售业务的。王某并不负责超市和烟草零售业务,但是会按时进行许可证的年检。此后,宋某庆与王某对以上供述进行辩解表示,王某并没有将超市租给宋某庆,也没有将烟草专卖许可证借给宋某庆,王某只是雇用宋某庆来帮助自己经营超市和烟草专卖零售业务,每年收取的 4 万元不是房租费,而是双方协商下的利润分配的结果。王某抽取超市盈利额中的 4 万元,其余部分的收益作为宋某庆的工作报酬。

(二)争议焦点

本案的争议焦点是借用他人许可证经营烟草专卖零售业务的行为是否一律以非法经营罪论处。

(三)分歧意见

针对争议焦点问题存在两种意见:

第一种意见认为,王某与宋某庆的经营关系是租赁关系还是雇佣关系影响对二人的行为是否构成犯罪的判断。烟草制品属于国家法律规定的专卖品，经营卷烟必须经过行政许可，否则属于非法经营行为，情节严重的，应以非法经营罪追究刑事责任。本案中，如果王某将房屋、超市、烟草专卖零售许可证租赁给宋某庆使用，宋某庆使用该许可证经营数额为人民币 41 万余元，根据《刑法》第 225 条以及最高人民法院、最高人民检察院发布的《关于办理非法生产、销售烟草专卖品等刑事案件具体应用法律若干问题的解释》第 1 条、第 3 条、第 6 条的规定，宋某庆未经许可经营烟草制品，其行为构成非法经营罪，情节特别严重；如果王某仅是雇用宋某庆帮其经营管理超市，其仍为经营人，则不存在转借烟草专卖零售许可证的行为，也就不存在宋某庆无证非法经营烟草的情况，二人也就不构成非法经营罪。鉴于二者之间是雇佣关系还是租赁关系无法查清，无法认定是否构成犯罪。

第二种意见认为，无论宋某庆和王某是何种经营关系，均不影响对二人行为性质的认定。如果二人是雇佣关系，其行为当然不构成犯罪；但即使二人是租赁关系，这种借证经营烟草制品的行为也不构成非法经营罪。

（四）处理结果

法院认为，《烟草专卖许可证管理办法》系部门规章，不能作为认定非法经营罪的前置依据。烟草专卖零售权的权能可以分离，其权能行使不具有人身专属性。在法律和事实层面，租借经营都不是一般意义上的无证经营，无论是雇用他人代理经营，还是将许可证租借他人经营使用，其经营方式的变化并未侵犯《刑法》保护的国家烟草专卖许可制度，因此，不构成非法经营罪。

二、非法经营罪的法理分析

（一）对“经营行为”的理解

民商法将“经营”界定为以营利为目的的市场行为，一般认为这种行为具有两种特征：第一，以营利为目的。是否具有营利目的是判断某一行为是否属于经营行为的重要标准，也是区分经营行为与一般的民事行为、行政行为、公益行为等行为的关键。在民商法中，“营利”这一词语含义广泛，并不局限于追求具体的利润,而是泛指经济上的利益。[①] 对于如何判断某一行为是否以营利为目的,各国立法与司法实践中主要是通过法律推定的方式予以确认。推定的标准因主体身份的不同而有所区分。商人的经营行为本就是以谋取经济利益为目标,因此,只要没有相反的证据证明其行为不以营利为目的,原则上将商人的经营行为直接推定为以营利为目的。而对于商人以外的行为主体,则根据其行为的客观目的、当地的交易习惯和惯例加以确定。[②] 第二,具有持续性。经营活动是具有不间断性和计划性的营利活动。[③] 这一特征比较符合以单位为主体的经营行为,而企业之外的一般的民事主体的经营行为并不一定具有持续性,比如偶尔几次的个人证券投资行为。民商法上并没有对经营行为的概念作出统一的规定,只有个别行为可以通过法律、法规、规章的明确规定认定为经营行为。[④] 其中最能体现"经营行为"概念的是《反不正当竞争法》第 2 条第 3 款的规定,即本法所称的经营者,是指从事商品生产、经营或者提供服务的自然人、法人和非法人组织。根据这条规定,可以概括出经营行为的内容为提供商品或服务。因此,经营行为应具备两大要素,一是以提供商品或服务为行为内容,二是以营利为目的。这两大要素必须同时具备,缺一不可。

刑事立法和司法解释没有对"经营行为"作出规定和解释,但是对于如何理解"其他严重扰乱市场秩序的非法经营行为",《中华人民共和国刑法条文说明、立法理由及相关规定》指出:"这里所说的其他非法经营行为应当具备以下条件:(1)这种行为发生在经营活动中,主要是生产、流通领域。(2)这种行为违反法律、法规的规定。(3)具有社会危害性,严重扰乱市场经济秩序。"该规定将非法经营罪中的经营行为限定在生产、流通领域。

结合以上关于"经营行为"的分析,我们可以把非法经营罪中的"经营行为"理解为以营利为目的,在生产、流通领域提供商品或服务的行为。

经营烟草零售业务的行为毫无疑问属于以营利为目的,在生产、流通领域

---

① 参见张民安:《商法总则制度研究》,法律出版社 2007 年版,第 266 页。

② 参见周林彬主编:《商法与企业经营》,北京大学出版社 2010 年版,第 207 页。

③ 参见张民安:《商法总则制度研究》,法律出版社 2007 年版,第 267 页。

④ 例如,《城乡个体工商户管理暂行条例》(已失效)第 2 条规定:"……依法经核准登记后为个体工商户。"第 3 条规定:"个体工商户可以在国家法律和政策允许的范围内,经营工业、手工业、建筑业、交通运输业、商业、饮食业、服务业、修理业及其他行业。"第 7 条规定:"……领取营业执照后,方可营业。"

提供商品或服务的行为,即经营行为。但是本案中到底谁是经营者却会影响该经营行为合法性的判断。现有事实表明宋某庆与王某是何种经营关系尚不明确,我们分两种情况进行分析。

第一种情况,假设两人是雇佣关系。在雇佣关系中,雇主与雇工之间存在一定程度的人身依附性,雇主是经营者,雇工只是辅助雇主完成经营活动。雇工只需按照雇主的指示完成固定的工作即可,不需要进行任何的经营规划,实际提供商品或服务的行为主体应该是经营者即雇主。因此,若两人是雇佣关系,那么雇主王某的行为属于经营行为,王某是具有合法的经营烟草专卖零售业务的资格的经营者,属于合法经营,雇工宋某庆的行为并不是经营行为,自然不存在非法经营的情况。

第二种情况,假设两人之间是租赁关系。在租赁关系中,租赁物的所有权和使用权分离,出租人保留租赁物的所有权,承租人在租赁期间享有租赁物的使用权,承租人可以自由支配和使用租赁物。宋某庆从王某处租得超市并借得烟草专卖经营许可证,而出借许可证的行为是烟草专卖零售网点的所有权人将店铺经营权转让,也就是说,宋某庆因此取得店铺独立的经营权。承租人宋某庆以营利为目的,规划和开展自己的烟草专卖零售业务的行为属于经营行为,但不具有合法的经营资格。烟草专卖局授予合格经营者烟草专卖经营许可证是一种授权经营行为,这种权利不可转让。所以,在租赁关系中,宋某庆的行为属于非法经营。

(二)"违反国家规定"的认定

"违反国家规定"是非法经营罪的前提条件,属于典型的空白罪状。但是空白罪状极易导致法律规定不明确,如果空白罪状与被参照的法律、法规之间缺乏协调性,如被参照的法律、法规内容庞杂混乱,就会导致空白罪状的不明确。因此要判断某一经营行为是否构成非法经营罪,首先需要明确非法经营罪所参照的"国家规定"的范围。

我国现行《刑法》第 96 条对“违反国家规定”作出了明确的立法解释。[①]“国家规定”的制定主体只能是全国人大及其常委会、国务院。“国家规定”的内容只包括以上主体制定的法律、决定和行政法规、规定的行政措施、发布的决定和命令。刑法对国家规定作出严格的限制，一方面是为了保障司法统一，防止随意利用行政法规形成地方保护主义；另一方面是出于刑法的谦抑性考虑，防止刑法适用范围的不断扩大。以非法经营罪为例，本罪的客体是国家关于专营、专卖物品或其他限制买卖的物品，进出口许可证，进出口原产地证明以及其他法律、行政法规规定的经营许可证或者批准文件，证券，期货或者保险业务，其他经营活动的管理制度以及以上管理制度所形成和维护的管理秩序。用于规范上述所说的管理制度和管理秩序的法律法规内容庞杂，范围广泛，如果将这些法律法规全部纳入“国家规定”的范围内，将会导致刑法适用范围的无限扩张，有违刑法的谦抑性和补充性原则。因此，非法经营罪中“国家规定”的范围不宜过于宽泛。

为了防止司法实践中司法机关对“违反国家规定”作任意解释，最高人民法院发布了《关于准确理解和适用刑法中“国家规定”的有关问题的通知》[②]，通知明确规定将地方性法规和部门规章排除在国家规定的范围之外，而且对适用“违反国家规定”的程序进行了限制，防止各级司法机关在司法实践中任意解释“国家规定”的内容。

另外，“国家规定”是否需要是附属刑法，即在某一行为违反了行政法规的前提下，只有在该行政法规的罚则或者责任条款中明文规定了应当追究刑事责任，才可能将违反行政法规的行为过渡到违反刑法上，反之则属于纯粹的行政违法行为，存在不同看法。某一行为首先是由非刑事法律规范调整的，当该行为的社会危害程度达到了需要刑罚制裁的程度，才出现附属刑法规范。正如卢梭所说：“刑法在根本上与其说是一种特别法，还不如说是其他一切法律的制裁

---

① 《刑法》第 96 条规定：“本法所称违反国家规定，是指违反全国人民代表大会及其常务委员会制定的法律和决定，国务院制定的行政法规、规定的行政措施、发布的决定和命令。”

② 该通知第 2 条规定：“各级人民法院在刑事审判工作中，对有关案件所涉及的‘违反国家规定’的认定，要依照相关法律、行政法规及司法解释的规定准确把握。对于规定不明确的，要按照本通知的要求审慎认定。对于违反地方性法规、部门规章的行为，不得认定为‘违反国家规定’。对被告人的行为是否‘违反国家规定’存在争议的，应当作为法律适用问题，逐级向最高人民法院请示。”

力量。”[①]针对这个问题,理论界和实务界存在不同的观点。理论界的多数观点认为,根据罪刑法定原则的要求,“国家规定”必须是附属刑法。效力级别低于《刑法》的行政法规是无权决定某种行为是否构成犯罪的。[②] 实践中一般认为,非法经营罪的认定需以“违反国家规定”为前提,但是并不需要国家规定中必须要有追究刑事责任的规定,只要行为符合非法经营罪的构成要件,就可以依法追究行为人的刑事责任。

本文认为,根据刑法罪刑法定原则与谦抑性原则的要求,“国家规定”应该是附属刑法。非法经营罪具有刑事违法性和行政违法性双重属性,要判定某一行为是否构成非法经营罪,需要结合刑法和“国家规定”进行综合评价分析。如果“国家规定”中只规定了该类违法行为的行政责任,没有追究刑事责任的规定,然而刑法中却有“其他严重扰乱市场秩序的非法经营行为”的规定,该违法行为就很有可能跳过行政处罚,直接落入刑法的规制范围,这明显违背罪刑法定原则和刑法谦抑性的要求。需要保护的法益首先应该交由刑法之外的部门法来保护,如果部门法能充分有效地保护该法益,就没有必要动用刑法。

我国《烟草专卖法》对烟草专卖零售业务规定了严格的行政许可制度。[③]最高人民法院、最高人民检察院发布的《关于办理非法生产、销售烟草专卖品等刑事案件具体应用法律若干问题的解释》第 1 条第 5 款规定,未经烟草专卖行政主管部门许可,非法经营烟草专卖品,情节严重的,依照《刑法》第 225 条的规定,以非法经营罪定罪处罚。根据案件材料可知,该烟草专卖零售许可证是王某以个人名义在北京市顺义区烟草专卖局办理的,是相关部门正式颁发的有效证件,并且在使用期间王某也定期到相关部门进行许可证的年检。因此,该烟草专卖零售许可证的真实性和有效性毋庸置疑。如前文所分析,宋某庆与王某只有在租赁关系中,才有可能构成非法经营。

宋某庆作为经营者,其借用他人烟草专卖零售许可证经营烟草专卖业务的行为是否属于违反《烟草专卖法》的无证经营行为还需要进一步分析。从烟草

---

① [法]卢梭:《社会契约论》,何兆武译,商务印书馆 1963 年版,第 63 页。

② 参见徐松林:《非法经营罪合理性质疑》,载《现代法学》2003 年第 6 期。

③ 《烟草专卖法》第 3 条规定:“国家对烟草专卖品的生产、销售、进出口依法实行专卖管理,并实行烟草专卖许可证制度。”

专卖零售许可证的属性来看，烟草专卖零售许可证是烟草专卖部门允许企业或者个人零售烟草专卖品的资格证件，赋予所有者烟草专卖零售权。持有该证的企业或者个人可经营烟草制品零售业务，从中获得经济利益。可见，烟草专卖零售权直接体现着经济利益，具有财产权的属性，财产权可以转让。但是烟草专卖零售权未经许可不得随意转让，因此又具有专属性。专属权包括享有上的专属权和行使上的专属权，前者可由本人行使也可由他人代为行使，而后者要求必须由本人亲自行使。行使烟草专卖零售权并不需要权利人事事亲为，权利人可以委托他人帮助自己完成进货、销售等经营行为，该权能之上的权利义务关系并不会因此发生改变。因此，烟草专卖零售权应属于享有上的专属权，其权能的行使可以与原权相分离，借证行为是烟草专卖零售权的代为行使。租借许可证的行为是烟草专卖零售网点的所有权人将店铺经营权的转让行为，许可证的所有者要对实际经营者的经营活动承担对外的民事、行政责任，实际经营者则要按照相关的行政规定承担相应的行政义务。因此，宋某庆借证经营烟草专卖业务是代为行使烟草专卖权的行为，期间履行了与一般合法经营者相同的义务，不属于违反《烟草专卖法》的无证经营行为。

关于王某出借经营许可证的行为是否具有非法性，《烟草专卖法》中并没有关于出借烟草专卖零售许可证行为的规定，而《烟草专卖许可证管理办法》中规定："不得买卖、出租、出借或者以其他形式非法转让烟草专卖许可证。"然而，该办法是工业和信息化部制定的部门规章，不属于非法经营罪中的"国家规定"，那么王某的行为就不具有刑事违法性，只需要采用行政处罚手段处罚即可。

（三）"情节严重"的认定

非法经营行为只有"情节严重"才能构成非法经营罪，其中"情节特别严重"是加重情节。司法解释对不同的非法经营行为的"情节严重"规定了不同的标准。有的是以"经营数额"为标准，如最高人民法院发布的《关于审理非法出版物刑事案件具体应用法律若干问题的解释》；有的是以"所得数额"为标准，如最高人民法院、最高人民检察院、公安部、国家烟草专卖局发布的《关于办理假冒伪劣烟草制品等刑事案件适用法律问题座谈会纪要》；有的是以"非法经营的数量"为标准，如最高人民检察院发布的《关于办理非法经营食盐刑事案件具体应用法律若干问题的解释》(已失效);还有的是以“造成损失数额”为标准,如最高人民检察院、公安部发布的《关于经济犯罪案件追诉标准的规定》(已失效)。[1]

本文认为,应该以非法经营数额作为认定非法经营罪情节严重的主要依据,综合考虑其他情节,理由如下:第一,经济犯罪中的犯罪数额直接表明了犯罪的规模和对社会经济的危害程度,而犯罪所得数额只表明了在国家经济秩序受到破坏时,犯罪分子得到了多少非法利益。第二,刑法的定罪量刑考虑的应该是行为对法益侵害的种类和程度。非法经营罪作为破坏社会主义市场秩序类的犯罪,行为人非法经营的数额越大,对市场秩序的破坏程度越大,并且非法经营数额的大小在一定程度上也反映了行为人的主观恶性。第三,商业领域的经营行为本身就存在一定的经济风险,获利与否的影响因素除个人经营能力之外还有社会条件、市场条件等,不能因为行为人的经营能力和受一些不确定因素影响的获利情况为标准。实践中也存在经营数额较大、社会影响较大,但是违法所得数额很小的情况,这种情况与非法经营数额较大、违法所得数额较大所造成的法益侵害程度基本相同甚至更深,如果以违法所得数额作为认定犯罪数额的标准,而不能将这种非法经营数额较大的情况认定为非法经营罪,有违司法的公正理念。[2] 第四,大部分的行为人在从事非法活动时很少留有关于犯罪投入与产出的财务账单,存在能够查获非法经营物品却无法认定违法所得数额的情况。非法经营数额相对于违法所得数额更容易确定。因此,应该以非法经营数额作为认定非法经营罪情节严重程度的主要依据,违法所得数额在一定程度上表明行为人牟取非法利益的实现程度,可以作为量刑情节加以考虑。

在认定非法经营罪的情节严重程度时,仅以非法经营数额为依据难免过于片面,还应考虑其他情节,比如,该行为对相关领域管理制度和管理秩序破坏的程度、社会影响程度、是否造成其他严重后果,以及犯罪行为手段的恶劣程度、犯罪动机、犯罪对象和行为人的主观恶性等。这样一来,就可以对那些经营数额不大,但是社会危害程度大的非法经营行为作出应有的刑事处罚,而对于那

---

① 参见聂立泽:《扰乱市场秩序罪立案追诉标准与司法认定实务》,中国人民公安大学出版社 2010 年版,第 117 页。

② 参见马克昌主编:《经济犯罪新论》,武汉大学出版社 1998 年版,第 596 页。

些违法经营数额虽然达到较大的标准，但是社会危害性却不大，甚至不具有社会危害性的行为，可以根据经营数额以外的因素考虑给予相应程度的处罚，如此才能体现罪责刑相一致的原则。

这种以非法经营数额为基础，考虑其他情节的综合判断标准，不仅在理论上得到不少学者的支持，而且在一些判决书中也有所体现。以范某某非法经营案为例，在认定范某某的行为是否构成情节严重的问题上，法院的论证理由主要有两个方面：一是范某某非法经营数额的认定；二是范某某买卖非上市公司股权后携款逃逸的行为，给包括退休老人在内的 149 名股权受让人造成了严重的经济损失。其行为扰乱了市场秩序和社会的稳定，造成了不良的社会影响，具有严重的社会危害性。法院在认定情节严重时，不仅考虑了经营数额，还综合考虑了行为人的行为手段和社会影响等因素。

就本文主案例而言，根据司法解释的规定，经营数额在 5 万元以上的，属于非法经营行为“情节严重”；经营数额在 50 万元以上的，属于“情节特别严重”。然而卷烟的市场价格本身就比较高，累积经营数额很容易达到构罪标准。本案中，虽然行为人的经营数额达到了 411,664.5 元之多，但是行为人无论是借证还是合伙经营烟草专卖零售业务，在经营期间都是严格按照相关行政法规的规定开展经营，其行为并没有造成不良的社会影响，也没有造成严重的后果。由此引出一个值得思考的问题：违反国家规定从事非法经营行为，数额较大，是否必然具有社会危害性？

引用刘宪权教授讲过的一个案例：“在海上曾经发生过一个一审判非法经营罪，二审改判无罪的案例。某船舶公司在没有取得成品油经营许可证，组织了 100 余支船为这些运煤船进行水上加油作业，经营时间长达一年之久。杨浦区人民检察院以非法经营罪起诉了该船舶公司，一审法院依据刑法第 225 条第 4 项认定该船舶公司构成非法经营罪。事实上，给运煤船提供重油补给，不仅成本高而且风险大，因此中石化 2000 年就不再开展水上加油业务，民营企业取代国营企业经营水上加油业务，其实是填补了市场的空缺，保证了运煤船得到及时的补给。根据有关法规，民营企业很难取得成品油经营资格，只好无证经营。这种行为是违规，但是不具有社会危害性，反而有利于社会发展的行为，一定要按犯罪处理意义不大,所以二审改判无罪。"①

在认定非法经营行为"情节严重"时,应以数额标准为基础,同时综合考虑其他情节,其中综合考虑其他情节时,还要从两个层面进行考虑:第一,社会危害性;第二,刑事处罚必要性。对于一些数额上达到构罪标准,但实质上不具有社会危害性,没有刑事处罚必要性的行为,不应认定为"情节严重"。根据以上结论,宋某庆和王某的行为,应该认定为不具有社会危害性,不属于"情节严重",从而不构成非法经营罪。

三、宋某庆等人非法经营罪的认定

根据以上关于宋某庆和王某非法经营案的法理分析,可以得出以下结论:

首先,从本案入罪的实质层面来看,我国刑法关于犯罪概念的规定表明,任何犯罪都必须具有严重的社会危害性。本案中,虽然宋某庆的经营数额达411,664.5元之多,但是行为人无论是借证经营还是合伙经营烟草零售专卖业务,在经营期间都是严格按照相关行政法规规定开展经营活动,到指定的地点进货,行为人的经营过程并没有脱离国家关于烟草专卖法律的规制,其行为的社会危害性不大。

其次,从本案入罪的形式层面来看,本案中的借证经营行为并不符合非法经营罪的客体要件。如果两人是雇佣关系,雇主王某拥有真实有效的烟草专卖零售许可证,具有合格的经营资格,属于合法经营行为。雇工宋某庆帮助王某完成经营工作,不属于经营行为,故不可能存在非法经营的行为。如果两人是租赁关系,作为承租人的宋某庆在烟草销售网点销售卷烟的行为属于经营行为,借用王某的经营许可证经营烟草专卖零售业务的行为也存在一定程度的违法性,但是这种借证经营的行为有别于一般意义上的无证经营。借证行为是烟草专卖零售权的代为行使,实际经营者的经营行为产生的后果应由出借者承担,经营主体和责任承担主体都未改变,因此借证经营并非《烟草专卖法》规定的无证经营。出借经营许可证的行为也并非经营行为。《烟草专卖法》中并没有关于出借烟草专卖零售许可证的行为的规定,只有《烟草专卖许可证管理办

---

① 刘宪权:《中国刑法学讲演录》,人民出版社2011年版,第712页。

法》将出租、出借烟草专卖许可证的行为规定为非法转让行为。因此，本案中王某出借烟草专卖零售许可证的行为仅违反了《烟草专卖许可证管理办法》，然而该办法属于工业和信息化部制定的部门规章，不具备行政法规的效力，不属于非法经营罪中的“国家规定”。本案行为并没有严重破坏《刑法》所保护的国家烟草专卖制度，社会危害性也不大。因此，本案行为人的行为并不符合非法经营罪的客体与客观方面的构成要件，不具有刑事违法性。

最后，从本案入罪的责任层面来看，本案行为人的行为不具有应受刑罚惩罚性。通过以上两个方面的分析，本案行为人的行为既不具有刑事违法性，又不具有严重的社会危害性，若对本案适用刑罚，有违罪刑法定原则和刑法的谦抑性要求。因此，本案行为人不具有应受刑罚惩罚性，不能构成非法经营罪，对其中的行政违法行为在有足够证据证明的情况下可以处以行政处罚。

宋某庆、王某非法经营案中行为人的行为在形式上具有某种程度的违法性，但实质上却没有社会危害性，既然没有实质上的违法性，本不应该称为刑事犯罪行为，却都曾陷入可能构成非法经营罪的泥淖之中。原因主要有两个方面：一方面是司法实践中对非法经营罪关键构成要件要素理解适用地不准确，因此有必要对非法经营罪各关键构成要件要素进行准确地分析理解，本文第三部分对此已进行较为详细的分析。另一方面是《刑法》第 225 条第 4 项“其他严重扰乱市秩序的非法经营行为”的规定较为模糊，这也是非法经营罪中广为诟病的规定。该项规定的极度不明确性可能导致司法适用上的无限制性，甚至很多人因此认为非法经营罪将沦为继投机倒把罪之后的一个新的口袋罪。非法经营罪的兜底条款也是司法实践中导致其不断扩大适用的原因之一。最高人民法院关于王力军案的意见中指明了《刑法》第 225 条第 4 项适用的相对明确的条件，即《刑法》第 225 条第 4 项是在前 3 项规定明确列举的三类非法经营行为具体情形的基础上规定的一个兜底性条款，在司法实践中适用该项规定应当特别慎重，相关行为需有法律、司法解释的明确规定，且要具备与前三项规定行为相当的社会危害性和刑事处罚必要性，严格避免将一般的行政违法行为当作刑事犯罪来处理。这将对限制非法经营罪的扩张产生重大的影响，至少对司法机关正确适用该条规定具有指导意义。

互联网金融创新的刑法介入问题研究*

贺晨霞**

摘要:为了在促进金融创新与防控刑事风险中寻求平衡,刑法介入互联网金融应保持合理的限度:在立法方面,应以刑法的谦抑性为总体指导原则,让前置法与刑法形成有效的衔接机制,对金融犯罪的保护法益重新审视与调整;在司法方面,应以罪刑法定原则为总体制约机制,恪守二次违法性理念,采用社会危害性与刑事违法性的双重入罪标准,厘清金融创新与金融犯罪的界限。

关键词:互联网金融　金融创新　金融犯罪　刑法介入　刑法谦抑性

互联网金融是在电子商务发展的大环境下,以互联网平台为依托,以第三方支付、金融中介、金融电子商务为主要表现形式的一种新兴金融。互联网金融作为新兴的金融创新形式,其核心在于金融交易无须通过金融中介,可直接在网上交易,具有去中介化的特征。互联网金融降低了交易成本,提高了资金流通效率,给我国金融发展带来了新的机遇,但也加速了金融风险的产生。相较于传统金融业务,互联网金融参与人数较多,涉及资金规模较广,所引发的金融风险也更难控制。实践中,打着金融创新的旗号,借助 P2P 网贷、众筹、第三方支付等网络金融业态实施的非法集资、洗钱等犯罪活动给我国金融管理秩序

---

* 本论文曾发表在《福建农林大学学报(哲学社会科学版)》2020 年第 4 期。论文内容有改动。

** 女,湖南宁乡人,法学博士在读。

以及社会公众的财产安全带来了挑战。但若刑法过度介入,则容易遏制金融创新,因此,刑法在介入互联网金融领域时应保持何种限度,在促进金融创新的同时消弭相应的刑事风险,是值得深入研究的问题。本文从促进金融创新的角度出发,结合金融市场本身的特殊性反思刑法介入互联网金融的限度,以期推动理论发展,对实务操作有所裨益。

一、互联网金融业态模式及潜存的刑事风险

互联网金融是一种新兴金融,主要表现为三种金融业态:第三方支付、P2P网贷、众筹。[①] 在现行刑法框架之下,互联网金融业态模式存在诸多刑事风险。

(一)第三方支付模式及刑事风险

第三方支付,是指非金融机构在收付款人之间作为中介机构提供货币资金转移的服务。当下,微信、支付宝就是最为典型的第三方支付。第三方支付改变了传统金融交易的方式,使消费者与商家之间的所有交涉均通过第三方支付平台来完成,便捷、隐蔽、成本低,但也存在一定风险。第三方支付的不同环节面临的刑事风险也有所不同,具体而言包括如下四个方面:(1)市场准入环节中非法经营的风险。倘若第三方支付机构事先未取得《支付业务许可证》,却非法提供第三方支付结算服务或超出许可范围开展业务,将涉嫌非法经营罪。(2)资金存管环节中资金被非法挪用的风险,第三方支付平台或其雇员非法挪用资金池中的沉淀资金,将涉嫌挪用资金罪。(3)平台运行环节中洗钱的风险,不法分子通过虚假交易、非法注资等方式,将非法所得资金"洗白",将涉嫌洗钱罪。(4)数据储存环节中信息被侵犯的风险,不法分子通过技术手段侵入第三方支付平台,将窃取的用户信息出售,将涉嫌侵犯公民个人信息罪。

(二)P2P网贷模式及刑事风险

P2P网贷,是指个体之间通过互联网上的运营商平台实现借贷。[②] P2P网

① 参见姜盼盼:《互联网金融刑法风险的应对逻辑》,载《河北法学》2018年第3期。

② 参见方也媛:《P2P网络借贷可能涉及的犯罪及其防治》,载《税务与经济》2015年第1期。

贷模式属于互联网金融融资模式的一种,由于互联网的天然涉众性,融资模式天生就具有"面向不特定人群"的特征。基于这一特征,在 P2P 网络借贷平台涉嫌构成犯罪的问题上,司法实践中大多以集资诈骗罪或非法吸收公众存款罪定罪处罚。2013 年,在九部委处置非法集资部际联席会议上,中国人民银行指出以下三类情况属于"以开展 P2P 网络借贷业务为名实施非法集资行为":资金池模式,即通过出售投资理财产品形成资金池,再出借给他人赚取利息差;不合格借款人导致的非法集资风险;庞氏骗局。

(三)众筹模式及刑事风险

众筹,是指项目发起人通过互联网终端向不特定公众发布筹款项目,以募集资金的一种融资模式。按照返利方式的不同,众筹分为公益型众筹、实物型众筹、债权型众筹、股权型众筹等。[①] 其中,债权型众筹和股权型众筹涉及出资人利益的返还,涉嫌犯罪的可能性相对较大。在众筹融资的运作模式下,众筹平台未经批准,通过网络向社会公开宣传融资项目,并承诺以股权或资金作为回报,可能涉嫌非法吸收公众存款罪与擅自发行股票、公司、企业债券罪。倘若众筹平台以非法占有为目的而筹集资金,可能涉嫌集资诈骗罪。

二、互联网金融创新刑法介入的现实困境

因缺乏清晰的标准与合理的限度,无论是在立法上还是在司法上,刑法介入互联网金融领域都存在诸多困境。

(一)立法困境:前置法与刑法之间的矛盾

1. 前置法与刑法之间存在违法一元论与违法多元论之争

互联网金融中不法行为人以行政犯居多,认定行政犯的关键在于违法性的判断。当前,前置法与刑法之间主要存在违法一元论与违法多元论之争,亦是刑法中违法性判断的依据之争。违法一元论内部又有严格违法一元论与缓和

---

① 参见阴建峰、刘雪丹:《互联网股权众筹的刑法规制问题论纲》,载《法律科学(西北政法大学学报)》2018 年第 1 期。

违法一元论之分。严格违法一元论主张刑法违法性的判断应从整体法秩序统一的视野下进行，各个法领域在违法性的判断上应保持一致。在某一法领域中被认定为违法的行为，在其他法领域中不能被认定为合法，反之亦然。例如，在民法、行政法上被认定为违法的行为，在刑法上也应当被认定为违法。缓和违法一元论既肯定违法性是对整体法秩序的违反，又强调违法性在不同法领域存在质与量的区别。[①] 违法多元论（又称违法相对论）主张，不同法领域对于违法性的评价不同，强调刑法的独立性，重视刑法自身规范目的的实现，不能以民事不法、行政不法作为刑事违法判断的前提。[②] 笔者认为，严格违法一元论与违法多元论均有待商榷。严格违法一元论过于恪守法秩序的统一性，却忽视了不同法领域在性质、目的等方面的差异性。从严格违法一元论出发，即便是民事上或行政上的轻微违法行为，只要符合刑法规范，就有可能被认定为犯罪，这无疑扩大了刑法的处罚范围，与刑法的谦抑性相违背，显然是不妥当的。正因如此，该观点受到广大学者的质疑。违法多元论夸大了不同法领域中违法判断的独立性与差异性，忽视了刑事违法与其他违法之间的一致性。根据该观点，即便某行为是民法或行政法所允许的行为，只要该行为违反刑法且具有可罚性，仍有成立犯罪的可能。可见，由于法秩序的不统一，容易导致不同法领域之间对同一行为违法性的判断相互对立，致使公民无法判断何种行为可为、何种行为不可为，严重影响公民对法的信任感。

2. 前置法的缺位引发刑法越位介入

互联网金融涉及的罪名大多是行政犯，这决定了刑事立法不能在其他法律未将其作为违法行为处理前，就直接由刑法将其犯罪化。[③] 目前互联网金融违法犯罪问题日益突出，但前置法规范不完善、不明晰，导致刑事立法越位，适用于行政立法或民事立法之前，使本应由行政法或民法规制的行为直接按照犯罪来处理，导致互联网金融行为不得不为前置法的缺位埋单。

---

① 参见王容溥：《法秩序一致性与可罚的违法性》，载《东吴法律学报》2008 年第 2 期。

② 参见简爱：《我国行政犯定罪模式之反思》，载《政治与法律》2018 年第 11 期。

③ 参见黄明儒、孙珺涛：《论刑法介入互联网金融的限度》，载《理论探索》2019 年第 5 期。

（二）立法困境：互联网金融发展迅速与刑法滞后性之间的失衡

1.非法吸收公众存款罪沦为口袋罪

根据是否存在真实的融资需求，互联网金融融资模式可以分为两种情形：(1)融资活动有真实的融资需求；(2)融资活动并无真实的融资需求，即以互联网金融之名，行资金自融之实。换言之，融资者只是假借互联网融资活动以骗取、非法占有他人财物。毫无疑问，第二种情形构成集资诈骗罪。值得注意的是，在第一种情形之中，有着真实融资需求的融资行为是否构成非法吸收公众存款罪还应具体分析。根据我国《刑法》第176条以及《关于审理非法集资刑事案件具体应用法律若干问题的解释》的规定，成立非法吸收公众存款罪必须具备四个条件，可以归纳为“四性”，即非法性、公开性、利诱性、社会性。根据这四个条件，可以对有真实融资需求的融资行为进行分析：对于P2P网贷、众筹这一融资模式而言，由于缺乏明确的法律依据对该类融资模式进行监管，且我国刑法中关于非法吸收公众存款罪的条文缺少前置法规范，这使有真实融资需求的融资行为大部分符合“未经有关部门依法批准”这一条件，故具有非法性；互联网具有天然涉众性，互联网金融融资模式的本质也是以公开宣传的方式向不特定对象筹集资金，故符合公开性与社会性；投资者的投资目的往往是获取一定的收益，而P2P网贷以及众筹大多承诺在一定的期限内给予一定的回报，故具有利诱性。由此可见，由于互联网金融的融资模式的本质就是以公开宣传方式向不特定对象筹集资金，这与非法吸收公众存款罪的构成要件之间具有天然的契合性，[①]因此，即便是有着真实融资需求的融资行为也极易构成非法吸收公众存款罪，似乎属于“天生犯罪人”[②]，非法吸收公众存款罪在司法适用中也逐渐沦为口袋罪。

2.“秩序法益观”与时代需求不相适应

我国在经济体制改革初期，金融刑事立法表现出强烈的金融垄断主义色彩，刑法以保护金融管理秩序为单一的使命，从而衍生出“秩序法益观”。“秩序

---

① 参见姜涛：《互联网金融所涉犯罪的刑事政策分析》，载《华东政法大学学报》2014年第5期。

② 毛玲玲：《互联网金融刑事治理的困境与监管路径》，载《国家检察官学院学报》2019年第2期。

法益观”奉行以维护国家金融秩序为法益的基本立场，是国家本位主义刑法观的具体化。[①] 随着我国金融市场化改革的不断深入，国家对金融市场的过度管控难以顺应金融发展的客观规律，阻碍了金融市场功能的有效发挥，[②]且过度强调对金融管理秩序的立法保护，容易忽视对金融交易秩序与交易相对人的立法保护。基于上述原因，“秩序法益观”已难以适应时代发展的需要，并受到学界的广泛质疑。

（三）司法困境：促进互联网金融创新与防控刑事风险之间的冲突

随着互联网金融技术的不断发展，互联网金融正悄然改变着中国的传统金融业。但不容忽视的是，互联网金融创新自诞生之日起就与金融风险如影随形，在其创新发展的背后，不法分子利用其潜在的技术漏洞与监管漏洞实施犯罪活动的行为也日益增多，严重破坏了我国金融秩序的稳定。面对这一安全隐患，我国对互联网金融犯罪行为予以严厉打击，但是在司法实践中，又出现了在未对金融行为进行前置法评价之前，径直进行刑法评价的现象，这不仅扩大了刑事处罚的范围，也违背了二次违法性理念，极易在司法层面上将互联网金融创新扼杀于“摇篮”之中，在一定程度上导致某些没有实质社会危害性且对民间经济发展及中小企业快速融资有利的民间融资行为受到刑法的严厉管控与禁止。可见，刑法在介入互联网金融领域时应保持何种限度，才能在促进金融创新、保障金融安全与防控刑事风险之间达到平衡，是当下亟须探讨的问题。在刑事司法上，如果刑法介入时机过早，虽可达到预防金融风险及惩治金融犯罪的目的，但会束缚、遏制金融创新，造成金融犯罪圈不当扩大；如果刑法介入过于迟缓，又可能导致金融行业风险失控，从而放纵金融犯罪。总而言之，如何平衡互联网金融创新与刑事风险之间的关系是需要解决的难题，既不能遏制互联网金融创新的发展，又不能忽视、放纵互联网金融创新所带来的刑事风险。

---

① 参见钱小平：《中国金融刑法立法的应然转向：从“秩序法益观”到“利益法益观”》，载《政治与法律》2017 年第 5 期。

② 参见魏昌东：《中国金融刑法法益之理论辨正与定位革新》，载《法学评论》2017 年第 6 期。

三、互联网金融创新刑法介入的构想

当下我国改革已进入攻坚期和深水区，互联网金融创新需要创新环境和制度空间，对于互联网金融这种新事物，政策和法律应有更多包容。[①] 因此，在金融发展过程中，刑法介入互联网金融理应保持一定限度，以免抑制金融创新精神，阻滞金融发展。本文从促进金融创新的角度出发，提出互联网金融创新刑法介入的构想：在立法上以刑法谦抑性为指导原则，在司法上以罪刑法定原则为制约机制，以期为我国社会经济发展和改革深化构建一个健康、有效的法治环境与金融环境。

（一）理性立法：以刑法的谦抑性为指导原则

1. 谦抑性立法以防金融犯罪圈的不当扩张

刑法的谦抑性原则要求刑法应当具有谦卑、退让的基本品性。[②] 刑法的谦抑性作为现代刑事法律体系的基础，要求立法者在判断特定行为是否纳入刑事犯罪圈时，必须从该行为的本质特征出发，以决定是否将其纳入刑事法律管辖范围。[③] 刑法的谦抑性要求刑法在面对互联网金融这类新兴事物时，应保持理性与克制，刑法只在部门法无法实现有效规制时才可以介入。立罪至后是指在互联网金融领域违法责任的立法中，基于谦抑性原则，刑法立法应在非刑事责任立法之后。[④] 立罪至后规则能控制刑法对金融活动的过度干预，以防金融犯罪圈的不当扩张。随着金融市场的日渐开放与活跃，我国的刑事立法应有所调整，刑事立法应在刑法谦抑性原则的指导下，尽可能采用更为灵活、更为有效的行政立法对行为进行引导和规制，从立法上避免金融犯罪圈的不当扩大。只有当行为具有严重社会危害性且行政法规无法实现有效规制时，才将其纳入刑法范畴，这也是刑法谦抑性原则的应有之义。

---

① 参见李睿：《上海自贸试验区互联网金融创新中刑法介入的合理边界》，载《外国经济与管理》2016 年第 2 期。

② 参见周光权：《积极刑法立法观在中国的确立》，载《法学研究》2016 年第 4 期。

③ 参见乔青、张绍谦：《刑法谦抑理论下金融犯罪圈的界定》，载《湖南科技大学学报（社会科学版）》2019 年第 4 期。

④ 参见郭华：《互联网金融犯罪概说》，法律出版社 2015 年版，第 120 – 121 页。

2. 缓和违法一元论的倡导

综观违法性判断的三种观点，较之违法多元论与严格违法一元论，缓和违法一元论最为合理，更值得提倡，具体理由如下：缓和违法一元论采用的是“一般违法性+可罚的违法性”的双层位阶判断模式，先肯定一般违法性并在整个法秩序中作统一评价，然后根据刑法特性进一步考察行为的“可罚的违法性”，即考察行为是否达到值得科处刑罚的质与量的程度，强调一般违法性是刑事不法的前提。[①] 缓和违法一元论的合理性可以从以下两个方面进行阐述：一方面，从法的行为规范属性来看，缓和违法一元论承认并尊重法秩序在整体上的统一性。统一法秩序是为了确立公民的行为基准以指引公民的行为，假设同一行为在被允许的同时被禁止，将会引起人们行为的混乱。[②] 缓和违法一元论肯定“一般违法性”在整个法秩序中应统一，避免同一行为在不同法领域之间产生相互矛盾、相互冲突的评价，有利于更好地指引公民实施适法行为、不实施违法行为，弥补了违法多元论中法秩序不统一所造成的不足。另一方面，缓和违法一元论与刑法的谦抑性相契合。如前所述，缓和违法一元论采用的是双层位阶判断模式，其中，“一般违法性”是判断行为是否违反相应的前置法，“可罚的违法性”是判断行为是否达到刑法所要求的不法程度，只有当行为依次进行“一般违法性”与“可罚的违法性”的判断并得出肯定的结论，才能断定行为的刑事违法性；否则，行为最多被评价为一般违法行为。相较于严格违法一元论，缓和违法一元论在尊重法秩序统一性的前提下，独立考察“可罚的违法性”，限制了刑事违法性的成立范围，避免将轻微民事或行政违法行为认定为犯罪。缓和违法一元论既保证了法秩序的统一性，又能与刑法的谦抑性相契合，值得提倡。

3. 前置法规范与刑法规范之间形成有效衔接机制

与互联网金融相关的罪名大多数是法定犯，对于法定犯必须先判断行为是否违反前置法，才能判断行为的实质违法性。目前，面对越来越多的利用互联网金融实施违法犯罪的行为，立法者更应考虑现有的前置法是否完善。对于处置互联网金融中的不法行为而言，完善前置法并使前置法规范与刑法规范之间

---

① 参见高铭暄、曹波：《保险刑法规范解释立场新探——基于缓和违法一元论的展开》，载《中国应用法学》2019 年第 3 期。

② 参见童伟华：《日本刑法中违法性判断的一元论与相对论述评》，载《河北法学》2009 年第 11 期。

形成有效的衔接机制,相较于不断加强和细化刑法规范来说更为重要。在法定犯中,作为前置法的行政法规范与刑法规范之间是一种递进式的阶梯关系。在这种递进式的阶梯关系中,刑法始终处于保障法的地位,刑法是保证各种法律规范得以贯彻执行的最后一道屏障。因此,立法者只有在穷尽其他手段都不足以遏制某行为时,才有动用刑法的必要。正因如此,应完善与细化前置法的立法规定,强化行政监管,使相关违法行为在前置法的这一层面就得以规制,避免刑法为前置法的缺失而埋单。但在实践中,由于前置法规范得不完善,在欠缺前置法规范的有效约束下,难以厘清金融违法与金融犯罪的界限,刑法的介入必将提前,金融创新将遭受刑法的不当打击。面对 P2P 网贷、众筹等金融领域的新生事物,互联网金融创新的持续发展依赖于安全的交易秩序与健康的法治环境,而安全的交易秩序与健康的法治环境又依赖于法律法规的健全。因此,当务之急是完善前置法规范,使前置法规范与刑法规范之间形成有效的衔接机制,鼓励创新与规范引导并行,充分发挥行政监管的风险防控功能与刑事处罚威慑的作用,①以实现行政监管与刑法规制的有效衔接。

4.“秩序法益观”向“秩序导向下的利益法益观”转变

随着我国金融市场的不断发展,鼓励金融创新乃大势所趋,国家也逐渐重视对金融投资者以及金融消费者的权益保护。在此背景之下,P2P 网贷、第三方支付、众筹等互联网金融模式得以迅速发展。但单一的“秩序法益观”无法适应金融市场改革的需求,其固有的缺陷阻碍了我国互联网金融的创新发展。国家设立金融犯罪的目的不单是维护金融管理秩序,也是维护金融交易秩序的稳定与保护投资者的合法权益,不可强调前者而忽视了后者。因此,有学者提倡,“秩序法益观”应向“秩序导向下的利益法益观”转变,应强调刑法对金融秩序的保护。② 随着互联网的不断发展以及市场改革的逐渐深入,政府的主导作用将逐渐减弱。在这种背景下,应该将关注的重点放在维护交易秩序的稳定以及保护投资人的利益上。“秩序导向下的利益法益观”弥补了“秩序法益观”固有的缺陷,并在此基础上加强保护金融投资者与消费者的合法权益,维护了市场

---

① 参见张英:《互联网金融创新下的经济犯罪防控机制探究》,载《暨南学报(哲学社会科学版)》2018 年第 8 期。

② 参见魏昌东:《中国金融刑法法益之理论辨正与定位革新》,载《法学评论》2017 年第 6 期。

交易秩序,能更好地适应当下时代的需要。因此,对金融犯罪保护法益的认识不应仅停留在金融管理秩序这一层面,对法益有必要重新审视,及时调整,从而合理划定刑法的规制范围。

(二)审慎司法:以罪刑法定原则为制约机制

刑法介入互联网金融时应保持一定的限度,若刑法过度介入,势必将互联网金融创新成果扼杀在“摇篮”之中,从而阻滞互联网金融行业的健康发展。因此,在刑事司法方面,应以罪刑法定原则作为制约机制,恪守二次违法性理念,采用社会危害性与刑事违法性的双重入罪标准,厘清金融创新与金融犯罪的界限。

1. 规制理念:二次违法性理念的恪守

与互联网金融相关的罪名大多数是法定犯,而法定犯的典型特征就是二次违法性。二次违法性是指同一行为既违反作为前置法规范的行政法,又违反刑法。二次违法性理念认为,刑法是保证各种法律规范得以实施和贯彻执行的最后一道屏障,在民事法、行政法等法律规范对正常社会关系调整无效时对严重不法行为进行第二次调整。[①] 换言之,对于金融不法行为,只能在行为既违反其他法律又触犯刑法,且其他法律不能充分保护时,刑法才有介入的必要。因此,在司法上应当恪守二次违法性理念的基本要求,动用刑法介入金融市场领域之前,慎重判断金融行为的性质,考察其他法律规制手段能否应对该金融不法行为。强调前置法优先处理原则,即以民事、行政救济为首要、主要手段,以刑法规制为次要、补充手段。只有在穷尽民事、行政等救济手段之后,才能考虑刑法的介入。为了更好地贯彻二次违法性理念,对于金融不法行为,刑法介入应注意以下几点:(1)当某行为在前置法规范中被允许时,刑法不应介入。由于前置法将行为评价为合法,此时应直接中断行为的违法性判断,无须进入下一环节考察行为是否违反刑法规范。(2)当某行为缺乏相应的前置法规定时,刑法也不应介入。(3)当某行为被前置法评价为违法时,而适用前置法完全可以管控,

---

① 参见江奥立、杨兴培:《犯罪二次性违法特征的理论与实践再探讨》,载《江汉学术》2016 年第 5 期。

则只需要接受前置法的制裁即可，刑法仍不应介入。(4)当某行为被前置法评价为违法时，若适用前置法无法进行管控，刑法才有介入的必要。此时，司法机关才能进一步依据刑法规定，考察行为是否符合刑法的构成要件，是否有科处刑罚的必要。由此可见，刑法介入互联网金融领域应以前置法管控失灵为必要，前置法足以管控违法行为时，以前置法规制相应的违法行为即可，从而避免刑法不恰当地介入以扼杀金融行业的创新成果。

2. 入罪标准：社会危害性与刑事违法性的双重判断标准

互联网金融作为我国经济发展转型时期的创新金融模式，时代性强、发展迅速。司法在处理第三方支付模式、P2P 网贷模式以及众筹模式等可能触犯刑法的新型金融行为时，只有符合社会危害性与刑事违法性的双重标准，才能纳入刑法调整。① 社会危害性是实质判断标准，刑事违法性是形式判断标准（对行为是否符合构成要件进行判断），二者缺一不可。这不仅是贯彻罪刑法定原则的需要，也是遵循刑法谦抑性理念的需要。具体而言：(1)具有社会危害性，但无刑事违法性的行为，由于不满足定罪的形式判断标准，根据罪刑法定原则，不构成犯罪。(2)对具有刑事违法性，但无严重社会危害性的行为，进行出罪。根据我国《刑法》第 13 条的但书规定，“危害不大”是反向的犯罪定义，即形式上符合犯罪构成要件的行为，若从实质上看并无严重社会危害性或属于“情节显著轻微危害不大”的情形，则应作出罪处理。对互联网金融活动应严格把握入罪标准，对形式上符合刑法罪名规定，但实质上没有社会危害性或危害性不大的行为，可依据行政法规进行处罚，不应机械套用刑法分则，盲目进行刑法规制。(3)同时具有严重的社会危害性和刑事违法性的行为，理应构成犯罪。满足互联网金融犯罪的实质判断标准与形式判断标准的行为，不能因其是互联网金融而特殊化处理或予以放任，这也是遵守罪刑法定原则的体现。综上所述，对于金融活动是否入罪，应从社会危害性与刑事违法性两个方面进行判断，避免将某些虽然具有刑事违法性，但本身对社会经济发展并无危害的行为入罪。特别是在非法吸收公众存款罪的认定上，可以从吸收存款的用途上作限制解释，以

① 参见皮勇、张启飞：《论我国互联网金融发展的刑法保障》，载《吉首大学学报（社会科学版）》2016 年第 2 期。

避免机械套用该罪的规定,使之沦为口袋罪。

3. 厘清界限:避免混淆金融创新与金融犯罪的界限

以第三方支付、P2P 网贷、众筹为典型代表的新型互联网金融业态模式有利于推动互联网金融的发展。但在实践中,某些抱着“卷钱”“吸金”心理的行为人,以第三方支付、P2P 网贷、众筹等互联网金融为幌子,实施非法吸收公众存款、集资诈骗、非法经营等行为,从本质上来看,仍是传统金融犯罪,司法上对于此类行为应依法定罪处罚。那么,某一金融活动究竟是金融创新,还是金融犯罪,可以从以下两个方面进行判断:(1)该金融行为是否具有创新性。这方面主要是比较该金融行为与传统金融行为有无本质上的不同,若以金融创新的名义实施传统金融犯罪,则不是金融创新,其本质仍属于金融犯罪。(2)从集资的用途上看是否实际投放于实体经济,是否有利于经济社会的发展。[①] 假设行为人通过第三方支付平台吸纳资金,设置资金池,或通过 P2P 网贷平台放贷以赚取利息差,由于此类行为并未将资金投放于实体经济,相反是将吸收的资金用于资本与货币经营,本质上仍是刑法规定的传统金融犯罪。此外,还应避免混淆金融违法行为与金融犯罪行为。当行为仅违反了金融市场管理法规,对社会公共利益以及他人的利益并未造成损害时,应将其认定为金融违法行为,用行政法予以规制即可,以防将所有违反行政法规的行为均纳入刑法规制的范畴,从而阻碍金融市场创新发展。

四、结语

在“大众创业,万众创新”的政策激励之下,互联网金融将继续爆发式发展。金融创新是互联网金融发展的不竭动力,鼓励、促进金融创新乃大势所趋。互联网金融作为我国经济发展转型时期的创新金融模式,对推动我国经济社会的发展具有重要作用,故互联网金融的创新价值理应被肯定。但不容忽视的是,互联网金融创新自诞生之日起就与金融风险如影随形。随着互联网金融的不断发展,如何平衡金融创新与刑事风险之间的关系,如何为互联网金融提供一个规范、有序的发展环境,是亟须关注与思考的现实问题。刑法介入互联网金

---

① 参见刘宪权:《互联网金融平台的刑事风险及责任边界》,载《环球法律评论》2016 年第 5 期。

融领域时，理应以刑法谦抑性原则为指导原则，以罪刑法定原则为制约机制，保持刑法的审慎与克制，适度收缩刑法介入互联网金融创新的边界，以期为我国互联网金融创新发展构建一个健康、稳定、有效的金融环境与法治环境。

论网络失范言论的刑法规制*

姜　娇**

摘要：新时代背景下规制网络失范言论需要刑法的积极应对。对网络失范言论的刑法规制应当首先在规范层面厘定刑法所禁止的失范言论与未禁止的失范言论，在现有的刑法体系中思考网络言论型犯罪的治理思路。在立法层面，对网络失范言论的规制需进一步扩宽治理范围，完善对虚假信息的规制样态，也需注重对网络空间言论寻衅滋事司法规则与立法规则的衔接；在司法层面，需坚持言论犯罪治理的谦抑性，注重言论犯罪认定标准的类型化，创新言论犯罪的办案机制。

关键词：失范言论　网络言论犯罪　刑事立法　刑事司法

在后疫情时代，网民数量激增，线上活动频繁。新时代背景下信息的交互与人们对网络的依赖相辅相成。失范言论在网络时代发展的背景下具有更广的传播性与危害性，面对纷繁复杂的言论信息给网络秩序甚至是人们现实生活所带来的不良影响，合理运用刑法手段去规制网络失范言论，已经成为新时代背景下网络社会治理的重大课题。本文对刑法语境下的网络失范言论进行深入研究与认定，在规范与实践视角上提出失范言论刑法规制的相关完善建议，以期对网络言论犯罪层面的刑法合理规制有所裨益。

---

* 本论文曾发表在《政法学刊》2021 年第 5 期。论文内容有改动。

** 女，湖南武冈人，法学博士在读。

一、网络失范言论的刑法语境

（一）网络失范言论之基本概念明晰

“言论失范”从“失范”[①]一词的概念出发，可以将之理解为：在规范体系上，约束言论自由的社会规范失去震慑力，丧失了指导公民言论自由权利正确行使和维护社会秩序稳定的功能；也可以将其理解为在公民言论行为上，社会成员不能较好地约束自身言论，不当使用自身言论自由权利，违背相关社会规范的指导与制约，而导致自己的言论不符合社会规范。故而，“言论失范”具有两层意思，一种是社会规范层面的，另一种是社会成员的言行举动层面的，基于此，“网络言论失范”，从规范体系来看，即在网络秩序这一社会空间上，约束公民网络言论的各种规范失去效用，丧失了规范所应具有的约束作用；从公民网络言论行为来看，即网络主体的言论违背了法律和社会道德规范，致使网络空间的秩序趋于紊乱。

在刑法层面思考网络失范言论的具体含义，是基于上升到网络层面言论失范的社会危害性之考量，此时的网络失范言论主要指的是违背了刑法基本规范的网络言论。其与网络言论型犯罪不同，网络言论型犯罪必定会受到刑法手段的制裁，但网络失范型言论不一定会受到刑法手段的制裁。基于网络犯罪的潜在危害性，对网络失范言论有预防和规制的必要，这种规制更多地体现在刑事立法手段的预防性震慑功能上。因此，需要进一步厘定刑法所明确禁止的失范言论和尚未禁止的失范言论为何，才能充分发挥刑法在实践中对网络秩序空间中言论的合理规制效用。

（二）刑法所禁止的网络失范言论

在我国的刑法规范中，直接或者间接与失范言论有关的条文可以分为四类，主要为危害国家安全的言论、危害社会公共安全的言论、侵害个体权益的言

① “失范”这一概念首先由法国社会学家埃米尔在其著作《社会分工论》中提出，他将“失范”这一词语解释为一种准规范的缺失、模糊或者社会规范变幻无常，以至于社会成员之间的自由无节制和行为方式的混乱状态。参见［法］埃米尔·涂尔干：《社会分工论》，渠东译，三联书店 2000 年版，第 15 页。

论以及诱发犯罪意图的言论。这些言论被刑法规范所禁止,也不会受到宪法的保护,当这几类失范言论的发布上升到网络空间层面时,即为刑法所禁止的网络失范言论。①

关于危及国家安全的言论,主要体现为《刑法》第 103 条第 2 款规定的煽动分裂国家罪。② 在该条文中,对国家统一予以破坏,怂恿鼓动分裂国家的言论,明显遭到了刑法的禁止,也不会受到宪法的保护。同时,刑法所规制的具有煽动性质的言论,还有《刑法》第 249 条、第 250 条所禁止的有关煽动民族仇恨、民族歧视以及歧视、侮辱少数民族的言论。③ 这两个刑法条文将煽动民族仇恨以及在出版物中刊行与侮辱少数民族、煽动民族歧视有关言论的行为予以规制。

关于危害社会公共安全的言论,主要体现于《刑法》第 120 条之三规定的宣扬恐怖主义、极端主义、煽动实施恐怖活动罪。④ 该条文对恐怖主义、极端主义言论传播的形式、传播的载体以及传播的手段方法都作出了明确的规定。同时,危害社会秩序的与言论有关的罪名还有《刑法》第 300 条规定的组织、利用会道门、邪教组织、利用迷信破坏法律实施罪,⑤该罪名对非法传播邪教的行为予以规制,传播邪教的手段行为又与网络层面的信息言论传播息息相关,因而

---

① 参见张明楷:《言论自由与刑事犯罪》,载《清华法学》2016 年第 1 期。

② 《刑法》第 103 条规定:"组织、策划、实施分裂国家、破坏国家统一的,对首要分子或者罪行重大的,处无期徒刑或者十年以上有期徒刑;对积极参加的,处三年以上十年以下有期徒刑;对其他参加的,处三年以下有期徒刑、拘役、管制或者剥夺政治权利。煽动分裂国家、破坏国家统一的,处五年以下有期徒刑、拘役、管制或者剥夺政治权利;首要分子或者罪行重大的,处五年以上有期徒刑。"

③ 《刑法》第 249 条规定:"煽动民族仇恨、民族歧视,情节严重的,处三年以下有期徒刑、拘役、管制或者剥夺政治权利;情节特别严重的,处三年以上十年以下有期徒刑。"《刑法》第 250 条规定:"在出版物中刊载歧视、侮辱少数民族的内容,情节恶劣,造成严重后果的,对直接责任人员,处三年以下有期徒刑、拘役或者管制。"

④ 《刑法》第 120 条之三规定:"以制作、散发宣扬恐怖主义、极端主义的图书、音频视频资料或者其他物品,或者通过讲授、发布信息等方式宣扬恐怖主义、极端主义的,或者煽动实施恐怖活动的,处五年以下有期徒刑、拘役、管制或者剥夺政治权利,并处罚金;情节严重的,处五年以上有期徒刑,并处罚金或者没收财产。"

⑤ 《刑法》第 300 条第 1 款、第 2 款规定:"组织、利用会道门、邪教组织或者利用迷信破坏国家法律、行政法规实施的,处三年以上七年以下有期徒刑,并处罚金;情节特别严重的,处七年以上有期徒刑或者无期徒刑,并处罚金或者没收财产;情节较轻的,处三年以下有期徒刑、拘役、管制或者剥夺政治权利,并处或者单处罚金。组织、利用会道门、邪教组织或者利用迷信蒙骗他人,致人重伤、死亡的,依照前款的规定处罚。"

传播邪教的言论也属于刑法明确禁止的范畴。

关于侵害个体权益的言论，主要体现在《刑法》第221条规定的损害商业信誉、商品声誉罪，《刑法》第243条第1款规定的诬告陷害罪，以及《刑法》第246条所规定的侮辱罪、诽谤罪中。诽谤性言论是生活中较为常见的一种言论，这种言论既包括对一般自然人的诽谤也包括对单位主体的诽谤。此外，《刑法》第363条第1款、第364条第1款还规定了制作、复制、出版、贩卖、传播淫秽物品牟利罪和传播淫秽物品罪，明确禁止淫秽物品的传播，[①]因而对他人带有挑逗与恶意侵犯性质的淫秽言论也属于刑法规制的范围。

关于诱发犯罪发生的言论，主要体现在《刑法》第29条规定的教唆犯罪和第295条规定的传授犯罪方法罪。唆使、诱导他人犯罪的言论行为，传授犯罪方法的言论，都可能直接引起犯罪的发生。《刑法》第29条主要针对的是在共同犯罪中唆使他人犯罪的手段行为，《刑法》第295条主要针对的是对他人实施犯罪而传授方法手段的行为，这两条法律规范中所涉及的教唆与传授行为的表现形式都与行为人的言论相联系，法律对这类行为的明确规定也是对行为人严重超自由限度的失范言论之制裁。

(三)刑法未禁止的网络失范言论

在刑法范畴，未明确禁止的失范言论的类型主要为发布一般违法信息的言论、传播刑法所规定的四类危险灾害信息之外的谣言以及表达犯意之类的言论。

首先，关于一般的违法性言论。该种言论会对社会规范体系带来冲击，因而属于失范言论范畴。在目前我国的刑法规范体系中，刑法对特定违法信息的散布予以了规制，主要为在网络上散布违禁物品和管制物品的信息言论，包括

---

① 《刑法》分则第六章第九节第363条、第364条将“以牟利为目的，制作、复制、出版、贩卖、传播淫秽物品的”行为，“为他人提供书号，出版淫秽书刊的”行为，“传播淫秽的书刊、影片、音像、图片或者其他淫秽物品，情节严重的”行为，以及“组织播放淫秽的电影、录像等音像制品的”行为规定为犯罪。

毒品、枪支、淫秽物品的制作与销售信息等。[①] 在这几类违法信息之外散布的其他违法信息，刑法规范未予明确，是否应属规制的范畴，应从言论背后可能涉及的具体犯罪之实质概念出发，结合情节进行具体认定。[②]

其次，关于网络层面传播的虚假信息。我国《刑法》第291条之一第2款规定，对在信息网络或其他媒体上传播的虚假的险情、疫情、灾情、警情，严重扰乱社会秩序的行为，将受到刑事制裁。[③] 但在这四类虚假信息之外的谣言该作何处理，尚存在法律适用之冲突。[④] 从应然上来看，散布刑法所规定的四类灾害险情之外的虚假信息并不能认定为刑法所明确禁止的言论，应将其纳入刑法未禁止的网络失范言论范畴。

最后，关于表达犯意类的言论。在我国的刑法理论上，犯意的表示并不会构成犯罪。但是我国《刑法》第291条之一第1款设立了编造、故意传播虚假恐怖信息罪，[⑤]该罪的表现形式一般为：声称自己或他人将要实施或已经实施了某种莫须有的特别严重的危害他人及社会安全的犯罪行为，从而引起了大众恐慌。这类犯意表达式的言论之所以被刑法规范所重视，是因为传播表露实施恐怖犯罪的虚假言论，若被多数人所知悉，就会造成社会秩序的严重混乱。而除

---

① 《刑法》第287条之一关于非法利用信息网络罪规定："利用信息网络实施下列行为之一，情节严重的，处三年以下有期徒刑或者拘役，并处或者单处罚金：（一）设立用于实施诈骗、传授犯罪方法、制作或者销售违禁物品、管制物品等违法犯罪活动的网站、通讯群组的；（二）发布有关制作或者销售毒品、枪支、淫秽物品等违禁物品、管制物品或者其他违法犯罪信息的；（三）为实施诈骗等违法犯罪活动发布信息的。"

② 例如，在网络上发布传销、赌博、嫖娼、制售假证的言论，是否也可以动用刑法予以制裁，在理论与实务界存在不同的观点。从罪刑法定以及刑法体系解释的角度出发，对于其他的一般性违法言论在判断是否该动用刑事制裁时应对行为人的言论作实质性的理解。以发布招嫖言论信息为例，发布该言论的实质是实施卖淫行为，但是卖淫行为只是一种违法行为。因此，为了筹备卖淫活动而发布的招嫖信息也就不应该纳入刑法规制的范围。所以，对于一般的违法性言论，刑法无法介入并对其进行处罚。

③ 《刑法》第291条之一第2款规定："编造虚假的险情、疫情、灾情、警情，在信息网络或者其他媒体上传播，或者明知是上述虚假信息，故意在信息网络或者其他媒体上传播，严重扰乱社会秩序的，处三年以下有期徒刑、拘役或者管制；造成严重后果的，处三年以上七年以下有期徒刑。"

④ 对之是否应当按照寻衅滋事罪来认定，现实中仍有疑虑。主要因为新增的编造、故意传播虚假信息罪与寻衅滋事罪的基本法定刑幅度存在差别：前者是3年以下有期徒刑，后者是5年以下有期徒刑。若将刑法明确规定的四类虚假信息之外的言论纳入刑法寻衅滋事罪的范围，则会引发处罚不公、罪责刑不相适应的局面。

⑤ 《刑法》第291条之一第1款规定："投放虚假的爆炸性、毒害性、放射性、传染病病原体等物质，或者编造爆炸威胁、生化威胁、放射威胁等恐怖信息，或者明知是编造的虚假恐怖信息而故意传播，严重扰乱社会秩序的，处五年以下有期徒刑、拘役或者管制；造成严重后果的，处五年以上有期徒刑。"

表达虚假恐怖信息之外的其他信息，若在网络空间上随意被散布或者捏造，也存在潜在的社会危害性，故表达犯意的言论也属于失范的层面。

二、网络失范言论刑法规制之问题

明晰现阶段刑法层面对网络失范言论规制所存在的问题以及刑事司法实践中办案部门处理网络言论失范案件所存在的问题，对网络空间失范言论的治理尤为重要。

（一）立法规范

诸多涉及失范言论处理的事件中暴露了言论犯罪设定理念在实践中的适用问题，在规范层面，我国的刑法立法在规制网络失范言论方面主要存在以下几点问题。

第一，网络空间中的行为规则尚未建立。《关于办理利用信息网络实施诽谤等刑事案件适用法律若干问题的解释》（以下简称《网络诽谤解释》）出台的重要价值之一在于确认了网络空间不但有具体的个体性法益，还具有秩序性的法益，最主要的表现就是司法解释将寻衅滋事罪的适用范围扩展到了网络空间。网络寻衅滋事罪的出现引发了网络空间是否具有秩序属性的争议。一种观点认为，网络的日益发达使相关网络媒体已经成为公民了解信息的重要途径，网络社会成为人们现实生活的一个重要组成部分，扰乱网络秩序所带来的危害性并不弱于对现实社会的侵害；另一种观点认为，寻衅滋事罪属于传统空间的一种犯罪，并不具有网络空间的属性，公共场所秩序的原意就是指商场、公园、影院等场所，不能将网络社会秩序与之等同起来。尽管多年来一直有学者呼吁要同等关注和重视网络空间和现实空间，积极建构专门的网络犯罪立法体系，但关于网络犯罪法的建构方案却迟迟未提上日程。究其原因在于，当前立法活动侧重把传统的法律规则和法律理念通过立法、解释的途径直接适用于网络空间，而忽视了网络空间自身发展的特点，传统法律体系中的规则仍然是网络社会中规则构建的基础。但是在对传统的法律规则和法律理论进行肯定的同时，也应该认识到传统法律规则在信息社会时代已经出现了体系性的滞后，司法规则与立法规则存在不协调的局面。

第二，网络失范言论的表现形式多种多样，刑法立法规制的范围过于狭窄。从传统刑法对相关涉及言论型犯罪的规定可以看出，言论犯罪的保护对象仅限于国家统一与安定、社会公共安全、个人及商业主体名誉等方面，新设立的虚假信息犯罪也将虚假信息的范围限定在了四类信息之内。立法本意是考虑以上法益的特殊重要性，而加以特别保护，这无可厚非。但是，随着网络的发展普及，各种行业的网络化俨然已成为普遍的现象，将规制范围仅限于以上层面就显得过于狭窄。例如，网络推手、网络打手、网络黑公关、虚假的中奖信息、虚假招聘信息等带有经营性目的与失范言论相关的行为，可能会侵犯个人利益与公共秩序利益。立法忽略了其他一些具有较大破坏性的言论信息，形成了刑法处罚的真空。随着人类社会生活对网络的依赖性日益增加，对于国家、社会与公民具有重要意义却未被纳入刑法保护范围的法益种类将不断出现，在言论犯罪所涉及的法益侵害上，刑法的保护范围需要随之不断扩展。①

（二）司法适用

网络诽谤与言论自由的关系一直是司法实践中对失范言论是否该动用刑事制裁的关键问题。与网络诽谤言论有关的著名案件，如“彭某诗案”、“吴某全案”、“河南灵宝帖案”、“山东曹县帖案”，在这几个案例中，行为人都是在网络上对国家机关或者国家机关工作人员的一些行为进行了抨击和批评，都被以诽谤罪立案。越来越多的案例也反映出，在公民行使网络监督权时，自身的权利很容易被公权力侵犯，诽谤罪被滥用的现象也越来越多。在生活中，行为人很多时候只是针对某个人或者某件事情表达了自身的看法，由于网络的特殊性而引起了相关部门的过度关注和打击。刑法对这种行为的限制，必然会在宪法所规定的言论自由权和公民的监督权之间产生冲突。

同时，在审判实践中，通过从中国裁判文书网检索近段时间与言论有关的裁判文书，以“言论自由”为关键词进行检索，搜到相关的有效裁判文书共 1710 份，其中刑事案由 98 件、民事案由 1454 件、行政案由 156 件、国家赔偿案由 2 件。通过对搜集到的 98 件涉言论的刑事案件进行深入分析，发现如下特点：

---

① 参见季境、张志超主编：《新型网络犯罪问题研究》，中国检察出版社 2012 年版，第 12 页。

第一,在言论失范范畴,网络层面传播邪教组织的犯罪行为频发。在此类案件中,被施以刑罚处罚的犯罪分子对法律适用的判决定性争议较大。在收集到的与网络言论相关的案件中,进入二审程序的案件有28件,其中主要为利用通信网络传播邪教宣传品(包括图片、文字、电子书籍等),阻碍国家法律的实施,破坏社会秩序的正常运行。在这些案件中,犯罪分子的犯罪行为多与传播“法轮功”邪教组织有关,犯罪的行为与途径为口头传播、发送手机短信、发放宣传单、制作邪教资料利用网络进行宣传等,当事人对此类判决的争议较大。

第二,在公民言论重大失范的范畴,很多网络言论案件被定性为寻衅滋事罪。在收集到的涉网络言论案件中,判决为寻衅滋事罪的案件有16件,多数案件与公民发布上访信息有关,也有部分案件为在网络平台上发布恐吓信息,造成他人恐慌的行为。这些言论类寻衅滋事的表现形式一般为:多次在网络上发布恐怖信息、发布与事实严重不相符的虚假信息而被网民广泛点击与阅读;利用网络建立群聊、贴吧、论坛等,发布上访言论、鼓动上访行为;违反信访规定,多次提出信访事项等。在相关涉及网络层面的不良言论时,寻衅滋事罪的使用率很高,言论型的寻衅滋事不仅与依附于网络空间上的不法言论所造成的他人心理上的恐慌进而影响现实社会秩序的平稳运行有关,也与现实生活中散布不法言论用以对抗公权力的违法上访等行为有关。

第三,从言论案件的判决来看,被处以刑罚的案件大都涉及公民言论对社会管理秩序的严重侵犯。在这98例涉及言论的刑事案件中,关于邪教组织传播的案件一共有54例,在这些案件中,邪教组织传播的手段多种多样,手机短信传播、视频传播、电子书籍传播等多样化的传播方式给社会秩序的平稳发展带来了严重冲击,被处以刑罚处罚的犯罪分子很多是因为前期犯了同样的行为被处以了行政处罚,再次违法之后而被予以了刑法规制。① 还有就是言论型寻

---

① 参见贵州省六盘水市中级人民法院刑事裁定书,(2021)黔02刑终26号;广东省惠州市中级人民法院刑事裁定书,(2020)粤13刑终173号;吉林省松原市中级人民法院刑事裁定书,(2019)吉07刑终193号;广东省惠州市中级人民法院刑事裁定书,(2018)粤13刑终201号;陕西省宝鸡市中级人民法院刑事裁定书,(2017)陕03刑终171号;江西省九江市中级人民法院驳回申诉通知书,(2017)赣04刑申11号;江苏省盐城市中级人民法院刑事裁定书,(2016)苏09刑终98号。

衅滋事行为给社会秩序带来冲击,在这类情况下,公民的网络言论既有针对特定多数人的,也有针对不特定多数人的,言论的点击与阅读量成为刑法介入的重要标准。[①]

可见,在司法实践中,寻衅滋事罪作为一种兜底性罪名,在一些有争议的案件中使用较为频繁,在案件的定性上,很多判决书对于虚假信息的认定并不统一,且在涉及相关的网络层面的虚假、恐吓型信息时,多以寻衅滋事罪判处刑罚;同时,在审判实践中,通过信息网络传播邪教宣传品的行为也被视为一种言论思想的表达。在实践部门对网络失范言论的适用理念上,对严重扰乱社会秩序的失范言论的打击尤为明显,对言论犯罪行为过于敏感,对言论的真实性缺乏认真考证,存在直接认定言论错误且触犯法律的极端思维。

三、网络失范言论规制之立法建言

(一)准确厘定"虚假信息"的范围

刑事立法中对虚假信息的规定存在边界不清的问题,需从刑法解释上对谣言、信息等术语加以细化,处理好谣言与虚假信息之间的关系。

立法明确规定了传播四类虚假信息的行为属于犯罪行为,那么谣言是否属于刑法禁止的虚假信息?在理论上,多数学者认为应该从中立的角度去定义谣言,强调谣言是一种未经证实的言论,而非一种具有主观恶性传播目的的虚假言论。[②] 对于谣言动用法律予以规制时,需要先对谣言的真假进行认定,认证确属虚假信息且能产生较大社会危害时,才能用法律手段予以规制。故谣言具有两个对立面:一方面,在经过证实后确属真实信息;另一方面,在经过证实后属

---

① 参见四川省邻水县人民法院刑事判决书,(2020)川1623刑初78号;江苏省盐城市中级人民法院驳回申诉通知书,(2020)苏09刑申33号;上海市第一中级人民法院刑事裁定书,(2019)沪01刑终2020号;安徽省铜陵市中级人民法院刑事裁定书,(2018)皖07刑终108号;山西省长治市中级人民法院刑事裁定书,(2018)晋04刑终144号;宁夏回族自治区吴忠市利通区人民法院刑事判决书,(2018)宁0302刑初344号。

② 例如,学者刘代华认为谣言并不等同于不实的言论信息(参见刘代华:《披露疑似疫情属于义务冲突下的正当化行为》,载《中国法律评论》2020年第2期);学者姜涛认为谣言未经证实未必就是虚假言论,它是一种包含规范判断的言论(参见姜涛:《网络谣言的刑法治理:从宪法的视角》,载《中国法学》2021年第3期)。持相同观点的学者还有孙万怀、卢恒飞等。

于虚假信息。从言论性质来看，谣言与虚假信息之间应该是一种包含与被包含的关系，虚假信息可以包含谣言，但谣言不全是虚假信息。因而，在立法层面，对虚假信息予以规制时，应从刑法解释上加以明晰虚假信息的边界，特别需要对谣言这一基本术语的认定作出强化规定。

此外，刑法立法所设定的罪名对于虚假信息的范围规定过于狭窄，且在司法实践中存在认定不统一的情况，需对现行立法规定的虚假信息之外的其他信息进行正名与扩容。

刑法制裁虚假信息犯罪，存在将不针对特定主体的妨害社会秩序的虚假信息直接认定为虚假恐怖信息的情况，却忽略了其他类型的具有很大危害性的虚假信息，这是刑法制裁这类犯罪的一个体系性不足，也形成了刑法处罚的真空。基于虚假恐怖信息与虚假的险情、疫情、灾情、警情在实质上属于价值判断与具体事实判断的关系，《刑法》第 291 条之一第 1 款与第 2 款规定的信息内容都可以将以上信息视为大层面上的虚假信息，因此，建议立法可以将虚假信息的内容进行全面的扩容，将《刑法》第 291 条之一第 1 款规定的“或者编造爆炸威胁、生化威胁、放射威胁等恐怖信息，或者明知是编造的恐怖信息而故意传播”的条文内容直接修改为：“或者编造虚假信息，在信息网络或者其他媒体上传播，或者明知是虚假信息，故意在信息网络或者其他媒体上传播，严重扰乱社会秩序的，处……”这样一来，对处于刑法处罚真空的部分虚假信息的规制就有了法律依据，也有了处罚正当性。

总之，刑法对于言论的规制，涉及对言论真实性的判定问题。根据信息真实性的不同，刑法对于能够纳入处罚范围具有严重社会危害性的虚假信息的界定应具有不同的判定标准。

（二）完善网络寻衅滋事的立法规范

寻衅滋事罪属于刑法体系中妨害社会管理秩序罪一章中适用率较高的一个罪名，对一些犯罪行为的规制起到了拾遗补阙的作用，在网络空间的言论犯罪中也不例外。[1] 在规范意义上，很难对寻衅滋事的行为作出一种全面、具体与类型化的描述。《网络诽谤解释》把网络言论型挑衅他人的行为规定为寻衅滋事罪，扩大了寻衅滋事犯罪的场所空间。这对一些失范言论适用寻衅滋事罪予以惩罚提供了形式上的合法性，但仍然缺乏实质上的正当性依据。

关于《网络诽谤解释》法律依据上的实质正当性，实则涉及刑法的罪刑法定原则。司法解释是没有权力创设新规则的，而《网络诽谤解释》对寻衅滋事罪的解释在一定程度上就是创设了新的规则。新规则将寻衅滋事罪适用于网络空间。尽管从给网络言论犯罪在法律上提供实质处罚理由来看这个规定具有合理性，但毕竟存在法源依据不足的问题。司法解释在当时扩大了寻衅滋事罪的适用空间。如果说基于当时的社会现状这样的设定是一种权宜之计，具有临时出台法律文件的必要，那么在《刑法修正案（九）》修改的时候却没有将这一规则直接上升为刑法典的规则，以致关于寻衅滋事罪成为新的“口袋罪”的认知日益强烈。这在很大程度上与没有解决寻衅滋事罪关于规制网络空间秩序的争议有关。

因此，立足于学界目前对网络空间秩序性特征的逐渐确认，需从刑法立法规范上对网络空间秩序加以明晰。《网络诽谤解释》在法源依据上的不足体现了立法者与司法者在针对网络言论型犯罪问题上处理理念的不同。在我国的刑事立法方面，存在立法者认为只要是司法解释已经解决的问题，立法就不再作专门回应的导向。尽管这种考虑确实可以降低立法成本，但是，从规则的设置来看，还是要注重其设立的正当性与合法性问题。故对于网络空间言论失范而引发的“寻衅滋事”最合适的解决方案是从刑事立法的角度来完善相应的规则，建议在寻衅滋事罪的立法条文上进一步对网络空间的寻衅滋事行为予以明确认定。

在全面依法治国的社会背景下，法律依据的充分性、合法性与正当性是至关重要的，在网络空间寻衅滋事的一些基本争议问题上，解决方案就是把利用

---

① 《网络诽谤解释》第 5 条规定：“利用信息网络辱骂、恐吓他人，情节恶劣，破坏社会秩序的，依照刑法第二百九十三条第一款第（二）项的规定，以寻衅滋事罪定罪处罚。编造虚假信息，或者明知是编造的虚假信息，在信息网络上散布，或者组织、指使人员在信息网络上散布，起哄闹事，造成公共秩序严重混乱的，依照刑法第二百九十三条第一款第（四）项的规定，以寻衅滋事罪定罪处罚。”

网络寻衅滋事的行为上升为一种立法规则，而不仅仅是一种司法规则。

四、网络失范言论规制之司法应对

言论型犯罪因其作为表现形式的"言论"本属于宪法所保护的一项基本权利而具有了宪法制约性。在司法实践过程中，对于网络言论型犯罪的打击应保持审慎，不断创新办案方式。

（一）坚持司法的谦抑性理念

公民的言论特别是在紧急状态下所吐露的恐慌情绪，是社会运行的自我保护机制，它能够加速信息的传播。因此，在处理与网络失范言论有关案件的过程中，区分行为人言论罪与非罪的界限时，司法人员应遵循司法的谦抑性理念。

个体认知能力的差异会导致人们对同一事物产生不同的言论内容。对同一事物，由于人们知识背景的不同、认知视角的不同、信息占有量的不同，完全可能会产生不同程度的认知，形成或摄取不同的信息。对此，执法机关应该坚持对个体的适度宽容态度。执法机关在面对虚假信息时，应充分考虑信息发布者、传播者在主观上的恶性程度以及言论者对事物的认知能力。只要信息基本属实，发布者、传播者主观上并无恶意，行为客观上并未造成严重的危害，便可以宽容这样的"虚假信息"。尤其是在司法实践中应该对专业人士的专业判断具有更大的宽容性。曾引发舆论热议的"鸿茅药酒"事件以及在新冠疫情的产生与发展过程中产生重大影响的李医生等"吹哨人"事件，都是具有专业资格的医生所发布的言论，且不说言论的内容是否全部属实，但对这些具有专业资格的人所发布的言论的态度理应保持宽容态度，小心求证，而不是随意进行打击。

同时，在对失范言论进行刑事处理之前，有许多其他的前置治理措施，如封禁网络主体的账号、对虚假信息进行驳斥等。涉网络言论犯罪的行为在入罪前要督促行政机关履行其应尽的义务，刑法的评价不要过早地介入到网络失范言论的治理中。否则，刑法对言论超出限度的打击会使司法走向法律正义价值的反面，也会削弱相关部门的公信力。

坚持司法应对网络言论犯罪的谦抑性立场，需要坚持宪法的基本原则和基本法理,要对不良言论的入罪化谨慎思考,小心动用刑事制裁措施。[①] 刑事司法领域在治理网络失范言论时应该合理审慎地适用刑法。在不损害社会和他人合法利益的前提之下,依据案件的具体情况进行危害性之评析。在刑法之外,还存在行政法、经济法、民商法等其他法律部门,除法律规制手段外,还存在道德、习惯以及其他非正式的社会治理方式。当其他的规制言论失范的方法可以制止这种行为的不法,充分保护法益之时,就无须动用刑事司法手段。

(二)创新言论犯罪的治理方式

在司法机关认定网络言论犯罪的过程中,可以对言论的主体、言论的内容树立一种类型化的认定理念,从而对某一言论行为是否应予以规制、如何予以规制迅速作出判断;在实践过程中应当不断创新网络犯罪治理手段,注重技术防控与法律规制,尝试构建专门的网络言论犯罪办案团队。

第一,根据刑法规范对言论主体以及言论内容进行类型化区分。在网络空间中,不同的网络主体拥有不同的网络账号,有个人账号也有企业账号,有匿名账号也有实名账号。基于言论主体的隐蔽性,有关机关很难查清言论背后的具体主体,但根据所发布的言论信息内容可以作出基本的方向认定。在认定犯罪的实践操作中,可以先树立起一种网络言论主体的类型化思考。例如,可以将言论主体根据言论所指称的对象分为具有专业知识的人所发布的专业领域的言论、不具有专业知识的人所发布的需要特定专业背景为支撑的言论、一般公民发布的高认知信息、一般公民发布的低认知信息,以及主观恶性明显的诋毁信息等。在明晰因虚假言论所产生的具体社会危害之后,对不同的言论主体所发布的言论信息予以不同程度的宽容对待,但对主观恶性明显且已产生较大社会危害的犯罪行为绝不容忍。同时,根据刑法现有言论犯罪体系的指引,在实践中,有目的性地对公民言论的内容进行类型化区分,例如,对国家层面的言论信息、公共秩序层面的言论信息、个人层面的言论信息等内容,予以不同程度的关注与违法犯罪层面的界定。

第二,要同等重视法律制裁和技术防控在打击网络失范言论上所发挥的作

---

① 参见姜涛:《网络谣言的刑法治理:从宪法的视角》,载《中国法学》2021 年第 3 期。

用。网络空间是由信息技术组建出来的空间,技术犯罪是网络犯罪的主要显现形式。在司法实践中,网络言论型的犯罪因发生在网络平台而具有了和其他网络犯罪很多相似的特征,维护网络空间的秩序,技术的作用前所未有地凸显出来。网络失范言论的表现有直接侵害网络、扰乱网络秩序的行为,最典型的就是网络诽谤行为;也有以网络言论为媒介进行其他犯罪的行为,最典型的就是利用信息网络偷偷建立专门的论坛,发布制售违禁物品的言论。犯罪的技术性特征是网络犯罪的重要表现,法律制裁与技术防控在规制网络相关犯罪的问题上不可相互取代。因此,在司法实践中,在维护网络安全方面,技术防控是针对未受侵害的系统的保护,对于一些言论型犯罪,充分有效的技术防御可以将多数网络犯罪拒之门外;法律制裁着眼于网络不法行为事后的惩戒,是防范网络犯罪行为的第二道防线,司法机关应当加强与相关技术部门的合作,树立起技术防控与法律制裁双管齐下的司法适用理念。

第三,面对互联网领域的违法犯罪行为,创新网络犯罪的办案方式。建立跨部门的网络型犯罪之办案团队,属于一种前沿性的尝试。网络言论犯罪作为纷繁复杂的网络犯罪中的一种类型,可以尝试构建专门的网络言论犯罪办案团队,建立起网络领域失范言论案件认定的专人专办机制,全面负责这种类型案件的办理,及时清理有害的言论性信息,同时加大对不同类型言论犯罪的个案研究力度,用最新的网络知识去处理最新的互联网世界的言论犯罪。实践部门与理论研究机构加强合作与交流,创新办案理念,总结案件办理的认定方法与规律,建立起网络办案的数据性思维,为今后在实践中办理同类型的案件提供一种具体且可供操作的司法实践指引。

总而言之,就言论型犯罪而言,传统刑法理论与刑事立法在飞速发展的网络技术时代所引发的犯罪上略显滞后,除针对网络犯罪进行现有罪名体系的构建与完善外,还需要积极探寻传统刑法之罪名体系延伸适用于网络空间的模式与方法,以及在“双层社会”背景下的网络言论犯罪的司法应对方式,不断创新办案机制,为网络言论型犯罪治理提供刑法后盾与规范保障。

P2P 网络服务知识产权中的刑事责任问题研究*

王　锐**

摘要:随着 P2P 技术的不断发展和普及,社会公众在未经授权的情况下获得和使用他人作品的能力得到了扩张,导致著作权人的经济利益的流失。如何借助刑法对 P2P 网络服务进行规范,以加大对侵权行为的打击已经成为一个亟待解决的问题。本文在对 P2P 网络服务商 P2P 网络用户的刑事责任分析的基础上,对 P2P 网络服务的刑法规制问题进行研究。

关键词:P2P 知识产权　刑事责任　网络服务

P2P 是英文 Peer - to - Peer 的缩写,中文意思是"对等互联"或"点对点"技术,是一种不需要经过中继设备就能直接交换数据或服务的技术。P2P 技术的本质是,整个网络结构中不存在中心节点(或中心服务器)。在 P2P 结构中,每一个节点(Peer)大都同时具有信息消费、信息提供和信息通信三个方面的功能,在 P2P 网络中每一个节点所拥有的权利和义务都是对等的。在这种软件的作用下,用户之间可以直接共享存储于本地的文件和数据,甚至可以共享包括 CPU(中央处理器)处理能力在内的计算机资源。所有用户既是客户机又是服

---

* 本论文曾发表在《知识产权》2010 年第 3 期。论文标题和内容有改动。

** 女,河南平顶山人,法学博士,现任抖音集团诉讼法务法律运营总监。

务器,既是资源的提供者,也是使用者和受益者。它们的角色、行为、责任和义务都是对等的。P2P 网络服务的出现打破了著作权体系中公有领域和私有领域的界限,大量的未经授权的音乐、电视、电影、图片、软件等作品通过 P2P 软件成为网络上的免费共享信息,从私有领域进入了公有领域,社会公众获得和使用这些未授权的版权作品的能力得到了扩张,导致著作权人的经济利益流失。

多数观点认为,P2P 网络服务在实质上属于一种网络盗版行为,属于侵犯著作权①。尽管相关主管部门于 2007 年开始对 P2P 下载站的盗版问题加大打击力度,实践中也存在对 P2P 以民事侵权裁判的案例,但各种 P2P 的下载网站层出不穷,屡禁不止,甚至用户群呈现几何级数增长的趋势。面对这些矛盾和冲突,如何将刑法引入对 P2P 网络服务的限制和规范,以加大对侵权行为的打击力度,已经成为一个亟待解决的问题。在 P2P 网络服务的行为过程中,涉及两种主体——P2P 网络服务商和 P2P 网络用户,每种主体都有特有的行为方式。下面,笔者将从这两种主体的刑事责任入手,对 P2P 网络服务的刑法规制问题进行深入研究。

一、P2P 网络服务用户的刑事责任分析

作为 P2P 网络服务的用户,有两种基本的行为方式:一是通过 P2P 网络服务搜索并下载自己所需要的文件资源;二是将自己电脑中的他人作品置于“共享目录”供其他 P2P 用户下载使用。

(一)源文件上传者的刑事责任分析

所谓源文件,是指 P2P 平台上的完整文件档案链接,其他用户通过该文件可以自动找到提供文件下载的电脑并进行下载。也就是说,当 P2P 网络服务用户在未经著作权人授权的情况下,将自己所有的他人著作权作品放在共享目录中供其他用户下载使用时,这个数字形式的完整的著作权作品文件就是源文件。需要指出的是,“源文件上传者”指的并不是第一个将著作权作品置于公众领域的网络用户,而是一个提供完整著作权作品文件供他人随意下载的群体。

① 参见崔立红、郝雷:《P2P 技术相关版权侵权问题研究》,载《法学论坛》2006 年第 2 期。

在 P2P 网络服务模式中,“上传”行为就是指 P2P 网络服务用户主动将自己计算机中的著作权作品放置在“共享文件”或者明知下载的文件会被 P2P 软件自动设置为“共享文件”而仍然下载,由此使其他用户能够搜索到被“共享”的著作权作品并且下载使用的行为。

1. 侵犯著作权罪

由于源文件上传行为会导致著作权作品经网络反复下载并进一步传播,其危害性相当严重。对于此种将自己计算机上存储的作品通过 P2P 软件上传给他人的行为是否属于《刑法》第 217 条中的“发行”行为呢?

传统意义上的“发行”是指以出售或者赠与方式向公众提供作品的原件或者复制件。在美国 Nap - ster 案中,法院扩张解释了“发行”的内涵,认为将数字化的作品置于“共享目录”之下供其他用户下载的行为构成对作品的发行,是对著作权人“发行权”的侵犯,并因此认定 P2P 网络用户将未授权的著作权作品非法提供给其他人下载,侵犯了著作权人的发行权。但是在加拿大的类似案件中,法官却认为要构成版权法意义上的“发行”行为,需要设置“共享目录”的用户有“积极的行为”,如将复制件发出去,或者扬言这些复制件可以被复制。

为了应对网络技术发展对著作权制度的冲击和影响,我国也对原有的“发行概念”作了进一步解释。2004 年生效的《关于办理侵犯知识产权刑事案件具体应用法律若干问题的解释》第 11 条第 3 款规定,通过信息网络向公众传播他人文字作品、音乐、电影、电视、录像作品、计算机软件及其他作品的行为,应当视为《刑法》第 217 条规定的“复制发行”。

因此,P2P 网络服务用户未经著作权人授权,将他人著作权作品上传至“共享目录”中供其他用户下载的行为,应当能够被认定为《刑法》第 217 条的“发行”行为。

其他国家规定非法上传行为达到一定严重程度就可追究其刑事责任,而我国刑法中侵犯著作权犯罪有一个必备的主观要件——以营利为目的,而且还要符合违法所得数额较大或者复制发行著作权产品数量多的条件。

《关于办理侵犯知识产权刑事案件具体应用法律若干问题的解释》第 11 条第 1 款规定,以刊登收费广告等方式直接或者间接收取费用的情形,属于《刑法》第 217 条规定的“以营利为目的”。目前大部分的 P2P 网络用户都是秉承着一种“人人为我,我为人人”的公益互助目的自发进行上传行为,没有任何营利的行为,缺乏“以营利为目的”的主观要件,根据我国现行刑法及相关法律法规和司法解释不可能构成犯罪。但是,网络上也越来越多地出现一种间接收费行为,即在上传的视频文件中,镶嵌网站信息或者游戏广告,通过向广告主收取费用的方式谋取利润,此种行为符合上述法律规定的间接收取费用的情形,能够被认定为符合“以营利为目的”的主观要件。

由此可见,网络环境中,在未经著作权人授权的情况下以上传的方式将著作权作品提供给他人下载,在具备“以营利为目的”以及“违法所得数额较大”的构成要件时,能够被认定为侵犯著作权罪。

2. 涉及的其他罪名

在 P2P 网络服务中,由于所有用户的信息交互都处在一种无监管的自助状态中,因此大量淫秽电子信息也混杂在未经授权的作品里并充斥整个网络空间,因而构成侵犯著作权罪的同时,也可能符合其他罪名的构成要件,那么在定罪处罚时应该按照想象竞合犯的相关处罚规定论处。

例如,构成传播淫秽物品牟利罪。我国《刑法》第 363 条规定:“以牟利为目的,制作、复制、出版、贩卖、传播淫秽物品的,处三年以下有期徒刑……”根据 2009 年 8 月 27 日第十一届全国人民代表大会常务委员会第十次会议修正的《关于维护互联网安全的决定》第 3 条第 5 项规定,“在互联网上建立淫秽网站、网页提供淫秽站点链接服务,或者传播淫秽书刊、影片、音像、图片的”,依照刑法有关规定(现行《刑法》第 363 条、第 364 条)追究刑事责任。按照以上有关传播淫秽物品牟利罪的相关法律规定,P2P 网络用户如果以营利为目的,将淫秽信息复制至“共享文件”供其他 P2P 网络用户下载使用的,符合此罪的构成要件。

再如,构成传播淫秽物品罪。我国《刑法》第 364 条第 1 款规定:“传播淫秽的书刊、影片、音像、图片或者其他淫秽物品,情节严重的,处二年以下有期徒刑、拘役或者管制。”因此,即使是没有营利的目的,P2P 网络用户将淫秽信息非法上传的行为,也符合此罪的构成要件。

(二)P2P 用户下载行为的刑事责任分析

从他人“共享目录”中搜索、下载自己需要的文件资源可以说是 P2P 网络用户最主要的行为方式,也是 P2P 网络服务发展的核心。这一行为将导致用户的硬盘上出现与原件完全相同的复制件,而且这一复制件是可以稳定存在,并被反复利用的“永久性复制件”,制作这种复制件的行为已经构成了《刑法》第 217 条侵犯著作权犯罪中所规定的“复制”行为。

非法下载用户是否要承担刑事责任呢?这一问题在国内外法学和司法实务界是有争议的。法国、德国和日本皆规定了非法下载情节严重的可能构成刑事犯罪,而澳大利亚、加拿大和英国则仅规定了民事责任。关于非法下载用户在我国的法律体系中是否要承担刑事责任,还要从其社会危害性和刑事违法性这两个犯罪的本质要件出发进行分析。

关于 P2P 网络用户的非法下载行为,由于其用户数量巨大且无须向著作权人支付任何费用,因此严重影响了著作权产品在正常市场中的销量,给著作权人带来了巨大的经济损失。据中国电信运营商的统计,2007 年我国 P2P 数据流量白天占互联网总流量的 35%—60%,晚上甚至高达 50%—90%(而在美国 P2P 网络服务数据流量仅占 12%)。[①] 这对著作权人合法利益的危害可想而知。因此,P2P 网络用户的下载行为已经给著作权人,出版、唱片等行业造成了巨大的影响,具有一定的社会危害性。

但是就其刑事违法性来说,由于下载行为缺乏以“营利为目的”这一主观构成要件,因此按照罪刑法定的原则,未经著作权人授权的非法下载行为仅仅构成民事侵权,在我国目前的刑事法律框架中,不构成犯罪。

二、P2P 网络服务商的刑事责任分析

网络服务商(Internet Service Provider,ISP),是指在网络空间提供网络信息及相关服务的主体,是网络信息传达、输送的枢纽。一般来说,网络服务商可以

---

① 参见《邬贺栓称中国 P2P 流量是美国的数倍带宽还不够宽》,载《中国有线电视》2007 年第 12 期。

分为两类:网络链接服务商和网络内容提供服务商。通过前文的分析,以营利为目的通过网络传播未经授权的著作权作品,违法数额较大或者有其他严重情节的,构成侵犯著作权罪,但是当 P2P 网络用户在实施侵犯著作权的犯罪行为时,P2P 网络服务商是否构成犯罪则还没有定论。

(一)P2P 网络链接服务商的刑事责任分析

明知他人在 P2P 网络中非法上传或者下载未经授权的著作权作品,仍然为其提供互联网接入,或者为用户办理互联网接入后发现该用户利用互联网实施非法上传或者下载行为而没有中止网络服务的,是否构成不作为的共同犯罪呢?笔者认为不构成不作为的共同犯罪。

一般认为,成立不作为犯罪在客观方面应当具备三个条件:首先,行为人负有实施某种作为的特定法律义务,这是构成不作为的前提条件。其次,行为人有能力履行特定法律义务,这是不作为成立的重要条件。如果行为人不具有履行特定法律义务的可能性,也不可能成立不作为。最后,行为人没有履行作为的特定法律义务,这是不作为成立的关键条件。在共同犯罪的主观要件上,需要行为人有共同的犯罪故意。

网络系统是一个非常特殊的平台,其传送信息的高速以及传输、发送信息的巨大容量,使承担互联网的接入服务的网络链接服务商很难在链接的瞬间对难以计数的各种网络信息辨别真伪,甚至可以说任何人都无法做到这一点。尽管网络链接服务商有义务制止严重危害社会后果的发生,但由于他根本没有能力履行这种义务,因而不可能要求他去承担法律责任。正如有学者所言,网络链接服务商无须对网络用户利用网络实施的犯罪承担刑事责任,犹如电信公司无须对用户利用电信设备实施的犯罪行为承担刑事责任一样,尽管他有义务制止严重危害社会后果的发生,但他根本没有能力履行这种义务。[①] 因此,认为 P2P 网络链接服务商和实行侵犯著作权犯罪行为的 P2P 用户构成共同犯罪是缺乏法律依据和现实可操作性的。

---

① 参见彭文华:《网络服务商之刑事责任探讨》,载《佛山科学技术学院学报(社会科学版)》2004 年第 3 期。

(二)P2P网络内容服务商的刑事责任分析

1. P2P网络内容服务商与P2P网络用户构成的共同犯罪

P2P网络内容服务商的行为性质,根据P2P技术的发展过程有所不同。对于早期的P2P技术而言,终端用户使用P2P软件必须依赖于网络内容服务商提供的编目和检索服务。换言之,网络内容服务商与终端用户之间存在一种持续性关系。当网络内容服务商主观上明知网络用户正在利用其提供的服务实施侵犯著作权的犯罪行为时,应及时采取措施予以阻止,如果放任上述行为的继续,从而对著作权人造成损害,则是在具有主观故意的情况下,为犯罪行为提供了实质性帮助。因此,在此种情况下,P2P网络内容服务用户在行为性质上构成侵犯著作权犯罪的实行犯,而P2P网络内容服务商则因其提供编目、检索服务以及高速数据传输技术,构成了侵犯著作权犯罪的帮助犯。

经过多年的快速发展,目前在网络空间中流行的P2P技术已经发展到了一个新的阶段,即不需要中央服务器来进行P2P链接帮助和共享文件搜索,具有直接搜索其他同类软件用户计算机中“共享目录”的功能。[①] 在这种分散式P2P网络服务中,数据是在P2P网络用户之间直接进行交互,并未经过提供P2P网络服务的网站。但是,P2P网络用户下载并安装P2P软件后,只有在开机并且启动P2P系统之后才能自动登录到P2P网站并在此平台上进行数据上传及下载。

P2P网络内容服务商的作用在于帮助用户进行共享文件的整理、搜索、定位与连接。虽然这些服务器保存的并不是共享文件的本身,而只是一个索引,但是通过这些索引,P2P网络内容服务商能够获知和识别特定文件的大致内容,并且可以通过其服务器对P2P网络内容用户的传输行为进行一定程度的了解和控制。在此种情况下,尽管P2P网络内容服务商对于未经授权的著作权作品没有任何的参与或者控制意图,但是P2P网络服务与其网络用户成功地非法传输非授权著作权作品之间形成了刑法上的因果关系,在行为形式上与侵犯著

---

① 参见秦天宁、谢杰:《提供P2P网络服务:侵犯著作权罪帮助犯的刑事责任解析》,载《科技与法律》2009年第4期。

作权罪帮助犯的行为相吻合。通过以上的分析可以得出,依照我国的现行法律,对于分散型的 P2P 网络内容服务商来说不存在共同犯罪的问题,但是对于混合型和中央型的 P2P 软件,如果网络内容服务商利用其服务器对侵权作品进行搜索并保存作品目录索引以帮助用户非法下载,且又通过广告等宣传方式积极鼓励、诱导 P2P 网络用户进行非法下载的,就同 P2P 网络用户一起构成侵犯著作权犯罪的共同犯罪。

2. P2P 网络内容服务商的帮助故意

追究 P2P 网络内容服务商侵犯著作权罪帮助犯刑事责任的关键,在于正确辨识帮助故意。一般来说,帮助故意包括两个方面,即犯罪故意和帮助共犯的意思联络。

(1)犯罪故意

基于帮助传输侵权复制品的主观心理而提供 P2P 网络服务的犯罪故意表现为直接故意和间接故意两个方面。

直接故意可分为两种情况,一是提供 P2P 传输服务的网络内容服务商明知相关用户通过网络传播侵权作品,决意提供技术支持的(作为的帮助犯);二是提供 P2P 传输服务的网络内容服务商明知相关用户通过网络传播侵权作品,而不采取必要措施制止犯罪行为(不作为的帮助犯)。

依据刑法理论,帮助行为既可以是作为,也可以是不作为。在法律上,对实行犯的犯罪行为具有防止义务的人,故意不履行该义务的,就是不作为的帮助犯。根据我国法律规定,网络服务提供者在特定条件下,对于网络上的违法犯罪行为和有害信息负有采取技术措施制止、移除义务。网络服务提供者不制止、移除相关内容即存在构成不作为犯罪的可能性。这点在网络著作权犯罪领域得到了立法支持。

间接故意体现在网络内容服务商认为相关用户可能传输侵权复制品,放任侵犯著作权后果的发生。需要注意的是,2006 年最高人民法院发布的《关于审理涉及计算机网络著作权纠纷案件适用法律若干问题的解释》(已失效)第 4 条、2013 年国务院修订的《信息网络传播权保护条例》第 23 条、2008 年 12 月提交全国人大常委会审议的《侵权责任法(草案)》第 34 条规定的主观过错是“明知”,即只有在明知的情况下方可构成间接侵权。但是在刑法领域,在不“明知”

的情况下，亦可构成间接故意。理由如下：根据《刑法》第 217 条的规定，侵犯著作权罪的构成须“以营利为目的”，如果行为人通过网络传播侵权作品的目的并不存在或不明确，但是由于追求商业利益目的的存在，其对自身的行为客观上帮助了侵权人传播侵权作品仍然是有明确认识的，根据刑法理论，与明知自己的行为可能发生危害社会的结果，并且放任这种结果发生的心理态度是相吻合的。

（2）意思联络

作为侵犯著作权犯罪的帮助犯，对共同故意的考察除犯罪故意外，还需要对意思联络加以探讨，即共犯人认识到自己不是在孤立地实施犯罪，而是在和他人一起共同犯罪。只有通过意思联络，各共同犯罪人的个人犯罪故意，才能结合成一体，形成共同犯罪故意。作为新生事物的 P2P 网络服务发展至今，由于缺乏有效的法律规制，对传统著作权法律体系、出版业等造成了巨大冲击。纵观人类历史的每次技术革命，无不是新事物受到旧观念和旧制度的约束和反驳，经过长期斗争和博弈，新旧事物最终达成一种利益平衡状态。P2P 网络传播技术也是如此，它虽然给著作权人带来了利益威胁，引起了著作权人的不安和反击，但相信随着互联网的发展逐渐步入正轨，P2P 网络服务一定能够回归网络的本质，并与著作权事业和谐发展。

高空抛物入刑的正当性、合理性及其罪名分析

黄佳蓉*

摘要:高空抛物入刑与否,有必要考察其入刑的正当性。从法理的角度比较民法、刑法的不同功能,高空抛物入刑的正当性在于:第一,高空抛物行为本身应受非难,有利于实现报应主义;第二,有利于预防、遏制高空抛物行为;第三,集中办案资源,有利于查清责任人。既然有入刑必要,科学、合理地制定高空抛物条款则是重中之重,尤其表现在类罪归属问题上,高空抛物条款归入刑法分则第六章更为合理。因此,《刑法修正案(十一)》施行后,应准确认定高空抛物罪的犯罪构成,厘清高空抛物罪与以危险方法危害公共安全罪之关系,妥善处理高空抛物案件,维护公民"头顶上的安全"。

关键词:正当性　公共安全　以危险方法危害公共安全罪　高空抛物罪　溯及力

当我们提及"高空抛物致人损害"一词时,大多数法律人可能联想到的是

* 男,江西新余人,法学硕士。

《民法典》第1254条。[①] 民法上的高空抛物侵权条款的最大特点是:适用的前提是无法查清真正的行为人,侵权责任的成立基于行为推定。适用过错责任的情形,因其为原则而在民法上一般不作讨论,这是我们的“前见”。而跳出我们已有的“前见”,刑法规制高空抛物行为的前提是能够查清行为人,刑事责任的承担基于因果关系。“高空抛物致人损害”虽然在两个部门法之间指代的是不同事物,适用的前提不一,但是在规制高空抛物行为的作用力上,高空抛物行为的民法、刑法调整规则扭结成一股“合力”,都发挥着保护公民“头顶上的安全”的作用。

高空抛物行为虽已有民法规制,但此种行为纳入刑法的调整范围引起了学界的争议,即针对高空抛物行为,要不要立法,如何立法?因此,本文对“高空抛物入刑”探讨以下问题:(1)是否有必要以刑法规制高空抛物行为?(2)高空抛物入刑规定从《刑法修正案(十一)》(一审稿)再到《刑法修正案(十一)》(二审稿)有何种转变?(3)《刑法修正案(十一)》颁布施行后,如何准确认定高空抛物罪的犯罪构成?(4)《刑法修正案(十一)》能否溯及适用?

一、高空抛物入刑的正当性

高空抛物又被称为“悬在城市上空的痛”。痛在何处?有研究表明:一个30克的蛋,从4楼抛下来就会让人起肿包;从8楼抛下来可让人头皮破损;从18楼甩下来就可砸破行人头骨;从25楼抛下可使人当场死亡。[②] 新闻报道的高空抛物致人非死即伤的例子不胜枚举。因此,针对高空抛物的社会现象,学界产生了高空抛物行为是否入刑的不同意见。有学者认为高空抛物入刑是情绪性立法的表现,进而呼吁删除《刑法修正案(十一)(草案)》高空抛物入刑之规定。[③] 本文对否定高空抛物入刑的观点持反对意见,主要理由如下。

---

① 《民法典》第1254条第1款规定:“禁止从建筑物中抛掷物品。从建筑物中抛掷物品或者从建筑物上坠落的物品造成他人损害的,由侵权人依法承担侵权责任;经调查难以确定具体侵权人的,除能够证明自己不是侵权人的外,由可能加害的建筑物使用人给予补偿。可能加害的建筑物使用人补偿后,有权向侵权人追偿。”

② 参见朱珠:《高空抛物后果严重可入罪》,载《上海人大月刊》2016年第4期。

③ 参见韩轶:《刑法更新应坚守谦抑性本质——以〈刑法修正案(十一)(草案)〉为视角》,载《法治研究》2020年第5期。

(一)高空抛物行为的民法规制

高空抛物行为的法律调整规则最初是“法官造法”。最为人熟知的两个案例分别是“重庆烟灰缸案”“济南切菜板案”,虽然两案判决结果(高空抛物侵权责任的成立与否)大相径庭,但最终在司法实践中往往沿用了这样一种规则:难以确定具体侵权人的,除能够证明自己不是侵权人之外,由可能加害的建筑物使用人给予补偿。假使能够找到侵权人,适用过错责任,自不待言,但往往存在的情况是加害人不明,由此给受害人带来巨大的人身和财产的损害谁来承担呢?设置侵权责任法的功能,在本质上是保障人的自由,但在这样的情况下,特别地让位于“公平分担损失规则”[①],即由可能加害的建筑物使用人补偿。有论者指出,在现代社会充满风险的情况之下,高空抛物行为的法律规则不应当规定具体的侵权人不明的情况,而应当设立一种特别的基金来保障受害人的损失,以免造成更多的不公平。[②] 可以说,高空抛物的民法调整规则亦受到民法学界的争议,但总体来看,此种侵权责任成立比责任不成立更好。[③] 及至《民法典》时代,高空抛物的民法调整规则由《侵权责任法》第87条[④]修改为《民法典》第1254条。

(二)民法规制的不足与入刑的必要性

即便《民法典》第1254条在《侵权责任法》第87条的基础上增加了物业服务企业等建筑管理人的安全保障义务,强调公安等公权力机关及时介入、调查取证的义务,但存在如下问题:

第一,高空抛物的民事责任规定始终存在一种非正义。“正义”一词最古老

---

① “公平分担损失规则”又称为“公平原则”,此前规定在《侵权责任法》第24条,后为《民法典》第1190条所取代,且“公平分担损失规则”的概念较“公平原则”的概念更为合理。

② 参见余小伟:《“公平责任”是否“公平”——以二十世纪新侵权法理论为视角》,载《政治与法律》2017年第12期。

③ 参见王成、鲁智勇:《高空抛物侵权行为探究》,载《法学评论》2007年第2期。

④ 《侵权责任法》第87条规定:“从建筑物中抛掷物品或者从建筑物上坠落的物品造成他人损害,难以确定具体侵权人的,除能够证明自己不是侵权人的外,由可能加害的建筑物使用人给予补偿。”该法现已失效。

的意义是哲学家所谓的报应主义,“报应”意味着“以眼还眼,以牙还牙”。行为人故意从高空抛掷物品,造成公民的人身和财产的损失,如果仅承担民事责任,那么就会让受害人承受巨大的不公。从客观方面来说,高空抛物行为侵犯公民的人身、财产权利,具有严重的社会危害性。从主观方面来说,实施高空抛物行为的公民在主观上对可能造成的危害结果是持故意、放任的态度,具有可非难的有责性。从报应主义的角度出发,仅凭承担民事责任是无法实现正义的。在现代社会,刑法早已摒弃了“以眼还眼,以牙还牙”“同态复仇”的古老做法,但始终蕴含着报应主义这一朴素的正义观念。高空抛物入刑的规定在解决民法上的此种不正义更具优势,有利于实现报应主义的正义。

第二,高空抛物的民事责任规定无法调整未发生的损害结果,但却存在具有相当危险性的高空抛物行为。例如,行人 A 将回家,正在单元楼下,此刻一块砖头砸下来,离自己仅仅距离 10 厘米。生死一瞬就这样毫无征兆地发生了。在现有的民事责任体系之下,无法追究抛掷砖头行为人的民事责任。民事责任一以贯之的做法是“无损害,无责任”。但不能否定的是,高空抛物行为本身具有极大的社会危害性,此种对高空抛物行为危险性的调整为民法所不能。另外,需要思考的是,抛砖人在刑法上是否承担刑事责任?抛掷砖头的行为人在《刑法修正案(十一)》施行之前,可认定为以危险方法危害公共安全罪。倘若行人 A 最终遭受了严重的实害后果,则可以根据具体情形分别适用故意杀人罪、过失致人死亡罪、故意伤害罪、过失致人重伤罪等罪名。[①] 但存在的问题是,以危险方法危害公共安全罪规制高空抛物行为在罪名适用上不恰当,有违罪刑法定原则之嫌疑,下文将详细阐述。

第三,高空抛物的民事责任规定的法律效果有限。民事责任与刑事责任的不同之一,即目的不同。民法是调整平等主体之间的人身和财产关系,民事责任旨在填补损失,将相关权益恢复到受害人受损之前的圆满状态,具有财产性。而刑事责任的目的更多是惩罚打击犯罪、预防犯罪。从预防犯罪的角度来说,高空抛物入刑更具有警示、教育意义,对遏制层出不穷的高空抛物现象有专门性的意义。另外,高空抛物的民事责任规定调整的是平等主体之间的侵权关

① 参见张明楷:《高空抛物案的刑法学分析》,载《法学评论》2020 年第 3 期。

系，在加害人不明的情况之下，仅依靠受害人的私人力量要实现证明的义务更是难上加难。就上文所举的例子，假使行人 A 在受损的情况之下，单单依靠自己，抛开实践中从起诉到执行的难处，单论行人 A 要实现证明加害人的义务，需全栋住户主动配合、行人 A 走访调查，这几乎是一个无法证明的难题，才衍生出了高空抛物条款的适用前提，即无法查清责任人，但此种“分摊”的做法亦备受争议。即使《民法典》第 1254 条第 3 款规定公安等机关应当依法及时调查，查清责任人，但在私法领域规定公法上的内容，强调公安等机关的义务仍然值得讨论。① 而对于该款的规定，法律规范应当同时具备构成要件和法律效果两个要素。笔者对该条款能否起到实际的作用持怀疑态度。与之相对应的是，刑事责任对于遏制、打击高空抛物行为具有较为明显的优势：一是公安机关可以集中办案资源，更有利于查清犯罪人；二是刑事责任的追究所带来的更为强烈的否定性评价，能够更好地起到预防犯罪的效果。

总而言之，民法关于高空抛物侵权行为规定的责任值得肯定，在无法查清责任人的前提下，仍然可以起到填补损失、预防高空抛物行为发生的功能，但限于民事责任的财产性，无法调整未发生损害结果的情形等使民事救济不充分：如果查清责任人，适用过错责任，限于民事责任的财产性，高空抛物行为本身应受到非难而没有受到非难，无法实现报应主义的正义，而未发生损害结果的受害人亦无法叩开民事诉讼的大门。因此，无论从部门法的比较视角来看，还是高空抛物行为本身所具有的犯罪本质特征，为保障公民的出行安全，维护公民“头顶上的安全”，高空抛物入刑具有正当性基础。

二、高空抛物入刑规定的合理性

高空抛物入刑具有正当性基础，一定程度上满足民众所期待的立法需求，上文讨论的是针对高空抛物行为要不要入刑的问题。但是如何科学立法则是另外一个问题，科学立法的核心在于尊重和体现客观规律。

从高空抛物入刑的制定过程来看，最高人民法院于 2019 年 10 月专门发布

---

① 参见孟祥沛：《连坐恶法岂能死灰复燃——论〈侵权责任法〉第 87 条及民法典编纂中的高空抛物责任》，载《上海政法学院学报（法治论丛）》2020 年第 3 期。

《关于依法妥善审理高空抛物、坠物案件的意见》(法发〔2019〕25 号,以下简称《审理高空抛物意见》)。《审理高空抛物意见》指出,对于高空抛物行为,应当根据行为人的动机、抛物场所、抛掷物的情况以及造成的后果等因素,全面考量行为的社会危害程度,准确判断行为性质,正确适用罪名,准确裁量刑罚。《审理高空抛物意见》其中所涉及的竞合罪名有以危险方法危害公共安全罪、故意伤害罪、故意杀人罪、重大责任事故罪。而在司法实践上,结合中国裁判文书网已经公布的案例来看,高空抛物罪还可能与故意毁坏他人财物罪、寻衅滋事罪以及过失致人死亡罪、过失致人重伤罪等罪名竞合。因此,在罪名竞合的情况下,司法实践中大量的高空抛物案件依据《审理高空抛物意见》认定高空抛物行为成立以危险方法危害公共安全罪。

(一)高空抛物入刑规定的转变

2020 年 6 月 28 日,初次提请全国人大常委会审议的《刑法修正案(十一)(草案)》第 1 条在《刑法》第 114 条中新增两款,[①]将“从高空抛掷物品,危及公共安全的”行为纳入刑法调整范围。有关高空抛物行为的法律条文规定在刑法分则第二章危害公共安全的犯罪。

2020 年 10 月 13 日,提请全国人大常委会审议的《刑法修正案(十一)(二审稿)》在刑法第 291 条之一后增加一条,作为第 291 条之二:“从建筑物或者其他高空抛掷物品,情节严重的,处一年以下有期徒刑、拘役或者管制,并处或者单处罚金。有前款行为,同时构成其他犯罪的,依照处罚较重的规定定罪处罚。”该规定归属于刑法分则第六章妨害社会管理秩序罪。高空抛物之入刑规定的“前后不一”,可谓根本性质上的转变。

(二)高空抛物入刑规定的类罪归属问题

从上述《刑法修正案(十一)》的两次审议稿对高空抛物条款的转变来看,高空抛物犯罪侵害的法益为何?有学者指出了高空抛物入刑的类罪归属问

① 《刑法修正案(十一)(草案)》在《刑法》第 114 条中增加两款作为第 2 款、第 3 款:“从高空抛掷物品,危及公共安全的,处拘役或者管制,并处或者单处罚金。有前款行为,致人伤亡或者造成其他严重后果,同时构成其他犯罪的,依照处罚较重的规定定罪处罚。”

题——高空抛物行为所侵害的法益到底是公共安全还是社会公共秩序。[①] 这一问题关乎刑事立法的科学性、高空抛物入刑的合理性。

要分析此问题，应当谨慎、仔细地考察第二章危害公共安全犯罪与第六章妨害社会管理秩序罪的核心概念——公共安全与社会管理秩序。公共安全中的“公共”是指“不特定”或者“多数人”。“不特定”是指犯罪行为可能侵犯的对象和可能造成的结果事先无法确定，行为人对此既无法确定也难以实际控制，行为造成的危险或者侵害结果随时可能扩大或增加；“多数人”是指“量”上的多数。[②] 考察高空抛物行为，如从高空扔下一个烟灰缸或者扔下一块菜板，此种行为所造成的随机性危险结果，很难说会造成多数人伤亡或者使危险结果进一步扩大，往往是砸中对象之后，该结果就会固定下来，不会进一步扩大。与此相反的是，《刑法》第 114 条规定的放火、决水、爆炸等手段所引起的危险结果则会危害到“不特定”或者“多数人”的安全，并存在危险结果扩大的可能，所以，把独立单一的高空抛物行为引起的危险结果解释为危害公共安全的结果难以周延。

本文认为上述高空抛物行为是独立单一的高空抛物行为，与连续多次的高空抛物行为相区分。就独立单一的高空抛物行为造成的单一、随机性的危险结果而言，不满足危害“公共安全”这一要素。而对于连续多次的高空抛物行为，其存在足以使多数人受到危害可能的，如此是否可认定为“以危险方法危害公共安全罪”？例如，蒋某某因家庭关系与父母产生矛盾，后蒋某某向其母亲要钱，被拒后用棒球棍将其母亲砸倒在地，再用棒球棍砸烂家中窗户玻璃、家电等物品，并至其父母卧室，将手机、平板电脑、水果刀及其他杂物从 14 楼扔下。部分物品砸落在小区公共道路上，致三辆机动车受损。本案为《审理高空抛物意见》实施后的首例判决，但有论者提出两点疑问：一是将蒋某某连续多次的高空抛物行为评价为“以其他危险方法”是否相当，“以其他危险方法”依照同类解释的规则，是与放火、决水、爆炸等方法危险性相当的方法，这些方法一经实施，将超出行为人控制，并使危险进一步扩大；二是蒋某某的行为危害公共安全，是

---

① 参见陈志军：《高空抛物犯罪：立法和司法中的三个突出问题》，“现代刑事法治视野下的国家与社会安全”全国刑法学术年会会议论文，2020 年于北京。

② 参见张明楷：《刑法学》（第 4 版），法律出版社 2011 年版，第 602 页。

否作出了具体危险的判断。张明楷教授指出,即使在人员密集的场所,连续多次的高空抛物行为因其不具有《刑法》第114条所要求的公共危险,也不应认定为以危险方法危害公共安全罪,更进一步指出《审理高空抛物意见》的司法解释存在问题,有违罪刑法定原则。[①]

笔者认为,在类推解释和扩大解释难以区分,只存在程度上的差别这一前提之下,连续多次的高空抛物行为可构成"以危险方法危害公共安全罪",因为这一结论并未超出一般人的预测范围。例如,浙江龙港市郑某因心情不好饮酒,之后爬上龙港市某居民楼7楼楼顶,在楼顶继续喝酒、吹风、听歌,并肆意往楼下扔砖块,持续时间近半个小时,致使停放在该区域的5部车辆受到不同程度损坏。法院审理后认为,被告人郑某以高空抛物的危险方法危害公共安全,虽未造成严重后果,但其行为已构成以危险方法危害公共安全罪。《审理高空抛物意见》依然存在可讨论的问题:一是罪刑不均衡的问题。若按以危险方法危害公共安全罪处理,对没有造成人员伤亡与财产损失的高空抛物行为,也必须判处3年以上有期徒刑(有减轻处罚情节的除外),但是该行为并未造成实际损失,且与放火、决水等行为相比造成公共危险的程度较轻,所以司法机关屡屡突破最低刑为3年的底线。此种突破可谓费尽心思寻找给犯罪人减轻的理由,但最终结果大抵也只能是认罪认罚获得被害人谅解之类的柔软说理。[②] 二是以危险方法危害公共安全罪本就属于"口袋罪",根据上文对高空抛物行为展开分析,《审理高空抛物意见》有类推解释之嫌疑。

再考察"社会管理秩序"概念,它是指由社会生活必须遵守的行为准则与国家管理活动所调整的社会模式、结构体系和社会关系的有序性、稳定性与连续性。"高空抛物行为"侵犯的是现代社会生活必须遵守的行为准则。随着城镇化进程的加快,一方面,高楼林立,公民的生活环境越来越舒适;另一方面,公民负有不得高空抛物义务,以致产生他人受损、受害的风险,此种义务犹如"不得杀人"的教条一般,应为公民的常识、常理。

因此,在高空抛物入刑的类罪归属问题上,高空抛物罪条款经历了从刑法

① 参见张明楷:《高空抛物案的刑法学分析》,载《法学评论》2020年第3期。

② 参见赵香如:《论高空抛物犯罪的罪刑规范构造——以〈刑法修正案(十一)(草案)〉为背景》,载《法治研究》2020年第6期。

分则第二章到刑法分则第六章的转变,这一转变、修改更具有合理性。其合理性在于:一是高空抛物独立成罪将通俗易懂,从预防犯罪的角度出发,促使公民规范自己的行为,更好地预防高空抛物的情况发生。二是增设轻罪(高空抛物罪),以严格控制重罪(以危险方法危害公共安全罪)的适用,贯彻了罪刑相均衡原则。及时设置轻罪对于减轻司法压力、防止轻罪重判具有实际意义。[①] 三是纠正以往的司法实践中动辄认定为以危险方法危害公共安全罪的一贯做法,贯彻了罪刑法定原则。《刑法修正案(十一)》生效施行后,应准确认定高空抛物罪的犯罪构成。

从刑法学的立场来看,《审理高空抛物意见》把高空抛物行为认定为以危险方法危害公共安全罪应受到批判。在司法实践中,应当依据《审理高空抛物意见》的规定处理:“故意从高空抛弃物品,尚未造成严重后果,但足以危害公共安全的,依照刑法第一百一十四条规定的以危险方法危害公共安全罪定罪处罚;致人重伤、死亡或者使公私财产遭受重大损失的,依照刑法第一百一十五条第一款的规定处罚。为伤害、杀害特定人员实施上述行为的,依照故意伤害罪、故意杀人罪定罪处罚。”上文已经论述了高空抛物行为何以不能认定为以危险方法危害公共安全罪,最主要的理由是独立单一的高空抛物行为不产生危害“公共安全”的后果。即使连续多次的高空抛物行为满足危害“公共安全”这一要素,但从“以其他危险方法”的相当性上来看,亦存在争议。因此,高空抛物行为独立成罪,纳入刑法分则第六章更为合理。

三、高空抛物入刑规定的罪名分析

上文是对高空抛物入刑正当性基础、法理依据以及条文设置的合理性分析。而在司法实践中,如何适用高空抛物入刑规定则是贯彻刑法教义学的方法。刑法教义学,简言之,就是立足文本、解释文本,在刑法的体系之内寻求一个好的解释。更为形象地来说,法官忠于法条,犹如神学家忠于圣经。因此,高空抛物的刑法规定摆在我们面前最主要的是《刑法》第 291 条之二以及《审理高

① 参见周光权:《论通过增设轻罪实现妥当的处罚——积极刑法立法观的再阐释》,载《比较法研究》2020 年第 6 期。

空抛物意见》的司法解释,以下分析高空抛物罪的犯罪构成。

(一)高空抛物罪的概念和构成

从《刑法》第 291 条之二第 1 款的文义来看,高空抛物罪是指从建筑物或者其他高空抛掷物品,情节严重的行为。

第一,本罪的客体是社会秩序。高空抛物行为往往会侵犯公民的人身权利或财产权利,但不能据此认为高空抛物罪的犯罪客体是复杂客体,因为高空抛物行为造成公民人身或财产的损害将依照处罚较重的规定定罪处罚。

第二,本罪的客观方面表现为行为人从建筑物或者其他高空抛掷物品,情节严重的行为。其犯罪构成要素主要注意“建筑物”、“其他高空”、“物品”以及“情节严重”的界定。建筑物有低层建筑与高层建筑之分,根据《民用建筑设计统一标准》(GB 50352—2019)的规定,“高层建筑”,是指建筑高度大于 27.0 米的住宅建筑和建筑高度大于 24.0 米的非单层公共建筑的民用建筑。无论高层建筑还是低层建筑,指代的“高空”都是相对的,这是因为从不同的高度抛掷不同的物品所造成的危害不同。“物品”原则上是固体物,部分液体物有存在的空间故也包括部分液体,但不包括气体。已有的案例中抛掷的物品有酒瓶、碗碟、棒球棍、斗牛犬等,可见,对于抛掷的物品,在一定的高处抛掷,能够对人身或财产造成物理性的损害,都能落入该罪“物品”的语义范围。此处“情节严重”的规定,把高空抛物罪作为情节犯,以严格控制入罪的范围。

第三,本罪的主体为一般主体。凡已满 16 周岁且有刑事责任能力的自然人均可成为本罪主体。

第四,本罪的主观方面为故意。高空抛物与高空坠物在《审理高空抛物意见》中已有区分。就高空坠物行为而言,责任主观形式为过失,过失导致物品从高空坠落,致人死亡、重伤,符合刑法第 233 条、第 235 条规定的,依照过失致人死亡罪、过失致人重伤罪定罪处罚。在生产、作业中违反有关安全管理规定,从高空坠落物品,发生重大伤亡事故或者造成其他严重后果的,依照《刑法》第 134 条第 1 款的规定,以重大责任事故罪定罪处罚。

（二）高空抛物罪与以危险方法危害公共安全罪的处理

从《刑法》第291条之二第2款来看，“有前款行为，同时构成其他犯罪的，依照处罚较重的规定定罪处罚”。有论者提出：该款中“其他犯罪”是否包括危险犯“以危险方法危害公共安全罪”？无论是肯定还是否定的回答，都会面临棘手的问题。

如果持肯定回答，“其他犯罪”包括“以危险方法危害公共安全罪”，那么高空抛物罪将仅具有宣示价值，成为僵尸条款。《审理高空抛物意见》中规定的是高空抛物行为作为危险犯来处理，是足以危害公共安全的行为；而高空抛物罪是情节犯，规范的是情节严重的高空抛物行为。因此，承认高空抛物罪与《刑法》第114条以危险方法危害公共安全罪存在竞合关系，高空抛物罪几乎没有司法适用的空间，难以想象存在不足以危害公共安全但仍有情节严重的高空抛物行为。

如果持否定回答，“其他犯罪”不包括“以危险方法危害公共安全罪”，那么在以往的司法实践中，对于未造成严重后果的高空抛物行为，被以危险方法危害公共安全罪论处的案件作何处理？《刑法修正案（十一）》施行之前，还未审理的高空抛物案又如何处理？

本文认为，《审理高空抛物意见》的司法解释虽未被宣布失效，但《刑法修正案（十一）》的立法精神是更多地限制以危险方法危害公共安全罪来认定高空抛物行为。根据《中华人民共和国刑法释义》中的观点来看，“其他犯罪”并不当然排除“以危险方法危害公共安全罪”。另外，从《刑法修正案（十一）》施行后的案例来看，高空抛物行为在持续的一段时间内连续多次抛物，也有法院适用了以危险方法危害公共安全罪，如上文中浙江省龙港市人民法院对郑某的判决。笔者认为，此种连续多次的高空抛物行为存在“以危险方法危害公共安全罪”的适用空间，但应严格限制。因此，针对高空抛物行为，更多是限制适用以危险方法危害公共安全罪，采用高空抛物罪。

刑法并不认为独立单一的高空抛物行为构成以危险方法危害公共安全罪，而在《刑法修正案（十一）》施行之前，即使法院判决中常适用此罪名，其本质上仍是类推解释。因此，针对独立单一的高空抛物行为或者连续多次的高空抛物行为,达不到足以危害公共安全的程度,就不能认定为以危险方法危害公共安全罪。

分析高空抛物罪构成要件及其相关罪名关系之后,仍有一个附带的适用前提问题值得探讨,即《刑法修正案(十一)》能否溯及适用。《刑法修正案(十一)》施行以来,各地涌现了全国首例、重庆首例、黑龙江首例等高空抛物案,该类高空抛物案件的被告人从高空抛掷物品的行为都发生在《刑法修正案(十一)》生效之前,即2021年3月1日之前。从某种程度上来说,上诉案件中的被告人在量刑上会获得更多的"利好"。并且,上述判决无疑会对新颁布的《刑法修正案(十一)》起到广泛的宣示作用。然而,仔细分析上述案例的适用前提——《刑法修正案(十一)》能否溯及适用,以上判决仍存在可商榷之处。

因为《审理高空抛物意见》与《刑法修正案(十一)》规定的高空抛物行为虽然属于同一个违法类型,但是新旧法不能完整评价此违法类型。在2021年3月1日之前发生的高空抛物行为,不构成《审理高空抛物意见》规定的其他犯罪(如故意杀人、故意伤害、过失致人死亡等罪),未能足以危害公共安全的,不能够评价为犯罪。因此,就高空抛物案件的审理,应当分清《刑法修正案(十一)》生效之前与之后的高空抛物行为,对《刑法修正案(十一)》生效之前的高空抛物案件的审理,应当坚持罪刑法定原则,禁止事后法,不应适用高空抛物罪。张明楷教授亦指出:无论在《刑法修正案(十一)》施行之前,还是《刑法修正案(十一)》施行之后,都将按照行为时的刑法处理,不构成以危险方法危害公共安全罪,可构成故意杀人、故意伤害、过失致人死亡、过失致人重伤、故意毁坏财物等罪,而对于《刑法修正案(十一)》施行之前,还未审理的高空抛物行为而言,根据从旧兼从轻的原则,对《刑法修正案(十一)》施行之前的不构成其他犯罪的高空抛物行为,就不能追究刑事责任,更不能认定为以危险方法危害公共安全罪。[①]

总之,《刑法修正案(十一)》的出台,是对以往司法实践中常常把独立单一的高空抛物行为认定为以危险方法危害公共安全罪的纠偏。同时,法官在既定的司法事实之下,鉴于《刑法修正案(十一)》的立法目的及刑法溯及力,审理高空抛物案件对追求平衡艺术的法官们提出了更高的公正要求。

---

① 参见张明楷:《〈刑法修正案(十一)〉对司法解释的否认及其问题解决》,载《法学》2021年第2期。

论高空抛物罪中“情节严重”的理解与适用

郑泽星*

摘要:正确理解高空抛物罪“情节严重”的罪状描述对于正确适用高空抛物罪具有十分重要的意义。从规范角度来看,“情节严重”属于犯罪情节的描述,其在体系定位上应为违法性程度要素,其判断方法应为对法益侵害性的判断。高空抛物罪的保护法益应为“与公共秩序相关的人身安全和财产安全”,对于“情节严重”的界定应当以该罪的保护法益为主线,分别以刑法结合相关的处罚较重的罪名和《治安管理处罚法》的有关规定进行综合判断。

关键词:高空抛物罪　情节严重　违法性程度　法益侵害

一、问题的提出

《刑法修正案(十一)》对高空抛物罪的罪状描述为“从建筑物或者其他高空抛掷物品,情节严重的”,因此,理解高空抛物的罪状情节应当从四个方面入手:“高空”应当如何解释,“抛掷”应当作何理解,“物品”是否存在限制以及“情节严重”应当如何把握。

关于如何理解“高空”,有学者主张应当参考国家标准《民用建筑设计通则》并作出相应调整,认为自建筑物3—4层以上抛掷物品的,原则上是“高空抛

* 男,山东日照人,法学博士,现为中南大学法学院讲师。

物”。[①]有学者则主张参考国家标准《高处作业分级》的规定，将高空抛物罪的高空理解为坠落高度基准面2米以上(含2米)的高处。[②] 在笔者看来，对于高空抛物行为的处罚依据在于高空抛物行为能够导致危害生命、身体健康的后果，这也是针对这一现象民意汹涌的原因所在。只要存在落差，即可产生高空坠物的损害，将高空抛物的“高空”理解为“坠落高度基准面2米以上(含2米)”是恰当的。基于上述理解，行为人从一楼窗台抛掷物品到挑空的地下车库，情节严重的，同样可以构成高空抛物罪。

作为高空抛物行为手段的“抛掷”只能是行为人主动实施的抛掷行为，从而将基于过失的高空坠物排除在高空抛物罪的规制范围之外。另外，有学者认为，行为人不作为导致的坠物也成立本罪，[③]笔者对此深表认同。

作为高空抛物行为对象的“物品”可谓包罗万象，从司法实践来看，既包括枕头、床单、被罩等生活用品，也包括洗衣机、冰箱、电视机等大件电器，也有奶粉罐、啤酒瓶等生活垃圾，更有菜刀、铁锹等锐器，可以说，大多数能够想象到的物品都可以作为高空抛物行为的行为对象。问题在于是否所有“物品”都可以构成高空抛物罪。答案显然是否定的。例如，从高处抛掷一个纸巾团或者一块布条，或者从高处泼洒一盆清水，很难认为构成高空抛物罪。哪些物品在何种情形下构成高空抛物罪的“物品”，需要进行规范判断。而规范判断的标准在于行为是否达到了“情节严重”的标准。

综合上述，高空抛物罪正确适用的关键在于如何理解“情节严重”：一方面，在高空抛物罪的罪状中，对“高空”、“抛掷”以及“物品”的理解和限定，都应当以“情节严重”为归属和落脚点，易言之，“情节严重”的判断是一种综合判断，其中包含了对“高空”、“抛掷”以及“物品”的综合评价。另一方面，“情节严重”的认定直接关系到高空抛物行为罪与非罪、此罪与彼罪的界分。因此，本文在此将“情节严重”的阐述作为行文的重点，而考察“情节严重”的重点在于确定

---

① 参见曲新久:《〈刑法修正案(十一)〉若干要点的解析及评论》，载《上海政法学院学报(法治论丛)》2021年第5期。

② 参见林亚刚:《高空抛物、坠物刑事责任的讨论》，载赵秉志、刘宪权、梅传强主编:《现代刑事法治视野下的国家和社会安全》，中国人民公安大学出版社2020年版，第216页。

③ 参见林维:《高空抛物罪的立法反思与教义适用》，载《法学》2021年第3期。

其边界。

二、“犯罪情节”的教义阐释与“情节严重”的解释路径

从刑法的规定来看，高空抛物罪属于典型的情节犯。情节犯[①]是以一定的概括性定罪情节作为犯罪构成必备要件的犯罪。学理上对于情节犯之犯罪情节与犯罪构成的关系存在不同的观点，概括而言主要有如下几种。

（一）构成要件要素说

该说认为，情节犯的情节属于犯罪构成量的构成要件，是社会危害性在程度上的内在规定。只有一定质的社会危害性和一定程度量的社会危害性统一，才能完整地说明行为的严重社会危害性，进一步认定为犯罪。[②] 作为构成要件要素的“情节严重”中的“情节”，不是指特定的某一方面的情节，而是指任何一个方面的情节，只要有一个方面情节严重，其行为的社会危害性就达到了应当追究刑事责任的程度，应构成犯罪。[③] 晚近以来，修正的构成要件要素说则认为，“情节严重”的判断要素并非刑法规范已经明确规定的犯罪构成四要件本身，而是处在刑法规范明确规定的犯罪构成的延长线上，其与构成要件是相区分的。[④] 具体到对“情节严重”的判断而言，其包括事前要素、事中要素和事后要素：事前要素主要判断行为人是否再犯、累犯；事中要素主要包含行为要素、结果要素、主体要素和主观要素；事后要素则包含拒不改正要素、条件要素和用途要素。[⑤]

（二）构成要件否定说

该说认为，犯罪情节并非犯罪构成要件，犯罪构成要件的每一部分都有各

---

① 限于本文的主旨，在此讨论的犯罪情节仅指情节犯中的犯罪情节，即定罪情节，而不包含加重情节和减轻情节，即量刑情节。

② 参见刘艳红：《情节犯新论》，载《现代法学》2002年第5期。

③ 参见张明楷：《论刑法分则中作为构成要件的“情节严重”》，载《法商研究（中南政法学院学报）》1995年第1期。

④ 参见张庆立：《“情节严重（恶劣）”的法律解释》，载《法律方法》2020年第1期。

⑤ 参见张庆立：《“情节严重（恶劣）”的法律解释》，载《法律方法》2020年第1期。

自的情节,情节与要件并非并列关系;情节对行为是否构成犯罪只起量的作用,犯罪构成与情节是质与量的对立统一;刑法规定的众多情节,就其内容而言分别属于犯罪构成四要件,因而情节不能单独作为第五个方面的要件而存在。①

(三)独立罪量要件说

该说认为,刑法中的犯罪成立要件是表明行为侵害法益的质的构成要件与表明行为侵害法益的量的构成要件的有机统一。其中,表明行为侵害法益的质的构成要件是犯罪构成的本体要件,包括罪体与罪责。犯罪的数量要素独立于犯罪构成要件之外而作为犯罪构成的罪量要素,指在具备犯罪构成的本体要件的前提下,表明行为对法益侵害程度的数量要件,其与罪体、罪责一起构成三位一体的犯罪构成体系。罪量既不同于罪体的客观性,也不同于罪责的主观性,就其内容而言是既有主观要素又有客观要素,因此是主客观的统一,具有综合性。②

(四)违法性程度要素说

该说认为,当行为符合客观构成要件的基本要素后,并不意味着行为的违法性达到该罚的程度,需要在此基础上进行违法性的评价。行为违法性包含定性和定量两个方面,前者决定了违法性的有无,后者则决定了违法性的程度。而刑法分则中"情节严重"与"情节恶劣"规定即表明法益侵害严重程度的客观的违法性要素。③

上述诸说中,构成要件否定说除否定犯罪情节属于构成要件之外并没有提出关于犯罪情节体系地位的明确主张,因此受到了广泛的批评。独立罪量要件说虽然给予犯罪情节较为合理的体系定位,但是其没有进一步提示犯罪情节如何认定的问题,因而不具有具体的可操作性。因此,论争的焦点集中在构成要

---

① 参见高铭暄主编:《中国刑法学》,中国人民大学出版社 1989 年版,第 82 - 84 页;金泽刚:《论定罪情节与情节犯》,载《华东政法学院学报》2000 年第 1 期。

② 参见陈兴良:《作为犯罪构成要件的罪量要素——立足于中国刑法的探讨》,载《环球法律评论》2003 年第 3 期。

③ 参见张明楷:《犯罪构成体系与构成要件要素》,北京大学出版社 2010 年版,第 239 页。

件要素说和违法性程度要素说之间。下面针对二者集中进行分析:

构成要件要素说的基本主张是以犯罪构成要件的四个方面为判断维度,以社会危害性程度为度量要素判断犯罪情节的严重程度。这使该说不可避免会受到如下质疑:其一,以犯罪构成的四要件为维度(构成要件要素说),或者在四要件的延长线上寻求“情节严重”的判断要素(修正的构成要件要素说),犯罪成立判断要素和犯罪情节的判断要素相互糅合,则难免在判断过程中对各判断要素进行重复评价,造成判断上的“不经济”;其二,构成要件要素说以社会危害性为“情节严重”的判断标准,而社会危害性本身则是一种缺乏规范标准的价值判断,[①]这使“情节严重”的判断由于社会危害性的模糊性和抽象性而缺乏规范性。正如有学者所指出的,在处理简单案件时尚有作用,一旦到了复杂案件,涉及罪与非罪的模糊界点时,以社会危害性为度量要素的构成要件的判断标准便全无用场。[②] 相较之下,违法性程度要素说将犯罪情节作为违法性要素,以法益的侵害程度作为判断犯罪情节的度量要素,则至少具有如下优势:其一,将犯罪情节的判断置于构成要件符合性的判断之外,把犯罪情节判断与构成要件判断区隔,从而避免了对各判断要素重复判断的可能。其二,以法益侵害作为客观恶害判断的对象和基准,一方面可以在判断中排除不具有法益侵害性的情节,从而保持判断的精简性;另一方面,任何犯罪都有明确的法益,以法益侵害作为判断维度,可以克服社会危害性判断的模糊性和抽象性,从而使犯罪情节的判断成为一种规范判断。

综合上述,从规范角度来看,关于犯罪情节的规范属性,违法性程度要素说具有比较的优势,将犯罪情节作为违法性要素,以法益的侵害程度作为判断犯罪情节的度量要素具有体系定位上的妥当性和判断方法上的可行性。具体到高空抛物罪“情节严重”的判断,应当在高空抛物罪的法益归属范围内寻求“情节严重”的合理边界,具体而言,首先应当确定高空抛物罪的法益归属,在此基础上,以法益侵害的程度为度量要素,利用体系性解释[③]的判断方法合理界定

---

① 参见陈兴良:《形式解释论的再宣示》,载《中国法学》2010年第4期。

② 参见柏浪涛:《罪量要素的属性与评价》,载《上海政法学院学报(法治论丛)》2017年第1期。

③ 该解释即将解释结论放在同一性质的体系中去检验,观察上下阶层在程度上是否协调。参见柏浪涛:《罪量要素的属性与评价》,载《上海政法学院学报(法治论丛)》2017年第1期。

"情节严重"边界。

三、高空抛物罪的法益归属与情节严重的边界

（一）高空抛物罪的保护法益应为"与公共秩序相关的人身安全或者财产安全"

高空抛物罪规定在刑法妨害社会管理秩序罪一章，扰乱公共秩序罪一节中，社会管理秩序法益是该章犯罪的类法益，指由社会生活必须遵守的准则与国家管理活动所调整的社会模式、结构体系和社会关系的有序性、稳定性和连续性。[①] 而公共秩序和社会秩序法益是扰乱公共秩序罪一节的类法益，可以认为是社会生活中与私人场域相对的公共空间或者公共场域的有序性、稳定性。社会管理秩序和公共秩序都具有一定的抽象性，在刑事司法中难以对其进行实质审查，一般而言，在适用具体罪名时，应当结合分则条文的具体规定确定具体罪名的保护法益。[②] 确定具体罪名的保护法益时应当遵循两个原则：其一，章、节犯罪的类法益对于具体罪名的保护法益应当具有涵摄性。刑法分则中的诸多罪名被分别规定在不同的章、节之中，而对其进行归类的依据即在于其所保护法益的不同。一般而言，章、节犯罪的类法益是其下所规定的具体罪名所共同侵犯的法益。其二，在具体罪名中，行为的法益侵害性往往通过实行行为、行为对象及结果（个罪的构成要件）体现，[③]因此，个罪的构成要件是确定具体罪名保护法益时的当然考量要素，个罪的构成要件是法定的，也是固定的，从它出发可以明确个罪的保护法益是什么，也有利于确保罪刑法定原则的实现。[④] 因此，在确定具体罪名的保护法益时也应当基于个罪的构成要件展开。

综合上述，我们可以得出确定具体罪名保护法益的基本方法：判断犯罪构成要件所规定的实行行为作用于所能侵害的犯罪对象后最终所能造成的后果，

---

① 参见张明楷：《刑法学》（第5版），法律出版社2016年版，第1030页。

② 参见张明楷：《刑法分则的解释原理》（第2版），中国人民大学出版社2011年版，第350－351页。

③ 参见柏浪涛：《罪量要素的属性与评价》，载《上海政法学院学报（法治论丛）》2017年第1期。

④ 参见姜涛：《新罪之保护法益的证成规则——以侵犯公民个人信息罪的保护法益论证为例》，载《中国刑事法杂志》2021年第3期。

在类法益的涵摄下从可能造成的后果中确定应予保护的利益作为个罪的法益。以"随意殴打他人型"寻衅滋事罪为例,该罪的实行行为是"随意殴打",犯罪对象是"他人",随意殴打他人可能导致"危害他人人身安全"的后果,而本罪的法益应当涵括在扰乱公共秩序的类法益之内。因此,综合确定"随意殴打他人型"寻衅滋事罪所保护的法益应当是"社会交往中个人的身体安全,或者说与公共秩序相关的个人身体安全"①。以同样的方法,可以尝试确定高空抛物罪的保护法益:高空抛物罪的实行行为是"从建筑物或者高空抛掷物品",其犯罪对象是"建筑物或者高空之下自然人的人身安全或者财产安全",高空抛物行为能够导致"危害他人人身安全或者毁坏他人财产的后果",而高空抛物罪的法益应当涵括在扰乱公共秩序罪的类法益内。因此,高空抛物罪的保护法益应当为"与公共秩序相关的人身安全或者财产安全"。

(二)对高空抛物罪"情节严重"的判断应以法益侵害为边界

根据上文,"情节严重"是对法益侵害程度的判断,因此,在高空抛物罪的保护法益业已确定之后,应当进一步确定"情节严重"的边界,即何种程度上的法益侵害才能触及高空抛物罪的"情节严重"的边界。

如上文所述,高空抛物罪的保护法益为"与公共秩序相关的人身安全和财产安全"。基于法益侵害性,对于高空抛物罪"情节严重"的限定应当从以下问题分别把握:(1)单纯扰乱公共秩序而不危害人身安全和财产安全的高空抛物行为是否构成高空抛物罪?不扰乱公共秩序的高空抛物行为能否构成高空抛物罪?(2)对于造成人身伤害后果的高空抛物行为,何种结果可以被认为构成"情节严重"?对于没有造成人身伤害后果,但具有危害人身安全危险的高空抛物行为,应当如何认定"情节严重"?(3)与财产安全相关的法益侵害应当如何认定"情节严重"?易言之,单纯危害财产安全的高空抛物行为是否构成高空抛物罪?单纯造成财产损失,没有造成人身伤害后果,不具有危害人身安全危险的高空抛物行为,应当如何认定"情节严重"?

---

① 参见张明楷:《刑法学》(第5版),法律出版社2016年版,第1063页。

(1)单纯扰乱公共秩序的高空抛物行为[①]不构成高空抛物罪。一方面,单纯扰乱公共秩序的行为只侵害了高空抛物罪的类法益而不侵害高空抛物罪的具体法益,即与公共秩序相关的人身安全和财产安全。另一方面,根据《治安管理处罚法》第23条的规定,"扰乱车站、港口、码头、机场、商场、公园、展览馆或者其他公共场所秩序的",处警告或者200元以下罚款;情节较重的,处5日以上10日以下拘留,可以并处500元以下罚款。如果高空抛物行为只扰乱了公共秩序,那么高空抛物行为只是扰乱公共秩序的一种手段,对其规制完全可以适用《治安管理处罚法》。

不扰乱公共秩序的高空抛物行为[②]即使造成了危害人身安全的后果或者造成了财产损失,也不能认为构成高空抛物罪。原因仍然在于其没有侵害高空抛物罪的类法益——公共秩序法益。上述情形中,如果构成其他犯罪的,如过失致人重伤(死亡)罪、故意伤害罪或者故意毁坏财物罪,依照其他犯罪定罪处罚;不构成其他犯罪的,则行为人不应承担刑事责任。

(2)对于造成人身伤害后果的高空抛物行为,应以"轻微伤以上伤害"作为高空抛物罪"情节严重"的标准。《治安管理处罚法》规定了"故意伤害他人身体的",应当承担相应的行政责任,[③]其中,伤害程度应当达到"轻微伤以上",而如果伤害程度达到"轻伤以上",行为人则需承担故意伤害罪的刑事责任。高空抛物罪的设立,体现了立法者对于高空抛物行为的否定,其不仅侵害了人身和财产安全法益,而且侵害了公共秩序法益,因此对于造成人身伤害后果的高空抛物行为,在处罚上应当较单纯的故意伤害行为更加严厉。因此,基于罪责刑相统一的原则,单纯故意伤害行为造成"轻微伤以上,轻伤以下"伤害后果的,行为人承担行政责任;以高空抛物的形式造成"轻微伤以上,轻伤以下"伤害后果的,行为人承担高空抛物罪的刑事责任;单纯故意伤害行为造成"轻伤以上"伤害后果的,行为人承担故意伤害罪的刑事责任。

---

① 例如,行为人从临街住宅窗户向楼下分别抛掷单包装的抽取式纸巾,导致行人纷纷驻足哄抢,造成公共秩序混乱。

② 例如,行为人在自家独立的三层别墅院落阁楼顶部向院内抛掷空酒瓶,酒瓶击中在楼下菜地摘菜的妻子,致其颅脑骨折。

③ 《治安管理处罚法》第43条规定:"殴打他人的,或者故意伤害他人身体的,处五日以上十日以下拘留,并处二百元以上五百元以下罚款;情节较轻的,处五日以下拘留或者五百元以下罚款。"

对于没有造成“人身伤害后果,而具有危害人身安全的风险”的高空抛物行为,应以“足以造成轻伤以上伤害”作为高空抛物罪情节严重的标准。在《刑法》分则的规定中,未造成实害后果的危害行为的法定刑幅度往往低于造成实害结果的法定刑幅度,[①]而高空抛物罪只规定了一个法定刑幅度,因此,对于伤害危险的可能伤害等级的规定应当高于造成实害结果的伤害等级的规定,这样才符合罪刑均衡的要求。因此,对于没有造成实害结果的高空抛物行为,将“情节严重”的标准定位为“足以造成轻伤以上伤害”是恰当的。是否“足以造成轻伤以上伤害”的判断可以采用科学实验的判断方法,具体而言,综合考察行为人抛掷物品的高度、抛掷物品的形状、抛掷物品的重量等因素,采用科学实验的方法计算物品落地时的动能,从而科学判断其是否可能造成“轻伤以上伤害后果”。此外,是否具有“危害人身安全风险”的考察,应当考察高空抛物行为的具体场合、时机以及行为人基于注意义务所采取的结果回避措施等要素进行综合判断。例如,暂住在尚在装修施工阶段的建筑物中的行为人在午夜时分向该建筑物封闭的后院抛掷一个啤酒瓶,则不能认为构成高空抛物罪。而如果该建筑物后院院墙有一处破洞,附近某工厂下夜班的工人经常从此处穿行,则仍可以构成该罪。

(3)一般而言,造成财产损失或者具有损坏财产风险的高空抛物行为均具有危害人身安全法益的性质,因为财产的处置需要具体的人来执行,因此,有财产的地方就会有人的存在。据此,通常情况下,侵害财产法益的高空抛物行为只要依照其侵害人身法益的属性进行规制即可。特殊情形下,单纯造成财产损失或者单纯具有财产损坏风险的高空抛物行为[②]不宜认定为高空抛物罪。理由在于,财产法益的毁坏具有可恢复性,而人身安全法益的侵害则不具有可恢复性。因此,人身安全法益的刑法保护要优先于财产法益的刑法保护,具体表现在人身安全法益在位阶上优于财产法益;对于人身安全法益的保护阶段较财产法益的保护阶段更加提前。具体到高空抛物罪,刑法对于尚未造成人身伤害后果的高空抛物行为也应予以规制,其意在预防这一后果的发生。而对于仅仅具

---

① 例如,《刑法》第114条规定的法定刑幅度即低于《刑法》第115条第1款规定的法定刑幅度。

② 例如,行为人从相邻的建筑物向某汽车工厂的封闭的停车场抛掷砖块,但并未击中停在停车场的汽车。

有财产法益侵害风险的高空抛物行为，则无须进行刑事规制。

对于单纯造成财产损失，没有造成人身伤害后果，不具有危害人身安全风险的高空抛物行为，符合《治安管理处罚法》中“故意损毁公私财物”的相关规定或者以故意毁坏财物罪规定的，依各相应条款进行处罚，否则，只承担民事赔偿责任。对于具有危害财产法益风险的高空抛物行为，如果其不具有危害人身安全的风险，则不宜认定为高空抛物罪。

四、高空抛物行为规制的周延路径

对于高空抛物行为的刑事规制应当遵循规范的判断步骤，包括以下几个方面。

（一）判断高空抛物行为是否构成其他犯罪

《刑法》第 291 条之二第 2 款规定，“有前款行为，同时构成其他犯罪的，依照处罚较重的规定定罪处罚”，虽然该规定在高空抛物罪之后，但是在实际的判断过程中，应当先于高空抛物罪进行判断。刑法将高空抛物罪的刑罚幅度规定为“一年以下有期徒刑，拘役或者管制，并处或者单处罚金”，该刑罚幅度为刑法分则条文中最低的刑罚幅度，因此，如果高空抛物行为构成其他犯罪，一般以其他犯罪定罪处罚。因此，首先判断是否构成其他犯罪，可以避免判断的重复。从司法实践来看，高空抛物行为可能涉及故意伤害罪、故意杀人罪、过失致人（重伤）死亡罪、寻衅滋事罪、重大责任事故罪、强令、组织他人违章冒险作业罪以及以危险方法危害公共安全罪等罪名。

（二）判断高空抛物行为是否是高空抛物罪意义上的“高空抛物行为”

该步骤主要判断行为人的行为是否符合“高空”、“抛掷”以及“物品”要件，对于不属于高空抛物行为的高空坠物或者高度落差没有达到“高空”的解释标准的抛物行为，或者所抛掷的“物品”不具有法益侵害性的，则不应认定为高空抛物罪意义上的“高空抛物行为”。

(三)判断高空抛物行为是否涉及公共秩序

根据上文,高空抛物罪的保护法益是“与公共秩序相关的他人人身安全或者财产安全”,因此,不涉及公共秩序的高空抛物行为不能认定为高空抛物罪。例如,私人场域的高空抛物行为不会扰乱公共秩序,也就不构成高空抛物罪。对于涉及公共秩序的高空抛物行为,则进行进一步的判断。

(四)判断高空抛物行为是否造成人身伤害后果

对于造成人身伤害后果的高空抛物行为,应当以“轻微伤以上”的伤害结果作为“情节严重”的认定标准。被害人人身伤害程度为“轻微伤以下”或者没有造成人身伤害后果的,则应进行高空抛物行为是否危害人身安全的判断。

对于只造成财产毁坏后果以及危及财产安全的高空抛物行为,应当进一步进行是否危害人身安全的判断。

(五)判断高空抛物行为是否危害人身安全

危害人身安全的具体判断标准应为“是否可能造成轻伤以上伤害后果”,而具体的判断方法应为科学实验的方法,应当结合高空抛物的场合、时机以及行为人的结果回避措施进行综合判断。对于没有造成人身伤害后果,但是具有“造成轻伤以上伤害后果”危险的高空抛物行为,应当认为是“情节严重”,构成高空抛物罪。对于单纯造成财产损失的高空抛物行为,具体有“造成轻伤以上伤害后果”危险,则可以认定为高空抛物罪;否则,依《治安管理处罚法》或者故意毁坏财物罪进行处罚,不构成上述情形的,只承担民事责任。对于单纯具有毁坏财产风险的高空抛物行为,具体有“造成轻伤以上伤害后果”危险的,构成高空抛物罪;否则,只能认定为无罪。

五、结语

在高空抛物罪的设立过程中,学者们围绕应否设立高空抛物罪、高空抛物罪的法益归属以及高空抛物罪的具体方案进行了充分的讨论,其中虽然有共识,但是不得不说也存在较多分歧。高空抛物罪的设立在一定程度上终结了上述争论与分歧的讨论,随之而来的问题是如何正确适用高空抛物罪。高空抛物罪罪状描述的模糊性导致其在司法适用中难免存在随意性和扩大化的倾向,而解决这一问题,应当对高空抛物罪的罪状要素进行规范解释,最关键的是正确理解和适用“情节严重”。将情节严重理解为违法性程度的判断,以法益侵害性作为其判断标准是适当的。以法益侵害来区分高空抛物罪与其他情节较严重的犯罪,以法益侵害程度来区分高空抛物罪和不构成犯罪的高空抛物行为具有学理上的妥适性和实践上的可操作性,唯有此,才能实现高空抛物罪在司法实践中的妥当适用。

侵犯公民个人信息罪的司法适用研究

姚卓儒*

摘要:刑法对公民个人信息的保护,经历了从刑法修正案到司法解释的过程。适用本罪需要精准把握公民个人信息的内涵;根据行为模式的不同可以将本罪区分为提供型和窃取型两大类,便于分析探讨提供、出售、窃取和其他方法非法获取公民个人信息等行为方式之间的区别;对于本罪的入罪情节——情节严重,需要从信息的用途、信息类型和数量、违法所得额及其犯罪次数等角度予以把握,针对本罪的法定升格刑——情节特别严重,要从社会后果、涉案数量和数额等方面理解。

关键词:公民个人信息　提供型行为　窃取型行为　情节严重

"互联网+传统产业"时代的到来,使一切均可以用数据代码的形式展现,如日常的上网聊天记录、随手的网页浏览记录、网上购物的消费记录等。这些数据产生后,就会在后台的数据库中以代码的形式被一条条记录、归档和存储起来,对单一个体来讲,可以帮助个体在删除重要信息后进行找回和恢复数据;对经营企业来讲,可以通过对这些大数据的分析,了解客户需求量与需求度,明确服务方向,更具有针对性地改进服务方式、提高服务质量,挖掘潜在客户以抢占市场份额,从这一层面来讲,这些数据信息其实具有比金钱更高的内在价值,

* 女,山西长治人,法学硕士,现任太原理工大学管理岗工作人员。

掌握越多的个人信息就意味着拥有越大的话语权和谈判权，也正因如此，个人信息成为企业乃至各个国家竞相争夺的对象。

2022年，澳大利亚接连发生数据泄露事件。首先是澳洲第二大无线运营公司Optus遭遇重大信息泄露，数据涉及用户多达1000万户，其中不乏护照资料、驾照证号、医疗保险号码和详细居住地址等公民的敏感信息。2022年10月，澳洲最大的私人保险公司Medibank发表声明称，公司内部970万用户的个人信息泄露，包括姓名、出生日期、地址、电话号码和电子邮件地址等，约50万用户的私人健康数据遭到泄露，包括就诊位置、诊疗服务供应商、诊断结果甚至手术信息等。随后，澳洲第三大能源零售商Energy Australia电力公司也遭遇数据泄露，数百名客户的详细信息包括姓名、地址、电子邮件地址、电费和煤气费、电话号码以及信用卡的前六位和后三位数字等被泄露。疫情暴发以来，更多的员工使用自己的计算机和Wi-Fi网络（无线网）在家里进行远程线上办公，共享更多工作数据，给我们的工作带来便利的同时对应增加了安全盲点的数量，数据泄露的风险大大增加，除去平台本身的系统性问题，也不排除内部工作人员借机售卖其经手的个人信息以换取金钱利益的情形等，保护公民个人信息面临前所未有的挑战。事实上，个人信息安全问题充斥在我们日常生活的方方面面。例如，当我们在某视频播放软件观看一个视频后，下次打开该软件时系统就会自动推送类似的视频，不可否认这种推送确实“正合我意”，但是这背后是否也涉及我们的个人信息无形之中被收集、分析，并按照该位用户的浏览偏好进行精准推送？我们在享受“定制化”服务的同时应当看到这背后隐藏的个人信息泄露危机，这种收集是否经过咱们每一位用户的同意？如何更好地保护公民的个人信息？

当前，刑法通过设定侵犯公民个人信息罪来予以规制，2017年又通过《关于办理侵犯公民个人信息刑事案件适用法律若干问题的解释》（以下简称《解释》），2021年专项通过《个人信息保护法》，有针对性地保护公民个人信息，无论是法律还是《解释》，在本质上仍旧为规范性文件，无法一一对应实践中的个案。如何精准适用法律和《解释》，在具体案件中准确认定哪些属于刑法保护的公民个人信息，能否构成情节严重达到入罪标准等疑难问题，仍然是司法实践中亟待答复的问题之一。本文正是以此作为切入点，探讨侵犯公民个人信息罪在实务认定过程中存在的一些困境与难题，并根据刑法基本原理给出相应的破解办法，为更好地保护公民的个人信息提供建设性意见。

一、公民个人信息的范围

在刑法中，"公民个人信息"这一概念最初源于《刑法修正案(五)》有关窃取、收买、非法提供信用卡信息罪，而最早出现"公民个人信息"这一表述，则是在《刑法修正案(七)》中的出售、非法提供公民个人信息和非法获取公民个人信息罪。事实上，我国刑法至今未对公民个人信息进行准确界定。2020 年修订的《侵害消费者权益行为处罚办法》于第 11 条对消费者个人信息以不完全列举的方式进行了解释，除消费者本人的基本信息之外，其健康状况、收入和财产状况、消费情况等也全部纳入消费者个人信息范畴之内，规定凡可以识别为消费者信息的即可视为个人信息，不考虑是单独识别还是与其他信息结合识别。2016 年发布的《网络安全法》的附则中对个人信息做了明确界定，规定只要是以电子或者其他方式记录的能够单独或者与其他信息结合识别自然人身份的各种信息，就是该法所称的个人信息，而储存方式或记录形式是电子记录还是其他方式的记录在所不问。在个人信息网络犯罪已经对现实生活产生实质且不可忽视影响的情况下，受网络信息保护新思维、新理念、新视角和新概念的冲击，2017 年 5 月 8 日最高人民法院、最高人民检察院发布《解释》，《解释》继承并发展了《网络安全法》中有关个人信息保护方面的规定，其中，个人信息保护范围的调整就是其表现之一。2021 年《个人信息保护法》终于落地，毋庸置疑的是该法首先对个人信息的概念予以界定，其使用概述的方式对个人信息加以说明。

公民个人信息，即为可识别为特定自然人身份信息或者反映特定自然人活动情况的信息，无论其记录方式为电子还是其他，无论前述信息是可以独立识别还是与其他信息结合识别，无论其公开与否，包括但不限于自然人姓名、身份证件号码、通信联系方式、住址、账号密码、财产状况、行踪轨迹等。具体来看，个人信息不再局限于身份识别信息，凡属于特定自然人的活动情况信息亦属于此范畴，人身性质的信息和财产性质的信息均属于公民个人信息。

二、侵犯公民个人信息罪的行为方式

2018 年以来，全国检察机关以侵犯公民个人信息罪批捕 16,459 人、起诉 33,417 人，其中，2022 年 1 月至 9 月批捕 1199 人、起诉 6223 人，较 2018 年同期分别下降 47.2%、上升 87.9%。[①] 侵犯公民个人信息案件的日益频发使我们更加关注本罪的行为方式，从类型上来看本罪可以分为提供型和窃取型两大类。

（一）提供或者出售公民个人信息的行为——提供型

1. 提供行为

正如最高人民法院、最高人民检察院在新闻发布会上所讲的，侵犯公民个人信息罪已经成为诸多网络犯罪的上游犯罪，而在此过程中必然以个人信息的提供、传输作为前提和基础，无论是法条中规定的出售、窃取还是其他方式，都是在提供行为基础上的变形，故在此首先讨论提供行为。

《刑法》第 253 条之一规定，“违反国家有关规定，向他人出售或者提供公民个人信息……”《解释》第 3 条也对“提供”进行了释义，从条文表述来看，“提供”即提供公民个人信息，指本人或单位将知悉的公民个人信息，不以获利为目的，违反国家有关规定将个人信息告知他人的行为，即违反了提供信息的前提——经过被收集者同意，侵害了公民本人对个人信息的决定权。

首先，提供行为包括向特定人提供个人信息和通过信息网络或其他途径发布个人信息两种方式。其次，提供行为的对象是“他人”，此处，《解释》通过对“他人”这一提供对象的分类，将提供行为分为向特定人提供和向不特定多数人提供两类。向特定人提供个人信息，提供者和被提供者事先已“心知肚明”，彼此之间了解知悉所提供内容，建立了一种一一对应的关系，当然属于此处“提供”的范畴。向不特定多数人提供个人信息，即通过网络、自媒体或者其他方式对外公布公民个人信息，信息提供者的上传行为使公众可以在自己选定的时间

---

① 参见《2019 年以来检察机关办理个人信息保护领域公益诉讼案件 8361 件》，载最高人民检察院网，https://www.spp.gov.cn/spp/zhuanlan/202211/t20221110_592336.shtml。

和地点通过下载、浏览等方式获取个人信息，不再有时空限制，提供者事前不知道被提供者具体是谁，也无法知晓被提供者将来会怎样利用这些个人信息做出怎样的行为，其最后的损害后果更是无法预估。单从损害结果角度来讲，向不特定人提供公民个人信息的危害性远超过向特定人提供公民个人信息的危害性，根据我国立法的一贯准则，入罪时举轻以明重，既然向特定人提供公民个人信息的行为已经属于本罪的提供行为，则向不特定多数人提供公民个人信息的行为更应当认定为本罪所属的提供行为。最后，提供的内容是属于上文所述的公民个人信息范畴之内的个人信息。这类个人信息必须具有“可识别性”和“关联性”，如果是将公民个人信息匿名化处理后再提供给他人，则不属于此处所讲的个人信息，当然，这种匿名化处理方式要求后期无法复原。

在实践中，侵犯公民个人信息罪的认定也会遇到很多是否属于“提供行为”的疑问。例如，合法收集公民个人信息后又向他人提供等。处理这类问题的核心是要牢牢把握该“提供行为”危害到公民个人信息自决权，用该标准去认定客观的危害行为更具有可操作性与可行性。为了经济社会的稳定持续发展，我国民商领域明确要求各企业需要按要求对外公示本企业及股东的基本信息情况；为了惩戒失信人员，法院特意设置失信黑名单，向社会大众公示失信被执行人的基本信息；为了寻找走失的家属至亲，通常会发布悬赏广告并详细列举走失人员个人信息……以上所有涉及的个人信息全部处于公开可获取状态，随时可以被任一公民查阅、翻看，如果这些信息被“有心人”趁机收集后转手再提供给他人，虽然最初公开个人信息是基于公民自愿，“有心人”收集这些个人信息亦为合法范畴，但是其后续的提供行为并没有经过信息被提供者的同意，超出了初始信息被提供者“同意”公开个人信息的使用范围及使用目的，侵害了本人对信息使用方式的决定权，故也属于提供个人信息的行为，也即信息来源的合法与否并不影响对本罪“提供”行为的认定。

2. 出售行为

关于出售行为，《刑法》第 253 条之一仅规定“向他人出售或者提供公民个人信息”。《解释》中也未对出售行为做进一步阐释，根据体系解释原理，此处的出售应理解为本人或单位将知悉的公民个人信息，违反国家有关规定告知他人并因此而取得报酬。

首先,出售行为要有获利的目的,即获取经济上的利益,这也是与提供个人信息行为的主要区别之一。提供行为不必然有目的,当然也可以是基于获利以外的任何目的而提供,如报复、感恩、为亲朋好友帮忙、送人情等。其次,出售行为包括两种情形:一是将已经合法拥有的公民个人信息告知他人并从中获利;二是将非法拥有的公民个人信息告知他人并从中获利,具体是指通过购买、收受、交换、窃取等方式获取公民个人信息后转卖给他人,换言之,一个是直接卖,一个是买来再卖,本质上都是利用个人信息获取利益。最后,出售的内容同提供的内容一致,在此不再赘述。

需要注意的是,《刑法》第 235 条之一在规定出售和提供的客观行为之前有"违反国家有关规定"的限制语。此处违反国家有关规定具体为何?《解释》第 2 条给出明确范围,且未在其后使用"等"字,表明立法者将此处的规定限制为三种国家层面的规定,亦即法律、行政法规、部门规章,除此之外的地方性法规、其他规范性文件等非国家层面的规定均不在此规定范围之内,体现出刑法的谦抑性。2021 年出台的《个人信息保护法》填补了此前出现的本质上属于侵犯个人信息行为的空白,但却并未解决在各个法律、行政法规、部门规章中作出明确规定的窘状,通过《解释》对这类行为有了相应的法律规定作为认定违法的依据,使个人信息保护的内容更趋规范。

出售行为中存在"被害人"自己主动出售个人信息或是同意他人将自身的个人信息出售的情形,后者即所谓的"中间商",这种情形下是否属于本罪规定的出售行为?"被害人"同意是否能成为本罪的免罪事由?在方某腾侵犯公民个人信息案①、徐某坤侵犯公民个人信息案②中,都涉及自愿出售个人信息的行为。自愿出售成为这些类案争议焦点,最终法院认为,"被害人"自愿出售的情况对后续认定被告人违反国家规定,贩卖信息给他人并从中非法获利的事实不产生任何影响。

---

① 参见福建省莆田市中级人民法院刑事判决书,(2018)闽 03 刑终 235 号。
② 参见广东省深圳市中级人民法院刑事裁定书,(2018)粤 03 刑终 218 号。

(二)窃取或者以其他方法非法获取公民个人信息的行为——窃取型

1. 窃取行为

关于窃取行为,《刑法》第 253 条之一和《解释》并没有详细阐述,仅在《刑法》第 253 条之一第 3 款规定“窃取或者以其他方法非法获取公民个人信息”,对此,多数学者将其解释为非法秘密获取他人个人信息,[①]换言之,要求行为人在他人不知情的情况下获取他人个人信息,至于获取的具体手段,是窃取、窃听还是偷拍,抑或通过网络进行爬虫等并无限制。

需要注意的是,《刑法》第 253 条之一第 1 款对出售或者提供公民个人信息的行为有限定前提——违反国家有关规定,但在第 3 款规定窃取行为时并未明确规定此要件,此处涉及如何理解对窃取行为的规定问题。同处于第 253 条之一、位于不同款项之间的提供行为、出售行为与窃取行为,并列作为侵犯公民个人信息罪的主要行为方式,具有共同的犯罪处罚结果,按照体系解释来理解,其所对应的也必然是共同的前提——违反国家有关规定。

2. 以其他方法非法获取的行为

“以其他方法非法获取”是《刑法》第 253 条之一第 3 款规定的本罪的另一行为方式之一。《解释》第 4 条在解释“以其他方法非法获取公民个人信息”时,特意加上“违反国家有关规定”的大前提,这是与《刑法》第 253 条之一的立法原意保持前后一致的体现,也即本罪所有的行为方式在大前提方面均要保持一致,入罪前提需要统一满足“违反国家有关规定”。结合《解释》第 2 条和第 4 条的规定,可将“以其他方法非法获取”的行为理解为两种情形:一是违反法律、行政法规、部门规章中有关个人信息保护的规定,使用购买、收受、交换等方式获取公民个人信息;二是违反法律、行政法规、部门规章中有关个人信息保护的规定,在履职、提供服务过程中收集个人信息。《解释》在具体列举行为方式后又使用“等”字,意味着只要行为方式与前述所列的购买、收受、交换方式具有相当

① 参见缐杰、宋丹:《〈关于办理侵犯公民个人信息刑事案件适用法律若干问题的解释〉理解与适用》,载《人民检察》2017 年第 16 期。

性，都属于此处“其他方法”之列。

关于使用个人信息是否属于本罪的行为方式，是否可以将其解释进“其他方法”之列，颇有争议。若从《刑法》第253条之一的表述来看，无法直接得出使用行为确属本罪的行为方式；若从实践案例角度入手分析，笔者认为确有必要对使用行为进行独立规定。例如，行为人为逃避警方追查，使用他人真实信息进行实名认证来从事违法犯罪活动，此种行为是将非法使用个人信息的行为作为手段行为，最终是达到另一种犯罪结果的目的。实践中司法机关常常仅针对最后的犯罪结果进行处理，忽视了该过程中第三人的权益也有受到侵害的情况，事实上放纵了一部分侵犯个人信息的违法行为。从体系解释上来理解，非法使用行为较提供行为的危害性更大，刑法已经将提供行为作为犯罪处理，却未将比其危害程度更为严重的非法使用行为作为犯罪处理，有违罪责刑相均衡原则。因此，为了更好地保护个人信息，需要将非法使用这种行为模式入罪化。就使用型具体入罪方式而言，其属于新增的一种行为方式，通过司法解释的方式来实现入罪显然不能，否则有违罪刑法定的原则，理应采取立法方式，在下次修订刑法修正案时，将非法使用个人信息的行为加入本罪，与出售和提供、窃取和其他非法方法并列作为本罪的行为方式。

三、侵犯公民个人信息罪中的情节问题

“情节严重”是区分侵犯公民个人信息罪的罪与非罪的重要标准之一，“情节特别严重”作为本罪的法定升格刑，体现了立法者对侵犯个人信息进行严厉打击与惩治的态度和决心，更需正确理解与适用。

（一）“情节严重”标准

侵犯公民个人信息罪中，犯罪手段的多样性、犯罪目的的复杂性、犯罪结果的不可控性决定了确定“情节严重”标准的难度。《解释》立足于实践，从信息用途、信息类型和数量、违法所得数额、主体身份、违法犯罪次数和时间等方面对“情节严重”进行了较为详细的规定，为不同类型的公民个人信息设定了不同的入罪门槛，确立了较为统一的适用标准。

1. 信息用途

鉴于当前侵犯个人信息犯罪逐渐具有链条化、团伙化、产业化的趋向,多数侵犯个人信息犯罪已经成为其他各类下游犯罪的开始和源头,行为人获取信息的根本目的往往不在于信息本身,而是将所获取的信息作为行为手段,进而去实施其他危及公民财产、人身的行为,因而《解释》第5条第1款第1项和第2项明确规定个人信息需要被用于犯罪活动。在此,《解释》第5条第1款第1项中的个人信息明确写明仅限定于行踪轨迹信息,不同于一般普通的个人信息,行踪轨迹信息作为最具敏感性的个人信息之一,一旦被犯罪分子掌握将直接威胁信息主体的财产甚至人身安全,故在认定时无须再具体判断行为人主观要素,也无须关注信息条数等问题,即便仅有一条行踪轨迹信息,也应追究其刑事责任。因此,只需证实行踪轨迹信息被他人用于犯罪即可达到情节严重的标准。第2项强调行为人主观上"明知"个人信息被用于实施犯罪活动,而不论该个人信息最终是否被实际用于实施犯罪活动,这是由于出售或提供的公民个人信息行为一经完成,就已产生公民的人身和财产安全被侵害的现实危险,风险已经实际存在,故此处也不再限定公民个人信息的类型和数量,认定时只需要证明行为人主观上知道或者应当知道别人会或将会利用这些个人信息实施犯罪即可。

2. 信息类型和数量

《解释》第5条第1款第3项、第4项、第5项、第6项对不同的信息类型设定了不同的数量,需要我们准确适用。第3项中规定个人信息为"行踪轨迹信息、通信内容、征信信息、财产信息"的,数量达到50条以上即可。此处《解释》所采用的是逐个罗列的方式,并没有在列举完之后添加"等"字的表述,故实践中不能将本项规定进行"等"外的扩大解释。实务中行踪轨迹信息、通信内容、征信信息较为容易理解和认定,但对于财产信息,宜概括理解和使用,凡涉及财产的信息包括最为常见的个人存款、房产等财产状况信息,也包括各类银行账户、证券、基金和期货等金融账户的身份认证信息(具体有密码、数字证书、口令等)均属此范畴。第4项中的个人信息类型为"住宿信息、通信记录、健康生理信息、交易信息等",数量要求达到500条以上。不同于前款规定,此处《解释》使用了"等"字进行概括表述,故只要是与所前述所列举的信息具有相当性或者同质性的个人信息均可适用本项规定。第 5 项是对除上述公民个人信息以外的一般性个人信息做出的规定,当信息条数达到 5000 条以上时为情节严重。当然,《解释》也考虑实践中涉案信息往往较为混杂,不可能每一种类的个人信息都恰好符合该种类个人信息的入罪标准,因此《解释》第 5 条第 1 款第 6 项规定,当依照前述第 3 项、第 4 项、第 5 项分开来计算却又达到不到入罪标准时,要按相应的比例合计计算,即按照 1 倍、10 倍、100 倍的倍数关系计算,当数量之和达到上述标准之一时,即可追究当事人的刑事责任。具体而言,将所涉的公民个人信息按照第 3 项、第 4 项、第 5 项的规定分为三大类,属于第 3 项的在计算时扩大到一百倍,属于第四项的在计算时扩大到 10 倍,属于第 5 项的直接计算,然后将三者相加达到 5000 条以上即可,抑或将属于第 3 项的在计算时扩大到十倍,直接与第 4 项相加数量达到 500 条以上即可。

值得我们注意的是,公民个人信息条数如何认定?实践中基于个人保管方式和习惯的不同,一些人习惯于将一位公民的所有个人信息编辑为一条个人信息,还有人习惯于将公民个人的基本信息进行分别编辑,如此便造成每个人定义公民个人信息的条数出现偏差。理论上存在主观说和客观说两种,[①]主观说从行为人主观入手把握个人信息条数,按照行为人的编辑习惯来确定,行为人将同一公民的个人信息分别编辑为两条就视为两条个人信息,编辑为一条就视为一条个人信息;客观说强调要从个人信息保护的法益被侵害项数来确定。笔者认为,主观说从行为人主观把握条数的做法会出现个人信息的“量”在本质上相同,实务判决却又迥异的结果,客观说从本罪保护法益出发,能够很好地体现刑法设置本罪的目的,因而要以客观说来对个人信息条数进行计算。

3. 违法所得数额

行为人可能是为了获得某种非财产性利益而实施某种侵犯个人信息的行为,也可能是出于转卖牟利的经济目的,故违法所得数额自然成为一个重要指标。根据《解释》第 5 条第 1 款第 7 项的规定,违法所得 5000 元以上的即达到情节严重的标准,此处《解释》考虑以模糊性术语,如“大”“较大”等词来作为情

---

① 参见张勇、江奥立:《侵犯公民个人信息罪中的信息数量及认定规则》,载《上海政法学院学报(法治论丛)》2018 年第 1 期。

节严重标准不便于司法实务运用，在考虑到侵犯个人信息类犯罪多为网络销售、跨地区犯罪，东西部地区经济差异对本罪的影响甚微的情况下，划定 5000 元作为本罪入罪标准较为合理。

针对特殊主体，《解释》第 5 条第 1 款第 8 项也专门作出规定，即特殊主体[①]的入罪数量或违法所得数额达到一般主体的一半即为"情节严重"。这是因为特殊主体往往代表着拥有公权力的单位或组织，其侵犯个人信息的行为消费了普通公民对公权力单位或组织的信任，严重情况下可能会动摇甚至会摧毁作为社会道德体系根基的诚信，对社会和谐、稳定、持续的发展产生冲击，因而必须对此予以重视。

4. 违法犯罪次数和时间

《解释》第 5 条第 1 款第 9 项规定，因侵犯公民个人信息已经受过刑事处罚抑或是在 2 年内受到过行政处罚的，将不再考虑相关的涉案信息类型、所涉信息数量、违法所得款额等，一律视为已达到"情节严重"的标准。此种情形下，行为人屡罚屡犯，屡犯屡罚，主观上并无悔改之意，恶性较大，必须严惩。

需注意的是，刑法关于本罪的表述于各个条款中稍有差异。在《刑法》第 253 条之一第 1 款规定构成犯罪的前提需要达到情节严重的程度，在第 2 款和第 3 款中并无"情节严重"的规定但却明确规定要按照第 1 款的规定处罚，因此第 2 款和第 3 款中的规定在认定犯罪时，要不要以"情节严重"为要件？将法条规定和《解释》结合起来看，《刑法》第 253 条之一第 2 款和第 3 款中规定的情形也需要达到"情节严重"的标准，《解释》第 5 条第 1 款第 8 项的规定也佐证了这一点。《解释》在第 5 条第 1 款第 8 项规定了特殊主体涉案的数量或违法所得数额规定为一般主体的一半即可达到"情节严重"的标准，说明特殊主体也需要"情节严重"这一入罪标准，否则该项规定就变得毫无意义。只是相对于一般主体来说特殊主体具有身份上的特殊性，其本身就有负有保护公民个人信息的职责却还是违背了职业道德，所以对其需要进行更加严格的规定。同理，《刑法》第 253 条之一第 3 款规定的窃取或者以其他方法和非法获取个人信息分别对

---

① 特殊主体，是指履行职责或者提供服务过程中可以获得公民个人信息的主体，不限于国家工作人员，还包括金融、通信、交通、教育、医疗等单位的工作人员。

应《刑法》第 253 条之一第 1 款中的出售、提供行为和违反国家规定，要达到入罪标准尚需要“情节严重”这一限定条件。

（二）“情节特别严重”标准

在侵犯公民个人信息罪中，立法者规定将“情节特别严重”作为法定升格刑，是由于该行为对本罪法益所造成的实质损害过大，社会危害性程度已经远远超出本罪入罪标准所需程度，为了控制本罪的打击面而作出规定。从震慑和预防的角度出发，《解释》第 5 条第 2 款从造成受害人损害的大小，社会后果的严重程度和违法所得数额、数量等方面对“情节特别严重”进行了较为详细的规定，确定了统一的适用标准。

从侵犯公民个人信息犯罪所造成的严重后果方面出发，对被害人造成重伤、死亡，被害人精神失常或是被绑架，抑或有重大经济损失或恶劣社会影响的，不仅会影响公民人身、财产方面的安全，而且极易引发社会恐慌，威胁社会的和谐与稳定，故将此情形认定为“情节特别严重”。2022 年 11 月俄罗斯 Whoosh 踏板车共享服务平台数据被盗引起民众的担忧甚至引发社会恐慌，类似的还有外卖应用程序 Yandex Food 等，这些实例都表明在考虑本罪的情节时有必要将社会后果纳入其中。

从侵犯公民个人信息犯罪涉及的数量和数额方面出发，只要是达到前述标准的 10 倍以上的，就视为“情节特别严重”。需要考虑的是，能否以简单的倍数关系来区别“情节严重”和“情节特别严重”？实务中具体个案纷繁复杂，此信息与彼信息之间、10 份信息与数百份信息之间并无必然可比性，不能说侵犯数量较大的个人信息就一定比侵犯数量较小的个人信息危害更为重、影响程度更深。实际上，危害的大小往往取决于信息的重要程度、敏感程度与准确程度。数量或数额扩大至 10 倍以上之后，行为所产生的社会危害性，与对被害人的生命、身体健康、人身安全等造成严重侵害后果这类社会危害性也很难相提并论，简单地以量化标准来寻求确定性，在处理实际问题时，难免有生搬硬套之嫌，更难以一以贯之。[①] 有些案件中，涉案信息可能上百万条，但违法所得数额却只有

---

① 参见王昭武、肖凯：《侵犯公民个人信息犯罪认定中的若干问题》，载《法学》2009 年第 12 期。

几千元,有些案件中,涉案信息可能只有几百条,但是一条信息就可以卖到十几元甚至几十元,单纯对数量和数额进行评价,也可能会引发本罪实际量刑不均衡的问题,难以达到罪责刑相适应的目的。因此,数量标准至多只能是一种参考因素,不可以绝对数量来直接判定到底是属于“情节严重”还是“情节特别严重”,仍然需要结合行为方式、信息质量、信息类型、信息用途、导致结果等,在充分分析个罪的具体情况基础上作出最终评判。

论国家工作人员的范围

郭竹梅*

摘要:我国刑法中,贪污贿赂犯罪的主体为国家工作人员,但实践中,国家工作人员的范围确定问题,历来是个难点。本文聚焦国家工作人员的范围确定问题,略陈管见。

关键词:国家工作人员　公务论　身份论　从事公务　认定标准

一、立法及司法解释沿革

我国国家工作人员范围的立法演进是与我国经济发展和社会管理体制的变化紧密相关的,或者说是随着后者的变化而不断调整变化的。具体情形,从1979年《刑法》颁布后,大体可以分为四个阶段。

(一)第一阶段:以"身份论"为主的阶段

1979年《刑法》的颁布意味着受贿罪从贪污罪中分离出来,在《刑法》中有了独立的地位。根据1979年《刑法》第185条第1款的规定,国家工作人员利用职务上的便利,收受贿赂的,处5年以下有期徒刑或者拘役。赃款、赃物没收,公款、公物追还。所谓国家工作人员,根据1979年《刑法》第83条的规定,是指一切国家机关、企业、事业单位和其他依照法律从事公务的人员。中华人民共和国成立以后短短几年,我国很快形成了中央集中计划管理的社会体制,

---

* 女,河南孟州人,法学博士,现为最高人民检察院第二检察厅检察官。

中国改革开放以前的单位基本上是代表国家对社会进行管理的“管理型”单位，无论是行政性、事业性的，还是经济性的单位，都不同程度地代表国家执行着管理和组织社会生活的职能，其均由政府控制和管理，均有一定的行政隶属关系和行政级别。因此，贿赂这些单位中的工作人员，使其枉法或不正当行使职权，也都不同程度地破坏着国家的管理活动。在这种社会管理体制下，1979 年《刑法》将一切国家机关、企业、事业单位和其他依照法律从事公务的人规定为受贿罪的主体是符合当时的实际情况的，并且在实践中也起到了有效抑制滥用公权贪赃枉法行为的作用。① 尽管 1979 年《刑法》对国家工作人员作了定义性的规定，但在司法实践中究竟如何认定还是遇到了不少困难，“一切”和“其他”虽然包括了全部情况但却没有指明具体的范围，这给国家工作人员的具体认定带来了困难，也容易造成随意性。1982 年全国人大常委会通过了《关于严惩严重破坏经济的犯罪的决定》(以下简称《决定》,已失效)，在《决定》中，对受贿罪做了较大的修改。修改主要是：第一，规定对于受贿罪，情节特别严重的，处无期徒刑或者死刑，这实际上是大大加重了受贿罪的法定刑。第二，进一步明确了受贿罪的主体范围。根据《决定》第 1 条第 1 款第 2 项规定，所谓国家工作人员，包括在国家各级权力机关、各级行政机关、各级司法机关、军队、国营企业、国家事业机构中工作的人员，以及其他各种依照法律从事公务的人员。可见，相对于 1979 年《刑法》的规定，《决定》不仅明确了国家机关的范围，而且也明确了“企业”“事业”单位的国有或国家性质，即只有国营企业的工作人员属于国家工作人员，而非国有制经济组织的工作人员不属于国家工作人员。

20 世纪 80 年代以来，随着新的社会组织形式不断出现，新的受贿形式也不断出现，如出现了集体经济组织中的工作人员受贿现象。基于实践需要，立法机关及最高司法机关又对受贿罪的主体范围进行了扩大解释。1988 年，全国人大常委会通过的《关于惩治贪污罪贿赂罪的补充规定》(已失效)第 4 条规定，国家工作人员、集体经济组织工作人员或者其他从事公务的人员，利用职务上的便利，索取他人财物的，或者非法收受他人财物为他人谋取利益的，是受贿罪。

---

① 参见王守俊：《中国社会管理体制的变化与受贿犯罪主体立法》，载《研究生法学》1998 年第 4 期。

与国家工作人员、集体经济组织工作人员或者其他从事公务的人员勾结,伙同受贿的,以共犯论处。国家工作人员、集体经济组织工作人员或者其他从事公务的人员,在经济往来中,违反国家规定收受各种名义的回扣、手续费,归个人所有的,以受贿论处。该规定增加了集体经济组织工作人员主体,并规定了经济往来中受贿犯罪、共同受贿,此外还完善了受贿罪的罪状规定。1989 年最高人民法院、最高人民检察院颁布《关于执行〈关于惩治贪污罪贿赂罪的补充规定〉若干问题的解答》(已失效),对"其他从事公务的人员"作出解释,即国家工作人员、集体经济组织工作人员以外的依照法律从事公务或者受委托从事公务的人员。

(二)第二阶段:限缩阶段

从 1990 年以后,形势又有了新的变化,私营企业和三资企业、外资企业得到了较快的发展,特别是 1993 年颁布《反不正当竞争法》和《公司法》以后,问题开始凸显。例如,1993 年《公司法》第 214 条第 1 款和第 2 款规定:董事、监事、经理利用职权收受贿赂、其他非法收入或者侵占公司财产,董事、经理挪用公司资金或者将公司资金借贷给他人,构成犯罪的,依法追究刑事责任。那么是不是贪污受贿等腐败犯罪的主体可以包括私营企业的工作人员,但这时再扩大受贿罪的主体范围已经不现实,也不能被大部分人所接受,缩小主体范围的声音开始占上风。为此,立法采取了限制解释的方式。1995 年 2 月全国人大常委会发布了《关于惩治违反公司法的犯罪的决定》(已失效),首次规定了公司、企业工作人员受贿罪,并将"集体经济组织人员"排除在贪污受贿罪主体之外。

在此期间,为了便于执行该决定,最高人民法院和最高人民检察院分别制定了有关的指导性意见,对国家工作人员的范围作了不同的界定。如 1995 年 11 月,最高人民检察院发布的《关于办理公司、企业人员受贿、侵占和挪用公司、企业资金犯罪案件适用法律的几个问题的通知》(已失效)指出,所谓"国家工作人员"是指:第一,国家机关工作人员,即在国家各级权力机关、各级行政机关、各级司法机关和军队工作的人员;第二,在国家各类事业机构中工作的人员;第三,国有企业中的管理工作人员;第四,公司、企业中由政府主管部门任命或委派的管理人员;第五,国有企业委派到参股、合营公司、企业中行使管理职能的人员；第六，其他依法从事公务的人员。而1995年12月最高人民法院发布的《关于办理违反公司法受贿、侵占、挪用等刑事案件适用法律若干问题的解释》（已失效）却指出，公司、企业中的国家工作人员是指在国有公司、企业或者其他公司、企业中行使管理职权，并具有国家工作人员身份的人员。由此可见，最高人民法院的司法解释在确定公司、企业中的国家工作人员的范围时，使用了两个标准，即单位的性质和具体人员的身份，相对于最高人民检察院的意见而言，后者规定的范围要小一些。

（三）第三阶段：以“公务论”为主的阶段

根据1997年《刑法》第93条的规定，国家工作人员可以包括4种人员：（1）在国家机关中从事公务的人员；（2）国有公司、企业、事业单位、人民团体中从事公务的人员；（3）国家机关、国有公司、企业、事业单位委派到非国有公司、企业、事业单位、社会团体从事公务的人员；（4）其他依照法律从事公务的人员。从上述规定可以看出，尽管以上4种人员的工作机构、单位或者工作方式有很大差别，但它们都有一个共同点，都有一个限定语即“从事公务”，也就是说，只有“从事公务”的人员才是国家工作人员，而不论其原来的身份如何。

全国人大常委会2000年4月29日发布的《关于〈中华人民共和国刑法〉第九十三条第二款的解释》（已于2009年修正）将村民委员会等基层组织人员协助人民政府从事行政管理工作的，界定为“其他依照法律从事公务的人员”。村民委员会等村基层组织人员并非国家工作人员，不是国家干部，但当他们协助人民政府从事行政管理工作时，即认定为国家工作人员。这一立法解释澄清了理论界的许多分歧，为实践中认识国家工作人员的本质特征及其认定标准指明了方向。此后，最高人民法院2000年9月19日发布的《关于未被公安机关正式录用的人员、狱医能否构成失职致使在押人员脱逃罪主体问题的批复》（已失效），最高人民检察院2000年10月9日发布的《关于合同制民警能否成为玩忽职守罪主体问题的批复》（已失效），全国人大常委会2002年12月28日发布的《关于〈中华人民共和国刑法〉第九章渎职罪主体适用问题的解释》，均以是否从事公务作为区分国家机关工作人员的标准，而无论他们本身是否属国家干部。2006年《刑法修正案（六）》将《刑法》第163条公司、企业人员受贿罪修改为包括公司、企业或者其他单位工作人员在内的非国家工作人员受贿罪。

2003 年最高人民法院发布的《全国法院审理经济犯罪案件工作座谈会纪要》(以下简称《纪要》)对受贿罪主体即国家工作人员作出最为全面、具体的解释:(1)国家机关工作人员的认定。刑法中所称的国家机关工作人员,是指在国家机关中从事公务的人员,包括在各级国家权力机关、行政机关、司法机关和军事机关中从事公务的人员。根据有关立法解释的规定,在依照法律、法规规定行使国家行政管理职权的组织中从事公务的人员,或者在受国家机关委托代表国家行使职权的组织中从事公务的人员,或者虽未列入国家机关人员编制但在国家机关中从事公务的人员,视为国家机关工作人员。在乡(镇)以上中国共产党机关、人民政协机关中从事公务的人员,司法实践中也应当视为国家机关工作人员。(2)国家机关、国有公司、企业、事业单位委派到非国有公司、企业、事业单位、社会团体从事公务的人员的认定。所谓委派,即委任、派遣,其形式多种多样,如任命、指派、提名、批准等。不论被委派的人身份如何,只要是接受国家机关、国有公司、企业、事业单位委派,代表国家机关、国有公司、企业、事业单位在非国有公司、企业、事业单位、社会团体中从事组织、领导、监督、管理等工作,都可以认定为国家机关、国有公司、企业、事业单位委派到非国有公司、企业、事业单位、社会团体从事公务的人员,如国家机关、国有公司、企业、事业单位委派到国有控股或者参股的股份有限公司从事组织、领导、监督、管理等工作的人员,应当以国家工作人员论。国有公司、企业改制为股份有限公司后,原国有公司、企业的工作人员和股份有限公司新任命的人员中,除代表国有投资主体行使监督、管理职权的人外,不以国家工作人员论。(3)“其他依照法律从事公务的人员”的认定。《刑法》第 93 条第 2 款规定的“其他依照法律从事公务的人员”应当具有两个特征:一是在特定条件下行使国家管理职能;二是依照法律规定从事公务。具体包括:①依法履行职责的各级人民代表大会代表;②依法履行审判职责的人民陪审员;③协助乡镇人民政府、街道办事处从事行政管理工作的村民委员会、居民委员会等农村和城市基层组织人员;④其他由法律授权从事公务的人员。(4)关于“从事公务”的理解。从事公务,是指代表国家机关、国有公司、企业、事业单位、人民团体等履行组织、领导、监督、管理等职责。公务主要表现为与职权相联系的公共事务以及监督、管理国有财产的职务活动。例如,国家机关工作人员依法履行职责,国有公司的董事、经理、监事、会计、出纳人员等管理、监督国有财产等活动,属于从事公务。那些不具备职权内容的劳务活动、技术服务工作,如售货员、售票员等所从事的工作,一般不认为是公务。

(四)第四阶段:重回“身份论”为主阶段

2008 年发布的《关于办理商业贿赂刑事案件适用法律若干问题的意见》(以下简称《商业贿赂意见》)对于医疗机构、教育机构以及谈判小组、询价采购中工作人员如何认定受贿罪问题作出规定。第 4 条规定:“医疗机构中的国家工作人员,在药品、医疗器械、医用卫生材料等医药产品采购活动中,利用职务上的便利,索取销售方财物,或者非法收受销售方财物,为销售方谋取利益,构成犯罪的,依照刑法第三百八十五条的规定,以受贿罪定罪处罚。医疗机构中的非国家工作人员,有前款行为,数额较大的,依照刑法第一百六十三条的规定,以非国家工作人员受贿罪定罪处罚。医疗机构中的医务人员,利用开处方的职务便利,以各种名义非法收受药品、医疗器械、医用卫生材料等医药产品销售方财物,为医药产品销售方谋取利益,数额较大的,依照刑法第一百六十三条的规定,以非国家工作人员受贿罪定罪处罚。”第 5 条规定:“学校及其他教育机构中的国家工作人员,在教材、教具、校服或者其他物品的采购等活动中,利用职务上的便利,索取销售方财物,或者非法收受销售方财物,为销售方谋取利益,构成犯罪的,依照刑法第三百八十五条的规定,以受贿罪定罪处罚。学校及其他教育机构中的非国家工作人员,有前款行为,数额较大的,依照刑法第一百六十三条的规定,以非国家工作人员受贿罪定罪处罚。学校及其他教育机构中的教师,利用教学活动的职务便利,以各种名义非法收受教材、教具、校服或者其他物品销售方财物,为教材、教具、校服或者其他物品销售方谋取利益,数额较大的,依照刑法第一百六十三条的规定,以非国家工作人员受贿罪定罪处罚。”第 6 条规定:“依法组建的评标委员会、竞争性谈判采购中谈判小组、询价采购中询价小组的组成人员,在招标、政府采购等事项的评标或者采购活动中,索取他人财物或者非法收受他人财物,为他人谋取利益,数额较大的,依照刑法第一百六十三条的规定,以非国家工作人员受贿罪定罪处罚。依法组建的评标委员会、竞争性谈判采购中谈判小组、询价采购中询价小组中国家机关或者其他国有单位的代表有前款行为的，依照刑法第三百八十五条的规定，以受贿罪定罪处罚。”根据这三条规定，无论是医疗机构、教育机构的工作人员还是依法组建的评标委员会、竞争性谈判采购中谈判小组、询价采购中询价小组的组成人员，同样的收受财物行为，如果是国家工作人员，则以受贿罪论处，如果是非国家工作人员，则以非国家工作人员受贿罪论处，应当说以上认定属于定罪上的“身份论”。

2010 年 11 月 26 日最高人民法院、最高人民检察院发布的《关于办理国家出资企业中职务犯罪案件具体应用法律若干问题的意见》（以下简称《国家出资企业意见》）第 6 条规定：“经国家机关、国有公司、企业、事业单位提名、推荐、任命、批准等，在国有控股、参股公司及其分支机构中从事公务的人员，应当认定为国家工作人员。具体的任命机构和程序，不影响国家工作人员的认定。经国家出资企业中负有管理、监督国有资产职责的组织批准或者研究决定，代表其在国有控股、参股公司及其分支机构中从事组织、领导、监督、经营、管理工作的人员，应当认定为国家工作人员。国家出资企业中的国家工作人员，在国家出资企业中持有个人股份或者同时接受非国有股东委托的，不影响其国家工作人员身份的认定。”该规定致力于解决实践中存在重大认识分歧的国家出资企业中的国家工作人员的身份认定问题。该规定除了重申经国家机关、国有公司、企业、事业单位提名、推荐、任命、批准等，在国有控股、参股公司及其分支机构中从事公务的人员，应当认定为国家工作人员的情形外，增加规定了经国家出资企业中负有管理、监督国有资产职责的组织批准或者研究决定，代表其在国有控股、参股公司及其分支机构中从事组织、领导、监督、经营、管理工作的人员为国家工作人员。上述规定均强调的是行为人职务的来源，即任命的主体和程序，以有关组织的任命作为国家工作人员身份的主要认定标准，以上认定属于以“身份论”为主。

从我国相关刑事立法及司法解释对受贿罪主体即国家工作人员的规定脉络和轨迹中，我们可以看出具有以下特点：

一是与我国社会政治经济体制的发展变化紧密相关，随着我国计划经济到市场经济的发展变化，逐步调整国家工作人员范围。总体上经历了由大到小，逐步限缩的一个过程，即经历了由一切单位工作人员和从事公务人员都作为受贿罪主体，到区分所有制类型，将公司、企业等其他单位工作人员划分出去，另外构成非国家工作人员受贿罪的过程。

二是虽然“身份”与“公务”共同作为判定国家工作人员的标准，但经历了一个由“身份论”为主，到“公务论”为主，再到“身份论”为主的发展演进过程。“身份论”即认为国家工作人员犯罪是一种职务性犯罪，所以国家工作人员应当具有国家工作人员或准国家工作人员的资格身份，这是其从事公务的前提，因此主张在界定国家工作人员范围时，应以行为人是否具有上述资格身份来确定。“公务论”则认为从事公务是国家工作人员的本质特征，主张在确定行为人是不是国家工作人员时，应以其是否“从事公务”来界定，无论行为人是否具有国家工作人员身份。上述演进的过程分为以下四个阶段：第一阶段基本完全以身份为主，规定在国家机关、（国有）企事业单位、集体经济组织单位工作的人员即国家工作人员，以其他从事公务人员作为认定国家工作人员的兜底和补充条款；第二阶段仍以身份为主，但兼顾从事公务；第三阶段，也就是 1997 年《刑法》及有关司法解释规定的以“从事公务”作为主要判断标准的阶段，即便是在国家机关工作的人员也要求是“从事公务”的工作人员，而不是任何人员；第四阶段，峰回路转，又重新强调身份的重要性，即从事同样的工作，实施同样的行为，具有国家工作人员的身份按照受贿论处，不具有该身份的按照非国家工作人员受贿罪论处。

二、现阶段国家工作人员的认定标准

按照《刑法》第 93 条、有关立法解释及《纪要》关于国家工作人员认定标准的规定精神，都是以“从事公务”作为国家工作人员的判断标准，不论此人之前身份如何，从事公务才能以国家工作人员论，即使是国家机关的工作人员，也只有“从事公务”的才能以国家工作人员论。易言之，即使在国家机关工作，未从事公务的也不能以国家工作人员论。因此，在现阶段，可以概括为以“公务论”判定一个人是否具有国家工作人员身份，至少从刑法总则的规定层面来看是这样。但是，无论从刑法分则具体条文来看，还是从《商业贿赂意见》《国家出资企业意见》等的规定精神来看，认定标准又与“公务论”存在矛盾。

首先,从刑法分则一些具体条文规定来看,实际采取的是“公务”“身份”双重标准来认定国家工作人员,并且不自觉陷入循环论证的怪圈。例如,《刑法》第163条规定了非国家工作人员受贿罪,第271条规定了职务侵占罪,其主体限定为公司、企业或者其他单位中非从事公务的人员。事实上,刑事立法已经将上述组织中工作人员从事的经营管理活动排除在“公务”之外,但同时又规定了行为人如果系受国有公司、企业及其他国有单位委派到非国有公司、企业及其他单位从事上述活动的,即可认定为从事“公务”,显然,这是将同一性质的经营管理活动适用不同的评价标准,“公务”的确定又有赖于主体身份,这就犯了循环定义的错误,[①]即立法明示以是否“从事公务”来判断一个人是否属于国家工作人员,但刑法分则条文却又因为一个人具有国家工作人员身份而将其行为作为公务来看待,这无异于进行循环论证,最终导致国家工作人员的认定标准不明确。

笔者拟以贪污罪条文为例进行深入论证。一般认为贪污罪侵犯的法益是复杂客体,即国家工作人员职务行为的廉洁性和公共财产的所有权,[②]按照我国刑法理论通说,行为人对犯罪客体的侵害是通过对犯罪对象的侵害来实现的,犯罪客体总是通过一定的犯罪对象来表现它的存在,作为犯罪对象的人,是作为犯罪客体的社会关系的承担者,作为犯罪对象的物,是作为犯罪客体的社会关系的表现形式。[③] 贪污罪的犯罪对象是公共财产,国家工作人员侵犯其职务行为的廉洁性也好,侵犯公共财产的所有权也好,都必须通过侵犯公共财产这一犯罪对象来实现,如果财产不是公有性质的,也就是说犯罪对象不存在,则谈不上客体受侵犯。但是《刑法》第271条第2款却规定,受国有公司、企业或者其他国有单位委派到非国有公司、企业及其他单位从事公务的人员,利用职务上的便利,将本单位财物非法占为己有的,以贪污罪定罪处罚。这里犯罪对象根本不是公共财产,而是非国有单位自己的财产,贪污罪的犯罪对象不存在,却

---

① 参见马庆炜、张冬霞:《对刑法第93条中“从事公务”的理解——兼论国家工作人员的立法完善》,载《中国人民公安大学学报(社会科学版)》2005年第5期。

② 参见高铭暄、马克昌主编:《刑法学》(下),中国法制出版社1999年版,第1120页。

③ 参见高铭暄、马克昌主编:《刑法学》(上),中国法制出版社1999年版,第118页。

为何要以贪污罪论处呢？一些学者将其理解为法律的拟制，[①]那么拟制的根据是什么呢？是身份，即国家工作人员的身份，也就是同样的实现行为，由于犯罪主体身份的不同，而触犯不同的罪名。但是，由于贪污罪犯罪对象的特殊性，即只能是以公共财产为犯罪对象才存在以贪污罪定罪的必要性，国家主要为了保护公共财产的安全，才对侵占公共财产的行为规定更重的罪名和法定刑，并且《刑法》第382条第2款规定受国家机关、国有公司、企业、事业单位、人民团体委托管理、经营国有财产的人员，利用职务上的便利，侵吞、窃取、骗取或者以其他手段非法占有国有财物的，以贪污论。也就是说，无论其原来的身份如何，只要侵占公共财物也以贪污罪论处，即作为国家工作人员来看待。那么在犯罪对象并非公共财产的情况下，受委派从事公务的人员利用职务上的便利，将非国有单位财产非法据为己有的行为，为何要以贪污罪论处呢？难道根据就是其为受委派从事公务的人员，是国家工作人员，从而无论其侵占的财产对象是什么性质，国家工作人员实施的就是贪污罪，这里不得不让人深思的是公共财产所有权这一贪污罪客体如何被侵犯的呢？我们可以用"法律的拟制"勉强对其作出解释。但是不能回避的是，这里对国家工作人员身份判定采用的是双重的标准，即受委托经营管理国有财产的人作为贪污罪主体，是按照其从事经营管理国有财产的"公务"得出的结论，而国有单位委派到非国有单位从事公务的人员，侵占非国有单位的财产按照贪污罪处理，是因为其具有国家工作人员的"身份"。这种双重标准，更像是没有标准。

其次，与有关立法和司法解释的主流精神（"公务论"）不同，《商业贿赂意见》《国家出资企业意见》中关于受贿罪犯罪主体国家工作人员的认定规则是

---

① 法律拟制的特点是导致将原本不符合某种规定的行为也按照该规定处理。法学上的拟制是有意地将明知为不同者，等同视之。法定拟制的目标通常在于将针对一构成要件（T1）所作的规定，适用于另一构成要件（T2）。参见［德］卡尔·拉伦茨：《法学方法论》，陈爱娥译，台北，五南图书出版股份有限公司1996年版，第160页。此外，关于什么是法律拟制，张明楷教授在其《非国家工作人员伙同受贿的共犯认定》（载《检察日报》2001年11月1日，第3版）一文中提到，在刑法条文中，"以……规定定罪处罚"这样的语句，一般分为两种情况。一种情况是注意规定。所谓注意规定，是指在刑法中已经作出了相关的规定之后，为了提醒司法人员在司法实务中注意该规定而作出的规定。在这种情况下作出的注意规定，不会改变原规定的内容，只是重申一下原规定。这样，即使不作出注意规定，也不会有什么影响。另一种情况则是法律拟制。法律拟制，即模拟规定，也就是说，如果没有法律拟制，那么该行为不能按照本规定处理。而在规定法律拟制后，导致了本不符合该项规定的行为也按照该规定来处理。

“身份论”,即完全相同的实行行为,具备国家工作人员身份的人构成受贿罪,非国家工作人员则构成非国家工作人员受贿罪。例如,《商业贿赂意见》第6条规定,依法组建的评标委员会、竞争性谈判采购中谈判小组、询价采购中询价小组的组成人员,在招标、政府采购等事项的评标或者采购活动中,索取他人财物或者非法收受他人财物,为他人谋取利益,数额较大的,依照《刑法》第163条的规定,以非国家工作人员受贿罪定罪处罚。依法组建的评标委员会、竞争性谈判采购中谈判小组、询价采购中询价小组中国家机关或者其他国有单位的代表有前款行为的,依照《刑法》第385条的规定,以受贿罪定罪处罚。在评标活动、竞争性谈判采购以及询价采购活动中从事完全相同的工作,是国家机关或者其他国有单位的代表,其行为便是从事公务,便是受贿罪的主体;不具有该种身份,其行为就不是从事公务,只能成为非国家工作人员受贿罪的主体,这是典型的以“身份”来论证“公务”,因为有国家工作人员身份所以从事的就是公务,反之则不是从事公务。再如,根据《国家出资企业意见》第1条的规定,在国家出资企业改制过程中故意通过低估资产、隐瞒债权、虚设债务、虚构产权交易等方式隐匿公司、企业财产,转为本人持有股份的改制后公司、企业所有,应当依法追究刑事责任的国家工作人员构成贪污罪,非国家工作人员构成职务侵占罪。此种认定标准,实际使“公务”没有了自身的判断标准,使“公务”丧失了自身的独立品格,同样的行为要看谁来实施才能判定是不是“公务”。这与《刑法》第93条的规定精神其实是背道而驰的,《刑法》第93条关于国家工作人员四种主体的规定,都要求是“从事公务”,即以是否“从事公务”来论证是不是国家工作人员,而无论其先前的身份如何。如此截然相反的两种认定精神,给理论界和司法实务界带来困惑。

可以说,从我国立法及有关司法解释关于国家工作人员身份认定的规定来看,采取“身份”“公务”双重判断标准、彼此循环论证,最后疑似没有判断标准。笔者认为,从目前相关规定来看,司法实务中总体可以采用这样一个认定标准,即分为国家机关工作人员和准国家工作人员两种情况。国家机关工作人员的身份判断较为容易,即有国家机关工作人员编制的人员一般均为国家工作人员,一些没有编制的人员受委托或按照规定从事公务活动的,也可以视为国家机关工作人员。而准国家工作人员的身份判断难度较大,因公司、企业中的国家工作人员和非国家工作人员从事的均为生产经营活动，甚至可能从事的工作完全相同，很难根据从事工作的性质划分出国家工作人员，因此，除个别被明确委派从事公务的情况以外，一般只能以身份论，只能以任命的方式进行区分。

三、“从事公务”之管见

由于立法是以“从事公务”作为国家工作人员身份的评判标准，笔者拟对“从事公务”本身开展分析研究，以了解国家工作人员身份之本质。

公务，《辞海》解释是“公事”，《现代汉语词典》解释为“关于国家或集体的事务”。公务有广义与狭义之分。公务员所指的公务，是狭义的，仅指行政公务，而广义的公务则是指国家事务和社会公共事务。刑法中公职受贿罪主体从事的公务，是广义上的公务。① 对于何为“从事公务”问题，在我国刑法理论界一直存在三种不同的观点：第一种观点认为，“从事公务”就是依法履行职责的职务行为以及其他办理国家事务的行为；第二种观点认为，“从事公务”，是指人依法进行的管理国家、社会或集体事务的职能活动；第三种观点则进一步指出，所谓“从事公务”就是指在国家机关、国有公司、企业、事业单位、人民团体等单位中履行组织、领导、监督、管理等职责的活动。② 由于立法明确将集体经济组织工作人员排除在国家工作人员范围外，因此，公务应不包括集体的事务，第二种观点不能成立。笔者认为第一种和第三种观点只是表述方式不同而已，区别不大。按照《纪要》的解释，“从事公务，是指代表国家机关、国有公司、企业、事业单位、人民团体等履行组织、领导、监督、管理等职责”。按照某论者的观点，“从事公务”具有两大特点：一是“从事公务”具有国家代表性，即“从事公务”这种活动是代表国家进行的，是一种具有国家管理性质的行为，而不是代表某个人或某个集体、团体的行为。也就是说，从行为性质来看，“从事公务”这种活动实质是国家权力的一种体现或是由国家权力所派生出来的权力的一种体现。二是“从事公务”具有管理性，即“从事公务”在内容上是一种代表国家对公共

---

① 参见朱国雄：《受贿犯罪主体区别原则及其适用》，载《人民司法》1998 年第 3 期。

② 参见赵秉志：《论国家工作人员范围的界定》，载《刑法问题与争鸣》第 1 辑，中国方正出版社 1999 年版，第 336 页。

事务进行管理的活动。① 就“从事公务”本身的概念及特点来说，笔者同意上述理解。但问题是我国现实生活中，“从事公务”的概念远没有上述观点所概括的那么容易把握，尤其在经济生活中从事公务的概念变得越来越模糊，不易把握。目前，“从事公务”呈现以下特征：

第一，真正管理、领导意义上的“从事公务”的空间在逐步缩减，一些国有单位的职能或行为的公务特征明显弱化，甚至几乎消失。实际上，我国的政治经济体制改革方向，是使政府逐步向服务型政府迈进，并且要政企分开、权责分明。在市场经济体制下，国家权力干预社会的广度和深度都在不断地缩减。有论者认为在刑事法律领域，公务应作狭义理解，公应为国家公权之公，务即指事务，不应作广义理解，不应解释为公共事务，因为凡有益于公众的皆为公务，范围过分宽大，与刑法本意不符。《刑法》之所以规定公务是为了界定国家工作人员，解释理解公务，应当从为国家工作的角度出发，而不是公共、公众角度出发。公共事务与国家意义上的公务从外延上讲应当是一个包容与被包容的关系，国家公务被包含在公共事务之中，而公共事务不完全是国家公务。之所以我们长期将二者等同，是受到国家本位思想的影响，忽视个人权利，不承认国家与市民的共同存在，认为除了国家之外便无他物可言。② 笔者不能赞同其对公务作如此狭窄之理解。由于我国社会主义公有制的国家性质及现实国情，公务还是应当包括国家及社会公共事务，将社会公共事务排除在公务之外的观点是不可取的，我国目前有大量的国有事业单位、人民团体在从事社会公共事务，这些公共事务理应被理解成公务，只是其管理性和领导性等国家强制力特征被不断弱化，虽然具有一定的公益性，但许多时候表现为服务性、营利性，如国家的报社、杂志社、医院、学校、协会等，也就是说，国家机关那种真正意义以国家强制力作为后盾的管理、组织、领导性质的公务范围在不断缩减。

在国有公司、企业等营利单位，“公务”性质的弱化和隐退体现得更为明显。(1)与计划经济时代不同，市场经济条件下，国有企业职能和地位发生根本转

---

① 参见古家鹏：《职务犯罪中“从事公务”问题探析》，载《福建公安高等专科学校学报》2003 年第 4 期。

② 参见谢侃：《对企业人员构成国家工作人员犯罪主体要件的反思——从立法的角度进行探讨》，载中国法院网 2004 年 3 月 28 日，https://www.chinacourt.org/article/detail/2004/03/id/110056.shtml。

变。计划经济时代,政企不分,政府的国有资产管理者职能与企业的国有资产经营者职能混淆,企业成了政府及其所属部门的附属物,在这种体制下,企业既是经济组织,又是行政组织,企业工作人员都是国家干部,具有行政级别,享受行政工资待遇。在这种体制下,企业的工作人员具有国家干部身份,代表国家管理经济事务,能够被视为从事国家公务,因而他们可以属于国家工作人员。不过在政治经济体制改革的形势下,政企分开是改革方向,《中共中央关于国有企业改革和发展若干重大问题的决定》中明确指出:“建立现代企业制度。实现产权清晰、权责明确、政企分开、管理科学,健全决策、执行和监督体系,使企业成为自主经营,自负盈亏的法人实体和市场主体。”政府职能逐渐转变,国有公司、企业的地位和性质也随之不断转变,以追求企业利润最大化为其活动的目的,它们的活动属于商务活动、经营活动,而没有多少以往公务活动的色彩,在市场经济条件下,它们与其他的非国有性质的公司、企业属于平等的市场主体,参与市场竞争。各个国有企业的经营活动本身不是代表国家和社会整体从事所谓的“公务”,而往往是追求集团自身的经济利益,国有企业在市场上自负盈亏,其管理活动也是对内部人员和财产的管理,而不是对国家和社会事务的管理。长期以来,许多人将国企经营活动视为公务活动,是受到计划经济时代的遗留残存思想影响,其实质上误解了“国家公务”的真正含义。(2)多种混合所有制企业出现,国有企业界限不明晰。当前,国企改革不断深入进行,单一的国有性质的企业反倒越来越少,不少国企都进行股改、上市,有国有资本参股的企业,也有国有资本控股的企业,这些企业性质本身就不易界定,说这些企业中的国家工作人员是在“从事公务”就更加牵强。为了解决实践中的争议,最高人民法院曾在 2001 年 5 月 23 日最高人民法院发布的《关于在国有资本控股、参股的股份有限公司中,从事管理工作的人员利用职务便利非法占有本公司财物如何定罪问题的批复》中明确指出:“在国有资本控股、参股的股份有限公司中从事管理工作的人员,除受国家机关、国有公司、企业、事业单位委派从事公务的以外,不属于国家工作人员。”但该规定却带来另外一个问题,即处断上的不公平不协调问题,一方面,在这种国有控制、参股企业中,完全相同的经营行为,受委派“从事公务”的人员就按国家工作人员论处,其行为就是“从事公务”,其他管理人员的行为则不是“从事公务”,存在不公平之处;另一方面,存在与国有企业工作人员处断上的不协调问题,即同样的行为,国有企业中工作人员实施则都要按国家工作人员犯罪论处。

第二,现实生活中,“从事公务”与劳务和技术、服务并非对立的关系,很多时候是融为一体的,“从事公务”越来越表现出技术性和服务性。随着社会的多元化发展,多种社会组织形式出现,公务活动的内容不断丰富,纯粹意义上的职权型、管理型公务所占比重日益下降,与具体业务、技术相结合的复合型公务则日益增加。我们不能只看到其中的业务、技术等非管理成分,而忽略了其公务的本质属性。事实上,《公务员法》已经注意到该种分类,并将公务员职位类别划分为综合管理类、专业技术类和行政执法类等类别。就一些专业技术人员而言,虽然其工作内容不具有管理性,但属于履行单位职能的法定组成部分,因此仍属于“从事公务”。一些国有事业单位或人民团体本身的职能就不具有管理性,而更多地体现为公益性、服务性,如国有医院、学校、妇联等,在这些单位中工作的人员按照其岗位职责要求工作的行为整体,就构成了单位的职能,而由于单位的职能具有公务性,所以其行为就应当具有公务性。现今社会,由于经济全球化,高科技产业不断兴起,在“科技是第一生产力”的时代,国家工作人员的公务活动或者说社会管理活动,也越来越具有技术性和专业性。司法机关的工作具有法律专业性;审计部门的工作要求精通经济、会计、审计等方面的专业知识;公安机关的技侦手段,更是要求极具专业性的人才;国有单位的总工程师或设计师的设计工作本身就兼具劳务和技术性质;等等,不胜枚举。也就是说,多数国有单位工作人员实现对国家和社会事务的管理,都要通过一定技术和劳务付出来实现。

理论上及司法实践中不少人对何为“从事公务”存在误解。长期以来,学术界形成一种思维定式:“公务” =“管理” =“决策、组织、领导、监督”。于是,将“公务”与“业务”和“劳务”对立起来,把“公务”与“技术”和“服务”也分离开来。不可否认,它们具有不同的内涵,但是它们之间也存在密切的联系。事实上,即使国家机关工作人员“代表国家行使组织、领导、监督等公共事务的管理职能”,也是需要通过某种“业务”或“劳务”活动来实现的。[①] 1989 年 11 月 6 日

---

① 参见杨威:《“从事公务”问题刍议——由医生利用处方权收取回扣行为定性问题引发的思考》,载《中国刑事法杂志》2004 年第 6 期。

最高人民法院、最高人民检察院发布的《关于执行〈关于惩治贪污罪贿赂罪的补充规定〉若干问题的解答》(已失效)中,专门谈到了贪污罪主体中"公务"与"劳务"的区别和关系,该解答指出:直接从事生产、运输劳动的工人、农民,机关勤杂人员,个体劳动者,部队战士,经手公共财物的,如果他们所从事的仅仅是"劳务",不能成为贪污罪的主体。据此,可以得出一个结论,即上述人员经手公共财物时,如果他们所从事的不仅是"劳务",则可以成为贪污罪的主体。笔者认为,这种割裂"公务"与"劳务"的观点是不可取的,因为"公务"与"劳务"常常是交织在一起的。此外,按照《纪要》的解释,会计、出纳人员管理、监督国有财产的行为是"公务",售货员、售票员从事的活动则一般不认为是"公务",这无法自圆其说。会计、出纳的工作技术含量可能比售货员、售票员高一些,但是没有质的区别,会计、出纳的工作本身除了是"从事公务",也是一种"劳务"或者说含有大量"劳务"成分,而国有单位的售货员所从事的售货工作除了是一种"劳务"活动外,他们在提供"劳务"的同时,还兼行管理公共财物的职责,可以说是以"劳务"为主,以"公务"为辅,如果他们利用这一职务上的便利条件,侵占自己管理的商品和售货款的,即监守自盗的,其行为应被认为是贪污性质,而非盗窃性质。正如陈兴良教授所说,就公务性而言,"公务"本来不仅是与"劳务"相区分的一个概念,而且是与国家管理活动相联系的一个概念。国家工作人员不仅在从事工作的内容上具有非劳务性,而且在从事工作的性质上具有国家性。因此,"公务"的概念对于定义国家工作人员的主体身份具有一定的意义。但是,随着 1997 年《刑法》关于国家工作人员的概念中出现了受委派从事公务的内容,更强调的是委派的形式,而"从事公务"这一内容只是保留了与"劳务"的区别性,而国家性则被虚化了。例如,国有公司、企业或者其他国有单位委派到非国有公司、企业以及其他单位从事公务的人员。所谓"从事公务"只是指非劳务的管理活动,包括会计出纳等。同样是会计出纳,如果是受委派的人员,其会计出纳工作就被认为是"公务";如果不是受委派的人员,而是非国有单位自身聘的会计出纳,就会被认为不是"从事公务"。[①] 我们不能把从事公务、管理国家社会事务理解成发号施令,理解成领导或单位负责人的行为,事实上,完全脱

① 参见陈兴良:《国家出资企业国家工作人员的范围及其认定》,载《中国检察官》2015 年第 21 期。

离“劳务”“技术”“服务”的“公务”是不存在的。对于“公务”有些人往往将其与脑力性质的管理活动联系起来,将其与领导岗位或领导职能联系起来,似乎体力性质的劳务难登大雅之堂,只是劳务,不可能是公务。实际上从事公务本身必定表现为一定劳务或技术付出,或者脑力的或者体力的,或者兼而有之,“从事公务”不可能是种单纯的思想,国家工作人员按照其职责或职务进行正常工作的行为就是从事公务。

综上所述,对于从事公务的把握,应注意以下两个问题:

首先,对于“从事公务”的理解,应把“公务”与“职务”联系起来判断。职务指工作中所规定担任的事情,而公务指管理国家或社会公众事务,二者既有联系又有区别。从事一定的公务,一般来说必然是要有相应的职务或资格来保证的,但具有职务的人员,不一定都是从事公务,公司、企业工作人员也有职务,但并非在从事公务。对于国家来说,设置一定的国家机关、事业单位、人民团体等机构,就赋予了该单位一定的职责或职能,即某种公务。各国有机构都有其各自的公务范围,所有国有机构各司其职,则国家机器才能够有效地运转。而这些国有机构内部,往往需要设置一定的国家工作人员岗位或职务,并赋予该职务或岗位一定职权和职责,这些职务或职责实际就是国有机构“大公务”范畴下的具体“小公务”。因此,这些职务或岗位上的工作人员按照其职责要求行事就是在从事公务,这种职务或岗位可以是根据规定临时赋予的,也可以是永久性的。受贿罪中,国家工作人员利用其职务上的便利,也就是利用其从事某种公务的便利,按照《纪要》的解释就是既包括利用本人职务上主管、负责、承办某项公共事务的职权,也包括利用职务上有隶属、制约关系的其他国家工作人员的职权。

其次,在目前法律框架下,只能对“从事公务”作最宽泛的理解。虽然立法及司法解释关于国家工作人员的认定采用双重标准,存在内在矛盾冲突;虽然现实生活中纯正的以国家强制力为后盾的管理性质的公务已缩减至很小的范围;虽然公务的技术、服务含量越来越高,一些国有事业单位如医院、学校等单位更具公益性和服务性,而非公务性和管理性;虽然国有公司、企业等营利单位的生产经营活动本身公务性很弱,但按照罪刑法定的原则,既然国有公司、企业,事业单位等的工作人员能够以国家工作人员论处,我们便只能将其职务行为理解成"从事公务"。因此,从"从事公务"本意来讲,上述学者的看法及《纪要》的理解都是有道理的,但是,将其套用到现实生活中国有公司、企业等营利单位工作人员的生产经营行为之中,却无法作出合理的解释。由此,在现行法律体系下,我们只能对"从事公务"作扩大解释和理解,也即国家工作人员,无论是国家机关中的工作人员,还是公司、企业中的国家工作人员,依法依规履行其职责的行为就是"从事公务"。

巨额财产来源不明罪自首问题法理辨析

吴沛山*

摘要:我国《刑法》对巨额财产来源不明罪①是否可以成立自首没有作出明确规定,学界对此一直存有争议。从刑事政策、制度价值、司法实务等多维度分析,巨额财产来源不明罪是可以成立自首的,以往持否定态度的观点均存在一定不足之处。巨额财产来源不明罪成立自首,不但在司法实务中具有价值,也是"惩办与宽大相结合"刑事政策的应有之义。但在具体认定中,无论是认定一般自首还是特殊自首,都应当严把司法尺度,确保罪责刑相适应。

关键词:巨额财产来源不明罪　自首　惩办与宽大　刑事政策　司法

我国《刑法》对巨额财产来源不明罪的自首情节并未明确作出特殊规范,对于本罪是否存在自首、如何认定自首等问题,司法实践亦未从正面作出回应。因此围绕这一问题学界存在多种观点争议,但既往观点大多都局限于问题本身的讨论,而忽视了刑法体系的统一性,因此未能从刑事政策、制度价值、司法实务等多维度深层次展开讨论,既没有解决理论问题,也导致司法实务中出现了对该问题的"退避"现象,在一定程度上影响了本罪和自首"惩办与宽大"法律价值的实现。因此,有必要从我国"惩办与宽大相结合"的刑事法律政策出发,

---

* 男,山东临沂人,法学博士在读,现任公司董事长。

① 为论述和行文方便,本文述及"巨额财产来源不明罪"时以"本罪"代替。

从文理解释、法理分析等角度,研究既往不同立场观点的逻辑与价值,回应其疑虑,进而提出解决这一问题的思路。

一、巨额财产来源不明罪自首问题的学说——肯定说与否定说

(一)学说之争

一直以来,我国刑法学界关于本罪是否成立自首存在肯定说和否定说。(1)肯定说。该说又分为两种:一种认为本罪可以成立一般自首和特殊自首;另一种认为本罪只能成立特殊自首。[①] 持肯定说者主要基于以下两点:一是在本罪中认定自首符合我国法律规定。《刑法》第101条规定,总则适用于其他有刑罚规定的法律,但其他法律有特别规定的除外,而《刑法》第395条关于巨额财产来源不明罪没有对刑法适用作出特别规定,故《刑法》第67条关于自首的相关规定可以适用于本罪自首的认定。[②] 二是在本罪中认定自首符合自首成立的条件。由于本罪自身的特殊性,其自首认定也具有特殊性。行为人虽然不能如实供述财产的真正来源,但只要行为人确实自动投案,且主动供述了自己所持有巨额来源不明财产的数额及存放地,应当认定符合自首构成要件中的“自动投案”和“如实供述自己的罪行”,成立自首。(2)否定说。持否定说者主要基于以下两点:一是本罪从逻辑上就无法满足自首的构成要件。认定本罪的前提是行为人没有说明其持有巨额财产的真实来源,只是主动如实供述了自己持有巨额不明来源财产的事实,但行为人主动供述时其实犯罪尚未构成,因此不符合认定自首成立“犯罪以后”的前提条件;再者行为人“不能说明”自己持有巨额财产的真实来源与认定自首所要求的“如实供述自己的罪行”还是有所区别,因而本罪无法成立自首。[③] 二是客观上与自首本质相悖。行为人拒不说明财产来源,其目的在于逃避获取财产来源犯罪之惩罚,并非自愿接受刑法的评价和处罚,与自首自愿承担刑事责任的本质含义相悖。[④]

---

① 参见雷雪梅、陈世伟:《巨额财产来源不明罪疑点探微》,载《当代法学》2002年第9期。

② 参见孟庆华:《巨额财产来源不明罪研究新动向》,北京大学出版社2002年版,第155页。

③ 参见时延安、刘伟大:《巨额财产来源不明罪中若干问题研究》,载《国家检察官学院学报》2002年第3期。

④ 参见任冰:《巨额财产来源不明罪研究》,中国政法大学2007年硕士学位论文,第14页。

(二)观点评析

肯定说从刑法总则关于自首的规定适用于本罪的角度,指出本罪成立自首在认定上的特殊性,论述了本罪应该成立自首;否定说则揭示"不能说明财产真正来源"不符合自首"如实供述自己的罪行"的要件而无法成立自首。深入分析双方观点就会发现:两种观点并非在同一层面进行论证,也都未能全面、清晰地回答为什么本罪存在或者不存在自首的问题。

本罪是否存在自首的讨论进路,应当从以下两个层次展开:第一个层次是本罪行为人在司法上是否可能自首,即根据刑法理论和规定,对于本罪行为人能否认定自首,以及基于此认识,在司法实务中是否有前述"主动供述"行为发生,这是一个本罪认定自首能与不能的问题。第二个层次是在当前刑事政策下,从价值层面上分析,对本罪行为人的"主动供述"行为是否应当适用自首,这是一个本罪认定自首应与不应的问题。第一个层次的讨论是第二个层次论述的基础,如果在第一个层次上不能构成本罪自首,那么对本罪是否应当适用自首的讨论就没有意义了。因此,有必要按照这两层维度逐步展开对本罪自首问题的讨论。

二、巨额财产来源不明罪中自首的成立——能与不能之辨

(一)本罪在司法上能够成立自首

本罪行为人"主动供述"的行为在司法上能否认定为自首?肯定说者与否定说者争议的焦点就在于说明财产的真实来源是否属于如实供述自己罪行的范畴。肯定说者主张本罪具有特殊性,行为人无须说明财产的真实来源,就符合"如实供述自己的罪行"而能成立自首;否定说者则持相反观点。可见,本罪能否成立自首的关键在于认定"如实供述自己的罪行"是否需要包含说明财产的真实来源。这也就是说,判断"说明财产真实来源"是否属于自首"如实供述自己的罪行"的范畴,实质上就是判断"说明财产真实来源"的行为是否属于本罪的客观构成要件。① 这其实是一个司法适用问题,所以,应当用法解释学的方

① 可以说,学界对本罪是否存在自首的争议,一定程度上来自学界对拒不说明财产真实来源行为是否属于本罪客观构成的争议。

法来解决这个问题上的争议。

可以从以下四个方面的解释来就此问题加以辨析:一是文理解释。《刑法》第395条第1款规定:“国家工作人员的财产、支出明显超过合法收入,差额巨大的,可以责令该国家工作人员说明来源。不能说明来源的,差额部分以非法所得论,处五年以下有期徒刑或者拘役;差额特别巨大的,处五年以上十以下有期徒刑。财产的差额部分予以追缴。”该条包含两部分内容,以中间句号为内容分隔符号。如果将前后两部分内容的意思结合起来,按照文意作一般理解,该条含义可以理解为:行为人的财产或者支出超出其合法收入,有关国家机关可以责令其说明来源,如果行为人不能说明其超出合法收入部分的财产也为合法财产,则该超出合法收入的财产会被视为非法所得财产,并将导致刑法的非难评价。由此,该条可以这样理解:行为人持有巨额不明的非法所得财产,也即本人不能说明其财产来源合法,在刑法上的法律后果是该部分财产被视为非法所得财产,①进而可以认为本罪设立的目的是要惩罚行为人持有巨额非法所得的财产的行为,而不是惩罚不能说明财产真实来源的行为。二是历史解释。本罪最早出现在1988年第六届全国人大常委会第24次会议审议通过的《关于惩治贪污罪贿赂罪的补充规定》(已失效)。该规定出台的背景是,当时某些国家工作人员的行为已经非常严重,到了需要通过刑法来规制的程度,而在司法上,又无法通过充分的证据证明其拥有的巨额财产来自贪污、受贿等犯罪以规制这种状况。出于从严治吏的考虑及反腐败的需要,为堵塞立法漏洞而设立了本罪。可见,本罪设立的初衷也是惩治国家工作人员拥有巨额不明来源财产的行为,并不是其拒不说明财产来源的行为。三是目的解释。从本罪的立法背景和司法实践来看,本罪的立法目的在于严密法网,将那些持有超过合法收入巨额的财产,但穷尽一切侦查措施后仍无法查清其财产合法来源的犯罪嫌疑人也绳之以法,借此打击国家工作人员的贪污、受贿等违法犯罪行为。② 从这一立法目的出发也可以得知,本罪客观方面的入罪行为是国家工作人员拥有了超过其合法收入的巨额财产的行为,与之相反,如果以拒不说明财产来源的行为作为本罪

---

① 参见李影、王明辉:《巨额财产来源不明罪若干问题思辨》,载《沈阳师范大学学报(社会科学版)》2008年第1期。

② 参见李宝岳、吴光升:《巨额财产来源不明罪及其证明责任研究》,载《政法论坛》1999年第6期。

客观方面的要件之一，那么司法实践中就极易出现一个与本罪立法目的相左的问题：在司法机关查处国家机关工作人员的职务犯罪时，当发现持有超过合法收入巨额财产的嫌疑人时，对于司法机关而言，查证嫌疑人获取该巨额财产的犯罪行为较查证嫌疑人拒不说明该巨额财产合法来源的行为的难度大得多，因而不是先去积极地收集证据查办嫌疑人获取巨额财产的犯罪行为，在用尽一切侦查手段和强制措施包括责令嫌疑人说明后仍无法查清获取巨额财产的犯罪行为时才以本罪进行追诉，而是在一开始就要求嫌疑人说明巨额财产的来源，嫌疑人一旦拒不说明，就以本罪处罚，这就极可能放纵犯罪，与本罪严密法网的立法目的相悖。四是体系解释。我国刑法分则体系是以犯罪的同类客体为标准进行分类排列而成的，刑法体系中本罪被规定在贪污贿赂罪一章，说明立法者认为本罪行为侵犯的犯罪客体与贪污、受贿等犯罪相同，都是侵害了国家工作人员职务活动的廉洁性，但事实上本罪行为中侵害国家工作人员职务活动廉洁性的行为只能是拥有了巨额的超过合法收入财产的行为，而不是拒不说明财产真实来源的行为。

因此，本罪客观方面的基础和充足要件是行为人持有巨额的超过合法收入财产的行为，而不是不能说明此类财产的真实来源。行为人在司法程序中说明这些财产的来源合法只是在行使其对追诉机关的对抗权，用以阻却刑法将其所持有的巨额财产认定为"非法所得财产"以维护自己的合法权利，司法机关不应该认为该行为属于本罪客观方面的构成要件，不属于自首认定与否的范畴。本罪是否成立自首，不需要行为人说明超过合法收入的巨额财产的来源，只要行为人能够主动并且如实供述这些巨额财产的数额和存放地点，就应认定符合自首的要求成立自首。

(二)本罪在现实中存在自首

在理论上肯定了本罪能够成立自首，那么在现实中是否存在本罪成立自首的情形？当前，司法实践中一个突出的问题就是，追诉机关常常在查证贪污、受贿等罪缺乏证据的情形下，退而求其次转以本罪追究行为人责任。有学者谴责说，巨额财产来源不明罪已沦落为贪污、受贿等罪的附带罪名，因实践中从未有贪官单独因犯巨额财产来源不明罪而被判刑，而该罪常伴随于贪污、受贿等罪。[①] 对此笔者虽未从实证角度加以考察，但本罪在现实中应该存在自首的情形。刑法规定自首为量刑从宽处罚情节，从立法价值的角度考量，这将使任何犯罪都有存在自首的可能，本罪也不应例外。在特殊自首情形下，如因贪污、受贿等犯罪而被采取强制措施的犯罪嫌疑人和正在服刑的人，为避免随着侦查机关逐步深入查证犯罪事实而查出其持有其他巨额财产的犯罪事实后将会被处以相应刑罚，为争取从宽处理或出于其他动机，行为人更倾向于选择自首。

三、巨额财产来源不明罪中自首的适用——应与不应之析

司法上对罪犯是否适用自首，不仅需要制度理论上能与不能的分析，也需要法律价值上应与不应的考量。既然“说明财产真实来源”不属于本罪构成要件，本罪在制度理论上能够成立自首，那么接下来的问题就是，犯罪嫌疑人没有“说明财产真实来源”，在本罪成立的前提下，是否应当适用自首？对此，答案应该是肯定的。

（一）否定说者对本罪应当适用自首的质疑

否定说者不仅在制度理论上提出了本罪不能成立自首的立论，也从价值层面对本罪应当适用自首提出了疑问：(1)因本罪法定刑设置偏轻，长期以来，其打击犯罪的制度功效没有得到充分发挥。设立本罪旨在严密法网以更好地打击贪污、受贿犯罪分子，本罪反而成了贪官污吏的“免死牌”“避风港”，只要行为人对其所持有的巨额财产拒不说明来源，就至多被定为本罪处以刑罚，而其供述财产来源将可能受到更重的刑罚，利益衡量使然，行为人出于自我保护意识必将选择拒不说明巨额财产来源，这就不免使本罪似有“鼓励”犯罪分子同追诉机关对抗之意味，此与行为人自愿置于追诉机关的控制下，接受刑法处罚的自首法律制度相左，在此逻辑下可以推导出本罪和自首制度相悖，甚至“鼓励”犯罪。[②] (2)从本罪立法的发展上来看，为适应反腐败斗争的需要，《刑法修正

---

① 参见张建升：《巨额财产来源不明罪如何不再尴尬》，载《检察日报》2001 年 3 月 19 日，第 3 版。

② 参见吴志良、郑兰：《论巨额财产来源不明罪》，载《郑州大学学报（哲学社会科学版）》1998 年第 5 期。

案（七）》将本罪最高法定刑由 5 年提升到 10 年，加大了对本罪的处罚力度，这在一定程度上也迎合了公众意愿，即对本罪的犯罪人加大处罚力度，以发挥本罪打击和预防犯罪的制度功效，而自首从宽处罚将会削弱本罪的这种制度功效。

（二）对否定说者的质疑的回应

仅从形式逻辑上分析，以上否定说者的质疑并无不妥，但立足刑法体系，深入分析本罪和自首的制度价值，就会发现上述质疑失之偏颇。第一，本罪并非“鼓励”犯罪。本罪具有刑法体系上独有的制度功效和立法价值，而非附属于贪污、受贿等其他犯罪的“补充犯”之罪。如果刑法没有设立本罪，那么追究具有特定身份、持有巨额不明来源财产行为人的刑事责任就缺少法律依据，此为本罪独特的制度价值。正是在这个刑法基点价值问题上，否定说所推导的本罪鼓励犯罪分子同追诉机关对抗的论点，只看到了本罪行为人持有的巨额财产很可能与贪污、受贿行为存在关联，却忽视了三个罪名之间在刑法体系上相互独立，从而把不说明财产来源的行为混同成了对本罪的对抗，进而得出本罪和自首制度相悖的论断，其错误之处在于本质上没有看到本罪在刑法上独特的制度价值。第二，对本罪适用自首并不会削弱本罪打击犯罪的功效。刑法加大对本罪犯罪行为的打击力度，旨在适应反腐败斗争的需要，其目的在于对犯罪行为本身作法律评价；而刑法设置自首是为了鼓励罪犯悔过自新、分化瓦解犯罪和节约司法资源，使教育改造罪犯的刑罚目的能够延伸到犯罪行为实施之后，从而促使罪犯的自我改造更早开始。[①] 其体现了对犯罪后犯罪人行为的考量，二者制度功效并不冲突。司法上是否适用自首，与刑法法定刑的设置并无逻辑联系，刑法也无须因对某种罪行处以重刑而不适用自首的规定。

因此，分析本罪是否应当适用自首，应基于刑法的体系和刑罚的总体目的，全面考察本罪和自首各自的制度价值，而不应以孤立的视角对本罪适用自首进行批驳，进而产生超出法律本身的错误理解。

---

① 参见赵秉志主编：《新刑法教程》，中国人民大学出版社 1997 年版，第 348 页。

(三)本罪应当适用自首的价值分析

本罪适用自首,不仅是因为否定说者对本罪应当适用自首的质疑并不成立,而且认定本罪可以成立自首具备法律价值。第一,符合刑事政策要求。行为人在主动投案后,如实向司法机关供述其持有巨额不明来源的财产,并自愿置于追诉机关控制下,充分表明其主观恶性相对较低,人身危险性较小,司法上对其适用自首从宽处理,给其提供争取从宽处理的机会,符合我国现阶段宽严相济的刑事政策。第二,符合司法实务工作需要。对本罪行为人来说,自首可以争取从宽处罚,为了避免其持有超过其合法收入的巨额财产的犯罪事实被司法机关查出后(无论是被查出财产真实来源还是最终不能查出真实来源)受到更重的刑罚,在利弊权衡之下,行为人有积极投案自首的需要;对司法机关来说,行为人主动投案自首,如实供述其所持有的巨额财产的数额和存放地,虽没有如实供述财产的来源,但也给追诉机关提供了侦查犯罪的线索,有利于其及时发现和侦查犯罪,加强同犯罪作斗争的有效性,能更好地履行其惩办犯罪、保护人民的职责和职能。因此,对本罪适用自首,符合司法的现实需求。第三,符合刑罚目的。总体上,我国刑罚的目的不在于对犯罪行为的事后报复,而在于惩罚和教育改造罪犯,防止具有社会危险的人实施危害社会的行为。刑法对巨额财产来源不明定罪设刑,其目的也并非对行为人先前获取巨额财产来源的可能的犯罪行为进行惩罚报复,而是通过刑罚惩治行为人,发挥刑罚的震慑作用,督促国家工作人员廉洁奉公,忠于职守。① 对行为人适用自首,可以促使其悔过自新。在此意义上,设置自首与刑罚的根本目的相一致。第四,符合法治精神。就法治精神而言,任何法律的初衷都不在于惩治的强度而在于惩治的可能。从司法适用自首的过程来看,不仅涉及是否成立自首的定性,亦涉及自首刑罚裁量的定量,而在量刑的考量上,刑法采取的是不同程度的从宽处理方式,即具体到个案,从宽幅度需要根据罪行轻重和行为人悔罪情形决定,以保障法律的正义。既然刑法并未从制度上排除对本罪适用自首,如果在司法上彻底剥夺犯罪分子对自首的选择,将对犯罪分子极度不公平。因此,在司法上肯定本罪应当

---

① 参见卢建平:《刑事政策视野中的巨额财产来源不明罪》,载《中国刑事法杂志》2002 年第 1 期。

在具备条件时适用自首符合法治精神。

四、巨额财产来源不明罪自首的司法认定——适与不适之分

既然本罪可以成立自首,在司法上如何认定本罪的自首?这既需要本罪行为人事后积极争取自首的从宽处罚,又要避免自首的认定过于宽泛,成为行为人争取从轻处罚的通路。

《刑法》规定了三种自首情形,分别是《刑法》总则第67条第1款所规定的一般自首、第2款所规定的以"自首论"的准自首或特别自首[①]和《刑法》分则第164条第4款、第390条第2款、第392条第2款就特定犯罪规定的特别自首[②]。就本罪而言,应当只能适用《刑法》第67条第1款规定的一般自首和第2款规定的特别自首两种情形。

(一)本罪一般自首的司法认定

根据《刑法》第67条第1款的规定,一般自首是指犯罪分子犯罪以后自动投案,如实供述自己的罪行的行为。结合本罪的行为特征,认定本罪行为人成立一般自首应符合以下条件:(1)本罪被最终确立。自首属于刑法量刑制度的范畴,其首要条件就是犯罪得以确立。如果在本罪立案后,无论是办案机关通过一切侦查措施查清财产来源,还是行为人"主动供述"财产的真实来源被办案机关查证属实,本罪在司法上最终未能确立,那么讨论本罪的自首问题就无必要。因此,本罪成立自首的前提条件,就是通过司法程序的审理,本罪被最终确立。(2)自动投案。本罪行为人不论出于何种投案意图,自动向有关机构或者单位、个人承认其持有超过合法收入的巨额财产的犯罪事实,自愿将自己交给司法机关处理,愿意承担相应的刑事责任。(3)如实供述自己的罪行。在"供述"范围上如前文所论,本罪行为人"如实供述自己的罪行"的范围应不包含说明财产真实来源,只要行为人如实供述其所持有巨额"非法所得财产"的数额和财产存放地,就符合"如实供述自己的罪行"的范围要求。[③] 在"供述"方式上,

---

① 参见高铭暄主编:《新编中国刑法学》(上册),中国人民大学出版社1998年版,第386页。

② 参见李永清:《职务犯罪自首的司法认定》,载《中国检察官》2007年第12期。

③ 参见鲜铁可:《巨额财产来源不明罪的司法认定》,载《检察日报》2001年9月20日,第3版。

本罪适用自首的供述方式较一般犯罪具有特殊性,司法机关最终确立本罪成立的必要要件是,巨额财产处于不明真实来源的状态。从逻辑角度分析,“不能说明财产来源合法”能够表现的行为方式只有消极地不说明、积极地表示无法说明、说而不明和虚假说明四种情形,结合自首要求行为人自愿承担刑事责任的本意,前三种情形与自首的本质含义相符,应属于自首的“如实供述”;虚假说明则表明行为人意图逃避刑事责任,①与自首的本质含义相悖,应不属于本罪成立自首所要求的“如实供述”。有观点认为,消极地拒不说明不符合“如实供述”,而认定此情形不宜以自首论,②但实际上仅是消极地拒不说明并不等同于虚假说明意图逃避刑法责任,反而恰恰说明行为人愿意承担本罪的刑事责任,故符合“如实供述”。

因此,以下两种情形宜认定本罪成立自首:(1)本罪行为人在自动投案后,如实供述了其持有巨额财产事实,说明了数额和所在地,但对财产的真实来源,行为人消极地不说明或通过言辞、其他方式积极地表示无法说明或说而不明,如果最后能被司法机关认定成立本罪,那么可以认定行为人成立自首。(2)行为人自动投案后,如实供述自己所持有的部分财产属于贪污、受贿等犯罪行为所得或者说明了真实来源,但是对于另一部分财产仅说明了持有的事实,说明了数额和存放地,但对该部分财产的真实来源,行为人消极地不说明或通过言辞、其他方式积极地表示无法说明或说而不明,在这种情况下,如果司法机关最终认定行为人成立本罪,那么行为人也构成自首。但是,行为人自动投案后,虽然供述了持有巨额财产的事实,说明了数额和存放地,但虚假供述财产的真实来源,在本罪成立的条件下,不应当认定为自首。

(二)本罪特别自首的司法认定

根据《刑法》第67条2款的规定,特别自首,是指被采取强制措施的犯罪嫌疑人、被告人和正在服刑的罪犯,如实供述司法机关还未掌握的本人的其他罪行的行为。综合前文分析,成立本罪特别自首应满足以下两个要件:(1)主体要

---

① 参见高铭暄主编:《刑法学》,北京大学出版社1998年版,第201页。

② 参见金少华:《巨额财产来源不明罪的若干问题研究》,吉林大学2007年硕士学位论文,第29页。

件。成立本罪特别自首的主体必须是已经被采取强制措施的犯罪嫌疑人、被告人或正在服刑的罪犯。除了这三种类型的主体,不能成立本罪的特别自首。因此,被"留置"的行为人不属于此类主体,如成立自首则属于一般自首,应按一般自首的认定条件予以认定。(2)符合"如实供述司法机关还未掌握的本人其他罪行"的要求。"如实供述"应当符合一般自首分析中"如实供述"的条件要求,基于"本人其他罪行"限制,从逻辑上来看,特殊自首的主体应该不包括因为本罪被采取强制措施或者正在服刑的罪犯。因此,有学者认为供述同种罪行的亦应成立特别自首①的观点难以令人接受,依据 1988 年最高人民法院公布的《关于处理自首和立功具体应用法律若干问题的解释》的相关规定,供述的如属同种罪行只能从量刑方面酌定从宽情节处理,而不能按自首认定。随意突破法律规定,则有违刑法的罪刑法定原则。

综上所述,以下两种情形应当认定为本罪的特别自首:(1)因为贪污、受贿等除本罪外的其他犯罪而被采取强制措施的犯罪嫌疑人、被告人或正在服刑的罪犯,向司法机关如实供述了其尚未被掌握的持有来源不明的巨额财产的行为。(2)因本罪被采取强制措施的犯罪嫌疑人、被告人,后来又因为其能够说明或者由司法机关查清被指控财产的真实来源,使被指控的巨额财产来源不明未成立,但在此期间,如实供述了其尚未被掌握的持有来源不明的巨额财产的行为。

总之,关于成立巨额财产来源不明罪的自首的认定,司法实践中应当坚持的指导思想是,本罪行为人自动投案,如实供述持有超过其合法收入的巨额财产的数额和存放地,虽没有说明财产的真实来源,在司法上也应成立自首,但在具体认定条件上应严格掌握,确保罪责刑相适应。

---

① 参见孟庆华:《巨额财产来源不明罪自首问题探讨》,载《人民检察》2003 年第 6 期。

论认罪答辩的审判规避效果[*]

迟大奎[**]

摘要：我国语境下的“认罪”概念具有双重含义，同时包含了有罪供述和认罪答辩。认罪答辩的程序性效果在于规避审判，而有罪供述只能够简化审判。换言之，“承认指控”是否会产生规避审判的法效果，直接决定我国是否存在真正意义上的认罪答辩，而速裁程序是规避审判的典型例证。实现规避审判的路径在于：通过协商程序获取认罪答辩，同时解决定罪量刑，消除诉讼争点，并最终确保认罪协议对法官的拘束力。规避审判遵循以效率为导向的结果主义进路，即虽绕过审判但应当达到与审判相同的效果，使刑事司法系统在犯罪控制与正当程序之间建立新的平衡。

关键词：认罪答辩　规避审判　认罪协商　结果主义

2018 年修正的《刑事诉讼法》将速裁程序予以制度化，按照我国学者的解读，我国刑事审判已形成“普通程序—简易程序—速裁程序”三级“递简”格局。[①] 速裁程序是在简易审判程序的基础上，继续简化审理，即所谓的“简上加简”。适用速裁程序审理案件的基本前提在于，可能判处三年以下有期徒刑，被

---

* 本论文曾发表在《北京科技大学学报（社会科学版）》2020 年第 5 期。论文内容有改动。

** 男，山东龙口人，法学博士，现任湖南师范大学法学院讲师。

① 参见魏晓娜：《完善认罪认罚从宽制度：中国语境下的关键词展开》，载《法学研究》2016 年第 4 期。

告人认罪认罚并签署具结书、同意适用速裁程序。因此,在我国学者看来,被告人承认指控并作出认罪答辩,其程序性效果在于简化审判。但实际上,认罪答辩是在“未经审判的基础上定罪”已经成为国外学者的共识。[①] 笔者提出了一个基础性的理论问题,即被告人做出认罪答辩会产生什么样的程序性效果。对这一基础理论的回答,直接决定了对我国《刑事诉讼法》相关条文的教义解读,以及对认罪答辩的有效规范化。笔者的基本论点在于,“承认指控”是否具有规避审判的程序性效果,直接决定我国是否存在真正意义上的认罪答辩,而认罪答辩的程序性效果在于规避审判。

一、认罪答辩在刑事诉讼中的规范化

认罪答辩(guilty plea),是指犯罪嫌疑人、被告人对刑事指控的承认。“承认指控”这一事实性行为,会发生什么样的程序性效果,需要我们对其进行规范化处理。认罪答辩的规范化包含以下两个方面的内容:第一,对认罪答辩的事实性行为进行规整并予以定型化,纳入刑事诉讼法的调整范围,作为认罪答辩的构成要件。只有犯罪嫌疑人、被告人实施了符合构成要件的行为,才能够成立规范意义上的认罪答辩。例如,在17世纪的英国,法官会主动劝阻被告人不要认罪,并建议他继续抗辩、接受审判。[②] 因此,“认罪答辩”在早期的英美法系国家,并不具有刑事诉讼上的规范化意义。第二,赋予认罪答辩以法律效果,即认罪答辩应当具有什么样的规范性后果或价值。例如,如果被告人做出认罪答辩,对指控予以承认,就实体法层面而言,会产生从宽处罚的效果。但是,就认罪答辩的程序性效果而言,其并非一个不言自明的问题。笔者认为,认罪答辩的程序性效果在于规避审判,通过认罪答辩解决案件,并没有审判发生。

“认罪”这一概念可以涵摄以下四种事实行为:一是如实供述自己的罪行,二是承认指控的犯罪事实,三是认可指控的罪名,四是愿意接受拟定的处罚。

---

① 美国学者唐纳德·J. 纽曼(Donald J. Newman)对“未经审判而定罪”这一问题进行了系统化研究。在其著作的引言部分,该学者就开门见山地提出:“人们对审判,特别是对陪审团的审判给予很大关注,将其作为一种区分有罪和无罪的手段。这是可以理解的,因为刑事审判具有重大的理论和实践意义。然而,重要的是,审判并不是定罪或无罪释放被告的最常见方法。”See Donald J. Newman, *Conviction: Determination of Guilt or Innocence Without Trial*, Little, Brown and Company, p. 3(1966).

② 参见[美]兰博约:《对抗式刑事审判的起源》,王志强译,复旦大学出版社2010年版,第15页。

面对以上四种事实性行为，刑事诉讼法要制定相应规范，以便将不同的事实行为涵摄于法律条文之下，作为规范的构成要件。当特定的事实行为发生，并且符合规范所规定的构成要件，则相应的法律效果才有可能发生。但是，以上四种事实行为并非具有相同的规范属性。"如实供述自己的罪行"在本质上属于证据的范畴，刑事诉讼法将其定型化为"供述"，并将其作为法定证据种类之一。后三种行为则属于认罪答辩的范畴，刑事诉讼法将其定型化为对指控的"承认"。换言之，认罪答辩的真正意涵在于对指控的承认，其可以涵摄"承认指控的犯罪事实"、"认可指控罪名"和"接受拟定处罚"这三种行为，认罪答辩应该区别于有罪供述。

"供述犯罪事实"在本质上属于证据范畴，而非"承认指控"意义上的认罪答辩。作为证据的有罪供述只能简化审判，按照"孤证不能定案"的基本原则，必须综合全案证据，在审理的基础上作出裁判，不能仅依据有罪供述直接作出判决。因此，有罪供述不会排除法官的审理义务和检察官的举证责任，有罪供述只是在一定程度上简化举证程序，方便法庭审理。有罪供述的程序性效果在于简化审判，这应该不存在疑问，出现疑问的地方在于，被告人对指控予以承认，是否会产生规避审判的法律效果呢？按照我国的传统，"认罪"不会排除审判，虽然"承认指控"导致诉讼争点消失，法庭辩论和庭审对抗无法展开，但法官依然要依职权调查证据，在审理的基础上作出判决。

但实际上，2018 年修正的《刑事诉讼法》已经打破了"认罪不排除审判"的传统。按照《刑事诉讼法》的规定，适用速裁程序"原则上不再进行法庭调查和法庭辩论"，只要被告人"认罪认罚"，实质的法庭审理将不会展开，庭审中没有对抗和辩论，法官不会依职权调查证据。可以说，刑事诉讼法已经赋予了"承认指控"以规避审判的法律效果，在有限的范围内，确立了认罪答辩制度。正如美国联邦最高法院法官所言，"认罪答辩的目的和效果不同于单纯的承认或法庭外供述；这本身就是一种定罪。就像陪审团的裁决一样，它是决定性的，不需要更多；法院除作出判决和进行量刑外，别无他法"①。

如果"承认指控"没有被赋予规避审判的法效果，这就意味着被告人虽然可

① Kercheval v. United States, 274 U. S. 220, 223 (1927), p. 223.

以无阻碍地承认指控,但承认指控对法官没有丝毫影响,法官依然要依职权进行法庭调查和法庭辩论。因此,有罪供述与认罪答辩的核心区别在于,前者只能简化审判,而后者则具有规避审判的法律效果,可以根据认罪答辩直接作出判决,而不需要经过审理。总而言之,所谓规避审判(trial avoidance),实际上就是指通过激励被告人放弃针对控诉提出异议的权利,获取被告人的认罪答辩并消除诉讼争点,掏空对抗制审判的基础,并排除法官依职权调查证据的义务,法官只需要从形式上审查认罪答辩的自愿性和准确性,就可以直接依据认罪答辩进行定罪与量刑,法庭之上不会再出现证据调查和质证辩论。

传统刑事诉讼法学以对抗制为主线,铺陈国家权力构造、诉讼权利保障与司法程序运行。对抗制审判程序具有悠久的历史,并且催生了一系列繁复的程序性规则,保障实体真实和程序正义双重目的的实现。但是,以对抗制为发展主线的审判程序日益复杂。为了实现控辩平等对抗,辩方有更多的机会来提出异议、反对指控,而控方的指控手段则受到诸多限制,负担证明责任,不得强迫犯罪嫌疑人和被告人自证其罪。可以说,对抗制刑事诉讼越是完善,诉讼权利就越完备,其实践操作就越为复杂,为司法机关设置的障碍就越多,司法者越容易发展出"权宜之计"来规避对抗制诉讼,尤其是面对案件数量的暴增,规避审判这一选择成为必然之举。因此,现代刑事诉讼法的发展出现了新的分支,一方是以正当程序为核心,逐步臻于完善的对抗制诉讼;另一方是以获取"认罪答辩"为核心,规避对抗制审判。刑事诉讼中广为流行的辩诉交易或认罪协商,都是遵循后一路径而展开。"充满对抗的戏剧性庭审,正被私下达成的交易所取代。"①

二、实现认罪答辩审判规避效果的路径

通过认罪答辩的规范化研究,笔者提出认罪答辩的程序性效果在于"规避

---

① "审判正在消失"这一现象已经被越来越多的观察人士所关注。例如,国际人权组织"公正审判组织"(Fair Trials)与其公益合作伙伴富而德律师事务所(Freshfields)一起,对全球范围内使用的审判弃权机制(trial waiver systems)进行了调查。分析了这一现象的驱动因素,评估了所涉法律和人权问题。Fair Trials & Freshfields Bruckhaus Deringer LLP: *The Disappearing Trial: Towards a Rights - Based Approach to Trial Waiver Systems*, (May. 7, 2019), https://www.fairtrials.org/wp-content/uploads/2017/12/Report-The-Disappearing-Trial.pdf.

审判”。观察各国刑事诉讼法可以发现，以获取被告人“认罪答辩”为前提而展开的诉讼程序，都是为了达到“规避审判”的目的而设置。例如，在美国的辩诉交易体制下，控辩双方达成协议，可以规避陪审团审判而直接进入量刑程序。在量刑程序中，法官只需要审查认罪答辩是否有事实基础，①便可作出是否认可控辩协议的决定。也无怪乎有学者将辩诉交易定义为“被告同意在法庭没有对其案件进行充分审理的情况下实施制裁”②。相较而言，我国速裁程序也是遵循规避审判这一进路而设定的。

（一）掏空对抗制审判程序的基础

在对认罪认罚从宽制度展开理论探索的过程中，学者们都是按照“简化审判”的惯性思维，认为速裁程序是在简易程序之上“简上加简”，③改变“繁者不繁，简者不简”、程序分化程度不足的现象。④ 但这一认识是不合时宜的，因为在速裁程序中，并没有审判发生。虽然从形式上来看，检察机关要提起诉讼，被告人要出庭参加诉讼，法官要在开庭后作出判决，但这只是形式上维持了审判的格局，实质的法庭审理并没有发生，最为直观的表现就是“原则上不再进行法庭调查和法庭辩论”。审判指审理和裁判，速裁程序却只有裁判而没有审理。换言之，裁判并不是在审理的基础上生成的，“裁而不审”是规避审判的一个鲜明特征。

无论是当事人主义诉讼模式，还是职权主义诉讼模式，现代意义上的法庭审理都是在对抗制基础上展开的，而区别仅在于法官角色是积极主动的还是消极被动的，是否被赋予澄清案情的义务。对抗制审判的前提是，控辩双方基于

---

① 对事实基础的审查不同于对抗制审判下的证据调查和交叉询问。《美国联邦刑事诉讼规则》第11条规定：“在对认罪答辩作出判决之前，法院必须确定认罪答辩有事实依据”。但是，“第11条对建立事实基础所必需的证据的类型、详细程度或证明标准，没有设定任何规范”。See John G. Douglass, *Fatal Attraction—The Uneasy Courtship of Brady and Plea Bargaining*, Emory Law Journal, Vol. 50:2, p. 437 – 518 (2001).

② Bert Swart, *Settling Criminal Cases without a Trial*, Israel Law Review, Vol. 31:1 – 3, p. 223 – 244 (1997).

③ 参见叶肖华：《简上加简：我国刑事速裁程序研究》，载《浙江工商大学学报》2016年第1期。

④ 参见魏晓娜：《完善认罪认罚从宽制度：中国语境下的关键词展开》，载《法学研究》2016年第4期。

平等的诉讼地位而提出诉讼主张，并且控辩双方的诉讼主张往往是对立的，以此形成了诉讼争点。诉讼主张可以分为事实主张和法律主张，因此诉讼争点也可分为事实争点和法律争点。前者如控方主张被告人存在故意杀人的犯罪行为，辩方则主张被害人非被告人所杀，被告人没有实施故意杀人的行为，那么是否存在故意杀人的行为成为事实争点；后者如控方主张被告人构成故意杀人罪，而辩方则主张构成过失致人死亡罪，由此形成了关于主观罪责认定的法律争点。事实争点的判定方法在于，出示与待证争点事实具有相关性的证据，并对证据进行展示或鉴定（物证）、质证或辩论（人证）。法律争点则通过法庭辩论的方式予以判定，控辩双方提出实体论题，展开法律解释和证据说理，[①]以说服裁判者。

可以说，如果在对抗制审判中，控辩双方锋芒相对，产生的诉讼争点越多，法庭审理就会越复杂、越烦琐。因此，如果说提高庭审效率的方法在于及时厘清诉讼争点（如召开庭前会议），使法庭审理对象更加集中，那么简化审判的基础就在于减少诉讼争点，规避审判的基础就在于完全消除诉讼争点。简化审判的典型例证是英国的“同意无争议证据的义务”，即要求控辩双方各自确认任何“他认为不太可能引起争议的、不希望以口头证据（oral evidence）来予以证明”的事实，另一方则应当采取一切合理措施达成协议。可以说，“同意无争议证据”的核心要点即在于通过达成审前证据协议，部分消除法庭审理的事实争点，减少在审判过程中的证据数量，或者加快其证据展示速度。[②]

基于相同的原理，规避对抗制审判的基础即在于彻底消除诉讼争点，被告人针对指控做出认罪答辩，全盘接受指控的内容，放弃提出异议的权利。但是，要达到完全规避审判的效果，还需要跨越一道障碍，即法官的案情澄清义务。换言之，“如果检察官和被告实际上没有不同意见，就不再有任何争端需要解决，这更符合当事人主义的诉讼模式”[③]。在保留法官案情澄清义务的诉讼模式

---

① 参见迟大奎：《法律论证及其程序理念》，载《北京化工大学学报（社会科学版）》2018 年第 3 期。

② See Peter Duff, *Changing Conceptions of the Scottish Criminal Trial: The Duty to Agree Uncontroversial Evidence*, in the Trial on Trial (Volume 1): Truth and Due Process, (Antony Duff etc.), Hart Publishing, 2004, p. 30 – 34.

③ Bert Swart, *Settling Criminal Cases without a Trial*, Israel Law Review, Vol. 31: 1 – 3, p. 223 – 244 (1997).

下，虽消除了诉讼争点，但不会就此排除法官查清案件真实的义务。例如，在我国，虽然被告人已经认罪认罚并签署具结书，但是依然可以采用简易程序和普通程序审理，保留了法官依职权调查证据、释明案情的必要。在法官负有案情澄清义务的背景下，消除诉讼争点并不会必然带来规避审判的效果。然而，在速裁程序中，根据“原则上不再进行法庭调查和法庭辩论”的规定，我们可以推断出，速裁程序已经排除了法官通过证据调查和法庭辩论来履行澄清案情的义务。

对于刑事诉讼法这一规定，我们可以用实用主义的立场来解释，一方面，这些案件实在是太轻微了，不值得付出太多诉讼资源；另一方面，这些案件过于简单，为了提高诉讼效率，没有保留法官继续澄清案情义务的必要（或原则上保留但实际并不需要行使）。德国的处罚令（Strafbefehl）也是很好的例证。对于轻微刑事案件，检察机关提前拟制好制裁决定（通常是罚款），并以书面形式申请法院批准，法院不经过开庭直接作出同意或驳回的决定。①

（二）通过认罪协商解决定罪量刑

在被告人做出认罪答辩的基础上，对抗制审判程序消失，规避审判的第一个体现即“裁而不审”。因此，我们可以“顺藤摸瓜”继续思考，既然裁判并不是在审理的基础上生成的，那么必然存在一种程序机制，替代了对抗制审判，而这种程序机制就是认罪协商。由于广泛采用认罪协商解决案件，也无怪乎有学者感慨道：“我们现在生活在一个认罪答辩的世界，而不是审判的世界。”②

认罪协商的种类有很多，如果仅从协商的形式上划分，可以将认罪协商分为明示认罪协商和默示认罪协商。明示协商也称为显性交易（express plea bargaining），是指双方明确提出交换条件（如控方承诺降低指控、减让刑罚，辩方则供述事实、做出认罪答辩以及放弃权利），各取所需，罪刑判定通过直接的谈判而达成。默示协商也称为隐性交易（tacit plea bargaining），一般是指控辩双方

---

① See Jörg – Martin Jehle, Marianne Wade: *Wade Coping with Overloaded Criminal Justice Systems: The Rise of Prosecutorial Power Across Europe*, Berlin: Springer Berlin Heidelberg, 2005, p. 23.

② Stephanos Bibas, *Judicial Fact – Finding and Sentence Enhancements in a World of Guilty Pleas*, Yale Law Journal, Vol. 110: 7, p. 1097 – 1186 (2001).

心照不宣，被追诉人不待对方提出交易邀约（不论检察官是否有直接的协商需求），而主动做出认罪答辩，以期待对方给予量刑优惠，被追诉人的合理期待是基于认罪从宽的政策宣示而形成。[①] "被告不直接或明确地与司法官员进行谈判，但由于被告认为司法的政策是对认罪的人予以从轻判决，因而做出了认罪答辩。因此，即使没有明示的讨价还价发生，辩诉交易的要素仍然存在：提供利益以换取认罪。"[②]

默示认罪协商一般发生在犯罪事实比较清楚的轻微刑事案件中，被告人在权衡量刑优惠和脱罪可能性之后，为实现自身利益最大化，一般会放弃抵抗。在一定程度上而言，我国所推行的"坦白从宽""认罪认罚从宽"都是遵循默示协商的进路。默示协商和明示协商的一个主要区别在于，前者并没有直接的、面对面的谈判与协商。基于这种划分，我们可以认定，我国认罪认罚从宽制度中的具结程序并不属于明示的认罪协商程序。原因在于：其一，很多轻微刑事案件犯罪事实清楚、证据确实充分，即使犯罪嫌疑人不认罪，案件依然可以迅速审结，检察官并没有协商的需求。对于犯罪嫌疑人而言，基于从宽处罚的政策宣示，其对司法机关产生合理信赖，因而做出认罪答辩，以期待对方给予其优惠。实际上，直接的谈判协商并没有发生。其二，基于从宽处罚的政策宣示，犯罪嫌疑人往往在诉讼的早期阶段（侦查讯问期间）就主动供述了犯罪事实，之后才顺理成章承认指控的犯罪事实，签署具结书并非讨价还价的结果。其三，在犯罪嫌疑人已经做出认罪答辩的情况下，具结程序也不可能存在直接的谈判或协商，因为犯罪嫌疑人做出认罪答辩就意味着放弃了谈判的筹码和协商的资本，给犯罪嫌疑人的量刑优惠完全取决于检察官的"定价"。换言之，认罪仅仅是刑罚裁量的一个情节。除此之外，还要结合其他从宽、从重情节综合考量，"同向相加、逆向相减"，评定最后刑罚裁量，犯罪嫌疑人在此过程中只有是否同意的选择权。当然，在犯罪嫌疑人没有做出认罪答辩、起诉案件质量又欠佳的情况下，此时也不排除具结程序就是直接的认罪协商程序。可以说，在很大程

---

① See Joseph Di Luca, *Expedient McJustice or Principled Alternative Dispute Resolution—A Review of Plea Bargaining in Canada*, Criminal Law Quarterly, Vol. 50:1 & 2, p. 14 – 66 (2005).

② Gerard A. Ferguson, Darrell W. Roberts, *Plea Bargaining: Directions for Canadian Reform*, Canadian Bar Review, Vol. 52: 4, p. 497 – 576 (1974).

度上，具结程序并不是真正意义上的认罪协商程序，而是认罪答辩的受理程序，正式接纳犯罪嫌疑人的认罪，并以书面形式予以固定，同时判定罪名并裁量刑罚，达成认罪协议。

我国刑事诉讼法并没有对明示协商做出立法规范，笔者也没有实证数据来说明我国明示协商的适用情况。但是，如果可以大胆推测的话，明示协商的适用比例，一般在疑难复杂案件中较高，如环境犯罪、金融犯罪以及毒品犯罪。因为在这些案件中，检察官具有强烈的协商需求，如在犯罪主观方面无法确证的情况下，通过明确提出量刑优惠，换取被告人的有罪供述和认罪答辩，可以提高定罪的可能性并减少诉讼阻碍。但是，在重大复杂的案件中（通常是有可能判处 3 年以上刑罚的案件），就算是犯罪嫌疑人做出认罪答辩并且签署认罪认罚具结书，但刑事诉讼法并没有赋予其规避审判的效力（不适用速裁程序）。法官依然要综合全案证据进行审查判断，在审理的基础上作出裁判。对于法庭而言，唯有被告人的供述才具有诉讼价值，被告人对指控予以承认，不会排除法官的审理义务。

然而，这也仅是一种教义分析和理论阐释，实践完全可能是另外一种情况。笔者在我国东部沿海 S 市某区检察院调研时了解到，适用普通程序审理认罪认罚案件，实际上与简易程序没有本质区别，只是名义上仍然是普通程序罢了。甚至在部分认罪认罚案件中，由于刑事实体争议已经被消除，审判程序已经完全处于解决附带民事诉讼赔偿的状态。质言之，适用简易程序和普通程序审理认罪认罚案件，虽然规范层面上并没有赋予规避审判的效力，但不排除规避审判的效果已经在实践中悄然发生。一定程度上而言，“认罪认罚”所带来的规避审判效果，并不会因为适用简易程序或普通程序审理而就此消除。

（三）保障认罪协议的实际履行

延续上一部分的思路，无论是通过明示协商，还是默示协商而达成认罪协议，如果法官完全不受审前控辩协议的约束，不采纳具结的罪名或量刑建议，那么审判规避的效果一定不会发生。这就引申出另一个问题，即如果要实现规避审判的效果，不仅要通过认罪协商达成定罪量刑的协议，还要保障该协议能够得到实际的履行。因此，我国《刑事诉讼法》第 201 条规定，“对于认罪认罚案件，人民法院依法作出判决时，一般应当采纳人民检察院指控的罪名和量刑建议"[①]。

在美国，虽然并没有法官"原则上要采纳辩诉协议"的规定，法官可以随意否决辩诉协议而不需要任何理由。如果法官不采纳辩诉交易，则必须给予被告人撤回认罪答辩的机会，并且恢复复杂且耗时的陪审团审判。但是，当他们面对巨大的案件数量时，法官会义无反顾地遵从"通过辩诉交易而终结案件"的模式。[②] 在我国速裁程序中，如果法官在没有正当理由的情况下不采纳量刑建议，微调刑罚建议，以彰显手中的刑罚裁量权，此时会让检察官无比苦恼。实际上，除非法官直接参与协商并达成协议，否则更应该留给实践本身去解决，即面对足够多的案件数量，不由得法官不去采纳认罪协议的内容。

在我国速裁程序中，如果法院不采纳认罪协议，拟超过量刑建议判处刑罚，由于认罪答辩包含有罪供述，撤回认罪答辩对于被告人而言不切实际，实践中通行的做法是恢复普通程序或简易程序审理，以维护被告人的程序性利益。如果被告人不服一审判决，只能通过上诉救济。我们可以看出，如果法院不采纳认罪协议的内容，规避审判以提高案件处理能力的实用主义目的是无法实现的。那么，在法官不采纳罪名或量刑建议的情况下，是否可以重新回到规避审判的轨道上来呢？换言之，法官不准备采纳罪名或量刑建议，此时是否可以在征求控辩双方意见的基础上，不转换程序审理，而径行改变指控罪名，超过或低于量刑建议判处刑罚？这种程序性举措，本质上是法官直接参与了协商。或者说，在犯罪嫌疑人签署具结书之前，检察官是否可以主动征求法官对量刑的意见，并依据法官的意见提出量刑建议？在这种情况下，法官间接参与了协商。

我国刑事诉讼法并没有对法官是否能够参与协商做出规范，人们一般也会认为法官参与协商会损害其中立性和权威性。但不可否认的是，法官直接参与协商更能保障认罪协议的有效性，从而更好地实现规避审判的效果。从立法例上来看，德国的认罪协商程序（Verständigung）就塑造了法院在协商程序中的中

---

① 这一规定的目的，除实现规避审判的效果外，还在于保障认罪协商的公信力和可信赖性。如果法院大规模否弃认罪协议，那么犯罪嫌疑人做出认罪答辩的数量就会大幅降低。

② See Albert W. Alschuler, *The Trial Judge's Role in Plea Bargaining Part I*, Columbia Law Review, Vol. 76:7, p. 1059 – 1154 (1976).

心角色。美国《联邦刑事诉讼规则》虽然禁止法官与当事人协商判决，但是在部分州，依然存在法官参与协商的现象。从学术研究上来看，有学者也提出，如果法官积极参与其中，认罪协商能够以更公平、更直接的方式进行。[①]

总而言之，通过一系列举措，保障认罪协议的实际履行，达到规避审判的目的，最终呈现在我们面前的结果可能就是"认罪本身就是判决"。

三、殊途同归：规避审判的结果主义进路

实际上，通过认罪协商或交易的方式处理刑事案件并以此规避审判，这种做法原本就不应该存在，只是面对沉重的案件负担，这一选择成为无奈之举。一边是对获得公正审判的保障，一边是鼓励认罪并规避审判，它们之间存在不可调和的张力。可以说，现代意义上的刑事司法呈现双轨制的特征，规避审判遵循以效率为导向的结果主义进路——虽绕过审判程序，但"更快地达到通过审判所能达到的相同结果"[②]。

（一）为了效率而规避审判

由于犯罪数量的净增长，以及刑法过罪化的倾向，犯罪数量的大幅增加已经成为不争的事实，案件数量与法庭容量不成正比，刑事司法系统面临巨大压力。可以说，效率的压力已经深刻地重塑了审判实践。面对沉重的案件负担，通过认罪协商而规避审判，成为一种权宜之计。具体而言，以效率为导向，通过认罪协商或辩诉交易来规避审判，其原因有以下三种解释：

第一，正式审判程序的崩溃。这一论点更加符合英美法系国家的情境，以美国为例，一方面，陪审团审判变得异常复杂且耗时，主要表现在冗长的陪审团资格审查、排除证据的预先审核、尽可能多地提出动议以便上诉、煽情辩护以及为实现诉讼权利保护而付出的成本。以上种种，使审判程序在绝大多数情况下

---

① See Albert W. Alschuler, *The Trial Judge's Role in Plea Bargaining Part I*, Columbia Law Review, Vol. 76:7, p. 1059 - 1154(1976).

② Darryl K. Brown, *The Perverse Effects of Efficiency in Criminal Process*, Virginia Law Review, Vol. 100:1, p. 214(2014).

都不可行。[1] 另一方面,陪审团审判也变得不可靠,除控辩双方通过"诡计"迷惑陪审团外,作为"外行人"参加审判,法官对陪审团的指导(jury instruction)也常常处于失控状态。如果没有辩诉交易,刑事司法系统将陷入停滞状态。[2]

第二,程序法滞后于实体法。在大陆法系国家,由于职业法官发挥了庭审指挥作用,法庭审理更加集中,诉讼损耗相对较少,实行认罪协商并不是为了防止审判崩溃。有学者提出,其核心原因是实体刑法性质有所改变,而程序法没有随之进行调整。[3] 一方面,犯罪的认定更加依赖于行为的主观罪责,从而造成了诉讼中的证明困境;另一方面,刑法中的因果关系判断更加复杂,行为与结果之间的关系难以捉摸,事物之间的因果律往往难以把握。因此,如果通过协商而获取被告人的有罪供述,就可以简化证明;如果通过协商而达成认罪协议,就可以直接避免庭审证明,这将更有利于追究犯罪。

第三,更好地实现庭审实质化。这一论点具有鲜明的中国特色,党的十八届四中全会通过了《中共中央关于全面推进依法治国若干重大问题的决定》,同时提出"以审判为中心"和"认罪认罚从宽"两项刑事诉讼制度的改革。一方面,推进以审判为中心的诉讼制度改革,主要在于改变"侦查中心主义"的局面,防止案件审理蜕变为走过场,法院的判决成为起诉书翻版,避免由于法庭审理功能的丧失,而导致冤假错案。[4] 另一方面,认罪认罚从宽制度改革的目的在于构建繁简分流的程序机制,优化刑事司法资源的配置。因此,"认罪认罚从宽"成为"推进以审判为中心的诉讼制度"改革的配套措施,从认罪案件中节省出来的资源,将更好地投入疑难复杂的案件中去,以此实现刑事诉讼效率的提高。实际上,这种改革的思路,同时向我们宣示,兑现全面审判的承诺是不现实的,部分案件必须简化审理,而部分案件可以彻底排除审判。

---

① See John H. Langbein, *Torture and Plea Bargaining*, University of Chicago Law Review, Vol. 46: 1, p. 20 (1978).

② See Lafler v. Cooper, 132 S. Ct. 1376, 1397 (2012).

③ See Regina E. Rauxloh, *Formalization of Plea Bargaining in Germany: Will the New Legislation Be Able to Square the Circle*, Fordham International Law Journal, Vol. 34:2, p. 296 – 331 (2011).

④ 参见陈卫东:《以审判为中心:解读、实现与展望》,载《当代法学》2016 年第 4 期。

(二)结果主义进路的正当化

如果规避审判的实用主义立场要获得最起码的正当性,那么它就必须实现同审判相一致的效果,甚至比审判更加高效和可靠。正如“审判阴影”理论(shadow - of - trial model)所主张的那样,交易主体在预期审判结果的阴影下进行交易,预测审判时定罪的可能性及可能产生的量刑结果。虽然审判并非完美无缺,但辩诉交易的结果与审判结果应该大致相同,“辩诉交易在很大程度上反映了本来无论如何都会在审判中出现的实质性结果”①,并在此基础上减去固定的量刑折扣。从这个角度而言,规避审判不能放弃对实体真实、准确适用刑法以及刑罚相称的追求。

1.关于实体真实

无论是经过审判而确定罪责,还是通过认罪协商解决案件,任何一个法律制度都不可能完全排除错误定罪的可能性。因此,我们只能建立一个具有高度可靠性的保障制度。审判的可靠性建立在证据裁判之上,而犯罪嫌疑人、被告人的供述是最有价值的一种证据,并且孤证不能定罪,必须结合其他证据综合判断。规避审判则放弃了司法性的事实认定程序,转而采用行政性的事实认定程序。但无论是供述的证据价值,还是认罪答辩的可靠性,都建立在这样一种推论之上,即没有人会承认自己并未实施过的犯罪行为,从而损害自身利益,但前提是必须保障被告人从容且自愿地认罪。② 因此,可以肯定的是,犯罪嫌疑人、被告人作为犯罪行为的直接实施者,最为清楚案件的实际过程,如果可以保障其认罪答辩的自愿性,那么实体真实就有了可靠保障。

2.关于准确适用刑法

“经验会充分说明,在我们的诉讼中,如果有一百多件是由有争议的事实引起的,那么其中就只有一件是对法律有疑问的。”③通常情况下,只要解决了事实

---

① Stephanos Bibas, *Plea Bargaining outside the Shadow of Trial*, Harvard Law Review, Vol. 117:8, p. 2464 - 2547 (2004).

② See John C. Sheldon, *Common Sense and the Law of Voluntary Confessions: An Essay*, Maine Law Review, Vol. 68:1, p. 119 - 160 (2016).

③ John H. Langbein, *Torture and Plea Bargaining*, University of Chicago Law Review, Vol. 46:1, p. 19 (1978).

问题,是否构成犯罪以及如何评定罪名的问题,都会迎刃而解。但不排除存在这样一种情形,即事实清楚而法律适用存在争议。由于刑法本身的复杂性,犯罪行为越来越呈现多样化、复杂化以及新型化的特点,常识已经不足以区分允许的行为和不被允许的行为之间的界限。[①] 重要的不是对犯罪行为的承认,而是要对行为做出规范评价以便确定罪责。一方面,在存有法律疑问而非事实疑问的案件中,虽然犯罪嫌疑人、被告人可以做出认罪答辩,但实际上他已经丧失了认罪的能力——由于存在罪与非罪、此罪与彼罪的疑问,审判的结果究竟会是什么,没有可预见性。在一定程度上来讲,规避审判实际上就是规避这种定罪的不确定性。另一方面,结果主义进路放弃了审判中的证据调查和法庭辩论,无法通过实体上的论证,获得共识上的正当性。结果主义进路存在明显偏失,规避审判使"通过程序获取正当性"的程序正义理念无处安放。正如有学者所言,"规则在相互竞争的利益之间做出选择,但它们不能协调或完全服务于所有利益。这样的选择是理性的,但也不可避免地存在缺陷,从这个意义上讲是不幸的"[②]。实际上,规避审判在常规的简易案件中更加可行。

3. 关于刑罚相称性

要实现刑罚相称性,必须同时考虑以下两个方面:一是与"行为刑法"相关联的报应刑,其刑罚的轻重应当依据行为的危害程度来加以判断;二是与"行为人刑法"相关联的预防刑,其强调刑法的重心应该关注犯罪人的人身危险性和反社会人格,刑罚裁量应当考虑犯罪人的再犯罪可能性。法官需要综合构成要件内的事实,以及关乎人身危险性的量刑情节(如初犯、再犯和累犯),综合判定最后的刑罚。然而,规避审判的结果主义进路正在重塑刑罚裁量的理论与实践,刑罚不再是裁量的结果,而是协商的结果。由于摆脱了审判中的条条框框,认罪协商中的量刑更加多样和随意。一方面,量刑中增加了新的独立从宽理由。很多国家都规定了做出认罪答辩后减让刑罚的幅度,如我国司法实践中推行"321 阶梯式"从宽量刑幅度。有学者认为,认罪即代表悔罪,这意味着人身

① See Regina E. Rauxloh, *Formalization of Plea Bargaining in Germany: Will the New Legislation Be Able to Square the Circle*, Fordham International Law Journal, Vol. 34:2, p. 296 - 331 (2011).

② Darryl K. Brown, *The Perverse Effects of Efficiency in Criminal Process*, Virginia Law Review, Vol. 100:1, p. 216 (2014).

危险性的降低,并以此作为刑罚减让的理由。[①] 然而,悔罪并不是认罪的必要条件,被告人可能单纯为获取量刑优惠而认罪,但没有丝毫悔意。将认罪从宽披上悔罪的伪装,掩盖了认罪协商的实用主义立场。认罪使"诉讼效率提高"成为独立的从宽理由,虽然这一从宽理由并不符合报应刑的基本立场,但只要在这一范围之内减让,就没有超过可以容忍的限度,不能说刑罚不成比例。因此,认罪从宽原则上不应该突破法定最低刑。另一方面,获得有罪判决的概率成为影响量刑的因素。[②] 假使犯罪嫌疑人实施了犯罪行为,控方对此有合理的怀疑,但案件质量欠佳、缺少获得有罪判决的确定性。在这种情况下,检察官可能会提供更多的量刑优惠以换取认罪答辩,甚至有可能隐藏对量刑至关重要的事实,以突破从宽幅度或法定最低刑。在检察官看来,"半块面包总比没有好"[③]。此外,检察官也有可能过度指控,以提高量刑协商的筹码,以逼迫犯罪嫌疑人认罪,增加了事实上无罪的人被迫认罪的风险。这意味着检察官是否提出合比例的量刑建议,又反作用于认罪的自愿性和准确性。

综上所述,通过规避审判的结果主义进路,可以更加高效地追究犯罪,实现有效的犯罪控制,而这正是通过审判实现全面程序保障所力有不逮的方面。规避审判的实用主义立场,可以使刑事司法系统在犯罪控制与正当程序之间建立新的平衡。一方面,即使人们承认,刑事司法系统必须提供充分的程序保障,以防止对个人权利的侵犯,这也并不排除人们对公共秩序、犯罪预防的一般追求;另一方面,要通过规避审判实现更好的犯罪控制,必须建立在快速识别犯罪的基础上,及时排除无罪的人,并让有罪的人认罪。因此,规避审判也应当遵循必要的程序保障,实现认罪答辩的准确性。

四、结论

认罪答辩在刑事诉讼中的制度化,对诉讼构造产生了深远影响,形成了刑

---

① 参见刘伟琦:《认罪认罚的"321"阶梯式从宽量刑机制》,载《湖北社会科学》2018 年第 12 期。

② 例如,有学者认为"大幅度固定量刑优惠的主要作用是给那些几乎没有希望被判无罪的被告带来意外收获",审判中的定罪概率影响着量刑交易的实践,更有可能脱离"审判阴影"。See Stephanos Bibas, *Plea Bargaining outside the Shadow of Trial*, Harvard Law Review, Vol. 117:8, p. 2537 (2004).

③ Albert W. Alschuler, *The Prosecutor's Role in Plea Bargaining*, University of Chicago Law Review, Vol. 36:1, p. 60 (1968).

事诉讼的双轨制:一边以审判为中心的程序进行,另一边通过认罪答辩来规避审判。对抗制是审判程序的一般形态,而对抗制又是正当程序的一种体现,或者说,我们是按照正当程序的标准来设定对抗制审判程序。因此,在规避审判的路径上,虽然规避了对抗制审判程序,但并不意味着规避审判可以抛弃正当程序。我们应当按照"功能对等原则"进行认罪答辩的规范化,提供与对抗制审判相对等的正当程序保障。例如,在审判背景下,辩方在审前享有阅卷权或开示证据的权利,然而一旦被告人做出认罪答辩,检察机关便不再允许辩方查阅案卷。按照功能对等原则,规避审判不意味着放弃正当程序,应当为做出认罪答辩的被告人提供与审判相对等的程序保障,以确保认罪答辩中的信息及时合法披露。

认罪认罚从宽制度中的控辩平衡问题研究*

曾　亚**

摘要：认罪认罚从宽制度确立了认罪案件的协商式刑事纠纷处理机制。对试点实践考察后发现，协商中存在控辩失衡问题，控诉方掌控协商话语权，被告方则明显处于被动和劣势地位。制度改革中的“路径依赖”、程序参与者的“个人倾向”以及制度设计的谨慎和制度准备的不足是造成控辩失衡的主要原因。《刑事诉讼法（修正草案）》（以下简称《修正案（草案）》）中有诸多涉及控诉方职权义务与被告人权利保障的规定。为正确理解和适用刑事诉讼法修改内容，促进控辩关系平衡发展，应从控辩地位平等、信息对称、对话能力相当、对话规则公平的要求出发，对修改条文进行解读，以期未来控辩双方通过理性商谈形成纠纷解决的共识。

关键词：认罪认罚从宽　控辩协商　控辩平衡　商谈理论

2018年4月25日，第13届全国人大常委会第2次会议提请审议《修正案（草案）》，完善刑事案件认罪认罚从宽制度成为修法的主要内容之一。认罪认罚从宽制度从前期试点到即将上升为法律规范，意味着以认罪和不认罪为案件分界点，未来刑事诉讼将会形成协商和对抗两种刑事纠纷处理机制，认罪案件

---

* 本论文写作与成文时尚未出台2018年修正的《刑事诉讼法》，故本文参照草案论述，体现对法律变迁的研究。本论文曾发表在《中国刑事法杂志》2018年第3期。论文内容有改动。

** 女，湖南望城人，法学博士，现为湖南省政协社会和法制委员会办公室工作人员。

均会通过协商机制处理。控辩协商是认罪认罚从宽制度中的一个关键性环节。[①] 控辩平衡是确保协商过程公正与合意结果公正的结构性要件。只有控辩双方真正平等相待，展开平等的对话与沟通，才能达成公正的主体间合意，并最终获得真正的程序正义。笔者立足于试点实践，发现存在的控辩失衡问题，分析其产生原因，同时以哈贝马斯商谈论的要求为标准，对《修正案（草案）》相关条文进行解读和补充，以期正确理解刑事诉讼法修改精神，促进控辩双方在平等协商中形成纠纷解决的共识。

一、实践问题："闭门造车"式协商

为全面了解协商机制的运行状态，笔者于试点城市 H 省 C 市开展了实证考察。通过直接观察、参与座谈、整理数据和查找案例等调研活动，笔者发现控辩协商呈现"闭门造车"式协商形态的趋向，控诉方基本掌控协商话语权，被告人则明显处于被动和劣势地位。

（一）控诉方主导协商过程

1. 控诉方对制度适用的决定

自 2016 年 11 月最高人民法院、最高人民检察院、公安部等联合颁布《关于在部分地区开展刑事案件认罪认罚从宽制度试点工作的办法》（以下简称《试点办法》）后，C 市开展试点工作。2016 年 11 月至 2017 年 10 月，C 市检察机关共审结认罪认罚从宽案件 1094 件，涉及 1293 人，其中，公安机关建议适用认罪认罚的仅 5 件，涉及 5 人，检察院自行启动的 1089 件，涉及 1288 人。所有适用的案件均为公安机关和检察院依职权决定，且决定具有一定随机性。大部分公安机关未积极参与改革，没有对侦查阶段犯罪嫌疑人如实供述的案件打上认罪标签，案件到审查起诉阶段时，制度适用的决定权掌握在检察官手中。有的检察官在随机分案后未及时甄别，案件放置一段时间后已不符合规定的适用审理期限要求，有的则由于缺乏值班律师或者与值班律师协调不到位等原因，导致部分犯罪嫌疑人在侦查阶段表示认罪、可以适用甚至犯罪嫌疑人主观上愿意适用

---

① 参见朱孝清：《认罪认罚从宽制度的几个问题》，载《法治研究》2016 年第 5 期。

认罪认罚从宽的案件没有得到适用。

协商作为一种案件处理机制“内嵌”于整个诉讼流程中，根据具体案情而分别适用不起诉制度、速裁程序、简易程序和普通程序。至2017年10月30日，C市适用认罪认罚从宽制度已经开庭的案件有932件，其中适用速裁程序的有728件，适用简易程序的有187件，适用普通程序的有17件。检察官在审查起诉阶段先提出程序适用建议，经犯罪嫌疑人同意后，提起公诉时向法院提出建议。根据《试点办法》第16条和第18条的规定，“可能判处三年有期徒刑以下和以上”是适用速裁程序或简易程序的分界线。但是，检察机关提出的程序适用建议并没有严格按照规定的标准，而是处于“随机”状态，犯罪嫌疑人则只能被动接受程序适用建议。在表1中，笔者以盗窃罪为例，在裁判文书网中收集了5个C市2017年审结的盗窃数额相近、量刑建议均在1年有期徒刑以下的案件。检察机关对陈某和肖某建议适用简易程序，对李某和陆某则建议适用速裁程序，盗窃数额最多的宋某则是建议适用速裁程序，检察官的程序适用建议并无章法可循。

表1　C市2017年5件适用认罪认罚从宽制度的盗窃罪案件量刑与程序适用建议情况

类别	盗窃数额	量刑建议	程序适用建议	法院判处的刑罚	审判程序
陈某盗窃案	2300元	有期徒刑6个月，并处罚金人民币3000元	简易程序	有期徒刑6个月，并处罚金人民币3000元	简易程序
肖某盗窃案	2473.69元	管制1年，并处罚金人民币2000元	简易程序	管制1年，并处罚金民币2000元	简易程序
李某盗窃案	2540元	7个月以下有期徒刑，并处罚金人民币2000元	速裁程序	拘役5个月，并处罚金民币2000元	速裁程序
陆某盗窃案	2500元	有期徒刑6个月至1年量刑，建议适用缓刑，并处罚金人民币2000元	速裁程序	拘役5个月，缓刑11个月，并处罚金人民币2000元	速裁程序
宋某盗窃案	3454元	有期徒刑8个月以下，并处罚金人民币3000元	速裁程序	有期徒刑6个月，并处罚金人民币3000元	速裁程序

2. 控诉方对协商过程的主导

控辩双方就案件处理结果进行平等协商是认罪认罚从宽制度与传统的国家强制纠纷解决机制相区别的关键。然而,实践中的协商更多的是权力主导代替平等协商。案件移送审查起诉后,检察官依据案情,以最高人民法院和最高人民检察院出台的《关于常见犯罪的量刑指导意见(试行)》为指导,结合自身办案经验,单方面拟定量刑建议和程序适用建议。在与犯罪嫌疑人协商沟通前,检察官准备的认罪认罚具结书上多数已经写明了相应的刑期和程序适用情况。随后,检察官会"带着"提前决定好的量刑和程序适用建议与犯罪嫌疑人进行"协商"。

检察官会先对犯罪嫌疑人进行讯问,进一步查明和确认案件事实。有的检察官会口头告知犯罪嫌疑人存在认罪认罚从宽制度、其享有的诉讼权利和认罪认罚可能导致的法律后果,有的则只是将各种告知书给予犯罪嫌疑人由其签字,而没有作出口头解释。犯罪嫌疑人表示认罪的,检察官会直接告知其定罪、量刑建议和程序适用建议,征求犯罪嫌疑人和律师关于量刑和程序适用的意见。犯罪嫌疑人没有被提前通知是否进入协商程序,也不知检察官会提出怎样的处刑建议,只是被告知未来的量刑和程序适用,问及是否同意,并必须当场作出"同意"或"不同意"的回答。多数犯罪嫌疑人会直接对检察官的建议表示同意,极少数犯罪嫌疑人则会提出对量刑的疑惑或不满,检察官则会解释量刑的由来以及量刑已经从宽的表现,但基本不会对量刑建议做出修改。而后,犯罪嫌疑人同意量刑建议和程序适用的,签署认罪认罚具结书。被告人签署之后是否可以撤回合意,反悔的程序、后果等也处于不明确状态。整个控辩协商过程中检察官均具有压倒性优势,协商机制体现出"权力意志"而少有控辩双方沟通协商的痕迹。

(二)被告人处于被动状态

1. 被告人的协商能力不足

律师参与是检察机关与犯罪嫌疑人就认罪认罚进行有效沟通的重要桥梁,是平等协商的重要保障。《试点办法》第 5 条规定了值班律师制度,第 10 条规定了律师在场制度,以期实现对犯罪嫌疑人诉讼权利的全面、全程保障。但是,因 C 市司法行政机关尚未完善值班律师制度，试点前期检察院联系律师困难。从表 2 来看，C 市检察院适用认罪认罚从宽制度的 1293 名犯罪嫌疑人中，有 76.33%的(987 名)犯罪嫌疑人获得了律师服务，但仍然有 23.67%的(306 名)犯罪嫌疑人的律师参与情况处于缺失状态。这其中就存在犯罪嫌疑人自动放弃值班律师在场或者由家属签字来代替值班律师的情形。

表 2　C 市 2016 年 11 月至 2017 年 10 月案件中律师参与的情况

类别	总计	值班律师参与	法律援助律师辩护	自行委托辩护	情况不明
人数/人	1293	768	151	68	306
占比/%	100	59.40	11.68	5.26	23.66

虽然《试点办法》规定了被追诉人在没有委托辩护律师又不满足法律援助条件时，由值班律师提供法律帮助，但值班律师是否具有辩护人身份和地位，与委托律师、法律援助律师工作内容的差别，是否可以行使阅卷权、会见权等均处于不明确状态。C 市法院、看守所部分未固定设立“驻点式”值班律师工作站，而是多采取“随案式”模式，有需要时才由司法行政部门安排值班律师。在实践中，犯罪嫌疑人和值班律师基本处于物理隔绝状态，缺乏进行沟通交流的通道和机制。值班律师一般事前没有阅卷和会见犯罪嫌疑人，对案件事实和证据缺乏了解，没有事先和犯罪嫌疑人对犯罪事实、定罪量刑进行沟通。因此，即使在协商过程中值班律师全程在场，也较少发表对量刑和程序适用的意见，更多时候协商是在检察官与犯罪嫌疑人而非检察官与律师之间进行，值班律师主要在犯罪嫌疑人签署具结书时发挥见证作用。

2. 被告人的从宽预期难以确定

被追诉人自愿认罪、放弃权利，为国家、社会和特定主体带来了诸多值得肯定的效益，因此理应获得国家给予的从宽利益。① 实体从宽包括从捕与不捕到羁押必要性审查、从诉与不诉到从宽量刑建议、从监禁刑到非监禁刑等多个层面。在 C 市试点中，认罪与适用非羁押措施没有有机结合，犯罪嫌疑人采取取保候审等非羁押措施的案件反而经历较长侦查期后才移送审查起诉。截至

① 参见赵恒：《论从宽的正当性基础》，载《政治与法律》2017 年第 11 期。

2018年3月31日,C市检察机关共审结适用认罪认罚从宽案件3894件,涉及4466人,作出不起诉决定的仅有159件,涉及171人,及时终结诉讼程序未被视为从宽的有效手段。对可能判处管制、缓刑的案件需委托司法行政机关进行社区矫正调查评估,审查起诉阶段往往会因办案期限短而难以及时收回评估材料,检察官便不会提出缓刑适用建议,致使部分可以适用缓刑的案件被判实刑。量刑建议是体现"从宽"程度和幅度的重要载体。从表3来看,基层检察机关在量刑建议的提出方式上差异很大,f和g检察院全部提出相对确定的量刑建议,h检察院都提出了绝对确定的量刑建议,其他检察院则两者皆有,检察机关的量刑建议内部呈现不统一状态。有时检察官为确保法院采纳量刑建议会提出较宽的量刑区间,使从宽处于不确定状态。例如,在廖某贩卖毒品案中,检察官提出有期徒刑9个月至1年6个月,并处罚金人民币2000元,不适用缓刑的量刑建议,法官当庭判决被告人有期徒刑1年6个月,并处罚金人民币2000元。如此宽泛的量刑区间使从宽与否基本由法官裁量决定,被告人获得从宽的利益期待处于不确定状态。

表3 C市2016年11月至2017年5月8个基层人民检察院向法院提出量刑建议的情况

单位:人

类别	a	b	c	d	e	f	g	h
提出绝对确定的量刑建议	51	51	17	22	10	0	0	79
提出相对确定的量刑建议	7	12	28	3	14	15	29	0

二、原因剖析:控辩关系为何失衡

试点实践表明,协商机制运行中存在控辩失衡现象,"协商"这一核心要素并未有效凸显。究其原因,控辩失衡的产生既有"先天不足",也有"后天缺陷"。

(一)制度改革中的"路径依赖"

正如使路径依赖理论声名远播的经济学家道格拉斯·C.诺思所言:"现在和未来的选择是由过去所形塑的,并且只有在制度演化的历史话语中,才能理解过去。”[①]控辩协商作为一种程序创新,必然离不开司法传统的影响。程序创新的命运在很大程度上并不取决于那些欣赏规则之完备性的法律人,改革的成败主要取决于新规则与该国家的司法管理模式所植根的文化和制度背景的兼容性。[②] 我国刑事司法长期以来职权主义色彩浓厚,刑事诉讼多被视为运用国家力量查明被告人是否实施犯罪的真相调查过程。程序运作中,权力主体总是控制着程序开展和事实发现的进程,被告人则难以避免成为权力主体开展调查行动的对象。而从协商机制兴起的制度基础来看,其建立在竞技性发展充分的对抗制诉讼模式中,这种模式中的诉讼程序被视为控辩双方在消极的裁决者面前进行的竞赛活动。协商机制的产生正是为了克服控辩双方过分对抗所导致的结构缺陷。[③] 而完善认罪认罚从宽制度的改革并非对抗制高度发展后的产物,更多是基于人案矛盾日趋激烈和宽严相济刑事政策难以落实的实用主义的考量。从控辩协商机制运行的整体环境考察,其仍然是在具有职权主义色彩的刑事诉讼制度中运转。在制度环境没有发生根本变化的情况下,协商机制必然受传统刑事司法路径依赖的制约。改革者们即使做出了设立值班律师制度、规定权利告知义务等平衡措施,但协商机制仍会在原有的路径上依据一定的惯性发展,难以脱离原有职权主义思维和运行模式的影响而短期内发生重大变革。因此,总体而言,要在作为主流的国家强制纠纷解决机制中推进建立协商机制,要在控辩对抗仍未发展充分的司法语境下实现控辩双方的平等协商,仍然有漫长的路要走。

(二)程序参与者的“个人倾向”

传统的程序结构运行会将程序参与者不断内化,这种内化过程使参与者形成较为稳定的认知,会以一种特定的方式来理解刑事程序以及各自的角色和职能。正如马克西莫·兰格教授在考察美国辩诉交易制度对大陆法系国家的影

---

① [美]道格拉斯·C. 诺思:《制度、制度变迁与经济绩效》,杭行译,韦森译审,格致出版社、上海三联书店、上海人民出版社 2014 年版,前言第 1 页。

② 参见[美]米尔伊安·R. 达玛什卡:《司法和国家权力的多种面孔:比较视野中的法律程序》(修订版),郑戈译,中国政法大学出版社 2015 年版,第 18 页。

③ 参见谢佑平、万毅:《中国引入辩诉交易制度的三重障碍》,载《政治与法律》2003 年第 4 期。

响时发现，在大陆法系国家讯问制司法理念与制度的浸染之下，法官和检察官形成的角色认知和行为习惯是辩诉交易没有成功“潜入”讯问制模式、成为对抗制的“特洛伊木马”的重要因素。[①]

在职权定位中，我国检察机关是宪法和法律规定的国家法律监督机关，是代表国家行使控诉权力的机关。检察官在诉讼程序中并不是与被告人相对的一方当事人，而是法律监督权的具体行使者，是追求案件事实真相的官方调查人员。与被告人相比，行使权力的检察官始终居于“高位”状态。在长期形成的权力主体的角色认知以及官方调查的诉讼行为模式影响下，检察官短期内难适应协商机制下作为协商者的新角色，难以放下权力主体的优越性地位而与犯罪嫌疑人、辩护律师进行充分沟通，也难以严格按照规定切实保障被告人的各项协商权利。被告人虽然是诉讼参与主体，享有系列诉讼权利保障，但是在诉讼程序中长期处于惩罚结果的被动接受者地位。被告人只有在服从和配合司法机关、协助查明案件事实真相时，才可能获得国家的从宽“恩惠”。被告人因自身知识、能力有限，对控方指控案件的知情程度、对证据材料的掌握、对法律的理解、对权利的知悉等处于弱势状态，难以意识到其处于与控诉方平等协商的地位和享有的协商权利。尤其当被告人认为自身行为触犯法律，能逃避惩罚的可能性很小时，此时冗长的诉讼程序以及未知的诉讼结果便意味着“惩罚”和“折磨”。如果在审查起诉阶段便能知晓相对确定的刑期结果，诉讼程序能从简加快，还能获得一定的从宽利益，被告人多会欣然接受自身处遇。

（三）制度设计的谨慎和制度准备的不足

从世界多国的司法实践来看，以协商双方的自由度为区分标准，协商制度可以分为两种模式：第一种为自由模式，以美国辩诉交易制度为代表。在这个模式下控辩之间充满博弈，每次交易都涉及讨价还价和重新讨价还价，努力实

---

① See Maximo Langer, *From Legal Transplants to Legal Translations*: *The Globalization of Plea Bargaining and the A - Mericanization Thesis in Criminal Procedure*, Harvard International Law Journal, p. 35 - 38 (2004).

现尽可能令人满意的交易结果。[①] 控辩双方可以就罪名、罪数与量刑进行协商，从宽的类型和幅度基本由检察官裁量决定，法官多数情况会接受控辩协议而不过多干涉。第二种为限制模式，以大陆法系国家为代表。为防止协商权力扩张和滥用，保障协商机制的公正性，大陆法系国家在引入协商机制时会从适用范围、协商内容、司法审查、从宽范围等不同方面作出限制性规定。例如，德国的协商制度中禁止量刑"剪刀差"、禁止罪之协商以及规定法院承担透明义务和记录义务等。[②]

在模式选择上，我国的协商机制选择了和大陆法系国家相似的限制模式。无论是最高人民法院、最高人民检察院最初对认罪认罚从宽制度的回应，[③]还是最高人民法院、最高人民检察院发布的《关于在部分地区开展刑事案件认罪认罚从宽制度试点工作情况的中期报告》，如何避免出现权钱交易、花钱买刑等问题，消除民众对协商权力异化的担忧，是改革者重点关注的内容。因此，改革者在制度设计时作出诸多限制"协商"的规定。这些措施虽然具有防止权力滥用、消除公众担忧的效果，却也造成控辩双方缺乏博弈空间，在一定程度上抑制了协商机制的活力。例如，控辩双方原则上只能以量刑轻重及程序适用为协商内容，犯罪嫌疑人对于检察官的建议只能当场选择"同意"或"不同意"。这种"只有合意没有交易"的协商方式，使双方的互动性不足。再如，适用认罪认罚从宽制度的案件必须遵守"以事实为根据，以法律为准绳"原则，应当满足"事实清楚、证据充分"的证明标准。而在事实清楚的案件中控方基本掌握了充足的有罪证据，即使缺少被告人供述也难以动摇指控证据体系，控辩双方实际缺乏等量的协商筹码。因为很难期待在明知检察官手握充足证据时，犯罪嫌疑人还敢和检察官协商量刑轻重。同时，协商机制在实践运行时需要严密的操作规程以及系列配套措施的支撑，而辩护制度的不完备、量刑减让规则的缺失、反悔规则的不明确等规则的疏漏，也加剧了控辩双方在信息资源获取能力、交涉能力、对程序的控制能力等方面的失衡。

---

① 参见［美］马尔科姆·M. 菲利：《程序即是惩罚：基层刑事法院的案件处理》，魏晓娜译，中国政法大学出版社 2014 年版，第 178 页。

② 参见高通：《德国刑事协商制度的新发展及其启示》，载《环球法律评论》2017 年第 3 期。

③ 参见张洋：《认罪认罚从宽并非法外从宽、一律从宽》，载《人民日报》2016 年 9 月 5 日，第 4 版。

三、商谈论:控辩平衡的标准衡量

控辩关系要走向平衡,依赖于法治的整体进步、司法理念的更新以及制度的完善。法治进步需要时间积淀,理念更新依赖主体自觉,当前最有可操作性的是完善和明确规则体系,以公正合理的程序规则保障双方具有相互抗衡的制度安排。《修正案(草案)》中规定了诸多权利保障的措施,也对控诉机关设置了多重义务。笔者以哈贝马斯商谈论为控辩平衡的方法论,以商谈要求为平衡标准,对《修正案(草案)》中涉及控辩双方的规则进行评析,以期正确理解和适用规则内容,促进一种控辩商谈的协商机制的形成。

(一)以商谈论为平衡方法

控辩协商不仅是一种能有效消解异议风险的刑事纠纷解决机制,也是一种刑事司法正义实现的新形式,传统的通过裁判性司法来实现的分配正义,迈向建立在控辩双方平等协商基础上的对话正义。在审判过程中,如果要以合意作为判决正当性的标准,那么更应该面向司法现实,把讨论的重点放到是否在程序保障下充分进行了理性辩论这一问题上去。① 协商机制与哈贝马斯创立的关于程序正义论的商谈模式十分契合。哈贝马斯的商谈理论极为关注规范形成中程序本身的合理性,认为每个交往者应在自由、平等、无强制的情况下通过论辩达成理解和共识,从而制定出为每个人所共同遵守的规则。只要关于妥协的谈判是根据确保所有利益相关者平等参加谈判的程序进行的,只要这种谈判允许彼此施加的影响平等,并同时为所有有关的利益相关者创造大致平等的实施机会,就能作出这样的判定:所达成的协议是公平的。② 商谈过程容纳了主体间的全方位互动以及最大范围、最大限度地达成理性共识,能确保合意形成的程序和合意的结果均是正义的。按照哈贝马斯的商谈理论,认罪认罚从宽制度中不允许权力的压迫,控辩合意的形成应满足交往性辩论的条件,是双方共同作

---

① 参见[日]棚濑孝雄:《纠纷的解决与审判制度》,王亚新译,中国政法大学出版社 1994 年版,第 7 页。

② 参见[德]哈贝马斯:《在事实与规范之间:关于法律和民主法治国的商谈理论》,童世骏译,三联书店 2003 年版,第 204 页。

出的理性选择。控辩双方为平等参与主体,机会均等、信息对称、表达自由,经过充分论辩或商谈,最终形成关于个案处理的共识。具体而言,商谈论的要求可以概括为以下方面:控辩双方地位平等、信息对称、对话能力相当、对话规则公平。

(二)以商谈要求为平衡标准

1. 控辩双方地位平等

商谈体系中参与者是平等的主体,都应拥有尽可能多的、相互平等的权利。具有合法性的应是满足以下条件的规则,即每一个人的权利是与所有人的权利协调一致的。[①] 控辩双方地位平等要求实现"平等武装",权力与权利的异质性决定了我们不能简单套用私法上的对等来衡量双方的权力和权利配备。但是,如果被告方在进入商谈过程、选择的权利、施加的影响等方面均受到比控诉方更为不利的限制,就难以认为主体之间的地位是平等的,应当进行调整和改变。制度启动应当具有双向性。针对控诉方控制着案件准入的问题,赋予辩护方建议适用权是控辩地位平等的有效体现。《修正案(草案)》第 11 条规定公安机关应将认罪情况记录在案,随案移送,并在起诉意见书中写明情况。对于侦查阶段犯罪嫌疑人如实供述所犯罪行,自愿认罪的,侦查机关应当作出认罪"标识",帮助快速识别审查起诉阶段的认罪案件,顺利进行控辩协商。而对于认罪但没有"标识"的案件,或者犯罪嫌疑人在审查起诉阶段才自愿认罪的,除了检察官依职权启动外,应考虑被告方的建议适用权。辩护人或者犯罪嫌疑人可以主动申请适用认罪认罚从宽制度,控诉方进行审查后符合条件的应予以同意。

设立答复期限制度。《修正案(草案)》第 14 条、第 15 条规定检察官提出量刑建议和程序适用建议后,听取被告方意见,犯罪嫌疑人同意时在辩护人在场的情况下签署具结书。为避免犯罪嫌疑人在没有充分了解检察官的量刑和程序适用建议的情况下仓促作答,保障犯罪嫌疑人的选择权,可以考虑设立答复期限制度。例如,法国的庭前认罪答辩程序中,检察官提出量刑建议后,被告人

---

① 参见[德]哈贝马斯:《在事实与规范之间:关于法律和民主法治国的商谈理论》,童世骏译,三联书店 2003 年版,第 151 页。

有10天的思考期限以决定是否接受该量刑建议,[①]德国的刑事处罚令程序中也规定被告人有一定期限来决定是否拒绝处罚令。[②] 检察官先将罪名、量刑建议和程序适用建议告知犯罪嫌疑人,给其一定的思考期限,犯罪嫌疑人在期限内可以寻求律师帮助,对检察官的建议进行考虑和权衡,期限届满后作出是否同意的答复。

2. 控辩双方信息对称

商谈主体掌握的信息不对称,一方掌握信息优势而另一方信息封闭,在商谈中就容易唯强势方是从,难以产生真正意义上的合意和均衡。这意味着协商中应为控辩双方提供尽可能多的、可能影响其选择的全部信息,双方均掌握必要的信息且达到一定信息量。尤其对处于弱势的被告人,必须保障其充分了解行为选择的后果,能预知控诉方所采取的行为策略以及不同策略下的收益情况,在信息的掌握力度上与控诉方保持对称状态。

确保被追诉人的知情权。犯罪嫌疑人的知情权是一项基础性权利,具有宪法性权利的属性,以犯罪嫌疑人可以知晓的程序事项及其事实和理由的方式加以具体体现。[③]《修正案(草案)》第9条、第14条和第19条规定公检法三机关的权利告知义务。办案人员除了书面告知,更应进行口头阐述和解释,确保犯罪嫌疑人确实能够理解认罪认罚从宽的制度规定,清楚可能被减损的诉讼权利、可以获得程序简化及实体从宽利益等。同时,《修正案(草案)》第4条新增了值班律师约见制度,规定法院、检察院和看守所应告知被追诉人有权约见值班律师,并为约见提供便利。约见制度的重要功能之一便是由值班律师为被追诉人及时解答法律咨询和帮助释疑解惑,使之更好地知悉认罪认罚后享有的诉讼权利和行为后果,更好地行使法律赋予的各项诉讼权利。办案机关不仅应告知被追诉人可以约见值班律师,而且被追诉人提出约见要求时办案机关应及时进行联系和安排,保障被追诉人在诉讼全程均可以和值班律师进行面对面沟通

---

① 参见施鹏鹏:《法国庭前认罪答辩程序评析》,载《现代法学》2008年第5期。

② 参见[美]斯蒂芬·C. 撒曼:《刑事处罚令:检察裁决作为一种刑事司法改革的模式?》,杨先德译,载[美]艾瑞克·卢拉、玛丽安·L. 韦德主编:《跨国视角下的检察官》,法律出版社2016年版,第148页。

③ 参见董坤:《认罪认罚从宽制度下"认罪"问题的实践分析》,载《内蒙古社会科学(汉文版)》2017年第5期。

交流,由值班律师提供即时、便捷的法律服务。

明确从宽权利供给。《修正案(草案)》第 1 条在刑事诉讼法总则部分规定认罪认罚可以依法从宽处理,这意味着从宽处理是办理认罪案件时的指导性原则。第 7 条则将认罪认罚作为采取强制措施时判断社会危险性的考虑因素。在实践中,办案机关应从实体从宽和程序从简两个方面来具体落实被告人的从宽利益,使从宽在诉讼流程运行中均有所体现。在速裁程序、简易程序和普通程序的多元程序格局下,检察官应当严格按照犯罪嫌疑人可能判处的刑期提出程序适用建议并阐明理由,保障犯罪嫌疑人尽快脱离诉讼程序、获得迅速审判的程序利益。实体从宽又包括适用非羁押措施、适用不起诉制度、量刑宽缓、服刑从宽等多个方面。量刑从宽是协商的核心内容,也是犯罪嫌疑人最为关心的问题。为使犯罪嫌疑人对量刑从宽的预期利益处于可预测状态,提升认罪认罚的积极性,有必要制定科学的量刑减让规则并书面告知被告方。司法机关可以将涉案罪名的量刑情节,按照刑事责任年龄、犯罪完成情况、共同犯罪中的地位和作用等一般情节和相应犯罪的具体数额、伤害后果等个案情节梳理成条目,制作成清晰的"量刑菜单"。[①] 根据被追诉人认罪时国家所获得的"收益"来设置认罪认罚的从宽幅度,给予梯级化量刑优惠。量刑建议的提出方式也影响着从宽预期的实现。《修正案(草案)》第 16 条规定:"人民检察院可以在起诉书中就主刑、附加刑、刑罚执行方式等提出量刑建议。"从法官的可接受度、案件复杂程度、被告人的预期利益等多重因素考量,对可能判处管制、缓刑或者单处附加刑的非监禁刑案件,建议控辩双方可以就量刑达成明确具体的量刑意见,对可能判处监禁刑的案件则采取幅度刑量刑建议的方式。

3. 控辩对话能力相当

有效的商谈中,虽然各参与者在学历教育、专业水平和个人能力等方面不尽相同,但各方均应具备旗鼓相当的对话能力。在控辩协商中,被告人的知识水平、对法律的理解能力、谈话的技巧等均难以与专业的检察官抗衡。律师帮助可以减轻贫困和未受教育的被告人的恐惧、无知和困惑,一般认为,律师帮助

① 参见杜萌:《刑事案件认罪认罚从宽制度试点成效几何》,载《法制日报》2017 年 7 月 1 日,第 5 版。

权是交易公平与否的首要保障。[①] 要使控辩双方的协商能力能够形成抗衡,应完善律师制度,发挥专业律师代理商谈的作用。值班律师定位明确、职能清晰和设置合理可使其更好地参与协商中,成为被追诉人权利保障的重要一环。

关于值班律师的辩护人定位,与《试点办法》规定值班律师功能为“提供法律帮助”相比,《修正案(草案)》第4条修改为“提供法律咨询,程序选择建议,代理申诉、控告,申请变更强制措施,对案件处理提出意见等辩护”,将值班律师的系列行为归为辩护活动。同时,《试点办法》条文中“辩护人或者值班律师”的表述统一改成“辩护人”,如第14条中的听取辩护人意见,第15条中的“应当在辩护人在场的情况下签署认罪认罚具结书”。试点实践中在场见证的多数为值班律师,条文中的辩护人自然包括值班律师。诸多变化可以推导出《修正案(草案)》赋予了值班律师的辩护人地位,由此也基本形成了委托律师辩护、法律援助律师辩护和值班律师辩护的中国式刑事案件律师辩护全覆盖。以作用来区分,值班律师提供的法律服务可分为两类:一类为提供法律帮助,如提供法律咨询,帮助犯罪嫌疑人了解认罪认罚的含义及后果等,引导犯罪嫌疑人申请法律援助和转交申请材料;另一类为提供法律辩护,当值班律师参与个案办理,为被追诉人提供程序或实体上的实质性处理意见时,如申请变更强制措施,代理申诉、控告,参与协商,提出程序适用和量刑意见等,其行为实际具有辩护性质。

关于值班律师的履职保障与范围。《修正案(草案)》第14条规定:“人民检察院依照前款规定听取值班律师意见的,应当提前为值班律师了解案件有关情况提供必要的便利。”当值班律师参与个案并提出实质性处理意见时,相关机关应当保障值班律师行使阅卷权和会见权。只有在充分了解案件情况的基础上,值班律师才能提出恰当的处理意见,协助被追诉人作出最优选择。总体而言,值班律师提供的服务具有应急性、便捷性、流动性等特点,其作用相当于“急诊科医生”。与委托律师和法律援助律师的“专科医生”作用不同,值班律师只属于“初级”的辩护人,权利配置也处于“低配”状态。为全面保障认罪被告人

① See Albert W. Alschuler, *The Defense Attorney's Role in Plea Bargaining*, 184 Yale Law Journal 1179(1975).

的辩护权,建议将值班律师的帮助限定在速裁程序的案件适用中,扩大法律援助律师的范围,对可能判处3年有期徒刑以上刑罚、没有委托辩护人的案件,均由法律援助律师进行辩护。①

值班律师设置方式多元。如何派驻值班律师直接影响着被追诉人能否获得法律服务及所获法律服务的质量。《修正案(草案)》第4条规定的“法律援助机构可以在人民法院、人民检察院、看守所派驻值班律师”,正确理解应是考虑到律师资源分布不均衡的现实情况,在值班地点和方式上法律援助机构可以有所选择。从实践中“驻点式”和“随案式”方式的效果来看,“随案式”因人员和场所均处于不稳定状态,造成被追诉人和值班律师产生物理隔离、值班律师作用受限。因此,建议有条件的法律援助机构应当首先推进“驻点式”方式,根据实际工作量,以看守所、检察院和法院的先后顺序,设立法律服务工作站,安排固定专人或者轮流值班,以便随时为被追诉人提供法律帮助和辩护。在律师资源缺乏的地区,则可先实行“随案式”,采用提前预约现场值班、电话和网络值班等的方式,满足当事人需要。

4. 控辩对话规则公平

公正的程序需要公平的对话规则支撑。理想语境的对话应是确保每一个人的自主性和自律性,消除欺骗和强制对论辩的不良影响。如果在对话中把自己的立场放任地交给他人来判断,结果只能导致独断主义和剥夺自身的交谈自由。参与者越是遵守良好的对话规则,全面展示各自的事实信息和规范信息,不受强迫地自由发表意见,就越有利于公正合意的形成。控辩协商中也有必要遵守一定的对话规则,防止权力对商谈过程和结果的独断。

应当适用交叉式对话规则。《修正案(草案)》第14条规定检察官应当听取被告方关于定罪量刑、程序适用的意见。协商过程中控辩应进行交叉式对话,而非只能“你问我答”。当犯罪嫌疑人承认并如实供述自己所犯的罪行,对被指控的事实、证据没有异议时,控诉机关考虑犯罪的社会危害性和行为人的人身危险性,结合认罪认罚的具体情况给出实体从宽和程序从简的预判承诺。控诉

① 参见王迎龙:《论刑事法律援助的中国模式——刑事辩护“全覆盖”之实现径路》,载《中国刑事法杂志》2018年第2期。

机关提出量刑和程序适用建议后，应当向犯罪嫌疑人解释相关罪名、量刑依据及所体现的从宽幅度，告知犯罪嫌疑人所能得到的从宽优惠，选择程序的原因所在。犯罪嫌疑人可以提出疑问，也可以和辩护人对建议提出意见，检察官再次进行阐述和释明。检察官、犯罪嫌疑人、辩护人在协商中进行“你来我往”式的充分沟通和讨论。《修正案（草案）》第 14 条还规定检察官应将讯问、告知及听取意见的过程记录在案，对协商过程的书面记录能对商谈中检察官的协商权力形成有效监督，确保认罪认罚系基于被告人意志自由的结果。

应当适用反悔规则。控辩双方在达成合意后，可能基于多种原因在合意未得到司法确认前而表示反悔。《修正案（草案）》第 20 条规定：“在审判过程中，人民检察院可以调整量刑建议。人民法院经审理认为量刑建议明显不当或者被告人、辩护人对量刑建议提出异议的，应当依法作出判决。”被追诉人正是基于对检察官从宽承诺的信任才签署具结书，如果在协商一致后检察官可以轻易“毁约”，将会破坏被追诉人对司法的信任，使协商成为一种隐蔽的强权决定。因此，建议对检察官调整量刑建议作出条件限制，实现协商后果的灵活性和公正性的平衡。在实体条件上，只有案件事实情况发生重大变化、影响量刑的准确性时检察官才能进行调整，而且，调整的方向应为量刑的轻缓化。在程序条件上，检察官必须再次和被告方进行协商，重新和被告人达成合意，由被告人签署新的具结书，才能向法院提出调整量刑建议的申请。在被告人的反悔权上，《修正案（草案）》第 20 条规定如果被告方对量刑建议提出异议，不同意量刑建议，法院应直接作出判决。而如果出现被告人在法庭上悔罪的情形，为避免程序随意回转造成司法资源浪费，建议规定被告人应提供悔罪的正当性理由，如认罪系受到外力的胁迫、认罪系基于认识错误作出的决定等。法官确认以上情况属实时应进行程序转换，将审理程序转换为普通程序审理。为了保护被告人的合法权益，鼓励被告人敢于同检察官进行协商，建议规定对协商失败的案件中被告人或其辩护人在协商过程中的陈述，法官不得将其作为被告人的不利证据。

认罪认罚从宽实践中的反向歧视及其应对

——基于对功利主义的反思

黄含未*

摘要:近年来,随着认罪认罚从宽制度实践适用的增多,逐渐暴露出对不认罪认罚者的反向歧视问题,认罪认罚的合法性与正当性受到质疑。究其根源,问题在于认罪认罚从宽制度遵循的是一种各方“利益兼得”的功利主义理念,但发挥主导作用的检察机关过度强调控方立场下的追诉职责,对不认罪认罚实行“抗拒从严”的做法,导致实践与制度本义相背离。对此,应从检察官客观义务出发,确立认罪认罚的案件查明机制定位、突出对被追诉人的诉讼关照、明确从宽的权利属性并予以保障,源头性防范反向歧视风险。笔者从司法审判视角提出矫正方案,建议深化法官自我监控、保障律师有效参与、加强控审庭前沟通,以此来阻却反向歧视的偏见传递;建立识别反向歧视的梯次性庭审核查机制;区别处理被告人反悔上诉及由此引起的抗诉案件,避免反向歧视在二审程序中的扩散。

关键词:认罪认罚　反向歧视　功利主义　客观义务

* 男,湖南耒阳人,法学硕士,现任湖南省长沙市中级人民法院五级法官助理。

一、问题：三个认罪认罚案件引发的思考

【案例一】[①]检察机关以掩饰、隐瞒犯罪所得罪对姚某提起公诉，姚某认罪认罚并签署认罪认罚具结书，检察机关提出有期徒刑 2 年的量刑建议。在一审庭审中，姚某表示不认罪，并以“签了就是二年，不签就是三年”解释签署具结书原因，公诉人认为姚某认罪认罚后反悔，认罪态度不好，当庭改变量刑建议为 3 年 6 个月，法院予以采纳。宣判后，姚某提出上诉，二审认为原判对姚某量刑过重，予以改判。

【案例二】[②]2017 年 11 月 16 日下午，琚某忠入室盗窃，窃得价值约 3 万元的财物。琚某忠认罪认罚并签署具结书，检察机关建议量刑 2 年 3 个月。一审法院采纳检察机关的量刑建议。宣判后，琚某忠以量刑过重为由提出上诉；检察机关以琚某忠无正当理由上诉为由提起抗诉。二审法院裁定撤销原判，发回重审。原审法院经重新审理，改判琚某忠有期徒刑 2 年 9 个月。

【案例三】[③]检察机关以故意伤害罪对黄某提起公诉。一审法院以黄某自愿认罪认罚，判处其有期徒刑 10 年。宣判后，黄某上诉称其未持刀砍人，原判认定事实错误。检察机关提出抗诉，以黄某否认指控事实，属于不认罪，原判以认罪认罚对黄某判处 10 年有期徒刑量刑畸轻为由，建议二审从重处罚。二审法院采纳抗诉意见，改判黄某有期徒刑 15 年。

上述三个案例均系检察机关提起公诉的认罪认罚案件。案例一中被告人认罪认罚后当庭反悔，检察机关认为被告人认罪态度不好，将量刑建议由 2 年改为 3 年 6 个月，增加刑期 1 年 6 个月，远超减让基准刑 30% 的幅度范围，对被告人造成量刑上的不公正。案例二中被告人认罪认罚，在宣判后上诉，检察机关认为被告人提出的“原判量刑过重”的上诉理由不具有正当性，因此提起抗诉。但笔者查找同时期同地区的相似案例，却发现存在检察机关建议量刑 1 年 3 个月，法院采纳建议并判处缓刑 2 年的判决。[④] 在本案中检察机关的抗诉不

---

① 该案为笔者亲历二审案件。

② 参见琚某忠盗窃案，最高人民检察院指导案例 83 号(2020 年)。

③ 参见广东省高级人民法院刑事判决书，(2020)粤刑终 986 号。

④ 参见浙江省龙港市人民法院刑事判决书，(2020)浙 0383 刑初 69 号。

适当,对被告人的上诉权造成了不当限制。案例三中被告人以原判事实认定错误为由提出上诉,检察机关认为被告人上诉表明其不再认罪认罚,原判量刑畸轻,提出抗诉要求法院从重处罚,最终导致被告人在案件事实、证据没有变化的情况下所获加重刑期远超一审"认罚"所获从宽待遇,被加重改判,被告人上诉风险增加。以上三个案例从不同视角显示了检察机关在运用认罪认罚从宽制度及时惩罚犯罪的同时,也暴露出对不认罪认罚被追诉人的反向歧视风险,①认罪认罚从宽制度的"人权司法保障"功能受到质疑。因此,我们有必要就此由表及里地展开研究,提出有针对性的防范策略,以捍卫认罪认罚从宽制度的正当性。

二、具象:认罪认罚从宽实践中反向歧视的含义及表现

前述三个案例并非个案,通过对近年来的认罪认罚案件进行实证分析,笔者发现相似情形的案件占有一定比例。这些案件反映出的共性问题是:认罪认罚从宽实践中存在反向歧视风险。

(一)认罪认罚从宽实践中反向歧视的含义

歧视发端于人类的认知层面,隐含着"'刻板印象产生偏见进而产生歧视行为'的因果逻辑链"②。从法律的角度来看,歧视表现为对特定群体或个人所实施的,目的或者效果在于不合理地限制、排斥、侵害他人权利的行为或制度安排。因此,歧视在法律上是一种非正义的行为,其核心要义在于对人的不公正对待,如美国学者德沃金所言,作为一个平等的个人未能受到平等对待的权利。③ 反向歧视属于"歧视"的一种,具有歧视的基本特性,但与正向歧视相对,是指因为照顾特定群体而造成对相对群体的实质不公。认罪认罚从宽实践中的反向歧视,就是指一些司法人员没有正确理解和遵循认罪认罚从宽制度的要求,在践行认罪认罚从宽制度的同时,却对不认罪认罚或者认罪认罚后又反悔

① 参见刘静坤:《如何防止无辜者被强迫认罪——兼论不被强迫认罪权的程序要素》,载《政法论坛》2021 年第 3 期。

② Robin Stryker, *Disparate Impact and the Quota Debates: Law, Labor market Sociology, and Equal Employment Policies*, The Sociological Quarterly, Vol. 42, p. 13(2001).

③ 参见[美]罗纳德·德沃金:《认真对待权利》,中国大百科全书出版社 2002 年版,第 300 页。

的被追诉人给予实体上或者程序上的不公正对待。

(二)认罪认罚从宽实践中反向歧视的具体情形

认罪认罚从宽实践中的反向歧视大致表现为以下几种情形：

(1)将“认罪”+“认罚”作为对犯罪嫌疑人取保候审的前提条件，犯罪嫌疑人适用非羁押措施的隐性条件增加。以往检察机关在决定取保候审时，根据犯罪的性质和情节、前科、供认情况等判断是否“不致发生社会危险性”，而在认罪认罚从宽制度适用以后，犯罪嫌疑人“认罪”且“认罚”也成为社会危险性的判断要素之一。例如，笔者在北大法宝网检索发现，在部分检察机关变更强制措施的案件中，犯罪嫌疑人获得审前取保候审均要求其签署认罪认罚具结书。

(2)被告人认罪认罚后翻供被检察机关视为“认罪态度不好”，进而向法院提出从重、加重处罚的量刑建议。前述案例一即属于此种情形。例如，在“刘某故意伤害案”中，①检察机关认为刘某签署认罪认罚具结书后又翻供，认罪态度不好，建议法院在法定量刑幅度内从重处罚。

(3)被告人认罪认罚后又上诉的，检察机关进行跟进式抗诉，一方面通过“抗诉加刑”的威胁迫使被告人撤回上诉，并且威慑其他被告人；另一方面进行“报复性抗诉”，促使二审法院超越一审“从宽”幅度加重改判。前述案例二、案例三即属于此情形。

(4)在共同犯罪中，对认罪认罚被告人建议从轻量刑，对非认罪认罚被告人建议从重量刑，全案量刑建议幅度失衡。例如，在“李某、肖某等人开设赌场案”中，②李某认罪认罚，检察机关建议量刑 1 年 2 个月，法院认为量刑建议偏轻，判处其有期徒刑 1 年 8 个月；肖某不认罪，检察机关建议量刑 1 年 2 个月至 2 年 2 个月，法院认为量刑建议偏重，判处其有期徒刑 1 年。

(5)一些检察官刻意营造外部压力，迫使犯罪嫌疑人认罪认罚。例如，笔者曾对检察官进行访谈，有检察官坦言，对于一些邻里纠纷引起的案件，促成犯罪嫌疑人认罪认罚以化解邻里矛盾是办案主基调。为此，检察官会根据自身经验

---

① 参见甘肃省临夏县人民法院刑事附带民事判决书，(2021)甘 2921 刑初 30 号。

② 参见江西省萍乡市安源区人民法院刑事判决书，(2019)赣 0302 刑初 394 号。

制定认罪认罚具结方案，然后通过承办民警动员犯罪嫌疑人亲友，甚至联系辩护律师给犯罪嫌疑人"做工作"，促使犯罪嫌疑人签署认罪认罚具结书。

（三）认罪认罚从宽实践中反向歧视的整体体现

除去上述具体表现，认罪认罚从宽实践中的反向歧视在整体上体现在以下两个方面。

1. 屈从型自愿认罪认罚现象突出

笔者通过在北大法宝数据库进行检索，发现存在许多一审被告人认罪认罚后上诉且被二审改判的案例。[①] 从中随机抽取100个案例作为样本进一步分析（见图1、图2），笔者发现被告人的上诉理由，除量刑过重外，大部分集中在原判"事实认定错误"和"量刑情节认定错误"，前者如盗窃数额、交通肇事逃逸等事实，后者如自首、立功、从犯等情节。从法院改判情况来看，除以一审罪刑不均衡为由改判的以外，其他从轻改判的理由多为一审对犯罪数额、违法所得认定错误，或者未对自首、立功、从犯等量刑情节予以认定，还有个别案件是因为一审法院定性错误导致量刑过重。由此我们不难发现，许多被告人的认罪认罚是在自身对犯罪事实、量刑情节有异议的情况下作出的，因为害怕面临不利后果，在"一审中认罪认罚，二审中寻求救济"成为他们的无奈选择，其认罪认罚的非自愿性显而易见。

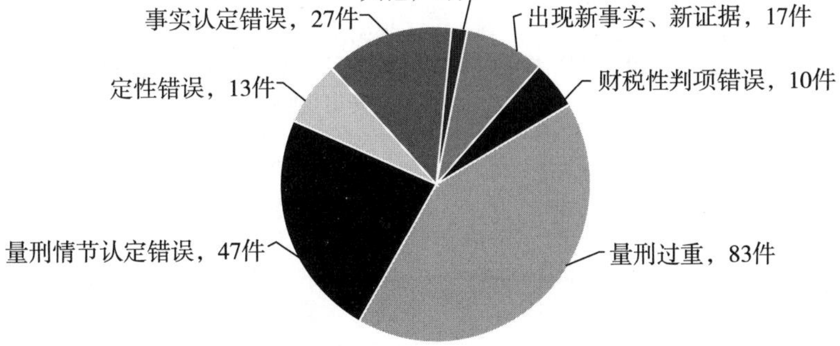

图1　被告人的上诉理由类型

---

① 在"认罪认罚"专题下，以"认罪认罚""上诉人"为关键词，"判决书"为文书类型，"二审改判"为终审结果进行检索（日期截至2022年7月31日），共检索2305件。访问时间2022年8月4日。

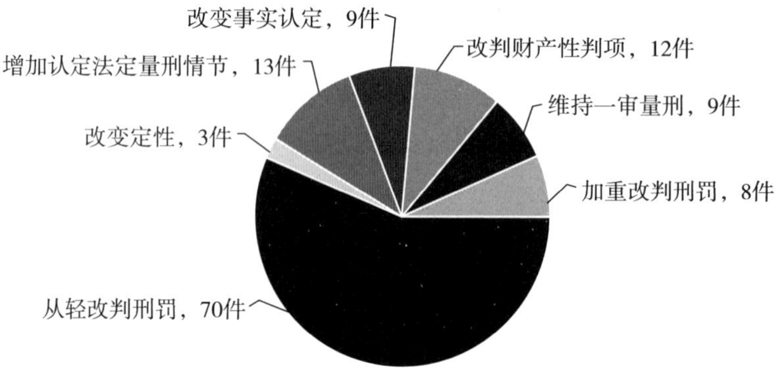

图2　二审对被告人上诉案件改判情况

2. 认罪认罚案件二审抗诉的非谦抑性

刑法的谦抑性贯穿于刑事诉讼始终，刑事案件二审抗诉的谦抑性体现为对抗诉权启动规则的严格遵守，即在“认为本级人民法院第一审的判决、裁定确有错误”时，才能提出抗诉。但从最高人民检察院和地方检察院出台的相关规范性文件来看，检察机关的二审抗诉权却突破了现有法律规定，因“上”而“抗”倾向明显，呈现一定的非谦抑性，检察机关对认罪认罚案件上诉的限制见表1。

表1　检察机关对认罪认罚案件上诉的限制

规范性文件	适用范围	抗诉权启动规则
最高人民检察院发布的《人民检察院办理认罪认罚案件开展量刑建议工作的指导意见》(2021年)	全国	人民法院采纳人民检察院提出的量刑建议作出判决、裁定，被告人仅以量刑过重为由提出上诉，因被告人反悔不再认罪认罚致从宽量刑明显不当的，人民检察院应当依法提出抗诉
山东省高级人民法院、山东省人民检察院、山东省公安厅等发布的《关于适用认罪认罚从宽制度办理刑事案件的实施细则(试行)》(2019年)	山东省	人民法院采纳人民检察院量刑建议对被告人依法从宽处罚后，被告人又否认指控的犯罪事实，不积极履行具结书中赔礼道歉、退赃退赔、赔偿损失等义务而提出上诉，符合抗诉条件的，人民检察院可以提出抗诉
湖北省高级人民法院、湖北省人民检察院、湖北省公安厅等发布的《关于适用认罪认罚从宽制度实施细则(试行)》(2020年)	湖北省	(1)被告人否认指控的犯罪事实，不积极履行具结书中赔礼道歉、退赃退赔、赔偿损失等义务，而提出上诉，符合抗诉条件的，人民检察院可以提出抗诉； (2)人民法院采纳人民检察院提出的量刑

续表

规范性文件	适用范围	抗诉权启动规则
		建议后,被告人以事实不清、证据不足、量刑不当或者程序违法为由上诉的,人民检察院应当认真审查,确有抗诉必要的,可以提出抗诉。人民法院采纳人民检察院提出的确定刑量刑建议后,被告人以量刑不当为由上诉的,人民检察院一般应当抗诉; (3)被告人出于"留所服刑"目的而以量刑不当为由上诉的,人民检察院一般不提出抗诉,由人民法院依照二审程序依法作出裁判
浙江省高级人民法院、浙江省人民检察院、浙江省公安厅、浙江省司法厅发布的《浙江省刑事案件适用认罪认罚从宽制度实施细则》(2020 年)	浙江省	被告人因认罪认罚获一审从宽判决,又反悔上诉且否认主要犯罪事实的,人民检察院可以提出抗诉

同时,笔者从北大法宝数据库中检索认罪认罚被告人上诉案件中检察机关抗诉情况(见图 3),结果也显示在司法实践中,检察机关针对被告人反悔上诉的抗诉现象较为普遍。正如学者所言,以"抗诉"对抗"上诉"反映出个别办案机关不能容忍被告人反悔的心态。①

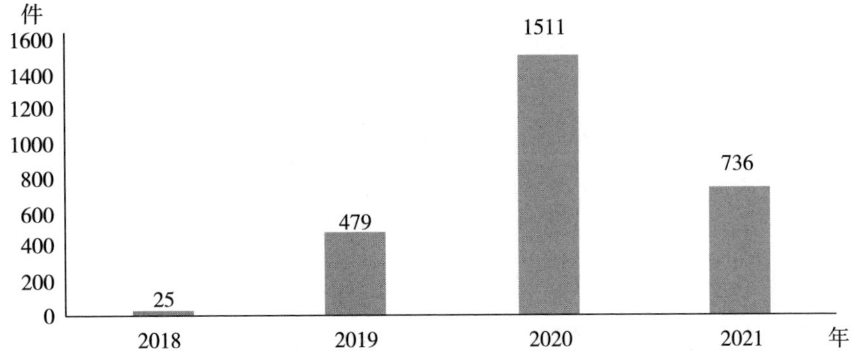

图 3　检察机关对认罪认罚被告人上诉案件的抗诉情况

---

① 参见胡云腾:《正确把握认罪认罚从宽 保证严格公正高效司法》,载《人民法院报》2019 年 10 月 24 日,第 5 版。

三、反思:功利主义制度安排下的实践背离

试点之初,认罪认罚从宽制度便被作为"宽严相济刑事政策具体化、制度化"的重要探索,因此该制度遵循的是"政策型的论证进路",即与功利主义逻辑相呼应,旨在遏制和预防犯罪,以保护"最大多数人的最大幸福"。[①] 但有别于传统功利主义主张的个人独立性利益,认罪认罚从宽制度更强调诉讼各方利益的兼顾,是一种"利益兼得"的功利主义理念,[②]与司法宽容精神相契合。检察机关在认罪认罚从宽制度中发挥主导作用,但在实践中却有相当一部分检察官没有准确把握制度的功利主义属性,导致实践与制度本义相背离,引发反向歧视。

(一)价值背离:单一功利化诉求对制度价值多元化的制约

"我国刑事诉讼的基本价值取向在于通过高效率的侦查、起诉和审判活动有效控制犯罪、维持社会秩序的稳定"[③],因此检察机关的根本职责是指控犯罪。在此职责分工背景下,检察官受起诉率、定罪率、结案率等指标因素影响,对认罪认罚从宽制度的运用也紧紧围绕如何解决"案多人少"矛盾、提高办案效率等展开。然而,认罪认罚从宽制度是"一个承载着多元价值目标,集实体法和程序法于一身的综合性制度体系"[④],对效率价值的"偏爱"会制约其他价值的实现,造成不认罪认罚的被追诉人在适用法律上的不平等。具体表现在两个方面:一是为快速化解办案压力,检察官会对认罪认罚者表现出宽容,认为保持沉默者或作无罪辩解者"认罪态度不好",从而形成认罪认罚即为"善"和不认罪认罚即为"恶"的刻板印象。刻板印象演变成心理偏见,进而产生认罪认罚的精神强迫。二是对诉讼效率的过度重视,导致检察官对认罪认罚后的反悔行为容忍度低,进而限制被追诉人的反悔自由。

---

① 参见劳东燕:《罪刑规范的刑事政策分析——一个规范刑法学意义上的解读》,载《中国法学》2011 年第 1 期。

② 参见陈瑞华:《论协商性的程序正义》,载《比较法研究》2021 年第 1 期。

③ 孙长永:《认罪认罚从宽制度实施中的五个矛盾及其化解》,载《政治与法律》2021 年第 1 期。

④ 史立梅:《认罪认罚从宽制度中的修复性逻辑之证成》,载《法学杂志》2021 年第 3 期。

（二）功能背离：实用主义倾向对控辩交往有效性的消解

形成被追诉人被平等对待的诉讼地位离不开合理的控辩交往关系。有效的控辩交往，不仅能够遏制公权力的滥用，更能实现控辩平等的诉讼构造，让被追诉人被不平等对待时可以得到平等武装。但正如哈耶克所言，“操作法律的人的质量比其操作的法律的内容更为重要”，受控方立场和思想影响，很多检察官对认罪认罚从宽制度下的控辩关系的处理采用控方主导的实用主义，强调审查起诉阶段的辩护以保障公诉权高效行使为前提。由此，“控诉方就可能利用信息不对称及其他资源优势，压制被追诉人，迫使、诱使其接受协商条件，使协商性司法异变为压制型司法”①。而辩护方却因为检察机关对无罪辩护的排斥而使辩护交往无效化，如根据前述浙江省发布的《刑事案件适用认罪认罚从宽制度实施细则》的规定，检察机关通过对量刑协商程序的限制，实际上存在架空律师无罪辩护的可能。

（三）目的背离：程序功利主义对制度权利属性的掩盖

一般认为，认罪认罚从宽制度既是实体制度，又是程序制度。但也有不少观点存在认识上的偏差，注重认罪认罚的“程序分流”与“程序简化”等效率价值，忽视了“从宽”背后的实体与程序权利属性。例如，有观点认为：“认罪认罚从宽制度的确立，以‘从宽’处理机制激励犯罪嫌疑人、被告人及早认罪认罚，接受简易快速的审理程序……从而提升诉讼效率。”②检察机关中持此类观点的不在少数，反映到实践中就是对认罪认罚案件“适用率”和“一审服判率”的过高追求。但是，在人员意识、程序制约等配套改革措施没有到位的情况下，在短时间内人为地设立过高的适用率、服判率目标，意味着检察官能提供给大多数被追诉人的有且只有一个选项——认罪认罚，否则面临的很可能是继续羁押或更重的量刑建议。

---

① 龙宗智：《完善认罪认罚从宽制度的关键是控辩平衡》，载《环球法律评论》2020 年第 2 期。

② 刘国媛：《认罪认罚从宽视角下刑事诉讼程序繁简分流》，载《人民检察》2019 年第 18 期。

（四）结构背离：“检察官司法”对审判空间的挤占

《刑事诉讼法》第 201 条规定，对于检察院的量刑建议法院“一般应当采纳”，其中包含两层含义：一是法院无否定性理由，应当采纳量刑建议；二是法院审查认为量刑建议明显不当的，应当依法作出判决。但检察机关对“一般应当”的理解显然更强调“应当”，并因此将量刑建议采纳率纳入考核指标，形成体制上的考核压力。虽然主流观点认为，认罪认罚从宽制度仍然坚持以审判为中心，但面对司法实践我们不得不承认，检察官已经在一定程度上实质掌握了认罪认罚案件的定罪量刑决定权。在此情形下检察官在办案时不可避免会产生以下倾向：一是对认罪认罚案件数量的诉求，从而产生对不认罪认罚行为的排斥与抵触；二是对认罪认罚稳定性的诉求，从而产生对认罪认罚后反悔行为的排斥与抵触。

四、认罪认罚从宽实践中反向歧视的源头防范

由上述分析可知，认罪认罚从宽实践中的反向歧视，实质上反映了检察机关在适用认罪认罚从宽制度过程中，过度强调控方立场，将制度演变为“坦白显性从宽、抗拒隐性从严”的政策重述，造成公诉裁量权的滥用。我国的检察制度对检察官角色的设计从来不是以实现“胜诉目标”为己任的当事人，而是力求让检察官在承担追诉职责的过程中，能够始终坚守客观公正义务。[①] 因此，我们要从检察官客观义务出发，对认罪认罚从宽实践中的反向歧视进行源头防范。

（一）由“案件处理”到“案件查明”的定位转变

“中国刑事诉讼致力于追求案件事实真相和法律统一适用的基本价值取向不可能发生动摇，这是中国刑事诉讼制度的立足之本，也是刑事诉讼基本原则、权责配置等基本制度得以确立的基石。”[②]但检察机关对于认罪认罚从宽制度的期待，显然偏离查明案件事实的制度定位，检察官通过主导程序启动和提供量

---

① 参见韩旭：《检察官客观义务：从理论预设走向制度实践》，载《社会科学研究》2013 年第 3 期。

② 魏晓娜：《冲突与融合：认罪认罚从宽制度的本土化》，载《中外法学》2020 年第 5 期。

刑建议,实现对案件处理结果的控制。因此,为避免反向歧视,就要回归检察官的客观义务立场,将认罪认罚从宽制度定位由"案件处理"转变为"案件查明"。

《关于适用认罪认罚从宽制度的指导意见》指出,适用认罪认罚从宽制度应当坚持"以事实为根据,以法律为准绳"的证据裁判原则,这要求检察官应将被追诉人的认罪供述仅作为查明事实、发现真相的工具,进而对不认罪认罚行为报以足够的宽容。换言之,被追诉人自愿认罪认罚,因为给查明事实提供了便利,故可得到从轻、减轻的量刑优惠;不认罪认罚或者认罪认罚后反悔,未造成司法资源的额外浪费,故也不应受到比原本更为不利的后果。同时,要恪守控审权责配置边界。《刑事诉讼法》第 201 条赋予了检察官主张法官采纳量刑建议的权力,但也不能因此压缩法官的量刑裁量空间,过度追求量刑建议采纳率,否则极易导致不必要的抗诉和二审,反而阻碍了制度的效率价值的实现。

(二)由"权力主导"到"诉讼关照"的路径转变

当前的认罪认罚从宽实践体现出一种"权力主导"的思维路径,如学者所言:"认罪认罚从宽本质上是权力主导下的程序加速机制,是为缓解案多人少状况而对我国传统刑事诉讼模式的局部改造。"[①]检察官在这种"权力主导"理念的影响下,强调权力主体的办案效率和便利,不可避免地会对不认罪认罚的被追诉人产生反向歧视。因此,坚守检察官客观义务,要实现从"权力主导"到"诉讼关照"的路径转变。从本质上来讲,这种转变的核心意义在于尊重和保障被追诉人的诉讼权利,在检察职责范围内对辩护方给予必要的关照和协助。一是保障有效的控辩交往,通过搭建控辩对话平台,对被追诉人的辩解和表达给予充分回应;给被追诉人提供必要的律师辩护,预防不认罪案件中检察官对客观义务的背离。二是为辩护方取证提供协助,切实回应实践中辩护律师调查取证难的问题。三是在办案过程中对被追诉人进行详细的释法说理,有效避免屈从型认罪认罚的发生,这也能在一定程度上减少认罪认罚后反悔上诉的情况。

---

① 秦宗文:《认罪认罚从宽制度的效率实质及其实现机制》,载《华东政法大学学报》2017 年第 4 期。

(三)由"程序效率"到"权利供给"的目的转变

尽管从"案多人少"的现实困境来讲,重视认罪认罚从宽制度的程序效率无可厚非,但"认罪认罚从宽制度更强调犯罪人的认罪悔罪态度,更有利于其教育改造,实现预防再犯罪的刑罚目的"①,或者说"改革决策者的主要用意应是解决实践中被追诉人在认罪认罚的情况下实体权利供给不足的问题"②。因此,将程序效率作为被追诉人刑罚轻重的首要考量因素有违检察官的客观义务要求,应当明确认罪认罚从宽的权利属性,将其作为被追诉人的重要权利予以保障。

1. 保障被追诉人的认罪认罚选择权

质言之,被追诉人享有选择是否通过承认被指控罪名且接受被判处刑罚以获得从宽的权利,检察机关不能强迫其认罪认罚;被追诉人不认罪认罚或者反悔的,其不利后果也仅是得不到从宽奖励,而不应受到更严厉的惩罚。

2. 保障被追诉人的量刑知悉权

被告人反悔上诉的一个重要原因是搞不明白检察官的量刑建议是怎么来的,不知道认罪认罚对量刑有多大影响,所以总觉得可以再轻一点。因此检察官在量刑协商时有必要对量刑建议的理由或依据作详细说明。

3. 落实证据开示制度,保障认罪认罚自愿性

通过证据开示,保障被追诉人庭前卷证知悉权,让被追诉人清晰认知自己被指控的事实和依据,在此情况下的自愿认罪认罚可以有效打消"指控证据可能不足"的投机心理,减少投机型上诉。

五、审判中对认罪认罚从宽实践反向歧视的矫正方案

法院作为守护司法公正的最后一道防线,对认罪认罚从宽实践中的反向歧视承担识别与矫正职责。结合现有诉讼制度,可考虑建立从审前到判后、从个体调整到制度完善的多方位司法审判应对机制,确保审判实质化。

---

① 王爱立主编:《〈中华人民共和国刑事诉讼法〉修改与适用》,中国民主法制出版社 2019 年版,第 45 页。

② 左卫民:《认罪认罚何以从宽:误区与正解——反思效率优先的改革主张》,载《法学研究》2017 年第 3 期。

(一)审前:提高对反向歧视的辨识能力

1. 深化法官的自我监控,阻却反向歧视的偏见传递

审判活动中,法官的判断会在很大程度上受到检察官提供信息的影响,这在心理学上被称为"锚定效应"①。比如,法官对被取保候审的被告人往往比被逮捕的被告人判刑较轻,很大原因在于受到检察官对被告人社会危险性预判的影响。反向歧视是检察官对被告人内隐偏见的诉讼表达,法官受其影响会潜意识地对被告人形成有罪或罪重之"锚",进而忽视被告人的矛盾供述、无罪辩解等。因此,要深化法官自我监控,一方面强化证伪思维的运用,从反面消除影响心证的疑虑;另一方面降低口供的心理影响力,遵循先"由证到供"再"以供印证"的证据分类审查顺位,改变"以证印供"的证据判断逻辑。

2. 保障律师的有效参与,以控辩平衡促进反向歧视识别

充分保障被告人的律师辩护权,促成控辩双方平等,对于帮助法官及时发现诉前反向歧视具有重要作用。但是,当前认罪认罚案件的辩护律师参与率远低于不认罪案件,且值班律师制度面临着能否实现法律帮助的实质化争议。因此,我们不妨从法律援助的角度思考,适当扩大认罪认罚案件的援助律师参与度。具体而言,法官可以发现案件中的具体情形包括:(1)被告人的供述是否反复;(2)被告人对案件定性、量刑情节是否存在辩解;(3)被告人是单节事实还是多节事实;(4)犯罪事实简单还是复杂;(5)是否属于多人共同犯罪部分认罪认罚;(6)检察机关是否变更起诉;(7)是否存在量刑建议重新具结;等等。当法官发现上述一种或者几种情形进而判断有反向歧视风险时,便可据此指派援助律师。

(二)审中:建立识别反向歧视的梯次性庭审核查机制

无论是速裁程序、简易程序还是普通程序,认罪认罚案件在庭审方式上都与其他案件有所区别,表现为审理程序简化,重在审查认罪认罚的自愿性、真实

① "锚定效应",是指在不特定情境下,判断与决策的结果向最初信息的方向接近而产生估计偏差的现象。参见王晓庄、白学军:《判断与决策中的锚定效应》,载《心理科学进展》2009 年第 1 期。

性、合法性，定罪量刑关键事实、证据以及量刑适当性。由此，可以根据庭审重点建立识别反向歧视的梯次性庭审核查程序。

1. 关键事实核查程序

该程序以“事实核查 + 内心确信”排除法官对被告人非自愿认罪的怀疑。认罪认罚案件大多适用速裁程序，一般不进行法庭调查、法庭辩论，但要求法官在公诉人宣读起诉书后询问被告人对指控事实、证据的意见。因此，针对速裁程序（也包括简易程序）可在起诉书宣读完毕以后设置关键事实核查程序，由法官针对影响定罪量刑的关键事实、证据对控辩双方进行发问。同时，从庭审实践来看，法官的发问次序和方法会对审判产生重要影响。① 因此建议先由被告人简述事实经过、提出辩解等，再由公诉人对主要的事实、证据、案件疑点进行说明，并听取辩护人意见等。法官要重视庭审亲历性感受，观察被告人的当庭悔罪表现，从而准确判断被告人是否因受反向歧视非自愿认罪认罚。如果法官发现被告人对指控的犯罪事实不认可或者迟疑不定，便应作为疑点进一步调查，甚至考虑转换审理程序。

2. 认罪认罚核查程序

该程序以“开放式提问 + 多层次审查”验证被告人自愿性。刑事诉讼法要求法官审查认罪认罚的“三性”，但对于程序如何展开却没有明确规定。因此，可在法官核查关键事实的基础上，设立相对独立的认罪认罚核查程序。对于核查内容，建议法官由“是否”的封闭式提问改为“如何”“怎样”的开放式提问，达到实质审查目的。对于审查方式，建议多层次综合审查，具体包括：(1) 认知能力审查：被告人对法律规定的理解程度，包括罪行性质、法定刑期、认罪认罚的条件及法律效果等；(2) 知悉性审查：检察机关的权利告知方式、听取意见形式、是否进行证据开示及具体做法等；(3) 自愿性审查：被告人是否受到逼迫、威胁、引诱，是否存在大幅量刑让步、建议缓刑、宽容第三人等非公开允诺；(4) 律师帮助审查：律师何时提供帮助、提供了哪些帮助、帮助效果等；(5) 反悔审查：询问被告人是否申请撤回具结书及理由等。在上述核查过程中，必要时法官可以要

① 参见［德］阿克塞尔·文德勒、赫尔穆特·霍夫曼：《审判中询问的技巧与策略》，丁强、高莉译，中国政法大学出版社 2012 年版，第 32 页。

求出庭检察官进行说明。

3. 量刑建议核查程序

该程序以“精细说理 + 多边参与”评判量刑建议的适当性。认罚不等于刑罚适当,认罚而不从宽同样体现反向歧视。因此,在审查事实基础和自愿性问题后,应有专门的量刑适当性核查程序。在该程序中,重点就量刑情节有无遗漏、量刑协商过程是否规范以及量刑建议是否适当进行调查和辩论。法官首先要求检察官对量刑协商的过程、提出量刑建议的理由和依据、各个量刑情节的作用大小及合力效果等做详细说明;其次,听取被告人、辩护人的意见,并要求辩护人就量刑协商中未被检察机关采纳的异议之处重点发表意见;最后,根据被告人的犯罪事实、情节等,结合量刑指导意见综合判断量刑建议是否适当,并作出裁判。

(三)判后:被告人上诉案件的二审程序控制

如前实证分析所示,检察机关对认罪认罚被告人的上诉权的限制是反向歧视的突出表现,因此法院对待上诉的二审案件,要充分保障被告人的上诉权,防止反向歧视侵害被告人权利,同时要防止认罪认罚制度被滥用,节约司法资源。

1. 保障被告人的反悔上诉权

《刑事诉讼法》第 227 条第 3 款规定:“对被告人的上诉权,不得以任何借口加以剥夺。”我国实行二审终审,保障被告人上诉权有利于充分发挥二审程序的纠错功能,防止冤假错案,确保实现公正价值。因此,上诉权作为被告人的一项基本权利,在法律未作明文限制之前,应得到尊重与保障。

2. 对被告人单方反悔上诉案件的处理

认罪认罚案件的反悔上诉与制度的效率价值存在冲突,因此二审要权衡效率与公正,根据上诉案件的类型进行区别处理。借鉴学者的观点,根据上诉目的和动机可将上诉分为“违约性上诉”和“救济性上诉”。[①] 如果被告人是“违约性上诉”,如为了留所服刑、投机性上诉等,二审可以在提讯和书面审后直接裁

① 参见谢登科:《论认罪认罚案件被告人上诉权及其限定》,载《暨南学报(哲学社会科学版)》2022年第5期。

定驳回，提高诉讼效率。如果被告人是“救济性上诉”，法院应当根据情况进行全面审查：被告人对认罚反悔上诉，能够阐明合理上诉理由的，二审对案件中的自首、立功、退赃等量刑情节进行审查后予以维持或者依法改判；被告人对认罪反悔上诉，能够阐明合理上诉理由的，二审结合全案证据进行审查，必要时开庭审理，确保案件公正。需要说明的是，无论是何种上诉类型，都不应主张由检察机关抗诉，一方面是因为有违检察官客观义务和控审职责分工原则，另一方面是因为无论抗诉理由如何，都会对那些真心寻求上诉救济的被告人形成心理威慑，不利于实现司法公正。

3. 对被告人反悔上诉引发抗诉案件的处理

被告人反悔上诉案件中的抗诉缘由可能有三：一是发现原判事实、证据确有错误，或者量刑畸轻畸重而提出抗诉；二是一审判决未采纳检察机关量刑建议而提出抗诉；三是对被告人反悔上诉不满而提出抗诉。其中，第三种抗诉情形涉及对被告人的反向歧视。对此，二审应当坚持全面审查、客观裁判的立场，依照《刑事诉讼法》第236条的规定分别处理，不能仅因被告人上诉就认为一审判决确有错误、量刑不当而改判，也不能因为检察机关抗诉就在案件事实、证据没有变化的情况下，改判加重刑罚。

六、结语

立足于当下的实践样态，完善认罪认罚从宽制度是准确把握宽严相济刑事政策的应有之义。认罪认罚从宽实践中的反向歧视是超越罪刑法定原则的“抗拒从严”，有悖于刑事法治的宽容精神。通过探究认罪认罚从宽实践反向歧视的外在表征和内在机理，提出检察官客观义务立场下的源头防范思路和契合现有诉讼制度的审判应对策略，可以很好地回应司法实务之现实需求。

相对不起诉适用的瓶颈及其解决

梁利波*

摘要:相对不起诉是我国《刑事诉讼法》规定的一种制度,体现了起诉便宜主义的理念,有助于解决审判的讼累,同时快速修复社会关系,但由于法律修改增加的不确定性、追责机制的压力,致使检察官适用时相对保守和谨慎。但实践表明,扩大适用相对不起诉的比例,不但可行,而且可以实现提高诉讼效率的目的,同时有助于正义的及时实现。

关键词:相对不起诉　审判　程序

一、相对不起诉概说

相对不起诉规定见于我国《刑事诉讼法》第177条第2款的规定:对于犯罪情节轻微,依照刑法不需要判处刑罚或者免除刑罚的,人民检察院可以作出不起诉决定。这是司法便宜主义的体现,是司法为民的体现。理论通说认为,适用相对不起诉不仅要求"不需要判处刑罚或者免除刑罚",还要求犯罪情节轻微,要综合考量犯罪嫌疑人的年龄、一贯表现、犯罪目的和动机、犯罪手段、犯罪后果、悔罪表现等方面才能作出不起诉的决定,犯罪情节轻微是考虑不起诉的前提条件。①

---

* 男,河南汝州人,法学博士,现为河南财经政法大学刑事司法学院讲师。

① 参见陈光中:《刑事诉讼法》,北京大学出版社、高等教育出版社2013年版。

在诉讼过程中,对一些犯罪事实清楚、证据确凿充分、社会危害性不大的案件作出不起诉处理,是“努力让人民群众在每一个司法案件中都感受到公平正义”的最好诠释。而实践中,相对不起诉适用的相对少,未充分发挥检察官自由裁量权,未在检察环节体现对案件的分流作用。在司法改革之前,我国司法实务中程序僵化机械,司法工作人员谨小慎微,案件堆积如山,人民视司法为畏途,公平正义经常是迟到的“差等生”。鉴于此,我国进行了司法改革,公安机关、检察机关和审判机关都有相应的动作,所达成的共识和通行的做法是通过信息化或者资源整合,加快司法机器的运转,以图更快地消化案件,实现公平正义。然而,这仍然无法从根本上解决积案问题,反而使案件更快、更多地输送到法官面前。超期审理、超期羁押的问题非但未从根本上予以解决,反而产生了新问题,不利于提高群众对司法的信任,难以增强司法公信力。这就需要认真检讨我们的司法制度,寻求合理化的解决方案。其中,检察机关适当扩大相对不起诉的适用范围和数量是笔者认为的比较好的途径。

二、相对不起诉的正当性

检察官代表国家对刑事犯罪提起诉讼,具有自主决定是否对案件进行起诉的权力。检察官代表的是国家意志,既然是意志,就具有思考和决定的自由。基于一定的考虑,不必一定要把案件推到法庭之上,而是在审查案件之后,觉得没有必要提起诉讼或者没有必要进入庭审程序,让诉讼得以中止或终止,这是起诉便宜主义的合理性所在。联合国公布的《关于检察官作用的准则》第 18 条明确指出:检察官应在充分尊重嫌疑人或者受害者的人权的基础上适当考虑免予起诉,有条件或无条件地中止诉讼程序,或使某些刑事案件从正规的司法系属转由其他办法处理,可以避免受到审前拘留、起诉和定罪的污名以及避免监禁带来的不利后果。这是当前世界上检察官自由裁量权的重要渊源,也是对检察官拥有自由裁量权所达成的共识。

通过法制史可以表明,刑事案件的诉前解决从来都不是禁区,甚至在讲究诉讼效率的当今,很多国家的检察官会自主决定案件是否要提交法庭裁决。即使在古代中国,刑事案件的诉前解决,也往往因为维护公众情感或者共同伦理,被社会一般人所接受。基于对公共利益或者出于对统治阶级利益的考量,有时也会将刑事案件解决于法庭之外。贾谊曾言:“约法省刑,以持其后,使天下之人皆得自新,更节修行,各慎其身。”[①]省刑而不追究,给民众以自新和自修的机会,是当时治理国家的策略,这一策略被汉文帝采纳后成为当时的刑事政策。自20世纪初伊始,刑罚的目的刑理论取代了报应刑理论,检察官的自由裁量权也得以顺势扩张,起诉便宜主义逐渐被世界各国所公认。在刑事案件中,依照不同情势,或者出于不同原因,不予将犯罪事实提交法庭,不仅有益于个案的解决,更有益于社会道德的维护、公众情感的尊重,以及公共秩序的运转。同时,法律的权威性并不因此而丧失或贬损。

审判是对刑事案件的最后裁判,是案件的最后一道工序,但是,对案件的处理从来不是自动流水线式的工作,检察官也不是单纯的案件传送带,该处理是一个动态立体的过程。侦查机关可以在事实不清楚、证据不齐备的情况下撤案,甚至因为种种条件不足而不予立案,那么,基于同样的原因,检察机关也完全可以基于同样的理由,以公正和效率为出发点,将一些社会危害性不大,明显可能处以轻缓刑罚的案件预先处理,没有必要将所有的案件都传输到法庭之上。在案件的前端,在侦查机关将案件移送检察院后,如果证据不充分,检察官可以要求侦查机关补充材料,如果无法确认存在犯罪事实,也可以将卷宗退回侦查机关,而不提起诉讼。同样地,在案件的后端,检察官也可以不将案件起诉。将案件100%传送到法庭之上,既不科学也不实际。一起刑事案件移送检察机关审查起诉后,检察机关在审查终结前,可以依法追诉漏犯漏罪;在审查终结后可以根据情况依法提起公诉或者作出不起诉;在法院作出判决后,认为审理不公正时还可以提出抗诉。

也有学者质疑相对不起诉工作的正当性,认为相对不起诉工作违背了无罪推定的原则,是对法院审判权的剥夺,也是对被害人权益的损害。[②] 但这种观点忽视了司法程序的过滤功能,这种功能在侦、诉、审三阶段都可以存在,审判只是这种功能体现最充分的一道工序而已。

---

① 《新书·过秦论中》。

② 参见徐莹:《相对不起诉制度质疑》,载《哈尔滨学院学报》2009年第9期。

三、相对不起诉面临的困境

一方面，员额制改革后，能独立办案的法官数量大为减少；另一方面，司法改革要求庭审实质化，从而又使开庭成为法官的必要功课，时间被大量占用。我国80%的法院是县（县级市、区）一级的基层人民法院，案件的80%也在基层人民法院。据统计，"深圳福田、重庆江北、广州越秀、杭州萧山、成都金牛、南京江宁、北京西城等经济发达的区一级法院，2018年人均办案数超过400件。广州越秀区人民法院达到545件，重庆江北区人民法院达到619件，深圳福田达到949件"①。这就意味着，法官每天都要写一个以上的判决，甚至一天要写三份判决。即使是在相对偏远和经济落后的县级法院，如"四川蓬安、湖南安化、安徽休宁、黑龙江萝北等县级人民法院，人均年办案数也在150件，最少的是广西全州法院，年办案数也在88件"②。

同时，检察官可能难以发挥对案件的过滤作用，导致侦查终结的案件直通审判席，种种问题累积叠加，使庭审实质化很难落到实处，司法资源运转低效，人民群众对司法的需求得不到满足。究言之，审判面临如下难题：

第一，流水作业线带来的案件堰塞湖。正是因为检察机关的相对保守，对于接收的侦查机关移送的卷宗几乎照单全送，把大部分的案件都交到法院，才导致堰塞湖的出现。依照现有的司法改革，案件运转速度越快，公诉部门办案效率越高，法院收到的案件也越多。在法院刑庭既定人、财、物资源不变，或者没有重大突破之前，案件将会堆积如山。

第二，庭审实质化的背离。审判是司法流程中最重要的一个环节。证据需要开示和质证，控辩双方需要辩论，法官需要亲历这一过程，否则就不是完整意义上的审判。在司法信息化加快的时代，侦查、公诉、审判三个环节更容易实现无缝对接，案件以加速度的方式流向法院。而法官是有限的，法官思考和处理案件的时间也是有限的。员额制改革之后，能够独立办案的法官数量又大幅度

---

① 马世忠主编：《司法体制综合配套改革中重大风险防范与化解——全国法院第31届学术讨论会获奖论文集》（上），人民法院出版社2020年版。

② 马世忠主编：《司法体制综合配套改革中重大风险防范与化解——全国法院第31届学术讨论会获奖论文集》（上），人民法院出版社2020年版。

下降,无限多的案件面对有限的处理能力,必然导致案件无法精雕细琢,庭审就只能是“花瓶”,庭审实质化也就是“镜中月水中花”。

第三,相对不起诉是以审判为中心的诉讼制度的一部分。司法改革不是以法院为中心的诉讼制度的改革,而是以审判为中心的改革。公检法在诉讼过程中,都可以根据自己的职权和经验进行实体和程序上的自主评判。在检察环节作相对不起诉,实现繁简分流,使司法流程更为快速高效便捷,从而使检察院和法院可以腾出精力用于庭审实质化。一旦起诉到法院后,诉讼周期长,判决结果轻,使人民群众进行无谓的等待,迟来的正义是变质的正义,也就不是能满足群众需要的正义。

四、目前相对不起诉的困境及原因

相对不起诉可以使一部分案件消化在诉讼途中,使正义及时实现,这是检察机关的正当权力,然而,这项权力运用得并不充分。

第一,检察机关及其办案人员对 1996 年修改《刑事诉讼法》时取消免予起诉权心有余悸。1996 年 3 月 17 日第八届全国人民代表大会第四次会议通过《关于修改〈中华人民共和国刑事诉讼法〉的决定》,取消了检察机关行使已久的免予起诉权,并以“相对不起诉权”取而代之。与免予起诉一样,相对不起诉的最终处理结果也是不起诉。然而,当时《刑事诉讼法》的修改,毕竟是对检察官自由裁量权的限缩,其背景是,在检察官法律素养普遍不高的时代,不起诉的滥用和恣意,使大量同罪不同罚的现象存在,不利于实现司法公正。既然《刑事诉讼法》的修改取消了绝对免予起诉权,那么在这种趋势的推动下,相对不起诉的适用势必会受到严重障碍。

第二,工作考评机制的束缚。多年以来,无论是公安机关、审判机关还是检察机关,都以绩效考核为样本,制定了量化考评机制,而这些考评机制的存在,无一例外都具有重刑主义倾向,当然,重刑主义不仅存在于我国刑事立法和刑事司法中,其他国家刑事立法也普遍存在这种情况。“美国自 20 世纪 70 年代以来始终处于大规模监禁造成的‘监狱国’的阴影之中。大规模监禁在美国呈现出州别差异、种族差异和性别差异等特点,且对被监禁人、其家庭、所处社区以及美国社会造成了重大的不利影响。”①自20世纪司法各机关重建以来，工作人员的专业性得不到保证，因此，在绝对不起诉滥用的年代，防范司法工作人员徇私舞弊，任意出入人罪，就成了司法工作的急迫要求。为了防止办案单位宽纵犯罪，检察机关自缚手脚，运用这项权力时不仅不从容，反而有很大的压力。为了避免无端怀疑，从而为自己招来操守上的风险，检察官更倾向于将案件向法院一送了之，这也是在轻罪尤其是危险驾驶罪中出现大量轻刑、缓刑乃至免刑判决的主要原因。

第三，人大、政法委等机关评查案件的压力。从自身职权出发，人大和政法委对案件进行年度评查或专项评查，是履行职责的应有之义，是对案件进行监督的良好方式，但是评查时也往往把相对不起诉案件列为重点内容，使检察官更倾向于将卷宗向法院一送了事。而实际上，无论是检察机关的考评机制，还是人大、政法委等机关的监督检查，不起诉案件向来就是检查中关注的重点，大到事实证据，小到标点符号，乃至每一起案件背后是否存在影响公正的因素，对相对不起诉处理的案件审视事无巨细，承办人员动辄得咎，导致承办案件检察官适用相对不起诉的意愿极其低下。

第四，相对不起诉在适用时要求严格、程序繁琐、责任重大，也往往让公诉人缺乏适用相对不起诉的动力。在办案人员员额制改革后，正常情况下需要起诉到法院的案件，承办人可以自行决定，不需要检察长或检委会决定，除非存在法律适用上的疑难问题，一般也不需要召集其他人以检察官联席会议等方式进行讨论。而适用相对不起诉，则需要经过相应的一系列内部程序，尤其是报请检委会决定时，从汇报到接受询问，再到表态投票，程序之复杂不亚于庭审，检察官往往视之为畏途。

如此复杂的程序，目的是保证相对不起诉案件的质量，确保宽而不纵，最大限度地实现公平和正义。然而，程序如果过于复杂和严苛，不仅需要检察官投入精力，而且在检察环节拉长了诉讼时间，等于把法院的工作提前位移到了检察院。相比起诉到法院，工作量显然增加了许多。在没有外部力量的推动之

---

① 赵希：《重刑主义的教训：美国大规模监禁的源流、反思与启示》，载《刑事法评论》2020年第1期。

下,承办检察官很有可能选择起诉。

第五,相对不起诉工作与司法行政工作衔接不畅。相对不起诉后,要对被不起诉人施加相应的非刑罚措施。相对不起诉后的执行和监督工作,除了训诫可由检察机关自行实施外,被不起诉人在社会中的活动还有赖于司法行政机关、公安机关的配合。否则,被不起诉人失去监管,对其进行考察就会形同虚设,不起诉工作就从相对回到了绝对状态。司法行政机关主导的社区矫正与法院的审判工作直接对接,有相应的法律规定和操作规范,而检察机关与司法行政机关之间并无这些规范可供遵循。司法行政机关的配合跟不上,导致相对不起诉工作落地困难。

五、相对不起诉的制度优势

第一,以审判为中心不是简单地以法院为中心。不能把“以审判为中心”简单地理解为以法院为中心。“以审判为中心”不是以法院为中心,更不是以法官为中心,而是侦、诉、审三方都要围绕法庭审理,以法律规定、庭审要求的证据标准收集、审查、判定证据和事实,并在此基础上作出合乎法律规定的处理决定。司法改革不是以法院为中心的诉讼制度改革,而是以审判为中心的改革。按照这一要求,侦查是审判的准备,起诉是审判的开启,庭审是审判的本质,执行是审判的落实。检察机关应当充分发挥审前主导和过滤作用,依照“庭审”要求的标准审查、判定证据和事实,并作出最终的处理决定,而不是所有的案件都要进入审判程序。相对不起诉是以审判为中心的诉讼制度的一部分而不是破坏之。因此,可诉可不诉的,完全可以径行做相对不起诉。

第二,依法、规范、大胆适用相对不起诉的制度。它符合人权保障的司法理念,符合国际上轻缓化的刑事政策变化趋势,符合我国检察机关的职能定位,符合司法体制改革的现实要求。有利于修复社会关系,减少社会对立面,改造犯罪分子,实现案件公正,优化司法资源配置。

第三,对少捕慎诉慎押理念的回应。基于人道主义以及企业家保护的要求,最高人民检察院提出了少捕慎诉慎押的理念。“司法实践中,少捕慎诉慎押刑事司法政策出台很及时,落实得也很好,能够修复社会关系,减少社会对抗,增加了司法温度，是一项针对性很强、符合时代需求和人民需要的好政策。”[①]那就意味着非羁押诉讼即直诉的范围和数量应当扩大和增加。直诉是在被告人未被羁押的情况下由检察机关直接起诉到法院。相对不起诉正是对慎诉的直接回应。犯罪情节轻微的案件不需要羁押，同样地，也不需要将每起案件都起诉到法院。诉就意味着判决，而且是绝大多数情况下的有罪判决，犯罪记录给被告人及其后代带来的不仅是人格的羞辱，更可能是就业、升学、提干、入党诸方面或明或隐的限制，无形中会增加社会的不稳定因素。公诉部门思想保守，每年相对不起诉的案件占案件总数不到3%，而起诉后判决缓免刑、轻刑的占案件总数的60%—70%。相对不起诉同样是刑事诉讼中的一个步骤，对可能判处缓刑、轻刑的案件进行非羁押不起诉，与非羁押诉讼相比会给社会带来更多的正向价值。

六、相对不起诉的探讨与实践

2016年以来，平顶山市检察机关牢牢把握公诉这一检察机关的核心和标志性职能，认为不起诉是公诉裁量权的应有之义。在适用相对不起诉上积极思考，探索创新。通过大胆构建依法适用相对不起诉新型工作机制，重塑检察机关的核心标志职能，积极参与社会治理，推动整体公诉工作持续健康发展。

为依法稳妥适当扩大相对不起诉，平顶山市人民检察院公诉局明确了相对不起诉“公开公正办理，教育挽救改造”的适用原则，并确定5个基层人民检察院作为试点单位先行进行探索。宝丰县人民检察院积极探索相对不起诉与社区矫正衔接机制，对犯罪情节轻微的犯罪嫌疑人，先委托司法行政部门进行社会调查，然后根据案件情节，结合社会调查情况，决定是否适用相对不起诉。湛河区人民检察院积极探索相对不起诉非刑罚处罚工作机制，对作出相对不起诉的犯罪人实施训诫、责令具结悔过、赔礼道歉等非刑罚处罚措施，真正体现罪责刑相一致。叶县人民检察院积极探索认罪认罚工作机制，将受理的审查起诉案件繁简分流，对于情节轻微、法定刑在3年以下，犯罪嫌疑人又认罪认罚，人身危险性和社会危险性不大的，依法作出相对不起诉。新华区人民检察院积极探

① 邱春艳、韩兵：《最大限度减少和转化社会对立面》，载《检察日报》2022年3月8日，第1版。

索律师参与相对不起诉工作机制，对律师提出相对不起诉建议的轻微刑事案件，认真听取意见，主动调查、收集相关证据。符合法律规定的，依法作出相对不起诉后，再委托司法行政部门、辩护律师对其进行帮扶教育，促使其真正改过自新。汝州市人民检察院积极探索“三诉”工作机制，根据案件情况，依法灵活运用追诉权、不起诉权和抗诉权，实现不起诉与追诉、抗诉工作的整体协调发展。

经过谨慎试行，近年来，试点检察院办理相对不起诉案件取得了良好的社会效果和法律效果。五个试点检察院适用相对不起诉案件人数由 2015 年的 36 人上升到 2017 年的 156 人，所占审结案件数的比例也由 2.1% 提高到 4.41%。而且，在这些案件中无一信访，无一重新犯罪，取得了较好的政治效果、法律效果和社会效果。

其中，宝丰县人民检察院共办理相对不起诉案件 12 件，涉及 12 人，这些被不起诉人纳入社区矫正平台接受社区矫正后，均表现良好，无一重新犯罪。湛河区人民检察院先后对 21 名被不起诉人实施了非刑罚处罚，强化对被不起诉人的帮教和管理，进一步规范不起诉案件的办理，在化解矛盾冲突、修复社会关系方面取得良好的成效，得到党委、人大、当事人双方及社会各界的广泛好评。汝州市人民检察院自 2015 年以来，共办理不起诉案件 53 件，涉及 67 人，没有一起涉检信访案件和重新犯罪案件，最大限度地化解了社会矛盾，实现了法律效果与社会效果的有机统一。

检察机关的探索是积极的，目前也由探索阶段到了全面适用的阶段，各检察机关也都出台了相应的文件来扩大对相对不起诉的适用，但仍然存在适用率偏低的问题，原因是多方面的。审查起诉工作的核心是起诉，起诉是原则，不起诉是例外，这一点不能动摇。另外，烦琐的不起诉工作程序，有待改进的追责机制仍然是承办检察官适用相对不起诉的制约因素。同时，扫黑除恶、“扫黄打非”以及对未成年人的保护等规范性文件的出台和一些专项斗争的持续进行，也客观地使许多相对不起诉工作缺乏适用的前提。诚然，科学适用相对不起诉是司法应有的态度，不能把扩大适用作为目的，否则就会在审查起诉工作中出现新的问题。

公安机关变更逮捕决定案件的法律监督

黄海波*

摘要:公安机关变更逮捕决定是指犯罪嫌疑人被检察机关批准逮捕后,犯罪嫌疑人出现不适宜继续羁押或者没有逮捕社会危险性的情况,公安机关变更逮捕决定的行为。公安机关变更逮捕决定存有变更程序不规范、伤及程序公正、难以有效监督等问题,因而有加强法律监督的必要,需要在实践的基础上实现对逮捕条件变化的动态审查,讲求监督审查的方法,听取被害人意见,保障犯罪嫌疑人的变更请求权,以确保有效监督和公平正义。

关键词:变更　逮捕　社会危险性　取保候审

作为一种临时性、预防性的羁押手段,逮捕措施从来就不具有有罪推定的暗示或者刑罚预支的功能。但是,在我国逮捕、羁押制度同一的诉讼环境下,逮捕所导致的长期羁押削弱甚至剥夺了逮捕的人权保障和程序保障价值而异化为单纯的打击犯罪工具。只有保持对逮捕措施的动态审查,根据犯罪嫌疑人涉案情况尤其是社会危险性条件的变化,适时终止对被追诉人的人身羁押而让其回归社会,才能真正落实现代刑事诉讼制度大力弘扬的人权保障理念。

公安机关变更逮捕决定是指犯罪嫌疑人被检察机关批准逮捕后,犯罪嫌疑人出现不适宜继续羁押或者没有逮捕社会危险性的情况,公安机关变更逮捕决

---

* 男,江西定南人,法学博士,中国人民大学和国家检察官学院联合培养2016级博士后研究人员,现任广东省深圳市人民检察院法律政策研究室主任。

定(一般变更为取保候审措施)的行为。公安机关将逮捕措施变更为取保候审的最主要依据是认为犯罪嫌疑人没有社会危险性。《刑事诉讼法》第 96 条规定:“人民法院、人民检察院和公安机关如果发现对犯罪嫌疑人、被告人采取强制措施不当的,应当及时撤销或者变更。公安机关释放被逮捕的人或者变更逮捕措施的,应当通知原批准的人民检察院。”根据该条规定,公安机关具有将逮捕决定变更为取保候审的权力,无须事先报送审查批准仅需事后通知,这极大地破坏逮捕权结构的稳定性和决定的权威性。如何确立逮捕羁押社会危险性审查的司法性和专属性,加强对公安机关变更逮捕措施自行决定权的监督制约,正确履行侦查监督职能,是检察机关必须面对的现实课题。

一、公安机关变更逮捕决定案件的法律监督的必要性

(一)公安机关变更逮捕决定案件的现存问题

1. 变更程序不规范

逮捕制度的设置初衷是防范被追诉人可能存在的犯罪危险,保证诉讼程序的正常流转。为防止逮捕措施过度伤及被追诉人权利,法律设定了严格而缜密的事实证据条件、刑罚条件和社会危险性条件来限定逮捕措施的适用。易言之,检察机关作出批准逮捕的判断和决定是在慎重审查事实和证据的基础上进行的,但公安机关变更逮捕措施缺乏程序条件的限制。《刑事诉讼法》第 96 条规定,公安机关释放被逮捕的人或者变更逮捕措施的,应当通知原批准的人民检察院。但是,由于法律规定不周延,对何为“采取强制措施不当”、通知检察机关的时间及通知的方式,尤其是公安机关得出“采取强制措施不当”结论的依据等没有进行解释,也没有规定不通知或者不及时通知的后果,更没有规定检察机关是否有权监督以及如何监督,公安机关仅需要按照内部行政化审批流程即可完成变更程序,存在着变更随意、不规范等问题。例如,在成某、利某某等 7 人寻衅滋事案中,成某等 7 人系某公司同事,在深圳市某酒店聚餐时,与服务人员发生口角进而引发打斗,致一人轻伤、两人轻微伤,酒店财物损失数万元。由于事实清楚证据充分,双方矛盾激化没有达成和解,检察机关以涉嫌寻衅滋事罪批准逮捕 7 名犯罪嫌疑人,但公安机关在事实证据没有发生变化的情况下,

在批准逮捕后的第二天即将7名犯罪嫌疑人的强制措施变更为取保候审并予以释放,公安机关电话通知检察机关的理由是采取取保候审不致发生社会危险性,但对7名犯罪嫌疑人取保候审的理由没有具体描述,更没有提供相关证据予以证明,甚至怠于书面通知。基于同一个案件的事实证据,公安机关一方面可以依职权提请检察机关批准逮捕,另一方面又可以依职权随意变更逮捕决定,检察机关还缺乏明确的法律依据进行监督和纠正,这无疑不利于法律的统一实施和司法权威的树立。

2. 可能伤及程序公正

"检察官连接着警方侦查和法庭裁判这两端,有影响这一进程中的每一个决定的权力。总之,他们的自主决断构成一种重要的公共政策形式,决定着无数个体的命运,而且这些决定是在未被大众察觉的情况下做出的。"①检察机关作为法律监督机关,通过行使审查逮捕权对公安机关侦查活动进行监督制约就是履行职能的重要内容之一,这完全符合对侦查权的权力制约原则。而逮捕决定一旦作出,在很大程度上意味着国家对被追诉人行为的否定性评价并给被追诉人带来被羁押的后果,且将引发后续一系列追究刑事责任的司法程序。但是,公安机关仅仅通过行政审查就推翻检察机关的逮捕决定,用本属逮捕条件之一的社会危险性条件否定逮捕决定,使行政权越位于检察权之上,侦查权架空逮捕权,有损司法尊严。从权力法定和权力制衡原则来看,逮捕权专属于检察机关所有,检察机关根据逮捕的条件决定是否逮捕;提请批准逮捕权和执行逮捕权属于侦查机关所有,其他机关无权介入。但是,公安机关以检察机关已经充分考量的社会危险性条件为由,对检察机关的逮捕决定予以变更实则就是撤销逮捕,形成了行政权侵蚀司法权,行政权推翻司法权的异常局面,严重违反了分权制衡原则。逮捕作为一种司法属性明显的诉讼活动,其决定的作出必须十分慎重,但一旦决定,非经法定程序不可轻易推翻。公安机关作为逮捕决定的执行者,在执行的过程中又变更推翻了执行的标的和根据,严重违背权力行使的法定性和统一性。实践中存在的侦查机关变更逮捕决定后不通知检察机

---

① [美]艾瑞克·卢拉、[英]玛丽安·L.韦德主编:《跨国视角下的检察官》,杨先德译,法律出版社2016年版,第3页。

关、通知时间滞后、通知方式随意、不解释变更理由、变更理由勉强等问题,使变更的程序公正性遭到质疑。同时,由于法律对变更逮捕措施的规定过于概括,为权力滥用和司法腐败留下较大的制度漏洞,同样伤及司法权威。

3. 缺乏有效监督

按照权力行使的基本原理,权力行使者对作出的决定和后果承担责任。批准逮捕权作为检察机关最重要的程序性决定权之一,检察机关理应对逮捕权的执行进行跟踪监督,对捕后案件的事实证据和社会危险性等条件有无变化及变化大小、变化原因必须了然于胸,因此刑事诉讼法规定公安机关对检察机关的批准逮捕决定应当立即执行,并且将执行情况及时通知人民检察院。但是,由于案多人少矛盾突出,检察机关的司法资源捉襟见肘,后续监督、跟踪监督意识和能力较弱,无法或者怠于行使对公安机关变更逮捕措施的监督权。此外,虽然法律搭建了侦查活动监督制度的框架,但对检察机关监督侦查活动的赋权过于原则、粗糙,不够细化。就变更逮捕程序的监督而言,检察机关没有判断公安机关变更程序是否合法的权力,没有对错误变更程序的强制纠正权,亦没有对违法变更者追究责任的实质处分权,致使其对变更逮捕决定的监督有心无力。因此,囿于监督方式有限、监督刚性不足,仅凭事后的检察建议书、纠正违法通知书、侦查活动通知书等后置式、文书式监督方法,检察机关制约公安机关变更逮捕措施力不从心。

(二)强化变更逮捕决定案件法律监督的诉讼价值

侦查监督是人民检察院对刑事诉讼活动实行法律监督的重要组成部分,专指人民检察院依法对侦查机关的侦查活动是否合法进行的法律监督。① 侦查监督工作的内容涵盖刑事立案监督、审查批准逮捕和侦查活动监督三大主题,其中对侦查机关决定、变更、执行、解除强制措施是否正确和合法进行监督是强化侦查活动监督工作的重要内容。

1. 符合权力制衡和权力救济原则

创设检察官制度的另外一项重要的功能,在于以一受严格法律训练及法律

---

① 参见龙宗智、杨建广主编:《刑事诉讼法》,高等教育出版社 2003 年版,第 273 页。

拘束之公正客观的官署，控制警察活动的合法性，摆脱警察国家的梦魇。[①] 基于对侦查机关以打击犯罪之名行滥用权力之实的高度警惕和获得的惨痛教训，由检察机关来监督侦查机关即检察权控制侦查权是各国检察制度的设立初衷。从历史发展的脉络来看，检察权制衡侦查权的趋势越来越严，表现为检察机关对侦查机关立案、取证、强制措施等侦查程序的严格监督和控制。审查逮捕权的行使过程不仅是检察机关考量是否适用逮捕措施的过程，也是监督侦查机关侦查行为是否合法的过程。检察机关全面审查事实证据和社会危险性证据，权衡必要性条件后作出的每一个逮捕决定都是慎之又慎的。而侦查机关以没有社会危险性为主要理由自行变更检察机关的逮捕决定，它不仅否认了逮捕决定本身，而且否认了检察权对侦查权的制约。因此，必须对侦查机关这种无须批准而直接变更逮捕权的行为进行监督和纠正。

有权力必有救济是社会公平正义的基本内容。随着刑事诉讼进程的延展，随之发生的事实、证据变化可能导致诉讼程序的分流或者终止。逮捕权也是如此，一旦逮捕的条件发生变化，可能导致逮捕的理由无效。但是，批准逮捕决定是在审查公安机关提请事由基础上作出的，无论如何不应由公安机关以社会危险性为由把持变更逮捕措施的权力，否则将会弱化、虚化批准逮捕权。这种侦查权推翻逮捕权甚至凌驾于检察权之上的局面，严重损害国家机关分权制衡观念和互相制约原则，破坏司法权威和公信力。因此，检察机关监督公安机关变更逮捕程序，符合权力行使和救济原则的本义。

按照强制措施的变更性原则，“任何强制措施，随着诉讼的进程和案情的变化，要及时变更或解除”[②]。适时变更和解除强制措施，恢复被羁押犯罪嫌疑人、被告人人身自由，是对人权保障原则的修复，但按照强制措施司法审查原则，无论是强制措施的适用，还是强制措施的变更或解除，都应当由司法机关依当事人申请或者依职权来审查决定。在我国，逮捕决定权由检察机关行使，从权力结构的完整性来看，涉及逮捕羁押的变更权、撤销权和解除权显然都应当归属于检察机关。

---

① 参见林钰雄：《检察官论》，台北，学林文化事业有限公司2000年版，第15页。

② 郭烁：《刑事强制措施体系研究——以非羁押性强制措施为重点》，中国法制出版社2013年版，第63页。

2. 符合程序正义理念

基于无罪推定原则，羁押应当是一个例外，而不是一种常态。因为强制措施直接限制或剥夺犯罪嫌疑人、被告人的人身自由，它使一个在法律上处于无罪地位的公民丧失或者是基本丧失从事正常社会活动的必要条件。[①] 现代国家普遍认为审判前的羁押只是一种例外的程序上的预防性措施，以避免法律上无罪的人承受有罪处罚的待遇。[②] 由于变更逮捕措施程序已异化为公安机关执法办案的内部行政化流程，可能导致权力的滥用或者误用，因此加强包括检察监督在内的外部制约是维护人权和程序正义的必然要求。

刑事诉讼法虽然保留了公安机关变更逮捕措施的权力，但又确立了检察机关对捕后羁押实施必要性审查新制度，进一步拓宽了法律监督的范围，从而建立了对捕后羁押必要性进行主动审查和被动审查的双重审查制度，检察机关既可以自行启动审查程序，也可以根据申请或者告知而进行审查。加强对公安机关变更逮捕程序的制约，遏制诉讼流程异常分流，保护侦查监督职能尤其是批准逮捕职能不被虚化，将这一关乎公民自由和司法公正的变更程序纳入侦查监督的视野，不仅可以防止逮捕程序失灵，防范司法不公，而且可以保护公民权利，维护程序尊严。

二、公安机关变更逮捕决定案件的法律监督的设计

由于法律框架基本固定，为保障诉讼公正、提高诉讼效率而进行的种种司法探索总是困难重重，可谓“戴着镣铐跳舞”。以公安机关捕后变更逮捕措施程序为例，一方面，法律赋予了公安机关几乎不受检察机关限制的自行变更权，但又存在巨大的司法风险；另一方面，检察机关加强对变更逮捕措施程序的监督完全符合正义和职能的要求，但又缺乏监督的适时性和有效性。

鉴于此，检察机关应当立足工作实际，基于刑事检察部门的侦查监督职能，探索建立公安机关捕后变更为取保候审案件的侦查监督制度，力图实现依法打击犯罪和保障公民权益的平衡。

---

① 参见龙宗智主编：《徘徊于传统与现代之间：中国刑事诉讼法再修改研究》，法律出版社 2005 年版，第 158 页。

② 参见孙长永：《侦查程序与人权——比较法考察》，中国方正出版社 2000 年版，第 192 页。

应当制定公安机关变更逮捕决定案件的备案审查制度，明确公安机关变更逮捕决定案件报送检察机关备案审查的程序，确保合法、规范、文明办案，探索将以社会危险性为中心的公安机关变更逮捕措施案件全面纳入法律监督的视野，为强化捕后变更逮捕决定案件的监督提供观察和实践样本。

公安机关变更逮捕决定案件的法律监督机制的主要内容应当包括以下几个方面。

1. 要明确备案审查案件的范围。备案审查的案件是公安机关变更逮捕决定的案件，即犯罪嫌疑人被检察机关批准逮捕后，犯罪嫌疑人出现不适宜继续羁押或者没有羁押必要的情况（主要是公安机关认为无社会危险性的案件），由公安机关依法将逮捕措施变更为取保候审或者监视居住等其他强制措施的案件。

2. 要明确公安机关变更逮捕决定的原则。对于已经批准逮捕的犯罪嫌疑人，在案件事实、证据或者其他情节没有发生重大变化的情况下，公安机关变更逮捕措施应当合法、慎重、规范，必须坚持严格审查、严格把关、依法变更的原则，阐明犯罪嫌疑人没有社会危险性的理由和根据，确保变更强制措施后犯罪嫌疑人不致产生社会危险性，确保刑事诉讼顺利进行。

3. 要明确公安机关变更逮捕决定的条件。在不妨害刑事诉讼正常进行的情况下，被逮捕的犯罪嫌疑人必须具备规定的以下社会危险性条件之一，公安机关才可以将强制措施变更为取保候审或监视居住，包括：(1)可能判处管制、拘役或者独立适用附加刑的；(2)可能判处3年以下有期徒刑，采取取保候审或者监视居住措施不致发生社会危险的；(3)捕后案情、证据发生变化，没有继续羁押必要的；(4)患有严重疾病、生活不能自理的；(5)系生活不能自理的人的唯一抚养人的；(6)怀孕或者正在哺乳自己婴儿的妇女；(7)没有社会危险性或者社会危险性较小的未成年犯罪嫌疑人或者60周岁以上老年犯罪嫌疑人；(8)符合刑事诉讼法规定，犯罪嫌疑人、被告人真诚悔罪，通过向被害人赔偿损失、赔礼道歉等方式获得被害人谅解，被害人自愿和解，双方达成刑事和解并履行完毕的轻微刑事案件；(9)其他采取取保候审或者监视居住不致发生社会危险性、不致影响诉讼顺利进行的情形。但是，对累犯，犯罪集团主犯，以自伤、自残办法逃避侦查的犯罪嫌疑人，危害国家安全的犯罪、严重暴力犯罪以及其他严重犯罪的犯罪嫌疑人，一般不得在逮捕后变更强制措施。

4. 要明确检察机关对变更逮捕决定案件的审查程序。公安机关在变更强制措施之后，应当在 3 日内以书面形式将变更的原因及相关证明材料报送作出批准逮捕决定的检察机关侦查监督部门备案审查。侦查监督部门在审查后同意变更强制措施的，应在作出决定后 3 日内以书面形式通知公安机关办案部门；在审查后不同意变更强制措施的，应以书面形式通知公安机关在 7 日内纠正，公安机关在收到纠正意见后应在 3 日内执行，并将执行情况反馈至侦查监督部门。

5. 要明确检察机关对变更逮捕决定案件的监督程序。检察机关对公安机关变更逮捕措施相关工作实行监督，公安机关应将办理变更强制措施的相关材料载入侦查卷宗备查。公安机关如无正当理由拒不执行检察机关纠正意见的，检察机关可以向公安机关发出纠正违法通知书，责令其立即纠正；仍不纠正的，检察机关可以再次作出逮捕决定，并通知公安机关执行。

三、公安机关变更逮捕决定案件的法律监督的完善

逮捕措施及其将犯罪嫌疑人人身自由长期剥夺的羁押后果，使其具有正反两方面效应的双刃剑形态：既有纵容侦查犯罪的可能，又有伤害公民人权的危险。逮捕措施必须慎用，兼顾打击与保护的平衡。社会危险性是逮捕措施的核心条件，对社会危险性的审查属于司法活动，应当由检察机关专属享有，不应当由公安机关分享；如果侦查机关发现逮捕的社会危险性条件已经变化，公安机关应当及时变更强制措施以防止公民遭受不必要的自由损害，但公安机关变更之前应当报请检察机关批准。《刑事诉讼法》第 96 条应该修改为："人民法院、人民检察院和公安机关如果发现对犯罪嫌疑人、被告人采取强制措施不当的，应当及时撤销或者变更。公安机关释放被逮捕的人或者变更逮捕措施的，应当报请原批准的人民检察院批准。"社会危险性条件不仅适用必须慎之又慎，而且变更也应当谨小慎微，必须把适用和变更都置于法律的监督之下。因此，应当完善变更逮捕措施的监督体系，保证实体公正和程序公正。

(一)强化逮捕社会危险性条件变化的动态审查

为了防止不合理的长期羁押,法治国家普遍采取了两项措施:一是明确规定不同诉讼阶段未决羁押的具体期限或者未决羁押的累计期限以及延长羁押期限的程序;二是明确要求司法机关定期对未决羁押进行复查,赋予被逮捕人申请司法审查、要求变更或者释放的权利。① 从公安机关变更逮捕措施案件的具体情况来看,变更理由既有事实证据的变化,也有逮捕的社会危险性的变化,但后者居于绝对多数地位。检察机关应当以动态演变的观点审查公安机关移送的变更理由和材料,重点考察逮捕条件尤其是社会危险性条件的变化情况。同时,要建立与公安机关变更逮捕决定的信息共享机制,将对变更程序的监督根据具体情况予以提前启动,并发出可以变更或者不得变更的建议。

从长远来看,应当废除公安机关的变更逮捕权,如果公安机关在履行职务中发现逮捕的条件或者犯罪嫌疑人的个人状况发生变化,不需要再施加逮捕或者没有逮捕的必要的,应当将相关变化及自己的意见报请检察机关,由检察机关综合审查事实证据和法律条款后作出撤销或者维持原批准逮捕的决定。

(二)优化审查监督的方法

作为一种以事实证据为基础,以法律认知为依据的主观判断活动,对逮捕社会危险性条件的审查是随着司法人员的认知程度和实践深度的变化而变化的。占有的证据信息不同,所处的诉讼立场不同,都可能导致对社会危险性条件的判断不同。因此,公安机关作出的变更逮捕措施决定并非绝对正确或者错误,但是,及时的监督制约将有利于拾遗补阙,防止片面武断。要采取多样化的审查方式监督公安机关变更程序是否合法。通常情况下可以采用书面审查方式,考评公安机关报送变更理由的正当性,审查变更材料的真实性,判断犯罪嫌疑人社会危险性的变化是否达到足以变更逮捕决定的程度;必要时可以提审讯问犯罪嫌疑人,询问证人、鉴定人。其中对未成年人变更逮捕措施的,可以进行

---

① 参见孙长永主编:《中国刑事诉讼法制四十年:回顾、反思与展望》,中国政法大学出版社 2021 年版,第 344 页。

社会调查，评估未成年人的社会危险性。对于重大复杂、社会影响较大的案件，可以实行刑事听证制度，邀请诉讼参与人及人大代表、媒体代表参与，公开审查变更程序，提升司法程序的公众认同度。

（三）听取被害人的意见

被害人是直接遭受犯罪行为伤害的人，若不羁押犯罪嫌疑人可能影响被害人正常工作和生活，并可能激化社会矛盾，影响社会稳定。因此，被害人对犯罪嫌疑人的社会危险性的感受更为直观和具体，必须重视被害人对变更决定的意见。例如，对以赔礼道歉、赔偿损失等方法取得被害人谅解、社会危害性不大的轻微刑事案件，可以视为没有社会危险性而作出变更逮捕决定。

（四）保障犯罪嫌疑人的变更请求权

基于公民基本人权优于国家权力的理念，作为现代法律制度之一，逮捕制度更多地呈现出对逮捕权力的限制，并以保障公民人身自由不受任意侵犯为己任。[①]《刑事诉讼法》第 97 条规定，犯罪嫌疑人、被告人及其法定代理人、近亲属或者辩护人有权申请变更强制措施。人民法院、人民检察院和公安机关收到申请后，应当在 3 日以内作出决定；不同意变更强制措施的，应当告知申请人，并说明不同意的理由。犯罪嫌疑人是逮捕决定及羁押后果的承受者，有权对自己的社会危险性状态提出意见，这也有利于纠正我国当前逮捕程序存在的封闭性、单向性和书面性等瑕疵。

《公民权利和政治权利国际公约》明确指出："任何因逮捕或拘禁被剥夺自由的人，有资格向法庭提起诉讼，以便法庭能不拖延地决定拘禁他是否合法以及如果拘禁不合法时命令予以释放。"在我国，检察机关具有逮捕羁押审查的权力，犯罪嫌疑人同样应当享有向检察机关申诉以及时终止被羁押状态的权利。应当赋予犯罪嫌疑人启动变更逮捕措施的权利，此权利是犯罪嫌疑人可以自己或者通过亲属、律师向公安机关、检察机关提出没有社会危险性，要求变更逮捕措施的理由和根据，从而减少和防止不必要的人身羁押。

---

① 参见宋英辉、吴宏耀：《刑事审判前程序研究》，中国政法大学出版社 2002 年版，第 178 页。

但从社会危险性审查的司法性、逮捕权的专属性和法律适用的统一性来看，应当终止公安机关自行变更检察机关逮捕决定的权力，如果公安机关在继续侦查过程中发现犯罪嫌疑人可能存在包括社会危险性在内的逮捕条件发生变化的情形时，可以及时告知检察机关启动羁押必要性审查机制，由检察机关依职权对犯罪嫌疑人的社会危险性变化情况进行核实评估并决定是否变更强制措施，确保社会危险性审查的统一、规范，保证逮捕措施变更决定更加权威公正。

论检察官在非法言词证据排除中的证明责任*

王雄飞**

摘要:非法言词证据无法排除从而导致冤假错案已经成为困扰我国司法机关的一大难题。最高人民法院、最高人民检察院、公安部等出台的《关于办理刑事案件排除非法证据若干问题的规定》(以下简称《排除非法证据规定》)以非法证据排除作为主要内容,并且就排除中的证明责任分配进行了规定。本文从检察官证明责任的基本原理出发,阐述了检察官应当承担非法言词证据排除中的证明责任,而被告人不应当承担证明责任的观点,并且对检察官证明责任的履行和证明标准进行了论述。

关键词:检察官证明责任　非法言词证据排除　证明必要

最高人民法院、最高人民检察院、公安部等联合发布的《排除非法证据规定》以司法解释的形式对非法言词证据合法性的证明责任分配予以了明确。其中,第6条规定辩方提出非法言词证据的抗辩应当同时提供相应的线索或证据;第11条、第12条明确控方对供述合法性的证明责任以及履行不能的不利后果;第13条则对非法证人证言排除的证明责任进行了明确的规定。上述规定为检察官承担证明责任、履行证明责任以及适用证明标准提供了法律依据。

---

* 本论文曾发表于《法治论坛》2011年第2期。论文内容有改动。

** 男,安徽肥东人,法学博士,现任广东省茂名市市长。

一、我国检察官应当承担非法言词证据[①]排除的证明责任

从各国的实际情况来看,英美法系国家的立法和判例普遍规定了非法证据的证明责任,但证明责任的承担上没有一个统一的分配标准,而完全遵循利益均衡原则在检察官和被告人之间进行分配。[②] 而大陆法系在证据的可采性出现疑问时,无须被告人提出证据非法申请,法官即可依职权进行调查,以确定证据的合法性。所以,程序的事实,法官得依其职权调查之,当事人并不负举证责任。[③] 日本法规定,原则上控辩双方对各自请求调查的证据是否具有证据能力均负有证明责任。作为控诉方的检察官固然有责任对其请求调查的证据之证据能力进行证明,被告人对于认定本方请求调查的证据具有证据能力的事实同样负有举证责任。[④] 笔者认为,就我国而言,非法言词证据的证明责任应当由检察官承担。

(一)检察官承担非法言词证据排除之证明责任的法理基础

1. 检察官承担非法言词证据排除之证明责任源于程序性事实的特殊性质

实现实体法内容的方法归根结底是由程序法所规定的诉讼过程,程序法对这个过程进行的调整结果总会归结到实体法上去,换言之,诉讼的实际结果由于诉讼程序或具体过程的差异可以有极大的不同。从这种意义上说,程序法并不是辅助法,而是具有实体内容形成作用的法的重要领域。如果说实体法审理的前提是被告人破坏了实体法所保护的实体法益,需要通过定罪处罚来恢复和弥补社会和被害人的法益损失,那么程序法审理的对象就是刑事诉讼中的执法者,是执行侦查和控诉职能而与被告人相对的国家机关,其审理的前提是执法者在执法过程中违反了法律的相关规定,侵害了被告人应当享有的与实体罪责

---

① 严格意义上讲,非法言词证据既可能是控方证据,也可能是辩方证据。为行文方便,在无特定强调的情况下,本文所述的非法言词证据仅指控方证据。

② 参见汪建成等:《非法证据证明责任论》,载何家弘主编:《证据法论坛》第 5 卷,中国检察出版社 2002 年版,第 321 - 325 页。

③ 参见陈朴生:《刑事证据法》(第 3 版),台北,三民书局 1979 年版,第 373 页。

④ 参见孙长永:《日本刑事诉讼法导论》,重庆大学出版社 1993 年版,第 94 页。

无关的权利,需要通过审理恢复被侵害的公共秩序和公民权利。① 正因为程序法审理的实质内容是检警机关行为的合法性,其与行政诉讼审查行政行为合法性的审查目标具有相同的意蕴。所以,将非法言词证据排除这一程序性事实的证明责任赋予执法主体承担,无疑与程序性事实的特殊性质相互契合。

2. 检察官承担非法言词证据排除之证明责任源于程序公正的基本要求

证明责任的分配从形式上看是一个程序和证据问题,但在实质上却是一个实体权利的合理配置及司法正义的实现问题。在英美法国家,往往强调通过程序限制官方的侦查、起诉权力以及法官的诉讼指挥权和法律解释权,其原因就在于刑事诉讼的结果直接关系被告人自由、财产甚至生命。尤其在控辩双方具有先天性力量差距的刑事诉讼中,程序法的规范适用往往具有平衡控辩双方力量的效用。为了实现控辩平等的基本程序公正,立法者在程序设立时要充分考虑控辩双方的自身取证能力的差异,从而在权利义务的配置时适当偏向弱者,最终实现两者的诉讼力量在实质上的均衡。在刑事诉讼中,控方的证据来源是侦查机关的侦查活动,而侦查活动一般是被告人或者辩护人所无法接触的。当控辩双方就言词证据的取证手段发生争议时,控方无论在法定的诉讼手段上,还是在现实拥有的诉讼资源上,都远远优于作为公民个人的被告方,因此,立法者理应为控方规定更多的义务,从而更好地保护被告方的合法权利和实际利益,实现程序正义。

3. 检察官承担非法言词证据排除之证明责任源于检察机关法律监督者的地位

我国宪法定位检察机关是国家的法律监督机关,承担保障法律统一正确实施的重要职能和职责,而不仅仅是西方一些国家定位的单纯的公诉机关。检察机关的法律监督权中有一项重要内容就是对诉讼活动尤其是侦查活动进行监督,所以对侦查活动中的取证合法性的监督是我国检察机关的天职。因此,我国刑事诉讼法规定了一系列检察机关审查和监督侦查取证活动合法性的程序和措施,如在审查逮捕、审查起诉中都将侦查取证的合法性作为一项重要的审查内容。在这一背景下,将非法言词证据排除的证明责任分配给检察官显然是

① 参见王兆鹏:《刑事举证责任理论——由英美法理论出发》,载《台大法学论丛》1999 年第 4 期。

与检察机关的法律监督地位相适应的。

(二)检察官承担非法言词证据排除之证明责任的结构形态

证明责任是证明主体提出主张或抗辩产生待证事实以后,在基于法律和司法解释规定而确定证明分配的前提下,对证明对象提出证据进行证明并达到一定的证明标准以说服事实裁判者作出有利于自己的判决,以及不能说服事实裁判者,出现事实真伪不明时必然承担的败诉风险。具体到非法言词证据排除,就是检察官在提出言词证据以后,基于证据合法性的证明特点、程序公正的要求以及检察机关法律监督者的地位,对证据的合法性以及产生的争议事实进行证明并达到一定的证明标准以说服裁判者采纳该证据,以及不能说服裁判者必然承担该证据被依法排除的结果。

1. 非法言词证据排除之证明责任的内在结构

证明责任是由行为责任与结果责任两个基本元素构成。非法言词证据排除的证明责任的内在结构亦是如此:其行为责任是控方提出证据并对证据合法性进行证明以说服裁判者采信的责任;其结果责任是指检察官在行为责任履行结束以后证据合法性仍然处于真伪不明时应当承担的证据被依法予以排除的不利后果。

就功能和地位而言,行为责任解决证据提出时合法性的真伪不明,即体现为证明行为的驱动功能,结果责任是解决举证完毕时证据合法性的真伪不明,即体现为证明风险的分配功能。行为责任是证明责任的形式和手段,结果责任是证明责任的本质和目的。

就与外部事物的联系而言,两者又存在如下区别:(1)涉及领域不同,行为责任涉及程序性事实的证明,回答的问题是对于言词证据合法性争议事实或者在证明过程中的某个特定时刻,由哪一方当事人提出证据进行证明的问题;结果责任涉及法律适用,回答的问题是当举证结束时证据合法性仍然真伪不明,法官如何适用法律问题。(2)承担责任的原因不同,行为责任承担的原因就是结果责任本身,“承担结果意义上证明责任的可能性的存在,是当事人必须履行行为意义上证明责任的原因"[①];结果责任承担的原因则是法律规定。(3)承担责任的条件不同,行为责任的条件是提出证据时证据合法性的真伪不明,只要检察官提出证据予以指控,行为责任就会产生;结果责任的条件是举证结束时证据合法性存在模糊状态即真伪不明,只要出现证据合法性最终无法确认的情况,结果责任就会产生。(4)责任能否移转不同,在证明过程中,行为责任会因为事实推定和法官心证的原因而在控辩双方之间发生形式上的移转(证明行为及其指向的争点在两造之间进行形式上的来回转移);但结果责任不会发生移转,也就是证明责任不会发生移转,单纯行为责任移转的效果就是使证明责任的内容和量度发生增减的变化,亦即使证明责任的对象范围和履行的繁简程度发生变化,从而形成了收缩型证明责任和扩张型证明责任。(5)能否由双方当事人负担不同,即两个责任的独立性和依附性不同。同一证据合法性存在争议的事实,行为责任可以由双方当事人负担;但结果责任只能由一方当事人负担。(6)能否预先在双方当事人之间进行分配不同。结果责任根据法律规定将当事人的证明责任进行适当分配;行为责任则无须预先分配,一方面,它已包含在结果责任的分配之中;另一方面,行为责任上的证明对象是系争事实,是个发展变化的动态事实,随着主张与抗辩、指控与辩解的变化而不断变化,在内容上有时根本无法预测。

2. 非法言词证据排除之证明责任的外部形态

证明责任的外部形态,主要呈现出两种渐进式形态,一是初步形态,即提出证据责任,由表层的行为责任及与其对应的即时的结果责任共同组成;二是完全形态,即彻底说服责任(亦直接称为证明责任),由深层的行为责任及与其对应的终局的结果责任共同组成。在这两种形态中,完全形态包含初步形态,而初步形态是完全形态的一个履行程度较低的阶段。具体到检察官非法言词证据排除的证明责任问题上,这种渐进式形态主要体现以下特点。

首先,检察官对言词证据合法性的证明责任既有可能表现为初步形态,也有可能呈现为完全形态,两者根据情况的不同呈现出递进式转化。提出证据责任对应的提出证据行为是一种表层的举证行为;证明责任对应的彻底说服行为

---

① 李浩:《民事证明责任研究》,法律出版社 2003 年版,第 23 页。

是一种深层的论证行为。在证据合法性的证明中,如果被告方没有对证据的合法性提出抗辩,检察官在举证时通过对证据合法性进行简要阐述便可以使裁判者采纳该项证据。此时,检察官仅履行提出证据责任便可卸除证明责任(需要注意的是,这仅仅是因为履行证明责任的方式简化而导致证明标准降低)。而一旦被告人提出抗辩并使裁判者产生怀疑,检察官就必须通过更为深入的举证排除合理怀疑,以彻底说服裁判者,使其相信证据取得的合法性,此时,检察官所承担的证明责任形态变为了彻底说服责任。

其次,检察官对言词证据合法性的证明不利必然导致证据被排除。证明责任是终局的结果责任,体现了诉讼结束之时的结果承担,即检察官不能就证据合法性问题提出证据说服裁判者,就会面临主张不存在的败诉风险,而即使这时被告人主张证据非法的理由和证据不充分,也不必然意味证据具有非法性。

最后,检察官对言词证据合法性的证明责任不能转移。在民事诉讼中,一般来说,原告和被告均可以根据法律的规定承担证明责任或提供证据责任;在刑事诉讼中,由于无罪推定和利益均衡的要求,证明证据合法的责任始终由检察官承担,这就意味着彻底说服裁判者,证明证据合法的责任只能由检察官承担而不可能转嫁到被告人身上。

(三)被告人承担非法言词证据排除的证明必要

证明必要,是指证明主体提出主张与抗辩,产生待证事实以后,在基于事实推定确定证明分配的前提下,对证明对象提出证据进行证明并达到一定的证明标准,以说服事实裁判者作出有利于自己的判决,以及不能说服事实裁判者出现事实真伪不明时可能承担的败诉风险。① 证明必要的本质是一种"酌定内在负担",具有一定程度的心理约束力,从而使当事人既要充分行使证明必要又要积极履行证明必要,以有效对抗告诉,充分实现权利。从诉讼证明的实际情况来看,检察官在庭审中承担证据合法性的证明责任一般需要以被告人及其辩护人积极提出关于非法证据的抗辩为条件。这是因为程序事实往往作为一种推定事实而存在,程序的推定事实是指在没有相反抗辩的条件下,基于事实推定

---

① 参见王雄飞:《检察官证明责任研究》,中国人民公安大学出版社 2009 年版,第 45 - 46 页。

可以得出的刑事程序合法的事实,或者说是对执法官员参与诉讼的一种惯常性合法推定。[①] 但是,我们绝不能将被告人需要作出必要的抗辩(提供线索和证据)理解为被告人应当承担非法言词证据排除之证明责任。

首先,对非法言词证据的抗辩源于被告人的辩护权。对证据的抗辩是被告人维护己方利益的有力手段,即通过对证据合法性的质疑来排除证据继而破坏控方证明体系,从而最终达到获得无罪判决的目的。与证明责任的性质相对应,证明必要的性质是“酌定内在负担”,即证明主体为了避免在诉讼结束时由于案件事实真伪不明可能承担的败诉风险,同时基于对胜诉的期待和追求,源于抗辩权或辩护权而自愿承担的“酌定内在负担”。所以证明必要属于权利范畴,具有自愿性。

其次,对非法言词证据的抗辩在不利后果上反映为可能性。对于检察官而言,其举证行为无法达到排除合理怀疑的程度,必然会获得败诉结果,不利结果与举证行为具有必然联系。而对于被告人而言,一方面,基于法官职权探知主义,败诉并不是对当事人不作为的必然的不利后果;[②]另一方面,即使被告人对非法言词证据的抗辩无法达到优势证据的程度,也可以借助检察官的“举证不能”,来作为获得胜诉避免败诉的理由。

最后,在非法言词证据的证明上由被告人承担证明必须符合正当程序的要求。从国外相关的立法和判例来看,关于非法证据的证明责任从来没有统一要求检察官承担,利益衡量原则成为这一分配的重要原则。但从我国司法实践的情况来看,不应轻易开启对被告人的证明责任,因为我国检察官承担着法律监督职责并履行对证据合法性的审查义务。将利益衡量因素理解为一种事实推定更为合理,即将证据合法性作为被告人承担的证明必要。因为证明必要既是权利同时有对己义务的性质,如果被告人对自己的基本人权受到侵犯都漠不关心,无所抗争,明显违反了一个正常人的基本理性,那么法律给予其再多的保护也是没有意义的。

---

① 参见汪建成等:《非法证据证明责任论》,载何家弘主编:《证据学论坛》第5卷,中国检察出版社2002年版,第321-322页。

② 参见[德]汉斯·普维庭:《现代证明责任问题研究》,吴越译,法律出版社2000年版,第52页。

二、我国检察官承担非法言词证据排除之证明责任的履行程序

言词证据,特别是被告人供述不仅是一类证据,而且还具有极大的证据衍生功能。通过言词证据往往能派生出物证、书证等其他证据。在英美法系国家,在相应法律和程序保障下获取的自白,可成为认定被告人有罪的一项关键证据。而在我国,被告人的有罪供述向来就有“证据之王”的地位。所以,让检察官承担非法言词证据的证明责任无疑是与言词证据在整个证据体系中的重要作用相一致的。而要强化对于非法言词证据的证明,就必须要有完备的履行程序作为保障。

(一)履行非法言词证据的庭前审查义务

对证据的合法性进行庭前审查,不仅是检察官承担客观义务的题中应有之义,也是检察官履行非法证据证明责任的首要步骤。我国《刑事诉讼法》第 171 条明确规定,人民检察院审查移送起诉的案件,必须查明侦查活动是否合法,所以检察官在审查起诉过程中必须将证据的合法性审查作为一项重要内容。笔者认为,检察官在审查逮捕和审查起诉阶段,除严格审查言词证据的合法性及对非法证据予以排除,还应从以下三个方面进一步强化审查义务。

1. 完善庭前证据开示程序

庭前开示证据就是控辩双方在开庭审理以前相互开示各自掌握的属于开示范围的证据、有关资料和信息。庭前证据开示一方面实现了控辩双方在证据信息占有上的平等,增强了被告人实质性的庭审对抗能力;另一方面确保了正式庭审中举证质证的集中有序,保证控辩双方控辩式庭审的效率和效益。在控辩双方的证据开示过程中,检察官可以及时发现非法证据以及证据上的瑕疵,从而及时将非法证据予以排除或对瑕疵证据予以完善,如果由于非法证据的排除导致了控方证据体系的变化,还能根据证据情况进行补充或者作出其他决定。

2. 充分保障辩方合法权益

对辩方合法权益进行保障的主要目的在于提高辩方对非法言词证据的质疑能力,从而严格控方的证明责任。合法权益保障主要包含两个方面:一要认

真听取犯罪嫌疑人的辩解。我国刑事案件的犯罪嫌疑人绝大多数在判决前都处于羁押状态，他们除了聘请律师，唯一能够保障自身权利的手段就是进行辩解。所以，检察官应当认真听取辩解，了解和掌握犯罪嫌疑人在侦查阶段所作供述是否出于自愿，便于及时进行审查以决定是否排除。二要充分保障辩护人的辩护权。我国刑事诉讼法将辩护人庭前权利主要规定为调查取证权、会见权和阅卷权，然而从司法实践的情况来看，辩护人上述合法权利难以得到充分保障。即便是在2017年《律师法》修正出台之后，仍然存在司法机关以其与现行刑事诉讼法相冲突为由阻止辩护人有效行使权利。事实上，辩护人通过其合法会见和调查，能够及时掌握公安、司法人员违反法定程序，侵犯犯罪嫌疑人合法权益的情况，也有能力向司法机关提出意见，要求其进行调查或者审查。对这种程序性辩护权的保障，无疑有助于控方在庭上更好地履行非法言词证据的证明责任。

3. 认真对待调取证据请求权

我国《刑事诉讼法》第43条不仅规定了辩护律师的调查取证权，同时赋予了取证申请权。应该说取证申请权的赋予，既考虑到了我国辩护律师在独立取证方面的困难，同时表明了司法机关在司法资源和取证能力上的优势。然而从司法实践的情况来看，司法机关特别是检察机关对辩护律师的取证申请并不十分热心，究其原因主要在于控方对指控证据的独享和对自我判断的肯定。显然，辩护律师的取证申请一般是出于对辩方观点的考虑，要么是对实体事实的查明，要么是对程序违法的质疑。检察官最大限度地满足辩护律师在庭前的取证申请，一方面，当获取的证据无法推倒指控时，既能够巩固控方的证据体系，也能够有效打消辩方疑虑；另一方面，当获取的证据对指控产生实质影响，可以使检察官借助辩护律师对事实证据的判断，及时调整起诉策略，实现司法公正。

（二）履行非法言词证据的庭审证明责任

1. 检察官履行无抗辩情况下的简约证明

如上所述，对于言词证据的合法性没有争议即未能形成争点的情况，裁判者一般会采纳控方证据，但并非控方无须承担证明责任，只不过此种情况下，控方可以简化证明行为。笔者认为，在辩方未提出言词证据合法性抗辩的情况，控方应就言词证据的取证程序进行必要的说明,如简要阐述取证的时间、地点、询问人或者讯问人基本情况、被询问人与本案的关系等,以使该份证据至少处于表面可信、合理可能的状态。检察官的简约证明行为,是为了使事实裁判者对证据合法性建立初步的信任,同时更为重要的是为被告方提出抗辩提供必要的前提条件,以实现看得见的正义。

2. 检察官履行有抗辩情况下的充分证明

证据的合法性推定是一种事实推定,也就是说,一旦被告人提出抗辩后,这个事实推定即不复存在,检察官必须提供强有力的证据进行彻底的说服、充分地证明。对此,《非法证据排除规定》的第 4 条、第 5 条、第 6 条规定了比较详细的检察官进行充分证明的启动程序,一是启动的主体,由被告人及其辩护人提出;二是启动的形式,可以是书面的,也可以是口头的,口头告诉的由人民法院工作人员或辩护律师作出笔录,并由被告人签名或者捺指印;三是启动的时间,可以在开庭前,也可以在起诉书副本送达后开庭前,或开庭中;四是启动的内容,包括涉嫌非法取证的人员、时间、地点、方式、内容等相关线索或者证据。[①]根据《非法证据排除规定》的内容,对于被告人的抗辩,检察官应当从以下几个方面履行证明责任。

一是提供有关录音录像资料。随着科学技术的进步和司法文明的要求,推行讯问、询问全程不间断的同步录音录像势在必行。录音录像资料能够记录以往讯问、询问的动态和真实情况,完全可以成为书面言词证据的有效辅证,一方面可以帮助检察官应对被告方的抗辩,另一方面也能够客观展示讯问、询问时的真实情况,有利于法官建立正确的内心确信。

二是确保关键证人出庭作证。依据直接言词原则,证人应在法庭上通过自己的陈述予以出示,并接受控辩双方的询问,由中立的法官予以审查判断并最终决定是否采信。但就我国现在的情况来看,要求所有证人出庭作证显然难以实现,但对定罪量刑有重大影响的证人证言,一旦被告方提出抗辩,就应当保证证人能够出庭作证,其一方面是出于检察官切实履行证明责任的要求,另一方

① 参见樊崇义:《只有程序公正 才能实现实体公正——评“两高三部”“两个规定”所体现的程序价值》,载《检察日报》2010 年 6 月 30 日,第 3 版。

面则是要充分保障被告人的质证权。

三是传召讯问人接受质询。侦查人员出庭作证在国外早已司空见惯,因为西方法谚有云:警察乃法庭的仆人。但在我国,由于强职权主义的深刻影响,警察很少出庭作证,往往是通过一纸书面说明来证明取证行为的合法。这种自己为自己证明的方法,显然难以令人信服,所以唯有通过侦查人员到庭,接受控辩双方的质询,才能真正有助于证明取证程序的合法性。

三、我国检察官承担非法言词证据排除之证明责任的证明标准

证明标准与证明责任相伴相生,证明标准是证明主体在履行责任的过程中必然产生的概念。证明责任在诉讼过程中演变到某个特定的时间点或状态点,便呈现出了证明标准的诉讼价值。没有真正意义上的证明责任制度,便没有真正意义上的证明标准制度。证明责任之所以有实质意义,是因为在观念上有证明标准的概念与之匹配。没有证明标准,证明责任便是毫无内容、毫无目标、毫无约束性的空中楼阁。证明责任因为证明标准而充实化,进而有了实在性和可操作性。① 所以,对于非法言词证据的证明责任也应有相应的证明标准与之相适应。

(一)非法言词证据排除之证明标准的比较法考察

1. 美国

美国联邦各州对非法自白的证明标准就一直存在排除合理怀疑与优势证据的争议。在 Lego 诉 Twomey 案中,联邦最高法院对此进行了激烈的辩论。其中三位大法官认为,优势证据不足以对被告人的宪法性权利提供充分的保护,而其他四位大法官则认为,没有实质性的证据显示,采用优势证据标准会对被告人的宪法性权利带来损害;况且,被告人自白的自愿性并非被告人犯罪的事实;同时,法律还有其他排除自白的规则,也可以达到适当保障的目的。结果联邦最高法院以 4:3 作出终局裁判,认为只要控方对自白合法性证明达到优势

---

① 参见江伟主编:《证据法学》,法律出版社 1999 年版,第 109 页。

证据的程度，即可认定自白具有自愿性。[①] 虽然联邦最高法院作出了判例，但仍有一些州采用排除合理怀疑的证明标准来解决自白合法性的争议。

2. 英国

英国1984年《警察与刑事证据法》第76条明确规定："在任何诉讼中，如果控诉方准备将被告人的供述作为证据提出来，而辩护方却向法庭声称，该供述是或者可能是通过非法方式取得的，则法庭不应当允许该供述作为不利于被告人的证据被提出，除非控方排除合理怀疑地向法庭证明该供述并非采用不合法的手段取得。"可见，英国采用的非法自白的证明标准为排除合理怀疑。

3. 法国、德国

法国和德国作为大陆法国家，基于职权主义的特点，对于程序事实的争议一般由法官自由判断，并可进行调查取证，必要时可要求控辩双方举证。至于非法证据的证明标准，从实践来看，德国多数人同意适用定罪的证明标准，因此，一旦存在是否排除证据的合理怀疑，证据就应当排除。而法院通常会排除那些"具有很大可能性"系通过违法活动所取得的证据。[②]

4. 日本

在日本，原则上，"控辩双方对各自请求调查的证据是否具有证据能力均负有举证责任。作为控诉方的检察官固然有责任对其请求调查的证据之证据能力进行证明，被告人对于认定本方请求调查证据的证据能力的事实同样负有举证责任"[③]。对于自白，在被告人提出异议时，检察官也有义务向法庭证明其确属出于自由意志。[④] 在非法供述的证明标准问题上，日本法认为，对于自白任意性的保障直接关系到公民宪法性基本权利，并且自白往往对认定犯罪事实起着直接作用，所以必须采用严格的证明方式，[⑤]故需要较高的证明标准。

---

① 参见孙长永、黄维智、赖早兴：《刑事证明责任制度研究》，中国法制出版社2009年版，第333页。

② 参见岳礼玲：《德国刑事证据制度中的若干问题》，载樊崇义主编：《陈光中教授七十华诞祝贺文集——诉讼法新探》，中国法制出版社2000年版，第396页。

③ 孙长永：《日本刑事诉讼法导论》，重庆大学出版社1993年版，第94页。

④ 参见［日］西原春夫主编：《日本刑事诉讼法的形成与特色》，法律出版社、日本成文堂1997年版，第170页。

⑤ 参见汪建成等：《非法证据证明责任论》，载何家弘主编：《证据学论坛》第5卷，中国检察出版社2002年版，第327页。

（二）我国检察官承担非法言词证据排除的证明标准探析

对于非法言词证据的证明，《排除非法证据规定》第 11 条明确规定，对被告人审判前供述的合法性，公诉人不提供证据加以证明，或者已提供的证据不够确实、充分的，该供述不能作为定案的根据。该条实际上将检察官对言词证据合法性的证明标准定位为确实、充分。结合我国实体事实的证明标准来看，这一标准与排除合理怀疑较为接近。那么我国是否应该将非法言词证据排除的证明标准定为排除合理怀疑呢？笔者认为，就我国目前的实际情况来看，不宜将检察官对非法言词证据的证明标准一律定位为排除合理怀疑。

1. 排除合理怀疑的证明标准难以符合诉讼证明规律

证明责任分配的经典表述是：为主张之人负有证明义务，为否定之人则无之；当事人主张有利于自己的事实，应负举证之责。所以，在实体性事实的证明中，检察官要为犯罪指控承担证明责任。而在程序性事实的证明中，审理的对象是控方取证程序的合法与否，出于控辩双方力量悬殊的考虑，证明责任仍由控方承担。但正如让被告人证明自己无罪一样，由控方证明自己取证程序合法也存在极大困难。如果在控方承担证明责任的基础上，不加区分地一律要求证明标准必须达到排除合理怀疑，实难符合诉讼证明的基本规律。

2. 排除合理怀疑的证明标准难以确保实体程序并重

对于非法言词证据的证明标准，应当考虑不同程序问题对被告人权利的影响程度，而且也要考虑这一程序问题是否会影响定罪量刑的准确性，即寻找实体真实与程序公正的最佳结合点。如果一律以排除合理怀疑的标准要求检察官证明言词证据的合法性，只要是存在合理怀疑的证据都不合法，那么在关于言词证据合法性现有的证明手段不足的情况下，[①]有可能出现大量言词证据被排除的情况，其结果往往是犯罪者逍遥法外。事实上，“辛普森案”式的结局不仅是对司法公正的亵渎，也难以为一般公众所认同。

---

① 询（讯）问人员出庭和询（讯）问录音录像资料基本上是目前控方证明言词证据合法性能够使用的两类证据。但在司法实践中，由于技术条件的限制，多数情况下两类证据并不能完整地移送至法庭。

3. 排除合理怀疑的证明标准严重降低刑事庭审效率

从现实的刑事庭审情况来看,对于包括言词证据在内的所有控方证据,如果被告方不提出异议,法官可以径行认定证据的合法性。在这一过程中,检察官只需在出示证据时对证据的合法性问题进行简要说明即可。如果一旦要求所有证据合法性的证明必须达到排除合理怀疑的标准,则检察官在出示每一份证据之前就必须通过严格的举证程序,先证明所出示证据的合法性,然后再以此证据证明控诉的准确性。如此,刑事审判的效率将大大降低。

(三)我国检察官承担非法言词证据排除之证明责任的证明标准——以优势可信为主要标准,以确信排疑为辅助标准

从刑事证明的要求来看,证明标准对于具有不同诉讼价值或社会价值的证明对象总会有所差别。在实体事实的证明中,证明标准往往会因证明主体、证明性质、证明对象以及案件性质的差异而体现出层次性。在程序性事实的证明中,这种层次性特点仍然具有其存在的合理性。

1. 一般情况下以优势可信为标准

优势可信标准是检察官证明标准的最低层面,即只要证明的结果使法官获得大致的心证,能够得出待证事实大致可能存在的结论,即视为获得证明。在优势可信标准之下,检察官只要能够提出相关的证据,并予以必要的说明即可,而无须对提出的证据作过多的论证和补强。优势可信标准是一种动态的、相对的标准,强调一种比较优势,其履行的难易与被告人的陈述形态密切相关。在被告人没有对言词证据的合法性提出异议的情况下,检察官在一般情况只需对证据是在什么时间、什么地点,由什么取证主体依法向作证主体获取进行说明,而无须作深入证明。如果被告人就言词证据的合法性有所质疑、提出线索或证据时,检察官履行证明标准就需要相应的水涨船高,以证人证言、侦查人员出庭作证、录音录像等视听资料来赢得法官对于证据合法性在心证上的优势可信。

2. 特殊情况下以确信排疑为标准

确信排疑标准借鉴了大陆法系的“内心确信”和英美法系的“排除合理怀疑”,其实质就是放弃对某些疑难案件事实绝对真实性的追求,从情理分析、经验法则的角度出发,在排除合理怀疑的情况下,对证明对象形成高度盖然性的

内心确信。将确信排疑作为辅助标准,应当明确适用的特殊情形。一是从案件性质上来看,对于可能判处 10 年以上有期徒刑、无期徒刑、死刑的案件和社会影响极大的案件的言词证据合法性证明应当适用确信排疑标准。因为这类案件社会关注程度高、对被告人人身权利的影响大,如果不能将虚假口供和陈述排除在外,容易造成冤假错案。二是从证据的证明作用上来看,当定罪几乎完全依赖言词口供或者某份言词证据时,对言词口供和言词证据的合法性证明应当使用确信排疑标准。因为这类案件的罪与非罪判断已完全被言词证据所左右,所以只有确保言词证据的合法性,才能保证实体判决的正确。

行政公益诉讼诉前阶段前置告知程序探析

——以行政机关不作为为视角

廖哲毅*

摘要：当前绝大多数行政公益诉讼案件在诉前阶段终结，如何在该阶段有力地证明行政机关不作为并且提高维护公益的效率，是检察机关亟须解决的现实难题。以尊重行政机关首次判断权和检察监督谦抑为原则，在诉前阶段可以设立以公益受损告知函为核心的前置告知程序，当检察机关在履行公益监督等职责，发现行政不作为致使公益受损情况时，应以公益受损告知函的形式确保行政机关知悉相关事实，行政机关仍怠于维护受损公益的，则进一步调查取证、固定证据，以检察建议督促其履职。

关键词：行政公益诉讼　诉前阶段　前置告知程序　行政不作为

一、问题的引出

检察机关提起行政公益诉讼制度包括诉前程序和提起诉讼两个相对独立的环节，该项制度全面推开的 4 年多来，绝大多数案件是在诉前程序阶段终结。行政公益诉讼诉前程序的启动，以检察机关在履行职责过程中发现行政机关违法行使职权或者不作为致使公益受到侵害为前提。行政机关是否违法行使职

---

* 男，江西宜春人，法律硕士，现为宜春市人民检察院第六检察部干警。

权的判断重点在“法”，主要是指行政机关及其工作人员实施了与行使职权相关的侵权行为，[①]行政公益诉讼案件在诉前程序的办理过程中证明行政机关违法行使职权相对容易，而对行政机关“不作为”的认定常常成为学理与实务中的一个难题。如何确定检察机关是在履行职责过程中发现并证明行政机关的不作为是检察机关在诉前程序阶段办理行政公益诉讼案件时必不可少的环节，甚至会严重影响到后续可能触发的提起诉讼程序。

二、行政公益诉讼诉前程序中确定行政机关不作为的现实困境

行政机关不作为可以理解为行政机关对所管辖的行政事务没有作法律上有拘束性处置的意思表示，[②]在行政公益诉讼诉前程序中，检察机关需要进行调查以取得相关证据证明行政机关对于负有行政监督管理职责的领域未进行积极监管致使国家利益和社会公共利益（以下简称公益）处于持续的受侵害状态或者紧迫威胁状态。在行政公益诉讼司法实践中，行政机关不作为案件的办理遇到了线索来源合法性存疑、取证固证难、检察建议制发刚性等困境。

（一）在线索来源上，检察机关公益监督职责的履行有待进一步明确

2018 年 3 月 12 日，最高人民检察院发布了《检察机关民事公益诉讼案件办案指南（试行）》和《检察机关行政公益诉讼案件办案华南（试行）》，规定公益诉讼案件线索限于检察机关在履行职责中发现，“履行职责”包括履行批准或者决定逮捕、审查起诉、控告检察、诉讼监督、公益监督等职责。2021 年 7 月 1 日最高人民法院发布的《公益诉讼办案规则》在第 24 条对于公益诉讼案件线索来源进一步细化，控告检察职责即“自然人、法人和非法人组织向人民检察院控告、举报的”，履行批准或者决定逮捕、审查起诉、诉讼监督职责即“人民检察院在办案中发现的”，公益监督职责包括“行政执法信息共享平台”、“国家机关、社会团体和人大代表、政协委员等转交的”以及“新闻媒体、社会舆论等反映”的案件

① 参见魏琼、梁春程：《公益诉讼诉中“行政机关不依法履行职责”的认定》，载《人民检察》2019 年第 18 期。

② 参见罗文燕：《行政公益诉讼的范围、要件与程序》，载《法治现代化研究》2019 年第 3 期。

线索。但公益诉讼专项监督活动发现的案件线索、检察人员主动摸排的案件线索是否具有线索来源合法性成了新的疑问。在公益诉讼专项监督活动中发现的或者检察人员主动摸排的公益诉讼案件线索,可以概括为检察机关深入社会发现的案件线索,以这两种方式发现的行政机关不作为的行政公益诉讼案件占很大比重。虽然关于深入社会发现线索是否属于检察机关"履行职责中发现"的问题,最高人民检察院的意见倾向于对"履职中发现"作适当宽泛的理解,将公益监督本身也作为一种履职行为,①但此种倾向性意见未在规范性文件中明确。一方面,对于检察机关主动出击获取的行政机关不作为的案件线索的办理,因为不是批准逮捕、审查起诉、控告检察、诉讼监督等检察机关被动履职行为,有很强的履职主动性,存在违背检察监督谦抑原则的风险;另一方面,如果案件进入诉讼程序,检察机关如何证明是在履行公益监督职责中发现行政机关不作为的案件线索,以及主动出击深入社会获取的案件线索来源是否会被法院认可存在不确定性。

(二)在行政公益诉讼诉前阶段证明行政机关行政不作为取证固证困难

行政公益诉讼中公益的状态是与行政主体的行政行为勾连在一起的,行政主体天然地负有维护公益的义务和责任,在行政机关不作为的情形下,则是行政主体漠视了公共利益,这种漠视公共利益体现出来的不作为的行为方式同样可以作为诉讼标的。② 行政机关不作为的侧重点在行政机关履行监管职责时漠视公益的消极态度,如何证明漠视公益的消极态度导致公益受损尤为关键。首先,从公益受损与行政机关履职的客观方面来看,行政机关负有对特定领域的监督管理职责,当公益受损时,行政机关的不作为与公益受损之间有高度盖然的因果关系不假,但行政机关无法对全社会公益受损的情况做到全方位无死角监控也是客观事实。所有的公益受损事实的发生都认定与行政机关不作为有高度盖然因果关系,进而才能制发检察建议,对行政机关的监管能力提出过高

---

① 参见胡宜振、张娟:《公益诉讼案件线索发现机制完善——以长江流域安徽段生态环境资源保护公益诉讼案件为样本》,载《中国检察官》2019 年第 16 期。

② 参见关保英:《检察机关在行政公益诉讼中应享有取证权》,载《法学》2020 年第 1 期。

的要求。当行政机关确有积极履职行为且有效修复了履职范围内的公益受损状况，但因人员配置、公益受损隐蔽等客观原因无法覆盖职责范围内所有的公益受损情况时，积极有效的履职行为切断了行政机关漠视公益的消极态度与公益受损之间的因果关系。其次，行政机关不作为具有很强的隐蔽性，往往只有公益受损结果，而其他具体的证据依赖行政机关的配合，很多行政机关或个人因害怕对其自身产生不良影响，多只愿口头介绍或配合调查，不愿意出具书面调查材料。当前行政诉讼法在公益诉讼的条文中没有涉及证据规则，检察机关在行政公益诉讼案件办理过程中的取证权存在空白，针对行政机关不作为的调查取证缺少强制性后盾。最后，检察机关在制发检察建议前需要按照法定程序全面、客观地调查收集有关行政机关行政不作为的过程、方式和状态等证据，包括行政机关不作为的起始时间、持续时间、具体方式及履职可能等，证据收集的时间跨度长，公益受损状况在调查取证期间延续。在证据收集期间可以设置一道先前告知程序督促行政机关履职，以尽快保护受损公益，也可以将先前告知程序中的文书作为判定行政机关是否不作为的证据之一。

（三）检察建议制发惯性导致的刚性减弱

根据《行政诉讼法》第 25 条的规定，检察机关在履行职责中发现特定领域负有监督管理职责的行政机关不作为，致使国家利益或者社会公共利益受到侵害的，应当向行政机关提出检察建议，督促其依法履行职责。检察机关发现行政机关不作为导致公益受损的事实后，将启动诉前程序，收集行政机关不作为以及公益受损等一系列相关证据材料。在检察机关调查期间，行政机关如果能马上采取行动依法有效履行职责，对受损的公益及时进行修复，则检察机关制发检察建议的公益受损前提条件缺失，即不能向行政机关发送检察建议督促履职。在目前多数检察机关以检察建议数量为考核依据的大背景下，检察机关如果前期对行政机关不作为的情况做了大量调查取证工作，在制发检察建议前得知公益受损状态得到修复而不能发送的话，将带来两个惯性结果：第一，加速检察建议的制发速度，进而加快调查取证的速度，检察建议的质量无法保障；第二，在检察建议数量考核压力下，启动调查程序后，对于在调查期间行政机关可以马上修复的公益受损情况，人为干预行政机关的履职时间，以保证检察建议可以发出并且确保发出时间在前,行政机关修复受损公益时间在后。

三、行政公益诉讼诉前阶段前置告知程序构造

《公益诉讼办案规则》于 2021 年 7 月 1 日正式施行,第 70 条第 2 款规定可以通过向行政机关发送事实确认书的方式进行磋商,为行政公益诉讼诉前阶段前置告知程序的设置提供了路径。对于行政公益诉讼诉前程序运行中面临的一系列现实困境,可以尝试在诉前阶段内前置告知程序,当检察机关履行公益监督等职责发现公益受损事实后,以公益受损告知函的形式,督促行政机关尽快采取行动维护受损公益。行政机关在收到公益受损告知函后,不予答复或怠于履行职责且受损害公益仍然没有得到恢复的,检察机关则全面启动调查程序,以检察建议的形式督促行政机关履职。

(一)公益受损告知函的适用范围

检察机关在什么情况下可以向行政机关发出公益受损告知函?经过 4 年多的行政公益诉讼实践积累,对于大多数公益受损情况,检察机关都能很快判断出是哪些行政机关未能履行监管职责,为前置告知程序的适用打下了坚实基础。公益受损告知函可以作为一项可选择的前置程序,对于检察机关在履行公益监督职责过程中发现的行政机关行政不作为致使公益受损情况的发生,应当以公益受损告知函的形式先行督促负有监督管理职责的行政机关尽快履职,维护受损公益;根据常识判断,公益损害程度较为轻微,在行政机关可以立行立改的情况下,可以适用公益受损告知函。对于检察机关在履行公益监督以外的职责时发现的公益受损的案件线索,一般应以检察建议的形式督促其履职,慎用公益受损告知函。

(二)公益受损告知函的告知内容

公益受损告知函的内容应与检察建议有所区分,不能以公益受损告知函的内容取代检察建议。公益受损告知函的具体内容应包括公益受损的线索来源,公益受损的现场情况,是否属于行政机关监管职责领域、修复公益受损的回复时间等。在公益受损告知函后附有相应的登记表,登记公益受损告知函发出

后，行政机关履职的时间、手段等情况以及公益修复效果。其中公益修复效果统计部分，应与检察建议发出后的效果统计进行合并，全方位体现行政公益诉讼制度的运行效果。

（三）公益受损告知函发出后的后续处理问题

行政机关在收悉公益受损告知函后，若明确回复该公益受损情况不属于其监管职责范围内，则全面启动调查程序进一步核实；行政机关在规定时间内不予答复的，则检察人员核实公益受损情况是否已得到恢复，公益受损情况仍然未恢复的，则启动全面调查程序，以检察建议的形式督促责任主体履行相应职责；行政机关在收悉公益受损告知函后积极履职的，则检察人员需要跟进公益受损的恢复情况，并及时做好公益修复效果情况的登记。

（四）公益受损告知函发出后，行政机关是否履职的判断标准问题

行政机关在收到公益受损告知函后，是否履职尽责维护受损公益，直接决定了检察机关是否全面启动调查程序，以及是否以检察建议的方式督促履职。对于行政机关在收到公益受损告知函后，是否履行了职责的认定应当以是否有效保护公益为目标进行实质合法性判断，关键在于行政机关实质上是否通过积极履职达成了法定目标，或者是否由于其主观上的原因导致具有达成可能性的目标未能实现。检察机关应当以有效保护公益为目标对行政机关的履职情况进行实质性判断，从行政机关处理问题的时间、方式、过错等角度，结合常识理性加以识别。[①] 一是从时间要素上来判断，行政机关在收到公益受损告知函后是否迅速采取了行动以修复受损公益，是否及时采取监管措施，启动行政处罚的立案、调查等程序；二是从履职方式上行政机关是否根据公益受损情况，在职责范围内对损害公益行为进行查处、履职，是否存在客观障碍和原因，行政机关主观上对于受损公益是否有保护意愿以及行政管理相对人是否配合履行相关联的义务等进行综合判断。对于在发出公益受损告知函之前，行政机关已经依

---

① 参见魏琼、梁春程：《公益诉讼诉中“行政机关不依法履行职责”的认定》，载《人民检察》2019 年第 18 期。

法启动行政处罚的立案、调查等程序但尚处于处理期的,根据行政行为成熟原则,不能认定为行政机关未依法履行职责,而需要密切跟踪公益受损的处理进展。

四、行政公益诉讼诉前阶段前置告知程序的设定意义

在行政公益诉讼诉前阶段内以公益受损告知函的方式前置告知程序,可以完善行政公益诉讼诉前程序,提升行政公益诉讼检察刚性和效率。通过前置告知程序,一方面保留行政机关自我纠错的机会,另一方面也充分体现了检察机关介入行政公益诉讼的谦抑性,深度融合双赢、多赢、共赢理念。

(一)完善了公益监督职责的履职方式

检察机关如何履行公益监督职责,在《检察院组织法》中和《行政诉讼法》中没有作出相应规定。引入诉前阶段前置告知程序,以公益受损告知函的方式作为公益监督职责的具体履责形式弥补了这一空白。检察机关在专项监督活动或者主动履职过程中发现公益受损现象后,以公益受损告知函的形式先行告知,若行政机关继续不作为,则在制发检察建议阶段,以专项监督活动和主动履职发现的情况结合公益受损告知函证明检察机关是在履行公益监督职责中,发现行政机关不作为,共同作为检察建议阶段的案件线索来源,使在案件线索来源的发现上更成体系、更具说服力。

(二)充分尊重了行政机关的首次判断权,确保公益恢复效率

检察机关在履行公益监督职责时发现公益受到损害的情形后,应当视为行政机关对公益受损情况不知情,以公益受损告知函的方式及时通知行政机关,由其自行处理,尊重行政机关的首次判断权,确保公益受损情况能及时被行政机关知悉并有效恢复。以公益保护为核心,就是说公益保护是公益诉讼的核心价值标准,是公益诉讼制度的出发点和落脚点。[①] 现行的行政公益诉讼诉前程序,当发现公益受损情况而行政机关怠于履职时,是以检察建议的形式督促履

---

① 参见张雪樵:《检察公益诉讼比较研究》,载《国家检察官学院学报》2019 年第 1 期。

职，而检察建议是建立在强大的案件事实和证据材料的基础之上的，[①]这就意味着如果完全依赖检察建议的形式保护受损公益，必然有调查取证与公益受损修复的时间差问题，在检察机关调查取证期间乃至发出检察建议后一定时间内公益仍然处于受损状态。以公益受损告知函的形式能第一时间督促行政机关修复受损公益，与检察建议相辅相成，突出公益保护核心。

（三）强化行政机关行政不作为与公益损害事实之间的因果关系

根据《行政诉讼法》第 25 条的规定，在检察机关发出检察建议后，行政机关仍然不依法履行职责的，人民检察院依法向人民法院提起诉讼。检察机关在向法院提交证据时，通常是以检察建议发出之后，行政机关仍然未依法履行职责而致使公益受损害状态持续作为行政机关怠于履职与公益受损之间存在因果关系的证明，将检察建议发送前行政机关的行政不作为与公益受损之间的因果关系进行当然涵盖。公益受损告知函的出现，可以对检察建议发出前，行政机关的不作为与公益受损之间的因果关系进行强化。在收到公益受损告知函后，视为行政机关知悉公益受损情况。如果此时负有监管职责的行政机关仍然放任公益受损状况的存在，那么检察机关会在全面调查取证的基础上向行政机关发出检察建议。在发出检察建议之前的阶段，公益受损告知函将行政主体是否漠视公共利益可视化，进而强化行政机关的行政不作为与公益损害事实之间的因果关系的证据支撑。

（四）提升行政公益诉讼检察监督刚性

诉前程序案件的办理主要在基层检察机关，每个基层检察机关平均每年向行政机关发送 30 件以上的检察建议书，检察建议书在环保、国土、市场监管、城管等行政机关更为集中。须警惕行政机关在一年周期内收到多份检察建议后，对检察建议在思想上的重视程度有滑坡的趋势，特别是在现阶段以检察建议数量作为考核指标的背景下，为了完成任务数，在未与行政机关提前沟通的情况下即直接发送检察建议督促履职的情况。行政机关对缺乏提前沟通程序，直接

---

① 参见关保英：《检察机关在行政公益诉讼中应享有取证权》，载《法学》2020 年第 1 期。

发出检察建议督促履职的方式有希望检察机关改良的期待。在诉前程序中设置以公益受损告知函为核心的前置告知程序,将行政公益诉讼检察工作步步推进,逐渐加强办案力度,同时提前沟通协商,更能获得行政机关的认可和配合。一部分涉及行政不作为的公益受损案件能在前置告知程序中得到妥善处理,促进行政公益诉讼诉前程序案件的繁简分流,有助于检察机关释放出更多的精力办理行政公益诉讼的大案要案,提升行政公益诉讼案件办理的社会影响力。凡是到了制发检察建议阶段的行政公益诉讼案件,在提出检察建议前的调查阶段必须以起诉的标准全面调查取证,以检察建议的工作质量提升行政公益诉讼检察监督刚性。

五、需要说明的问题

前置告知程序是否属于行政公益诉讼诉前程序的一部分?答案是肯定的。前置告知程序也是需要在立案后,经初步调查后方能向行政机关发出公益受损告知函。根据《行政诉讼法》第25条的规定,检察机关在行政公益诉讼中应当有三个基本职能:一是提出检察建议的职能;二是向人民法院提起行政诉讼的职能;三是督促行政主体履行职责的职能。[①] 对于检察机关在履行公益监督职责中发现的符合行政不作为的构成要件的损害公益情况,检察机关便有权督促行政主体履行监管职责、处罚职责、终止违法行为的职责等。督促行政主体履行职责的职能是一个独立的职能,不能与检察建议职能相混淆。而公益受损告知函的发出即是督促行政机关履行职责职能的体现,符合《行政诉讼法》第25条涵盖的督促行政机关履职的立法原意,也符合公益保护核心原则。

关于公益受损告知函的附表设置问题,行政公益诉讼制度的运行核心在于公益保护而不是制发检察建议的数量,公益受损告知函发出的前提条件是发现了公益受损的事实。在公益受损告知函发出后,公益保护的效果也是要尤为关注的,行政机关在收到公益受损告知函后采取了相应行动所修复的受损公益,也应纳入行政公益诉讼制度运行的实际成效中,在公益受损告知函后应当附有公益修复效果统计表,与检察建议发出后的效果表进行合并,这样才能全方位体现行政公益诉讼制度的运行效果。

---

① 参见关保英:《检察机关在行政公益诉讼中应享有取证权》,载《法学》2020年第1期。